VEB Deutscher Verlag für Musik Leipzig 1987

Konzertbuch

Begründet von Karl Schönewolf

Orchestermusik P-Z

Herausgegeben von Hansjürgen Schaefer

ISBN 3-370-00037-7

© VEB Deutscher Verlag für Musik Leipzig 1974

Nicolò Paganini 1782—1840

Der aus einer Kaufmannsfamilie stammende Paganini wurde am 27. Oktober 1782 in Genua geboren. Zunächst lernte er Mandoline spielen (auch auf diesem Instrument erlangte er vielbewundertes virtuoses Können), später erhielt er beim Genueser Domkapellmeister Giacomo Costa Violinunterricht. 1793 trat er bereits in Kirchenkonzerten als Violinsolist auf. Drei Jahre später nahm er für kurze Zeit in Parma noch einmal Violinunterricht und studierte hier auch noch ein halbes Jahr lang bei Gasparo Ghiretti Komposition. Im wesentlichen hat er sich freilich sein phänomenales technisches Können als Geiger wie auch seine kompositorische Erfahrung autodidaktisch angeeignet. Aus dem Vaterhause geflohen, begab sich der junge unstete Künstler früh auf Konzertreisen. Ein französischer Kaufmann schenkte ihm jene berühmte Guarneri-del-Gesù-Geige, die er seitdem bevorzugt spielte und die heute in Genua aufbewahrt wird. 1804 kehrte Paganini für kurze Zeit in die Heimat zurück, ein Jahr später wurde er Sologeiger und Kapellmeister der Fürstin Bacciocchi, der Schwester Napoleons. Mit ihr verband ihn ein amouröses Verhältnis (eines der vielen, die dazu beitrugen, daß sein bewegtes Leben bis heute Gegenstand zahlreicher Legenden geworden ist). Von 1809 bis zu seinem Tode (er starb am 27. Mai 1840 in Nizza an Kehlkopftuberkulose) war er ohne Anstellung; er befand sich fortwährend auf triumphalen Konzertreisen, die ihm ein beträchtliches Vermögen einbrachten. Bis etwa 1827 konzertierte Paganini vorwiegend in Italien. 1828 ging er nach Wien. Dort wurde er vom österreichischen Kaiser zum Kammervirtuosen ernannt. Dann folgten Tourneen nach Deutschland, Frankreich, England, Schottland, Irland. »Daß er ein wahrer Hexenmeister sei und Töne auf der Violine hervorbringe, die man früher auf diesem Instrument nie gehört habe« (Spohr), rühmten die Zeitgenossen an Paganini. Der Ruf seines Virtuosentums ist bis heute nicht verblaßt. »Der Mythos Nicolò Paganini ist unzerstörbar. Ein Eroberer mit Urinstinkten wie Napoleon, ragte er aus dem achtzehnten ins neunzehnte Jahrhundert herüber, schafft eine bezaubernde Synthese von Charlatanismus und Kunst, stürmt rücksichtslos gegen alle aufblühende Konzertkultur, scharrt Gold zusammen, stiftet Verwirrung und stirbt, mit seines Namens Klang Erdteile und Zeitalter erfüllend.« (Adolf Weißmann)
Gehört der modische Zug des Virtuosentums dieses Mannes ins

Bild jenes immer mehr vom Profitstreben gekennzeichneten bürgerlichen Konzertwesens, wie es sich im 19. Jahrhundert ausbildete (Paganini hatte als einer der ersten einen Manager), so haben andererseits seine Leistungen für die Entwicklung des Violinspiels und der Violinmusik ebensoviel Gewicht wie die von Franz Liszt für das Klavierspiel und die Klaviermusik. Paganinis Doppelgriff-, Flageolett- und Stakkatospiel, seine Pizzikati mit der linken Hand, das Spiel auf der G-Saite allein hatten für die Weiterentwicklung der Violintechnik revolutionierende Bedeutung. Außerdem war Paganini aber auch ein phantasievoller, schöpferischer Musiker hohen Grades. Die Bewunderung, die große Musiker wie Schubert, Schumann, Liszt und andere ihm entgegenbrachten, zeugt davon. Natürlich stehen die Kompositionen Paganinis ganz im Zeichen der virtuosen Ansprüche des Geigers Paganini, sind sie nicht zuletzt zu dem Zwecke geschrieben, diese Virtuosität ins rechte Licht zu rücken. Darüber hinaus aber beweisen sie den gediegenen Geschmack ihres Schöpfers. Sie lassen erkennen, daß Paganini sich die Sensibilität der französischen Violinschule zu eigen gemacht und daß er in Melodik und Orchesterbehandlung vieles mit Rossini gemeinsam hat.

Paganinis bedeutendste Kompositionen sind die 24 Capricci für Violine solo (op. 1). Besonders hervorzuheben sind außerdem neben Variationen für Violine solo die als op. 2 und 3 erschienenen jeweils 6 Sonaten für Violine und Gitarre sowie die als op. 4 und 5 gedruckten je 3 »Gran quartetti a violino, viola, chitarra e violoncello«. Die Werke für Violine und Orchester sind nur zum Teil gedruckt. Sie existieren in zahlreichen, oft verfälschenden Bearbeitungen. So hat zum Beispiel der ehemalige Bayreuther Konzertmeister August Wilhelmj das D-Dur-Konzert ganz in wagnerischer Manier bearbeitet. Klarheit, Eleganz und auch Intimität des Originals gingen dabei verloren. Heute sollte man die vorliegenden Ausgaben nach den Originalpartituren bevorzugen.

Violinkonzerte Nr. 1 D-Dur op. 6, Nr. 2 h-Moll op. 7 (beide Konzerte erschienen nach Paganinis Tod im Druck, die genaue Entstehungszeit ist unbekannt), Nr. 3 E-Dur (1826), Nr. 4 d-Moll (1829), Nr. 5 a-Moll (alle 3 ungedruckt, vom 5. Konzert nur die Solostimme erhalten; 1954 stellte der französische Geiger A. Grumiaux das nach Originalstimmen rekonstruierte 4. Violinkonzert vor, 1971 setzte sich Henryk Szeryng für das auf gleichem Wege wiedergewonnene 3. Konzert ein). – Variationen für Violine und Orchester: »Le streghe« op. 8 (über ein

Thema von Süßmayr); über »God save the King« op. 9 (1828);
über »Oh, mamma, mamma cara« op. 10 (aus »Carnevale di
Venezia«); über »Dal tuo stellato soglio« (aus Rossinis »Mosè«)
für Violine auf der G-Saite; über »Non più mesta« op. 12 (aus
Rossinis »Cenerentola«); »I palpiti« op. 13 (über »Di tanti palpiti« aus Rossinis »Tancred«). – »Moto perpetuo«. Konzert-
Allegro für Violine und Orchester op. 11; »Balleto campestre«
und »Polacca con variazioni in la« für Violine und Orchester;
mehrere Violinsonaten mit Orchester. – Zahlreiche unge-
druckte Werke, u. a. für Violine auf der G-Saite.

Violinkonzert D-Dur op. 6

Besetzung: Solo-Violine; 2 Flöten, 2 Oboen, 2 Klarinetten,
2 Fagotte, 2 Hörner, 2 Trompeten, 3 Posaunen, Pauken,
Schlagzeug, Streicher
Aufführungsdauer: 19 Minuten

Von den beiden bis heute gedruckt vorliegenden Violinkonzerten
Paganinis wird das zweite (op. 7) seltener gespielt. Aus diesem
h-Moll-Werk hört man jedoch öfter das Finalrondo »La Clochette«
(»Das Glöckchen«), das Franz Liszt unter dem Namen »La Campa-
nella« auf das Klavier übertrug. Das erste Konzert, D-Dur, op. 6,
gehört dagegen unverändert ins Repertoire der großen Geigen-
virtuosen. Ob seiner melodischen Frische und klaren formalen
Gliederung verdient es diese Bevorzugung.

Am Beginn des *ersten Satzes* (Allegro maestoso, D-Dur, ⁴/₄-Takt)
steht eine recht wirkungsvoll angelegte Orchestereinleitung, in der
die wichtigsten Themen nach der Regel exponiert werden. Neben
dem kraftvoll-energischen Hauptthema fällt besonders das volksliedhaft schlichte, innig empfundene Seitenthema auf.

Der Beginn des Soloparts ist sogleich mit hohen technischen Ansprüchen an den Geiger verbunden. Das Hauptthema wird in
große Intervallsprünge zerlegt, mit schwungvollen, weit ausgrei-

fenden Akkordbrechungen versehen und verläuft in perlenden Terzenketten. Auch beim Vortrag des zweiten Themas fordert der Komponist nicht nur innig-kantables, sondern wiederum virtuoses Spiel, denn er löst die Melodie bald in glitzerndes Figurenwerk auf. Ein Mollteil (h-Moll) in der Satzmitte bringt rezitativische Solopassagen und dient außerdem dazu, im Spiel von Terzen-, Sexten-, Oktaven- und Dezimen-Doppelgriffen wiederum technische Brillanz hervorzukehren. Die Tuttiabschnitte haben in diesem wie in den anderen Sätzen vor allem die Funktion, die »Auftritte« des Solisten wirkungsvoll vorzubereiten. Eine Kadenz hat der Komponist ins Belieben des Solisten gestellt.

Der *zweite Satz* (Adagio espressivo, h-Moll, ⁴/₄-Takt) ist eine dramatisch eingeleitete Gesangsszene, für die man in einer Opernarie Rossinis das Vorbild sehen könnte. Die Violine singt eine nobel erfundene, lyrisch aussagestarke Kantilene,

die hernach figurativ entwickelt wird. Es wird behauptet, Paganini habe in diesem langsamen Satz das Gebet eines Gefangenen um Befreiung gestalten wollen.

Das *Finale* (Allegro spirituoso, D-Dur, ²/₄-Takt): ein Rondo, in dem Paganini nun ganz besonders auf Entfaltung technischer Brillanz und spielerischer Virtuosität aus ist. Rossinischen Schwung hat das kecke, elegante Rondothema,

mit dem die Solo-Violine sogleich anhebt. In diesem Satz begegnet uns neben vielen anderen spieltechnischen Raffinessen eine Spezialität Paganinis: das Doppelgriffspiel im Flageolett. Da aber bravouröser technischer Aufwand stets geschmackvoll mit Sinn für Ausgewogenheit verbunden ist, finden wir auch in diesem Satz neben allen möglichen technischen Kunststückchen immer wieder Kantilenenspiel als melodischen Ausgleich. Übrigens: Paganini spielte dieses D-Dur-Konzert gern einen halben Ton höher, in Es-Dur. Seine Geige stimmte er zu diesem Zwecke um einen halben Ton höher, konnte also technisch im griffgünstigeren D-Dur weiterspielen, während die schärfer gespannte und dadurch heller klingende Violine sich stärker und wirksamer vom Orchester abhob.

HJS

Arvo Pärt geb. 1935

Arvo Augustowitsch Pärt ist einer der hochbegabten und interessanten Vertreter der jüngeren sowjetischen Komponistengeneration. Er wurde am 11. September 1935 in Tallinn geboren. Nach Jahren der Tätigkeit als Tonregisseur am Rundfunk der Estnischen SSR begann er verhältnismäßig spät, 1958, mit dem Kompositionsstudium an der Musikhochschule von Tallin. Sein Lehrer war Heino Eller, der Nestor der sowjet-estnischen Komponisten. Bereits während der Studienzeit (sie wurde 1963 abgeschlossen) erregte Pärt mit zwei vokalsinfonischen Werken (der Kinderkantate »Unser Garten« von 1959 und dem Oratorium »Schritt der Welt« von 1961) in der Sowjetunion Aufsehen. Beide Werke erhielten 1962 auf einer Allunions-Leistungsschau junger Komponisten in Moskau erste Preise. Schon wenig später trat der Komponist mit einigen Orchesterwerken hervor, die auch im Auslande rasch bekannt wurden. In diesen Kompositionen erweist er sich als phantasievoller Fortsetzer der großen sinfonischen Traditionen sowjetischer Musik, der durch sinnvolles Nutzen neuer kompositorischer Möglichkeiten eigene Akzente zu setzen weiß. Dies gilt für die Struktur seiner Orchestersätze ebenso wie für die klanglich reizvolle Art der Instrumentation. Hervorstechend ist Pärts Sinn für klar gegliederte sinfonische Architektur. Hier sucht und findet der Komponist in jedem Werk neue Lösungen.

Sinfonie (1963). – Nekrolog (1960); Perpetuum mobile (1963); Collage auf das Thema B-A-C-H (1964); Musica sillabica (1964).

Pärt

Sinfonie

Besetzung: Flöte (auch Pikkoloflöte), Oboe, Klarinette, Fagott, 2 Hörner, Trompete, Posaune, Pauken, Schlagzeug, Xylophon, Streicher
Aufführungsdauer: 12 Minuten

Diese zweisätzige Sinfonie entstand 1963 und ist Pärts Lehrer Heino Eller gewidmet. Im sparsamen Instrumentarium wie in der gesamten Anlage wird das Streben nach konzentrierter Formung deutlich. Der *erste Satz* trägt die Überschrift »Kanons«. Hörner, Trompete und Posaune eröffnen ihn fortissimo mit der Sekundschichtung *b-h-c*. Der Klang wird dann erweitert und im Bläsersatz kunstvoll aufgespalten. Ein Hi-hat (Charlestonmaschine) gibt dazu den jazzbeschwingten Rhythmus. Die vielfach geteilten Streicher treten, mit den Bläsern abwechselnd, in mächtigen Fortissimoblöcken hinzu. Es folgt über einem Streichercluster kontrapunktisches Holzbläserspiel, gegen das der Blechbläsersatz des Beginns geführt wird. Ein neuer polyphoner Abschnitt beginnt mit den Violoncelli:

Im weiteren bleibt der Wechsel von Clustertechnik und polyphoner Stimmführung, das Koppeln beider Möglichkeiten charakteristisch. Klangflächen tragen die Melodielinien, saugen sie auch –
– in dynamischen Aufgipfelungen – gleichsam in sich auf.

Der *zweite Satz* (Präludium und Fuge) wird von einer Solo-Violine eröffnet. Sie exponiert ein Zwölftonthema

in rhapsodisch freier Führung. Mit allmählicher Tempobeschleunigung wird das eigentliche Fugenthema erreicht (Tempo etwa Allegro):

Pärt verarbeitet es nur über wenige Takte im Sinne einer Fuge. Was dann folgt, ist ein einziges mächtiges Orchestercrescendo, in dem bohrende Rhythmen und Cluster dominieren. Die Fugenmelodik klingt in hymnischer Breite erneut an, ehe der Satz nach gewaltigem Klangausbruch dynamisch förmlich in sich zusammenstürzt.

Perpetuum mobile op. 10

> Besetzung: 3 Flöten, 2 Oboen, Englischhorn, 3 Klarinetten (eine in Es), Baßklarinette, 2 Fagotte, Kontrafagott, 4 Hörner, 4 Trompeten, 3 Posaunen, Tuba, Pauken, Schlagzeug, Glocken, Streicher
> Aufführungsdauer: 6 Minuten

Die Komposition entstand 1963 und wurde Luigi Nono gewidmet. Sie trägt den Untertitel »Interferenz«. Der Terminus aus der Physik weist auf ein Prinzip klanglicher Überlagerungen, das hier strukturbildend wirkt. Mit einem gehaltenen b der 1. Violinen (pianissimo) beginnt das Stück. Dissonierend tritt als zweiter Ton ein a der Bratschen hinzu. Und in dieselben beiden Töne mündet der Satz (dabei von 1. Klarinette und Es-Klarinette geblasen). Dazwischen vollzieht sich eine großangelegte Crescendosteigerung mit anschließendem Rücklauf ins Pianissimo, in der der eröffnende schwebende Sekundklang in raffinierter Instrumentation irisierend durch den Hinzutritt weiterer Stimmen (meist unter Beibehalten der dissonierenden Sekundreibung) ausgeweitet wird. Als treibende Kraft tritt mit dem 9. Takt das rhythmische Element hinzu. In wechselndem Metrum, aber doch gleichmäßig vorandrängend fließt das Geschehen nach Art eines Perpetuum mobile, um schließlich durch mächtige Klangballungen gleichsam gestaut zu werden, ehe der »ersterbende« (morendo) Abschluß erreicht wird.   HJS

Jiří Pauer geb. 1919

Jiří Pauer, einer der führenden zeitgenössischen Komponisten der ČSSR, stammt aus Libušín, wo er am 22. Februar 1919 als Sohn eines Bergarbeiters geboren wurde. Er war zunächst Lehrer; musikalisch betätigte er sich, indem er an kleineren Orchestern mit-

wirkte. Eine geregelte musikalische Ausbildung machte der zweite
Weltkrieg zunächst unmöglich. Erst als Dreißigjähriger absolvierte
Pauer die Akademie der musischen Künste zu Prag, nachdem er am
Konservatorium Schüler von Otakar Šín und Alois Hába, an der
Akademie von Pavel Bořkovec gewesen war. Anschließend widmete er sich in vielen Funktionen dem Auf- und Ausbau des Musiklebens der ČSSR: als Lehrer an Musikschulen, im Ministerium
für Kultur und Schulwesen, im Tschechoslowakischen Rundfunk,
als Operndirektor des Prager Nationaltheaters (1953–1955) und
bis heute vor allem als langjähriger Direktor der Tschechischen
Philharmonie und als Vorsitzender des Musikrates des Kulturministeriums der ČSSR. Neben diesem öffentlichen Wirken steht
die schöpferische Arbeit. Pauer war zunächst vor allem als Komponist einprägsamer Lieder, Chöre und Kantaten bekannt geworden.
Doch bald trat er auch mit Orchester- und Kammermusik hervor.
Besonders aber zeigte sich seine starke Begabung für das Musiktheater. Großen Erfolg hatten in der ČSSR der Einakter »Der
Schneckendiplomat« (1950), die historische Oper »Zuzana Vojířevá« (1957), die 3 Operngrotesken »Ehekontrapunkte« (1961) und
»Der eingebildete Kranke« nach Molière (1970).
In allen seinen Werken überzeugt Pauer durch musikantisch frische
Grundhaltung, durch einen Zug zur unmittelbaren Verständlichkeit, die jedoch nicht mit dem Verzicht auf künstlerischen Anspruch
einhergeht. In den Orchesterwerken findet sich eine Vorliebe für
heroische und balladeske Aussagebereiche, aber ebenso für elegisch gefärbte Lyrik und – oft unmittelbar folklorebezogen – für
tänzerischen Witz.

Sinfonie (1964). – Suiten: Miniaturen (1944); Komödianten-Suite (1949); »Für die Jugend« (1951); »Für die Kinder«
(1952). – Scherzo (1951); Rhapsodie (1953); »Panychiade«
für großes Orchester (1969); Ouvertüre »Canto festivo«
(1971). – Fagottkonzert (1949); Oboenkonzert (1954); Hornkonzert (1958); Concertino für Vierteltonklarinette und Kammerorchester (1965).

Fagottkonzert

Besetzung: Solo-Fagott; 2 Flöten (2. auch Pikkolo), 2 Oboen,
2 Klarinetten, 2 Fagotte, 2 Hörner, 2 Trompeten, Pauken,
Schlagzeug, Celesta, Streicher
Aufführungsdauer: 26 Minuten

Pauers Konzerte sind durchweg sehr wirkungsvolle, für den Solisten dankbare Werke, die Musizierenden wie Hörern unmittelbar Freude machen. Am erfolgreichsten war bislang das erste dieser Konzerte, das der Komponist 1949 für Fagott schrieb. Es wurde ein Jahr später von der Tschechischen Philharmonie höchst erfolgreich uraufgeführt und erklingt seitdem im In- und Auslande sehr oft.

Ziemlich ausgedehnt ist der *erste Satz* (Allegro). Pauer stellt den musikalischen Ausdruck des Trotzig-Energischen und des Lyrischen unvermittelt gegenüber und gegeneinander. Nach 4 Takten Tutti mit ständiger rhythmischer Verschiebung im ³/₄-Takt tritt das Soloinstrument »risoluto« und ohne Orchester im ⁵/₄-Takt hervor, um »sein« (tänzerisch inspiriertes) Hauptthema lakonisch in den Raum zu stellen:

Aus ihm werden nachfolgend sowohl muntere und virtuose Spielfiguren, energische melodische Spannungsbögen wie auch herzliche Kantilenen entwickelt. Orchester- und Solopartie sind in diesen Abschnitten (wie im ganzen Werk) immer wieder im sinfonischen Sinne aufeinander bezogen. Hervorstechend ist eine edel geschwungene Kantilene des Fagotts, die zunächst im Wechselspiel mit Flöten und 1. Klarinette vorgetragen wird und im Sinne der klassischen Sonatenform den zweiten Themenkomplex darstellt.

Die Möglichkeiten beseelten Kantilenenspiels besonders in den höheren Tonbereichen des Fagotts nutzte Pauer bei der Gestaltung des *zweiten Satzes* (Adagio) mit Nachdruck. Vom Orchester zart begleitet, singt das Soloinstrument weit ausholende, nachdenkliche und besinnliche Weisen, die gelegentlich einen fast rezitativischen Duktus erhalten. Im Mittelteil tritt das Orchester stärker hervor, und es kommt zu einer erregten, dynamisch sehr gesteigerten musikalischen Szene.

Als munterer Kehraus nach klassischem Vorbild gibt sich das tän-

zerisch beschwingte Finale (Allegro giocoso). Es steht in klarem
Es-Dur (der erste Satz endete in A-Dur, der zweite in b-Moll;
beide Sätze sind tonal im ganzen aber frei konzipiert), 2/4- und 3/4-
Takt-Abschnitte wechseln. Virtuos, mit elegantem Anlauf, trägt
das Fagott das Hauptthema vor,

das durch einen tänzerisch-humorvollen Gedanken wirkungsvoll
ergänzt wird:

Das Ganze hat Rondoform. Vor dem temperamentvollen Abschluß
steht ein plötzlicher tonaler »Ruck« nach gis-Moll (Poco meno, 3/4-
Takt). Mit edler melodischer Gebärde übernimmt hier ein Solo-
Violoncello die Führung. Aber dann dominiert wieder die Bravour des von Orchester und Solo-Fagott erneut in Es-Dur vorgetragenen Rondothemas. HJS

Krzysztof Penderecki geb. 1933

Penderecki wurde am 23. November 1933 in Dębica geboren. Er
begann seine Kompositionsstudien bei F. Skołyszewski und setzte
sie an der Krakauer Musikhochschule bei A. Małłwski und S. Wie-
chowicz fort. 1972 wurde Penderecki zum Rektor dieser Musikhochschule berufen. Er gehört heute zu den führenden Vertretern
der jüngeren polnischen Komponistengeneration. Ausgehend von
nationalen Intonationen seiner Heimat, schuf Penderecki unter
Nutzung verschiedenster moderner Kompositionspraktiken eine
eigene Klangwelt, die sich sehr logischen Gesetzen fügt. Er arbeitet nicht mit Themen und deren Entwicklung, sondern mit raffiniert zusammengesetzten und variierten Klängen, mit einer dramaturgisch sehr eindrucksvollen Klangregie, bei der musikalische

Abläufe durch den Rhythmus und den Wechsel der Klangfarbe geschaffen werden. Ein zentrales Werk wie die »Passio et mors Domini nostri Iesu Christi secundum Lucam«, die Lukaspassion (1965), die dem Komponisten hohe internationale Anerkennung brachte, zeigt sein Bemühen, diese musikalische Klangregie als Mittel intensiver Ausdrucksgestaltung einzusetzen. Sie steht im Dienste einer zutiefst religiösen Humanitas, unter der das inhaltliche Engagement von Pendereckis Musik vorwiegend zu fassen ist. Penderecki, der von Haus aus Geiger ist, beweist vor allem im Einsatz der Streichinstrumente enorme Klangphantasie.

Sinfonie (1973). – Emanationen für 2 Streichorchester (1958); Anaklasis für Streichorchester und Schlagzeuggruppen (1960); Threnodie »Den Opfern von Hiroshima« für 52 Streichinstrumente (1961); Polymorphia für 48 Streichinstrumente (1961); Fluorescences für großes Orchester (1962); Kanon für Orchester und Tonband (1962); De natura sonoris I für großes Orchester (1966); Pittsburgh-Ouvertüre für Blasorchester und Kesselpauken (1967); De natura sonoris II für Orchester (1970); Utrenia. Aktionen für Jazzorchester (1971).

Fonogrammi für Flöte und Kammerorchester (1961); Sonata für Violoncello und Orchester (1964); Capriccio für Oboe und 11 Streichinstrumente (1965); Capriccio für Violine und Orchester (1967); Concerto per violino grande e orchestra (1967); Concerto für Violoncello und Orchester (1972); Partita für Cembalo, Elektrogitarre, Baßgitarre, Kontrabaß und Kammerorchester (1972).

Threnodie »Den Opfern von Hiroshima«

Besetzung: 24 Violinen, 10 Bratschen, 10 Violoncelli, 8 Kontrabässe
Aufführungsdauer: 8 Minuten, 26 Sekunden

Die Threnodie (Klagegesang) ist eines der bekanntesten Werke Pendereckis. Der Komponist hat es den Opfern des amerikanischen Atombombenabwurfes über Hiroshima gewidmet. Es entstand in den Jahren 1959–1961. Die Streicher werden hier in Gruppen mit wechselnder Besetzung zusammengefaßt. Aus dem Wechsel, dem Mit- und Gegeneinander dieser Klanggruppen, die wiederum in sich mehrfach geteilt sind, gewinnt der Komponist Klänge von bohrender Eindringlichkeit. Sie repräsentieren vornehmlich Hal-

tungen des Schmerzes, eines tief erschütternden Versinkens in Leid.
Die Komposition ist dreiteilig angelegt. Im ersten und letzten Teil
notiert Penderecki vor allem die Dynamik, die genauen Zeitabläufe und sehr differenzierte Spielanweisungen. Vorgeschriebene
fixierte Tonhöhen gibt es nur im Sinne eines Andeutens aleatorisch
zu nutzender Tonvorräte oder des Umreißens einer glissandierend
auszufüllenden Klangfläche. Im Mittelteil wächst das Geschehen
aus seriell genau konstruiertem, punktualistischem Ablauf in einer
Streichergruppe (4 Violinen, 3 Bratschen, 3 Violoncelli, 2 Kontrabässe) durch das allmähliche Hinzutreten zweier weiterer, gleich
besetzter Gruppen zu eindringlicher, differenzierter Klanggeste.
Der Schluß vereint das ganze Orchester zu einem mit äußerster
Kraft intonierten, alle zwölf Töne der chromatischen Skala umfassenden Cluster, der dann im Verlauf einer halben Minute vierfaches Piano erreicht und verlischt. HJS

Hans Pfitzner 1869—1949

Pfitzner wurde am 5. Mai 1869 als Sohn eines deutschen Orchestermusikers in Moskau geboren. 1872 kam er mit den Eltern nach
Frankfurt am Main. Der Vater, der hier Musikdirektor am Stadttheater wurde, erteilte seinem Sohn den ersten Violinunterricht.
Von 1886 an studierte Pfitzner am Hochschen Konservatorium. Er
war nach Beendigung der dortigen Ausbildung (1890) und kurzer
Lehrzeit bei Hugo Riemann vor allem als Lehrer und Kapellmeister tätig. Er unterrichtete am Koblenzer Konservatorium
(1892/93), am Sternschen Konservatorium in Berlin (1897–1907).
Dazwischen (1894–1896) war er Theaterkapellmeister in Mainz.
1903 ging Pfitzner als Kapellmeister ans Berliner Theater des Westens, 1907/08 dirigierte er das Kaim-Orchester in München, und
1908 bis 1918 war er als Musikdirektor, Operndirektor und Leiter
des Konservatoriums zu Straßburg tätig. 1920–1929 übernahm er
eine Meisterklasse für Komposition an der Berliner Akademie der
Künste, 1930–1934 eine an der Münchner Akademie der Tonkunst.
Danach lebte er als freischaffender Komponist in München; in
diese Zeit fallen zahlreiche Reisen als Dirigent, Regisseur und Pianist. 1899 hatte er die Tochter seines Frankfurter Klavierlehrers
James Kwast entführt und in England geheiratet.

1943 wurde Pfitzners Wohnung in München zerstört. Er lebte zunächst in Wien und Garmisch-Partenkirchen, von 1946 an in München. Am 22. Mai 1949 starb er in Salzburg.

Der Komponist Pfitzner ist der deutschen musikalischen Tradition der zweiten Hälfte des 19. Jahrhunderts zutiefst verbunden. Im Opernschaffen wurde er vor allem von Richard Wagner beeinflußt, aber auch Weber und Schumann fühlte er sich verpflichtet. Charakteristisch für die eigene Arbeit ist der leidenschaftliche Einsatz des Theaterdirigenten Pfitzner für Heinrich Marschner. Streitbar und höchst eigensinnig trat er auch schriftstellerisch für seine zutiefst konservativen Kunstideale ein. Diese rückwärtsgewandte Haltung führte bei Pfitzner gelegentlich zu dogmatischem Mystizismus und Nationalismus, deren reaktionäre Tendenzen im faschistischen Deutschland durchaus ihren Platz hatten. Die Wagnersche Erlöserthematik der frühen Pfitzner-Opern (»Der arme Heinrich«, 1891; »Die Rose vom Liebesgarten«, 1897–1900) wird im Opernhauptwerk »Palestrina« (1912–1915) zum tragischen Ringen des Künstlers inmitten einer seinem Wollen verständnislos gegenüberstehenden Welt verdichtet. Züge trüber Resignation bestimmen die Chorphantasie »Das dunkle Reich« (1929). Andererseits hat der Instrumentalkomponist Pfitzner mit meisterlicher thematischer Arbeit, klanglicher Sensibilität und Einfallsreichtum einige sehr beachtliche Werke geschaffen, in denen seine humanistische Grundhaltung erkennbar wird. Nicht zufällig fand Pfitzner gerade in diesem Bereich während seiner beiden letzten Lebensjahrzehnte zu einer der Klassik verpflichteten, betont durchsichtigen und hellen Tonsprache. Diese Werke stehen uns heute am nächsten.

Sinfonie cis-Moll op. 36a (1932; nach dem Streichquartett op. 36); Kleine Sinfonie G-Dur op. 44 (1939); Sinfonie C-Dur op. 46 (1940). – Scherzo c-Moll (1887); Ouvertüre zu Kleists »Käthchen von Heilbronn« op. 17 (1905); Elegie und Reigen für kleines Orchester op. 45 (1940); Fantasie op. 56 (1947). – Klavierkonzert Es-Dur op. 31 (1923); Violinkonzert h-Moll op. 34 (1924); Violoncellokonzerte G-Dur op. 42 (1935) und a-Moll op. 52 (1944). HJS

Kleine Sinfonie G-Dur op. 44

Besetzung: 2 Flöten, 2 Oboen, 2 Klarinetten, 2 Fagotte, Trompete (in F), Harfe, Becken, Streicher (stark besetzt)
Aufführungsdauer: 19 Minuten

Das Werk (1939 entstanden und uraufgeführt) ist eine Schöpfung des siebzigjährigen Pfitzner. Zwar wird ein stark besetztes Streichorchester verlangt, dafür aber sind die Bläser reduziert auf doppeltes Holz und eine Trompete. Harfe und Becken treten hinzu. Die künstlerische Absicht, mit höchster Ökonomie der angewandten Mittel zu musizieren, ist ganz unverkennbar, denn Pfitzner läßt ein Klangbild von kammermusikalischer Durchsichtigkeit und Helle entstehen. Das Vorbild der Klassiker wird also nicht nur in der Viersätzigkeit deutlich (die vier Sätze gehen allerdings ohne Pause ineinander über).

»Gemächlich« beginnt der *erste Satz* (Moderato, G-Dur, Allabreve-, ⁴/₄-Takt) im leichten kontrapunktischen Spiel der Streicher mit einer fast klassischen Themenprägung:

Ein zweites, energisches Thema scheint mehr der Schumannschen Klangwelt zu entstammen; die Durchführung zeigt in der feinen motivischen Verwebung und der harmonischen Eigenwilligkeit des Satzbildes die Hand des Meisters. In eine hartnäckige Baßfigur der Violoncelli bricht die Trompete ein; ihr Fanfarenmotiv leitet unmittelbar zum *zweiten Satz* (Allegro, d-Moll, ⁶/₈-Takt) über und durchpulst dieses Scherzo, in dem das Bekenntnis zu Schumann eindeutig ist. Das Thema des *dritten Satzes* (Adagio, g-Moll, ⁴/₄-Takt) wird von den mit Dämpfer spielenden 1. Violinen vorgesungen

und von 1. Klarinette, 1. Oboe und Fagotten nacheinander beantwortet. Es zählt durch seine schlichte Ausdrucksfülle zu den schönsten Eingebungen des späten Pfitzner. Schließlich wird das Thema von der Flöte zu einer kadenzartigen Überleitung in den *letzten Satz* (Heiter bewegt, Allegretto, G-Dur, ⁶/₈-Takt) ausgeformt. In seiner humorvollen Liebenswürdigkeit wie in der thematischen Arbeit schließt sich dieser Satz im Charakter an manche Finalsätze von Haydn an.

Klavierkonzert Es-Dur op. 31

Besetzung: Solo-Klavier; 3 Flöten (3. auch Pikkolo), 3 Oboen, 3 Klarinetten, 3 Fagotte (3. auch Kontrafagott), 4 Hörner, 3 Trompeten, 3 Posaunen, Baßtuba, Pauken, Schlagzeug, Harfe, Streicher
Aufführungsdauer: 38 Minuten

Das Konzert entstand 1922/23 und ist Fritz Busch gewidmet, der es in Dresden am 16. März 1923 mit Walter Gieseking als Solisten uraufführte. Pfitzner steht mit diesem Werk in der von Beethoven über Schumann und Brahms verlaufenden Traditionslinie des Klavierkonzerts. Auch bei ihm ordnet sich das solistische Moment in die sinfonische Großform ein. Äußerliche Virtuosität wird gemieden. Die solistischen Schwierigkeiten ergeben sich immer folgerichtig aus der Werkidee. Vom zweiten Brahms-Konzert hat Pfitzner die viersätzige Anlage übernommen, in mancher Beziehung auch die Vollgriffigkeit des Klaviersatzes und die eigentümliche, von grimmigem Humor erfüllte Stimmung mancher Partien.

»Pomphaft, mit Kraft und Schwung« (Es-Dur, ⁴/₄-Takt) beginnt im *ersten Satz* das Klavier mit dem Hauptthema:

In der konzertanten Auseinandersetzung zwischen Soloinstrument und Orchester fehlen die charakteristischen Pfitznerschen Kontrapunkte nicht. Mit einer Wendung aus dem Es-Dur-Bereich nach h-Moll mündet die Entwicklung in den zweiten, »sehr emfindungsvollen, schweren und ernsten« Hauptgedanken ein (Bedeutend langsamer, ⁶/₈-, ¹²/₈-Takt), der vom Solisten aufgegriffen und mit rhapsodischer Freiheit umspielt wird. Die Rückführung zum ersten Thema folgt dem klassischen Formprinzip. Neu aber ist, daß sich der *zweite Satz* (Ziemlich schnell, in einheitlich atemlosem Zeitmaß, Es-Dur, ⁶/₈-Takt) unmittelbar anschließt. Das thematische Wechselspiel zwischen den Bläsergruppen und dem Klavier stellt an die Aufführenden höchste Anforderungen; denn alles soll lokker und leicht schweben. Der *dritte Satz* (Äußerst ruhig, versonnen, schwärmerisch, gis-Moll, ⁴/₄-Takt) bringt in seinem Stimmungszauber den Höhepunkt des ganzen Werkes. »Rasch, ungeschlacht, launig« schreckt der *Finalsatz* (Es-Dur/E-Dur, Alla-breve-Takt) aus dieser Idylle auf. Partien von wilder Energie wechseln mit vertrackter Kontrapunktik. Eigenwillig und eigensinnig besteht Pfitzner darauf, auch die solistische Schlußkadenz des Klaviers dem Hörer nicht als virtuoses Raketenfeuer, sondern in streng fugierter Form vorzusetzen.

Violinkonzert h-Moll op. 34

Besetzung: Solo-Violine; 3 Flöten (3. auch Pikkoloflöte), 3 Oboen (3. auch Englischhorn), 3 Klarinetten, 3 Fagotte (3. auch Kontrafagott), 4 Hörner, 3 Trompeten, 3 Posaunen, Baßtuba, Pauken, Schlagzeug, Glockenspiel, Harfe, Streicher (stark besetzt)

Aufführungsdauer: 30 Minuten

Dieses 1924 vollendete einsätzige Violinkonzert, im gleichen Jahre unter der Leitung des Komponisten in Nürnberg mit Alma Moodie als Solistin uraufgeführt, zeigt wiederum Pfitzners Absicht, die klassische Satzordnung zwar nicht aufzugeben, die verschiedenen Teile aber durch gemeinsame Gedanken miteinander zu verbinden und so zu einem einzigen Satz zu verschweißen. Diese konzentrierte Anlage stellt an den Hörer hohe Forderungen.

Das Baumaterial des Konzertes besteht aus vier Themen, die auf ganz eigenwillige Weise entwickelt und gegeneinander ausgespielt werden. Das erste, mit dem die Violine sofort die Führung an sich reißt (Lebhaft, energisch, h-Moll, ⁴/₄-Takt), hat echt konzertante Haltung:

Das zweite Thema, eine weitgeschwungene, leidenschaftliche Kantilene, trägt lyrischen Charakter. Aus den virtuosen Passagen des Soloinstrumentes formt sich der Ansatz zum dritten, chromatischen Thema (Viel langsamer, schwer), dessen rhythmische Gestalt mit der des ersten Themas verwandt ist. Vollständig wird es zuerst von den Trompeten und Hörnern vorgetragen, gestützt auf Posaunen und Tuba:

In sieben Variationen erfährt es geistvolle Umgestaltungen, mündet in eine Solokadenz der Violine, die zum langsamen Teil (Langsam, sehr getragen, f-Moll, ⁴/₄-Takt) überleitet. In diesem Teil trägt die 1. Oboe das Thema vor, dessen Keime im zweiten Hauptgedanken des Werkganzen zu finden sind. Im kunstreichen kontrapunktischen Gewebe der Stimmen muß die Solo-Violine schweigen. Der Abschnitt verklingt auf dem C-Dur-Akkord. Unmittelbar darauf wird in h-Moll über gedämpften Trillerketten der Streicher von der Solo-Violine die Rückführung zum Beginn des Werkes vollzogen. Doch kommt dieser Partie nur der Charakter einer, allerdings gewichtigen, Überleitung zu; denn eine Kadenz der Violine führt in das »etwas gemächliche« Zeitmaß des rondoartig angelegten Schlußteiles hinein (D-Dur, ⁴/₄-Takt). Nach der in den vorangegangenen Teilen bezeugten Sprödigkeit zeigt sich Pfitzner mit dem neuen, vierten Thema nun auch einmal von der liebenswürdigen und humorvollen Seite.

Aus der Hinzunahme des schon zuvor verwandten thematischen Materials aber entstehen neue polyphone Entwicklungen, in deren Verlauf sich das erste Thema durchsetzt, jetzt triumphierend nach H-Dur gewandt.

Violoncellokonzert a-Moll op. 52

Besetzung: Solo-Violoncello; 2 Flöten, 2 Oboen, 2 Klarinetten, 2 Fagotte, 4 Hörner, 2 Trompeten, Pauken, Schlagzeug, Harfe, Streicher
Aufführungsdauer: 25 Minuten

Knüpft das 1. Violoncellokonzert (G-Dur op. 42), das 1935 entstand, in der einsätzigen Anlage an das Violinkonzert an, so zeigt sich in ihm doch bereits jenes für den späten Pfitzner typische Streben nach einem durchsichtigen Klangbild. In der Haltung ist es Robert Schumanns Violoncellokonzert verwandt. Pfitzner widmete sein 1. Konzert dem berühmten Cellisten Gaspar Cassadó.

Das 2. Violoncellokonzert, a-Moll, schrieb der fünfundsiebzigjährige Pfitzner 1943/44 für Ludwig Hoelscher, der es auch am 23. April 1944 in Solingen unter der Leitung des Komponisten uraufführte. Sehr deutlich wird in dieser Komposition, wie der alte Meister die Hinwendung zur klaren, ausgewogenen Tonsprache der Klassik mit der bewußten Rückerinnerung an die eigenen künstlerischen Anfänge verbindet. »In dieses Cellokonzert op. 52 ist ein Thema eingewebt, welches das Hauptthema eines in meiner Konservatoriumszeit geschriebenen Cellokonzertes bildete. Diese Jugendarbeit ist nie aufgeführt worden. ... Aber das Hauptthema scheint mir doch wert, der Vergessenheit entrissen zu werden. So habe ich es an einigen Stellen meines Alterswerkes erklingen lassen als einen Gruß an meine Jugend«, steht als Vorspruch in der Partitur. Und Pfitzner teilt auch gleich die Originalgestalt dieses Themas mit:

Das Werk ist aus vier kurzen Sätzen gebildet, von denen der dritte unmittelbar in den vierten übergeht. Auch hier offenbart sich, besonders in der kunstvollen Ausnutzung des thematischen Materials, Pfitzners strenge Logik des Tondenkens.

»Ruhig« beginnt der *erste Satz* (³/₄-Takt) in einer freien Harmonik, die oft von der Grundtonart weitab führt. Das vom Soloinstrument bald aufgenommene Hauptthema ist durch einen weiten melodischen Bogen gekennzeichnet; in seine Entwicklung wird das Jugendthema als Zitat eingearbeitet. Zuerst vom Violoncello intoniert, dann vom Orchester beantwortet, fügt es sich in das spätromantische Klangbild organisch ein. Die obligate solistische Kadenz ist zu einer Doppelkadenz von Violoncello und 1. Klarinette ausgeformt. Der Satz endet in klarem A-Dur.

Der *zweite Satz* (Nicht zu schnell, A-Dur, 2/4-Takt) hat intermezzoartigen Charakter. Das Soloinstrument eröffnet ihn mit Sechzehntelpassagen, die vom Orchester aufgenommen und mit einer an Haydns Motivarbeit erinnernden Satztechnik entwickelt werden.

Der *dritte Satz* (Feierlich, F-Dur, 3/2-Takt) trägt melodische Züge, die dem Jugendthema entfernt verwandt erscheinen. Er leitet unmittelbar zum *Finale* über (Allegretto, a-Moll, 6/8-Takt), das in der klassischen Rondoform ein kapriziöses Thema aufstellt.

In die geistreiche, wiederum auf klassische Prinzipien bewußt zurückgreifende Durchführungsarbeit ist nun nochmals das Jugendthema verwoben, diesmal aber nicht nur als Zitat. Pfitzner gelingt hier das Meisterstück, den Jugendeinfall ganz selbstverständlich aus dem Altersthema als dessen logische Fortsetzung erstehen zu lassen. Damit ist der abschließende Höhepunkt des Werkes erreicht.

HH

Francis Poulenc 1899—1963

Poulenc wurde am 7. Januar 1899 in Paris geboren. Er studierte bei Ricardo Viñes Klavier und bei Charles Koechlin Komposition. In den zwanziger Jahren gehörte er der »Groupe des Six« an, um

1922 war er Begleiter Darius Milhauds auf Konzertreisen durch Europa. Danach lebte er vorwiegend als Komponist in seiner Heimatstadt und ging nur noch gelegentlich als versierter Pianist und Begleiter auf Konzertreisen. Poulenc starb am 30. Januar 1963 in Paris.

Der Kritiker Claude Rostand schrieb einmal: »In Poulenc wohnen zwei Seelen: die eines Mönches und die eines Lausbuben.« Damit sind nur zwei Seiten der schöpferischen Persönlichkeit dieses bedeutenden französischen Komponisten umrissen. Seine tiefe Religiosität bezeugen Werke wie die Messe in G oder das Stabat mater. Witz und typisch französischer Charme dagegen finden sich in Poulencs Instrumentalwerken ebenso wie in seinen Filmmusiken. 1918 kam in Erik Saties Konzertreihe »Noveaux Jeunes« Poulencs erstes Werk zur Aufführung: eine »Rapsodie nègre« für Gesang und Instrumente. Die Bekanntschaft mit Satie führte zunächst zur Abwendung vom Impressionismus, von dem Poulenc herkam. Als Mitglied der »Groupe des Six« (mit Milhaud, Honegger, Auric, Durey, Tailleferre) strebte er nach neuer Einfachheit der Tonsprache, bezog Elemente des Jazz in seine Werke ein, wandte sich der Zirkus- und Ballettmusik zu. Der originelle Melodiker verlor sich aber nicht in geistreichen Spielereien, sondern fand bald seinen eigenen Weg. Anknüpfend an große Traditionen der französischen Tonkunst, suchte er eine neue Klassizität, in der Eleganz, Esprit, unsentimentaler Ausdruck dominieren.

Poulenc bekannte sich aktiv zum Kampf gegen die faschistischen Okkupanten. Er schrieb Werke für die Résistance, u. a. auf Texte von Aragon und Eluard. Hervorzuheben ist Poulencs umfangreiches und wertvolles Liedschaffen. Er vertonte hier vor allem Texte von Apollinaire, Cocteau, Eluard. In den dreißiger Jahren erwarb sich der Bariton Pierre Bernac durch den Vortrag Poulencscher Lieder internationales Ansehen. Der Komponist war dabei authentischer Begleiter.

Die meisten Orchesterwerke Poulencs sind geistreich und unterhaltend.

> Ballettsuiten: »Les biches« (1940); »Les animaux modèles« (1942). – Sinfonietta (1947); »Suite française« (1935). – »Concert champêtre« für Cembalo und Orchester (1928); »Aubade« für Klavier und 18 Instrumente (1929); Konzert d-Moll für 2 Klaviere und Orchester (1932); Konzert g-Moll für Orgel, Pauken und Streicher (1938); Klavierkonzert d-Moll (1949).

»Aubade« für Klavier und 18 Instrumente

Besetzung: Solo-Klavier; 2 Flöten, 2 Oboen, 2 Klarinetten, 2 Fagotte, 2 Hörner, Trompete, 3 Pauken, 2 Bratschen, 2 Violoncelli, 2 Kontrabässe
Aufführungsdauer: 21 Minuten

Im Mai und Juni 1929 schrieb Poulenc an diesem »Concerto chorégraphique«, das durch seinen Untertitel auf die Möglichkeit tänzerischer Deutung weist. Mit seinen Satzüberschriften knüpft das anmutige »Morgenständchen« an Praktiken der klassischen französischen Klaviermusik an.

Zu Beginn des als *Tokkata* bezeichneten Eröffnungssatzes schmettern Hörner und Trompete »Lento e pesante« mit kräftigen Signalmotiven den Morgengruß, mit dem sie zugleich die Göttin der Jagd, Diana, grüßen. »Molto animato« tritt dann das Klavier mit einem kecken Solo hervor. Ein Larghetto schließt sich an, *Die Gespielinnen der Diana* überschrieben. Die Anfangssignale klingen variiert an, ehe die beiden Klarinetten zu graziösem Zwiegesang hervortreten (doucement chanté). In einem Rondeau, das der Komponist *Diana und ihre Gespielinnen* (Allegro) nannte, intoniert das Klavier eine liedhaft-kräftige A-Dur-Weise, die energisch und auch sanft in den anderen Instrumenten weiterklingt. Der eigentliche Auftritt der Diana folgt im Tempo Più mosso (Cis-Dur). Die A-Dur-Weise wird schwungvoll verändert, kehrt schließlich in der Originaltonart wieder. In kecker Mischung von rhythmischer Signalmotivik und lyrischer Kantabilität erleben wir dann die *Toilette der Diana* (Presto). Ein *Rezitativ* (Larghetto) leitet über zum Andante con moto (Es-Dur), *Variationen über Diana,* der eine sanfte Weise der 1. Oboe zugrunde liegt. Tempo und Dynamik steigern sich, münden endlich in ein Allegro feroce, *Die Verzweiflung der Diana* überschrieben. Der Komponist gestaltet diesen musikalischen Gefühlsausbruch nicht ohne leise Ironie. Nach einem letzten Aufbegehren beruhigt sich denn auch die musikalische Szene; *Abschied und Trennung* (Adagio) von der reizenden Göttin der Jagd schließen sich an. Melodische Erinnerungen an Vorausgegangenes klingen noch einmal auf. Nach luftigen Sechzehntelfiguren der Flöte und des Klavieres setzen die Bläser den energischen Schlußpunkt. Die einzelnen Abschnitte folgen einander ohne Pause.

Konzert d-Moll für 2 Klaviere und Orchester

Besetzung: 2 Solo-Klaviere; 2 Flöten (2. auch Pikkolo), 2 Oboen (2. auch Englischhorn), 2 Klarinetten, 2 Fagotte, 2 Hörner, 2 Trompeten, 2 Posaunen, Tuba, Schlagzeug, Streicher
Aufführungsdauer: 19 Minuten

Dieses effektvolle, witzige Konzert erklang zum ersten Male am 5. September 1932 während eines internationalen Musikfestivals in Venedig. Der Komponist und Jacques Fevrier spielten die Soli, das Orchester der Scala begleitete unter Désiré Defauw.

Bunt, quirlig, voller Kontraste gibt sich das ebenso virtuose wie unterhaltsame Stück. Das Orchester eröffnet den *ersten Satz* (Allegro ma non troppo, ⁴/₄-Takt) mit einem kräftigen d-Moll-Akkord. Die Solo-Klaviere wiederholen ihn, fügen aber dem Akkord *d-f-a* die kleine Sekunde *es* als »Würze« hinzu. Dieser Vierklang kehrt dann am Ende des Konzertes wieder. Er ist gleichsam das Tongerüst, aus dem sich vor allem das Spielwerk der Solisten ableitet. Die rasanten Sechzehntelpassagen des 1. Klavieres machen dies sogleich deutlich. Passagen, hämmernde Akkorde, glitzernde chromatische Läufe, kecke Sprünge prägen die Soloparts. Das Orchester gibt ergänzende Einwürfe, setzt rhythmische Akzente. Im Mittelteil markieren Kastagnetten tänzerische Eleganz.

Der ausgelassenen Musizierfreude folgt im *zweiten Satz* (Larghetto, B-Dur, Alla-breve-Takt) eine charmante Reverenz vor Mozart: Das 1. Solo-Klavier eröffnet und erinnert in Begleitung und vor allem Melodik an die Romanze des d-Moll-Klavierkonzertes des Salzburger Meisters:

Turbulent geht es schließlich im *Finale* zu (Allegro molto, D-Dur). Nach akkordischem Beginn und tokkatenartigen Soli des 1. wie später auch des 2. Klaviers klingt ein spritziges Rondothema auf, das in seinem Duktus ebenfalls an die Musik der Klassik erinnert, in seiner Verarbeitung und Entwicklung freilich ganz die lockere, witzig pointierende Hand des französischen Meisters verrät. HJS

Sergei Prokofjew 1891—1953

Sergei Sergejewitsch Prokofjew ist einer der bedeutendsten Komponisten unseres Jahrhunderts. Er wurde am 11. (23.) April 1891 in Sonzowka (Ukraine) geboren. Nach dem Studium am Petersburger Konservatorium (unter anderem bei Anatoli Ljadow, Rimski-Korsakow, später bei Nikolai Tscherepnin) erregte er bereits mit zwanzig Jahren durch Klavierkompositionen und sein virtuoses pianistisches Können (das er sich vor allem bei Anna Jessipowa erwarb) Aufsehen. 1918 wurde in Petrograd seine 1. Sinfonie (die »Klassische«) uraufgeführt. Im selben Jahr verließ Prokofjew die Heimat. Er begann ein unstetes Wanderleben als Pianist und Dirigent, das ihn durch Europa und die USA führte. Vor allem in Frankreich kam er mit den wichtigsten neuen musikalischen Richtungen in enge Berührung. Für Djagilew schrieb er mehrere Ballettmusiken. Die Bekanntschaft mit Strawinsky wurde wichtig. Prokofjew interessierte sich lebhaft für alles Neue. (Schon früher hatte er Stücke von Schönberg in Rußland zur Aufführung gebracht.) Diese Einflüsse spiegeln sich in den Kompositionen seiner Auslandsjahre wider. Zugleich ist aber schon in ihnen erkennbar, wie der Künstler leidenschaftlich um den eigenen Weg ringt, wie Grundzüge der Tonsprache seiner Heimat nie verlorengehen. 1932 kehrte Prokofjew endgültig in die Sowjetunion zurück, zu der die Verbindungen nie abgerissen waren: Werke Prokofjews wurden dort gespielt, und der Komponist hatte mehrere Konzertreisen durch seine Heimat unternommen. Von 1932 an widmete der Künstler seine ganze Kraft der Entwicklung der sozialistischen Musikkultur der Sowjetunion, die er um zahlreiche Meisterwerke bereicherte.

Prokofjews Schaffen umfaßt viele Genres. Als Opernkomponist, Sinfoniker, Schöpfer bedeutender Konzerte, Kammermusikwerke, Kantaten, Filmmusiken ist er einer der wesentlichsten Vertreter des sozialistisch-realistischen Musikschaffens überhaupt, dessen Werke heute im internationalen Musikleben ihren festen Platz haben. Bei aller Wandlung der Tonsprache im einzelnen – von der harten Rhythmik, den wilden Klangballungen, vielen sarkastischen Zügen der früheren Zeit zum melodisch betonten Ausdrucksreichtum der späteren Werke – wird Prokofjews Musik von ausgeprägtem melodischem Profil, konzeptionell klarer Anlage und betont gestischem Charakter bestimmt. Virtuosität und Vitalität verbinden sich mit lyrisch-innigem Gefühlsreichtum, Direktheit des Musizierens mit großer Differenzierungskraft, einfache, oft naive Klänge mit komplizierten Klangballungen, Humor mit tragischen Akzenten, Innigkeit mit heroischem Pathos.

Das konzertant-sinfonische Schaffen Sergei Prokofjews, der am 5. März 1953 in Moskau starb, ist außerordentlich umfangreich und nimmt in seinem Gesamtwerk einen hervorragenden Platz ein.

7 Sinfonien: Nr. 1 D-Dur op. 25 »Klassische« (1917); Nr. 2 d-Moll op. 40 (1925; unvollendete Umarbeitung als op. 136, 1953); Nr. 3 c-Moll op. 44 (1928); Nr. 4 C-Dur op. 47 (1930; Neufassung als op. 112, 1947); Nr. 5 B-Dur op. 100 (1944); Nr. 6 es-Moll op. 111 (1947); Nr. 7 cis-Moll op. 131 (1952). – Sinfonietta A-Dur op. 5 (1909; 3. Fassung als op. 48, 1929).

Suiten: »Ala und Lolli«. Skythische Suite op. 20 (1915); »Der Schut« op. 21a (1922); »Die Liebe zu den drei Orangen« op. 33a (1924); »Der stählerne Schritt« op. 41a (1925); »Der verlorene Sohn« op. 46a (1929); 4 Porträts und Finale. Sinfonische Suite aus der Oper »Der Spieler« op. 49 (1931); »Am Dnjepr« op 51a (1933); »Leutnant Kishe« op. 60 (1934); »Ägyptische Nächte« op. 61 (1934); 3 Suiten aus dem Ballett »Romeo und Julia«: Nr. 1 op. 64a (1936), Nr. 2 op. 64b (1936), Nr. 3 op. 101 (1946); »Ein Sommertag« op. 65a für kleines Orchester (1941); »Semjon Kotko« op. 81a (1941); »Das Jahr 1941« op. 90 (1941); 3 Suiten aus dem Ballett »Aschenbrödel«: Nr. 1 op. 107 (1946), Nr. 2 op. 108 (1946), Nr. 3 op. 109 (1946); »Walzer« op. 110 (1946); »Sommernacht«. Suite aus »Die Verlobung im Kloster« (1940) op. 123 (1950); nach dem Ballett »Die steinerne Blume« (1950): »Hochzeitssuite« op. 126 (1951), »Zigeunerfantasie« op. 127 (1951), »Uralische Rhapsodie» op. 128 (1951), »Die Herrin des Kupferberges« op. 129 (1951).

»Träume«. Sinfonische Bilder op. 6 (1910); »Herbst«. Sinfonische Skizze op. 8 (1910; überarbeitet 1915 und 1934); Ouvertüre über hebräische Themen op. 34a (1934; ursprünglich, 1919, für Sextett); Ouvertüre B-Dur für 17 Instrumente op. 42 (1926; Bearbeitung für großes Orchester op. 42a, 1928); Divertimento op. 43 (1929); Sinfonisches Lied für Orchester op. 57 (1933); »Peter und der Wolf«. Musikalisches Märchen für Kinder op.67, mit Sprecher (1936); 4 Märsche für Blasorchester op. 69 (1937); Russische Ouvertüre C-Dur op. 72 (1936); Sinfonischer Marsch B-Dur op. 88 (1941); Marsch für Blasorchester B-Dur op. 99 (1944); »Ode auf das Ende des Krieges« op. 105 (1945);

»30 Jahre«. Festliches Poem A-Dur op. 113 (1947); »Die Begegnung von Wolga und Don«. Festliches Poem op. 130 (1951).
Konzerte: Klavierkonzerte Nr. 1 Des-Dur op. 10 (1912), Nr. 2 g-Moll op. 16 (1913; 2. Fassung 1923), Nr. 3 C-Dur op. 26 (1921), Nr. 4 (für die linke Hand) B-Dur op. 53 (1931), Nr. 5 G-Dur op. 55 (1932); Violinkonzerte Nr. 1 D-Dur op. 19 (1917), Nr. 2 g-Moll op. 63 (1935); Violoncellokonzert e-Moll op. 58 (1938); Sinfonisches Konzert für Violoncello und Orchester e-Moll op. 125 (1952); Concertino für Violoncello und Orchester g-Moll op. 132 (1953).

1. Sinfonie D-Dur op. 25 »Klassische«

Besetzung: 2 Flöten, 2 Oboen, 2 Klarinetten, 2 Fagotte, 2 Hörner, 2 Trompeten, 3 Pauken, Streicher
Aufführungsdauer: 14 Minuten

Prokofjew schuf seine 1. Sinfonie 1916/17. Am 10. September des bedeutsamen Jahres 1917 war die Partitur fertig; am 21. April 1918 kam das Werk unter der Leitung des Komponisten in Petrograd zur Uraufführung. Nach eigener Aussage war es Prokofjews Absicht, eine Sinfonie im klassischen Stile Haydns und mit dem Instrumentarium des klassischen Orchesters zu schreiben. Zur Wahl des Titels meinte der Komponist in seiner Autobiographie: ». . . erstens, weil es so einfacher war; zum anderen in der Absicht, die Philister zu ärgern, und außerdem in der heimlichen Hoffnung, letzten Endes zu gewinnen, wenn die Sinfonie sich als wirklich ›klassisch‹ erweist.« (Schlifstein, Dokumente..., Leipzig 1965). – Von den politischen Ereignissen des Jahres 1917 war Prokofjew stark berührt. Aber, wie er selbst andeutete, verstand er damals noch nicht die ganze historische Bedeutung der Großen Sozialistischen Oktoberrevolution. Aus seiner Sinfonie spricht ein allgemeines freudiges Lebensgefühl, das aber zweifellos vom Elan jener Monate angeregt wurde.
Das viersätzige, äußerst knapp angelegte Werk beginnt mit einem sprudelnden *Allegro* (²/₂-Takt). Dem ersten, fanfarenartigen Thema wird ein lustig-anmutiges zweites mit grotesken Sprüngen gegenübergestellt. (Notenbeispiel S. 30 oben)
In der Durchführung weiß Prokofjew diesem Thema, das nicht zuletzt durch originelle harmonische Wendungen besticht, in pompöser Steigerung neue, überraschende Seiten abzugewinnen. In triumphaler Turbulenz schließt der Satz.

Das folgende *Larghetto* (A-Dur, ³/₄-Takt) bringt, von zarten Akkorden (die die Wechseldominante einbeziehen) vorbereitet, ein zärtliches Ständchen der 1. Violinen, die durch Bläser – vor allem das »lustige« Fagott – reizvoll sekundiert werden. Das bezaubernde Bild wird durch die Wiederkehr der Anfangsakkorde beschlossen.
Statt des Haydnschen Menuetts bringt Prokofjew an dritter Stelle eine *Gavotte* (Non troppo allegro, D-Dur, ⁴/₄-Takt).

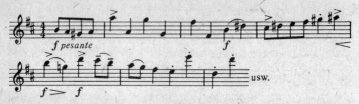

Sie hat A-B-A-Form, ist sehr knapp gehalten und huscht höchst elegant, gleichsam mit kleinen Knicksen, vorüber. Mit der verkürzten Wiederholung des A-Teiles verklingt das Geschehen pianissimo.
Das *Finale* (Molto vivace, D-Dur, ²/₂-Takt) übertrifft an Turbulenz und Witz den Kopfsatz. Ein zweites und ein drittes kicherndes Thema eilen vorüber. Das Ganze ist, obwohl es in der Form einem Sonatensatz entspricht, zu Ende, ehe man es vermutet. Ein köstliches Stück heiterer, jugendlicher Musizierlaune, herzhaften Überschwanges, gleichwohl mit souveräner Meisterschaft geformt.

2. Sinfonie d-Moll op. 40

> Besetzung: Pikkoloflöte, 2 Flöten, 2 Oboen, Englischhorn 2 Klarinetten, Baßklarinette, 2 Fagotte, Kontrafagott, 4 Hörner, 3 Trompeten, 3 Posaunen, Tuba, Pauken, Schlagzeug, Klavier, Streicher
> Aufführungsdauer: 34 Minuten

Prokofjew schrieb seine 2. Sinfonie sieben Jahre nach der ersten, und zwar in Paris, wo sie 1925 unter dem bedeutenden russischen Dirigenten Sergei Kussewizki (dem sie gewidmet ist) zur Uraufführung kam. Sie hatte keinen Erfolg, und sie ist auch eines der problematischsten, andererseits erregendsten Werke des Meisters. In allem steht sie konträr zur 1. Sinfonie: nicht nur in der Tonart (d-Moll), auch in der ungewöhnlichen Zweisätzigkeit, vor allem aber in ihrem tragischen, verzweifelten, explosiven Charakter, der sich schon im ersten Themenkomplex des *ersten Satzes* (Allegro ben articolato) zeigt.

Zu diesem zerklüfteten Thema tritt nach längerer Zeit in der Tiefe ein tragisch-choralhaftes, das den musikalischen Ablauf noch verbissener, abrupter, zerrissener erscheinen läßt. Ungeheure harmonische und kontrapunktische Ballungen verschärfen ständig die dramatische Entwicklung, die erst mit der heftigen Unisonofanfare des Schlusses zur Ruhe kommt.

Der *zweite Satz* (Thema mit Variationen) geht von einem zarten Thema in der 1. Oboe aus (Andante, 4/4-Takt), das nach Prokofjews Mitteilung während seines Aufenthaltes in Japan entstand. Das eigenartige Kolorit dieses Gedankens

wird dann in sechs großangelegten Variationen völlig verändert; sie verlaufen teilweise aggressiv zugespitzt, teilweise stark verinnerlicht, bis in die letzten Abschnitte wieder die Klangexzesse des Kopfsatzes unerbittlich hineintönen und einen völligen Zusammenbruch bewirken. Am Ende aber steht die reine, gleichsam unberührte Gestalt des Variationsthemas, ganz am Schluß durch einen vielschichtigen Akkord des gesamten Orchesters verfremdet.

Prokofjew hat an diesem Werk mit leidenschaftlicher Intensität
gearbeitet. Bis zu seinem Tode hat es ihn nicht losgelassen. 1953
begann er eine grundlegende Umarbeitung, die aber nicht mehr vollendet
wurde. Wir erleben in diesem nicht leicht zugänglichen, an
Extremen reichen Werk das Ringen des Künstlers um seinen Weg
inmitten der Widersprüche der Bürgerwelt. In der konzeptionellen
wie klanglichen Kühnheit hat diese Sinfonie bis heute nichts von
ihrer Faszinationskraft verloren.

3. Sinfonie c-Moll op. 44

> Besetzung: Pikkoloflöte, 2 Flöten, 2 Oboen, Englischhorn,
> 2 Klarinetten, Baßklarinette, 2 Fagotte, Kontrafagott, 4 Hörner,
> 3 Trompeten, 3 Posaunen, Tuba, Pauken, Schlagzeug,
> Glocke, 2 Harfen, Streicher
> Aufführungsdauer: 33 Minuten

Prokofjews drittes sinfonisches Werk gehört zu seinen bedeutendsten
Kompositionen. Es entstand wie die 2. Sinfonie in Paris (1928).
Auch wurde es wie diese zögernd aufgenommen. Ihren Siegeszug
begann die 3. Sinfonie eigentlich erst in den letzten Jahren. Sie
teilte damit das Schicksal von Prokofjews Oper »Der feurige Engel«,
deren Hauptthemen und Gestaltkomplexe der Komponist in dieser
Sinfonie verwendete. Ausdrücklich bemerkte Prokofjew jedoch,
daß die Sinfonie nicht etwa eine sinfonische Fassung des Opernsujets
sei; sie solle durchaus als eigenständiges Werk verstanden
werden. Die Plastizität der Melodiesprache sowie die ganze sinfonische
Anlage haben aber von der Oper sehr profitiert.

Der *erste Satz* (Moderato), der längste und bedeutendste der Sinfonie,
stellt ein flatternd-unruhiges Thema an den Beginn (a); ab
Takt 4 wird es von einem choralhaft-düsteren Thema in der Tiefe
grundiert (b):

Zwei weitere, frei aussingende Themen – ein lyrisch-freundliches (c) und ein schmerzlich-erregtes (d) – folgen.

Immer mehr Motive schließen sich an, bis ein grandios aufsteigendes letztes Thema erscheint, das nun alle Energien in Bewegung setzt.

In der grandiosen Durchführung werden die Hauptthemen und Motivfetzen gekoppelt, und es entsteht ein ekstatisches Panorama von Klängen und Rhythmen, wie sie bis dahin noch nicht vernommen wurden; die (sehr verkürzte) Reprise bringt dann nur noch leise Nachklänge der Exposition und schließt im dreifachen Piano.
Der *zweite Satz* (Andante) bevorzugt im Unterschied zum ersten schlichtes Melos, das in seiner Innigkeit typisch ist für Prokofjews melodische Erfindungen.

Der Mittelteil läßt dämonisch-kreisende Kurzmotive drohend aufklingen. Sie verweisen auf die tragische Grundhaltung des ganzen Werkes.

Ein genialer Satz ist das *Scherzo* (Allegro agitato), in dem Prokofjew alle Künste virtuoser Orchesterbehandlung spielen läßt. Ein glitzerndes, vibrierendes Sechzehntelmotiv wird von Motivfetzen der Bläser gleichsam kommentiert; ehe dieser Teil mit gesteigerter Vehemenz wiederkehrt, klingt ein Quasi-Trio mit eigenartig oszillierenden Walzerklängen auf, die aber die Spannung des Ganzen keineswegs abschwächen.

Das *Finale* (Andante mosso/Allegro moderato) läßt zwei dramatisch zugespitzte, hektisch-erregte Opernmotive einander folgen – in der unerbittlichen Brisanz und motivischen Konsequenz des Geschehens ein faszinierender Abschluß des Werkes, das freilich an den Hörer beträchtliche Ansprüche stellt.

Zu Recht hat man dieses Werk als eine von Prokofjews »dramatischsten Sinfonien, eine kraftvolle und wildbewegte Erzählung von menschlichem Dulden und Leiden« bezeichnet. Die Uraufführung im Mai 1929 in Paris machte trotz des geringen Erfolges deutlich, wie sich hier das Ringen um eine neue, aktive humanistische Position bei Prokofjew eindeutiger noch als in der 2. Sinfonie niederschlug. – Interessant ist übrigens, daß Prokofjew für seine Oper »Der feurige Engel« Themen aus einem früher skizzierten Quartett verwendete. In der 3. Sinfonie hat er einige dieser Themen also gleichsam in die rein instrumentale Sphäre zurückgeführt.

4. Sinfonie C-Dur op. 47 (112)

Besetzung: Pikkoloflöte, 2 Flöten, 2 Oboen, Englischhorn, 3 Klarinetten (eine in Es), Baßklarinette, 2 Fagotte, Kontrafagott, 3 Trompeten, 4 Hörner, 3 Posaunen, Tuba, Pauken, Schlagzeug, Klavier, Harfe, Streicher
Aufführungsdauer: 37 Minuten

Auch die 4. Sinfonie schrieb Prokofjew in Paris. Sie kann in mancher Beziehung als Pendant zur 3. Sinfonie gelten, der sie unter anderem die helle Dur-Grundtonart entgegensetzt.

Das Werk konnte sich zu Lebzeiten Prokofjews nicht so recht durchsetzen. Darum nahm der Komponist 1947 eine Umarbeitung des 1930 geschaffenen Werkes vor. Es wurde, nach einer Notiz des Komponisten, am 7. September 1947, am Tage der Achthundertjahrfeier

Moskaus, vollendet und erhielt die Opuszahl 112. Wir beziehen uns auf diese heute meist gespielte Fassung. Ähnlich wie in der 3. Sinfonie verwandte Prokofjew hier kurz zuvor entstandene Bühnenmusiken, diesmal aus dem Ballett »Der verlorene Sohn« von 1928. Der sinfonische Verlauf wird nun freilich noch weniger als bei der vorher geschaffenen Sinfonie von der Bühnenhandlung bestimmt. Lediglich der ausgeprägt gestische Charakter der Musik deutet auf die Beziehungen zum Ballett.

Der *erste Satz* (Andante/Allegro eroico) beginnt mit einem heroisch-lyrischen Gestus, wie ihn Prokofjew seit jeher liebte:

Aber bald wird dieses Bild von geschäftigem Treiben in den Streichern abgelöst, das dem ganzen Satz einen eigenartig zerklüftet-zwiespältigen Charakter verleiht, zumal das breitangelegte lyrische Seitenthema einen stark melodisch-tänzerischen Akzent in das Geschehen bringt. So besteht der Satz insgesamt aus einer dramatischen Folge plastischer, kontrastreicher musikalischer Bilder.

Zweiter und *dritter Satz* (Andante tranquillo; Moderato, quasi allegretto) sind fast wörtliche Übernahmen aus dem genannten Ballett. Wie bereits angedeutet, wollte Prokofjew damit keineswegs die Balletthandlung in den Konzertsaal verpflanzen. Dennoch ist für das inhaltliche Verständnis der Sätze die Tatsache nicht ohne Bedeutung, daß sich der zweite Satz aus der Ballettmusik des Abschnittes »Rückkehr des Sohnes«, der dritte Satz aus dem Charakterbild der »Schönen« rekrutiert. Tänzerische Anmut bestimmt hier die musikalische Thematik nachdrücklich:

Deutlich wird zudem Prokofjews in jener Zeit immer klarer hervortretendes Streben nach einer schlichten und prägnanten Melodik, wie sie dann in seinen späteren Werken zum entscheidenden Stilmerkmal werden sollte.

Das *Finale* (Allegro risoluto) ist ein eigenartiges Gemisch von Aggressivität, Verhaltenheit und naiver Anmut. Brillant, in virtuoser Instrumentierung wird auch die Thematik des ersten Satzes am Ende einbezogen und führt zum triumphalen Beschluß.

Aggressivität und Verhaltenheit – diese zwei Charakteristika des Werkes insgesamt haben für die Entwicklung Prokofjews besondere Bedeutung. Noch immer ringt er, umgeben von den Widersprüchen der bürgerlichen Welt, um eine neue Humanität. Besuche in der Sowjetunion haben ihn aber inzwischen erkennen lassen, wo diese neue Humanität Wirklichkeit wurde. Die bevorstehende endgültige Heimkehr in die sowjetische Heimat zeichnet sich in der Musik der 4. Sinfonie deutlich ab.

5. *Sinfonie B-Dur op. 100*

> Besetzung: Pikkoloflöte, 2 Flöten, 2 Oboen, Englischhorn, 3 Klarinetten (eine in Es), Baßklarinette, 2 Fagotte, Kontrafagott, 4 Hörner, 3 Trompeten, 3 Posaunen, Tuba, Pauken, Schlagzeug, Klavier, Harfe, Streicher
> Aufführungsdauer: 37 Minuten

Fast anderthalb Jahrzehnte nach Vollendung der 4. beendete der längst in seine Heimat zurückgekehrte Meister 1944 seine 5. Sinfonie – am Ende des Großen Vaterländischen Krieges, als der Sieg über die faschistischen Eindringlinge schon entschieden war. Die Uraufführung erfolgte am 13. Januar 1945 unter Leitung des Komponisten. Eine Sinfonie »auf die Größe des menschlichen Geistes« nannte Prokofjew sie; er betrachtete sie als sein sinfonisches Hauptwerk. Dieses Opus gehört zu den bedeutendsten sinfonischen Werken der Gegenwart, vergleichbar etwa der 5. Sinfonie Schostakowitschs, die 1937 entstand und der Entwicklung des sozialistischen Menschen gewidmet ist.

Die Sinfonie beginnt mit einem *Andante-Satz*, den eine der schönsten Prokofjew-Melodien eröffnet.

1. Flöte und 1. Fagott exponieren sie. Ebenfalls in der 1. Flöte (hier mit 1. Oboe) erscheint ein lichtes zweites Thema.

Beide Gedanken werden im Verlaufe des Sonatenhauptsatzes ständig verwandelt und bereichert. Ein ganzes Kompendium von Gefühlen und Gedanken wird so musikalisch erfaßt. Alles mündet in den Gedanken großen heroischen Menschentums, des Sieges der menschlichen Vernunft.
Der *zweite Satz* (Allegro marcato) läßt zum ostinaten Stakkato der Violinen eine lustig-bewegliche Klarinettenmelodie ertönen,

die zu ständig neuen, witzigen melodisch-motivischen und instrumentatorischen Effekten führt, im Trio gar einen Walzer einbezieht. Die Reprise wird zur rasant gesteigerten Variante des Beginns: Freude, Übermut, Eleganz, Witz, Aggressivität in einem.
Als *dritter Satz* folgt ein Adagio, in dem der Melodiker Prokofjew deutlich macht, mit welcher Intensität er den Gesang vom Menschen anzustimmen vermag – mit inniger Schönheit, mit Wehmut, aber auch mit kämpferischer Entschlossenheit.
Das *Finale* (Allegro giocoso), mit der Thematik des Kopfsatzes besinnlich beginnend, wird zum lebensvollen, übermütigen Abschluß der Sinfonie. Das quirlige Hauptthema, das die Klarinette vorträgt,

erhält einen pathetischen Seitengedanken, der das Fundament für den jubelnden Schluß bildet.
Diese Sinfonie ist vom ersten bis zum letzten Takt ein tief beeindruckendes Werk des sozialistischen Realismus.

6. Sinfonie es-Moll op. 111

Besetzung: Pikkoloflöte, 2 Flöten, 2 Oboen, Englischhorn, 3 Klarinetten (eine in Es), Baßklarinette, 2 Fagotte, Kontrafagott, 4 Hörner, 3 Trompeten, 3 Posaunen, Tuba, Pauken, Schlagzeug, Celesta, Klavier, Harfe, Streicher
Aufführungsdauer: 45 Minuten

Prokofjew schrieb seine 6. Sinfonie 1947, also bald nach Beendigung des Krieges. Sie spiegelt neues Ringen um die Lösung neuer Probleme, wie sie nach dem Sieg im Großen Vaterländischen Kriege vor der Sowjetgesellschaft standen, wider. Gedanken über den Sinn des Lebens, des menschlichen Zusammenlebens wie des individuellen Schicksals scheinen den Meister beschäftigt zu haben. In drei grandiosen Sätzen höchst verschiedenen Charakters, die doch überzeugend zusammenstimmen, werden sie gestaltet.

Der *erste Satz* (Allegro moderato) exponiert nach abrupten Blechbläserakkorden eine ebenso geschmeidige wie tragisch getönte Melodie, die, aufs mannigfaltigste variiert, wiederholt wird, um in eine innige zweite Weise zu münden, einen der schönsten lyrischen Gedanken des Meisters.

Heftige Rufe, Aufschreie unterbrechen die Ruhe, die solcherart als ständig bedroht erscheint. Eine weitere kantable Melodie tritt in der Durchführung auf.

In der Tiefe wird sie von dunklen Stimmen begleitet. Der ausgedehnte Satz ist ein Triumph des Melos und seiner dramatisch gespannten Verarbeitung. Er verklingt leise, wie in der Ferne.

Als *zweiter Satz* folgt ein vielschichtiges Largo. In schmerzlichem As-Dur beginnend und schließend, fügt es sich unmittelbar einprägende melodische Gedanken in weitgespanntem Bogen aneinander. Durch ihre ständige Intensivierung werden gleichsam szenisch-gestische Wirkungen und eine dramatische Hintergründigkeit erreicht.

Unter Verzicht auf ein Scherzo folgt unmittelbar das Es-Dur-*Finale* (Vivace, ²/₄-Takt), ein federnd-eleganter Satz, der aber dämonischer Zwischenfarben nicht entbehrt. Er beginnt mit einem an Haydn erinnernden Thema.

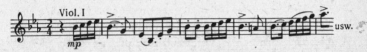

Noch beschwingter wirkt das zweite Thema; in der Durchführung werden beide Themen gekoppelt, ganz im Sinne schöpferischer Nutzung klassischer Traditionen. Prokofjew erinnert auch noch einmal an den ersten Satz, vor allem an dessen lichtes zweites Thema. Es klingen jedoch mahnende, klagende Töne hinein, und nach all der sprühenden Heiterkeit gelingt nur ein abrupter Schluß, der die aufgeklungenen Zweifel lediglich zum Schweigen bringt, nicht auflöst. Gerade diese bewußt ungelöste »Lösung«, die sich schon in den vorangegangenen Sätzen andeutete, macht die Sinfonie so bedeutungsvoll. Schwerwiegende Konflikte werden aufgeworfen, es wird zum Nachdenken angeregt. Der Verzicht auf eine einfache Lösung erweist sich als Bestandteil der realistischen Grundhaltung dieses Werkes.

7. Sinfonie cis-Moll op. 131

> Besetzung: Pikkoloflöte, 2 Flöten, 2 Oboen, Englischhorn, 2 Klarinetten, Baßklarinette, 2 Fagotte, 4 Hörner, 3 Trompeten, 3 Posaunen, Tuba, Pauken, Schlagzeug, Xylophon, Glockenspiel, Klavier, Harfe, Streicher
> Aufführungsdauer: 31 Minuten

Der Mollklang ließ Prokofjew nicht mehr los – auch seine letzte Sinfonie (1951/52 komponiert) steht in einer Molltonart, der bei dem sozialistischen Künstler durchaus kämpferische Bedeutung im Sinne etwa Beethovens zukommt.

Das einleitende *Moderato* hat in seiner Melodik fast bachschen Charakter; alles ist aufs Wesentliche konzentriert, jeder Ton ist bedeutungsvoll.

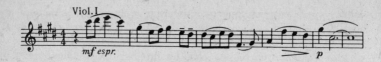

Das weitgesponnene zweite Thema, aus der Tiefe stolz in die Höhe aufsteigend, jedoch mit schmerzlichem Akzent versehen, zeigt Prokofjew noch einmal als den genialen Charaktermelodiker.

Ein kleines »Peter-und-der-Wolf«-Motiv im Glockenspiel weist auf die Liebe des Komponisten zur Jugend. Hat er doch diese seine letzte Sinfonie der sowjetischen Jugend gewidmet. Auf dieser schlichten Ebene verläuft der weitere Satz und endet, wie begonnen, in cis-Moll.

Das *Scherzo* (Allegro) ist diesmal ein Walzer Tschaikowskischer Provenienz. In der federnden Rhythmik, der stets eleganten, eigengeprägten Melodik und den rasanten Steigerungen zeigt sich jedoch die unverwechselbare Handschrift Prokofjews.

Der *dritte Satz* (Andante espressivo, As-Dur) gibt sich schlicht gesangvoll. Seine innigen Kantilenen, ihre fast humorvollen Auflockerungen stimmen zum Charakter dieser »Sinfonie für die Jugend«.

Im *Finale* (Vivace) präsentiert Prokofjew – wie häufig – eine Überraschung: In quirligem Des-Dur galoppiert die Musik los,

bezieht ständig neue übermütige Melodien ein, durchläuft auch besinnliche und groteske Episoden. Alles scheint einem unbeschwertjubelnden Schluß zuzueilen. Aber da stoppt die Bewegung. Das schmerzlich getönte zweite Thema des Kopfsatzes klingt wieder an. Das kann den Dirigenten in Zweifel bringen, ob er die (ursprüngliche) leise, besinnliche oder die (später angefügte) rasante Schlußfassung wählen soll (die erstere wird bevorzugt).

Orchestersuiten

Prokofjews Suiten stehen meist in engem Zusammenhang mit Bühnenwerken des Meisters. Geeignete Szenen aus Opern und Balletten bearbeitete der Komponist mit Vorliebe für Konzertzwecke. Wir können hier nur die wichtigsten dieser für Orchester geschriebenen Suiten behandeln. Die meisten setzen keine detaillierte Kenntnis der Originalwerke voraus. Sie wecken, in der Mehrzahl mit Überschriften arbeitend, unmittelbare bildhafte Assoziationen, wie sie aus Gefühlsgehalt und Gestus der Musik erwachsen. Solche stimmungsvoll-gestische Musik lag Prokofjew in besonderem Maße.

»Ala und Lolli«. Skythische Suite op. 20

> Besetzung: Pikkoloflöte, 3 Flöten, 3 Oboen, Englischhorn, 3 Klarinetten (3. auch in Es), Baßklarinette, 3 Fagotte, Kontrafagott, 8 Hörner, 4 Trompeten, 5. Trompete ad lib., 4 Posaunen, Tuba, Pauken, Schlagzeug, Glockenspiel, Xylophon, Celesta, 2 Harfen, Klavier, Streicher
> Aufführungsdauer: 20 Minuten

Dieses Werk (1914/15 komponiert) ist charakteristisch für die Tonsprache des jungen Prokofjew. Ursprünglich wurde die Musik als Ballett »Ala und Lolli« für die russische Ballettgruppe Djagilews komponiert. Die Handlung geht auf Sagen aus der russischen Frühgeschichte zurück: Die Skythen verehren den Sonnengott Veles und Ala, die Göttin des Frühlings. Tschuschbog, der Todesgott, will das Standbild Alas rauben. Der skythische Held Lolli tritt ihm entgegen. Mit Hilfe des Sonnengottes siegt er über den Todesgott und seine Helfer. Im Strahlen des Sonnenaufganges geht Tschuschbog unter. – Die Musik dieses Ballettes ist deutlich vom Strawinsky des »Sacre« angeregt. Mit ihren »barbarischen« Rhythmen, schneidenden Klängen und Klangballungen beschwört sie musikalisch ein fesselndes Bild blutig-heroischer Vergangenheit herauf.

Die aus diesem Ballett zusammengestellte Suite umfaßt vier Sätze. Der *erste Satz* (»Die Anrufung Veles' und Alas«; Allegro feroce) ist eine Art ekstatischer Huldigungstanz, in dem sich grelle Klangfarben und beschwörend wirkende Motorik verbinden. Als Kontrast erscheint ein Mittelteil (poco più lento) mit lyrischer Flötenmelodik. Der *zweite Satz* (»Tschuschbog und der Tanz der bösen Geister«; Allegro sostenuto) führt das von den 8 Hörnern vorgetragene Tschuschbog-Motiv zu wilder Steigerung. Einen jähen Kontrast bildet dazu der *dritte Satz* (»Die Nacht«; Andantino), in dem impressionistische Farbigkeit dominiert. Im zweiten Satzteil unterbrechen Signalmotive sowie das Tschuschbog-Thema die zarten Holzbläserkantilenen. Das *Finale* (»Der Aufbruch Lollis und der Sonnenaufgang«) schildert zunächst, wie Lolli zum Kampf gegen Tschuschbog aufbricht (Tempestoso), dann den Kampf selbst (un poco sostenuto/Allegro) und endlich den in überwältigend leuchtendem Orchesterglanz gestalteten Sonnenaufgang (Andante sostenuto) – eine Klangsteigerung mit faszinierender, befreiender und freudiger Schlußwirkung.

Sinfonische Suite aus »Die Liebe zu den drei Orangen« op. 33a

Besetzung: Pikkoloflöte, 2 Flöten, 2 Oboen, Englischhorn, 2 Klarinetten, Baßklarinette, 3 Fagotte, 3 Trompeten, 4 Hörner, 4 Posaunen, Tuba, Pauken, Schlagzeug, Xylophon, Glockenspiel, 2 Harfen, Streicher
Aufführungsdauer: 18 Minuten

Einige der schönsten Partien aus seiner 1917–1919 entstandenen heiteren Märchenoper gleichen Titels hat Prokofjew in dieser Suite, die zum ersten Male am 29. November 1925 in Paris – ohne sonderlichen Erfolg – erklang, zusammengestellt. Die geistvoll-witzige Musik der Opernpartitur wurde hier in sechs charakteristischen Sätzen (»Die Sonderlinge – Szene in der Hölle – Marsch – Scherzo – Der Prinz und die Prinzessin – Flucht«) konzentriert, unter denen sich der Marsch besonderer Beliebtheit erfreut.

Sinfonische Suite aus »Leutnant Kishe« op. 60

Besetzung: Pikkoloflöte, 2 Flöten, 2 Oboen, 2 Klarinetten, Tenorsaxophon, 2 Fagotte, Cornet à pistons, 2 Trompeten,

4 Hörner, 3 Posaunen, Tuba, Schlagzeug, Celesta, Harfe, Klavier, Streicher

Aufführungsdauer: 20 Minuten

Endgültig in die Sowjetunion heimgekehrt, begann für Prokofjew eine neue Periode intensiver schöpferischer Arbeit. 1933 gewann der Leningrader Regisseur A. Fainzimmer Prokofjew zur Mitarbeit an dem satirischen Filmlustspiel »Leutnant Kishe«, in dem die Militärbürokratie des zaristischen Petersburg Anfang des 19. Jahrhunderts aufs Korn genommen wird. Aus dieser Filmmusik hat Prokofjew 1934 eine fünfsätzige Suite zusammengestellt. Die Geschichte von dem Leutnant, den es gar nicht gibt, der aber durch die Bücher des Regiments geistert und schließlich prunkhaft zu Grabe getragen wird, ist eine ergötzliche Parodie auf Bürokratie und Zarismus. Die fünf Sätze sprudeln über von köstlicher musikalischer Laune, wissen aber auch tragische Züge charakteristisch zu treffen.

Fanfaren, Trommelwirbel und schrille Pikkoloklänge geben dem *ersten Satz* (»Die Geburt Kishes«) militante Züge. Den nur auf dem Papier existierenden Leutnant charakterisiert eine russisch gefärbte Melodie, die in allen Sätzen ihr Wesen treibt. Im *zweiten Satz,* einer Romanze, werden Intonationen der gefühlsseligen russischen Romanzen des 19. Jahrhunderts ironisch als Kishes Liebeslied stilisiert. Tänzerisch beschwingt, durch Blechbläserklänge auch leicht ironisiert, schildert Prokofjew im *dritten Satz* die »Hochzeit Kishes«, im *vierten Satz,* »Troika«, das zügellose Leben der Husaren. Im *Finale* (»Begräbnis Kishes«) ziehen die wichtigsten Themen der vorangehenden Sätze noch einmal vorüber und werden kunstreich miteinander verknüpft. Das Signal, mit dem die Suite begann, steht auch an ihrem Ende.

3 »Romeo-und-Julia«-Suiten op. 64 a, 64 b, 101

Besetzung: Pikkoloflöte, 2 Flöten, 2 Oboen, Englischhorn, 2 Klarinetten, Baßklarinette, Tenorsaxophon, 2 Fagotte, Kontrafagott, 4 Hörner, Cornet à pistons, 2 Trompeten, 3 Posaunen, Tuba, Pauken, Schlagzeug, Xylophon, Glocken, Harfe, Klavier (oder Celesta), Streicher

Aufführungsdauer: 25 Minuten (op. 64 a), 30 Minuten (op. 64 b), 19 Minuten (op. 101)

Diese Suiten, besonders die 1936 zusammengestellten beiden ersten, gehören zu Prokofjews wirkungsvollsten und beliebtesten Orchesterwerken. Die 1. Suite erklang bereits 1936, die 2. Suite 1937 zum ersten Male, d. h. noch vor der Uraufführung des ganzen Balletts, die erst Ende 1938 in Brno stattfand.

Sehr geschickt hat Prokofjew die im Ballett auf weite Strecken verteilte Musik in knapp geformte Sätze konzentriert, die keineswegs den Ablauf des Balletts wiedergeben wollen, sondern eine spezifisch musikalische Verdichtung ohne direkte programmatische Tendenz darstellen. Die konkrete Aussage der nach Shakespeare gestalteten Balletthandlung wird also hier sehr verallgemeinert, dadurch aber zugleich emotional vertieft und erhöht.

Die *1. Suite* ist dramaturgisch besonders glücklich angelegt. Die Sätze: »Volkstanz – Szene – Madrigal – Menuett – Masken – Romeo und Julia – Tybalts Tod«. Von heiter-lockeren Anfängen über lyrische Intensität führt eine große Steigerung zum tragischen Finale – keineswegs dem Tod Romeos oder Julias, sondern dem des Nebenbuhlers Tybalt. Die Formung der Sätze läßt es aber zu, von einer bestimmten Handlung zu abstrahieren und die gewaltige melodisch-gestische Anspannung zu verfolgen, die keinen Augenblick nachläßt.

Ähnliches läßt sich von der *2. Suite* sagen, die allerdings gleich mit einem großen dramatischen Akzent beginnt, Romeo und Julia in schmerzlicher Abschiedsstimmung in den Mittelpunkt stellt, um am Schluß mit der Szene Romeos an Julias Grabe wiederum zu höchst gesteigerter Ausdruckskraft vorzustoßen. Es folgt ein leise verschwebender Schluß. Die Sätze der Suite: »Montecchi und Capuletti – Julia als Mädchen – Pater Lorenzo – Tanz – Romeo und Julia vor der Trennung – Tanz der Antillenmädchen – Romeo am Grabe Julias«.

Die erst 1946 entstandene *3. Suite* wirkt gegenüber den beiden ersten wie ein sanfter Nachklang. Die Sätze: »Romeo am Springbrunnen – Tanz am Morgen – Julia – Die Amme – Morgenständchen – Der Tod Julias«. Nur im zweiten Satz kommt es zu kräftig gesteigerter Gestik; die anderen Sätze sind kleine Genreszenen, die Prokofjew mit genialem Klangsinn gestaltet hat. Besonders im letzten Satz (»Der Tod Julias«), in dem er sich auf die Hauptmelodie des Balletts beschränkt, zeigt er noch einmal seine ganze Instrumentationskunst. Wie die 2. Suite verklingt die 3. in schlichtem C-Dur.

3 »Aschenbrödel«-Suiten op. 107, 108, 109

> Besetzung: Pikkoloflöte, 2 Flöten, 2 Oboen, Englischhorn, 2 Klarinetten, Baßklarinette, 2 Fagotte, Kontrafagott, 4 Hörner, 3 Trompeten, 3 Posaunen, Tuba, Pauken, Schlagzeug, Glocken, Glöckchen, Xylophon, Klavier, Harfe, Streicher
> Aufführungsdauer: 32 Minuten (op. 107), 26 Minuten (op. 108), 28 Minuten (op. 109)

Auch diese Suiten nach dem 1944 vollendeten Märchenballett gehören zu Prokofjews reizvollsten, vor allem melodisch reichsten Orchesterwerken. Alle drei Suiten entstanden 1946. Obwohl sie sich in ihrer Thematik natürlich sehr ähneln, sind sie doch in ihrem Ausdruck auch wieder recht unterschiedlich.

Die *1. Suite* (mit den Sätzen »Introduktion – Schleiertanz – Streit – Großmutter Fee und Winterfee – Mazurka – Aschenbrödel geht zum Ball – Walzer Aschenbrödels – Mitternacht«) stellt die einzelnen Personen in plastischen musikalischen Bildern vor.

Die *2. Suite* (»Aschenbrödels Traum – Tanzstunde und Gavotte – Frühlingsfee und Sommerfee – Bourrée – Ankunft Aschenbrödels auf dem Ball – Großer Walzer – Galopp«) ist die eigentliche Apotheose des Tanzes, in dem eleganten Walzer und feurigen Galopp gipfelnd.

Die *3. Suite* (»Pavane – Aschenbrödel und der Prinz – Die drei Orangen – In südlichen Ländern [Versuchung] – Orientalischer Tanz – Der Prinz findet Aschenbrödel – Langsamer Walzer – Amoroso«) enthält dagegen die eigentlichen Liebesszenen mit all der lyrischen Melodienfülle, die Prokofjew von allen Komponisten unseres Jahrhunderts am unerschöpflichsten zur Verfügung stand. Die Melodie des großen Adagio (»Aschenbrödel und der Prinz«) prägt sich hier wohl am stärksten ein. Ihr folgt übrigens im dritten Satz ein Zitat aus Prokofjews Oper »Die Liebe zu den drei Orangen«, nämlich der berühmte Marsch.

Kleinere Orchesterwerke

Bereits Prokofjews erste Orchesterwerke waren programmatisch bestimmt und hatten dadurch betont gestischen Charakter. So das knapp geformte Stück *»Träume« op. 6* aus dem Jahr 1910, das noch stark im Banne des Impressionismus steht, aber das Streben seines Schöpfers nach profilierter, kantabler Melodik, nach Differenzierung des Orchesterklanges zeigt.

Im gleichen Jahre entstand die sinfonische Skizze »*Herbst*« *op. 8* für kleines Orchester (2 Flöten, 2 Oboen, 2 Klarinetten, Baßklarinette, 2 Fagotte, 4 Hörner, Trompete, Harfe, Streicher). Diese Musik hat Prokofjew später überarbeitet, wohl weil die hier gleichsam aus Herbstnebeln allmählich plastischere Gestalt gewinnende Orchestersprache, die schon die für den späteren Prokofjew typischen Abweichungen von den gewohnten Kadenzbildungen aufweist, ihn immer noch interessierte. Die 8 Minuten dauernde Skizze hat reizvolle Stimmungen und weist deutlich auf spätere Meisterwerke.

1926 entstand die *Ouvertüre B-Dur op. 42*, ein pikant instrumentiertes Werk (Instrumentierung für großes Orchester 1928 als op. 42 a), dessen Klangbild durch das Fehlen der hohen Streicher besonderen Reiz hat.

Die *Sinfonietta A-Dur* (op. 5) war ein Sorgenkind des Komponisten. 1909 begann er die Arbeit an diesem Werk, 1914 beschäftigte er sich wiederum damit, und erst 1929 erhielt die Komposition als *op. 48* die endgültige Gestalt. Die sparsame Besetzung (ohne Pauken und Schlagzeug) läßt das Streben nach klassischer Durchsichtigkeit erkennen. Im Finale greift Prokofjew thematisch auf den Beginn zurück und erzielt dadurch eine geschlossene, furios gesteigerte Wirkung. Die Satzfolge: Allegro giocoso – Andante – Intermezzo (Vivace) – Scherzo (Allegro risoluto) – Allegro giocoso.

Auf Folkloremotiven aufgebaut ist die *Russische Ouvertüre op. 72*, die es in den Fassungen für 3 (1937) und für 4 Orchester (1936) gibt: ein klangprächtiges, effektvolles Konzertstück, das besonders von der Gegenüberstellung und Übereinanderlagerung plastischer russischer Melodien lebt.

Als imponierendes musikalisches Zeitdokument ist Prokofjews »*Ode auf das Ende des Krieges*« *op. 105* (1945) für Blasorchester, 8 Harfen, 4 Klaviere, Schlaginstrumente, Xylophon, Glocken und Kontrabässe zu nennen. Das originell instrumentierte, klangvolle Stück, das Ende 1945 in Moskau uraufgeführt wurde, steht durchaus in ideeller Nachfolge etwa der Händelschen »Feuerwerksmusik«.

Eines der letzten Orchesterwerke Prokofjews ist die Festdichtung »*Die Begegnung von Wolga und Don*« *op. 130* von 1951, die der Komponist zur Eröffnung des Wolga-Don-Kanals geschrieben hat.

Als echte Festmusik wird sie von Fanfaren eröffnet und über breite, lyrische Episoden zu mächtig ausgebautem Schluß geführt. Man spürt in diesem Spätwerk die ganze, ungebrochene Kraft des großen musikalischen Historienmalers, die sich hier an einem aktuellen Sujet noch einmal entzündet hatte.

»Peter und der Wolf« op. 67

Besetzung: Sprecher; Flöte, Oboe, Klarinette, Fagott, 3 Hörner, Trompete, Posaune, Pauken, Schlagzeug, Streicher
Aufführungsdauer: 35 Minuten

Dieses Märchenspiel, das in neuer Zeit auch erfolgreich vertanzt wurde, erfreut sich seit seiner Uraufführung 1936 bei jung und alt in aller Welt unverminderter Beliebtheit. Prokofjew schrieb es 1936 in kurzer Zeit, in unmittelbarem Kontakt zu einer Musikschule, an der es auch uraufgeführt wurde.

Die Geschichte, deren Text der Komponist selbst formulierte, wird von einem Sprecher erzählt. Zunächst stellt er die handelnden Personen mit ihren musikalischen Motiven vor:

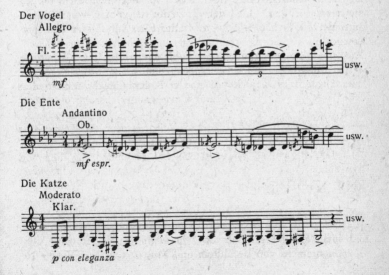

Prokofjew

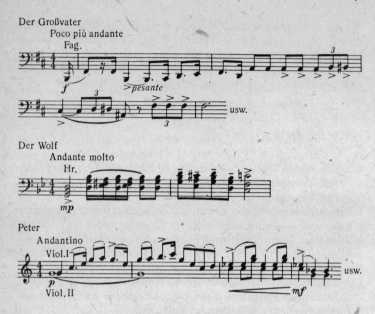

Diese Motive begleiten uns durch das ganze Stück. Wir hören von Peter und seiner Liebe zu den Tieren, von des Großvaters Sorge, von der vergeblichen Jagd der Katze auf den Vogel, von der Ankunft des bösen Wolfes, der die arme Ente verschlingt (sie lebt dennoch in seinem Bauche weiter), und schließlich davon, wie Peter mit Hilfe des Vogels den Wolf fängt (die Jäger kommen zu spät), um ihn dann im Triumphzug zum Zoo zu bringen. Dieser Triumphzug beschert uns noch eine besonders hübsche Melodie:

All dies wird vom Komponisten so plastisch aneinandergereiht und ineinandergefügt, daß sich ein beglückender Eindruck des Übereinstimmens von Erzähltem und Musiziertem, von Wort und

Ton, Handlung und musikalischer Gestik einstellt. Der Reiz dieser Musik, die ja zugleich eine Art klingender Instrumentenkunde ist, besteht darin, daß sie ein geschlossenes Ganzes bildet, in dessen Struktur die vielen Tonmalereien meisterlich eingefügt sind.

Konzerte

Im Schaffen Prokofjews nehmen die Konzerte einen bedeutenden und charakteristischen Platz ein. Gemeinsam ist ihnen allen ein hoher Grad von spieltechnischem Anspruch im Solopart. Die Klavierkonzerte (ausgenommen das für die linke Hand) hat der bedeutende Pianist Prokofjew zunächst für den eigenen Vortrag geschrieben. (Mit dem Spiel des 1. Konzertes errang er sich bekanntlich den Rubinstein-Preis bei der Klavierabschlußprüfung am Petersburger Konservatorium.) In ihnen spiegelt sich nicht weniger als in den Sinfonien der schöpferische Weg wider, den der experimentierfreudige Komponist mit hämmernder Motorik, jähen klanglichen Ausbrüchen, grimmiger Groteske beginnt und auf dem er, schließlich bestimmt von intensivem Ausdruckswillen, zu Klarheit und Ebenmaß in Melodik und Harmonik findet. Auch bezüglich der Form sind die Klavierkonzerte für ihn wichtiges Experimentierfeld: Mit dem einsätzigen 1. Konzert und dem sinfonische Viersätzigkeit erprobenden 2. beginnt ein ständiger Prozeß des Ringens um die günstigste Formlösung, die für Prokofjew ja auch stets ein Lösen der selbstgestellten inhaltlichen Aufgabe war. Die zwei so grundverschiedenen Violinkonzerte gehören heute zu den bedeutendsten ihrer Art im sowjetischen Musikschaffen neben den Werken Schostakowitschs. Und im Violoncellokonzert op. 125 feiert vor allem der ausdrucksintensive Melodiker Prokofjew Triumphe.

Klavierkonzert Nr. 1 Des-Dur op. 10

> Besetzung: Solo-Klavier; Pikkoloflöte, 2 Flöten, 2 Oboen, 2 Klarinetten, 2 Fagotte, Kontrafagott, 4 Hörner, 2 Trompeten, 3 Posaunen, Tuba, Pauken, Glöckchen, Streicher
> Aufführungsdauer: 14 Minuten

Dieses einsätzige, 1912 entstandene Konzert spielte Prokofjew im Konservatorium zum Abschluß seines pianistischen Studiums. Es wurde zur großartigen Probe für sein Schöpfertalent. Der Komponist äußerte später selbst, es sei sein erstes »mehr oder weniger reifes Werk, insofern es sich darin um eine neue Klangidee und um eine Formänderung handelt. Einmal in bezug auf neue Zusammenklänge von Klavier und Orchester, formal in einer Wiederholung des Sonatenallegros nebst Einleitung nach der Exposition und am Ende sowie im kurzen Andante, das sich vor der Durchführung eingeschlichen hat, und schließlich in der Durchführung selbst als ein Scherzo und dem Beginn der Reprise in Gestalt einer Kadenz.« So schimmert in diesem einen Satz die konzertante Dreisätzigkeit durch.

Lärmend, fast in lisztscher Manier, beginnt das volle Orchester, durch den Solisten verstärkt:

Ohne Rücksicht auf zarte Nerven wird dieser Gedanke gewichtig ausgebreitet, und erst nach der Kulmination dieser Entwicklung beginnt der Solist, mit eigenen Passagen virtuos-kapriziös hervorzutreten. Sie repräsentieren die Haltung der Groteske, die bei Prokofjew immer wieder eine wichtige Rolle spielt und die auch das zweite, differenzierte Thema charakterisiert. Nach sehr wirkungsvollem Abschluß dieses Teils folgt der Andante-assai-Abschnitt; er ist geprägt von ebenso inniger wie virtuos ausgezierter Melodik, wie sie der frühe Prokofjew liebte und aufs eleganteste auszubauen verstand.

Der folgende Finalteil (Allegro scherzando) greift auf Motive des Anfangs zurück und schließt mit der rauschenden Fanfare des Beginns, so daß eine effektvolle Bogenform entsteht.

Das knapp geformte Werk hat seine Lebenskraft bewiesen, es kann als eine geniale Klavierballade bezeichnet werden, die beinahe »knallige« Virtuosität mit starkem Formgefühl und bedeutender Ausdruckskraft verbindet.

2. Klavierkonzert g-Moll op. 16

Besetzung: Solo-Klavier; 2 Flöten, 2 Oboen, 2 Klarinetten, 2 Fagotte, 4 Hörner, 2 Trompeten, 3 Posaunen, Tuba, Pauken, Schlagzeug, Streicher
Aufführungsdauer: 31 Minuten

Prokofjew schrieb sein 2. Klavierkonzert 1913 in Petersburg und brachte es im gleichen Jahre in Pawlowsk wiederum selbst zur Aufführung. Die Konservatoriumsprofessoren waren entsetzt. Ebenso viele Zuhörer. »Der spielt ja wie ein Tier!« hieß es. Aber das viersätzige Werk hat sich inzwischen längst durchgesetzt; in seiner zweiten Fassung (1923) zählt es heute zu Prokofjews beliebtesten Werken aufgrund der Vitalität des Ausdrucks, seiner Melodienfülle und prachtvollen Virtuosität.

Der *erste Satz* beginnt in gemäßigtem Tempo (Andantino); legendenhaft trägt der Solist den schönen Hauptgedanken vor:

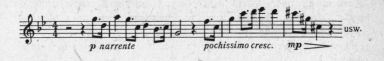

Durch ein zweites, grotesk-virtuoses Thema (Allegretto) bereichert, erlebt der Satz in einer sich gewaltig auftürmenden Kadenz eine große Steigerung, in die das volle Orchester schließlich einstimmt. Die Reprise stellt dann nur noch einen kurzen Nachklang dar.

Der *zweite Satz*, ein Scherzo im Tempo Vivace, ist ein stürmisch-virtuoses Perpetuum mobile, für das der junge Meister immer neue pikante Einfälle bereithält.

Ein russisch gefärbtes Intermezzo bildet den langsamen *Mittelsatz* (Allegro moderato), der vor allem heftigen und klagenden Stimmungen Ausdruck gibt.

Das *Finale* (Allegro tempestoso) ist das rechte Pendant zum ersten Satz: im etwas spröden Anlaufen, auch in den großen virtuosen Höhepunkten. Besonders das wiederum legendenhaft-epische zweite Thema prägt sich ein. (Notenbeispiel S. 52 oben)

In trotzigem g-Moll endet das Werk, das zu den schwierigsten Klavierkonzerten unseres Jahrhunderts zählt.

3. Klavierkonzert C-Dur op. 26

Besetzung: Solo-Klavier; 2 Flöten (2. auch Pikkolo), 2 Oboen, 2 Klarinetten, 2 Fagotte, 4 Hörner, 2 Trompeten, 3 Posaunen, Pauken, Schlagzeug, Streicher
Aufführungsdauer: 26 Minuten

Prokofjew hatte sein 3. Klavierkonzert schon 1917 in Petrograd begonnen, es aber erst 1921 in Paris fertiggestellt; er spielte es bei der Uraufführung 1921 in Chicago. Dominierend sind in diesem Werk ausgewogene Melodik, formale Geschlossenheit und effektvolle Virtuosität. Zum ersten Male nutzt der Komponist hier die traditionelle Dreisätzigkeit.

Der *erste Satz* beginnt mit einer volksliedhaften Melodie im Tempo Andante;

aber bald meldet sich mit rasanten Läufen der hohen Streicher das eigentliche Hauptthema im Allegro, das mit kristallener Klarheit den virtuosen Satz bestimmt.

Ein Seitenthema hat den schon aus den ersten beiden Klavierkonzerten bekannten grotesk-burlesken Ton, der, gemeinsam mit dem

in der Durchführung wieder erscheinenden »russischen« Hauptthema, dem Satz recht differenzierten Charakter verleiht.
Zu den schönsten und stimmungsvollsten Sätzen des jungen Prokofjew gehört der *Mittelsatz* (Tema con variazioni), in dem eine pikante Melodie

aufs mannigfaltigste – burlesk, aggressiv, virtuos, schwärmerisch – variiert und dann zu ihrem Ausgang zurückgeführt wird.
Das *Finale* (Allegro, ma non troppo, ³/₄-Takt) in a-Moll, mürrisch von Bässen und Fagotten eröffnet, entwickelt sich zu einem wirbelnd-heiteren Scherzo höchster Brillanz; eine längere lyrische Episode mit weit ausschwingendem Melos nach der Art Tschaikowskis

läßt die Rückkehr des Hauptteils und seine fulminante Stretta nur um so wirkungsvoller erscheinen.

4. Klavierkonzert B-Dur op. 53

Besetzung: Solo-Klavier; 2 Flöten, 2 Oboen, 2 Klarinetten, 2 Fagotte, 2 Hörner, Trompete, Posaune, Große Trommel, Streicher
Aufführungsdauer: 24 Minuten

Prokofjews 4. Klavierkonzert von 1931 ist für die linke Hand allein geschrieben. Es war für den einarmigen Pianisten Paul Wittgenstein bestimmt, der das Werk aber nie spielte. Erst 1956 erlebte es in der DDR durch Siegfried Rapp seine Uraufführung.
Prokofjew (der sich übrigens mit dem Gedanken trug, das brachliegende Werk für Klavier zu 2 Händen umzuarbeiten) hat sehr

geschickt alle Klangregister des Klaviers zu nutzen verstanden und eine vollkommene Verschmelzung mit dem Orchesterklang erreicht. Der *erste Satz* ist ein Vivace mit einem etüdenartig laufenden Sechzehntelthema, das die gesamte Entwicklung bestimmt.

Es überflutet auch bald das spritzige zweite Thema. Diese perlende Virtuosität macht einen sehr freudigen, optimistischen Eindruck.
Von kantabler, inniger Lyrik ist der *zweite Satz* (Andante) erfüllt. Seine Hauptmelodie gehört zu den schönsten lyrischen Einfällen Prokofjews.

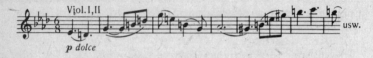

Ein zweites, vom Solisten allein vorgetragenes kantables Thema tritt hinzu, und der Satz steigert sich zu einem Hymnus auf die Schönheit des Lebens.
Der *dritte Satz* (Moderato) ist der eigentliche Sonatenhauptsatz des Konzertes; in »hartem« C-Dur werden die markanten Themen entwickelt. Eine lyrische Episode hat grotesken Einschlag.
Das *Finale* (Vivace), eigentlich eine verkürzte Reprise des Kopfsatzes, ist demgegenüber nur als Epilog zu betrachten. Witzig virtuos bricht es pianissimo in höchster Klanghöhe ab und bildet auf diese Weise einen originellen Ausklang.

5. Klavierkonzert G-Dur op. 55

Besetzung: Solo-Klavier; 2 Flöten (2. auch Pikkolo), 2 Oboen, 2 Klarinetten, 2 Fagotte, 2 Hörner, 2 Trompeten, 2 Posaunen, Tuba, Pauken, Schlagzeug, Streicher
Aufführungsdauer: 21 Minuten

Dieses im Jahr nach dem 4. geschaffene Klavierkonzert, das 1932, im Jahr der Rückkehr in die Sowjetunion, entstand und von Prokofjew mit den Berliner Philharmonikern unter Wilhelm Furtwängler im selben Jahre uraufgeführt wurde, ist des Komponisten letztes geblieben. Das hängt auch damit zusammen, daß der Meister allmählich als Interpret eigener Werke zurücktrat. Gerade die Klavierkonzerte waren (mit Ausnahme des 4.) zunächst durchaus für den eigenen Gebrauch geschrieben. Nach dem dreisätzigen 3. und dem viersätzigen 4. schrieb Prokofjew nun sein 5. Konzert fünfsätzig. An virtuoser Musizierlaune, spritziger Thematik, geistvollen Instrumentationseinfällen übertrifft dieses Konzert die anderen. Das macht schon der *Kopfsatz* (Allegro con brio) deutlich.

Es herrscht stets ein tänzerisch-gestischer Duktus; heftige dissonante Reibungen werden immer wieder von klaren Kadenzierungen kraftvoll aufgefangen.
Zu den glänzendsten Instrumentalsätzen Prokofjews zählt der folgende *Marsch* (Moderato ben accentuato), der deutlich auf »Peter und der Wolf« weist.

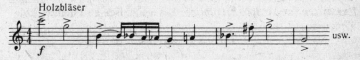

Von besonderer Wirkung ist in diesem witzigen Stück das von Klavierglissandi umspielte Auftreten der Hauptmelodie in der Trompete. Verfremdend-zurücknehmend klingt der leise Schluß.
Im Mittelpunkt des Konzertes steht eine virtuose *Tokkata* (Allegro con fuoco), die nichts weiter ist als die verkürzte Reprise des Kopfsatzes; ihr schließt sich als vierter Satz ein B-Dur-*Larghetto* von edler, lyrischer Besinnung an. Beherrschend wird ein schlichter melodischer Gedanke,

mit dem Prokofjew aber im Mittelteil dramatisch-virtuose Wirkung erzielt.

Das *Finale* (Vivo) beginnt, wie häufig bei Prokofjew, scherzoartig, weitet sich aber zu einem mannigfach gegliederten, stark variierten Satz aus, den eine zündende Koda beschließt.

Das Werk ist trotz seiner fünf Sätze sehr knapp geformt, macht einen beglückend geschlossenen, heiter-zielsicheren Eindruck – sozusagen eines »Sprungbretts« in die sowjetische Heimat.

1. Violinkonzert D-Dur op. 19

>Besetzung: Solo-Violine; 2 Flöten (2. auch Pikkolo), 2 Oboen, 2 Klarinetten, 2 Fagotte, 4 Hörner, 2 Trompeten, Tuba, Pauken, Schlagzeug, Harfe, Streicher
>Aufführungsdauer: 21 Minuten

Prokofjews beide Violinkonzerte gehören zu seinen besten Werken. Obwohl selbst kein Geiger, hat sich der Komponist angelegentlich mit der Violintechnik auseinandergesetzt und eigene, originelle Lösungen gefunden. Das gilt besonders für das 1. Konzert, das noch in Rußland (1916/17) komponiert worden ist und alsbald ein Welterfolg wurde. Die schon im 1. Klavierkonzert erprobte Bogenform hat Prokofjew auch hier überzeugend angewendet: Das Konzert beginnt und schließt mit einem innigen lyrischen Gedanken im Tempo *Andantino,* der geigerisch aufs feinste koloriert wird:

Nach bewährter Art wird ein grotesk-virtuoses Thema dagegengesetzt. Insgesamt macht der Kopfsatz einen in bezug auf Virtuosität und Stimmungsgehalt sehr ausgewogenen Eindruck.

Mit schockierender Virtuosität, geradezu brüskierend, bricht der *zweite Satz* los, ein Scherzo (Vivacissimo), das seinen Charakter keinen Augenblick leugnet und dem Virtuosen höchstes Können abverlangt.

Um so stärker wirkt der besinnliche Einsatz des *Finales* (Moderato). Sein Hauptthema verbindet Eleganz mit Kantabilität.

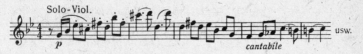

In der Koppelung mehrerer Gedanken und in der Ausgewogenheit zwischen Kantabilität und Virtuosität ist der Satz überzeugend konzipiert. Der gut vorbereitete Wiedereintritt des Andantinothemas aus dem ersten Satz macht einen wahrhaft befreienden Eindruck und zeigt, wie es Prokofjew schon damals auf die Humanisierung seiner musikalischen Sprache ankam.

2. Violinkonzert g-Moll op. 63

Besetzung: Solo-Violine; 2 Flöten, 2 Oboen, 2 Klarinetten, 2 Fagotte, 2 Hörner, 2 Trompeten, Schlagzeug, Streicher
Aufführungsdauer: 25 Minuten

Prokofjews 2. Violinkonzert, rund 20 Jahre (1935) nach dem 1. entstanden, zeigt mit jenem keinerlei Ähnlichkeit in Aufbau und Charakter. Seine erste Aufführung erfolgte bezeichnenderweise im revolutionären Spanien, wohin sich Prokofjew im Jahre 1935 von der Sowjetunion aus auf Konzertreise begeben hatte. Die Satzfolge entspricht dem klassischen Typus, und überhaupt zeigt sich klassischer Geist in dieser Komposition, deren *erster Satz* (Allegro moderato) mit einem volksliedhaften russischen Thema in der Solo-Violine eröffnet wird:

Die innige Melodie tritt in verschiedenen Varianten auf (tonartliche Rückungen, Umspielungen, Engführungen), bis ein zweiter Gedanke (B-Dur) mit geradezu brahmsscher Lyrik das Ganze im Ausdruck noch vertieft.

Prokofjew

Der *Mittelsatz* (Andante assai, B-Dur) ist eine großangelegte Serenade. Serenadenhaft wirkt schon die Pizzikatobegleitung des ersten Themas:

Dieses und ein weiteres Gesangsthema bestimmen den ganz auf Kantabilität gestellten Satz.
Das *Finale* (Allegro ben marcato) scheint den bizarr-grotesken Ton der Jugendzeit Prokofjews aufgreifen zu wollen; aber in steigendem Maße zielt die wieder sehr anspruchsvolle Virtuosität auf das Auslösen tänzerischer Impulse, die auch in einem innig wiegenden zweiten Thema weiterklingen,

bis alles in den Wirbel freudiger Virtuosität gezogen wird und zum brüsk abreißenden Schluß strebt.

Sinfonisches Konzert für Violoncello und Orchester e-Moll op. 125

> Besetzung: Solo-Violoncello; 2 Flöten (2. auch Pikkolo), 2 Oboen, 2 Klarinetten, 2 Fagotte, 4 Hörner, 2 Trompeten, 3 Posaunen, Tuba, Schlagzeug, Celesta, Streicher
> Aufführungsdauer: 37 Minuten

Prokofjew hatte sich vor dem 2. Violinkonzert auch mit einem Konzert für Violoncello und Orchester (e-Moll) beschäftigt, das allerdings erst 1938 als op. 58 vollendet wurde. Aber zufrieden war der Komponist damit nicht; wichtige Teile aus diesem Werk übernahm er in das »Sinfonische Konzert für Violoncello und Orchester« e-Moll op. 125, an dem er bis kurz vor seinem Tode arbeitete. Der geniale Cellist Mstislaw Rostropowitsch, der Prokofjew in den letzten Lebensjahren sehr nahestand und dem das Konzert auch gewidmet ist, brachte es 1952 in Moskau zur Uraufführung.

Das dreisätzige Werk gehört zu Prokofjews melodisch profiliertesten Werken. Der *erste Satz* (Andante) macht das sogleich deutlich:

Eine zweite Melodie – in kräftigerem Es-Dur – ist nicht weniger kantabel erfunden. Der Satz verklingt in einem zarten Adagio.

Der *Mittelsatz* (Allegro giusto) nimmt die zentrale Stellung in diesem Konzert ein. Einem virtuosen, dämonisch erregten ersten Thema, das lang ausgesponnen ist, wird ein tänzerisch-spritziges (an »Aschenbrödel« erinnernd) nachgestellt. Dann folgt eine »molto-cantabile«-Melodie in E-Dur, die schönste melodische Erfindung in diesem Werk.

Sie wird in der Reprise mit dem tänzerischen Thema verbunden. Eine virtuose Kadenz des Solisten bestreitet die Durchführung. Das *Finale* (Andante con moto) besteht aus Variationen über zwei

Themen. Das erste ist wiederum eine der breit ausschwingenden lyrisch-epischen Melodien des Meisters, das zweite eine schnippisch-tänzerische Weise. Beide Themen werden ausdrucksstark verändert und auch ineinander verschränkt. Schließlich setzt sich das getragene erste Thema durch. Am Schluß wird an den Mittelsatz erinnert. Aus ihm gewonnene heftige Akzente und virtuose Figuren des Solisten beschließen das Konzert wirkungsvoll. WSS

Johann Joachim Quantz 1697—1773

Der am 30. Januar 1697 in Oberscheden bei Göttingen geborene Quantz sollte wie sein Vater Hufschmied werden. Der Knabe verwaiste jedoch früh und folgte seiner Neigung zur Musik. Verwandte Stadtmusikanten in Merseburg waren seine ersten Lehrer, bei denen er vielseitigen Instrumentalunterricht erhielt. 1713 ging Quantz als Stadtpfeifer nach Radeberg und Pirna, 1716 nach Dresden in die Stadtkapelle des Stadtmusikus Gottfried Heine. Nach kurzen Kontrapunktstudien bei J. Zelenka in Wien trat er 1718 als Oboist in die Königlich Polnische Kapelle Augusts II. ein. Hier wählte er bald die Traversflöte als Hauptinstrument, das er nebenbei erlernt hatte und jetzt neben der Komposition zum Gegenstand seiner Studien machte. 1724 trat Quantz eine große Reise an, die ihn über Rom (Kompositionsunterricht bei F. Gasparini), Neapel (Bekanntschaft mit J. A. Hasse und A. Scarlatti), Florenz, Venedig und schließlich London (wo Händel ihn dabehalten wollte) führte und auf der er sich mit der jeweiligen Musikpflege intensiv beschäftigte. 1727 nach Dresden zurückgekehrt, spielte er 1728 vor Friedrich von Preußen, der ihn fortan zweimal jährlich für längere Zeit als seinen Lehrer empfing und nach seiner Thronbesteigung (1741) zu außergewöhnlich vorteilhaften Bedingungen auf Lebenszeit an seinen Hof berief. Als »Musikvertrauter« des Königs hatte Quantz diesen täglich zu unterrichten, Kompositionen zu schreiben und die abendlichen Hausmusiken zu leiten. Quantz starb in Potsdam im Alter von 76 Jahren (am 12. Juli 1773) nach kurzer Krankheit.

Mit mehr als 300 Flötenkonzerten und etwa 200 kammermusikalischen Stücken für die Flöte hat Quantz ein sehr umfangreiches kompositorisches Schaffen hinterlassen, durch das er sich neben den Gebrüdern Graun, F. Benda und C. Ph. E. Bach als einer der wichtigsten Vertreter der Berliner Schule auf dem Gebiet der Instrumentalmusik ausweist. Seine Kompositionen sind gründlich gearbeitet, verlieren allerdings später etwas an persönlichem Gepräge und Abwechslungsreichtum – sowohl die Fähigkeiten als auch der Geschmack des Königs beengten Quantz in seiner kompositorischen Tätigkeit und Entwicklung. So dominiert in seinen meist dreisätzigen Konzerten, die in der Satzanlage und Thematik den Solokonzerten Vivaldis entsprechen, das Galante und Graziöse. Gemäß den Forderungen des Musiktheoretikers Quantz nach dem »gemischten Geschmack« verschmilzt er in seinen Kompositionen italienische und französische musikalische Errungenschaften mit der kontrapunktischen Satztechnik seines Heimatlandes. Quantz beschäftigte sich auch mit Flötenbau und hat verschiedene instrumententechnische Verbesserungen erfunden. Bedeutender als diese Leistungen ist sein Lehrwerk »Versuch einer Anweisung, die Flöte traversière zu spielen« (1752 gedruckt, des weiteren mehrfach gedruckt und übersetzt), das H. P. Schmitz als die umfassendste Instrumentalschule des 18. Jahrhunderts bezeichnet. Diese erste deutsche Flötenschule blieb bis ins 19. Jahrhundert maßgebend. Dadurch, daß sie sich in sehr starkem Maße mit Fragen des musikalischen Geschmacks, der musikalischen Bildung und der Aufführungspraxis beschäftigt, ist uns in ihr ein wichtiges Dokument der musikalischen Praxis des 18. Jahrhunderts überliefert.

Flötenkonzert G-Dur

Besetzung: Solo-Flöte; Violinen I und II, Bratschen, Continuoinstrumente
Aufführungsdauer: 16 Minuten

Das im Neudruck vorliegende dreisätzige G-Dur-Konzert ist das wohl meistgespielte Konzert aus dem umfangreichen kompositorischen Schaffen des Flötenmeisters, denn es gibt vor allem der Spielfreude des Solisten viel Raum. In den beiden Ecksätzen des frischen und anmutigen Werkes dominieren bravouröses Laufwerk und Spielfigurationen, und der Mittelsatz bietet Gelegenheit, kantables Linienspiel mit Tonschönheit zu verbinden. Das Orchester begleitet meist schlicht akkordisch, in der Besetzung aber zum Teil recht differenziert.

Der *erste Satz* (Allegro, ⁴/₄-Takt) besteht aus fünf Tutti- und vier Soloabschnitten. Das erst mit Einsatz des Soloinstruments klar geformte Hauptthema beginnt mit einem aus der Zerlegung des G-Dur-Dreiklangs gewonnenen, auch rhythmisch recht einfachen Kopfthema,

 usw.

an das sich, in damals üblicher Manier, mehrere Sequenzketten anschließen. Von frischer Wirkung sind die des öfteren eingeworfenen kräftigen Unisoni des Orchesters.

Der *zweite Satz*, ein »Arioso« in g-Moll (Mesto, ³/₄-Takt), entspricht in seiner reizvoll geschwungenen Melodik und kontrastierenden Dynamik dem gefühlsbetonten, »empfindsamen« Ausdrucksideal jener Zeit. Chromatische Durchgänge sowie Vorhalte unterstreichen den »rührenden« Charakter, der auch ganz besonders zum Ausdruck kommt, wenn sich nach den ersten 8 Takten des Solos, das auf einem Halbschluß in D-Dur endet, unvermittelt ein Abschnitt »dolce« in B-Dur anschließt. Hier der Beginn des Satzes (den die Flöte 8 Takte später wiederholt):

Der Satz ist dreiteilig: Zwei Tuttiabschnitte umrahmen einen Soloabschnitt, der nur durch 5 Orchestertakte unterbrochen wird.

Einen starken Kontrast zu diesem elegischen Arioso bildet das frische *Allegro vivace* (G-Dur, ²/₄-Takt), das ganz und gar von virtuoser Spielfreude beherrscht wird. Alles ist einfach und gefällig, beinahe etwas anspruchslos an diesem unbeschwerten Satz, der allerdings bedeutendes technisches Können erfordert.   EG

Sergei Rachmaninow 1873—1943

Vater und Großvater des am (1. April) 20. März 1873 in Oneg am Onegasee geborenen Sergei Wassiljewitsch Rachmaninow waren talentierte Pianisten, letzterer sogar Schüler des berühmten Iren John Field. Nachdem sie ihr Gut hatten verkaufen müssen, zogen die Rachmaninows nach Petersburg. Dort kam der neunjährige Sergei in eine Vorbereitungsklasse des Konservatoriums; wegen der zerrütteten Familienverhältnisse war der Unterricht jedoch wenig erfolgreich. Wichtig für die Entwicklung des pianistischen Könnens von Sergei wurde der Einfluß seines berühmten Cousins: Alexander Siloti. Er sorgte dafür, daß Rachmaninow bei dem bekannten Moskauer Klavierpädagogen Nikolai Swerew studieren konnte (hier war u. a. Skrjabin sein Mitschüler). 1889 trat Rachmaninow dann in das Moskauer Konservatorium ein, studierte bei Siloti Klavier, bei Sergei Tanejew und Anton Arenski Tonsatz. 1892 erhielt er für seine Examenskomposition, die Oper »Aleko« (nach Puschkins »Zigeunern«), eine Goldmedaille. Mit diesem Werk erwarb sich Rachmaninow die Wertschätzung Tschaikowskis, der eine Inszenierung am Bolschoi-Theater durchsetzte.

Nun errang der junge Künstler zunehmenden Ruhm als Konzertpianist, versuchte sich aber bald auch schöpferisch auf sinfonischem Gebiet. Doch seine 1897 von Alexander Glasunow in Petersburg uraufgeführte 1. Sinfonie fiel durch. Dieser Mißerfolg lähmte Rachmaninows Schaffenskraft für einige Jahre. Als 2. Dirigent war er 1897/98 an der privaten Mamontow-Oper zu Moskau tätig, wo seine Freundschaft mit Fjodor Schaljapin begann. 1899 brachte ihm eine erste Auslandstournee internationale Anerkennung als Pianist. Nach und nach erwachte auch sein Schaffensmut wieder. Es entstanden das 2. Klavierkonzert, Romanzen, die Klavierpréludes op. 23 sowie die Opern »Der geizige Ritter« und »Francesca da Rimini« (beide 1904). Inzwischen war Rachmaninow ständiger Dirigent am Moskauer Bolschoi-Theater geworden und besorgte dort sehr erfolgreiche Neuinszenierungen klassischer russischer Opern. Er trat auch als Konzertdirigent hervor. 1906 ging er für drei Jahre ins Ausland (vorwiegend Dresden). Bis zum Revolutionsjahr 1917 entstanden dann die meisten Werke, darunter die bedeutenden Klavierzyklen der Préludes op. 32 und der Etudes-tableaux op. 33 und 39, die beiden Klaviersonaten und das 3. Klavierkonzert. Allmählich aber verlieren die Kompositionen an Frische der Erfindung.

Ein Zug zur Verfeinerung und zu gleichzeitigem Verunklaren des Inhaltes wird spürbar.

Während des ersten Weltkrieges gab Rachmaninow Wohltätigkeitskonzerte zugunsten Verwundeter. Die Februarrevolution von 1917 begrüßte er, aber die Große Sozialistische Oktoberrevolution selbst verstand er ihrem Wesen nach nicht. So ging er bald nach Bildung der Sowjetregierung über Skandinavien in die USA. Dann folgten zweieinhalb Jahrzehnte rastloser Konzerttätigkeit in Europa und Amerika. Ohne sich zur Heimkehr entschließen zu können, blieb Rachmaninow dennoch mit ganzer Seele Russe. Er propagierte die Kunst seiner Heimat, verfolgte die Entwicklung der sowjetischen Kunst und Wissenschaft, fühlte sich glücklich, wenn er im sowjetischen Rundfunk seine Werke hören konnte.

Nach anstrengender Tourneearbeit und einer zehnjährigen Schaffenspause (»Als ich aus Rußland fortging, verlor ich den Wunsch, zu schaffen...«) vollendete er das noch in Moskau begonnene letzte Klavierkonzert, bearbeitete als Gruß an die Heimat russische Volkslieder. Als bedeutendste Spätwerke sind die Variationszyklen auf Themen von Corelli (für Klavier, 1931) und Paganini (für Klavier und Orchester, 1934) sowie die 3. Sinfonie zu nennen. 3 Sinfonische Tänze beschließen als matter Nachklang den Weg des Komponisten. »Als ich die Heimat verließ, verlor ich mich selbst«, bekannte Rachmaninow, der es nicht vermocht hatte, sich endgültig zum Neuen in seinem Land zu bekennen. Erst in den Jahren des Vaterländischen Krieges, kurz vor seinem Tod, fand der Komponist zu einem vorbehaltlosen, unmittelbaren Verhältnis. Er überwies beträchtliche Honorarsummen an das sowjetische Verteidigungsministerium und bekannte: »Ich will und ich werde an den ganzen Sieg glauben!« Die entscheidende Wende des Krieges mit der Schlacht bei Stalingrad erlebte er noch. Am 28. März 1943 erlag er, unmittelbar vor seinem 70. Geburtstag, in Beverly Hills (California) einem Krebsgeschwür.

Der Pianist Rachmaninow gehört zu den bedeutendsten Künstlern seiner Zeit. Er hat sich besonders für Chopin, Liszt und Skrjabin eingesetzt. Der Komponist Rachmaninow ist zutiefst dem klassischen russischen Erbe (etwa Tschaikowski, Borodin) verbunden. Als Sinfoniker hat er erst mit seiner 3. Sinfonie den eigenen Stil gefunden. In der 1. und auch in der 2. Sinfonie steht er ganz im Banne der Lyrik und Dramatik Tschaikowskis. In den Konzertsälen haben sich bis heute besonders seine Werke für Klavier und Orchester behauptet. Hier vermochte auch die stilistische Originalität des

Virtuosen-Komponisten von Anfang an am meisten zu überzeugen.
3 Sinfonien: Nr. 1 d-Moll op. 13 (1895), Nr. 2 e-Moll op. 27
(1907), Nr. 3 a-Moll op. 44 (1936); 3 Sinfonische Dichtungen:
»Fürst Rostislaw«. Poem für Orchester (1891); »Der Felsen«.
Orchesterfantasie op. 7 (1893); »Die Toteninsel« nach Böcklin op. 29 (1909). – Andante und Scherzo für Streichorchester
(1889); Capriccio auf Zigeunerthemen op. 12 (1894); Sinfonische Tänze op. 45 (1940). – 4 Klavierkonzerte: Nr. 1 fis-Moll
op. 1 (1891; Neufassung 1917), Nr. 2 c-Moll op. 18 (1901),
Nr. 3 d-Moll op. 30 (1909), Nr. 4 g-Moll op. 40 (1928); Rhapsodie über ein Paganini-Thema für Klavier und Orchester
a-Moll op. 43 (1934).

3. Sinfonie a-Moll op. 44

Besetzung: Pikkoloflöte, 2 Flöten, 2 Oboen, Englischhorn,
2 Klarinetten, Baßklarinette, 2 Fagotte, Kontrafagott, 4 Hörner, 3 Trompeten (eine in F), 3 Posaunen, Tuba, Pauken,
Schlagzeug, Xylophon, Celesta, 2 Harfen, Streicher
Aufführungsdauer: 33 Minuten

Diese 1936 abgeschlossene Sinfonie wurde im gleichen Jahre in
Philadelphia unter Leopold Stokowski uraufgeführt. Rund zwanzig Jahre nach Beendigung der 2. Sinfonie gelang Rachmaninow
hier ein gültiger Beitrag zu diesem Genre. »Die Musik eines Komponisten«, erklärte der Künstler kurz vor seinem Tode, »soll den
Geist des Landes, in dem er geboren ist, ausdrücken, seine Liebe,
seinen Glauben ... Sie soll Produkt der ganzen Summe seiner Lebenserfahrung sein ... Ich bin ein russischer Komponist, die Heimat hat mein Temperament und mein Weltempfinden bestimmt.«
So begegnet uns russische Intonation auch in der 3. Sinfonie als inhaltlich bestimmend. Ihr wird jedoch eine Haltung der Menschen- und Lebensfeindlichkeit entgegengestellt – Ergebnis der »Lebenserfahrung« des Künstlers in der modernen Welt des Kapitalismus.
Der Gegensatz zwischen Gefühlswärme und Gefühlskälte, zwischen
Ausgewogenheit und Verzerrung tritt hier nun an die Stelle der
zuvor von den russischen Klassikern übernommenen Dialektik von
Lyrischem und Dramatischem. Die beiden Welten sind schon im
Prolog des *ersten Satzes* (Lento/Allegro moderato, 4/4-Takt) enthalten. Ein lakonischer Vorspruch im Geiste altrussischer Gesangsweisen repräsentiert die heimatverbundene, dem Menschen zugewandte Haltung und wird zugleich Leitmotiv der ganzen Sinfonie.

Lento

Der unvermittelt folgende dissonante Einsatz des Orchesters deutet auf jene Kräfte hin, die im weiteren Verlauf des Werkes das Menschliche, Schöne zu zersetzen suchen. Alle wesentlichen Themen der Sinfonie verharren aber in der lebensbejahenden Sphäre, die zwar immer neu in Frage gestellt wird, sich aber letztlich stets behauptet. An den dramaturgischen Höhepunkten der Sinfonie treten meist Abwandlungen des archaischen Leitmotivs auf – Symbol der Festigkeit und der Geborgenheit.

Das übliche Scherzo reduziert Rachmaninow auf die Mittelepisode des *zweiten Satzes* (Adagio man non troppo/Allegro vivace/Tempo come prima, fis-Moll, ³/₄-Takt). Ihr grotesker, skurriler Ausdruck (als Symbol des Menschenfeindlichen, Negativen, das er unter anderem mit Jazzelementen gestaltet) steht im betonten Kontrast zu den langsamen Außenteilen und besonders zum Zauber jener unmittelbar auf das eröffnende Leitmotiv folgenden Kantilene, welche die »unendliche Weite« des russischen Landes malt.

Das *Finale* (Allegro, A-Dur, ⁴/₄-Takt) gibt sich betont festlich und optimistisch. Daran kann auch das drohende Zitat des »Dies irae«, jenes der katholischen Liturgie entlehnten Symbols für Tod und Vergänglichkeit, nichts ändern.

1. Klavierkonzert fis-Moll op. 1

Besetzung: Solo-Klavier; 2 Flöten, 2 Oboen, 2 Klarinetten, 2 Fagotte, 4 Hörner, 2 Trompeten, 3 Posaunen, Tuba, Pauken, Streicher
Aufführungsdauer: 20 Minuten

Dieses sehr populäre, Alexander Siloti gewidmete Werk aus dem Jahre 1891 wird heute von vielen Pianisten bevorzugt. In jugendlicher Frische spricht aus ihm schon die männlich-virtuose Handschrift des Komponisten. Rachmaninow hatte sehr rasch gearbeitet. Die endgültige Niederschrift und Instrumentierung der letzten beiden Sätze erfolgte binnen zweieinhalb Tagen. 1892 spielte der Komponist, begleitet vom Konservatoriumsorchester unter Wassili Safonow, den Eingangssatz in Moskau. Erst 1899 kam es zur vollständigen Uraufführung (in London); wiederum war Rachmaninow der Solist. 1917 legte der Komponist eine Zweitfassung vor, deren Solopart schwieriger gestaltet ist.

Von Rachmaninows typischem Schwung lebt das kraftvoll-sangliche Hauptthema des *ersten Satzes* (Vivace/Moderato, ⁴/₄-Takt), das für die Durchführung reiches Material bietet.

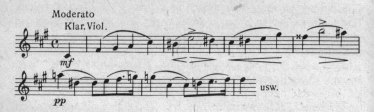

Klangschön und wirkungsvoll zieht der jugendliche Schöpfer in der breit angelegten Solokadenz am Ausgang der Reprise alle Register seines Klaviersatzes.

Wie sehr die harmonische Sprache dieses Komponisten unter der Klischierung durch die Unterhaltungsmusik gelitten hat, wird an der schön empfundenen Melodie des *zweiten Satzes* (Andante cantabile, D-Dur, ⁴/₄-Takt) deutlich, deren ausdrucksstarke Harmonien heute fast abgeschmackt wirken.

Im turbulenten *Finale* (Allegro vivace, fis-Moll/Fis-Dur, ¹²/₈-Takt) vertritt das zweite Thema die sangliche Sphäre. Die ebenmäßig gefügte Melodie schafft eine zeitweilige Insel der Besonnenheit.

2. Klavierkonzert c-Moll op. 18

Besetzung: Solo-Klavier; 2 Flöten, 2 Oboen, 2 Klarinetten, 2 Fagotte, 4 Hörner, 2 Trompeten, 3 Posaunen, Tuba, Pauken, Streicher
Aufführungsdauer: 34 Minuten

Die beiden letzten Sätze dieses 1901 beendeten Werkes spielte Rachmaninow schon 1900 in Moskau unter Alexander Siloti. In gleicher Besetzung erfolgte 1901 in Moskau die vollständige Uraufführung. Das Konzert gehört zu Rachmaninows reifsten, geschlossensten Werken. Zwei musikalische Gestaltungsebenen herrschen vor: zum einen energische, betont rhythmische Gedanken, die oft in düstere oder herbe Klänge gekleidet sind, zum anderen klar gezeichnete, sich breit entfaltende, frei fließende Liedmelodien, die oft schwärmerisch-hymnischen Charakter annehmen oder bis zu intimer Zärtlichkeit zurückgenommen werden. Beide Sphären verschmelzen im Hauptthema des *ersten Satzes* (Moderato, Alla-breve-Takt). Dumpfe Glockenschläge untermalen den wuchtigen Moll-Gesang des Orchesters (»con passione«); er steigt auf und fällt langsam zum Ausgangston zurück.

Dann bringt das Soloinstrument in lichtem Dur den Seitengedanken, der in der Durchführung bevorzugt wird.

Im Charakter der berühmten Elegien Rachmaninows entwickelt sich der *zweite Satz* (Adagio sostenuto, E-Dur, 4/4-Takt). Die Verwandtschaft des Themas zur Durmelodie des ersten Satzes ist offenbar:

»Wie gut er die Stille hört«, hat einst Maxim Gorki jene Stelle dieses Satzes kommentiert, wo sich Triolen als Begleitfiguren einstellen. Aus dem anfangs lyrisch verhaltenen Thema ergeben sich zwei mitreißende Höhepunkte jubelnden Gesanges, der zuletzt leise, wie in weiter Ferne, verebbt.

Im *Finale* (c-Moll/C-Dur, Alla-breve-Takt) arbeitet der Komponist mehr mit bravourösen Mitteln. Als inhaltsbestimmend wird dennoch ständig der Gegensatz zwischen dem Hauptthema (scharf rhythmisiert, mit Scherzocharakter) und dem wiederum in der Durchführung bevorzugten Seitengedanken (breite Kantilene – siehe Notenbeispiel) empfunden.

3. Klavierkonzert d-Moll op. 30

Besetzung: Solo-Klavier; 2 Flöten, 2 Oboen, 2 Klarinetten, 2 Fagotte, 4 Hörner, 2 Trompeten, 3 Posaunen, Tuba, Pauken, Schlagzeug, Streicher
Aufführungsdauer: 40 Minuten

Gegenüber seinen Vorgängern wirkt dieses 1909 komponierte und in New York unter Walter Damrosch mit Rachmaninow als Solisten uraufgeführte Konzert konzentrierter, im Ausdruck prägnanter. Der Solopart ist noch anspruchsvoller geworden. Der Pianist hat oft fast unübersichtlich verschlungene Rhythmen und sich seltsam überkreuzende Melodieverläufe zu gestalten. Eine Spezifik des Rachmaninowschen Klaviersatzes kommt voll zur Geltung: die »verborgene Polyphonie«, d. h. das kaum merkliche zeitweilige Abspalten einzelner Nebenstimmen aus der Hauptmelodie. Mehr und mehr gewinnen nun die Sonatensätze sinfonischen Charakter, so der *erste Satz* (Allegro ma non tanto, $^4/_4$-Takt). Das Hauptthema, ein metrisch unregelmäßiger, breiter Gesang über regelmäßig phrasierter, marschähnlicher Begleitung des Orchesters, dominiert.

Von beklemmender Süße – ohne ins Sentimentale abzugleiten – ist der Nebengedanke.

Diese ungezwungene Schönheit erreicht das Thema des *langsamen Satzes* (Intermezzo; Adagio, fis-Moll/Des-Dur, $^3/_4$-Takt) nicht. Es ist ein freier Variationssatz mit oft zu gesuchter Harmonik.

In der Durchführung des *Finales* (d-Moll/D-Dur, Alla-breve-Takt) wird wieder das zweite Thema (gegenüber dem marschähnlichen Hauptgedanken) bevorzugt: hier liegen die pathetischen Höhepunkte des Satzes. Durch den Rückgriff auf Themen und melodische Wendungen oder vorhergehende Sätze wird insgesamt formale Rundung und inhaltliche Geschlossenheit erreicht.

Rhapsodie über ein Paganini-Thema a-Moll op. 43

Besetzung: Solo-Klavier; Pikkoloflöte, 2 Flöten, 2 Oboen, Englischhorn 2 Klarinetten, 2 Fagotte, 4 Hörner, 2 Trompeten, 3 Posaunen, Tuba, 3 Pauken, Schlagzeug, Glöckchen, Harfe, Streicher
Aufführungsdauer: 22 Minuten

Bereits in dem stilistisch uneinheitlichen 4. Klavierkonzert op. 40, das 1917 in Moskau begonnen und erst 1928 vollendet wurde, spiegelt sich Rachmaninows Auseinandersetzung mit für ihn neuen Stilrichtungen wider. Zur überzeugenden, künstlerisch bedeutsamen Synthese kommt es erst in den Paganini-Variationen aus dem Jahre 1934, dem stärksten Werk der Spätzeit. Es wurde 1934 in Baltimore unter Leopold Stokowski mit Rachmaninow als Solisten uraufgeführt.

Das Thema ist Paganinis berühmte Caprice a-Moll,

über die Rachmaninow vierundzwanzig Variationen schrieb, welche – meist streng geformt – die Struktur des Themas im wesentlichen belassen und es mit unterschiedlichen Figurationen ausstatten. Die 1. Variation erklingt noch vor dem Thema. Sie besteht aus dessen harmonischem Gerüst, das damit selbst zu einer Art Passacagliathema wird. Die einzelnen Variationen schließen sich zu drei großen Abschnitten zusammen, die an den Aufbau eines Sonatensatzes erinnern. So steht die Gruppe der ersten zehn Variationen, die gewissermaßen als Exposition fungiert, in a-Moll. Die Grundzüge des Themas bleiben unangetastet. Variation 7 bringt ein Zitat des »Dies irae«, jenes Symbols der Vergänglichkeit, das in Rachmaninows Spätschaffen wiederholt erscheint. Die 11. Variation leitet nach Art einer freien Improvisation zum »Durchführungs«-Abschnitt mit Scherzocharakter über. Variation 12 greift das Menuettzeitmaß auf; die 18. Variation (Andante cantabile, Des-Dur) bildet den lyrisch-nachdenklichen Beschluß. Mit der 19. Variation setzt wieder die Grundtonart ein. Folgerichtig wird ein Finale mit Reprisencharakter aufgebaut. Dabei klingt in der letzten Variation noch einmal das »Dies irae« an (»pesante« in den Blechbläsern).

Auf Wunsch des Choreographen Michail Fokin, der die Rhapsodie für das Ballett bearbeiten wollte, gab der Komponist einige inhaltliche Hinweise: Paganini (das Thema) geht mit den Mächten der Finsternis (»»Dies-irae«-Zitat) einen Pakt ein, der ihm virtuose Vollkommenheit (19. Variation: Triumph technischer Perfektion) und Erfüllung in der Liebe durch ein verführerisches Weib (Menuettvariation; Des-Dur-Variation als Liebesszene) garantiert.

CR

Alexander Raitschew   geb. 1922

Der bedeutende zeitgenössische bulgarische Komponist wurde am 11. April 1922 in Lom geboren. 1947 beendete er seine musikalische Ausbildung am Sofioter Konservatorium, wo er bei Pantschow Wladigerow Kompositionsunterricht erhielt. Bis 1950 ging er dann an die Akademie »Franz Liszt« in Budapest, um sich als Orchesterleiter und Komponist zu spezialisieren. 1951 wurde Raitschew Lehrbeauftragter für Harmonielehre am Konservatorium in Sofia, seit 1962 ist er hier Professor.

Der Komponist trat erfolgreich mit großen chorsinfonischen Werken, u. a. der Kantate »Dimitroff lebt«, aber auch mit vielen Liedern und Kammermusiken hervor. Hier wie in seinen Orchesterwerken verbinden sich enge Bezüge zur heimatlichen Folklore mit ausgesprochen expressiver persönlicher Handschrift.

2. Sinfonie »Der neue Prometheus« (1958); 3. Sinfonie »Aufschwung« (1965); Suite aus dem Ballett »Heiduckenlied« (1953); Sinfonische Episode »Leipzig 33«. Zum 90. Geburtstag Georgi Dimitroffs (1972). – Klavierkonzert (1947); Sonate-Poème für Violine und Orchester (1962).

2. Sinfonie »Der neue Prometheus«

Besetzung: Pikkoloflöte, 2 Flöten, 2 Oboen, Englischhorn, 3 Klarinetten (eine in Es), Baßklarinette, 2 Fagotte, Kontrafagott, 4 Hörner, 3 Trompeten, 3 Posaunen, Tuba, Pauken, Schlagzeug, Xylophon, Klavier, Streicher

Aufführungsdauer: 30 Minuten

Die 1958 entstandene und uraufgeführte Sinfonie hat sich bis heute als erfolgreichstes Werk Raitschews nicht nur in Bulgarien durchzusetzen vermocht. Der Titel weist auf einen Roman des bulgarischen proletarischen Schriftstellers Christo Smirnenski, dem die

Sinfonie inhaltlich zugeordnet ist. Diese Zuordnung muß nicht im einzelnen verfolgt werden. Raitschew geht es um die Gestaltung einer bestimmten, nach den Prinzipien sinfonischer Dramaturgie entwickelten Ausdruckshaltung: »Der neue Prometheus« will etwas von der weltverändernden Kraft der revolutionären Arbeiterklasse deutlich machen.

Das Werk beginnt mit einem *Prolog* (Andante), in dem die Violoncelli pianissimo eine weitgeschwungene nachdenkliche Kantilene, aus der der Komponist das melodische Material aller folgenden Teile gewinnt, zunächst allein anstimmen:

Schon im Prolog kommt es zu kurzem energischem Aufbegehren. Hier knüpft der *erste Satz* (Allegro con fuoco) mit einem energischen Quartenthema an. Er verläuft in einer einzigen, aus diesem Quartenthema gewonnenen, stürmischen Bewegung, die nur selten zu lyrischen Ruhepunkten führt, aber am Ende wie ermattet im Pianissimo verlischt: sanfte Streicherklänge umhüllen das nur noch leise pochende Quartenmotiv (Pauken).

Quarten (und Quinten) mit ihrem Signalcharakter bestimmen auch das Geschehen im folgenden *Scherzo* (Presto), das zudem durch hämmernde Rhythmen sein Gepräge erhält. Nur ein Trioteil (Meno mosso) mit volksliedhafter Oboenmelodik über bordunartigem Hornsatz bringt Beruhigung.

Den *langsamen Satz* (Andante) eröffnet das Englischhorn mit einer wehmütigen Weise, die von den 1. Violinen fortgesponnen wird. Innige Melodik dominiert, steigert sich aber auch hier bis zum impulsiven, leidenschaftlichen Fortissimoausbruch.

Das *Finale* (Allegro moderato/Allegro molto) weckt die Erinnerung an bulgarische Folklore, besonders durch die Flöten- und Fagottmelodik des einleitenden Teiles. Aus dem melodischen Präludieren vollzieht sich dann der Übergang zu mehr und mehr rhythmisch betonter Bewegung, die später ins Allegro molto des Hauptsatzes einmündet. Unisono stellen die Streicher hier eine wildenergische Tanzweise vor, die virtuos, aber auch kunstvoll (Fugati) verarbeitet, mit neuen Gedanken und Reminiszenzen an Vorhergegangenes bereichert wird und zum jubelnden Schluß führt. Schmetternde Fortissimoklänge scheinen die Sinfonie abzuschließen. Da setzt das aus dem ersten Satz bekannte Quartenmotiv noch einmal an. Die Sinfonie verklingt über den unablässig pochenden Pauken mit weichen, nun zart und beseelt sich aufschwingenden Violinkantilenen: ein Blick in die lichte Zukunft der Welt, für die der »neue Prometheus« kämpft.

HJS

Maurice Ravel 1875—1937

Joseph Maurice Ravel wurde am 7. März 1875 in Ciboure nahe Saint-Jean-de-Luz geboren. Sein Vater, der Ingenieur Pierre-Joseph Ravel, stammte aus Versoix am Genfersee, war u. a. Erfinder eines mit Mineralöl geheizten Dampfkessels und lernte in Spanien, wo er beim Ausbau des Eisenbahnnetzes tätig war, die junge Baskin Maria Deluarte kennen, die er 1874 heiratete. 1875 übersiedelte die Familie nach Paris. 1882 erhielt Maurice Ravel nach ersten Klavierstunden bei seinem Vater Unterricht bei Henri Ghys, 1889 wurde er in die Klavierklasse J.-B. Anthiômes am Pariser Conservatoire aufgenommen. Mit einer ersten Auszeichnung für Klavierspiel bedacht, trat Ravel 1891 in die Klasse von Charles de Bériot ein, wo er Freundschaft mit Ricardo Viñes schloß, der später einer seiner besten Interpreten werden sollte. Beide begeisterten sich für die »Trois Valses romantiques« von Chabrier und spielten sie dem Komponisten vor. 1894 lernte Ravel durch seinen Vater Erik Satie kennen. (Erik Satie an seinen Bruder über Ravel, 1911: »... er versicherte mir jedesmal, wenn ich ihn treffe, daß er mir viel verdanke. Ich habe nichts dagegen.«) Nach Alfred Cortot ist der zwanzigjährige Ravel »ein junger, gerne heiterer, viel diskutierender und etwas hochmütiger junger Mann, der Mallarmé liest und mit Erik Satie verkehrt«. Ravel studierte Kontrapunkt bei André Gédalge und Komposition bei Gabriel Fauré. Am 27. Mai 1899 dirigierte er in einem Konzert des Conservatoire seine Ouvertüre zu »Shéhérazade« (1898), die ausgepfiffen wurde. 1901 nahm er zum ersten Male am Wettbewerb um den Rompreis teil. Er erhielt für seine Kantate »Myrrha« den zweiten Preis nach André Caplet, dem Freund Debussys. 1902 arbeitete Ravel an seinem Streichquartett in F-Dur und zog Debussy zu Rate, der ihm schrieb: »Im Namen der Götter der Musik und in meinem eigenen: ändern Sie nichts an dem, was Sie von Ihrem Quartett niedergeschrieben haben!«

Ravel hatte seinerseits bereits Werke von Debussy studiert und bekannte später: »Erst seit ich zum ersten Male ›L'Après-midi d'un Faune‹ gehört hatte, wußte ich, was Musik ist.« Die erneute Teilnahme am Rom-Wettbewerb mit der Kantate »Alcyone« endete wie die nächste im Jahre 1903 (Kantate »Alyssa«) erfolglos. 1904 verzichtete Ravel auf einen derartigen Versuch, er komponierte »Shéhérazade« für Gesang und Orchester nach Gedichten von Tristan Klingsor. 1905 wurde seine Bewerbung zum Rompreis von vornherein abgelehnt. Der Ausspruch eines Mitgliedes der musikalischen Sektion der Akademie ist überliefert: »Herr Ravel mag uns wohl als rückständig ansehen, aber er darf uns nicht ungestraft für schwachsinnig halten.« Es war eine Reaktion auf die unorthodoxe Haltung Ravels und seine bisherigen Kompositionen. Das Echo in der Tagespresse war groß und meist kritisch. Man sprach von der »Affaire Ravel« und selbst Romain Rolland legte, erfolglos, Protest ein. Der Fall machte den Komponisten jedoch bekannt.

1907 kam es bei der ersten Aufführung der »Histoires naturelles« für Gesang und Klavier wieder zu einem Skandal, 1908 wurde die Aufführung der »Rapsodie espagnole« in den Concerts Colonne jedoch ein Erfolg. Im gleichen Jahr komponierte Ravel die Klavierstücke »Ma mère l'oye« (für Klavier vierhändig) sowie »Gaspard de la nuit«. Nachdem die Oper »L'heure espagnole« vier Jahre vorher bei der Direktion der Opéra Comique eingereicht worden war, fand ihre Uraufführung am 19. Mai 1911 statt. Die Ballettfassung von »Ma mère l'oye« wurde am 21. Januar 1912 im Théâtre des Arts erstaufgeführt. Am 22. April dieses Jahres dirigierte Ravel im Théâtre du Châtelet die Erstaufführung des Balletts »Adélaïde ou le langage des fleurs« (1911), d. h. die Ballettfassung der »Valses nobles et sentimentales«, und am 8. Juni führte das Russische Ballett »Daphnis et Chloé« auf, eine Bestellung Djagilews von 1909. Im Frühjahr 1913 arbeitete Ravel gemeinsam mit Strawinsky an der Instrumentierung von Mussorgskis unvollendeter Oper »Chowanstschina« und war Zeuge der musikgeschichtlich bedeutsamen Uraufführung des »Sacre du printemps«. Im gleichen Jahr entstanden die »Trois poèmes de St. Mallarmé« für Gesang und Kammerensemble. Zu Beginn des ersten Weltkrieges bemühte sich Ravel, der aus Gesundheitsrücksichten zurückgestellt war, um Aufnahme in die französische Armee, wurde 1916 als Lastwagenfahrer in der Gegend um Verdun eingesetzt, jedoch 1917 wegen seines schlechten Gesundheitszustandes aus dem Heeresdienst entlassen. Im gleichen Jahr beendete er »Le tombeau de Couperin« für Kla-

vier. 1919 bestellte Djagilew bei Ravel ein Ballett über das Thema »Wien und seine Walzer« – es entstand »La valse«. Im Sommer 1922 instrumentierte er die »Bilder einer Ausstellung« von Mussorgski und unternahm 1923 Konzertreisen nach Amsterdam, Venedig und London als Dirigent eigener Werke. Im Auftrag des Opernhauses Monte Carlo schrieb er 1924 die Oper »L'enfant et les sortilèges«, die unter der musikalischen Leitung Victor de Sabatas 1925 mit großem Erfolg uraufgeführt wurde. 1926 folgten Konzerttourneen nach Skandinavien und England, 1927 eine größere Reise in mehrere Städte der USA. Am 20. November 1928 fand die Uraufführung des für Ida Rubinstein und ihre Truppe komponierten Balletts »Boléro« in der Pariser Oper statt. Während der Jahre 1929–1931 arbeitete Ravel gleichzeitig an seinen beiden Klavierkonzerten. 1932 begab sich der Komponist mit der Pianistin Marguerite Long, die sein Konzert in G-Dur uraufgeführt hatte, auf eine erfolgreiche Tournee durch Mitteleuropa und komponierte die drei Chansons »Don Quichotte à Dulcinée« – sein letztes vollendetes Werk. 1933 machen sich zum ersten Male Lähmungserscheinungen bemerkbar. Durch die Unterstützung von Ida Rubinstein konnte Ravel 1935 noch eine längere Reise nach Spanien und Marokko unternehmen. Von 1936 bis 1937 lebte er dann völlig zurückgezogen bei seinem Bruder in Levallois oder in Paris. Maurice Ravel starb nach einer Kopfoperation am Morgen des 28. Dezember 1937 in einer Pariser Klinik.
Sein Tod bewegte die gesamte musikalische Welt, und George Auric schrieb im »Paris Soir«: »Mit Claude Debussy verkörpert Maurice Ravel an der Schwelle des 20. Jahrhunderts eine zugleich erlesene und ergreifende Seite unserer Sensibilität. Doch so erlesen er war, er verfiel niemals in Affektiertheit oder Preziosität, und, um uns zu ergreifen, fand er bis zum letzten Tage den natürlichsten Ausdruck...«
Für Ravel waren allerdings, wie sein wichtigster Biograph Roland-Manuel schreibt, Naturprodukte und Industriefabrikate gleichermaßen »natürlich«. Er liebte es, seine Wohnungen mit Nippessachen, mechanischem Spielzeug, Schiffen und Blumen aus Glas auszustatten. Seine Bemerkung über einen künstlichen Buchfinken: »Ich fühle sein Herz schlagen« spricht ebenso für sein Verhältnis zu den Dingen wie die Äußerung seinem Freunde M. D. Calvocoressi gegenüber: »Diesen Leuten kommt es wohl niemals in den Sinn, daß ich von Natur aus künstlich sein könnte?«
Oft werden Ravel und Debussy mit dem Klischee »Impressionisten«

bezeichnet, das beiden nicht entspricht. Die Tatsache, daß man Ravel für einen Epigonen Debussys ansah, beruht auf oberflächlicher Betrachtung und zeigt nur, daß seine Stellung in der Musik nicht erkannt wurde. Beide Komponisten haben zwar Berührungspunkte in Harmonik und Klangfarben, sind aber wesentlich verschieden, wie u. a. ihr Verhältnis zur Form bezeugt. In den Werken Debussys ist auch die Form ein Resultat des rhythmischen, harmonischen und melodischen Materials, sie wird durch deren Ausdehnung bestimmt. »Die Ordnung in der Freiheit suchen« war die Maxime Debussys. Für Ravel haben Formen wie Menuett, Pavane, Habanera, Bolero, Passacaglia ebenso wie Blues und Foxtrott primäre Bedeutung, ihre Nachahmung ist für ihn wichtig. Manuel überlieferte uns seine Bemerkung: »Nehmen Sie ein Modell und ahmen Sie es nach. Wenn Sie nichts zu sagen haben, können Sie nichts Besseres tun als kopieren.« Ravel kopierte freilich nicht nur. Er entdeckte die Eigenarten der von ihm bevorzugten Formen neu, bereicherte sie mit den köstlichsten und wunderlichsten Eingebungen seiner Phantasie. Bei aller Freude am Virtuos-Spielerischen ist dabei aber eine tiefe schöpferische Bindung zur Folklore und zum Tänzerischen das Fundament seines Schaffens.
Neben Debussy beeinflußten ihn vor allem Chabrier, Satie und Fauré. Aber auch die Begegnung und Zusammenarbeit mit Strawinsky hat ihren Eindruck nicht verfehlt. Von den russischen Komponisten schätzte er besonders Borodin und Rimski-Korsakow. Auch der Jazz, der um 1910 in Europa bekannt wurde, gab ihm schöpferische Anregungen. Der 1925 gefaßte Plan, eine Operette im Jazzstil zu schreiben, blieb freilich unausgeführt.
Ravels Kunst der Instrumentation wird oft hervorgehoben. Dabei sollte man aber die von ihm selbst geäußerte Meinung nicht übersehen, es gäbe keine gut instrumentierte, sondern nur gut komponierte Musik. Ravel arbeitete auch beim Instrumentieren systematisch und sehr gewissenhaft. Er stützte sich auf die Instrumentationslehren von Charles Widor und Rimski-Korsakow, zog gerne die Partituren Sinfonischer Dichtungen von Richard Strauss und der Klavierkonzerte von Saint-Saëns zu Rate. Der Orchesterklang seiner Werke wird nicht durch das Verschmelzen einzelner Instrumente charakterisiert, sondern er bezaubert durch eine Vielfalt von Mischklängen und Akkordschichtungen.
Ravel instrumentierte viele von seinen Klavierkompositionen – eine Arbeit, der er sich um so lieber unterzog, als er sie meisterhaft beherrschte und die Zeit für Neukompositionen nach Bestel-

lungen oft zu kurz war. In vielen Fällen vergaß man über diesen Transkriptionen das Original. Da ist die Orchesterfassung der »Pavane pour une infante défunte«, deren Überschrift Ravel eine poetische Deutung absprach (»Ich für meinen Teil habe mich bei der Zusammenstellung der Titelworte nur von der Freude an der Alliteration leiten lassen ...«). Dann folgen das dritte und vierte Stück der »Miroirs«, »Une barque sur l'océan« und »Alborado del gracioso«. Auch die »Habanera« seiner »Rapsodie espagnole« ist die Instrumentation des gleichnamigen Klavierstückes aus den »Sites auriculaires« von 1895. Das Ballett »Ma mère l'oye« ist eine Orchestration und Erweiterung der »Fünf Kinderstücke für Klavier zu vier Händen«. Die Satztitel der oft gespielten Orchestersuite – »Pavane de la belle au bois dormant; Petit poucet; Laideronette, impératrice des pagodes; Les entretiens de la belle et de la bête; Le jardin féerique« – sind Märchen von Charles Perrault, Madame d'Aulnoy und Madame Leprince de Beaumont entnommen. Die »Valses nobles et sentimentales« wurden von Ravel für die Tänzerin Natascha Truhanowa instrumentiert und tragen als Ballett den Titel »Adélaïde ou le langage des fleurs«. Schließlich folgt »Le tombeau de Couperin«, dessen Huldigung sich nach Ravels Worten »weniger an Couperin selbst als an die französische Musik des 18. Jahrhunderts« richtet. Die Orchesterpartitur (sie enthält die Stücke 1, 3, 4, 5) dieser sechs »Pièces pour piano«, deren Sätze Prélude, Fugue, Forlane, Rigaudon, Menuet und Toccata Freunden gewidmet sind, die im ersten Weltkriege starben, ist ein Beispiel äußerster Strenge, Einfachheit und Transparenz bei aller Vielfalt der Farben.

(Im Falle von Bearbeitungen eigener Klavierwerke gilt die erste Jahreszahl der Entstehung, die zweite Orchestration.) Pavane pour une infante défunte (1899/1910); Une barque sur l'océan (1905/1907); Alborado del gracioso (1905/1918); Rapsodie espagnole (1907); Ma mère l'oye (1908/1911); Valses nobles et sentimentales (1911/1912); Daphnis et Chloé (1912); Le tombeau de Couperin (1917/1919); La valse (1920); Boléro (1927). – Tzigane. Konzertrhapsodie für Violine und Orchester (1924; ursprünglich für Violine und Klavier); Klavierkonzert G-Dur (1931); Klavierkonzert D-Dur für die linke Hand (1931).

Instrumentierungen fremder Werke: Chabrier, Menuet pompeux (1918); Mussorgski, Bilder einer Ausstellung (1922); Debussy, Sarabande (1923); Debussy, Danse (1923).

Daphnis et Chloé

Besetzung: Pikkoloflöte, 2 Flöten, Altflöte, 2 Oboen, Englischhorn, 3 Klarinetten (eine in Es), Baßklarinette, 3 Fagotte, Kontrafagott, 4 Hörner, 4 Trompeten, 3 Posaunen, Tuba, Pauken, Schlagzeug, Celesta, 2 Harfen, Streicher; Chor
Aufführungsdauer: 11 Minuten (1. Suite), 18 Minuten (2. Suite)

Diese *Fragments symphoniques pour orchestre et chœurs* sind ein Arrangement, das Ravel aus Teilen seiner »Symphonie chorégraphique« vornahm. Die Szenenfolge, von Djagilew bei Ravel und dem Maler Leon Bakst für das Russische Ballett bestellt, folgt weitgehend dem späthellenistischen Hirtenroman von Longus (3. Jahrhundert). Ravel schrieb dazu: »Daphnis et Chloé, choreographische Sinfonie in 3 Teilen, wurde mir von dem Direktor der russischen Ballettgesellschaft in Auftrag gegeben ... Meine Absicht war es, ein breites musikalisches Fresko zu komponieren, weniger bedacht auf Archaismus als auf Treue gegenüber dem Griechenland meiner Träume, das eher jenem verwandt ist, wie es die französischen Maler vom Ende des 18. Jahrhunderts sich vorgestellt und geschildert haben.« Der genaue Beginn der Arbeit an diesem Ballett steht nicht fest. Sie zog sich von 1906/07 bis 1912 hin und wurde nach einer Umarbeitung des Bacchanals am 5. April 1912 abgeschlossen. In der Klavierstimme ist das Werk schon 1910 beendet worden. Am 8. Juni 1912 fand in Paris die Uraufführung unter Pierre Monteux statt.

Die Fabel bildet die Geschichte von der Liebe des Schäferpaares Daphnis und Chloé. Bei einem Piratenüberfall wird Chloé von den Seeräubern entführt. Der Gott Pan greift ein und rettet sie. Als Dank tanzen Daphnis und Chloé die Pantomime von Pan und der Nymphe Syrinx, die sich, um der Liebe des Gottes zu entgehen, in ein Schilfrohr verwandelte, aus dem Pan dann die Hirtenflöte schnitzte. Das Ganze steigert sich, vom Licht des anbrechenden Tages überglänzt, zu einem allgemeinen Bacchanal der Freude.

Die Musik ist trotz der Vielfalt ihrer Gesten und motivischen Gestalten sehr konzentriert gearbeitet. Kein Nummernballett, sondern ein sinfonischer Aufbau »nach einem sehr strengen Plan, mittels einer kleinen Zahl von Motiven, deren Durchführungen die Homogenität des Werkes sichern« (Ravel), liegt vor. Eines der wichtigsten Motive ist dabei das der Liebe von Daphnis und Chloé:

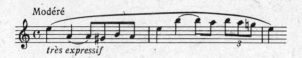

Der Komponist wies auf die Möglichkeit hin, die Chorstimmen auch instrumental auszuführen.

1. *Suite:* Die als 1. Suite bezeichneten sinfonischen Fragmente umfassen die ineinander übergehenden Sätze »Nocturne«, »Interlude« und »Danse guerrière«. Das *Nocturne* gehört zu den schönsten Teilen der Partitur. Tamtam und leise Streichertremoli schaffen einen geheimnisvollen Hintergrund, über dem sich kadenzierend in Flöte, Horn und Klarinette eines der Hauptthemen entwickelt: Nymphen versammeln sich zu einem langsamen und geheimnisvollen Tanz. *Interlude:* Hinter der Szene sind ferne Stimmen zu hören – Vokalisen eines achtstimmigen Chores. Signale von Horn und Trompete nähern sich. Die felsige Landschaft des Piratenlagers ist erreicht, und der *Danse guerrière,* der kriegerische Tanz, beginnt. Ravel knüpft hier bewußt an die »Polowezer Tänze« aus Borodins Oper »Fürst Igor« an.

2. *Suite:* Die ebenfalls miteinander verbundenen Abschnitte dieser Suite tragen die Überschriften »Lever du jour«, »Pantomime« und »Danse générale«. In großartigem Aufbau, beginnend mit dem Murmeln der Flöten und tiefen Streicher, entsteht im *Lever du jour* (Tagesanbruch) das Bild des erwachenden Tages, imitieren Pikkoloflöte und Solo-Violinen verschlafene Vogelstimmen. Zwei Hirten (Pikkoloflöte, Es-Klarinette) ziehen vorbei. Ein Chor menschlicher Stimmen nähert sich. Dieses Crescendo gipfelt in der Umarmung des wiedervereinten Paares Daphnis und Chloé. Mit einem Hirtenmotiv in der Oboe beginnt die Erzählung des alten Hirten Lammon und damit die *Pantomime:* Daphnis und Chloé spielen die Parabel von Pan und der Nymphe Syrinx nach – eine der raffiniertesten Stellen in Ravels Partituren, mit schnell wechselnden Gesten und dem großen Solo, mit dem Ravel die Geburt der Flöte besingt. Auch die abschließende *Danse générale* ist eine Folge von Tänzen verschiedener Gruppen und Personen. Junge Mädchen und junge Männer feiern ein bacchantisches Fest. Ein walzerartiger Pas de deux von Daphnis und Chloé bleibt ebenso Episode wie der groteske Tanz des Ochsenhirten Dorcos, der den $5/4$-Takt der diesen Satz bestimmenden Tarantella zu zerbrechen droht.

La valse

> Besetzung: 3 Flöten (3. auch Pikkolo), 3 Oboen (3. auch Englischhorn), 2 Klarinetten, Baßklarinette, 2 Fagotte, Kontrafagott, 4 Hörner, 3 Trompeten, 3 Posaunen, Tuba, Pauken, Schlagzeug, 2 Harfen, Streicher
> Aufführungsdauer: 12 Minuten

Am 1. Oktober 1914 schrieb Ravel an Roland-Manuel: ». . . Heikles Arbeiten an der ›Cloche engloutie‹ [es handelt sich um das Opernprojekt ›Die versunkene Glocke‹ nach Gerhart Hauptmann] – diesmal glaube ich, daß sie gut ist – und an der Vollendung der Sinfonischen Dichtung ›Wien‹.« In seiner biographischen Skizze erinnert sich Ravel: »Ich habe dieses Werk als eine Art Apotheose des Wiener Walzers aufgefaßt, mit dem sich in meinem Geiste die Vorstellung eines phantastischen und unentrinnbaren Wirbels verbindet. Ich stelle diesen Walzer in den Rahmen eines kaiserlichen Hofes um 1855.«
Der Gedanke, diese Idee zur Grundlage eines Ballettes zu machen, stammte bereits aus dem Jahre 1906. Aber erst ein Auftrag Djagilews gab den Anstoß zur Verwirklichung. Das Ballett sollte während der Saison 1920 zusammen mit »Pulcinella« von Strawinsky einstudiert werden. Warum diese Aufführung nicht zustande kam, ist unklar. Offenbar wurde die Partitur unterschätzt. Im Konzertsaal setzte sich »La valse«, im Untertitel als »Poème chorégraphique« bezeichnet, seit der Uraufführung am 8. Januar 1921 in den Concerts Lamoureux unter Camille Chevillard rasch durch, und heute ist es eines der meistgespielten Werke des Komponisten, wenn man es auch zu Unrecht den »Valses nobles et sentimentales« vorzieht.
Der Partitur ist eine Art Programm vorangestellt: »Wirbelnde Wolkenschwärme lassen im Durchblicken Walzerpaare flüchtig erkennen. Allmählich zerstreuen sich die Wolken: man gewahrt einen ungeheuren, von einer sich drehenden Menge bevölkerten Saal . . .«
Das Werk ist als eine Folge von zwei Entwicklungen zu begreifen. Die erste besteht aus einer langen Walzerkette, die sich im 12. Takt aus dumpfen Bässen und den Tanz provozierenden Rhythmen entwickelt. Anklänge an Walzer von Franz Schubert und Johann Strauß sind ebenso zu hören wie Teile der »Valses nobles et sentimentales« von Ravel selbst. Die zweite Entwicklung stellt eine Art Durchführung dieser Melodien und Motive dar. Sie werden

jetzt gegeneinandergestellt und bis zur Raserei gesteigert. Das Empfinden von Eleganz und Noblesse beim Walzertanzen ist in ein Gefühl der Unentrinnbarkeit gegenüber dieser keuchenden Hast verkehrt worden – der Walzer als Zerrbild einer Welt, deren brutale Widersprüche sich dem Komponisten seit dem ersten Weltkrieg immer beunruhigender offenbarten.

Boléro

> Besetzung: 2 Pikkoloflöten, 2 Flöten, 2 Oboen, Oboe d'amore, Englischhorn, 3 Klarinetten (eine in Es), Baßklarinette, 2 Fagotte, Kontrafagott, 4 Hörner, 4 Trompeten, 3 Posaunen, Tuba, Sopranino, Sopransaxophon, Tenorsaxophon, Pauken, Schlagzeug, Celesta, Harfe, Streicher
> Aufführungsdauer: 17 Minuten

»1928 habe ich auf Wunsch von Frau Ida Rubinstein einen Boléro für Orchester komponiert. Es ist ein Tanz in sehr gemäßigter Bewegung und stets gleichförmig sowohl in der Melodie und der Harmonie wie in seinem Rhythmus, den die Trommel unaufhörlich markiert. Das einzige Element der Abwechslung bringt hier das orchestrale Crescendo.« In diesem Auszug aus seiner biographischen Skizze verschweigt Ravel die interessante Entstehungsgeschichte. Hatte man sich doch zunächst auf die Instrumentierung einiger Stücke von Isaac Albéniz geeinigt, ein Projekt, das Ravel während des Sommers 1928 nur nachlässig verfolgte. Hinzu kam, daß die ausschließlichen Rechte, Werke von Albéniz zu instrumentieren, dem Dirigenten Fernández Arbós vorbehalten waren. Als dieser zugunsten von Ravel auf sein Recht verzichtete, war es wiederum jener, der meinte, in der Kürze der Zeit bis zum Saisonbeginn sei es einfacher, ein eigenes Werk zu orchestrieren. Ravel arbeitete nun in Montfort nicht an einem Kompositionsentwurf, sondern er suchte ein Modell, um es zu instrumentieren. So ist auch die einzigartige Struktur des Boléro zu erklären: eine unablässige Wiederholung zweier tänzerischer Themen,

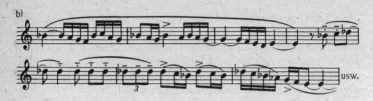

die keine Durchführung und bis auf die Coda sogar keine Modulationen kennen. Natürlich beruht die Wirkung des Stückes auch auf dem psychologischen Effekt, den diese Wiederholungen hervorrufen. Sein großer Reiz liegt jedoch in der Art und Weise, wie durch das Hinzutreten der einzelnen Orchesterinstrumente, durch Intervall- und Instrumentalkombinationen, durch sukzessive Verstärkung der Rhythmusgruppe und durch eine einzige harmonische Rückung am Ende ein riesiges, raffiniert angelegtes Crescendo erreicht wird, das in einem beispiellosen Taumel gipfelt. Ravel meinte nach einer der ersten Orchesterproben: »Das ist einmal ein Stück, das die großen Sonntagskonzerte niemals auf ihre Programme setzen werden.« Aber er sah sich bereits zu seinen Lebzeiten widerlegt. Nicht nur in den Konzerten feiert das Werk Triumphe, sondern es ist auch in den merkwürdigsten Besetzungen (beispielsweise für Akkordeon-, Mandolinen-, Banjo- und Okarinaorchester) verbreitet.

Klavierkonzert G-Dur

> Besetzung: Solo-Klavier; Pikkoloflöte, Flöte, Oboe, Englischhorn, 3 Klarinetten (eine in Es), 2 Fagotte, 2 Hörner, Trompete, Posaune, Pauken, Schlagzeug (mit Peitsche), Harfe, Streicher
>
> Aufführungsdauer: 24 Minuten

Im Jahre 1930 begann Ravel mit der Komposition seiner beiden Klavierkonzerte, des Konzertes in G-Dur und des Konzertes in D-Dur für die linke Hand. Es entstanden zwei in Gestus und formaler Anlage völlig verschiedene Werke. Zum Konzert in G-Dur sagte Ravel einem Korrespondenten des »Daily Telegraph«: »Es war ein interessantes Experiment, die beiden Konzerte gleichzeitig zu konzipieren und zu verwirklichen. Das erste, bei dem ich als Interpret in Erscheinung treten werde, ist ein Konzert im strengsten Sinne des Wortes und im Geiste der Konzerte von Mozart und von

Saint-Saëns geschrieben. Ich bin wirklich der Meinung, daß die Musik eines Konzertes heiter und brillant sein kann; sie braucht keinen Anspruch auf Tiefgründigkeit zu erheben oder nach dramatischen Effekten zu trachten. Man hat von bestimmten großen klassischen Musikern gesagt, ihre Konzerte seien nicht *für*, sondern *gegen* das Klavier geschrieben. Ich für meinen Teil halte dieses Urteil für vollkommen begründet. Ich hatte anfangs die Absicht, mein Werk Divertissement zu betiteln, dann empfand ich das aber als unnötig, weil der Titel Konzert eindeutig genug den Charakter seiner Musik bezeichnet. Von bestimmten Gesichtspunkten aus zeigt mein Konzert einige Beziehungen zu meiner Violinsonate; es enthält ein paar dem Jazz entlehnte Elemente, dies aber mit Maßen.«
Das Konzert wurde im Herbst 1931 vollendet und von Marguerite Long unter Ravels Leitung am 14. Januar 1932 im Pleyel-Saal zu Paris uraufgeführt.
Der *erste Satz* (Allegramente, G-Dur, $^2/_2$-Takt) beginnt mit einem charakteristischen Peitschenknall, dem in der Pikkoloflöte sofort das spielerisch-schwungvolle Hauptthema in reinem G-Dur folgt. Flageoletts in den Violoncelli, leise Umspielung im Solo-Klavier, dessen polytonale Harmonien auch von Streicherpizzikati aufgenommen werden, begleiten es. Seine Wiederholung im Tutti ist durch Jazzelemente gekennzeichnet und leitet über zu einer Themengruppe von eleganter Schönheit.
Der *zweite Satz* (Adagio assai, E-Dur, $^3/_4$-Takt) kennt nur ein einziges, in liedhafter Melodik weit ausschwingendes Thema, welches zu Beginn vom Klavier vorgetragen wird.

Diese Melodie erscheint wie aus einem Guß und ist doch, wie der Komponist M. Long gegenüber bekannte, »Takt für Takt unter Zuhilfenahme des Klarinettenquintetts von Mozart« entstanden.
Ein knappes und brillantes *Presto* (G-Dur, $^2/_4$-Takt), dessen jazzartige »breaks« die unablässige Bewegung nicht anzuhalten vermögen, beschließt das Werk.

Klavierkonzert D-Dur für die linke Hand

Besetzung: Solo-Klavier; Kleine Flöte, 2 Flöten, 2 Oboen, Englischhorn, 3 Klarinetten (eine in Es), Baßklarinette, 2 Fagotte, Kontrafagott, 4 Hörner, 4 Trompeten, 3 Posaunen, Tuba, Pauken, Schlagzeug, Harfe, Streicher
Aufführungsdauer: 20 Minuten

Das Konzert wurde von dem einarmigen Pianisten Paul Wittgenstein bei Ravel bestellt, wie das Konzert in G-Dur 1930 begonnen und im Herbst 1931 vollendet. Am 27. November 1931 spielte Wittgenstein den Solopart der Uraufführung in Wien. Einige Retuschen, die der Pianist an dem Konzert vorgenommen hatte und mit denen Ravel nicht einverstanden war, führten zu einer Art zweiter, nunmehr also »gereinigter« Uraufführung am 19. März 1937 unter der musikalischen Leitung von Charles Münch in Paris. Solist war hier Jacques Février. Über den Unterschied dieses Konzertes zu dem in G-Dur bemerkte Ravel: »Das Konzert für die linke Hand ist von ziemlich abweichendem Charakter; es hat nur einen Satz, mit vielen Jazzeffekten, und seine Schreibweise ist etwas komplizierter. In einem Werke dieser Art kommt es darauf an, nicht den Eindruck eines lockeren Klanggewebes, sondern den eines für zwei Hände geschriebenen Klavierparts zu geben. Deshalb nahm ich meine Zuflucht hier zu einem Stil, der dem etwas imposanten Stil des traditionellen Konzertes näher steht. Nach einem ersten, in diesem Geiste gehaltenen Teil erscheint eine Episode im Charakter einer Improvisation, die einer Jazzmusik Raum gibt. Erst allmählich wird klar, daß diese Episode im Jazz-Stil in Wirklichkeit auf den Themen des ersten Teils aufgebaut ist.«

Das Konzert ist einsätzig. Seine drei großen Teile sind miteinander verwandt, und durch die Wiederaufnahme des Anfangs (Lento, ³/₄-Takt)

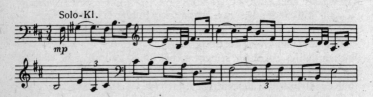

im dritten Teil wird der zyklische Charakter deutlich. Spielerische Leichtigkeit, lichte Helle und Eleganz des Konzertes G-Dur finden in der aufgepeitschten Leidenschaftlichkeit dieser Musik, die nur wenig Raum für Besinnliches läßt, ihr grandioses Gegenstück. Aus der undeutlichen Tiefe geteilter Kontrabässe formieren sich allmählich Motive des Themas, steigern sich in Tonhöhe, Dynamik und Artikulation, um auf dem Höhepunkt abzubrechen und einer Klavierkadenz mit dem Thema den Vorrang zu lassen. Dann erklingt dieses im Tutti mit um so stärkerer Gewalt. Ein kurzes, besinnlicheres Zwischenspiel leitet zum großen Mittelteil über, dessen »drive« und Jazzepisoden verschiedener Instrumentengruppen von fieberhafter Intensität sind. Schließlich wird das Anfangsthema wieder aufgenommen. Eine große Kadenz bringt noch einmal das lyrische Thema des Zwischenspiels, baut, vom Orchester unterstützt, das Hauptthema wieder auf, und das Konzert schließt im unerbittlichen Rhythmus des Mittelteils. MP

Max Reger 1873—1916

Reger wurde am 19. März 1873 in Brand (Oberpfalz) geboren. Er wuchs in Weiden auf. An die dortige Präparandenschule war sein Vater 1874 (u. a. auch als Lehrer für Harmonielehre) versetzt worden. In Weiden besuchte Reger die Volks-, die Real- und die Präparandenschule. Ersten Musikunterricht erhielt er durch die Eltern, dann beim Weidener Organisten Adalbert Lindner. 1888 machte ein Besuch der Bayreuther Festspiele (Reger hörte hier »Die Meistersinger von Nürnberg« und »Parsifal«) auf den Jungen tiefen Eindruck. Lindner legte erste Kompositionsversuche Regers dem Musiktheoretiker Hugo Riemann vor, dessen Urteil dann für die endgültige Wahl des Musikerberufes ausschlaggebend wurde. Rieman warnte aber auch vor Irrwegen – »Bayreuth ist Gift für ihn« – und gab Ratschläge für eine theoretisch fundierte Ausbildung.
Im April 1890 siedelte Reger nach Sondershausen über und wurde Schüler Riemanns am dortigen Konservatorium. Im Herbst des gleichen Jahres folgte er seinem Lehrer nach Wiesbaden, trat als Pianist hervor und wurde als Hilfslehrer für Theorie und Klavier am Konservatorium beschäftigt. 1891–1895 entstanden dort seine ersten im Druck erschienenen Kompositionen, op. 1 (Violinsonate d-Moll) bis op. 15. Als Riemann 1895 nach Leipzig berufen wurde, übernahm Reger die Wiesbadener Stellung seines Lehrers, aller-

dings gegen geringeres Honorar. 1896 erschien die Orgelsuite op. 16 »Den Manen Bachs«. Regers wirtschaftliche Lage zwang ihn aber auch, zusätzliche Arbeiten (das Herstellen von Klavierauszügen, Bearbeitungen fremder Werke) zu übernehmen. Der junge Komponist geriet in eine Lebenskrise und kehrte 1898 nach Weiden ins Elternhaus zurück. Hier entstanden die Werke op. 20 bis op. 59.
August 1901 siedelte Reger mit seiner Familie nach München über und machte sich als Pianist (Liedbegleiter und Kammermusikspieler) einen Namen. Drei Jahre später entstanden seine bedeutenden Variationswerke für Klavier über Themen von Bach (op. 81) und Beethoven (op. 86). Im April 1905 übernahm Reger die Leitung des Porgesschen Gesangvereins und wurde im gleichen Jahre von Felix Mottl als Lehrer an die Münchner Akademie für Tonkunst berufen, an der er bis 1906 wirkte. Hier kam es zu erbitterten Auseinandersetzungen mit den Verfechtern der »Neudeutschen Schule«.
Februar 1907 wurde Reger als Universitätsmusikdirektor und Leiter (»Königlich Sächsischer Professor«) einer Meisterklasse für Komposition ans Konservatorium nach Leipzig berufen. In der Stadt der Gewandhauskonzerte, die unter Arthur Nikisch Weltruhm erlangten, in der Regers Freund Karl Straube Organist und später Thomaskantor war, fand der Komponist künstlerisch wie menschlich eine sein Schaffen beflügelnde Atmosphäre. Anregungen unterschiedlichster Art (u. a. im Hause Max Klingers) wirkten auf seine Arbeit.
1907 attackierte Riemann in einem Artikel »Degeneration und Regeneration in der Musik« die Oper »Salome« von Richard Strauss. Reger verteidigte temperamentvoll den »frischen Wagemut« der Jungen. Das führte zum dauernden Bruch mit Riemann.
1911 folgte Reger dem Angebot Herzog Georgs II. und übernahm als Hofkapellmeister (1913 Generalmusikdirektor) die Leitung der durch Hans von Bülow berühmt gewordenen Meininger Hofkapelle. Vom Herbst 1911 bis zum Frühjahr 1914 unternahm er mit ihr ausgedehnte und sehr erfolgreiche Konzertreisen. Sie führten aber schließlich zu schwerer körperlicher und psychischer Überanstrengung, so daß Reger im Frühjahr 1914 von diesem Amt zurücktreten mußte. Er zog sich im März 1915 nach Jena zurück. Den Unterricht in Leipzig, den er auch während der Meininger Zeit beibehalten hatte, führte er weiter und unternahm Konzertreisen als Dirigent wie Pianist. In der Nacht zum 11. Mai 1916 starb Max Reger in einem Leipziger Hotel.
Der Komponist Reger, der einmal von sich bekannte: »Hundert

Fugen muß man schreiben, dann kann man erst etwas«, fühlte sich in seinem Schaffen den humanistischen Traditionen der bürgerlichen Tonkunst tief verbunden, denn nicht nur in den Orgelwerken, den großen Variationen mit ihren krönenden Fugenschlüssen ist beispielsweise der Geist Bachscher Polyphonie lebendig, wirkt das große Vorbild der Klassik weiter – nun freilich in einer widerspruchsvoll gewordenen Bürgerwelt. Diese Widersprüche, die Reger wohl gespürt hat, ohne sie in ihren Gründen und Ursachen zu verstehen, spiegeln sich auch in seiner Kunst wider. Er, der seinen Schülern »möglichst große Klarheit des Ausdrucks, große melodische Bögen« empfahl, der sie vor der »Verzettelung in harmonische Kleinigkeiten« warnte, hatte ständig selbst den Widerspruch zwischen Klarheit, Prägnanz der Aussage und üppigem kontrapunktischem wie harmonischem Pomp zu überwinden. In seinen besten Werken gelang ihm dies in hervorragender Weise.

Bereits als Schüler Riemanns in Wiesbaden empfand Reger instinktiv, daß er Bewährtes nicht einfach übernehmen konnte. So schrieb er 1891 an seinen alten Lehrer Lindner: »... z. B. auf dem Gebiet der Symphonischen Dichtung: da will nun jeder Liszt und Berlioz übertrumpfen! ... Anstatt jedes Instrument zu durchgeistigen, jedem Instrument im großen Drama des Symphoniesatzes seinen Platz anzuweisen, sich gegenseitig in dialogischer Form, also durchgeistigt, bewegen, um dann aber sich zu vereinigen in einem Herkuleshieb auf den angedonnerten Hörer, wie wir es bei Beethoven haben von der ersten bis neunten Symphonie...« Regers der Polyphonie und der motivischen Variation verpflichtetes Gestaltungsprinzip konnte sich nicht in einer Orchesterbehandlung realisieren, die durch poetische Programme bestimmt ist, wie es in den Werken der Liszt-Jünger üblich war.

Regers Kompositionen sind aus dem Geiste ihrer Harmonik heraus zu verstehen. Die Melodik ist ihr untergeordnet, jede Stimme des harmonischen Gefüges kann melodische Funktion übernehmen. Auch Rhythmik und Dynamik sind aus ihr zu erklären. Die harmonischen Entwicklungen finden ihre klangliche Realisierung in einem vielstimmigen Orchestersatz, der freilich instrumentatorische Klangfarbendifferenzierungen wenig nutzt, weil fast jedes Instrument in einem dichten Stimmengeflecht gleichsam selbständig musiziert. Daher rührt die »Überladenheit« mancher früher Partituren Regers. Spätere Werke, für die Reger die praktischen Erfahrungen der Arbeit mit dem Meininger Orchester zugute kamen, sind wesentlich »orchestergerechter« angelegt.

Alle Werke des Komponisten verlangen eine sehr auf Klarheit, Durchsichtigkeit des Klangbildes zielende Interpretation, die vielfach nicht einfach ist. Diese praktische Schwierigkeit mag ein Grund dafür sein, daß bedeutende Kompositionen des Meisters wie das Klavier- und das Violinkonzert oder der »Symphonische Prolog« heute so wenig in den Konzertprogrammen erscheinen.
Regers Tonsprache hat für die Entwicklung der Tonkunst überhaupt lange Zeit unterschätzte Bedeutung. Seine harmonischen Kühnheiten führen gelegentlich bis an die Grenze des Auflösens traditioneller Funktionalität. Und sein Prinzip der motivischen Variation, in dem alles beginnt, »Thema« zu werden, ist beispielsweise für Arnold Schönberg wichtig geworden. Schönberg hat das mehrfach selbst betont, wenn er auch im Vergleich zu Reger andere harmonische Konsequenzen zog.

Sinfonietta A-Dur op. 90 (1905); Serenade G-Dur op. 95 (1906); Variationen und Fuge über ein (lustiges) Thema von J. A. Hiller op. 100 (1907); Sinfonischer Prolog zu einer Tragödie op. 108 (1908); Eine Lustspielouvertüre op. 120 (1911); Konzert im alten Stil op. 123 (1912); Eine romantische Suite op. 125 (1912); Vier Tondichtungen für großes Orchester nach A. Böcklin op. 128 (1913); Eine Ballettsuite op. 130 (1913); Variationen und Fuge über ein Thema von Mozart op. 132 (1914); Eine vaterländische Ouvertüre op. 140 (1914). – Variationen und Fuge über ein Thema von Beethoven op. 86 (1904 für 2 Klaviere; 1915 für Orchester bearbeitet); Suite im alten Stil op. 93 (1906 für Violine und Klavier; 1916 für Orchester – ohne Solo-Violine – bearbeitet). – 2 Romanzen für Violine und kleines Orchester G-Dur und D-Dur op. 50 (1900); Violinkonzert A-Dur op. 101 (1908); Klavierkonzert f-Moll op. 114 (1910).

Sinfonietta A-Dur op. 90

Besetzung: 2 Flöten, 2 Oboen, 2 Klarinetten, 2 Fagotte (Reger vermerkte: »Doppelte Besetzung eines jeden Holzblasinstrumentes eventuell erwünscht!«), 2 Trompeten, 4 Hörner, 3 Pauken, Harfe, Streicher
Aufführungsdauer: 42 Minuten
Aus dem Jahre 1902 stammt ein Sinfoniefragment Regers, das auf dem Umschlag die Bemerkung eines früheren Besitzers trägt: »Der

Komponist führte diese Arbeit nach seiner Aussage nicht zu Ende, weil ihm zu der Zeit, als er sie in Angriff nahm, seine Mittel noch nicht genügten, um damit zu sagen, was er wollte.« In der Tat wurden hier die musikalischen Ideen durch kontrapunktische Überwucherungen erstickt. Zwei Jahre später legte Reger seine Sinfonietta vor. Sie entstand zwischen Januar 1904 und April 1905 – für den schnell schreibenden Komponisten eine lange Zeit – und wurde am 8. Oktober 1905 in Essen unter Felix Mottl uraufgeführt. An Karl Straube meinte Reger brieflich dazu: »Ich glaube behaupten zu dürfen, daß das Werk sehr klar, ohne Grübelei und Reflexion ist, daß es aber musikalisch nicht umsonst geschrieben ist, indem es gerade unserer Zeit gegenüber eklatant beweisen dürfte, daß die klassische Form absolut nicht veraltet ist!«
Freilich erschweren die dichte Polyphonie und der mangelnde Kontrast zwischen Streichern und Bläsern die Verständlichkeit. Um die obligate Stimmführung der Bläser den Streichern gegenüber deutlicher zu machen, empfahl Reger deshalb später die Verdoppelung der Holzbläser. Vielleicht hat der Reger-Forscher Fritz Stein recht, wenn er meint, daß nicht die Verdoppelung der Bläser, sondern die Reduzierung der Sreicher und eine kammermusikalisch ausgefeilte Aufführung die Vorzüge und Schönheiten des Werkes deutlicher machen.
Der *erste Satz* (Allegro moderato, quasi allegretto, $^6/_8$-Takt) – in freier Sonatenform – hat betonten Serenadencharakter: Nach zwei gitarrenartig präludierenden Takten der Streicher und der Harfe setzt in Klarinetten und Fagotten das erste Thema ein.

Einem lustig polternden *Scherzo* (Allegro vivace, d-Moll, $^3/_4$-Takt) mit gemütvollem B-Dur-Trio (Moderato) folgt als *dritter Satz* ein Larghetto (fis-Moll, $^3/_4$-Takt) in romantisch-volksliedhaftem Ton.

Das zweite Thema dieses Satzes ist einer Solo-Violine übertragen. Der *vierte Satz* (Allegro con spirito, A-Dur, 2/4-Takt) beendet das reizende Werk in ausgelassener Fröhlichkeit. Zum heiteren Hauptthema

bildet das zweite, ruhige Thema (in den Streichern) den wirkungsvollen Gegensatz.

*Variationen und Fuge für Orchester
über ein (lustiges) Thema von Johann Adam Hiller op. 100*

> Besetzung: 2 Flöten, 2 Oboen, 2 Klarinetten, 2 Fagotte, Kontrafagott, 2 Trompeten, 4 Hörner, 3 Posaunen, Tuba, 3 Pauken, Harfe, Streicher
> Aufführungsdauer: 40 Minuten

Die Hiller-Variationen, denen seit ihrer Uraufführung am 15. Oktober 1907 im Kölner Gürzenich unter der Leitung von Fritz Steinbach stets großer Erfolg beschieden war, bilden in ihrer technischen und stilistischen Geschlossenheit den frühen Höhepunkt von Regers Orchesterschaffen. Das Thema entstammt Hillers Singspiel »Der Aerndtekranz« aus dem Jahre 1772.

Am 14. Oktober 1904 schrieb Reger in einem Brief an Karl Straube: »... Ich hab' da nämlich ein entzückendes Rokokothema von Hiller, das geradezu nach Variationen schreit, ich will da duftigste Gestalten aus dem ›Mozartischen‹ Thema herausblühen lassen und hoffe damit einen ›Schlager ersten Ranges‹ zu tun!«
Reger erkannte die in diesem Thema verborgenen Möglichkeiten für metrische und kanonische Veränderungen. Er lernte es – wie das seiner Telemann-Variationen für Klavier – im »Katechismus des Generalbaßspiels« seines Lehrers Hugo Riemann kennen und übernahm es mit einer Berichtigung (der Riemannschen Übertragung). Aus einem Brief Regers vom 23. Februar 1908 wird deutlich, daß er über die Existenz eines Klavierauszuges von Hillers Singspiel in der damaligen Königlichen Bibliothek Dresden informiert war.
Die Niederschrift des Variationswerkes nahm die kurze Zeit vom 2. April bis zum 19. Mai 1907 in Anspruch. An jenem 19. Mai brachte Reger die sechsundfünfzig Partiturseiten der Schlußfuge ohne Vorarbeiten zu Papier.
Die elf Variationen des Werkes vereinigen die Typen der Charakter- und der Motivvariation. Reger erfand für jede Veränderung ein besonders charakteristisches Motiv und verband es mit Teilen des Hillerschen Themas zu einem geschlossenen Ganzen. So entstand durch die Musettebässe der Charakter der *zweiten Variation* (Allegretto con grazia, $^3/_4$-Takt), während die *sechste* (Tempo di Menuetto, $^3/_4$-Takt) und die *siebente Variation* (ma non troppo presto, $^6/_8$-Takt) dem Menuett beziehungsweise der Tarantella verbunden sind. Die Variationen *vier* (Poco vivace), *acht* (Andante con moto), *neun* (Allegro con spirito) und *zehn* (Allegro appassionato) weisen (wie die Variationen *zwei* und *sieben*) ein frei gebildetes Kopfthema auf, die übrigen Variationen bilden ihr charakteristisches Motiv aus den ersten 2 Takten des Hiller-Themas. Wie in den früheren Beethoven-Variationen zeigt sich auch in den Hiller-Variationen eine Tendenz zur Komplizierung und Entfernung vom Thema zur Mitte der Variationenreihe hin. Die letzte, *elfte* Variation (Andante con moto) mutet dagegen wieder liedhaft einfach an. Auch die beiden Themen der lustig-ironischen *Doppelfuge* am Schluß (Allegro moderato) sind aus dem Hiller-Thema gebildet. Das erste ist aus der Umkehrung der beiden Anfangstakte entstanden. Das durch den ersten Gegensatz schon vorbereitete zweite Thema geht mit seiner chromatisch absteigenden Linie auf die reale Erscheinungsform der Anfangstakte bei Hil-

ler zurück. Nach gelegentlichen Zitaten aus dem Hiller-Thema erscheint dieses am Schluß selbst, nun gekoppelt mit den beiden Fugenthemen. Diese Koppelung führt zum glanzvollen Ausklang des gewaltigen Werkes.

Sinfonischer Prolog zu einer Tragödie op. 108

Besetzung: 3 Flöten (3. auch Pikkolo), 2 Oboen, Englischhorn, 2 Klarinetten, Baßklarinette, 2 Fagotte, Kontrafagott, 6 Hörner, 3 Trompeten, 3 Posaunen, Tuba, 3 Pauken, Schlagzeug, Streicher
Aufführungsdauer: 35 Minuten

Reger begann mit der Komposition des Prologs im Mai 1908 und vollendete ihn im Dezember des gleichen Jahres. Die Uraufführung fand am 9. März 1909 im Kölner Gürzenich unter der Leitung von Fritz Steinbach statt. Reger dirigierte das Werk am 18. März 1909 im Gewandhaus zu Leipzig.

Während der Arbeit am Werk sprach Reger in einem Brief an Straube noch von einer »Ouvertüre«. Im Oktober 1908 aber kündigt er seinem Verleger Hinrichsen den endgültigen Titel an. Der gewaltige Sonatensatz sprengt in der Tat den Rahmen einer Ouvertüre. Die vollständige Bezeichnung zielt wohl auf die ernste Grundstimmung, die oft mit der der »Tragischen Ouvertüre« von Brahms verglichen wurde. Der instrumentale Aufwand ist größer als in allen vorangegangenen Orchesterwerken des Komponisten. Der Hinweis auf die Sonatenform des Werkes bedeutet nicht, daß es sich hier um einen ersten Sinfoniesatz handelt. Reger wollte sehr differenzierte Ausdruckshaltungen in einem Ganzen fassen, das in sich auf besondere, eigene Weise strukturell gegliedert ist. Der Schwerpunkt liegt in der Exposition verschiedener Themengruppen. Eine konflikthafte Durchführung etwa im Sinne Beethovens fehlt. Sie weicht dem Prinzip der entwickelnden Variationen bereits innerhalb der Themenaufstellung, das damit die Durchführung einerseits vorwegnimmt, sie aber andererseits zugleich auf den ganzen Satz ausdehnt.

Die 34 Takte der Einleitung des Werkes (Grave) sind von großer dynamischer Spannung. Dem gewaltigen Unisono des ganzen Orchesters auf dem Ton e folgt in dreifachem Piano in Streichern und Fagott das tragische Kernmotiv des Werkes. Allegro agitato (ma non troppo allegro) setzt dann die erste Themengruppe ein. Sie umfaßt den energischen Hauptgedanken,

in dessen Entwicklung eine kontrastierende Episode eingebaut ist, und ein Seitenthema.

Die zweite Themengruppe ist knapper und in sich weniger kontrastreich. Sie besteht aus einer lyrisch-gesanglichen Episode mit weitgespannten melodischen Bögen. Diese lyrische Stimmung vermag sich jedoch nicht zu behaupten. Über dem Tremolo der 1. Violinen erscheint das tragische Kernmotiv wieder, zuerst in der Oboe, dann im Englischhorn. Es führt zum Allegro agitato. Hier setzt die dritte Themengruppe ein. Sie ist eine Art Variation der ersten. Zwei Gedanken tragen sie:

Die vierte Themengruppe (Andante sostenuto) hingegen korrespondiert in ihrer lyrischen Haltung und auch im motivischen Material mit der zweiten.

Nach dieser ausgedehnten Exposition werden die miteinander verwandten Motive der einzelnen Themengruppen gekoppelt und zu zwei großen Steigerungen geführt. Die zweite Steigerung bildet den dramatischen Höhepunkt des Werkes. In den Blechbläsern er-

klingen die Themenköpfe des tragischen Kernmotivs und des ersten Themas der ersten Themengruppe.
Die nun folgende Wiederholung der Themengruppen ähnelt der Exposition. Auch an der Instrumentation änderte der Komponist wenig. Hier liegt ein Widerspruch zu den fortwährenden Veränderungen, denen die Themen des Werkes schon bei ihrer Aufstellung unterworfen waren. Das Prinzip der permanenten Variation, dem Reger im ersten Teil folgte, wird nun unterlaufen. Auch aus dieser Inkonsequenz sollte der oft kritisierte Vorschlag des Komponisten verstanden werden, auf die Reprise der Themengruppen eins bis drei zu verzichten und nach der Durchführung sofort mit der vierten zu beginnen, mit der das Werk dann in vierfachem Piano verklingt.

Vier Tondichtungen nach Arnold Böcklin op. 128

> Besetzung: 3 Flöten (3. auch Pikkolo), 2 Oboen, Englischhorn, 2 Klarinetten, 2 Fagotte, Kontrafagott, 3 Trompeten, 4 Hörner, 3 Posaunen, Baßtuba, 3 Pauken, Schlagzeug, Harfe, Streicher
> Aufführungsdauer: 25 Minuten

Reger vollendete diese Vier Tondichtungen am 20. Juli 1913 in Meiningen. Die Uraufführung fand am 12. Oktober 1913 in Essen unter seiner Leitung statt. Wie aus einem Brief an Straube vom 8. Dezember 1912 hervorgeht, betrachtete Reger diese Tondichtungen neben seiner im gleichen Jahr entstandenen Ballettsuite als »Vorbereitung zur Symphonie«, die dann freilich nie geschrieben wurde.
Arnold Böcklin war um die Jahrhundertwende ein vieldiskutierter Maler. Seine ursprüngliche Erfindungskraft, die geniale Sicherheit, mit der er antike Visionen in seine spätromantischen Landschaften einbezog, mögen Reger zur Komposition der Tondichtungen angeregt haben.
Die erste Tondichtung, »*Der geigende Eremit*« (Molto sostenuto), folgt der Liedform. Das Orchester, in den Bläsern sparsam besetzt (neben den Holzbläsern nur 2 Trompeten und 4 Hörner), hat, wie die Serenade op. 95, ein geteiltes Streicherensemble, das zur Hälfte mit, zur anderen Hälfte ohne Dämpfer spielt. Es bildet die harmonische wie melodische Grundlage für die Entwicklung einer Kantilene, die eine Solo-Violine vorträgt. Die Melodik resultiert aus dem kirchentonartlichen Charakter der Harmonik –

Reger zielt damit auf die Stimmung des Versunkenseins in ein inbrünstiges Gebet.

In der zweiten Tondichtung, »*Im Spiel der Wellen*« (Vivace), treten zur vorherigen Orchesterbesetzung Flöte, 3 Posaunen, Baßtuba und Harfe hinzu. Auch in diesem durchsichtig instrumentierten Stück ist eine Dreiteilung zu beobachten. Die beiden Themen des ersten Teiles

werden nach einem Mittelsatz, der von einem gesanglichen A-Dur-Thema der Oboen geprägt ist, im dritten Teil wiederholt. Mit kurzer Coda (Tranquillo) geht dieses Stück spielerischen Charakters zu Ende.

In der dritten Tondichtung, »*Die Toteninsel*« (Molto sostenuto), beschwört Reger Böcklins Vision des Nachens, der die Toten zur eigentümlich ernsten Insel aus Felsen und hoch aufragenden, dichten und dunklen Bäumen geleitet. Gefühle der Trauer, der Verlassenheit finden hier ebenso musikalische Gestalt wie der Gedanke der Erlösung, der das Stück in Des-Dur verklingen läßt.

Das Orchester wird in dieser Tondichtung um die charakteristischen, »elegischen« Instrumente Englischhorn und Kontrafagott sowie um eine Trompete erweitert.
Die vierte Tondichtung, »*Bacchanal*« (Vivace), wird von einer Fanfare eröffnet,

und das ganze Orchester beantwortet sie mit einem eigentümlich jauchzenden Gedanken:

Sofort wird das Tempo zurückgenommen, ein in seiner Chromatik für Reger charakteristisches Thema bestimmt den Fortgang – es wird in den Bläsern motivisch so verändert, daß es in seinem Rhythmus der Eingangsfanfare ähnelt. Ein Fugato, das den zentralen Teil bildet, vereinigt in seinem Thema Fanfare und Chromatik des zweiten Themas. Ein ritardierender Einschub vermag die Entwicklung nur kurz aufzuhalten, ehe sie dem wahrhaft bacchantischen Schluß zustrebt.

Variationen und Fuge über ein Thema von Mozart op. 132

Besetzung: 3 Flöten, 2 Oboen, 2 Klarinetten, 2 Fagotte, 2 Trompeten, 4 Hörner, 3 Pauken, Harfe, Streicher
Aufführungsdauer: 35 Minuten
Die Mozart-Variationen wurden am 20. Juli 1914 vollendet. Ihre Uraufführung fand am 5. Februar 1915 in einem Opernhauskonzert zu Berlin unter Regers Leitung statt.

»Sehen Sie sich die Partitur meines op. 132 Variationen und Fuge für Orchester über ein Thema von Mozart an! Man kann nicht immer schweren Bordeaux trinken – so ein klarer Mosel ist doch auch sehr schön!« Diese Charakterisierung seines Werkes findet sich in einem Brief des Komponisten an die Pianistin Frieda Kwast-Hodapp. Die Mozart-Variationen sind bis heute Regers populärstes Werk geblieben. Das mag zum Teil am bekannten Thema liegen, über das Mozart in seiner Klaviersonate KV 331 selbst Variationen schrieb. Es hat seinen Grund aber auch in den genialen Konsequenzen, die Reger aus den Möglichkeiten dieses Themas zog.

Der dramaturgische Aufbau der achtteiligen Variationsreihe ähnelt dem Verfahren in den Hiller-Variationen: In der Mitte, mit der fünften Variation, entfernt sich Reger am weitesten vom Thema, um sich ihm dann allmählich wieder zu nähern. Die Variationen sind aber im einzelnen weniger stark kontrapunktisch angelegt als die über das Hiller-Thema. Jetzt überwiegt das Versetzen des Themas in neue harmonische Umgebungen, in wechselnde Stimmungssphären. In der letzten Variation erreicht Reger dann die wohl am weitesten gehende motivische Veränderung eines Themas, die er je vorgenommen hat, und auch letzte Grenzen harmonischer Ausdeutung.

Das Mozart-Thema – in dreiteiliger Liedform – stellt Reger bereits anfangs instrumentatorisch differenziert vor (Andante grazioso, A-Dur, $^6/_8$-Takt): In den einzelnen Abschnitten wird bei der Wiederholung jeweils von den Bläsern zu den Streichern übergewechselt. Diese Instrumentierung ist im Grunde schon eine Klangfarbenvariation des Themas.

Die idyllische *erste Variation* (L'istesso tempo, quasi un poco più lento, A-Dur, $^6/_8$-Takt) umspielt nur das Thema durch Akkordbrechungen und trillerähnliche Figuren in Flöten und 2. Violinen. Auch hier: bei den Wiederholungen Wechsel der Instrumentation des Themas zwischen Bläsern und Streichern.

In der *zweiten Variation* (Poco agitato, più mosso, non troppo allegro, F-Dur, $^6/_8$-Takt) kehrt Reger das Thema um und fügt chromatische Gegenstimmen hinzu, die das Thema harmonisch anders beleuchten, der Variation leidenschaftlich suchenden Charakter verleihen.

Die *dritte* (Con moto, a-Moll, $^2/_4$-Takt) und *vierte Variation* (Vivace, e-Moll, $^2/_4$-Takt) verändern das Thema metrisch. Statt des sicilianoartigen $^6/_8$-Taktes erscheint es in der dritten Variation im $^2/_4$-Takt:

Die stürmische vierte Variation bedient sich eines charakteristischen Motivs, das von der Umkehrung des Themas eigentlich nur die fallende große Terz übrigläßt:

Die gespenstisch vorübergleitende *fünfte Variation* (Quasi presto, a-Moll, ⁶/₈-Takt) entfernt sich melodisch am weitesten vom Thema, hat aber die chromatisch aufgefüllte kleine Terz des Durthemas als Grundbaustein.

Mit der *sechsten Variation* (Sostenuto, quasi adagietto, D-Dur, ⁴/₈-Takt) setzt der Prozeß der Wiederannäherung an das Thema ein. Die Abwandlung erscheint noch im geraden Takt, sie erinnert aber deutlich erkennbar – auch durch die umspielenden Dreiklangsbrechungen – an die erste Variation.

Die *siebente Variation* (Andante grazioso, F-Dur, ⁶/₈-Takt) könnte man als eine Umkehrung der zweiten bezeichnen, so ähnlich ist das Verfahren, das dem Thema (hier in seiner ursprünglichen Gestalt in Hörnern und Violoncelli) einen aus dem 3. und 4. Takt des Themas gewonnenen Kontrapunkt beifügt.

Die *achte Variation* (Molto sostenuto, E-Dur, ⁶/₄-Takt) ist wohl die bedeutendste. Harmonisch von höchster Verfeinerung der Übergänge und großer Schönheit, führt sie zugleich an die Grenzen zur Auflösung der traditionellen Funktionsharmonik. Durch die Allgegenwart eines aus dem Mozart-Thema gewonnenen Motivs, seine ständige Veränderung gelangt Reger hier zu ähnlichen Ergebnissen wie Arnold Schönberg in seiner acht Jahre früher geschriebenen 1. Kammersinfonie.

Lustig und graziös setzt dann das erste Thema der *Fuge* (Allegretto grazioso, A-Dur, ⁶/₈-Takt) ein. Es ist, wie fast alle Themen Regerscher Schlußfugen, als Gegensatz zum krönenden Eintritt des

Variationsthemas, also auch auf Zusammenklang mit ihm, angelegt.

Der Einsatz des Mozart-Themas in Trompeten und Hörnern wird nach einem Fugenaufbau von grandioser Geradlinigkeit erreicht, die nur durch das zweite Fugenthema ein ritardierendes Moment erhält.

Dieses zweite Thema ist wiederum so erfunden, daß es auf dem Höhepunkt der Fuge, einer Engführung aller drei Themen, den Baß bilden kann.

MP

Violinkonzert A-Dur op. 101

Besetzung: Solo-Violine; 2 Flöten, 2 Oboen, 2 Klarinetten, 2 Fagotte, 2 Trompeten, 4 Hörner, 3 Pauken, Streicher
Aufführungsdauer: 55 Minuten

Dieses Konzert, das am 15. Oktober 1908 im Leipziger Gewandhaus mit dem Solisten Henri Marteau und dem Dirigenten Arthur Nikisch zur Uraufführung kam, stieß zunächst auf sehr heftigen Widerspruch. Die großen Schwierigkeiten des Soloparts trugen dazu vielleicht weniger bei als der Eindruck allzu wuchernder Modulatorik, klanglich überladenen Orchestersatzes. Erst in neuester Zeit beginnt sich die Erkenntnis durchzusetzen, daß diese Komposition zu den bedeutenden Werken Regers zählt. Obwohl sie belastet ist mit den hier angedeuteten Problemen, stellt sie doch in der Tiefe und Ernsthaftigkeit der Aussage zugleich auch ein stark beeindruckendes Zeugnis eines um Wahrheit des zu Gestaltenden ringenden Künstlers dar. Reger selbst hatte eine sehr hohe Meinung von diesem Werk. Im August 1907 schrieb er an Karl Straube: »Es mag ja rasend arrogant sein, aber ich habe das Gefühl, daß ich mit diesem Violinkonzert die Reihe der zwei Konzerte Beethoven–Brahms um eines vermehrt habe! Außer Beethoven und Brahms haben wir ja kein Violinkonzert bis jetzt!«

Das Brahms-Konzert war für Reger in mehr als einer Hinsicht offenbar verpflichtendes Vorbild: in der sinfonischen Konzeption, die Solopart und Orchester eng aufeinander bezieht, aber auch in jener naturhaften Poesie, wie wir sie aus dem ersten Satz des Brahms-Konzertes kennen und wie sie uns auch im *ersten Satz* des Regerschen Werkes (Allegro moderato, $^3/_4$-Takt) entgegentritt. Die Entwicklung vollzieht sich hier auf der Grundlage sehr vielfältigen thematisch-melodischen Materials. Übrigens hat Reger, selbst ein versierter Geiger, die Kadenz zu diesem Satz selbst geschrieben. Die eigentlichen Zentren des Werkes sind der zweite Satz und das Finale. Im *langsamen Satz* (Largo con gran espressione, B-Dur, $^3/_4$-Takt) herrscht grüblerischer, tragisch gefärbter Ernst vor. Unruhige Modulationen, eine melodisch betont herbe Diktion prägen die Grundhaltung tiefer Nachdenklichkeit. Der Komponist mochte gespürt haben, daß hiernach ein starker Kontrast vonnöten war. Ihn liefert das ausgedehnte *Finale* (Allegro moderato, ma con spirito, A-Dur, $^2/_4$-Takt), das Reger für Freund Straube so kommentierte: »Der 3. und letzte Satz vom Violinkonzert ist eine Photographie von Teufels Großmutter, als selbige würdige Dame noch jung war, auf alle Hofbälle ging, sich da unglaublich satanisch benahm! Das Ding wird gut, froh und frech! Sollen sich alle degenerierten Gehirnfatzken ärgern!« Das scharf profilierte, »con bravura« zu spielende Hauptthema kontrastiert in seiner rhythmischen Aggressivität denn auch denkbar stark zur Versunkenheit des langsamen Satzes. In unregelmäßiger periodischer Gliederung, auf gleichsam ironisch kommentierender, ständig wechselnder harmonischer Grundlage meldet sich dann das ruhigere E-Dur-Seitenthema zu Wort. In der Verarbeitung dieser Themen erreicht Reger Ansätze zu jener Art grotesken Humors, wie er nicht zufällig bei Komponisten ganz anderer Geisteshaltung (man denke an frühe Werke Prokofjews und Schostakowitschs!) zum bewußt eingesetzten Mittel entlarvender Kritik an der spätbürgerlichen Welt eingesetzt und profiliert wurde.

HJS

Otto Reinhold 1898—1965

Reinhold wurde am 3. Juli 1899 in Thum (Erzgebirge) geboren. Er studierte zunächst am Annaberger Lehrerseminar und 1925-1929 am Leipziger Konservatorium. Hier war Hermann Grabner sein Kompositionslehrer. 1920-1925 arbeitete Reinhold als Lehrer in Neustädtel (Erzgebirge), wurde anschließend Musiklehrer in Dresden und wirkte ab 1960 als freischaffender Komponist. Er starb am 27. August 1965 in Dresden.

Reinholds Tonsprache ist gekennzeichnet vom Bemühen um Klarheit und Verständlichkeit. Musikantische Grundhaltung und ein betonter Zug zum Dramatisch-Expressiven finden sich in Werken vieler Genres. Neben Orchestermusik schuf Reinhold eine Vielzahl vokaler Werke, das Ballett »Die Nachtigall« (1958), Kammermusiken.

Orchestersuite (1930); Konzert für Kammerorchester (1942); Sinfonie (1951); Heiteres Vorspiel (1952); Festliches Vorspiel (1952); Triptychon (1954); Ouvertüre (1959); Sinfonietta (1960); Musik für Kammerorchester nach Bildern der Dresdner Gemäldegalerie (1961); Jugendmusik für Streicher (1961); Sinfonische Ballade (1962). – Violinkonzert (1937); Konzert für Flöte und Streichorchester mit Klavier (1947); Tänzerische Suite für Klavier und Orchester (1954); Konzertante Musik für Flöte, Bratsche und Orchester (1963).

Triptychon für Orchester

Besetzung: 2 Flöten, 2 Oboen, 2 Klarinetten, 2 Fagotte, 2 Hörner, 2 Trompeten, 2 Posaunen, Tuba, Pauken, Becken, Streicher

Aufführungsdauer: 19 Minuten

Das 1954 entstandene »Triptychon« gehört zu den erfolgreichsten sinfonischen Werken aus dem Musikschaffen der DDR. Es erlebte im In- und Auslande zahlreiche Aufführungen. Die Bezeichnung »Triptychon« deutet sowohl auf die Dreiteiligkeit des Werkes als auch auf eine gedankliche Konzeption. Reinhold: »Man könnte im Ablauf der drei Sätze das Ringen um ein geistiges Ziel sehen.«

Der *erste Satz* (Langsame Halbe/Agitato, Alla-breve-Takt) reiht thematisch aufeinander bezogene Abschnitte, von denen jeder in sich nach dynamischer Steigerung strebt und dadurch dem Satzganzen vorandrängenden, pathetisch-kraftvollen Grundgestus verleiht. Die langsame, 35taktige Einleitung ist auf einem sehr plastischen melodischen Gedanken aufgebaut. Hier werden die Blechbläser noch ausgespart, um später dem im 36. Takt auftretenden Hauptthema des Satzes (Maestoso) gesteigertes Gewicht geben zu können. Dieses Thema mit lapidarem Oktavsprung und wuchtiger rhythmischer Struktur hat wahrhaft »brucknerschen« Zuschnitt:

Seine Entwicklung führt zu einem ersten Fortissimohöhepunkt, der in einen Vivaceabschnitt mündet. In diesem Abschnitt wird nun das zweite, bewegliche Thema, das in engen Melodieschritten verläuft, exponiert. Reinhold schafft hier einen besonderen Kontrast, indem er das zweite Thema einem kleinen Streichorchester anvertraut und dann das volle Orchester eine Variante des Hauptthemas dagegenstellen läßt. Am Schluß des Satzes setzt sich das Hauptthema kraftvoll durch. Eine »ferne Trompete« stimmt schließlich den Abgesang an, ehe der Satz pianissimo verhallt.

»Ruhig und sehr frei, gleichsam improvisierend« folgt der *zweite Satz*. Er greift das E-Dur des vorangehenden Satzschlusses auf. Über der Terz *e-gis* von Fagott und Klarinette singen Flöte und Oboe eine innige Kantilene, der eine schwebende rhythmische Gestaltung und der übermäßige Sekundschritt das Gepräge geben.

Die Blechbläser lösen die Holzbläser mit einem choralartigen H-Dur-Gesang ab. Dann folgen die Streicher. Eine großangelegte Unisonosteigerung, in die auch die Bläser eingreifen, entwickelt sich. Eine zweite Steigerung, nun harmonisch voll klingend, folgt.

In frei variierter Wiederholung des Beginns klingt der von Intonationen des altdeutschen Volksliedes geprägte Satz aus.

Nach dem ruhevollen Ausklang des zweiten Satzes wird im *Finale* (Sehr belebt, mit Kraft) das »Ringen um ein geistiges Ziel« mit neuer Kraft aufgenommen. Aus diesem Grunde steht es nach klassischem Muster in enger thematischer und struktureller Beziehung zum ersten Satz. Die Veränderungen und Abweichungen von jenem weisen zugleich auf die nun gewonnene größere Sicherheit und Zielstrebigkeit in der Auseinandersetzung. – Wieder gibt es einen großangelegten Eröffnungsteil (20 Takte). Die Melodik bezieht Triolenbildungen aus dem ersten Satz ein, hat aber eigenes, impulsiv vorandrängendes Profil. Über gleichmäßigen Akkordschlägen der Streicher und Fagotte entwickelt sich dann ein schwungvolles Marschthema. Die hier erreichte neue Haltung wird nun geistig konzentriert in einer vierstimmigen Fuge, deren Thema auf das zweite des ersten Satzes weist:

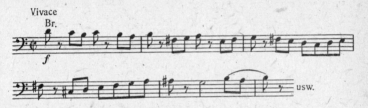

Zwei über vollen Streicherakkorden konzertierende Solo-Violinen führen dann in einen Bläserchoral, der als Variante einer Passage aus dem ersten Satz erkennbar ist. Darauf setzt die schwungvolle Bewegung des Satzbeginns wieder ein. Der Bläserchoral wird nach Brucknerschem Vorbild umspielt, bis (Maestoso) das Hauptthema des ersten Satzes in machtvoller Steigerung wiederkehrt und sich bis zum Schluß siegreich behauptet: Das Ziel des Ringens ist erreicht.

HJS

Ottorino Respighi 1879—1936

Respighi wurde am 9. Juli 1879 in Bologna geboren. Nach erstem Musikunterricht beim Vater studierte er 1891–1899 Violine und Bratsche bei Federico Sarti am Liceo musicale seiner Heimatstadt.

Dort erhielt er auch ab 1896 erste kompositorische Unterweisung
bei Luigi Torchi und Giuseppe Martucci. In den folgenden Jahren
war er 1. Bratschist bei einer italienischen Operntruppe, die in Petersburg und Moskau gastierte. Hier wurde er Schüler Nikolai
Rimski-Korsakows, der nachhaltigen Einfluß auf seine schöpferische Entwicklung nahm. Ab 1903 trat Respighi als Geiger und
Bratscher hervor, war 1908/09 Pianist an einer Gesangsschule in
Berlin und errang mit einem Klavierkonzert und Opern erste kompositorische Erfolge. 1913 folgte er einem Ruf als Professor für
Komposition am Conservatorio di S. Cecilia in Rom, dessen Direktorat er 1924–1926 innehatte. Danach leitete er an diesem Institut
eine Meisterklasse für Komposition (seine Schüler waren u. a. Antonio Pedrotti und Mario Rossi) und lebte hauptsächlich dem eigenen Schaffen. Als Pianist und Dirigent eigener Werke unternahm
er viele Konzertreisen, auch nach den USA und Südamerika. Er
starb am 18. April 1936 in Rom.
Respighis Schaffen ist vor allem von Franz Liszt, Richard Strauss
und Claude Debussy, aber auch von Rimski-Korsakow beeinflußt.
Bis heute erfolgreich sind seine Sinfonischen Dichtungen »Fontane
di Roma«, »Pini di Roma« sowie »Feste romane«. In diesen Werken wird der Typ der Sinfonischen Dichtung, den Liszt ausprägte,
mit besonderer Vorliebe für kräftige Farben und plastische Tonmalerei auf persönliche Weise modifiziert. Virtuose Orchesterbehandlung, in späteren Werken eine Vorliebe für altertümliche Wirkungen (etwa durch Benutzung von Kirchentonarten) stehen stets
im Dienste sinnenfroher Klanglichkeit. Respighi ist der wohl erfolgreichste italienische Komponist aus dem ersten Drittel unseres
Jahrhunderts.

»Sinfonia drammatica« (1915); »Fontane di Roma« (1916);
»Ballata delle gnomidi« (1920); »Pini di Roma« (1924); »Rossiniana« nach Klavierstücken Rossinis (1925); »Vetrate di
chiesa« (1926); »Impressioni brasiliane« (1927); »Trittico botticelliano« (1927); »Gli uccelli«. Suite für kleines Orchester
(1927); »Feste romane« (1928); »Metamorpheon modi XII«
(1930); »Huntingtower Ballad« für Blasorchester (1932). –
Klavierkonzert a-Moll (1902); »Concerto in modo misolidio«
für Klavier und Orchester (1924); Toccata für Klavier und
Orchester (1928). – »Concerto gregoriano« für Violine und
Orchester (1921); Adagio mit Variationen für Violoncello und
Orchester (1921); »Concerto a cinque« für Oboe, Trompete.
Violine, Kontrabaß, Klavier und Streicher (1933).

Pini di Roma

Besetzung: 3 Flöten (3. auch Pikkolo), 2 Oboen, Englischhorn, 2 Klarinetten, Baßklarinette, 2 Fagotte, Kontrafagott, 4 Hörner, 3 Trompeten, 3 Posaunen, 6 Flicorni (2 Flügelhörner, 2 Tenorhörner, 2 hohe Tuben), Tuba, Pauken, Glockenspiel, Harfe, Celesta, Klavier, Orgel, Schlagzeug, Grammophon, Streicher
Aufführungsdauer: 20 Minuten

Nach der Sinfonischen Dichtung »Römische Brunnen« (»Fontane di Roma«) von 1916, in der Respighi, nach eigenen Worten, »Empfindungen und Gefühle hat ausdrücken wollen, die beim Anblick von vier römischen Brunnen in ihm wach wurden, und zwar jedesmal zu der Tageszeit, in der ihre Eigenart am meisten mit der betreffenden Umgebung übereinstimmte oder ihre Schönheit auf den Betrachter den größten Eindruck machte«, wurde die im Dezember 1924 uraufgeführte Sinfonische Dichtung *Römische Pinien* (»Pini di Roma«) das Werk, das seinem Schöpfer den nachhaltigsten internationalen Erfolg einbrachte. In der Haltung farbigen musikalischen Malens sind beide Werke eng verwandt. Die »Römischen Pinien« verlangen einen größeren Orchesterapparat, der mit virtuoser Bravour eingesetzt wird.

Das Werk ist viersätzig. Jeder Satz trägt einen programmatischen Titel, dem Respighi den musikalischen Ablauf inhaltlich erläuternde Bemerkungen zufügte. Zum ersten Satz, *I pini di villa Borghese* (Allegretto vivace), lauten sie: »Zwischen den Pinien der Villa Borghese spielen die Kinder. Sie tanzen Ringelreih'n, führen Militärmärsche und Schlachten auf und berauschen sich an ihrem eigenen Geschrei wie Schwalben am Abend; dann laufen sie davon ...« Die melodische Substanz dieses Satzes bilden populäre italienische Kinderlieder, zum Beispiel das folgende:

Sie werden vielfach variiert und harmonisch »ausgeleuchtet«. Als Stretta dieses Satzes erscheint ein wiederum aus Kinderliedintonationen aufgebauter, äußerst virtuoser Vivaceabschnitt (A-Dur, 2/8-Takt), in den die Trompeten ein hart dissonierendes *b* schmettern. Diese Dissonanz hatte das Publikum der Uraufführung zunächst ziemlich schockiert. Sie gibt der Musik den Charakter heftigen Tumults.

Der zweite Satz, *Pini presso una catacomba* (Lento), schließt unmittelbar an den vorhergehenden an. Respighi: »Unvermutet wechselt die Szene. Zum Schatten der Pinien rings um den Eingang einer Katakombe, aus deren Tiefe ein wehmütiger Gesang zu uns dringt. Er erhebt sich zu feierlicher Hymne und verklingt dann wieder.« Dieser Satz bevorzugt gregorianisches Melos, das auch die archaisierende Harmonik prägt. Im Mittelteil (più mosso) intoniert eine Trompete ruhige melodische Wendungen, die wie aus der Ferne in die sanften Klänge der Streicher, später auch der Celesta und Harfe hineinklingen.

Zum dritten Satz, *I pini del Gianicolo* (Lento), schreibt Respighi: »Ein Zittern geht durch die Luft: in klarer Vollmondnacht wiegen die Pinien des Janiculus sanft ihre Wipfel. In den Zweigen singt eine Nachtigall.« Sanfte gebrochene Akkorde des Klaviers eröffnen die Szene. »Espressivo e dolcissimo« singt eine Klarinette ihre innige Weise. Den Gesang der Nachtigall selbst führt Respighi auf höchst naturalistische Weise ein: Er verlangt nämlich, daß an der entsprechenden Stelle eine Schallplatte mit einer Aufnahme originalen Nachtigallengesanges abgespielt wird. Und er bestimmt auch, welche Platte das sein soll: Die Nr. 6105 der Firma Concert Record Gramophone, »Il canto dell'usignolo«.

Der Kommentar Respighis zum abschließenden vierten Satz, *Pini della Via Appia* (Tempo di marcia), lautet: »Morgennebel über der Via Appia. Einsame Pinien stehen Wacht in der tragischen Landschaft der römischen Campagna. Undeutlich, aber immer wieder glaubt man den Rhythmus zahlloser Schritte zu hören. Der Dichter sieht im Geist uralten Ruhm wieder aufleben: Unter dem Geschmetter der Buccinen naht ein Konsul mit seinen Legionen, um im Glanz der aufgehenden Sonne zur Via sacra und zum Tempel auf das Kapitol zu ziehen.« Dieser Blick in die antike römische Geschichte inspirierte Respighi zu einem massiven Klangaufwand: Um das Schmettern der Buccinen, der römischen Kriegstrompeten, möglichst deutlich hervorzuheben, setzt er 6 Flicorni (je 2 Flügelhörner, Tenorhörner und hohe Tuben) ein. Schlagzeug, dröhnender Orgelklang helfen überdies, die Tondichtung zu frenetischem Abschluß zu führen.

HJS

Nikolai Rimski-Korsakow 1844—1908

Der vielseitigste und zugleich gereifteste Musiker im Kreise des »Mächtigen Häufleins«, jener Gruppe bedeutender Novatoren, der u. a. noch Mussorgski, Borodin, Balakirew angehörten und die für die russische Musik des 19. Jahrhunderts von entscheidender Bedeutung war, ist Nikolai Andrejewitsch Rimski-Korsakow. Er wurde am 6. (18.) März 1844 in der kleinen Stadt Tichwin im Gouvernement Nowgorod geboren. Seine Eltern wünschten, daß der Sohn, entsprechend den Familientraditionen, die Laufbahn eines Marineoffiziers einschlüge. Den Klavierunterricht, der sehr erfolgreich verlief, betrachtete die Familie lediglich als unumgängliches Zubehör zur Erziehung eines gebildeten Menschen. Im Alter von zwölf Jahren kam der zukünftige Offizier in das Petersburger Seekadettenkorps. Auch hier wurde die musikalische Ausbildung nicht vernachlässigt und die Möglichkeit des Besuches von Oper und Konzert eifrig genutzt. Aber erst nachdem der junge Rimski-Korsakow seine militärische Ausbildung beendet und die erste Seereise (1862–1865), die ihn durch die Welt führte, hinter sich gebracht hatte, faßte er den Entschluß, sich ganz der Musik zu widmen. Er wurde darin bestärkt durch die Bekanntschaft mit Balakirew und seinem Kreis. So entstanden bald Opern und Konzertwerke, deren Grundlage der unerschöpfliche Reichtum der russischen Volkspoesie ist: Lieder, Heldensagen, Märchen, Chroniken. Immer wieder griff der Komponist Stoffe aus der russischen Ge-

schichte, aus russischen Märchen und Sagen auf, inspiriert von den Klassikern der russischen Literatur, von Puschkin und Gogol.
1871 wurde Rimski-Korsakow Professor für Komposition und Instrumentation am Petersburger Konservatorium. Bald darauf quittierte er den Militärdienst. Sein musikalisches Betätigungsfeld erweiterte er als Dirigent, der sich auch im Ausland mit Erfolg für die nationale russische Musik einsetzte.
Im Dezember 1900 beging Rimski-Korsakow das Jubiläum seiner fünfunddreißigjährigen musikalischen Tätigkeit mit einer Reihe von Konzerten, die ihm zu Ehren veranstaltet wurden. Sie galten dem Komponisten wie dem Dirigenten, aber auch dem Pädagogen, der so berühmte Komponisten wie A. Glasunow, A. Ljadow, A. Arenski, I. Strawinsky und O. Respighi zu seinen Schülern zählte und von dem u. a. ein »Praktisches Lehrbuch der Harmonie« (1884/85 entstanden) und die »Grundlagen der Orchestrierung« (1896–1908 geschrieben) überliefert sind.
Während der Revolution im Jahre 1905 stellte sich Rimski-Korsakow auf die Seite der revolutionären Studentenschaft, worauf er als politisch verdächtig aus dem Lehrdienst entlassen wurde. Diese Maßnahme rief einen Sturm des Protestes in ganz Rußland hervor. 1907 trat Rimski-Korsakow wieder in den Lehrkörper des Konservatoriums ein. Mit der politischen Reaktion rechnete er dann künstlerisch in seiner Oper »Der goldene Hahn« ab. Am 8. (21.) Juni 1908 starb er, trotz angegriffener Gesundheit schaffensfreudig bis zum Schluß, in Ljubensk, unweit von Petersburg. Zwei Jahre vorher hatte er die »Chronik meines musikalischen Lebens« abgeschlossen.
Auf seinem langen und fruchtbaren künstlerischen Weg wandte Rimski-Korsakow der sinfonischen Musik besondere Aufmerksamkeit zu. Als Datum für den Beginn seiner kompositorischen Tätigkeit nannte er den 19. Dezember 1865, den Tag der Uraufführung seiner 1. Sinfonie. Nach ihr entstanden die »Ouvertüre auf russische Themen«, die »Fantasie über serbische Themen«, die Sinfonische Dichtung »Sadko«, die sinfonische Suite »Antar« (2. Sinfonie), das »Märchen«, das »Capriccio espagnol«, die sinfonische Suite »Scheherazade«, die Ouvertüre »Russische Ostern«. Während der ersten russischen Revolution im Jahre 1905 schrieb Rimski-Korsakow nach dem Thema eines revolutionären Arbeiterliedes das sinfonische Stück »Dubinuschka«. Auch in seinen Opern ist sinfonische Musik enthalten.
Das Bemühen um farbenprächtige musikalische Bilder hat Rimski-

Korsakow von Glinka übernommen, in dem er seinen großen Lehrmeister sah. Als Meister der Instrumentation verstand es Rimski-Korsakow, die russische Natur und die Lebensweise des Volkes, seine Geschichte und seine Kunst in Orchesterwerken zu gestalten, ein begeisterter Sänger, der dem Volke seine Schätze wiedergab, um vieles bereichert durch die originale Begabung und das hohe kompositorische Können.

3 Sinfonien: Nr. 1 op. 1 (1865; revidiert 1884); Nr. 2 op. 9 »Antar« (1868; revidiert 1875 und 1897; umbenannt in »Symphonische Suite«); Nr. 3 op. 32 (1874; revidiert 1886). – Ouvertüren: Ouvertüre auf russische Themen op. 28 (1866; revidiert 1880); »Russische Ostern« op. 36 (1888). – Fantasie über serbische Themen op. 6 (1867; revidiert 1888); Sinfonische Dichtung »Sadko« op. 5 (1867; Endfassung 1892); »Märchen« op. 29 (1880; ursprünglich »Baba-Jaga«); Sinfonietta über russische Themen op. 31 (1884; ursprünglich – 1879 – für Streichquartett); Capriccio espagnol op. 34 (1887); Sinfonische Suite »Scheherazade« op. 35 (1888); »Nacht auf dem Berg Triglaw« (1901; Konzertbearbeitung des 3. Aktes der Oper »Mlada«); Präludium »Auf dem Grabe« op. 61 (1904; zum Gedächtnis an M. P. Beljajew); »Dubinuschka« op. 62 mit Chor ad lib. (1905). – 7 Suiten aus Opern, u. a.: »Schneeflöckchen« (1881); »Mlada« (1890); »Die Geschichte vom Zaren Saltan« op. 57 (1903); »Pan Wojewode« op. 59 (1903); »Der goldene Hahn« (1907). – Klavierkonzert cis-Moll op. 30 (1883); Konzertante Phantasie über russische Themen für Violine und Orchester op. 33 (1887).

»Antar« op. 9

Besetzung: Pikkoloflöte, 2 Flöten, 2 Oboen, Englischhorn, 2 Klarinetten, 2 Fagotte, 4 Hörner, 2 Trompeten, 3 Posaunen, Tuba, Pauken und Schlagzeug (3 Spieler), Harfe, Streicher
Aufführungsdauer: 35 Minuten

Die sinfonische Suite »Antar« (ursprünglich vom Komponisten nicht ganz zutreffend als »2. Sinfonie« bezeichnet) entstand 1868 (später mehrfach revidiert) nach dem Vorwurf eines orientalischen Märchens, das der russische Orientalist Senkowski erzählt hat. Antar streift einsam, enttäuscht von den Menschen, durch die trostlosen Weiten der Wüste. Unfern der Ruinen der alten Stadt Palmyra sieht er, wie eine Gazelle von einem riesigen Raubvogel verfolgt wird. Um die Gazelle zu retten, durchbohrt Antar den Raubvogel mit seinem Speer. Das Ungeheuer flieht, riesige Staubwolken aufwirbelnd. Nachdem sich der Staub verzogen hat, sieht Antar die Gazelle zu seinen Füßen. Doch jählings flüchtet sie, und der erschöpfte und hungrige Antar schläft in den Ruinen des Palastes von Palmyra ein. Ihm träumt, er befindet sich in prächtigen Gemächern – dem Palast der Peri Gül-Nasar. Die Peri dankt Antar: sie war die Gazelle, die er vor einem bösen Zauberer gerettet hat. In ihrer Dankbarkeit verheißt sie Antar drei Wonnen des Lebens: die Wonne der Rache, die Wonne der Macht und die Wonne der Liebe. Die Erscheinung verschwindet, und Antar sieht sich wieder in der Wüste inmitten der Ruinen. Doch weder die Wonne der Rache noch die Wonne der Macht bringen Antar Befriedigung. Da schenkt die Peri ihm die höchste der drei Freuden des Lebens – die Liebesfreude. Antar bittet seine Geliebte, ihm das Leben zu nehmen, sobald sie nur das geringste Zeichen des Erkaltens seiner Liebe wahrnimmt. Gül-Nasar erfüllt seinen Wunsch. Denn als sie nach vielen Jahren bemerkt, daß Antar zerstreut und traurig ist, tötet sie ihn mit ihrem letzten Kuß.

Die vier Sätze der »Antar«-Suite sind in genauer Übereinstimmung mit dem Programm komponiert. Der *erste Satz* ist nach den Worten des Autors »eine freie musikalische Schilderung der einander folgenden Episoden der Erzählung, die in der Musik durch das sich überall hindurchziehende Hauptthema Antars verbunden sind«:

Eine orientalisch geprägte melodische Flötenfigur, die von Harfenakkorden gestützt wird, zeichnet das Bild der schönen Peri, während sich das rhythmische Motiv der Streicher mit der Vorstellung von der stürmischen Flucht der Gazelle verbindet.

Der mittlere, am breitesten angelegte Teil des ersten Satzes schildert die Prachtgemächer im Zauberschloß der Gül-Nasar. Das Kolorit der Musik ändert sich. Leichte, »luftige« Akkorde der Flöten verstärken den Eindruck des Geheimnisvollen, Märchenhaften. Bemerkenswert ist eine bezaubernde Melodie, ein echtes arabisches Thema, das Rimski-Korsakow der Sammlung arabischer Melodien von Salvador-Daniel entnommen hat.

Antar hört die Stimme der Peri, die ihm die drei Wonnen des Lebens verheißt. Plötzlich verschwindet die Erscheinung... Das Thema der Wüste und das des einsamen Antar kehren zurück.
In den folgenden Sätzen der Suite stand vor dem Komponisten die Aufgabe, mit den Mitteln der Musik die Gefühle der Rache, der Macht und der Liebe wiederzugeben. »Mir scheint«, so schrieb Rimski-Korsakow in seiner »Chronik meines musikalischen Lebens«, »daß ich die Möglichkeit, die Wonne der Rache und die Wonne der Macht auszudrücken, glücklich erfaßt habe... die erste als das Gemälde einer blutigen Schlacht, die zweite als prunkvolle Umgebung eines orientalischen Herrschers.« So stellt also der *zweite Satz* (Allegro, $^2/_2$-Takt) eine »blutige Schlacht« dar, gedrängt in der Form und knapp in der musikalischen Sprache, wobei das Thema Antars eine große Rolle spielt.
Den *dritten Satz* (Allegro risoluto alla marcia, $^4/_4$-Takt) schrieb der Komponist in der Art eines feierlichen, prunkvollen Marsches. Auch hier bedient er sich – in einer lyrischen Episode – einer original arabischen Melodie (aus dem oben angeführten Sammelband).

Der *vierte Satz* (Allegretto vivace, ⁶/₈-, ²/₄-Takt) ist der eindringlichste und in der Stimmung poetischste Satz der Suite. Hier erscheinen von neuem die schon aus dem ersten Satz bekannten Themen. Leichte Flötenakkorde und die Themen Antars und Gül-Nasars weisen darauf hin, daß die Handlung wieder in den Gemächern der schönen Peri spielt. Im Mittelpunkt steht ein neues Thema, auf dem sich der ganze Satz aufbaut: es ist das Thema der Liebe zwischen Antar und Gül-Nasar – eine originale orientalische Melodie, die dem Autor von A. Dargomyshski mitgeteilt wurde.

Diese zärtliche Melodie, die später auf dem »wiegenden« Hintergrund der Streicher erscheint, verbreitet eine Atmosphäre ungetrübten Glückes und Friedens.

»Antar«, das Werk eines noch sehr jungen und doch schon reifen Meisters, wurde am 10. März 1869 in einem Konzert der Russischen Musikalischen Gesellschaft unter der Leitung von M. Balakirew uraufgeführt.

Capriccio espagnol op. 34

Besetzung: Pikkoloflöte, 2 Flöten, 2 Oboen, Englischhorn, 2 Klarinetten, 2 Fagotte, 4 Hörner, 2 Trompeten, 3 Posaunen, Tuba, Pauken und Schlagzeug (6 Spieler), Harfe, Streicher
Aufführungsdauer: 15 Minuten

Viel gespielt wird in den Konzertsälen aller Länder Rimski-Korsakows fünfsätzige Suite »Capriccio espagnol« aus dem Jahre 1887. Wir lesen darüber in der »Chronik« des Komponisten: »Ich schrieb das ›Capriccio espagnol‹ nach Skizzen, die für eine virtuose Geigenfantasie nach spanischen Themen bestimmt waren ... Das ›Capriccio‹ ist ein glanzvolles Orchesterwerk. Der Wechsel der Klangfarben, die dem jeweiligen Instrument entsprechende Wahl der melodischen Muster und Figuren, die kleinen virtuosen Kadenzen für Soloinstrumente, der Rhythmus der Schlaginstrumente und so weiter bilden hier das Wesen des Werkes selbst, nicht nur ›Schmuck‹, nicht nur ›Orchestrierung‹. Die spanischen Themen, besonders diejenigen von tänzerischem Charakter, haben mir reiches Material geliefert für die Anwendung verschiedenartiger Orchestereffekte.«

Diese vom Autor selbst gegebene Charakteristik des Werkes schöpft jedoch seinen Gehalt nicht aus. Die Suite spiegelt vielmehr eine Reihe von malerischen Bildern aus der spanischen Natur und dem spanischen Leben wider.

Der *erste Satz* (Alborada; Vivo e strepitoso, A-Dur, $^2/_4$-Takt) ist ein ungestümer spanischer Volkstanz. Wenn gegen Ende der festliche Klang des Orchesters verhallt, ist es, als ob sich die fröhliche, tanzende Jugend langsam entfernte. Der *zweite Satz* (Variazioni; Andante con moto, F-Dur, $^3/_8$-Takt) bringt kontrastreiche Variationen über ein Thema von leidenschaftlichem Charakter. Der *dritte Satz* ist eine Wiederholung der Alborada in differenzierter Instrumentation; eine Solo-Violine tritt mit einem brillanten Part hervor. Der *vierte Satz* nennt sich »Scena e canto gitano« (Szene und Lied der Zigeuner; Allegretto, d-Moll, $^6/_8$-Takt). Ihm liegen zwei Themen zugrunde. Während das erste voll Anmut und Eleganz, kapriziös im Rhythmus ist – das musikalische Porträt einer spanischen Tänzerin aus dem Volke –, zeichnet der Komponist mit dem zweiten, stürmisch bewegten Thema das Bild eines mitreißenden spanischen Tanzes. Die Kadenzen verschiedener Soloinstrumente (Klarinette, Flöte, Harfe) erinnern an das Präludieren vor dem Auftreten der Zigeuner. Im *fünften Satz* (Fandango asturiano; A-Dur, $^3/_4$-, $^2/_4$-Takt), der, thematisch reich und vielfältig, auch auf Themen der vorhergehenden Sätze zurückgreift, wird vor dem Hörer das bunte Bild eines Volksfestes ausgebreitet. Die Alborada erklingt als Coda noch einmal.

Die Uraufführung dieses Werkes fand am 12. November 1887 in Petersburg unter der Leitung des Komponisten statt.

»Scheherazade« op. 35

Besetzung: Pikkoloflöte, 2 Flöten (2. auch Pikkolo), 2 Oboen (2. auch Englischhorn), 2 Klarinetten, 2 Fagotte, 4 Hörner, 2 Trompeten, 3 Posaunen, Tuba, Pauken und Schlagzeug (4 Spieler), Harfe, Streicher
Aufführungsdauer: 40 Minuten

Zu den wirkungsvollsten und erfolgreichsten Orchesterkompositionen Rimski-Korsakows gehört die Tondichtung »Scheherazade«. In diesem 1888 entstandenen Werk, das der Komponist als »Sinfonische Suite« bezeichnete, hat er dem Sieg des Humanen über das Antihumane bildhaft-farbigen Ausdruck gegeben und zugleich den Zauber der orientalischen Märchenwelt in berückenden Klängen und Rhythmen eingefangen.

Die gegensätzlichen Träger der Idee sind Scheherazade und ein Sultan, die schöne kluge Heldin und ihr grimmiger Gegenspieler aus der Rahmenerzählung zur berühmten arabischen Märchensammlung »Tausend und eine Nacht«. Scheherazade gelingt es, den grausamen Sultan in einen liebenden Menschen zu verwandeln. Den über die Untreue einer Geliebten erbitterten Herrscher, der sich geschworen hatte, jede seiner Frauen nach der Brautnacht umzubringen, weiß sie durch ihre menschlich ergreifenden Märchenerzählungen während tausend und einer Nacht so stark zu fesseln, daß dieser sein barbarisches Vorhaben aufgibt. Scheherazade, die der Tyrann töten wollte, hat es verstanden, in ihrem Gegner die Liebe zu erwecken. Nun soll sie die Gattin des bekehrten Sultans werden.

Diesen Inhalt der poetischen Rahmenerzählung hat der Komponist in der Einleitung, in den Zwischenspielen und im Epilog seiner »Sinfonischen Suite« gestaltet. Damit umrahmt und durchdringt er zugleich die vier geschlossenen Sätze der Tondichtung. Deren Klangbilder wurden angeregt durch folgende Erzählungen: Sindbad, der Seefahrer – Prinz Kalender – Der junge Prinz und die junge Prinzessin – Das Fest zu Bagdad und der Schiffbruch. In der »Chronik meines musikalischen Lebens« berichtet der Komponist, daß er die Sätze ursprünglich allgemeiner Präludium – Ballade – Adagio – Finale bezeichnen wollte. Dem Rat A. Ljadows folgend, gab er ihnen dann die obengenannten programmatischen Überschriften, die auf die konkreten Märcheninhalte hinweisen. Bei Gelegenheit einer Neuausgabe strich er aber diese Überschriften wieder, da er die Phantasie des Hörers nicht binden wollte. Der ideelle humanistische Gehalt der Musik sollte durch sich selbst wirken.

In der *Einleitung* (e-Moll; Largo maestoso, ²/₂-Takt; Lento, ⁴/₄-Takt) wird uns sofort der tyrannische Sultan mit einem düsteren, gebieterischen Baßthema im Unisono vorgestellt:

Mit ihm kontrastiert das liebliche, epische Thema der märchenerzählenden Scheherazade, symbolisiert durch eine in Triolen fließende, von Harfenakkorden umrauschte Melodie der Solo-Violine:

Diese beiden gegensätzlichen Themen bilden das Material zur ganzen Sinfonischen Dichtung, in der sie, mannigfach abgewandelt und inhaltlich sinnvoll aufeinander bezogen, immer wiederkehren, bis sie zum Schluß versöhnt miteinander verbunden werden.

Der *erste Satz* (Allegro non troppo, Grundtonart E-Dur, ⁶/₄-Takt) erzählt von dem Seefahrer Sindbad, seinem Zauberschiff und seinen Abenteuern auf dem Meer, das der frühere Seefahrer Rimski-Korsakow überaus anschaulich und klangvoll zu schildern wußte (zum Beispiel auch in seiner späteren Oper »Sadko«). Mehrfach wird die Erzählung durch das finstere Thema des Sultans unterbrochen. Aber Scheherazade weiß so fesselnd vom Meeresrauschen und den kühnen Fahrten ihres Helden zu erzählen, daß der Sultan beschwichtigt wird.

Der scherzoartige *zweite Satz* (wechselnde Tempi und Taktarten, h-Moll beginnend und schließend) erzählt von den Späßen des Prinzen Kalender, die durch das Solo-Fagott und dann auch andere Instrumente mit einem rhythmisch kapriziösen und graziösen Thema charakterisiert werden. Die Einwürfe des Sultans (Anklänge an sein Thema) sind schon weniger grimmig. Die ausgelassene Lustigkeit im Mittelteil (Vivace scherzando) scheint ihm sogar Vergnügen zu bereiten. Offenbar findet er Gefallen an dem humorvollen Märchen und auch bereits an seiner anmutigen Erzählerin.

Im lyrischen *dritten Satz* (Andantino quasi allegretto, G-Dur beginnend und schließend, $6/8$-Takt) bezaubert ihn die träumerische Liebesgeschichte von dem jungen Prinzen und der jungen Prinzessin, die der Komponist durch zwei innig-liedhafte und einander ergänzende Themen versinnbildlicht. Zunächst vom Streicherchor gespielt, werden sie im weiteren in mannigfacher Weise variiert und einfallsreich instrumentiert. Aber diese poesievollen Klangbilder scheinen böse Erinnerungen in dem Tyrannen zu wecken, wie das erregte Aufbrausen seines dreinfahrenden Themas bekundet. Eine neue Erzählung der geduldigen Scheherazade (Kadenz der Solo-Violine) läßt den Sultan wieder aufhorchen.

Gebannt folgt er im *vierten Satz* (Hauptzeitmaß: Vivo; wechselnde Tonarten und Taktarten) der dramatischen Geschichte vom rauschenden Fest zu Bagdad, vom sturmgepeitschten Meer und dem Schiff, das an einem Magnetberg zerschellt. Mit lebensvollem Realismus gestaltet der Tondichter diese Erzählung in packenden Klangbildern. Wie ein Wirbelsturm jagen Anklänge an die Themen des Prinzen vorüber. Sodann wird ein festliches Volkstreiben in den Straßen der vom strahlenden Sonnenlicht überfluteten Stadt Bagdad geschildert. Auf dem Höhepunkt bricht die turbulente Bewegung des glanzvollen Festes plötzlich ab. Ein Unwetter tobt. Auf den wilden Wogen des Meeres treibt ein Schiff in der Gewalt des verderbenbringenden Elementes und zerschellt am Felsen. Allmählich legt sich der Sturm. In dieser dramatischen Erzählung mag der tyrannische Sultan ein Gleichnis seines eigenen, vereinsamten, dem Untergange zutreibenden Lebens erkannt haben. Sein grausamer Starrsinn ist bezwungen.

Das immer besänftigter klingende Thema des Sultans, dem das lebensfrohe Thema der Scheherazade (Solo-Violine) antwortet, sagt uns im *Epilog* (Poco più tranquillo/Alla breve, Tempo come I), daß sich der Despot gewandelt hat, daß er seiner schönen, klugen Gefährtin die Hände reicht und ein neues, menschenwürdiges Leben zu beginnen verspricht.
Die Suite erklang am 3. November 1888 in Petersburg zum ersten Male.   NB

»*Russische Ostern*« op. 36

> Besetzung: 3 Flöten (3. auch Pikkolo), 2 Oboen, 2 Klarinetten, 2 Fagotte, 4 Hörner, 2 Trompeten, 3 Posaunen, Tuba; 3 Pauken, Schlagzeug und Glockenspiel (4 Spieler); Harfe, Streicher
> Aufführungsdauer: 15 Minuten

Diese eigenartige Ouvertüre Rimski-Korsakows, die 1888 komponiert und uraufgeführt wurde, kann eigentlich auch als Sinfonische Dichtung bezeichnet werden. Bemerkenswert ist in diesem Werk die Verwendung altslawischer Kirchengesänge mit ihrem charakteristischen Pendeln zwischen Moll und Dur. Nach einer verhaltenen, dunkel getönten *Einleitung* entwickelt das anschließende *Allegro* allmählich immer aktivierendere Impulse. Eine Atmosphäre österlicher Erwartung wird geschaffen, von jubelnden Fanfarenklängen überglänzt. Dann setzt eine erneute Steigerung an: aus geheimnisvoll schwebenden Klängen hebt sich Glockengetön, die Posaunen lassen Gebetsrufe erklingen. Bei einer mächtigen dynamischen Steigerung, die zum Werkabschluß führt, zeigt sich der geniale Instrumentator Rimski-Korsakow von seiner besten Seite. Der entfesselte Klangrausch ist gleichsam ein Fest prachtvollen Glockenklanges, der in Hall und Echo aus allen Instrumenten des Orchesters gezaubert wird.   HJS

»*Sadko*« op. 5

> Besetzung: Pikkoloflöte, 2 Flöten, 2 Oboen, 2 Klarinetten, 2 Fagotte, 4 Hörner, 2 Trompeten, 3 Posaunen, Tuba, Pauken, Schlagzeug, Harfe, Streicher
> Aufführungsdauer: 12 Minuten

Eine der bedeutendsten Opern Rimski-Korsakows ist »Sadko«, 1895/96 komponiert. Bereits vorher, 1867, hatte der Komponist den gleichen Stoff einer Sinfonischen Dichtung gleichen Namens (op. 5, ursprünglich op. 7) zugrunde gelegt. Im Vorwort zur Partitur dieser Sinfonischen Dichtung, die erst 1892 ihre endgültige Gestalt erhielt, erzählt der Autor eine Episode aus der russischen Byline vom Guslispieler Sadko, die das Programm darstellt: »Mitten auf dem Meer blieb das Schiff Sadkos, des Nowgoroder Kaufmanns, unbewegt liegen. Nach der Entscheidung durch das Los warf man Sadko ins Meer, dem Meerkönig zum Geschenk, und das Schiff segelte auf seinem Weg weiter ... Sadko blieb allein mit seiner Gusli auf dem Meer, und der Meerkönig zog ihn hinab in sein Reich. Dort gab der Meerkönig gerade ein großes Fest. Seine Tochter feierte Hochzeit mit dem Ozean. Sadko wurde gezwungen, auf der Gusli dem Meerkönig und seinen Untertanen zum Tanz aufzuspielen. Von dem Tanz wallte der Ozean auf, die Schiffe zerschellten und versanken in die Tiefe. Da zerriß Sadko die Saiten seiner Gusli, der Tanz hörte auf, und das Meer wurde wieder ruhig.«

Mit verhältnismäßig einfachen Mitteln schuf Rimski-Korsakow ein wechselvolles Bild des majestätischen Meeres. Die Eindrücke, die er auf seiner Lehrseefahrt auf dem Klipper »Almas« (»Diamant«) 1862-1865 gesammelt hatte, kamen ihm dabei zugute. Den Kern des Meeresthemas bilden drei Töne:

Dieses Motiv bietet für die musikalische Entwicklung große Möglichkeiten. Der Wechsel der Klangfarben erzeugt die Vorstellung einer ewig unbeständigen Meeresfläche, des Spiels der in der Sonne glitzernden Wellen. Sadkos Versinken in der Meerestiefe ist so hervorragend dargestellt, daß man das Wasser geradezu plätschern hört in den von Instrument zu Instrument eilenden kurzen Motiven. Unerschöpfliche musikalische Phantasie zeigt der Komponist bei der Darstellung des Festes auf dem Meeresgrund. In der Melodie des Preisliedes, das Sadko zur Begleitung der Gusli dem Meereskönig singt, hört man nach einem Ausspruch Rimski-Korsakows »ein gut Teil russischer Kühnheit«. Den Tanz, der immer stürmischer und mitreißender wird, beendet ein scharfer Schlag des gesamten Orchesters: Sadko zerreißt die Saiten der Gusli. Und wieder wälzen sich die Meereswogen ruhig und majestätisch dahin.

Klavierkonzert cis-Moll op. 30

    Besetzung: Solo-Klavier; 2 Flöten, 2 Oboen, 2 Klarinetten, 2 Fagotte, 2 Hörner, 2 Trompeten, 3 Posaunen, Pauken, Streicher

    Aufführungsdauer: 12 Minuten

Dieses Konzert, das Rimski-Korsakow 1882 komponierte, ist viel zuwenig bekannt geworden. Es besteht aus einem Satz. Seinem Hauptthema liegt die Melodie des russischen Volksliedes »Versammelt euch, Brüder« zugrunde. (M. Balakirew hatte das Lied in seiner Sammlung »Vierzig russische Lieder« veröffentlicht.) Das Liedthema wird in diesem Konzert in mannigfacher Weise abgewandelt. Auch über dieses Werk finden wir in Rimski-Korsakows »Chronik« einen wichtigen Hinweis: »Das Konzert ist nach dem Muster der Konzerte Liszts geschaffen worden. Es klingt recht hübsch, und der Klaviersatz erweist sich als durchaus spielbar, worüber Balakirew, dem das Konzert gefiel, einigermaßen erstaunt war, denn das hatte er von mir, dem Nichtpianisten, nicht erwartet.«

Diese Einschätzung des Komponisten bezieht sich nur auf die formale Struktur des Werkes, kennzeichnet aber nicht sein Wesen. Denn die musikalischen Bilder, der harmonische Stil und die Art der Entwicklung des Materials sind durchaus eigenständig und ausgeprägt national. Sie sind organisch mit der russischen Volksmusik verbunden.

Das Konzert beginnt mit einer langsamen *Einleitung* (Moderato/Adagio, ³/₄-Takt).

Das Adagiothema enthält bereits das Thema des folgenden Hauptsatzes; es erklingt nach einer virtuosen Episode in schneller Bewegung (Allegretto quasi polacca, 3/4-Takt) und in entschiedener Haltung auf. Durch die elegante und scharfe Pointierung wirkt es energisch und fröhlich zugleich.

Darauf folgt ein Dialog zwischen Klavier und Orchester. Der liedhaft-lyrischen Melodie des Klaviers antwortet die rufende Stimme des Orchesters. Eine kleine virtuose Kadenz (Animato accelerando) trennt das Allegretto von dem folgenden Teil, dem ruhigen, zarten *Andante mosso* (F-Dur, 3/4-Takt). Helle Fanfarenstöße der Trompeten brechen scharf in das friedliche Bild ein und leiten zum Schluß des Konzertes über. Dieser Teil (Allegro, cis-Moll/Des-Dur, 2/4-Takt) hat die Bedeutung einer Reprise, wenn auch das musikalische Material im Vergleich zum ersten Teil bedeutend abgewandelt ist. Das Konzert endet mit einer stürmischen, feurigen Coda.   NB

Hilding Rosenberg   geb. 1892

Hilding Constantin Rosenberg, bis heute die schöpferisch mannigfaltigste, durch Schaffen und Lehren auch einflußreichste Gestalt in der Musikgeschichte Schwedens, stammt aus der südschwedischen Landschaft Schonen: In Bosjökloster, gelegen im Län Malmöhus, wurde er am 21. Juni 1892 als Sohn eines Gärtners geboren. Sangesfreude im Elternhaus half seine Musikalität frühzeitig wecken, doch fehlten die Mittel, ihm eine besondere Ausbildung zu gewähren. So besuchte er die Volksschule, legte siebzehnjährig ein bescheidenes Dorforganisten-Examen ab und war danach als Pianist und Kirchenmusiker tätig, spielte auch in einem kleinen Liebhaberorchester mit. Erst 1914 konnte er, dank der Unterstützung durch einen Mäzen, systematische Studien in Stockholm aufnehmen: Klavier bei Richard Andersson (an dessen Musikschule er dann bis 1930 selbst unterrichtete), Komposition bei Ernst Ellberg am Konservatorium (der nachmaligen Hochschule) und daneben Sprachen. Die wesentlichste Bedeutung für seine künstlerische Entwicklung

gewann indes – neben dem Studium der Werke Bachs und der
»Grundlagen des linearen Kontrapunktes« von Ernst Kurth – der
Unterricht bei Wilhelm Stenhammar (1871–1927), Carl Nielsens
und Sibelius' Freund, der kultiviertesten und weitestblickenden
Persönlichkeit unter den damaligen Komponisten Schwedens. Stenhammars künstlerisches Ethos postulierte verantwortungsvolle und
kontrollierte Handhabung des musikalischen Materials, und »seine
Art, die steigende und fallende Linie einer Melodie zu analysieren,
eröffnete weite Perspektiven« (Rosenberg). Als Hilding Rosenberg,
mit einem Stipendium versehen, 1920 auf einer Studienreise nach
Berlin, Dresden (Dirigierkursus bei Hermann Scherchen, welcher
ihn auf Schönberg aufmerksam machte), Wien und Paris andere
wichtige Impulse empfing, waren entscheidende Grundzüge seines
Schaffens bereits vorgezeichnet oder auch fixiert.

Rosenbergs Teil in der Heimat war anfangs »geradezu die Rolle
eines einsam streunenden Wolfes« (Bo Wallner). Sein 1. Streichquartett verursachte 1923 einen Skandal. Das in seinem Spielraum
damals noch recht begrenzte schwedische Musikleben wehrte sich
heftig gegen den »Neutöner«, denn es wurde, zumal in »Stockkonservativholm« (Sten Broman), beherrscht von Nationalromantikern
mit restaurativen ästhetischen Vorstellungen und der Neigung zu
kleinbürgerlich-selbstzufriedener Heimattümelei. Überdies verfochten Komponisten wie Wilhelm Peterson-Berger, Ture Rangström
und Kurt Atterberg ihre nationalromantische Position auch als einflußreiche Pressekritiker. Rosenberg seinerseits fand 1927, daß »der
Persönlichkeitskult die Luft dumpf gemacht« habe, und er wußte
einige Gegner in einem empfindlichen Punkte zu treffen: »Sie reden
verächtlich über den Komponisten als Handwerker; sie streben
nach Persönlichkeit und Spontaneität. Doch sie vergessen, daß die
Persönlichkeit allzuoft in Äußerlichkeiten strandet, wenn es an
Kenntnissen gebricht. Musik ist Form, und wir können uns nicht
davon losmachen, daß die persönliche Eigenart um so stärker und
klarer hervordringt, je besser wir das meistern, was dieser Form
den Grund gibt, also das Handwerk.« Das ist nicht die Sprache
eines unbesonnenen Umstürzlers, als der er hingestellt wurde.

Mittlerweile gewann sein Schaffen, durch den Rundfunk stärker
gefördert als durch Konzertveranstalter, zunehmend an Geltung.
Bühnenwerke wie das einen Gegenwartsstoff unter Einbeziehung
von Songelementen gestaltende Singspiel »Die Reise nach Amerika«
(1932), das Ballett »Orpheus in der Stadt« (1938) und die geistvolle
Buffa »Marionetten« (1939, nach Benaventes »Los intereses crea-

dos«), dazu das volkstümliche Weihnachtsoratorium »Die heilige Nacht« (1936) hatten Breitenwirkung erlangt. In den vierziger Jahren nun entstanden vor allem monumentale chorsinfonische Partituren: die Sinfonien Nr. 4 »Johannes Uppenbarelse« (Die Offenbarung Johannis) und Nr. 5 »Örtagårdsmästaren« (Der Gärtner) sowie das vierteilige, auch für szenische Darbietung gedachte Oratorium »Joseph und seine Brüder« nach Thomas Mann – religiös-humanistische Bekenntniswerke, dem Kriege und der faschistischen Barbarei entgegengestellt. Orchestrale und kammermusikalische Kompositionen folgten in großer Zahl, in größeren Abständen auch Bühnenwerke, darunter die Opern »Die Insel der Glückseligkeit« (1945, nach dem Märchenspiel des schwedischen Romantikers Atterbom), »Das Porträt« (1956, nach Gogol), »Das Haus mit doppeltem Eingang« (1970, nach Calderon) sowie das für Birgit Cullberg geschriebene Ballett »Salome« (1963).

Auch der pädagogische Einsatz wirkte sich aus: von Rosenbergs Schülern gewannen in den fünfziger und sechziger Jahren Karl-Birger Blomdahl (1916-1968), Sven-Erich Bäck (geb. 1919) und Ingvar Lidholm (geb. 1921) internationalen Ruf und maßgeblichen Einfluß im schwedischen Musikleben. Rosenberg wurde zum »großen alten Mann«, zum Vater der neuen schwedischen Musik und erfuhr bedeutende Ehrungen. Er lebt, bis ins hohe Alter produktiv, unweit von Stockholm.

Auf nahezu allen Gebieten der Musik hat Hilding Rosenberg Wesentliches ausgesagt. Schwerpunkte seines Œuvres bilden konzertante und sinfonische Orchesterwerke, Vokalsinfonik, Kammermusik und Bühnenwerke. Als Herausgeber betreute er Werke seines Landsmannes Johan Helmich Roman (1694-1758). Mit der Vielseitigkeit seines produktiven Interesses korrespondiert verblüffende Wandlungsfähigkeit im stilistischen Bereich, die es ihm gestattet, der Spezifik unterschiedlichster Sujets und Genres zu entsprechen, ohne dabei seine Handschrift zu verleugnen. Der Melodie mißt er größte Bedeutung bei: »Alles andere ist eigentlich nur Flitter.« Seine Vorliebe für Polyphonie und kontrapunktische Arbeit, für vital-motorische Rhythmik und freizügige Handhabung der Tonalität läßt ihn wesentlichen Anteil haben am Ausformen und Durchsetzen neuer musikalischer Ausdrucksmöglichkeiten. Berührungspunkte mit Bartók, Prokofjew, Honegger, Hindemith, auch Schönberg, erscheinen bei näherer Betrachtung peripher: einmal in dem Maße, wie er eine ganz individuelle Diktion entwickelt, zum anderen, wie er in einer anderen Tradition steht und ihm in tiefgründiger Auseinadersetzung vor allem mit den späteren Werken von Sibelius, Carl Nielsen und Stenhammar ein skandinavischer Beitrag zur Musik des 20. Jahrhunderts gelungen ist, zu deren Klassikern er gehört. Seine späte Hinwendung zur Zwölftontechnik – er wendet sie erstmals 1956/57 in den Streichquartetten Nr. 7–12 an, übrigens völlig undoktrinär, dem eigenen Ausdrucksbedürfnis angepaßt – steht im Zeichen der Synthese eines Schaffens, das von konstruktivem, traditionsbewußtem Denken entscheidender geprägt scheint als von der Neigung zum Experiment.

Sinfonien: Nr. 1 (1917; revidiert 1919 und 1967); Nr. 2 »Sinfonia grave« (1935); Nr. 3 (1939); Nr. 4 »Die Offenbarung Johannis« (1940); Nr. 5 »Der Gärtner« (1944); Nr. 6 »Sinfonia semplice« (1951); Nr. 7 (1968); Sinfonia da chiesa Nr. 1 (1923; revidiert 1950); Sinfonia da chiesa Nr. 2 (1924); Sinfonia für Blasorchester und Schlagzeug (1966). – Concerti: Nr. 1 für Streichorchester (1946); Nr. 2 für großes Orchester (1949); Nr. 3 »Louisville Concerto« (1954); Nr. 4 für Streichorchester (1966). – Suiten: Suite für Streichorchester über schwedische Volksweisen (1927); Suite aus »Das Jüngste Gericht« (1929); Suite aus »Die Reise nach Amerika« (1932); Tanzsuite aus »Orpheus in der Stadt« (1938); Ouvertüre, Suite und Tanzsuite aus »Marionetten« (1939); Djurfar-Suite (1940); Partita aus »Joseph und seine Brüder« (1948). – 3 Fantasiestücke für Orchester (1914); Overtura piccola (1934); Bilder aus Bergslagen (1937); Tafelmusik (1939); Overtura bianca-nera (1946); Riflessioni für Streichorchester Nr. 1–3 (1959/60); Metamorfosi Sinfoniche Nr. 1–3 (1963/64). – Violinkonzert Nr. 1 (1924); Trompetenkonzert (1928); Suite für Violine und Orchester (1929); Sinfonia concertante für Violine, Viola, Oboe, Fagott und Orchester (1935); Violakonzert (1943); Klavierkonzert (1950); Violinkonzert Nr. 2 (1951); Violoncellokonzert (1953).

Sinfonie Nr. 2 »Sinfonia grave«

Besetzung: 2 Flöten (2. auch Pikkolo), 2 Oboen, 2 Klarinetten, 2 Fagotte, 4 Hörner, 2 Trompeten, 3 Posaunen, Tuba, Pauken, Schlagzeug (3 Spieler), Streicher
Aufführungsdauer: 33 Minuten

Angesichts dieses elektrisierend vitalen, von lebensbejahenden Emotionen durchpulsten Werkes mag der Titel ein wenig verwundern, zumal wenn man sich vergegenwärtigt, daß Allegrobewegung, wie sie hier das musikalische Geschehen entscheidend prägt, für Rosenberg »eine offene, positive Lebensstimmung« symbolisiert. Wohl gibt es im Mittelsatz Momente schmerzvoller Gespanntheit und erregten Sichaufbäumens, doch scheinen sie eher Vergangenes zu reflektieren, als daß sie einen unmittelbaren Konflikt ausdrückten. Das aber ist es: Diese Sinfonia grave spiegelt nicht den Prozeß, sondern das Resultat schweren Ringens wider – begreife man es nun im weiteren Sinne als eine optimistische Lebenshaltung, die sich behauptet und befestigt, oder im engeren als einen Sieg im Kampfe um eigenständige sinfonische Aussage und Gestaltung.

Im *ersten Satz* (Allegro energico, $^3/_2$-Takt) sind Haupt- und Seitenthemengruppe zu ausgedehnten, in ihrem Charakter gegensätzlichen Komplexen zusammengefaßt, in deren Exposition und Reprise sich Entwicklung, Verarbeitung und Synthese des thematisch-motivischen Materials vollziehen, so daß ein besonderer Durchführungsteil überflüssig wird – ein Verfahren, dem man bereits bei Sibelius begegnet. Der Verlauf ist also A–B–A′–B′–Coda. Andere Momente, beispielsweise die Schlagzeugostinati, lassen auf Anregungen durch Carl Nielsen schließen. Eine expansive, aufwärtsstrebende Motiventladung von polyphoner Struktur eröffnet den Satz:

8 Takte danach setzt das Schlagwerk mit einem antreibenden Ostinato ein, dessen Triolen später durch Blechbläserstakkato klanglich verschärft werden. Ein über 30 Takte ausschwingender melodischer Bogen mit charakteristischer Triolenbewegung bildet sich in den Streichern heraus und erreicht im polyphonen Zusammenspiel mit Posaunen und Tuba einen dynamischen Kulminationspunkt. Dann lichtet sich das Stimmengeflecht. Die Bewegung ebbt ab. Der zweite, scharf kontrastierende Gedankenkomplex tritt hervor:

Der punktierte Rhythmus und Akzente der Kleinen Trommel geben dem Fluß der kammermusikalisch durchsichtigen Stimmführung unterschwellige Spannung. Nach kurzem Ausbruch tänzerischer Bewegung erfahren die melodischen Linien eine breite Ausspinnung. In der Reprise erscheinen beide Komplexe in Einzelheiten nicht unwesentlich verändert, der zweite zudem um etwa zwei Drittel verkürzt. Geheimnisvoll drängende Pizzikati und Schlagzeugtriolen leiten zur Coda über, deren jubelnden Höhepunkt schroffe Tuttischläge (sforzato) beenden.

Adagio und Scherzo werden im *Mittelsatz* zusammengefaßt. In der Abfolge langsam–schnell–langsam–schnell ist er gewissermaßen Spiegel des ersten Satzes, wobei der Schlußabschnitt hier zugleich die Funktion einer gewichtigen Coda übernimmt. Für solche Integration wesensverschiedener Sätz findet man ebenfalls Vorbilder in der skandinavischen Sinfonik, zum Beispiel in Franz Berwalds »Sinfonie singulière« und in der 5. Sinfonie Carl Nielsens. – Herbe Streicherpolyphonie kennzeichnet das einleitende Poco adagio ($^6/_8$-Takt). Es erfährt im Tutti eine ausdrucksintensivere Steigerung. Der agile erste Scherzoteil (Allegro assai, $^3/_4$-Takt), aus rhythmisch pointierter Skalenmotivik (d-Moll) entwickelt, lenkt zurück zum Adagio, nunmehr im vierstimmigen, hochexpressiven Streichersatz durchgeführt, welchen tänzerische Bewegung ablöst: Holzbläserthematik im kapriziösen Kontrapunkt, über dem doppelten Orgelpunkt e–h in den Violoncelli, sekundiert vom Ostinato des Tambourin und Triangel:

Das Adagiothema erscheint seinerseits als Kontrapunkt in Horn und Bratschen und führt einen Umschlag ins Leidenschaftlich-Pathetische herbei. Der zweite Scherzoabschnitt faßt, kraftvoll auftrumpfend, die Hauptgedanken beider Satzteile zusammen, schließt dann aber mit einer eleganten Wendung pianissimo.

Mit stürmischem, zielstrebigem Finalgestus beginnt der *dritte Satz*, ein Allegro risoluto in freier Sonatenform ($^4/_2$-Takt, streckenweise permanent wechselnd mit $^3/_2$- und $^2/_2$-Takt). (Notenbeispiel S. 129) Der Aktivität des gestaltenreichen Hauptkomplexes stehen lyrische Ruhepunkte entgegen: ein Seitenthema (A-Dur) wird vom Pocoadagio-Thema des zweiten Satzes abgeleitet, und nach turbulentem durchführungsartigem Geschehen erscheint ein markantes Posaunenmotiv der Hauptgruppe als empfindungsvolle Oboen- bzw. Klarinettenkantilene.

Die Coda bringt Überraschungen. Weder kommt es zu einem effektvollen Strettaschluß, auf den man nach vehementem Reprisenverlauf immerhin vorbereitet wäre, noch zu einem nachdenklichruhigen Ausklang, auf den die Musik dann hinzulenken scheint: da man ihn beinahe erreicht glaubt, setzen die Bratschen mit einem

dorischen Codal-Hymnus ein, der, höher und höher tragend, alles Vorangegangene zu überstrahlen beginnt. In triumphalem Blechbläserausbruch nach B-Dur scheint er seinem Scheitelpunkt nahe, endet aber in jäher Wendung nach Es-Dur: harte Viertelschläge, durch Generalpausen rhythmisch gegliedert, hämmern den Schluß.

Es ist, als wolle der Komponist den enthusiasmierten Hörer wachrütteln und ihn aktivieren, das soeben projizierte Ideal selbst zu verwirklichen.

Sinfonie Nr. 3

Besetzung: 2 Flöten (2. auch Pikkolo), 2 Oboen (2. auch Englischhorn), 2 Klarinetten, 2 Fagotte, 4 Hörner, 2 Trompeten, 3 Posaunen, Tuba, Schlagzeug (2 Spieler), Harfe, Streicher
Aufführungsdauer: 34 Minuten

Die 3. Sinfonie macht sinnfällig, wie reich und wandelbar Rosenbergs Ausdrucksvermögen auch innerhalb einer Gattung ist. Stand in der Sinfonia grave mit ihrem oft harten, metallischen Klang das architektonische Denken im Vordergrund, so wird die klanglich stärker differenzierte, farbenreiche 3. Sinfonie von fabulierenden, lyrisch-poetischen und dramatischen Zügen geprägt. Der konstruktive Zusammenhalt ist nicht weniger evident, doch wenn in dem älteren Werk die Kontraste aus einem eher homogenen Grundmaterial abgeleitet wurden, so findet man umgekehrt hier recht gegensätzlich strukturierte Bauelemente zu einer sinfonischen Einheit gefügt.

Im *ersten Satz* (³/₄-Takt), dem kompliziertesten und zeitlich ausgedehntesten des Werkes, sind wesentliche Ausdrucksmomente der folgenden drei Sätze bereits angelegt und ins Kontrastverhältnis gebracht. Sein Aufbau erscheint unkonventionell, dabei zwingend logisch. In dem einleitenden Moderato werden eine gedankenvolle, alle zwölf Halbtöne einbeziehende Melodie der Violoncelli und Kontrabässe

und ein unmittelbar anschließendes, schmerzlich-sehnsuchtsvolles Bläsermotiv

entwickelt und unter aggressiven Sforzatoschlägen der Blechbläser bald einem Allegro von dramatischer Wucht zugetrieben, bei dem das Einleitungsthema fortissimo von Posaunen und Tuba übernommen wird, umspielt von schrillen Triolen der Holzbläser, Hörner und Streicher. Neues Themenmaterial folgt, darunter ein rhythmisch profiliertes Flötenthema. In der Auflösung eines zweiten, bewegungsreichen Spannungsfeldes tritt schließlich die Oboe mit einer lyrischen Kantilene hervor (Meno mosso tranquillo, 4/4-Takt), welche, fortgesponnen von Klarinette, Flöte und Solo-Violine, zu einem Ruhepunkt führt. Greifen dergestalt in der ersten Hälfte des Satzes Exposition und Durchführung ineinander über, so in der straffer geführten zweiten Hälfte Durchführung und Reprise. In gesteigerter Wiederkehr des ersten Allegroteils (jetzt im 6/8-Takt) kulminiert der Satz. Dann führt die Oboenkantilene zu einem stillversonnenen Ausklang.

Wie in träumerischer Improvisation – verhaltener Hörnerruf, friedvolle d-Moll-Skalen der Flöten, zarte D-Dur-Einwürfe sordinierter Violinen und der Harfe – knüpft sich daran der *zweite Satz* (Andante sostenuto, 3/2-Takt) mit seinem transparent-poetischen, sanft modulierenden Stimmengeflecht. Sein Schwergewicht liegt indes auf einer balladesken Klarinettenmelodie und ihren durch Zwischenspiele verbundenen drei Variationen – nach kurzem hymnischem Blechbläseraufschwung der zweiten Variation, hochgepeitscht durch zwei Beckenschläge, führt die dritte zur verträumten Ausgangsstimmung zurück.

Der in dreiteiliger Scherzoform verlaufende *dritte Satz* (Allegro con fuoco, molto marcato, 3/4-Takt im Wechsel mit Alla-breve- und 4/4-Takt) bringt die Konzentration der motorisch-dynamischen Energien und bildet somit ein Extrem zum vorhergehenden Andante. Jähe klangliche Schroffheit paart sich mit rhythmischer Vehemenz. Ein Seitenthema der Violinen gewinnt Züge wilden Triumphes.

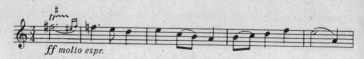

Mit einem zu hämmernden Rhythmen frenetisch herausgeschleuderten Melodiebogen, welcher alsbald in grell dissonanten Blechbläsersynkopen rüde zerfetzt wird, bringt der Mittelteil des Satzes nicht Beruhigung (wie im klassischen Trioteil), sondern eine Steigerung der Bewegung. Die Themen beider Satzteile werden im dritten zusammengefaßt. Das nunmehr heikel erscheinende Finalproblem unterläuft Rosenberg mit der kantablen a-Moll-Schlichtheit eines *Andante semplice* (²/₂-Takt), dem mit fünfeinhalb Minuten Spieldauer kürzesten Satz der Sinfonie, der aber gerade wegen des Verzichts auf äußeren Aufwand von tiefer, am Ende überwältigender Wirkung ist. Er beginnt mit vier nacheinander pianissimo einsetzenden Solostimmen der Flöten und Klarinetten, deren Melodik sich fast nur in Sekundfortschreitungen bewegt, und mündet in einem schließlich jubelnd ausschreitenden Schlußgesang:

Mit einer chromatischen Aufwärtsbewegung wird *c* erreicht, und drei heftige C-Dur-Tuttischläge beenden das Werk.
Die Sinfonie, im Oktober 1939 vollendet, wurde zunächst im schwedischen Rundfunk gesendet, und zwar unter dem Titel »Die vier Lebensalter« – den einzelnen Sätzen waren Lesungen aus Rol-

lands »Johann Christof« vorangestellt. In die Partiturausgabe nahm Rosenberg den Titel jedoch nicht auf, und in der Tat dürften literarisch-programmatische Assoziationen, selbst wenn sie bei der Komposition eine Rolle gespielt haben sollten, einer Rezeption eher hinderlich sein.

Concerto Nr. 1 per orchestra d'archi

Rosenbergs Neigung für reine Streicherbesetzungen fand nicht nur in zwölf bedeutsamen Streichquartetten ihren schöpferischen Niederschlag, sondern auch in verschiedenen Werken für Streichorchester. Weite Verbreitung fand das Concerto Nr. 1 für Streichorchester (Aufführungsdauer: 24 Minuten). Es entstand im Herbst 1946 und gelangte im Februar des folgenden Jahres unter der Leitung von Paul Kletzki in Stockholm zur Uraufführung. Die Partitur, herb im Klang und reich an kontrapunktischer Arbeit, ist von vitaler Musizierlust geprägt. Der virtuos gestaltete Orchestersatz wird durch konzertierende Soloinstrumente – Violine, Bratsche, Violoncello – aufgelockert. Die Assoziation zum Concerto grosso liegt nahe. Doch gerade ein Werk wie dieses weist aus, daß Rosenbergs Haltung gegenüber historischen Musizierformen nicht akademisch und auch nicht parodistisch ist, sondern progressiv und dynamisch. Das dreisätzige Werk beginnt mit einem spannungsgeladenen und scharf profilierten Allegro con fuoco, in dem den Soloinstrumenten Kadenzen eingeräumt werden. Der zweite Satz (Andante ma tranquillo) wird aus Variationen über ein liedhaftes Thema gebildet, welches eingangs im Pizzikato vorgeführt wird. Das substantiell etwas leichter wiegende Finale (Allegro vivace) ist ein in virtuoser Sechzehntelbewegung dahineilendes Perpetuum mobile. EB

Gerhard Rosenfeld geb. 1931

Rosenfeld wurde am 10. Februar 1931 im damaligen Königsberg geboren. 1953–1957 studierte er in Berlin Musikwissenschaft und Theorie und ab 1955 an der Deutschen Hochschule für Musik Komposition. 1958–1961 war er an der Deutschen Akademie der Künste

zu Berlin Meisterschüler zunächst von Hanns Eisler, später von Leo
Spies.
Rosenfeld leitete 1957/58 ein Betriebsensemble. 1961 wurde er Lektor an der Internationalen Musikleihbibliothek Berlin. Seit 1964
lebt er als freischaffender Komponist in Potsdam.
Seit der Uraufführung seines 1. Violinkonzertes (1963) hat Rosenfeld sich sehr rasch im Musikleben der DDR einen geachteten Platz
erworben. Seine Tonsprache ist geprägt von starkem, expressivem
Ausdruckswillen, dem die Künste des Handwerks überlegt und
überlegen dienen. Neben Vokalmusik, bemerkenswerten Film- und
Fernsehmusiken hat sich Rosenfeld vor allem der Orchestermusik
(und hier besonders dem Konzert) zugewandt. In diesem Genre
beweist er große Begabung für das Gestalten weitgespannter sinfonischer Strukturen, in die viele Möglichkeiten moderner Tonsprache sinnvoll einbezogen sind. In jüngster Zeit zeigt der Komponist mit der Oper »Das alltägliche Wunder« nach Jewgeni
Schwarz auch beachtliches Talent für das Musiktheater.

Sinfonietta in G (1964); Fresken für großes Orchester (1968);
Konzert für Orchester und Altstimme (1971). – 2 Violinkonzerte (1963, 1972); Klarinettenkonzert (1965); Violoncellokonzert (1967; Umarbeitung 1969); Klavierkonzert (1969);
Konzert für Bläserquintett und Orchester (1969); Konzert für
Harfe, Kontrabaß und Orchester (1970).

Sinfonietta in G

Besetzung: Flöte, Oboe, Klarinette, Fagott, 2 Hörner, 2 Trompeten, 2 Posaunen, Pauken, Streicher
Aufführungsdauer: 9 Minuten

Dieses spielfreudige kleine Werk von 1964 wendet sich vor allem
auch an kleinere Ensembles, an leistungsfähige Arbeitersinfonieorchester. Der Komponist hat es gut verstanden, mit vermindertem
technisch-orchestralem Aufwand Musik von jugendlichem, originellem Reiz zu schaffen.
Munter und energisch gibt sich das Hauptthema des *ersten Satzes*
(Allegro, 4/4-Takt), das spielerisch variiert wird. Ein kantables
zweites Thema wird von der Klarinette (später Oboe) vorgetragen.
Die Streicher bestreiten den knappen *zweiten Satz* (Adagio, 4/4-Takt) allein, in dem eine Solo-Violine mehrfach hervortritt. Ihr ist
eine kleine Solokadenz übertragen, deren nachdenkliches Meditie-

ren vom anschließenden Fortissimoeinsatz des Streichorchesters konflikthaft kontrastiert wird. Gelöste, tänzerisch betonte Spielfreude herrscht im *Finale* (Allegro, 3/4-Takt), in dem den Holzbläsern reizvolle solistische Aufgaben zugewiesen sind.

1. Violinkonzert

Besetzung: Solo-Violine; 3 Flöten (3. auch Pikkolo), 3 Oboen, 3 Fagotte, 3 Trompeten, 3 Posaunen, Harfe, Pauken, Schlagzeug, Xylophon, Streicher (ohne Violinen)
Aufführungsdauer: 22 Minuten

Dieses 1963 von der Dresdner Philharmonie unter Gerhard Rolf Bauer mit Gustav Schmahl als Solisten uraufgeführte Konzert machte den Namen seines Schöpfers mit einem Schlage der musikliebenden Öffentlichkeit in der DDR bekannt. Vorangegangene Werke (ein Divertimento für Kammerorchester, eine sinfonische Trilogie) waren zuvor nur im Rundfunk zu hören. Das »Geheimnis« des ungewöhnlichen Erfolgs dieses Werkes hat wohl zweierlei Ursachen: Zum einen gelang durch die enge Zusammenarbeit mit dem Geiger Gustav Schmahl ein sehr instrumentengerechter Solopart. Zum anderen, und dies ist wichtiger, imponiert der tiefe Ernst, das leidenschaftliche Ringen, das sich in dieser stark expressiven Musik äußert, die die Auseinandersetzungen eines schöpferischen Menschen mit der sozialistischen Gegenwart widerspiegelt.

Das dreisätzige Werk ist sinfonisch konzipiert. Der Verzicht auf Violinen im Orchester zielt auf dunklen Gesamtklang, von dem sich die Solo-Violine um so klarer abhebt. Konzeptionell wichtig ist der »Rahmen«, den Rosenfeld seinem Werk gibt: Eine langsame Einleitung (Sostenuto) eröffnet den *ersten Satz* nachdenklich und gespannt in der Grundhaltung. Die Solo-Violine führt:

Auf diese Sostenutoeinleitung greift der Komponist am Ende des Konzertes wieder zurück. Damit ist nicht nur formale Abrundung geschaffen, sondern es wird deutlich: kein »Auflösen« von Konflikten ist erreicht, sondern das Ringen geht weiter.

In unruhiger 6/8-Bewegung eröffnen Bratschen, Violoncelli und Kontrabässe den Hauptteil (Allegro assai) des ersten Satzes. Drängend, rastlos mutet auch der Hauptgedanke des Satzes an, den die Solo-Violine vorträgt.

Im Tempo Andante (4/4-Takt) intonieren die Bratschen das lyrische, gesangliche Seitenthema, das von der Solo-Violine übernommen und in lichte Höhen geführt wird, ehe die unruhige Bewegung des Hauptsatzes erneut losbricht. Dieser Tempowechsel wird wiederholt, wobei die Solo-Violine im zweiten Andanteeinschub jedoch sogleich führt. Mit dem unruhigen Hauptthema schließt der Satz auf e. Eine Konzentration auf e-Moll als dominierende Tonart war übrigens mehrfach spürbar.

Der *zweite Satz* (Largo), in dem die absteigende Quarte *fis–cis* eine wichtige melodische Rolle spielt, wird vom Orchester eröffnet. Dann kommt die Solo-Violine, zunächst ohne Orchester, poco più mosso zu Wort. Ihr Gesang entwickelt sich in weitgespannten Bögen, deutet in einigen Wendungen beziehungsvoll auf die Einleitung zum ersten Satz und führt zum dramatisch-dynamischen Höhepunkt (Fortissimo, 3/4-Takt). Im Schlußteil des Satzes tritt das genannte Quartintervall mit besonderem Nachdruck hervor. Zugleich wird aber auch das Thema des Finales durch eine sehr überzeugende dramaturgische Lösung bereits vorbereitet: Dem absteigenden Quartintervall *fis–cis* als Keimmotiv des langsamen Satzes stellt Rosenfeld noch im Ausklang dieses Satzes die aufsteigende Quarte *fis-h* gegenüber, die dem Hauptthema im *Finale* (Vivace) durch ihren energisch aktivierenden Zug einen feurigen Impuls verleiht. Dieses Thema erscheint am Satzbeginn in der Solo-Violine allein.

Dann übernimmt es eine Solo-Bratsche zum Kontrapunkt der Solo-Violine. Die Streicher spielen es anschließend unisono, Pauken, Blech- und Holzbläser greifen ein und führen zu einem ersten Höhepunkt. Dem markanten Quartmotiv des Themas kommt in den folgenden Takten eine besondere Bedeutung zu. Unruhige Achtelbewegungen aus dem Hauptthema des ersten Satzes klingen ebenfalls einige Male an. Und nach einem weiteren Fortissimoausbruch erinnert die Solo-Violine nachdrücklich an dieses 6/8-Thema (hier in Triolenfiguren im Tempo Allegro assai, 2/4-Takt). Überhaupt bestimmen nun Rückgriffe auf den ersten Satz (bis zum Wechsel zwischen raschen und langsameren Teilen) das musikalische Bild, bis das Sostenuto der Einleitung zum ersten Satz wieder erreicht ist. Aus ihm entwickelt Rosenfeld eine große, nach leuchtendem C-Dur führende Schlußsteigerung. Ganz bewußt wird sie aber im letzten Takt dialektisch »gebrochen« durch die markante Schlußformel *d-des-c* im Unisono der Streicher, Blechbläser und des Xylophons.

2. Violinkonzert

Besetzung: Solo-Violine; 2 Flöten (2. auch Pikkolo), 2 Oboen, 2 Klarinetten, 2 Fagotte (2. auch Kontrafagott), 3 Hörner, 3 Trompeten, 3 Posaunen, Tuba, Pauken, Schlagzeug, Streicher
Aufführungsdauer: 25 Minuten

Am 18. Januar 1973 hatte dieses Violinkonzert im Dresdner Kulturpalast Premiere. Solist war Gustav Schmahl, der an der Gestaltung des Werkes beratenden Anteil genommen hatte; ihn begleitete die Dresdner Staatskapelle unter dem sowjetischen Dirigenten Arvid Jansons. Als gesellschaftlicher Partner fungierte eine Brigade aus dem Chemiefaserwerk Premnitz. Der Komponist bemerkte zu diesem einsätzigen Werk: »Das zweite Konzert – Zielpunkt von zehn Jahren kompositorischer Arbeit – könnte für mich der Beginn einer neuen Etappe sein. Bewußt strebte ich in diesem Konzert eine Synthese an zwischen Kompositionselementen aus dem Bereich der unmittelbaren Gegenwart mit solchen des Erbes, dessen humanistischem Gehalt ich mich verpflichtet weiß. Nicht um ein Gegeneinander ging es mir, sondern um die von heutiger Geisteshaltung bestimmte Durchdringung und Verschmelzung dieses musikalischen Materiales.«

Das Konzert wird in seiner formalen Struktur durch eine große Kadenz der Solo-Violine in zwei Hauptabschnitte gegliedert. Der erste beginnt mit dem dunklen Klanggrund dreifach geteilter Kontrabässe, über dem zunächst die Flöte solistisch hervortritt. Dann greift piano die Solo-Violine ein. Ihrem kantablen Melos setzt Rosenfeld mehrfach aleatorische Bläsereinwürfe im Fortissimo entgegen. Andererseits koppelt er sie mit transparentem Bläserklang. Melos und Klang im konzertanten Gegeneinander von Solo und Orchester ist hier Grundprinzip der Gestaltung wie auch im zweiten Hauptteil des Werkes nach der Kadenz. In diesem Teil erhält der Solopart aktivere, energischere Züge, während das Orchester sich stärker in ruhigen Akkordfortschreitungen bewegt. Dann wird in großangelegter Steigerung das Zentrum des Werkes erreicht: Die Solo-Violine intoniert quasi rezitativo das Freudenthema aus Beethovens 9. Sinfonie, nur von der Kleinen Trommel sekundiert. In breiter, punktierter Bewegung setzen dann die Streicher Es-Dur-Klänge dagegen, die nicht zufällig an Wagners »Rheingold« erinnern. Die Solo-Violine bricht aber rasch aus diesem Es-Dur aus. Ihre energischen Passagen werden nun durch das Orchester von Anklängen an den Beginn des ersten Satzes der Beethovenschen 9. Sinfonie kontrapunktiert. Der hier betonte dialektische Wechsel von Zitat und neuer Durchdringung dieses musikalischen Materials ist am Ende des Konzertes zugespitzt auf den Gegensatz zwischen Solo und Orchester: Die Solo-Violine steigert ihr figuren- und doppelgriffreiches Spiel zum Fortissimo. Das Orchester verharrt auf einem auf *es* zentrierten Klang, der pianissimo verhallt.

Violoncellokonzert

Besetzung: Solo-Violoncello; 2 Flöten (2. auch Pikkolo), 2 Oboen, 2 Klarinetten, 3 Trompeten, 3 Posaunen, Pauken, Schlagzeug, Xylophon, Harfe, Streicher
Aufführungsdauer: 23 Minuten

Dieses Konzert entstand im Auftrag der Komischen Oper Berlin. Die 1967 entstandene erste Fassung unterzog der Komponist 1969 einer gründlichen Überarbeitung, in der der Solopart im wesentlichen erhalten blieb, Instrumentation und Formablauf aber beträchtlich verändert wurden. In der Neufassung erklang dieses Konzert zum ersten Male am 22. September 1969 mit dem Theaterorchester Stralsund unter Hans-Peter Richter und Josef Schwab als Solisten. Schwab hatte an der Gestaltung des Soloparts beratenden Anteil. Auch in diesem Konzert bestimmt das Prinzip sinfonischen Durchdringens von Orchester- und Solopart die Gestaltung.

Im *ersten Satz* (Allegro, ⁴/₄-Takt) des dreisätzigen Werkes wird ein klarer F-Dur-Akkord im Orchester allmählich harmonisch »verfremdet«. Ernst und herb in der Tonsprache, stellt Rosenfeld gegen diesen Prozeß die melodische Entwicklung einer Zwölftonreihe, die von chromatisch gleitenden Quintolen des Soloinstrumentes die drängende Bewegungsenergie erhält und zugleich in ihrer Substanz auf die Töne *b-a-c-h* als Zentrum zielt. Das *b-a-c-h*-Motiv, erstmals in Xylophon und Holzbläsern eindeutig intoniert, bildet die melodische Keimzelle des Satzes, aus der durch kunstvolle Veränderung und Entwicklung immer neue Energien gewonnen werden. Am Schluß steht eine großangelegte Kadenz des Soloinstrumentes, die in den *langsamen Satz* überleitet (Larghetto, ⁴/₄-Takt). Registerartig wechseln im Orchester Streicher und Bläser, während das Violoncello melodisch führt. Solo und Orchester streben einem dramatischen Klangausbruch zu, dem ein Decrescendo folgt, in das eine stark kontrastierende, wiederum dramatische Solokadenz eingebaut ist. Im *Finale* schließlich (Vivace, ³/₄-Takt) werden die energischen Akzente des ersten Satzes mit neuer Intensität aufgegriffen. Motivische Rückgriffe auf die vorhergehenden Sätze binden das ganze Werk zur dramaturgischen Einheit, die von starken dialektischen Spannungen lebt, wie sie der Satzschluß noch einmal mit Nachdruck hervorhebt: Melodielinien, unisono von Harfe, Soloinstrument und Flöte gespielt, werden von scharfen Orchesterschlägen »gebrochen«. Auch in diesem Satz ist dem Violoncello eine Solokadenz zugewiesen.

HJS

Gioacchino Rossini 1792—1868

Gioacchino Antonio Rossini, Sohn eines Stadttrompeters und Hornisten im Theater von Bologna und einer dilettierenden Sopranistin, kam am 2. Februar 1792 in Pesaro zur Welt. Bereits 1805 wirkte auch Gioacchino als Sänger und Cembalist an dem Theater von Bologna, obwohl er erst in dieser Zeit ersten systematischen Musikunterricht erhielt. Seine wichtigsten Kenntnisse zog er allerdings aus dem Studium der Werke Haydns und Mozarts. 1804 schon hatte Rossini »6 Sonate a quattro« für 1. und 2. Violine, Violoncello und Kontrabaß komponiert – keine Streichquartette im klassischen Sinne, sondern Divertimenti (die heute häufig in einer Bearbeitung für Streichorchester erklingen). Von 1806 bis 1810 studierte er am Liceo musicale in Bologna Gesang, Klavier, Violoncello, außerdem bei Padre Mattei Kontrapunkt. Mehrere Kompositionen entstanden, besonders Instrumentalwerke, darunter die Sinfonia in D-Dur, die im Melodischen den Einfluß Mozarts nicht leugnen kann und ganz im Geiste des 18. Jahrhunderts geschrieben ist, und die A-Dur-Sinfonia, die ihm später als Ouvertüre zu zwei Opern diente. Nach seinem Studium arbeitete er am Theater in Bologna und übernahm verschiedene Kompositionsaufträge.

Rossini hatte bereits vierzehn Opern komponiert, als der Impresario Domenico Barbaja mit ihm einen Vertrag schloß, der ihm auch die nötige Freiheit zum Komponieren gewährte. So entstand 1816 für Rom seine seither bekannteste und beliebteste Oper »Der Barbier von Sevilla«, die bald ihren Siegeszug durch ganz Europa antrat. Auch als Barbaja 1821 nach Wien ging, folgte ihm Rossini im April 1822. Seine Musik »elektrisierte« die Wiener, seine Melodien sang man auf allen Straßen. Als nächste Station erreichte Rossini über Paris London, wo er begeistert gefeiert wurde. Nach einem siebenmonatigen Aufenthalt kehrte er 1824 nach Frankreich zurück und übernahm die Leitung des Théâtre Italien; 1826, nachdem er diesen Posten aufgegeben hatte, wurde er zum »Premier compositeur du roi et inspecteur général du chant en France« ernannt, wodurch ihm ein Jahreseinkommen ohne bestimmte Verpflichtungen gesichert war. Mehrere seiner Opern arbeitete er nun für die französische Bühne um, bis schließlich 1829 seine erste und einzige ausdrücklich für die französische Bühne bestimmte Grand Opéra, »Guillaume Tell«, entstand. Obwohl ihn ein Zehnjahresvertrag zur Komposition von fünf Opern verpflichtete, blieb der »Tell« seine letzte Oper. In der Folgezeit entstand Kammermusik, Klaviermusik und Kirchenmusik, darunter ein Stabat mater (1832 bis 1842) und die Petite Messe solennelle (1864). 1836 ließ sich Rossini wieder in Bologna nieder und wirkte für die Reorganisation des Liceo musicale. Die politischen Unruhen vertrieben ihn schließlich nach Florenz. Dort lebte er bis 1855 und kehrte dann nach Paris zurück, wo er am 13. November 1868 starb.

Durch Rossini, der vor allem Opernkomponist war, beherrschte
der italienische Belcanto noch einmal ganz Europa. Rossinis melodisch betörende und dynamisch erregende Musik versetzte das Publikum in wahren Begeisterungstaumel. Heute werden von seinen
39 Opern nur noch der »Barbier« und seltener der »Tell« auf unseren Opernbühnen aufgeführt. Ihre Ouvertüren und die zu einigen
seiner anderen Opern sind außerdem des öfteren in den Konzertsälen zu hören.

> Sinfonia per orchestra D-Dur »Bologna« (1808); Sinfonia a
> più strumenti obbligati concertata E-Dur (1809); Sinfonia A-
> Dur »Odense« (?). – Variazioni in fa maggiore per più stru-
> menti obbligati con accompagnamento di orchestra (1809);
> Variazioni in do maggiore per clarinetto obbligato con accom-
> pagnamento di orchestra (1810). – Märsche und Fanfaren.

Ouvertüre zu »Die seidene Leiter«

Besetzung: Pikkoloflöte, Flöte, 2 Oboen, 2 Klarinetten, Fagott, 2 Hörner, Streicher
Aufführungsdauer: 7 Minuten

Rossinis einaktige Oper »La scala di seta« wurde im Mai 1812 in
Neapel uraufgeführt. Heute erklingt nur noch die Ouvertüre. Ungewöhnlich für damalige Begriffe beginnen die Violinen solo das
Stück mit einem herabstürzenden Lauf (Allegro vivace), im 3. Takt
unterstützt von den Bratschen, bis im 4. Takt ein Unisono aller Instrumente auf *c* (fortissimo) diesen Lauf bremst und den Andan-
tinoteil eröffnet, den lyrisch getragene Melodien der Holzbläser
und Hörner (ohne Streicherbegleitung) bestimmen. Den folgenden
Allegroteil (C-Dur, alla breve) eröffnen wiederum die Violinen
– pizzikato von den übrigen Streichern begleitet – mit dem munter hüpfenden, vorwärtsdrängenden ersten Thema; sie werden von
den Bläsern abgelöst und führen es schließlich mit diesen zu einer
glänzenden Steigerung bis zum Fortissimo. Die 1. Violinen leiten
danach allein zum zweiten, typisch Rossinischen Thema über,

in das sich Flöte und 1. Klarinette mit einem wiegenden Motiv und Oboen mit keck hüpfenden Terzen teilen. Ein zuerst von Simon Mayr verwendetes und dann auch für Rossini so charakteristisches Orchestercrescendo (das bei Beibehaltung eines Motivs durch nach und nach hinzutretende Instrumente erreicht wird) schließt den Teil ab. Lang ausgehaltenen Bläserakkorden folgt ein kurzes Spiel mit dem zweiten Thema, bevor die 1. Violinen zur folgenden Reprise der beiden Themen hinführen. Ein gewaltig anwachsendes Orchestercrescendo beendet sprühend die Ouvertüre.

Ouvertüre zu »Die diebische Elster«

> Besetzung: Pikkoloflöte, Flöte, 2 Oboen, 2 Klarinetten, 2 Fagotte, 4 Hörner, 2 Trompeten, Posaune, Pauken, Schlagzeug, Streicher
> Aufführungsdauer: 11 Minuten

Die Oper »La Gazza ladra« erlebte ihre Uraufführung am 31. Mai 1817 in Mailand. Während sie heute so gut wie vergessen ist, erfreut sich ihre Ouvertüre großer Beliebtheit. Drei Trommelwirbel eröffnen – ungewöhnlich für die damalige Zeit – den rhythmisch prägnanten Marsch (Maestoso marziale), der die langsame Einleitung der Ouvertüre darstellt. Trommelwirbel und eine vom dreifachen Piano bis zum Fortissimo gesteigerte Sechzehntelfigur der Violinen und vier Forteakkorde beenden die Einleitung. Den folgenden Allegroteil beginnen die Violinen und Bratschen mit einem zarten, heiteren Triolenthema,

das kurz von punktierten Fortissimoschlägen des gesamten Orchesters unterbrochen wird, sein duftiges Spiel aber fortsetzt und schließlich in einem großangelegten Crescendo durch die hinzutretenden Bläser eine geradezu kriegerische Steigerung erlebt. Getragene Bläserakkorde leiten pianissimo zum zweiten Thema über, das in seiner Erfindung besonders charakteristisch für Rossini ist: es setzt sich zusammen aus einem wiegenden Motiv der Bläser und einem keck hüpfenden Lauf der Streicher. Mit Motiven des Themas führt das Orchester wiederum ein geradezu übersprudelndes Crescendo durch, das in punktierten Rhythmen sich überschäumend austobt und im Pianissimo der Violinen endet, die zaghaft zur Reprise überleiten. Die Streicher beginnen nun gleich wieder mit dem munteren Spiel des ersten Themas, dem punktierte Fortissimoschläge des Orchesters ein Ende setzen; lang ausgehaltene Bläserakkorde führen zum zweiten Thema. Das Crescendo aus der Exposition gipfelt hier in einer übermütigen Stretta, die das Stück jubilierend beschließt.

Ouvertüre zu »Guillaume Tell«

Besetzung: Pikkoloflöte, Flöte, 2 Oboen (1. auch Englischhorn), 2 Klarinetten, 2 Fagotte, 4 Hörner, 2 Trompeten, 3 Posaunen, Pauken, Schlagzeug, Streicher
Aufführungsdauer: 12 Minuten

Rossinis letzte Oper – entstanden unter dem Eindruck der französischen Grand Opéra und Aubers »Stummer von Portici« – war 1829 zunächst mit mäßigem Erfolg, dann mit immer wachsendem Beifall aufgeführt worden. Heute erscheint sie seltener auf unseren Bühnen, dagegen erfreut sich die Ouvertüre besonderer Beliebtheit. Im Gegensatz zu Rossinis sonstigen Ouvertüren – die ohne weiteres austauschbar sind – ist diese eng mit der folgenden Handlung verbunden und nimmt ganz im Sinne der Potpourriouvertüre Themen und Höhepunkte der Oper vorweg.

Mit ihrem warmen Timbre und inniger Kantilene bestimmen 5 solistische Violoncelli – begleitet von Pizzikati der Kontrabässe – das lyrisch einleitende Andante. Im folgenden Allegroteil schildert Rossini zuerst ein Unwetter. Anfangs malen die 2. Violinen und Bratschen das Säuseln des Windes, begleitet von einzelnen fallenden Regentropfen (in den Holzbläsern). Immer heftiger beginnt dann der Sturm zu toben. Ein Gewitter bricht los, dargestellt durch chromatische Gänge, Schleiferfiguren und Tremoli. Schließlich verzieht es sich, und im folgenden Andante tritt die Sonne wieder hervor. Über einem zarten Klangteppich von ausgehaltenen Bläser- und gezupften Streicherakkorden erklingt im Englischhorn eine pastorale Alphornmelodie,

vom Vogelgesang in der Flöte umrankt. Trompetenfanfaren künden im abschließenden Allegro-vivace-Teil den Freiheitskampf der Schweizer an, der sich in einem rhythmisch prägnanten, zündenden Geschwindmarsch austobt und die Ouvertüre triumphal beendet.

RB

Heinz Röttger geb. 1909

Der Dirigent und Komponist Heinz Röttger wurde am 6. November 1909 in Herford (Westfalen) geboren. Er studierte 1928–1931 an der Akademie der Tonkunst zu München bei Hugo Röhr und Walter Courvoisier, 1930–1934 an der Münchner Universität bei Adolf Sandberger und Alfred Lorenz Musikwissenschaft und promovierte mit einer Arbeit über Formprobleme bei Richard Strauss. Seine Tätigkeit als Dirigent begann er in Augsburg, 1948 ging er als Musikdirektor nach Stralsund. 1951 wurde er als Generalmusikdirektor nach Rostock berufen, 1954 als musikalischer Oberleiter an das Landestheater Dessau, wo er sich vor allem als Wagner-Interpret Verdienste erwirbt. Röttger trat auch erfolgreich mit eigenen Opern (u. a. dem Einakter »Der Heiratsantrag« nach Tschechow, 1959) hervor. Sein Schaffen umfaßt weiter Arbeiten für das Tanztheater, Vokalmusik, Kammermusik, vor allem aber Orchestermusik und Konzerte. In den Kompositionen zeigt sich Röttgers Bemühen, Techniken des 20. Jahrhunderts (vor allem die Dodekaphonie) mit lebendiger Rhythmik und klaren Formabläufen zu verbinden und so individuell zu nutzen. Die Vorliebe für spröde klangliche Wirkungen in früheren Werken ist dabei zunehmend einer Bevorzugung ausgeprägt melodischer Verläufe gewichen.

Sinfonisches Vorspiel (1937); Sinfonie in gis (1943); Orchestrale Aphorismen (1952); Inventionen für Orchester (1958); Dessauer Sinfonie (1965; neue Fassung 1967); Sinfonietta per archi (1968). – 2 Violinkonzerte (1942, 1968); Klavierkonzert (1950); Violoncellokonzert (1962); Kontrabaßkonzert (1966); Konzert für Bratsche, Kontrabaß und Streicher (1967).

Dessauer Sinfonie

> Besetzung: 2 Flöten (2. auch Pikkolo), 2 Oboen (2. auch Englischhorn), 2 Klarinetten (2. auch Baßklarinette), 2 Fagotte, (2. auch Kontrafagott), 3 Hörner, 3 Trompeten, 3 Posaunen, Tuba, Pauken, Schlagzeug, Vibraphon, Celesta, Harfe, Streicher
> Aufführungsdauer: 25 Minuten

Das 1965 komponierte Werk ist dem zweihundertjährigen Bestehen des Theaterorchesters Dessau 1966 gewidmet und wurde von ihm im gleichen Jahre unter der Leitung des Komponisten zur Uraufführung gebracht. Danach nahm Röttger eine weitgehende Umarbeitung des dritten Satzes vor. In der neuen Fassung erklang die Sinfonie am 14. Dezember 1967 in einer Aufführung durch das Magdeburger Theaterorchester unter Wilhelm Hübner zum ersten Male.

Das Werk ist dreisätzig. Im *ersten Satz* (Allegro, ⁴/₄-Takt) tritt das energische, rhythmisch gespannte, alle zwölf Töne nutzende Hauptthema bestimmend hervor. Charakteristisch ist der nachdrücklich betonte Tritonussprung am Beginn. Sogleich am Satzanfang stellen die Streicher dieses Thema unisono vor:

In kunstvoller kontrapunktischer Arbeit wird es anschließend entwickelt und verändert. Gegen den kraftvollen Impetus dieses Teiles ist ein zart instrumentierter, lyrischer Andanteteil gestellt. Celesta, Harfe und Vibraphon geben ihm das klangliche Kolorit. Flöte und Streicher treten mit weitgeschwungenen Kantilenen hervor. Über leisen Paukenschlägen stimmt das 1. Fagott dann eine Variante des Hauptthemas an: Das Hauptzeitmaß (Allegro) ist wieder erreicht und führt in die virtuose Stretta.

Nachdenkliche, wehmütige Stimmungen beherrschen den *zweiten Satz* (Andante, ⁴/₄-Takt). Violinen und Bratschen intonieren eine nachdenklich aufstrebende, einprägsame Weise,

die in Varianten von Klarinette und Englischhorn weitergeführt wird. Im Mittelteil steht ein freundliches »Wiegenlied«, von Harfe, Celesta, Vibraphon und Baßpizzikati klanglich grundiert, von den Holzbläsern melodisch geführt. Auch hier beschließt der Rückgriff auf den Beginn den Satz: Das variierte Eingangsthema erklingt zunächst in den tiefen Holzbläsern und Streichern und wird dann kanonisch verarbeitet.

Das *Finale* (Molto vivace, 2/2-Takt) hat tänzerische Züge. Aus eingangs von Trompete, Pikkoloflöte und Klarinette intonierten kurzen Melodiefloskeln werden in aparter Instrumentation tänzerisch betonte melodische Abschnitte entwickelt, die kunstvolle Verarbeitung (Umkehrung, Gegenbewegung usw.) erfahren. Im Verlaufe des Satzes kommt es zu Tempobeschleunigung, gleichzeitig nimmt der orchestrale Aufwand stetig zu, so daß am Schluß ein ebenso wirkungsvoller wie dramaturgisch überzeugend vorbereiteter Höhepunkt des ganzen Werkes erreicht wird. HJS

Albert Roussel 1869—1937

Albert Charles Paul Marie Roussel wurde am 5. April 1869 in Tourcoing (Département du Nord) geboren. Noch als Kind verlor er beide Eltern; um seine Erziehung kümmerten sich Verwandte. Auf eigenen Wunsch besuchte der Fünfzehnjährige, aufgewachsen in der Nähe der Küste, das Pariser Institut für Marinekadetten, das er 1887 mit höchstem Lob absolvierte. Anschließend fuhr er im Geschwader zur See, auf verschiedenen Routen bis in den Indischen Ozean. Als Fähnrich gelangte er 1893 auch nach dem Fernen Osten. Hatte er bei diesen Schiffsreisen an einem alten Klavier schon die ersten Kompositionsversuche unternommen, so reifte der Entschluß, zur Musik überzuwechseln, vollends, als Roussel bei einem Landurlaub in Kontakt mit dem Direktor des Konservatoriums zu Roubaix kam, wohin seine Familie inzwischen umgezogen war.

Julien Koszul wurde sein erster Lehrer (Harmonielehre); er empfahl ihn weiter an den namhaften Pariser Organisten und Saint-Saëns-Schüler Eugène Gigout (Theorie und Kontrapunkt).
Die ersten gültigen Kompositionen Roussels sind Vokalschöpfungen (darunter Madrigale im Geist der Renaissance); sie bezeugen die Ernsthaftigkeit seiner Arbeiten und brachten ihm bereits breite Anerkennung.
1896 wurde Roussel Student der Schola cantorum und hörte die Kurse des Direktors, Vincent d'Indy, in Musikgeschichte und Instrumentation. Nach seinem endgültigen Abschied von der Marine erhielt er 1902 an dieser Institution eine Professur für Kontrapunkt. Frühe Orchesterwerke entstehen, so »Résurrection« op. 4 (später vom Komponisten vernichtet) nach Tolstois »Auferstehung« und »Soir d'été«, der dann mit drei weiteren Sinfonischen Bildern jener Zeit, »Renouveau«, »Forêt d'hiver« und »Faunes et Dryades«, zur 1. Sinfonie zusammengefaßt erscheint.
1909 setzte Roussel, diesmal als Privatreisender, seine Orientstudien fort. Der mehrmonatige Aufenthalt in Indien und Kambodscha bewirkte eine starke Vorliebe für hinduistisches Gedankengut. Hier reifte der Plan, eine indische Ballettoper zu schaffen. In diesem Zusammenhang entstanden auch seine »Evocations« (Beschwörungen), ein mystisch-exotisches Triptychon für Soli, Chor und Orchester. Angeregt durch die damalige Mode, gesellschaftliche Erscheinung auf das Tierreich zu projizieren, schreibt der Komponist das Ballett »Le festin de l'araignée«, dem er seine Berühmtheit verdankt.
In einer autobiographischen Skizze teilt Roussel sein Schaffen in drei Abschnitte. Danach ist 1913 eine erste Periode abgeschlossen; ihre Werke verraten deutlichen Debussy-Einfluß, ebenso aber sind sie noch geprägt von der soliden Kontrapunktik d'Indys und dessen Vorliebe für Programmusik. Den »impressionistischen« Einschlag betont der Schöpfer selbst besonders in der 1. Sinfonie, den »Evocations« und im »Festmahl«. Der erste Weltkrieg ließ Roussel seine kompositorische Arbeit vorübergehend unterbrechen. Obwohl truppenuntauglich, half er aufopferungsvoll beim Roten Kreuz mit. So werden schon früher konzipierte Werke erst nach Kriegsende realisiert. »Padmâvatî«, ein Opernballett nach hinduistischen Motiven, von dem auch zwei Orchestersuiten existieren, leitet nach Roussel eine Übergangsperiode ein, für welche noch die Sinfonische Dichtung »Pour une fête de printemps« und die 2. Sinfonie B-Dur repräsentativ sind. Schwelgte »Padmâvatî« noch

in klanglicher Exotik, ist die Tonsprache der letztgenannten Werke ungleich herber und vom Einfluß Debussys frei geworden. »Meine Musik war zu sehr äußeren Mitteln verpflichtet, pittoresken Manieren, die – wie ich später sah – ihr einen Teil ihrer spezifischen Wahrheit nahmen. So entschloß ich mich, den harmonischen Raum zu erweitern...« Gleichzeitig wandte sich der Komponist von der bisher gepflegten Programmusik ab und entzog sich so auch dem Einfluß d'Indys. »Ich strebe danach, in meinem Denken jegliche Erinnerungen an Gegenstände und Formen auszulöschen, die den Verdacht erwecken könnten, in musikalische Effekte verwandelt zu werden. Ich will nichts weiter als Musik machen.« Das bedeutet freilich kein Leugnen des musikalischen Ausdrucks, der Fähigkeit der Musik, Gefühle und Leidenschaften wiederzugeben.

So hat Roussel in jener Übergangsphase von mystischer Exotik zu neuer Klarheit und einer gewissen Sachlichkeit gefunden, die sich damals als allgemeine Reaktion auf die Überlastung der musikalischen Expressivität seit Wagner durchsetzte. In der dritten Periode, die 1926 mit der Suite in F einsetzt, schreibt Roussel seinen völlig eigenen, fremder Reminiszenzen baren Stil. Neben der hier innigen, träumerischen, da temperamentvollen, tänzerischen Unmittelbarkeit, die aus dem flandrischen Naturell des Künstlers herrühren mag, berührt uns der Zauber der leicht verhangenen, gemäßigten »clarté« des Franzosen. So kann auch Roussels Rhythmus einmal brutal motorisch, ostinat hämmern, dann wieder unaufhörlich wogen oder in atmosphärisch anmutender scheinbarer Regellosigkeit und Verästelung jedem Taktschema trotzen. Hier stehen gerundete Themen sanglicher Natur, dort sind es aphoristische, eckige Motive, die geradezu abgerissen wirken und fast an Prokofjew erinnern. Oder Roussels Bässe bohren sich als gewaltige Orgelpunkte in den Grund, dann aber scheinen sie direkt schwerelos, weil die anderen Stimmen gleichberechtigt sind und ihnen jedes harmonische Vorrecht entzogen wurde. Und dann wieder entfaltet sich der homogene, ebenmäßige Klang der Renaissancechöre. Als Hauptwerke kennzeichnen jene Spätphase noch das Klavierkonzert, der LXXX. Psalm, die 3. Sinfonie, die zu einem weiteren Schaffenshöhepunkt werden sollte, sowie die Sinfonietta op. 52.

Nach Aufgabe seines Lehramtes an der Schola cantorum 1914 hat Roussel keinen regulären Unterricht mehr erteilt. Beratend stand er in der Folgezeit aber vielen Komponisten auch des Auslands zur Seite. Als Schüler können sich auf ihn u. a. Roland-Manuel, Erik Satie und Bohuslav Martinů berufen.

Von 1922 an entstanden fast alle weiteren Werke in der ländlichen, vom Zauber der Natur umhüllten Atmosphäre von Varengeville. Thematisch wirken noch die heidnisch-antiken und orientalischen Sujets der früheren Perioden weiter: das lyrische Märchen »La naissance de la lyre« (Die Geburt der Lyra) nach Sophokles (1925), Lieder auf chinesische Gedichte (1917, 1927 und 1932), die Ballette »Bacchus et Ariane« (1930), von dem zwei wirkungsvolle Suiten vorliegen, und »Aeneas« op. 54. Neu sind die patriotischen Inhalte, wie sie etwa aus dem Präludium zum »14. Juli« von Romain Rolland (geschrieben auf das Jubiläum des Bastille-Sturmes) von 1936 oder einer Flämischen Rhapsodie op. 56 sprechen.

Von den Landsleuten geehrt – die Feier seines sechzigsten Geburtstages gestaltete sich als »Roussel-Fest« zu einem nationalen Ereignis –, wirkte er mit im Vorsitz des französischen Volksmusikverbandes, der Arbeiterchöre und Laienorchester anleitet.

Heiter, wie die Sonne über seinem Land, wie die Sprache seiner Musik, endete Roussels Weg: die einzige Operette »Le testament de la tante Caroline« (1933) erlebte im Todesjahr des Komponisten ihre Pariser Erstaufführung. Am 23. August 1937 starb Albert Roussel in Royan; beigesetzt wurde er an der Küste von Varengeville – ein antikisierter Sarkophag steht dort auf einer Anhöhe, die den Blick über die Weite des Meeres freigibt.

4 Sinfonien: Nr. 1 op. 7 »Le poème de la forêt« (1906), Nr. 2 B-Dur op. 23 (1921), Nr. 3 g-Moll op. 42 (1930), Nr. 4 A-Dur op. 53 (1934); Sinfonietta für Streichorchester op. 52 (1934). – 8 Suiten: Sinfonische Suite aus der Ballettpantomime »Le festin de l'araignée« op. 17 (1912); 1. und 2. Suite aus dem Ballett »Padmâvati« (1918); Suite in F op. 33 (1926); Petite Suite op. 39 (1929); Suite für Flöte, Streicher und Pauken (aus dem Opernfragment »Le Téméraire«, 1937); 1. und 2. Suite aus dem Ballett »Bacchus et Ariane« op. 43 (1930). – 3 Sinfonische Dichtungen: »Résurrection«. Sinfonisches Präludium nach Tolstoi op. 4 (1903); »Pour une fête de printemps« op. 22 (1920); »Rapsodie flamande« op. 56 (1936). – »Sarabande de l'éventail de Jeanne« (1927); Präludium zum 2. Akt des Dramas »Der 14. Juli« von R. Rolland für Militärorchester (1936).

Konzert für kleines Orchester op. 34 (1927); Klavierkonzert G-Dur op. 36 (1927); Concertino für Violoncello und Orchester op. 57 (1936).

1. Sinfonie »Le poème de la forêt« op. 7

Besetzung: 3 Flöten, 3 Oboen, 2 Klarinetten, 2 Fagotte, 4 Hörner, 2 Trompeten, 3 Posaunen, Tuba, Pauken, 2 Harfen, Streicher
Aufführungsdauer: 36 Minuten

Das zwischen 1904 und 1906 entstandene »Lied vom Wald« ließ Roussel als erste Orchesterkomposition gelten – zwei frühere Partituren hat er noch kurz vor seinem Tode vernichtet. Als erster Satz wurde 1904 der dritte Satz, »Sommerabend«, beendet, seine Uraufführung leitete im gleichen Jahr Alfred Cortot. Die Aufführung zwischen Werken von Mozart, Liszt und Franck bedeutete für den achtunddreißigjährigen Künstler den entscheidenden Vorstoß in das hauptstädtische Musikleben. Die Uraufführung des gesamten Werkes fand 1908 in Brüssel statt, im Jahr darauf hörten es die Pariser unter d'Indy.

Die Konzeption der Sinfonie erinnert formal an Haydns »Jahreszeiten«, inhaltlich an die 6. Sinfonie von Beethoven: Schon in seiner ersten Stilperiode hütete sich Roussel vor äußerlicher Illustration und strebte »mehr Empfindung als Malerei« an. Deshalb konnte er auch ungezwungen dem üblichen Aufbau des sinfonischen Zyklus folgen.

Der *erste Satz*, »Forêt d'hiver« (Winterwald), fängt die weiße Trostlosigkeit und die drängende Sehnsucht nach Licht und Wärme ein: Anfangs erheben sich über liegenden Akkorden einsam und zaghaft die Stimmen der Holzbläser, später scheinen frostige Stürme durch die klirrenden Wipfel zu fahren. Einer Vision gleich taucht ein frühlingshafter Gedanke auf. Er baut die Brücke zum *zweiten Satz*, »Renouveau« (Der Lenz). In sanfter Bewegung wiegt sich die wiedererwachende Natur, Vogelrufe mischen sich ein – eine brünstige, drängende Kantilene in satter Mittellage symbolisiert das Aufkeimen sinnlichen Begehrens. Das folgende *Andante*, »Soir d'été« (Sommerabend), verharrt demgegenüber großenteils in wohliger Erschlaffung, stimmungsverwandt dem berühmten »Prélude à l'après-midi ...« Debussys. Die faszinierenden impressionistischen Finessen, die Effekte von Luft, Licht und Raum bezeugen den Klangzauberer der ersten Stilperiode. Roussels Vorstellungen empfangen aus dem wunderbaren Reichtum der Natur immer neue Anregungen: »Teppiche aus blutroten, altrosa, goldgelben mit grün vermischten und orangenen Farbtönen ... Wie herrlich und abwechslungsreich ist doch die Natur.« Das *Finale*, »Fau-

nes et Dryades« (Faune und Dryaden), soll ein ausgelassenes, lebhaftes Treiben ohne gewichtige Assoziationen vorführen. Einzig die Reminiszenz an den langsamen Kopfsatz wirkt eindunkelnd und zur Reflexion auffordernd: Der Kreislauf der Natur ist geschlossen. Die Vorboten des Winters lassen sich vernehmen.
Für den Komponisten war die Natur schaffensnotwendiges Milieu und Quelle der Inspiration. So sind in der 1. Sinfonie auch unschwer tonmalerische Elemente zu entdecken. Aussagekraft hat aber doch der überhöhte, verallgemeinerte Gleichnischarakter dieser Musik, die Werden und Vergehen im ewigen Wechsel zeichnet.

3. Sinfonie g-Moll op. 42

Besetzung: Pikkoloflöte (auch 3. Flöte), 2 Flöten (2. auch Pikkolo), 2 Oboen, Englischhorn, 2 Klarinetten, Baßklarinette, 2 Fagotte, Kontrafagott, 4 Hörner, 4 Trompeten, 3 Posaunen, Tuba, Celesta, 2 Harfen, Streicher
Aufführungsdauer: 25 Minuten

Für die Fünfzigjahrfeier des Bostoner Symphony Orchestra bestellte dessen Chef Sergei Kussewizki bei mehreren Komponisten Jubiläumssinfonien. Honegger schrieb die »Symphony en Ut«, Strawinsky die Psalmensinfonie und Roussel 1929/30 seine »Dritte«. Ihre Uraufführung erlebte sie 1930 in Boston. In Paris wurde sie erstmals 1931 gespielt. Der Sechzigjährige hat hier seinen endgültigen Stil gefunden. Nicht länger dominieren klangsinnliche, farbenprächtige Effekte oder Psychologismen; er verzichtet jetzt auch auf außermusikalische Programme. Roussel will mit seiner Musik einfach die Freude am Leben, das Ja zum Menschen – Kraft, Willen und Schönheit – erklingen lassen. Die vier Sätze schließt ein fünftöniges Leitmotiv zusammen:

Der *erste Satz* (Allegro vivo, g-Moll, 3/4-Takt) bringt diesen Kerngedanken im Höhepunkt der Durchführung und läßt ihn zweimal außerordentlich markant hereinbrechen; dadurch gewinnt der willensbetonte Charakter des Hauptthemas im Verlauf des Satzes das

Übergewicht. Jenes erste Thema erhebt sich auf einem lebhaft rhythmisierten Hintergrund; entschlossen und tatkräftig wirken die großräumigen Sprünge, die auffällige Synkopierung und die dissonante Harmonik:

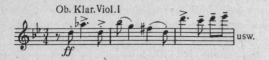

In der Durparallele steht das weiche, die Stimmung ergänzende Seitenthema. Wiederum überraschen der lichte Intervallaufbau (Quartreihen) und die wellenförmige Melodik.
Zu Beginn des *zweiten Satzes* (Adagio molto / Più mosso / Adagio molto, Es-Dur, ⁴/₄-Takt) erklingt das Leitmotiv mit völlig neuem Ausdruck und leicht verändert:

Die Außenteile des Adagio gehören zu Roussels bedeutendsten lyrischen Äußerungen der Spätzeit. Seltsam erscheint die Mittelepisode. Den Sologesang der Violine unterbricht, beginnend in den Flöten, ein Fugenthema in Sechzehnteln (»deciso« = entschieden), das bald alle Instrumentengruppen erfaßt und in einer orgiastischen Steigerung zum Wogen des ganzen Orchesters unter stetem Hämmern der Großen Trommel und der Pauken führt: der passiv-betrachtenden Stimmung des Adagio werden Aktivität und Tatenfreude entgegengesetzt. Nach Wiederkehr des ersten Teils schließt »dolce espressivo« das von der Solo-Violine vorgetragene Leitmotiv den Satz ab.
Beim folgenden *Scherzo* (Vivace, D-Dur, ³/₈-Takt) verwundert die skurrile Melodieführung.

Im Fortissimo der Streicher bringt sich, zwar verkürzt, aber mit seinem ursprünglichen energischen Ausdruck, das Leitmotiv in Erinnerung.

Das Trio wird von einem zierlichen Walzerthema bestritten.

Zu früh fast bricht wieder das anfängliche Ungestüm herein, dessen Wildheit sich erst gegen Schluß gespenstisch verflüchtigt.
In ähnlich luftig transparenter Wirkung schließt sich mit solistischem Holzbläserensemble das rasche *Rondo-Finale* an (Allegro con spirito, G-Dur, 4/4-Takt).

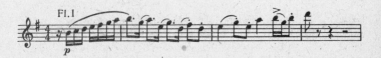

Ein überraschender Andanteeinschub gegen Satzende wird eingeleitet durch das Leitmotiv in seiner lyrischen Gestalt (Solo-Violine). Doch wieder schäumt der ausgelassene Rhythmus über, und strahlend, siegreich erklingt nach rauschendem Anlauf der Holzbläser und Streicher, auf federndem Sechzehntelgrund der Trompeten (4 Takte vor Schluß) das Viertonmotiv, jetzt »entspannt« (rhythmisch geglättet), hell und licht:

Sinfonische Suite »Le festin de l'araignée« op. 17

Besetzung: 2 Flöten (2. auch Pikkolo), 2 Oboen (2. auch Englischhorn), 2 Klarinetten, 2 Fagotte, 2 Hörner, 2 Trompeten, Pauken, Schlagzeug, Harfe, Celesta, Streicher
Aufführungsdauer: 16 Minuten

Als Roussel für Jacques Rouché, eine der führenden Persönlichkeiten des Pariser und französischen Musiklebens, das Libretto Gilbert de Voisins für ein Tierballett vertonte, entsprach diese Themenstellung einer modischen Zeiterscheinung: man las Maeterlincks »Leben der Bienen«, man fand Gefallen an der Allegorik der Tierwelt für menschliche und gesellschaftliche Erscheinungen. Komponiert im Winter 1912, wurde das *Festmahl der Spinne* 1913 mit großem Erfolg im Théâtre des Arts uraufgeführt, 1922 schließt sich die Opéra Comique an.

Die fünfteilige Suite folgt nicht dem Ablauf der Handlung, sondern vereint die wichtigsten musikalisch-thematischen Abschnitte. Das *Prélude* soll uns in das natürliche Milieu der handelnden »Personen« jener Ballettpantomime einführen. Es malt den Zauber des scheinbar reglosen, heiter ruhenden Gartens. Man glaubt den Duft der Blüten einzuatmen, wenn die wiegende, schwebende Flötenkantilene einsetzt:

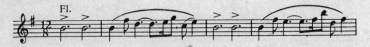

Eine seltsam beklemmende Mischung aus trippelndem Gnomenaufzug und drohendem militärischem Parademarsch stellt der *Auftritt der Ameisen* vor: In staunenswerter Disziplin defilieren die Insektenregimenter am Hörer vorbei. Unheilvolle Akkorde lassen das Grausam-Unerbittliche im Daseinskampf der Tierwelt nicht vergessen.

Dann setzt der freude- und lichttrunkene *Tanz des Schmetterlings* ein, dessen Übermut schließlich im Spinnennetz endet. Zuletzt lernen wir die *Eintagsfliege* kennen. Ihre Geburt wird mit mysteriösen Klängen untermalt; dann schwingt sich das Tierchen zu sorglosem Reigen auf, denn sein kurzes Leben will es ungetrübt genießen. So fällt dieser Walzer denn auch ein wenig überspannt, fiebrig aus.

Es naht das Unvermeidliche: Die Fliege hat ihre Kräfte verbraucht, sie bricht zusammen. Ihr zu Ehren und Gedenken erklingt ein *Trauermarsch*, in dem das einst so beschwingte Thema als bewegende Klage zu Herzen geht.

Die Suite wurde schon bald ein internationaler Erfolg: Mit Debussys »Prélude à l'après-midi ...«, Dukas' »Zauberlehrling« und Ravels »Boléro« hat sie ihren Siegeszug um die Welt angetreten und größere Wirkung und Lebensfähigkeit bewiesen als das Ballett selbst.

CR

Hans Wolfgang Sachse geb. 1899

Sachse wurde am 17. März 1899 in Dresden geboren. Er studierte 1919-1921 am Leipziger Konservatorium bei Paul Graeser, Stephan Krehl und Otto Lohse. Daneben hörte er an der Leipziger Universität Musikwissenschaft (Hugo Riemann, Arnold Schering, Hermann Abert), Philosophie und Germanistik. 1921-1927 arbeitete er als Theaterkapellmeister in Plauen und Bad Elster. Seitdem wirkt er freischaffend als Komponist, Dirigent, Chorleiter und Musikerzieher.

Kompositorisch widmet sich Sachse vorwiegend der Sinfonik und der unterhaltenden Musik. Er hat sich große Verdienste um die Förderung des Laienmusizierens erworben. Die Arbeit für Laienchöre und Arbeitersinfonieorchester hat seine der Tradition verpflichtete Tonsprache stark beeinflußt.

Orchestervariationen über ein Baßthema von Claude Debussy op. 17 (1931); Kleine Abendmusik für Streichorchester op. 25 (1935) und op. 30 (1938); Musica giocosa op. 37 (1950); Suite in vier Sätzen op. 39 (1951); Heitere Festmusik über ein Thema von C. F. Zelter op. 43 (1952); Sinfonischer Marsch op. 45 (1953); Vogtland-Suite op. 46 (1953); Lyrische Suite op. 48 (1955); Tanzfantasie op. 51 (1956); Sechs Bagatellen op. 53 (1957); Lustspielouvertüre op. 54 (1957); Leineweber-Variationen op. 55 (1958); Vier Tanzepisoden op. 56 (1958); Sinfonie op. 57 (1958); Suite »Rund um den Marktplatz« op. 62 (1959); Suite »Im Kaufhaus« op. 65 (1959); Sinfonische Variationen op. 67 (1960); Sinfonia serena op. 70 (1961); Festliche Musik op. 73 (1963); Musica montana. Orchestervariationen über alte Bergmannsweisen op. 74 (1963); Vorspiel »Festtag des Sieges« op. 78 (1964). – Trompetenkonzert op. 50 (1956); Heiteres Spiel um vier alte Weisen für Klavier und Orchester op. 59 (1958); Klavierkonzert op. 72 (1963).

Sechs Bagatellen für Orchester op. 53

> Besetzung: 2 Flöten, 2 Oboen (2. auch Englischhorn), 2 Klarinetten, 2 Fagotte, 3 Hörner, 3 Trompeten, 3 Posaunen, 3 Pauken, Schlagzeug, Streicher
> Aufführungsdauer: 15 Minuten

Ein kleiner, schwungvoller *Marsch* (Alla marcia, D-Dur, ⁴/₄-Takt) steht am Beginn dieser reizvollen, unterhaltenden Bagatellen aus dem Jahre 1957. Die Klarinetten eröffnen das tänzerische Trio (G-Dur), in dem Holzbläser und 1. Horn melodieführend hervortreten. Der zweite Satz (Andante grazioso, G-Dur) ist *Burleske* überschrieben. Taktwechsel geben ihm das Gepräge. Muntere Weisen der Holzbläser dominieren. An dritter Stelle folgt ein *Tanz* (Allegro, C-Dur, ²/₄-Takt). Er wird bestimmt von einem temperamentvoll dahinwirbelnden Gedanken, der den ganzen Satz beherrscht.

Das anschließende *Intermezzo* (Allegretto, F-Dur, ²/₄-Takt) eröffnen die Holzbläser über liegendem Baßton von Horn und Fagott mit an Brahms gemahnendem polyphon verflochtenem Melos. Streicher und Holzbläser rücken den Mittelteil in kräftig helles D-Dur. Im *fünften Satz* (Andante cantabile, B-Dur, ³/₄-Takt) singen die Streicher eine innige »Kanzonetta«. Die Bläser schweigen. Als *Finale* erscheint ein »Paso doble« (Con fuoco, D-Dur, ³/₄-Takt), schwungvoll und delikat instrumentiert. HJS

Harald Sæverud geb. 1897

Harald Sigurd Johan Sæverud, Sohn eines Kaufmanns, Enkel bäuerlicher Vorfahren, wurde am 17. April 1897 in Bergen geboren. Der hochmusikalische, sensible und phantasiebegabte Knabe, der zu Norwegens bedeutendstem Sinfoniker heranwachsen sollte, erhielt in der Heimatstadt Klavier- und Theorieunterricht, begann frühzeitig zu komponieren (er war fünfzehn, als sein Orchesterstück »Huldredans« aufgeführt wurde) und bildete sich als Komponist vornehmlich autodidaktisch aus. Stipendien ermöglichten ihm Studienreisen nach Berlin und Paris. Mit seinem kompositorischen Schaffen, welches nach gärenden, z. T. noch von der Spätromantik beeinflußten Anfängen sich von der funktional gebundenen Harmonik löste und eine zunehmend individuelle Ausprägung erfuhr (charakteristische Variations- und Ostinatotechnik), erschien er seinen Landsleuten zunächst als querköpfiger Avantgardist und Modernist – nicht sogleich wurde deutlich, wie tief seine Musik im norwegischen Volkstum verwurzelt ist. Nur allmählich vermochte er sich durchzusetzen; er wirkte hauptsächlich als Klavierpädagoge, bis er, durch Heirat materiell unabhängig geworden, Ende der dreißiger Jahre sein Anwesen Siljustøl beziehen konnte, wo er seither ganz seinem Schaffen lebt. Seit 1953 bezieht er eine staatliche Künstlergage.

Harald Sæverud sieht im Musikschaffen »jenen Zweig der Kultur, der am meisten von Natur, Volkscharakter, Milieu und Tradition abhängig ist«, und er steht damit heute im erklärten Gegensatz zu Vertretern der jungen, großenteils international orientierten Komponistengeneration Norwegens. Allerdings schließt seine humanistische Grundhaltung engstirnigen Nationalismus aus, und auch nostalgische Reminiszenzen einer verspäteten, ästhetisch rückwärtsgewandten Nationalromantik würde man bei ihm vergeblich suchen. Doch ist seine bis zum Bizarren eigentümliche musikalische Diktion mit ihrer absichtsvollen Monotonie, ihrer meist diatonischen, oft formelhaften Motivik und ihrer kantigen Rhythmik – arktisch schroff, aber auch zarte Lyrismen einschließend – von Intonationen der heimatlichen, westnorwegischen Spielmannsmusik geprägt, und sie kann im weiteren Sinne als Spiegel der kargen, steilen Natur Norwegens und der in ihr lebenden, arbeitenden, kämpfenden Menschen verstanden werden. Übrigens hat Sæverud – darin Sibelius ähnlich – niemals ethnographisches Material verarbeitet. »Meine Volksweisen mache ich selbst«, pflegt er zu sagen.

Außer Klavierkompositionen hat er fast ausschließlich Orchesterwerke geschaffen (Vokalmusik fehlt ganz), in diesem begrenzten Bereich allerdings Mannigfaltigkeit erreicht. Von seinen Schauspielmusiken ist vor allem diejenige zu Henrik Rytters neunorwegischer Übersetzung von Ibsens »Peer Gynt« (1946) berühmt geworden. Sie ist weit mehr als die Griegsche Komposition den praktischen Erfordernissen der Szene angepaßt und weist ein unromantisch herbes, von Tanzrhythmen und Volksliedintonationen hergeleitetes Gepräge auf. Suiten daraus wurden auch im Konzertsaal heimisch.

9 Sinfonien: Nr. 1 g-Moll op. 2 a, b »Eine Sinfonie in zwei Dichtungen« (1916, 1920); Nr. 2 c-Moll op. 4 (1922; revidiert 1934); Nr. 3 b-Moll op. 5 (1926); Nr. 4 op. 11 (1937); Nr. 5 op. 16 »Quasi una fantasia« (1941); Nr. 6 op. 19 »Sinfonia dolorosa« (1942); Nr. 7 op. 27 »Salme« (1945); Nr. 8 op. 40 »Minnesota

Symphony« (1958); Nr. 9 op. 45 (1966). − Cinquanta variationi piccola op. 8 (1931); Canto ostinato op. 9 (1934); Lucretia-Suite op. 10 (1936; nach Shakespeare); Rondo amoroso op. 14 Nr. 7 (1940); Gjetlevise-Variationen op. 15 (1941); Siljuslåtten op. 17 a (1942); Galdreslåtten op. 20 (1942); Kjempeviseslåtten op. 22 a Nr. 5 (1945); Peer-Gynt-Suiten Nr. 1 und 2 op. 28 I/II (1948 , 1964); Vade mors op. 38 (1955/56); Allegria (Sinfonia concertante) op. 39 (1957); Entrata regale op. 41 (1960); Suite aus dem Ballett »Ritter Blaubarts Alp« op. 42 (1960); Marcia Solenne op. 46 (1967). − Oboenkonzert op. 12 (1938); Klavierkonzert op. 31 (1950); Violinkonzert op. 37 (1956); Fagottkonzert op. 44 (1964).

Sinfonia dolorosa (Sinfonie Nr. 6) op. 19

Besetzung: 3 Flöten (auch Pikkolo), 2 Oboen, 2 Klarinetten, 2 Fagotte (auch Kontrafagott), 4 Hörner, 3 Trompeten, 3 Posaunen, Tuba, Pauken, Schlagzeug, Harfe, Streicher
Aufführungsdauer: 14 Minuten

Von seinem gesamten Habitus und Werdegang schien Sæverud zu einem Träumer, skurrilen Phantasten und Individualisten prädestiniert, von dem nicht unbedingt kämpferisches politisches Engagement zu erwarten stand. Die starke soziale Komponente seines Schaffensimpulses trat indes hervor und wurde dominierend, als die faschistischen Truppen 1940 Norwegen überfallen hatten und der Komponist sich und sein Werk dem Befreiungskampf gegen die Eindringlinge verschrieb. Seine Kunst wurde zur Waffe: »Ich fühlte, daß meine Arbeit zu einem persönlichen Krieg bis aufs Messer mit Deutschland werden mußte ...«, und es entstand eine Reihe von Werken, die zu den großartigsten Beispielen realistischer kämpferischer Musik gehören.

1940/41 komponierte Sæverud seine 5. Sinfonie, die »Sinfonie der Widerstandsbewegung«. Die im folgenden Jahr geschaffene einsätzige Sinfonia dolorosa ist dem Andenken eines im Widerstandskampf gefallenen Freundes gewidmet. Sie besitzt gegenüber der 5. die Vorzüge größerer Konzentration des Materials und formaler Geschlossenheit. Die musikalische Diktion ist von größter Klarheit und mitunter von geradezu plakativer Direktheit der Aussage. Man spürt, daß der Komponist Volksmassen erreichen und mit seiner Musik aktivieren will. Das spricht sich bereits in dem lapidaren Hauptthema aus, welches nach einem zweitaktigen Bläser-Vorhang in den Streichern einsetzt:

Ein schmerzvoll bewegter Gedanke folgt, aus einem prägnanten Motiv entwickelt. Danach wirkt die »Kommentierung« eines weiteren klagenden Streichergedankens durch ein machtvolles Blechbläsermotiv wie eine erste Mahnung zur Selbstbesinnung und Aktivität. Aus der vielfältigen Variierung und Verknüpfung dieses und anderen Motivmaterials erwächst eine Musik gebändigten Schmerzes, tränenloser Trauer, mehr aber noch eine Musik der Besinnung zur Kampfentschlossenheit, in zornbebenden Höhepunkten wie mit geballter Faust hingesetzt, und die unter gewaltiger dynamischer Anspannung erreichte Schlußwendung nach B-Dur bekundet Siegeszuversicht.

Galdreslåtten. Sinfonischer Tanz mit Passacaglia op. 20

> Besetzung: 2 Flöten (auch Pikkolo), 2 Oboen, 2 Klarinetten (2. auch Baßklarinette), 2 Fagotte, 4 Hörner, 2 Trompeten, 3 Posaunen, Tuba, Pauken, Schlagzeug, Harfe, Streicher
> Aufführungsdauer: 7 Minuten

Der Befreiungskampf inspirierte Sæverud auch zu verschiedenen kleineren Werken. 1943 kam in Bergen das Orchesterstück Galdreslåtten zur Uraufführung, ein sinfonischer Tanz mit Passacaglia, den er seinem sowjetischen Komponistenkollegen Juri Schaporin gewidmet hatte. Slåtter sind Tänze, Galdreslåtten bedeutet soviel wie Zauber- oder Beschwörungstanz: in diesem Falle ein Stück grimmigen Triumphes über die Feinde, in welchem Sæveruds Neigung zur musikalischen Groteske sich ausleben konnte (seine Freunde vermeinten, in den Bläsern das Meckern der Geißen zu vernehmen, die sich der Komponist während des Krieges hielt, um seine Familie mit Milch zu versorgen). Nach 8 dumpf hinkenden Einleitungstakten bringt die Oboe das schrille Tanzthema,

nach dessen variierender Verarbeitung die Passacaglia einsetzt – das Thema erscheint solistisch in der Tuba:

Es erfährt zunächst eine kammermusikalisch transparente Behandlung, dann aber wird die Bewegung lebhafter, die Orchesterfarben werden greller, und unter Einbeziehung des ersten Themas steigert sich die Musik zu dämonischer Wildheit.

Kjempevise-slåtten (Canto Rivoltoso) op. 22 a Nr. 5

Besetzung: 2 Flöten, 2 Oboen, 2 Klarinetten, 2 Fagotte, 4 Hörner, 3 Trompeten, 3 Posaunen, Tuba, Schlagzeug, Harfe, Streicher

Aufführungsdauer: 5 Minuten

»Den großen und kleinen Kämpfern der Heimatfront« steht über der Partitur des Kjempevise-slåtten. Das Stück entstand in einem jähen Impuls, eingegeben durch unmittelbare Konfrontation mit dem Feinde, und es besitzt wahrhaft revolutionären Impetus: Sæveruds kämpferisches Engagement hat hier seinen bündigsten und aggressivsten Ausdruck gefunden. Dieser »Heldenlied-Tanz« war ursprünglich für Klavier geschrieben, er bildete das Schlußstück des Zyklus »Slåtter og stev fra Siljustøl«. Die Orchesterfassung erschien 1945. Ein mottoartiges Hornmotiv steht am Beginn – es wird später zu einem Trompetensignal von geradezu Eislerschem Duktus. Der langsame Einleitungsteil, Motive des nachfolgenden Allegros vorwegnehmend, drückt Trauer und gebändigte Erregung aus. Mit dem zunächst verhalten einsetzenden Allegro erfolgt der Umschlag zur Aktion.

Das Thema besitzt die Schlagkraft und vorwärtsdrängende Aktivität eines Massenliedes. Nach einem ähnlichen Prinzip, wie wir es aus Griegs Satz »In der Halle des Bergkönigs« kennen – nur eben mit völlig anderem Ausdruckscharakter –, wird es klanglich, dynamisch und im Tempo zu einem triumphalen Schlußpunkt gesteigert.

EB

Charles-Camille Saint-Saëns 1835—1921

Der bedeutende französische Komponist wurde am 9. Oktober 1835 in Paris geboren. Nachdem sich seine große musikalische Begabung bereits früh zeigte (zehnjährig spielte er öffentlich ein Mozartsches Klavierkonzert), studierte er ab 1848 am Pariser Konservatorium Orgel bei François Benoist, Klavier bei Camille Stamaty und Komposition bei Jacques F. Halévy und N. H. Réber. Zeitweilig war auch Charles Gounod sein Kompositionslehrer. 1853 bis 1857 wirkte Saint-Saëns als Organist an der Pariser Kirche St. Merry, 1858–1877 an der Madeleine. Ab 1877 widmete er sich ausschließlich dem eigenen Schaffen und unternahm als Pianist und Dirigent eigener Werke ausgedehnte Konzertreisen. Saint-Saëns trat auch als geistreicher Musikschriftsteller und Kritiker hervor. Er war überdies an der Herausgabe bedeutender französischer Musik der Vergangenheit beteiligt. So betreute er 1895–1914 die Gesamtausgabe der Werke Jean-Philippe Rameaus. Saint-Saëns starb am 16. Dezember 1921 in Algier.

1871 gründete der Komponist gemeinsam mit César Franck, Ga-

briel Fauré, Jules Massenet und M. E. H. Duparc die »Société
nationale de musique« in betonter Frontstellung gegen Richard
Wagner, der ihm als musikalischer Repräsentant des Deutschlands
Bismarckscher Prägung erschien. Die Besinnung auf nationale
französische Traditionen, aber auch die Verbundenheit zum musikalischen Erbe Bachs, Mozarts und Beethovens ist für den Neoklassizismus von Saint-Saëns charakteristisch. Die Haltung des
Komponisten hat sein großer Landsmann Romain Rolland so gekennzeichnet: Saint-Saëns »wird von keiner Leidenschaft geplagt.
Nichts trübt die Klarheit seines Verstandes ... Goethe hätte, glaube
ich, gesagt, es fehle ihm etwas ›Dämonisches‹. Der individuellste
Zug seiner moralischen Physiognomie scheint mir eine melancholische Mattheit zu sein, die ihren Ursprung in einem recht bitteren
Gefühl vom Nichts hat, mit Anfällen ein wenig krankhafter Müdig-
keit, denen solche wunderlichen Humors, nervöser Heiterkeit, kapriziösen Geschmacks für die Parodie, für Burleskes, Possenhaftes
folgen. Und zugleich treibt eine etwas ruhelose und erregte Laune
ihn durch die Welt – er schreibt bretonische und auvergnatische
Rhapsodien, persische Lieder, algerische Suiten, portugiesische Bar-
karolen, dänische, russische oder arabische Capriccios, Erinnerungen an Italien, afrikanische Phantasien und ägyptische Konzerte –,
ja sie läßt ihn sogar die Jahrhunderte durcheilen, denn er schreibt
griechische Tragödien, Tanzweisen aus dem 16. und 17. Jahrhundert, Präludien und Fugen aus dem 18. Jahrhundert. Aber in all
diesen exotischen und archaischen Musikstücken, Widerschein der
Epochen und Landschaften, in denen sein Denken vagabundiert,
erkennt man doch immer wieder seine eigene geistvolle und bewegliche Gestalt: ein Franzose auf Reisen, der seiner Phantasie folgt,
wenig bekümmert darum, in den Geist der Völker einzudringen,
die er kennenlernt, träge den Launen seiner Eindrücke hingegeben,
alles an sich ziehend, alles ›französisierend‹, was er sieht ...« Von
Liszt nachdrücklich gefördert und schöpferisch angeregt (von ihm
übernahm er den Typus der Sinfonischen Dichtung), im Bereich
der französischen Tradition unmittelbar besonders Berlioz verbunden, zeichnet sich die Musik von Saint-Saëns besonders durch handwerkliche Meisterschaft, formale Strenge und Eleganz des Klanglichen wie Melodischen aus. Neben Orchesterwerken und Konzerten
schrieb Saint-Saëns eine Reihe von Opern sowie zahlreiche Chor-
werke und Kammermusiken.

3 Sinfonien: Nr. 1 Es-Dur op. 2 (1855); Nr. 2 a-Moll op. 55
(1878); Nr. 3 c-Moll mit Orgel und 2 Klavieren op. 78

(1886). – 4 Sinfonische Dichtungen: »Le rouet d' Omphale« op. 31 (1871); »Phaëton« op. 39 (1873); »Danse macabre« op. 40 (1874); »La jeunesse d'Hercule« op. 50 (1877). – Suite op. 49 (1877); »Suite algérienne« op. 60 (1879); »Une nuit à Lisbonne« op. 63 (1881); »Jota aragonesa« op. 64 (1881); »Le carnaval des animaux: fantaisie zoologique« für kleines Orchester (1886); »Sarabande et rigaudon« für Streicher op. 93 (1892); »Ouverture de fête« op. 133 (1910). – Märsche. 5 Klavierkonzerte: Nr. 1 D-Dur op. 17 (1858), Nr. 2 g-Moll op. 22 (1868), Nr. 3 Es-Dur op. 29 (1869), Nr. 4 c-Moll op. 44 (1875), Nr. 5 F-Dur op. 103 (1895); »Rapsodie d'Auvergne« op. 73 (1884) und Fantasie »Africa« op. 89 (1891) für Klavier und Orchester. – 3 Violinkonzerte: Nr. 1 a-Moll op. 20 (1859), Nr. 2 C-Dur op. 58 (1979), Nr. 3 h-Moll op. 61 (1880); »Romance« op. 48 (1876) und »Caprice andalou« op. 122 (1904) für Violine und Orchester. – 2 Violoncellokonzerte: Nr. 1 a-Moll op. 33 (1873) Nr. 2 d-Moll op. 119 (1902). – Konzertstücke, Rhapsodien u. ä. für Klavier, Violine, Violoncello, Flöte, Harfe sowie Orgel und Orchester. – Zahlreiche Transkriptionen eigener Werke.

»Danse macabre« op. 40

Besetzung: Pikkoloflöte, 2 Flöten, 2 Oboen, 2 Klarinetten, 2 Fagotte, 4 Hörner, 2 Trompeten, 3 Posaunen, Tuba, Pauken, Schlagzeug, Harfe, Streicher
Aufführungsdauer: 9 Minuten

Diese einsätzige Sinfonische Dichtung gehört zu den erfolgreichsten Orchesterwerken von Saint-Saëns und ist neben der 3. Sinfonie auch das bedeutendste. Sie kam am 24. Januar 1874 zur Uraufführung. Als »Programm« liegt dem Totentanz ein Gedicht von Henri Cazalis zugrunde. In ihm wird eine mitternächtliche Friedhofsszene geschildert: Der Tod stößt um Mitternacht an die Gräber. Er spielt auf seiner Fiedel, und die Gestorbenen beginnen einen schaurigen Tanz, der mit dem ersten Hahnenschrei wie ein Spuk zu Ende geht.

Saint-Saëns hat diese Szene mit großer musikalischer Einfallskraft gestaltet. Harfe, Solo-Violine, Xylophon treten charakteristisch hervor. Die Glocke (von der Harfe imitiert) schlägt zwölf. Geheimnisvolle Akkorde und Pizzikati der Violoncelli und Bässe malen die mitternächtliche Friedhofsstille. Da beginnt der Tod auf seiner Fiedel zu spielen. (Die fahle Klangfarbe der Solo-Violine wird durch Herabstimmen der E-Saite erreicht.)

Dazu intoniert die Flöte eine wehmütige g-Moll-Walzermelodie. Die Violinen übernehmen die Totentanzweise, werden aber von der Solo-Violine unterbrochen. Streng eingehalten wird der Rhythmus des langsamen Walzers, Walzermelodie und Figurationen der Fiedel des Todes kehren in wechselnder Instrumentation immer wieder. So wird ein großes Crescendo aufgebaut, in dem Xylophonspiel und Streicherpizzikati das Klappern der tanzenden Gebeine darstellen; der Tanz steigert sich zu dämonisch ausgelassenem Wirbel. Plötzlich erklingt ein langer Hornton: Der Tanz stockt. Die Oboe läßt den Hahnenschrei erschallen. Ein Nachklingen des Walzerthemas durch die Pauken, dumpfe Akkorde der Hörner, ein knappes Nachspiel der Todesfiedel, hohe Triller der Großen Flöte – dann ist der Spuk verschwunden. Die Streicher schließen die Szene und zeichnen mit Pizzikati die Friedhofsstille des Anfanges.

2. Klavierkonzert g-Moll op. 22

Besetzung: Solo-Klavier; 2 Flöten, 2 Oboen, 2 Klarinetten, 2 Fagotte, 2 Hörner, 2 Trompeten, Pauken, Streicher
Aufführungsdauer: 23 Minuten

Dieses wirkungsvolle, geistreiche, solistisch sehr anspruchsvolle Werk, das ganz auf den funkelnden Dialog von Solo und Orchester gestellt ist, wurde am 13. Mai 1868 in Paris uraufgeführt. Der Komponist spielte den Solopart. Am Dirigentenpult stand Anton Rubinstein.

Der *erste Satz* (Andante sostenuto, ⁴/₄-Takt) ist im Grunde ein Präludium tokkatenhaften Charakters. So steht gleich am Beginn eine energische Solokadenz des Klaviers, der ein knappes Zwischenspiel des Orchesters angeschlossen wird. Nun erst stimmt das Klavier, zunächst verhalten, den nachdenklichen Hauptgedanken des Satzes an, der allmählich im Klang pathetisch gesteigert wird. Auf dem Höhepunkt tragen ihn die Streicher hymnisch vor, das Soloinstrument umspielt ihn mit donnernden Oktavpassagen.

Der *zweite Satz* (Allegro scherzando, Es-Dur, ⁶/₈-Takt) hat demgegenüber lockeren, luftigen Scherzocharakter. Ein leises Paukensignal gibt den Auftakt und löst das duftige, elfenhafte Hauptthema gleichsam aus. Sein spielerisch-tänzerischer, virtuoser Charakter erhält in dem kantablen Seitenthema (der Bratschen und Violoncelli) sein Gegenstück. Am Ende des Satzes tritt das Paukenmotiv des Beginns wieder hervor und läßt das muntere Treiben rasch verklingen.

Das *Finale* (Presto, g-Moll, Alla-breve-Takt) ist in der Grundhaltung wiederum tänzerisch, und zwar in der Art einer Tarantella, voller Schwung, strahlender Klangfarben und entfesselter Virtuosität im Solopart.

1. Violoncellokonzert a-Moll op. 33

> Besetzung: Solo-Violoncello; 2 Flöten, 2 Oboen, 2 Klarinetten, 2 Fagotte, 2 Hörner, 2 Trompeten, Pauken, Streicher
> Aufführungsdauer: 19 Minuten

Dieses einsätzige Werk hat sich bis heute ganz besonders in der Gunst der Virtuosen erhalten. Das mag am sehr dankbar gestalteten Solopart ebenso liegen wie an der knappen, übersichtlichen Anlage und der eleganten und geschmackvollen Ausdruckshaltung. Das Konzert wurde am 19. Januar 1873 in Paris uraufgeführt.

Ein knapper Sonatensatz (Allegro non troppo, alla breve) steht am Beginn. Sein triolischer Hauptgedanke wird sogleich vom Soloinstrument zu Sechzehnteln der Streicher angestimmt; Flöte und Violinen übernehmen ihn. Der Solist trägt dann zweimal das schlichte, gesangliche zweite Thema vor; rasch wird es aber wieder von den Triolen des Hauptthemas verdrängt. Eine Marschepisode beschließt die Exposition. Die knappe Durchführung stützt sich auf das Hauptthema. Das Seitenthema wird nur angedeutet. Unmittelbar folgt ein ungemein reizvoller Scherzoabschnitt (Allegretto con moto, B-Dur, ³/₄-Takt), tänzerisch elegant und von exotischem Kolorit geprägt. Dieser Teil führt erneut zum Hauptthema zurück, das den dritten Teil (Allegro non troppo, a-Moll, alla breve) eröffnet und einen kräftigen Aufschwung des Geschehens veranlaßt, der aber bald wieder verebbt. Abermals trägt der Solist das zweite, gesang-

liche Thema allein vor, dann bestimmt vornehmlich sein virtuoses
Spiel – er kann hier mit allen möglichen technischen Künsten brillieren, aber auch in lyrischen Kantilenen schwelgen – den Schlußteil
des Werkes. Vor dem furiosen A-Dur-Ausklang ist noch einmal das
Hauptthema des ganzen Konzertes zu hören. HJS

Arnold Schönberg 1874—1951

Arnold Schönberg wurde am 13. September 1874 in Wien als Sohn
eines Kaufmanns geboren. Er wuchs in bescheidenen Verhältnissen
auf. Die Mutter, obwohl Klavierlehrerin, hatte wenig Zeit, sich
um seine musikalische Ausbildung zu kümmern. Mit acht Jahren
begann er, Geige zu spielen und zu komponieren. Später wechselte
er zum Violoncello über. Er war auf musikpraktischem und -theoretischem Gebiet Autodidakt. Von Alexander Zemlinsky, seinem
späteren Schwager, hatte er lediglich einige Unterweisungen im
Kontrapunkt erhalten. Nach seinem vorzeitigen Abgang von der
Realschule war er von 1891 bis 1895 als Beamter in einem privaten
Bankhaus tätig. 1901 siedelte er nach Berlin über, wo er sich als
Dirigent an Wolzogens »Überbrettl«, als Instrumentator von Operetten und als Lehrer am Sternschen Konservatorium ein bescheidenes Auskommen sicherte. 1903 kehrte er enttäuscht nach Wien
zurück und wirkte dort als Lehrer und Dirigent. Seine bedeutendsten Schüler aus dieser Zeit sind Alban Berg und Anton Webern.
Um 1908 begann Schönberg, eine Zeitlang zu malen. 1911 ging er
zum zweiten Mal nach Berlin, von wo aus er mehrere Konzertreisen
unternahm. Nach dem ersten Weltkrieg war er wieder in Wien und
gründete dort den »Verein für musikalische Privataufführungen«.
Von seinen damaligen Schülern ist vor allem Hanns Eisler zu nennen. 1925 wurde Schönberg als Nachfolger Ferruccio Busonis Leiter einer Meisterklasse für Komposition an der Preußischen Akademie der Künste zu Berlin. 1933 mußte er Deutschland verlassen
und ging nach den USA. Von 1936 bis 1944 war er Professor für
Musik an der Staatsuniversität von Kalifornien. Er starb am
13. Juli 1951 in Los Angeles.
Wer an Schönberg denkt, denkt an atonale Musik – ein Begriff, der
freilich von ihm abgelehnt wurde –, denkt vor allem an die von
ihm entwickelte »Methode der Komposition mit zwölf nur aufein-

ander bezogenen Tönen«. Es wird jedoch vergessen, daß die Hälfte seines Lebenswerkes nicht nach dieser Methode entstanden ist und daß man ihre Prinzipien nicht zu kennen braucht, um den musikalischen Vorgängen seiner Werke folgen zu können. Die Technik, die kompositorischen Methoden überhaupt berühren zwar den Stil der Musik, entscheiden aber nicht über ihren Wert oder Unwert. Bereits die frühen, tonalen Werke Schönbergs sind genial, obwohl man ihnen so gegensätzliche Vorbilder wie das Wagners und Brahms' noch anhört. Um 1908 begann eine nur wenige Jahre währende, sehr fruchtbare Phase, welche man als die expressionistische zu bezeichnen pflegt. Während dieser Phase entstanden Schönbergs vielleicht bedeutendste Werke (z. B. die Operneinakter »Erwartung« und »Glückliche Hand«). Sie sind alle in äußerst kurzer Zeit entstanden und tragen Züge des individualistischen Protestes gegen den unaufhaltsamen Verfall der bürgerlichen Welt, aber auch Züge der Verzweiflung, der Trauer und Einsamkeit. Schönberg hat einmal gesagt, daß jeder seiner musikalischen Gedanken der Notschrei eines sei, der an sich das Schicksal der Welt erlebe.

Noch während des ersten Weltkrieges wählte Schönberg eine mehrjährige Schaffenspause. In dieser Zeit fing er an, seine neue Kompositionsmethode zu schaffen, die aber in mancher Hinsicht gar nicht so neu war, sondern an alte polyphone Praktiken anknüpft. Diese Methode läßt sich zwar leicht formulieren. Wie sie aber von Schönberg konkret in einem Werk angewandt wird, wäre nur sehr kompliziert zu beschreiben, da er sie von Werk zu Werk anders handhabe und sie zu höchster Virtuosität entfaltete. Um 1924 überkam ihn abermals ein Schaffensrausch, der sich nur bändigen ließ durch das Unterwerfen unter strenge Regeln. Man kann daher sagen, daß Schönberg mittels seiner Zwölftonmethode die Erfahrungen als Komponist atonaler Musik systematisiert hat. Freilich hat diese Systematisierung seinen bisherigen Stil beeinflußt. (So war es ihm jetzt möglich, zu klassischen und vorklassischen Formen zurückzukehren.) Aber sie hat seinen Stil nicht radikal verändert.

Es fragt sich allerdings, ob Schönbergs Zwölftonmethode geeignet ist, musikalische Inhalte zu gestalten, die unserem heutigen Lebensgefühl entsprechen. Denn die Werke des mittleren, expressionistischen Schönberg und nach der Bändigung des expressionistischen Gestus auch die meisten Zwölftonkompositionen lassen sich nur schwer vom Ausdruck ungemilderten menschlichen Leidens, der Angst und der Katastrophe loslösen. Und nur wenige – so Suiten und Rondosätze – lassen sich auf solche Ausdruckscharaktere nicht

vereidigen. Es war vor allem Hanns Eisler vorbehalten, in einer
Reihe von Werken die Technik seines Lehrers von dessen Expression zu trennen. In einem Vortrag über Schönberg in der Deutschen
Akademie der Künste zu Berlin im Jahre 1954 sagte Eisler:
»Eine Milliarde Arbeiter und Bauern, die in den vom Kapitalismus
befreiten Ländern leben, werden vorläufig mit Schönberg nichts
oder nur sehr wenig anfangen können. Sie haben andere und dringlichere Aufgaben. Auf dem Gebiete der Musik ist es die Liquidierung des Musikanalphabetismus. Erst nach solcher Liquidierung
und erst nachdem auch die kompliziertesten Werke der Klassiker
volkstümlich geworden sind, kann Schönberg wieder neu zur Diskussion gestellt werden. Über das Resultat einer solchen Diskussion
bin ich nicht ohne Optimismus. Wie viele seiner Werke lebendig
bleiben, das weiß ich nicht; aber er wird zumindest als Verächter
der Klischees gerühmt werden müssen. Die gesellschaftliche Ordnung, in die er hineingeboren war, hat er nicht verklärt und nicht
beschönigt. Er hat nichts geschminkt. Er hat seiner Zeit, seiner
Klasse einen Spiegel vorgehalten. Es war gar nicht schön, was man
da sah. Aber es war die Wahrheit.«

»Verklärte Nacht« für Streichorchester op. 4 (1899 für SoloStreichsextett; Fassung für Streichorchester 1917, revidiert
1943); Sinfonische Dichtung »Pelleas und Melisande« op. 5
(1903); 1. Kammersinfonie für 15 Soloinstrumente op. 9
(1906); Fünf Orchesterstücke op. 16 (1909); Variationen für
Orchester op. 31 (1928); Begleitmusik zu einer Lichtspielszene
op. 34 (1930); Suite für Streichorchester (1934); 2. Kammersinfonie op. 38 (1939; begonnen 1906); Thema und Variationen für Blasorchester op. 43 A und Fassung für Orchester
op. 43 B (1942). – Violoncellokonzert nach einem Cembalokonzert von Georg Matthias Monn (1933); Violinkonzert
op. 36 (1936); Klavierkonzert op. 42 (1942).

»Verklärte Nacht« op. 4

Besetzung: Streichorchester
Aufführungsdauer: 25 Minuten

»Verklärte Nacht« op. 4 wurde ursprünglich – ein Jahr vor der
Jahrhundertwende – für Solo-Streichsextett geschrieben (Uraufführung am 18. März 1902 in Wien). Die Fassung für Streichorchester
stammt von 1917 (1943 geringfügig revidiert); sie unterscheidet

Soli und Tutti und enthält eine Kontrabaßstimme zur Verstärkung der Violoncelli. Das Werk wird meist in dieser Fassung gespielt. Die Anwendung der Idee der Sinfonischen Dichtung auf die Kammermusik war singulär. Das gleichnamige Gedicht aus »Weib und Welt« des Lyrikers Richard Dehmel (1896; später – 1903 – in den Zyklus »Zwei Menschen. Roman in Romanzen« aufgenommen) dient der Partitur weniger als Motto, vielmehr als programmatischer Vorwurf, dem sie in allen seinen Momenten drastisch folgt. Schönberg löste das Kompositionsproblem – anders als die »Neudeutschen« – durch die Konzeption einer »mehrdeutigen« Form, grob gesagt durch Verschränkung von Sonatenhauptsatz und Sonatenzyklus.

Analog zur Dichtung gliedert sich das einsätzige Werk in zwei Großteile. Der erste Großteil korrespondiert mit der leidenschaftlichen Klage der Frau:

>»Ich trag ein Kind, und nit von Dir,
>ich geh in Sünde neben Dir.
>Ich hab mich schwer an mir vergangen.
>Ich glaubte nicht mehr an ein Glück
>und hatte doch ein schwer Verlangen
>nach Lebensinhalt, nach Mutterglück
>und Pflicht; da hab ich mich erfrecht,
>da ließ ich schaudernd mein Geschlecht
>von einem fremden Mann umfangen,
>und hab mich noch dafür gesegnet.
>Nun hat das Leben sich gerächt:
>nun bin ich Dir, o Dir begegnet.«

Der zweite Großteil ist der tröstlichen Antwort des Mannes gewidmet:

>»Das Kind, das Du empfangen hast,
>sei Deiner Seele keine Last,
>o sieh, wie klar das Weltall schimmert!
>Es ist ein Glanz um alles her;
>Du treibst mit mir auf kaltem Meer,
>doch eine eigne Wärme flimmert
>von Dir in mich, von mir in Dich.
>Die wird das fremde Kind verklären,
>Du wirst es mir, von mir gebären;
>Du hast den Glanz in mich gebracht,
>Du hast mich selbst zum Kind gemacht.«

Zwischen diesen Teilen sowie am Anfang und am Ende des Werkes steht je ein epischer, kürzerer Teil: Abbild des Schreitens in einer Mondnacht. Der Beginn des Gedichtes lautet:

> »Zwei Menschen gehn durch kahlen, kalten Hain;
> der Mond läuft mit, sie schaun hinein.«

Dem Text entsprechend ist dem ersten Großteil eine modifizierte Sonatenform in lebhaften Tempi zugeordnet (ein d-Moll-Hauptthema,

ein E-Dur-Seitenthema,

durchführungsartige Teile und eine kurze Reprise des Hauptthemas), dem zweiten Großteil eine abschnittweise durchkomponierte freie Form (ein verkürztes Adagio in D-Dur und ein Fis-Dur-Thema mit anschließend wieder schneller werdenden Partien, deren letzte Reprisenfunktion hat). Ein »dynamischer« Großteil korrespondiert also mit einem »statischen«; beide werden eingeleitet und abgeschlossen von einem epischen Teil.
Die Themen des ersten Großteils lassen sich auf wenige motivische Elemente zurückführen; diese werden der von Beethoven und Brahms herrührenden Technik der »entwickelnden Variation« unterworfen. Bemerkenswert das Kontrapunktieren von kurzen Grundgestalten und deren »Umkehrung« in den durchführungsartigen Partien. Die Statik des zweiten Großteils dagegen erreicht Schönberg, indem er neue melodische Phrasen mit mehreren aus dem ersten Großteil bekannten alternieren läßt. Dadurch wird auch ein uferloses Sequenzieren vermieden, gegen das Schönberg stets

eine Abneigung hatte. Einige Leitmotive und ein Leitakkord (eine einst »verbotene« Umkehrung des großen Nonenakkords) stehen an formal wichtigen Stellen der beiden Großteile und des Epilogs, welcher als Gesamtreprise neben dem »Schreit«-Thema der Einleitung das Hauptthema des ersten Großteils und das Fis-Dur-Thema des zweiten enthält. Für die innere Bindung der beiden Großteile sorgt nicht nur eine Anzahl gemeinsamer Themen, die fast stets aus kurzen Anfängen sich entwickeln und über die einzelnen Abschnitte hinausdrängen, sondern auch eine duettierende Stimmendisposition, welche dem Zwiegespräch der Dichtung entspricht.

1. Kammersinfonie op. 9

Besetzung: Flöte, Oboe, Englischhorn, 2 Klarinetten (in D und A), Baßklarinette, Fagott, Kontrafagott, 2 Hörner, Streichquintett
Aufführunsgdauer: 22 Minuten

Die Kammersinfonie für 15 Soloinstrumente op. 9 wurde im Sommer 1906 beendet und am 8. Februar 1907 in Wien uraufgeführt (Rosé-Quartett und Bläservereinigung der Wiener Philharmoniker). Sie ist wiederum einsätzig, weist aber eine deutliche Gliederung in vier Teile auf, die nach Charakter, Form und Reihenfolge den Sätzen der klassischen Sinfonie entsprechen. Es lassen sich ein anfangs rascher erster Satz (mit einem schwungvollen Hauptthema

einer Überleitung und einem wunderbaren »Gesangs«-Thema),

ein Scherzo, ein inniger langsamer Satz und ein Finale unterscheiden. Freilich weicht das Werk in zwei wichtigen Punkten von der traditionellen Sinfonieform ab. Zunächst ist zwischen dem Scherzo

und dem langsamen Satz eine große Durchführung eingeschoben; sodann bringt das Finale kein neues thematisches Material, sondern wiederholt – in anderer Reihenfolge – die Gedanken des Anfangssatzes. Das Finale stellt also eine Art Reprise dar. Aus diesen angegebenen Gründen kann man die Kammersinfonie als einen ausgedehnten ersten Sinfoniesatz auffassen. Scherzo und langsamer Satz wären nach dieser Betrachtungsweise dann nur längere Episoden. Es handelt sich hier also – wie schon in der »Verklärten Nacht« – um eine »mehrdeutige« Form: um die Verschränkung von Sonatenhauptsatz und Sonatenzyklus. Gerade dadurch erhält das thematisch äußerst dichte und reich gegliederte Stück einen überzeugenden Zusammenhang. Es wirkt wie aus einem Guß geschaffen.
Die Kammersinfonie ist – im Gegensatz zu den bereits zwei Jahre später entstandenen Kompositionen – tonal (Haupttonart: E-Dur). Und doch werden hier zum erstenmal mit Nachdruck Dinge formuliert, die nicht mehr ins Terzenschema der klassischen Harmonik passen. Schon in der 4taktigen Einleitung erklingt ein Akkord aus fünf übereinandergetürmten Quarten. Obwohl diese Dissonanz noch aufgelöst wird, gibt sie, wie Schönberg schrieb, »allem, was vorkommt, ihr Gepräge«. Sie steht an allen für die Gliederung des Werkes entscheidenden Stellen; sie hat mithin eine architektonische Funktion. Aus dem Quartenakkord geht außerdem das stürmisch aufwärts- (und später auch abwärts-)strebende Quartenthema hervor,

mit dem das Horn gleich nach der kurzen Einleitung einsetzt. Dieses unerhörte Thema hat die Kammersinfonie berühmt gemacht; es war gleichsam das Fanal für den Beginn der spätbürgerlichen »Neuen Musik«.
In dem Werk wird keine Trompete verwendet, keine Posaune, kein Schlagwerk. Die 15 Soloinstrumente werden durchweg »kammermusikmäßig« behandelt. Daher der Name des Werkes. Die Instrumente sind also gleichberechtigte Partner; jedes ist gleich wichtig, keins hat nur »Begleitung« zu spielen. Es fehlen denn auch – wie immer bei Schönberg – »Orchesterpedal« und Füllstimmen. Stellen, an denen zwei oder mehrere melodische Gedanken gleichzeitig gehört werden wollen, gibt es nicht nur in der großen Durchfüh-

rung: das ganze Werk ist ein Meisterstück im doppelten Kontrapunkt. Das freilich macht es dem Hörer nicht leicht. Von ihm wird höchste Konzentration verlangt. Hinzu kommt: Trotz des »wienerischen« Idioms ist es keine gefällige Musik, und von ihrer rauhen klanglichen Oberfläche und ihrem ungebärdigen Charakter geht selbst heute noch etwas Schockierendes aus. Ihre Schönheit teilt sie nur demjenigen mit, der sie »strukturell« aufzunehmen versucht; der sie von Motiv zu Motiv, von Thema zu Thema hörend verfolgt. Denn ihre Schönheit liegt vor allem in der natürlichen »Logik« begründet, mit der die Gedanken entwickelt, verwandelt und miteinander verknüpft werden.

Von der 1. Kammersinfonie gibt es zwei Bearbeitungen für großes Orchester. Bei der einen, früheren, handelt es sich lediglich um eine Verstärkung der Instrumente, bei der anderen, von 1935, um eine Neuinstrumentierung unter Hinzufügung neuer Stimmen.

Fünf Orchesterstücke op. 16

Besetzung: 2 Pikkoloflöten, 2 Flöten, 3 Oboen, Englischhorn, 3 Klarinetten, Baßklarinette, Kontrabaßklarinette, 3 Fagotte, Kontrafagott, 4 Hörner, 3 Trompeten, 4 Posaunen, Tuba, Pauken, Schlagzeug, Xylophon, Harfe, Celesta, Streicher
Aufführungsdauer: 18 Minuten

Die 1909 entstandenen und am 3. September 1912 in London uraufgeführten Fünf Orchesterstücke op. 16 trugen ursprünglich keine Titel. Schönberg notierte dazu: »Was zu sagen war, hat die Musik gesagt. Wozu dann noch das Wort. Wären Worte nötig, wären sie drin. Aber die Kunst sagt doch mehr als Worte.« Um das Werk »lancieren« zu können, riet ihm sein Verleger jedoch dringend, den Stücken wenigstens einen »zusammenfassenden Haupttitel« zu geben; »eventuell etwas auf den Inhalt Bezügliches«. Als sich Schönberg endlich entschloß, zwar keinen Haupttitel, wohl aber Überschriften zu den einzelnen Stücken zu wählen, war der Verleger enttäuscht: er hatte irgendwelche »landesüblichen« erwartet. Sie blieben in der ersten Partiturausgabe von 1912 denn auch fort, stehen aber in der revidierten Ausgabe von 1922. Sie lauten dort: I. »Vorgefühle«, II. »Vergangenes«, III. »Farben«, IV. »Peripetie«, V. »Das obligate Rezitativ«. »Teils höchst dunkle« Titel, wie Schönberg selbst meinte, teils sind sie auf »Technisches« bezogen. Immerhin bezeichnen sie gewisse allgemeine Inhalte, wie sie im Umkreis des Expressionismus vor dem ersten Weltkrieg nicht ungewohnt waren.

Die Fünf Orchesterstücke sind Schönbergs einziges Orchesterwerk aus der Phase der freien Atonalität. Obwohl sie, durch mehrere Motive und Ausdruckscharaktere miteinander verbunden, ein Ganzes bilden, stellt sich jedes einzelne eine spezifische kompositorische Aufgabe. Die motivische Disposition des ersten Orchesterstücks ist von drastischer Ökonomie. Schon in den ersten 6 Takten, einer Art Exposition mit Hauptsatz und aufgelöstem Nachsatz, wird mit zwei melodischen Grundgestalten gearbeitet, die jeden Ton, also selbst »Nebensächliches«, thematisieren. Zunächst haben diese Grundgestalten die Tonfolgen *e-f-a* und *d-cis-g*. Sie werden nicht nur miteinander kontrapunktisch verknüpft, sondern bilden den Akkordvorrat des ganzen Stückes. Die wichtigste Akkordauswahl nach der Wiederholung der äußerst komprimierten Exposition ist die Harmonie *d-a-cis,* die vor allem als liegender Akkord eingesetzt wird. Über ihm spielt sich eins der wildesten Ostinati ab, die je geschrieben wurden. Es verläuft kanonisch in Vergrößerung und Verkleinerung, nimmt also kontrapunktische Techniken vorweg, die später bei Schönberg zu höchster Virtuosität gelangt sind. Das völlig unsymmetrische, reprisenlose Stück, dessen Form also »offen« ist, besitzt ein Pendant im vierten Stück, nur daß dieses die Kontraste noch mehr verschärft und sie auf noch engeren Raum zusammenrückt. Hieß das erste Stück »Vorgefühle« – Vorgefühle der Angst und der Katastrophe –, so nannte Schönberg das vierte nicht umsonst »Peripetie«, den Wendepunkt im Drama; der Name »Scherzo« träfe, weil durch die Tradition vorbelastet, nicht mehr das Richtige.

Das zweite Stück mit dem Titel »Vergangenes« ist der Form nach traditionell; zumindest liegt ihm die Idee einer einfachen Liedform zugrunde. Es hat denn auch in den vergangenen Aufführungen die Gemüter am wenigsten erregt. Es ist ein Stück des Eingedenkens; es läßt sich Zeit; die Musik ist nie »unterwegs«. Es lassen sich zwei Hauptteile unterscheiden: ein thematischer, kontrapunktisch dichtgefügter Teil, dessen Orchestersatz äußerst aufgelockert ist, und ein statischer Teil, dessen Klangflächen aus amorphen, gleichwohl motivisch abgeleiteten Ostinatofiguren bestehen. Der musikalische Inhalt löst nun die Aufgabe, zwischen den gegensätzlichen Teilen zu vermitteln, so daß sie sich am Ende durchdringen.

Von beispielloser Gestaltung und außergewöhnlichem Ausdruck ist das dritte, das berühmte »Farben«-Stück. Es beginnt mit dem unverwechselbaren, merkwürdig desolat klingenden Akkord *c-gis-b-e-a*, welcher in gleichen Zeitabständen wiederholt wird. Jede

Wiederholung wechselt zugleich zwischen zwei verschiedenen Klangspektren, wobei stets ein Rest, also ein Teil der Klangfarben liegenbleibt und sich bei der nächsten Wiederholung mit dem anderen Klangspektrum überlappt. »Durch diesen, sich durch das ganze Stück hinziehenden Farbenwechsel der Akkorde«, schrieb Webern, »entsteht ein eigentümlich schimmernder Klang, vergleichbar, wie Schönberg sagt, mit dem immerwechselnden Farbeneindruck einer mäßig bewegten Seeoberfläche.« Ein anderer Schönberg-Schüler, Egon Wellesz, hatte 1921 mitgeteilt, daß das Stück auf eine Impression zurückgehe: »eine Morgenstimmung auf dem Traunsee«.

Im gleichen Zusammenhang schrieb Webern, daß die Fünf Orchesterstücke »ganz ungebunden« seien. »Man könnte hier vielleicht von einer Prosa der Musik reden.« Das formal Ungebundene, Prosahafte wird besonders in Stück V, einem unsäglich schmerzlichen Walzer, auf merkwürdige Weise realisiert. Hier wird eine wie ein Rezitativ »sprechende« Hauptstimme durchweg, zuweilen beinahe »punktuell«, durch die verschiedenen Orchesterinstrumente geführt. Sie ist aus unzähligen kleinsten Motiven zusammengesetzt, deren Ordnung schwer zu bestimmen ist. Immerhin wird das erste Motiv des Stückes – die Tonfolge e'-dis'-d – mehrmals schon nach Reihenart behandelt. Insofern ist diese Musik gar nicht so »athematisch«, wie sie oft hingestellt wird. Nur hat der melodische Verlauf nichts mehr zu tun mit herkömmlicher Motivarbeit oder Motivfortspinnung. Die Motive sind alle derart miteinander verwandt, daß ein mosaikartiger »Faden« entsteht, in dem jeder Ton gleich wichtig ist. Das garantiert den melodisch, harmonisch und formal ungebundenen Verlauf des Stückes, der sich ganz den Gefühlseruptionen eines bald sinnfälligen, bald kaum noch greifbaren Walzers überläßt.

Die Fünf Orchesterstücke waren lange Zeit sehr selten zu hören. Das hatte nicht zuletzt seine Ursache in den großen aufführungstechnischen Schwierigkeiten. In einer späteren Fassung (1950) ist der überdimensionierte Orchesterapparat auf eine normale Größe gebracht. Trotzdem ist der alten Fassung der Vorzug zu geben.

Variationen für Orchester op. 31

Besetzung: 4 Flöten (3. und 4. auch Pikkolo), 3 Oboen, Englischhorn (auch 4. Oboe), 5 Klarinetten (eine in Es), Baßklarinette, 3 Fagotte, Kontrafagott (auch 4. Fagott), 4 Hörner,

3 Trompeten, 4 Posaunen, Tuba, Pauken, Schlagzeug, Glockenspiel, Xylophon, Flexaton, Mandoline, Harfe, Celesta, Streicher

Aufführungsdauer: 23 Minuten

In den zwischen 1926 und 1928 geschriebenen Variationen op. 31, die am 2. Dezember 1928 in Berlin unter Wilhelm Furtwängler uraufgeführt wurden, wird die Zwölftonmethode zum erstenmal in einer Komposition für großes Orchester verwendet. Um den musikalischen Vorgängen folgen zu können, braucht der Hörer jedoch die Prinzipien jener Methode nicht zu kennen.

Zunächst lassen sich in diesem hochexpressiven Werk zwölf Abschnitte leicht unterscheiden: eine längere Introduktion, das Thema, neun Variationen und ein reich gegliedertes Finale. Das Thema wird zu Beginn also nicht klar hingestellt, sondern aus einem charakteristischen Intervall (dem Tritonus *b-e*) allmählich entwickelt. Der Hörer wird in der impressionistisch gefärbten Einleitung Zeuge eines Prozesses: der Bildung des Themas. Dieses selbst ist zweiteilig (wobei sich jeder Teil in 5 plus 7 Takte gliedert) und spricht unverkennbar einen Wiener Dialekt. Es wird größtenteils von den Violoncelli vorgetragen:

So ungewohnt und extrem im Ausdruck die folgenden neun Variationen über das 24taktige Thema sind, so streng sind sie nach klassischen Begriffen komponiert. Nicht nur werden die Anzahl der Takte des Themas und dessen Gliederung beibehalten: selbst der melodische Aspekt (weniger der rhythmische) bleibt meist unangetastet. Freilich sind dem Erkennen des Themas Grenzen gesetzt. Denn es wird wie ein Cantus firmus behandelt, der von Variation zu Variation mit immer neuen melodisch-rhythmischen Bildungen kontrapunktiert wird. Nicht anders faßten Beethoven oder Brahms die Idee der Variation auf. Vor allem bei Brahms bedeutete der Baß des Themas den festen Grund, über dem er seiner melodischen

Phantasie freien Lauf ließ. Auch bei Schönberg hat jede Variation ihren besonderen, unverwechselbaren Charakter, ihre besondere Klangfarbe. Das über das übliche Maß hinausgehende Instrumentarium, welches Mandoline, Harfe, Celesta, Tamburin, Glockenspiel, Xylophon und Flexaton (gestimmte Metallplatten) einbezieht, setzt nicht nur raffiniert erfundene Farbakzente, sondern dient auch der Verdeutlichung der komplexen Struktur.

Auf einige relativ leicht hörbare »Belegstellen« des Themas sei hier kurz aufmerksam gemacht. In der ersten Variation (Moderato) tragen Baßklarinette, Fagotte und Kontrabässe die durch volle Takte getrennten Bestandteile des Themas vor, in der zweiten Variation (Langsam) hört man das Thema als Kanon zwischen Oboe und Solo-Violine, in der dritten Variation (Mäßig) wird es 2 Hörnern, später 3 Trompeten anvertraut. Die vierte Variation ist ein Walzer; das Thema erscheint in Harfe, Celesta und Mandoline, dient hier jedoch mehr als ein farbiges und rhythmisches Muster und verbleibt demgemäß im Hintergrund. Die siebente Variation (Langsam) setzt die einzelnen Töne des Themas wie Farbtupfen in einem orientalischen Teppich (im ersten Teil Pikkoloflöte, Celesta, Glockenspiel und Solo-Violine). Achte und neunte Variation (beide Sehr rasch) spalten das Thema auf und verteilen es wiederum auf Kanonstimmen, die durch die verschiedensten Instrumente wandern.

Das Finale ist in mehrere Unterabschnitte gegliedert und verläuft in wechselnden Tempi: Mäßig schnell – Grazioso – Presto – Adagio – Presto. Es treibt die Aufspaltung des Themas weiter, zitiert aber auch Stellen aus den vorausgegangenen Variationen. Die deutlichste Rückbeziehung auf das Thema hört man im Adagio kurz vor Schluß des Werkes: Hier wird das Thema in der Gestalt der langsamen Variation Nr. 2 verwendet, seine beiden Teile sind übereinandergelegt (Englischhorn, Es-Klarinette und Solo-Violine), erklingen also gleichzeitig. Das Finale ist auch reich an melodischen Neubildungen. Am charakteristischsten ist die Tonfolge *b-a-c-h*, welche in der Einleitung schon einmal kurz »erwähnt« war, im Finale aber in leuchtendsten Farben zur Apotheose gebracht wird. Das *b-a-c-h*-Motiv ist selbstverständlich als Huldigung Schönbergs an den großen Meister des Kontrapunkts aufzufassen. Ihm und den Wiener Klassikern sind die Variationen für Orchester verpflichtet; der neue melodische und harmonische Inhalt ist nur ein Teilaspekt des Werkes.

Violinkonzert op. 36

Besetzung: Solo-Violine; 3 Flöten (3. auch Pikkolo), 3 Oboen, 2 Klarinetten (eine in Es), Baßklarinette, 4 Fagotte, 4 Hörner, 3 Trompeten, 3 Posaunen, Tuba, Pauken, Schlagzeug, Xylophon, Glockenspiel, Streicher
Aufführungsdauer: 30 Minuten

Das seinem Schüler und Freund Anton Webern gewidmete Violinkonzert op. 36 entstand zwischen 1934 und 1936; seine Uraufführung erlebte es am 6. Dezember 1940 in Philadelphia (Dirigent: Leopold Stokowski; Solist: Louis Krasner). Es ist, abgesehen von der für ein Studentenorchester bestimmten Streichersuite in G, das erste Werk, das Schönberg in den USA geschrieben hat.

Das Werk besteht nach klassischem Vorbild aus drei Sätzen: einem breit angelegten Anfangssatz, einem langsamen Mittelsatz und einem kraftvollen, größtenteils marschartigen Finale. Auch die thematische Arbeit, der Bau der Themen und die streng aus den Hauptgedanken entwickelten Solokadenzen in den beiden Ecksätzen gemahnen an die traditionelle Konzertform.

In dem mit der Solo-Violine beginnenden ersten Satz (Poco allegro) werden in den ersten 8 Takten die Töne der Zwölftonreihe auf einen einfachen, sehr ernst klingenden Stufengang der Solo-Violine und auf ein Motiv der Bratschen und Violoncelli verteilt. Erst nach dem 8. Takt tritt die Reihe im Soloinstrument geschlossen hervor. Der charakteristische Bestandteil der Reihe zu Beginn ist die kleine Sekunde, aus der auch das energische Motiv des Finalthemas (Allegro) gebildet ist. Die »Umkehrung« der kleinen Sekunde ist die große Septime, mit ihr eröffnet der Solist den zweiten Satz (Andante grazioso).

Dieses schwierig zu spielende und schwierig zu hörende Werk, dessen Reichtum an Themen übergroß ist, steht in der Konzertliteratur ohne Vergleich da. Die Verarbeitung der Themen ist faszinierend, der Klang von unerhörter Kühnheit und Unerbittlichkeit, die Tonsprache von einer beinahe zu aphoristischen Beweglichkeit. In der Behandlung des Soloinstrumentes, das die kompliziertesten Aufgaben zu bewältigen hat – es gibt da Flageoletts, Doppelflageoletts, raffinierte Akkorde in den höchsten Lagen und die gewagtesten Sprünge –, überbietet Schönberg alles, was bisher für die Violine komponiert worden ist. Er selbst hat einmal von dem Werk ironisch gesagt, eigentlich sei es ein Konzert »für einen Geiger mit sechs Fingern«.

Schönberg

Klavierkonzert op. 42

> Besetzung: Solo-Klavier; 2 Flöten (2. auch Pikkolo), 2 Oboen,
> 2 Klarinetten, 2 Fagotte, 4 Hörner, 2 Trompeten, 3 Posaunen,
> Tuba, Pauken, Xylophon, Schlagzeug, Streicher
> Aufführungsdauer: 28 Minuten

Verglichen mit dem Violinkonzert ist Schönbergs Klavierkonzert op. 42 aus dem Jahre 1942 durchsichtiger und freundlicher; es ist – vor allem in seinem vierten Abschnitt – heiter. Während das Violinkonzert an der traditionellen dreisätzigen Anlage festhält, besteht das jüngere Werk aus einem einzigen Satz, der freilich in vier unterschiedliche satzartige Abschnitte unterteilt ist. Schönbergs Interesse gilt hier nicht mehr so sehr der virtuosen Behandlung des Soloparts. Auch die Zwölftontechnik steht nicht mehr im Vordergrund; Schönberg erlaubt sich außerdem stellenweise »tonale« Freiheiten, die dem Konzert einen eigenartigen Reiz verleihen.

Das Werk beginnt mit einem vom Klavier vorgetragenen, 39 Takte langen Thema, das deutlich in vier Phrasen gegliedert ist.

In einem Aufsatz mit dem Titel »Herz und Verstand in der Musik« hat Schönberg dieses ruhige, ausgewogene, tiefempfundene und in manchen Details an Brahms erinnernde Thema als Argument gegen das schwer ausrottbare Vorurteil angeführt, seine »Kompositionen seien ausschließlich vom Verstand hervorgebracht, ohne die geringste Beteiligung von dem, was etwa einem menschlichen Gefühl ähnlich wäre«. Dieses Thema, das in sich selbst schon sein erstes Motiv variiert, enthält das gesamte Material, aus dem sich das Stück entfaltet. Zunächst wird das Thema wenig angetastet. Es wird vom Orchester wiederholt und schließlich – nach einer knappen durchführungsartigen Passage – als Reprise vom Orchester und vom Klavier gleichzeitig vorgetragen. Eine Zäsur – mit Schönbergs Lieblingsmotiv *b-a-c-h* – leitet zum zweiten Abschnitt des Konzertes über, einem Scherzo, bestehend aus Haupt- und Seitenthema, einem Trio und Themenwiederholung. Hier wird das lange Anfangsthema aufgespalten, wobei sein Kopfmotiv die größte Rolle spielt. Dieser zweite Abschnitt ist zerklüftet; er wird durch mächtige Gefühlseruptionen charakterisiert und stellt den denkbar schärfsten Kontrast zum Vorhergehenden dar. Eine weitere Überleitung führt zum dritten Abschnitt, einem kompakten Orchester-Adagio, dem ein vom Soloinstrument gespieltes, wie improvisiert wirkendes Seitenthema (Largo) und eine Durchführung folgen. Mit mehreren kadenzähnlichen Gebilden schließt das Klavier das Adagio ab und stellt sofort das Thema zum vierten Abschnitt auf, einem Rondo-Finale. Dieses spielerische, im Ausdruck mozartische Thema (Giocoso) beginnt mit dem gleichen Kopfmotiv wie das Hauptthema des ersten Abschnitts, nur sind jetzt die einzelnen Intervalle »umgekehrt«. Das Finale stellt eine Art Synthese aller drei vorhergehenden Abschnitte dar. Während das Rondothema refrainartig mehrmals wiederkehrt, verwenden die Seitenthemen nacheinander Elemente des Scherzos, des Adagios und – am deutlichsten – das ganze Hauptthema des ersten Abschnitts. Nach diesem ausführlichen »Zitat« beschließen eine rasche Stretta und eine kurze Coda das farbenprächtige, gefühlvolle Werk.

Die Uraufführung des Konzertes fand am 6. Februar 1944 in New York statt; Solist war Eduard Steuermann, Dirigent Leopold Stokowski.   EK

Dmitri Schostakowitsch geb. 1906

Zu den bedeutendsten schöpferischen Musikern unseres Jahrhunderts gehört der sowjetische Komponist Dmitri Dmitrijewitsch Schostakowitsch. Sein Leben und künstlerisches Wirken ergeben das Bild einer außergewöhnlichen Persönlichkeit, deren sozialistische Grundhaltung in jedem Werk überzeugend hervortritt. Schostakowitschs Musik zwingt zum Nachdenken; sie ist nicht selten tragisch akzentuiert, stellt den kühnen und vorwärtsdrängenden, selbstbewußten und kämpfenden, aber auch enttäuschten und leidenden Menschen in den Mittelpunkt, wahrhaftig und ohne Konflikte zu scheuen. Es ist eine Musik, wie Schostakowitsch selbst einmal betonte, die ihren höchsten Sinn und ihre größte Bedeutung im Nutzen für das Volk sieht.

Der am 12. (25.) September 1906 im ehemaligen Petersburg als

Sohn eines Ingenieurs geborene Komponist erhielt die ersten musikalischen Eindrücke schon in früher Kindheit. Er hörte Quartette und Trios von Haydn, Mozart, Beethoven, Borodin und Tschaikowski. Im Elternhaus sang man unter anderem Romanzen von Alexander Aljabjew und schwermütige Zigeunerweisen. Den ersten Klavierunterricht erteilte ihm die Mutter; gleichzeitig entstanden auch erste Kompositionsversuche. Über sein stärkstes musikalisches Erlebnis in diesen Jahren berichtet der Komponist in dem Aufsatz »Gedanken über einen zurückgelegten Weg«: »... ich erinnere mich meines erstes Besuches im Marinski-Theater. Es lief die Oper ›Eugen Onegin‹. Ich kannte die Musik schon vom Hören. Sie war bei uns oft auf dem Klavier gespielt und auch gesungen worden. Als ich nun die Musik zum ersten Male vom Orchester hörte, war ich erschüttert. Eine neue Welt des Orchesterklangs, vielfältiger instrumentaler Farben eröffnete sich mir.«
1916–1918 besuchte Schostakowitsch die Musikschule von Ignati Glasser. Von den Kompositionen, die während dieser Zeit entstanden, heißen einige »Der Soldat« (ein Poem für Klavier), »Trauermarsch zum Gedenken an die Opfer der Revolution« und »Hymne der Freiheit« – es sind kleine und bescheidene Stücke, denen aber bereits ein programmatischer, gesellschaftsbezogener Charakter eigen ist. Als Elfjähriger erlebt er die Große Sozialistische Oktoberrevolution, deren weltverändernde Ereignisse sich ihm tief einprägen. Von 1919 an studierte Schostakowitsch am Petrograder Konservatorium. Mit großem Eifer beschäftigte er sich mit den Werken der russischen und europäischen Klassik, komponierte Romanzen, ganze Serien von Klavierstücken und machte einige sinfonische Versuche. 1923 beendete er seine Klavierstudien bei Leonid Nikolajew, zwei Jahre später seine Studien in der Kompositionsklasse von Maximilian Steinberg. 1927 nahm er am Internationalen Chopin-Wettbewerb in Warschau teil und erhielt dort für seine Leistungen als Pianist ein Ehrendiplom. Als Interpret setzte er sich später auch für eigene Werke ein.
Der Komponist machte die internationale Öffentlichkeit durch seine genial-jugendfrische 1. Sinfonie auf sich aufmerksam, die als Diplomarbeit zum Abschluß des Studiums 1925 entstand. So mancher unter den Zuhörern der Uraufführung (Konzert der Leningrader Philharmonie, Mai 1926) mußte von der Ahnung ergriffen gewesen sein, daß hier *der* zukünftige sowjetische Sinfoniker heranwuchs. Trotz dieses eindeutigen Erfolges wurde der junge Künstler kurz danach von Zweifeln an seiner kompositorischen Beru-

fung erfaßt. »Ich war unfähig, irgend etwas zu komponieren, und in einem Anfall von ›Niedergeschlagenheit‹ vernichtete ich fast alle meine Manuskripte«, bemerkte er in dem oben erwähnten Aufsatz. In den folgenden Jahren betätigte er sich als Pianist in Konzerten und Soloabenden, schrieb mehrere Schauspielmusiken für das Leningrader Theater der Arbeiterjugend (TRAM) und studierte vor allem sehr aufmerksam die verschiedensten und widersprüchlichen musikalisch-ästhetischen Strömungen im Kulturleben jener Zeit. Als sensibler, phantasievoller Musiker versuchte er, Anregungen aufzugreifen und in seinem Schaffen produktiv werden zu lassen. Das beweisen Kompositionen wie die meist als Suiten bekannt gewordenen Ballettmusiken zu »Das goldene Zeitalter«, »Der Bolzen« und »Der helle Bach«, Filmmusiken oder die heiter-groteske, nach der gleichnamigen Gogolschen Textvorlage entstandene Erstlingsoper »Die Nase« (1927/28).

Neben seiner späteren Tätigkeit als Kompositionslehrer (1937 bis 1941 am Leningrader, 1943–1948 am Moskauer Konservatorium) wendet sich Schostakowitsch als Komponist immer wieder vor allem dem sinfonischen Schaffen zu; es durchzieht wie ein roter Faden sein gesamtes Œuvre. Schon wenige Jahre nach der 1. Sinfonie folgen die 2. (Zur 10. Wiederkehr der Oktoberrevolution 1927) und die 3. Sinfonie, in denen der Künstler mehr noch als in seiner »Ersten« versucht, das Leben und die Wirklichkeit widerzuspiegeln, diesmal als Gestaltung progressiver Ideen und ganz bestimmter gesellschaftlicher Ereignisse: Oktoberrevolution und 1. Mai als internationalen Kampftag der Werktätigen. Der junge Komponist bedient sich immer souveräner und origineller der ihm eigenen Ausdrucksmittel; zu ihnen gehören zum Beispiel die nachdenkliche, expressive und auch zu rezitativischer Deklamatorik umschlagende Melodik, ihre höchst kunstvolle Entwicklung oder polyphone Verarbeitung, der rhythmische Schwung und die oft hämmernde Motorik, der Einsatz bestimmter instrumentaler Klangfarben und Genres (Galopp, Polka, Marsch, Walzer), scharfe Kontraste vor allem im Wechsel von ironisch-grotesken und ernsttragischen Episoden. Bemerkenswert ist in den frühen sinfonischen Werken auch schon die Einbeziehung vokaler Gestaltungsmittel (hingewiesen sei auf die hymnischen Schlußchöre in der 2. und 3. Sinfonie).

Überhaupt ist festzustellen, daß sich aufschlußreiche Verbindungslinien zwischen dem Sinfoniker und dem Musikdramatiker Schostakowitsch ergeben. So kann die 1932 geschriebene Oper »Katarina

Ismailowa« (ursprünglicher Titel: »Lady Macbeth von Mzensk«) als Quelle für bestimmte dramaturgische Methoden in den folgenden Sinfonien und kammermusikalischen Werken angesehen werden. Man darf sogar von einer gewissen »Theatralität« der Sinfonien des Komponisten sprechen, von ihrer bildhaften Anschaulichkeit, ja beinahe szenisch aufgebauten Dramaturgie.

So läßt sich aus der Analyse der Jugendwerke, ihres inhaltlichen Anliegens und ihrer stilistischen Eigenart genau die Entwicklung des Komponisten bis hin zu seiner sinfonischen Meisterschaft ablesen. Neu gesehen werden muß dabei der Stellenwert der 4. Sinfonie, die keineswegs mißlungen ist, weil sie unter der »Manie des Grandiosen« leidet. Ihre klanglichen Ausschreitungen entsprechen nur den gewachsenen künstlerischen Ideen des Komponisten, der in diesem Werk erstmals zu einer Synthese seiner inzwischen voll ausgeprägten personalstilistischen Züge findet. Mit ihr kehrt Schostakowitsch nach den zwei vorangegangenen einsätzigen Werken zur zyklischen Sinfonieform (wenn auch vorerst nur zur dreisätzigen) zurück. Nun war der Weg frei für die in ihrem gedanklich-ideellen Anspruch bedeutsame 5. Sinfonie (»Vom Werden der Persönlichkeit«) und die folgenden, vom Ringen um künstlerische Wahrheit und Meisterschaft, Wirklichkeitsnähe, Volksverbundenheit und Parteilichkeit geprägten sinfonischen Werke, die den Erbauern der neuen sozialistischen Gesellschaftsordnung gewidmet sind, sie berühren und begeistern sollen, Verstand und Gefühl bewegen. In ihnen wird an das große humanistische Erbe eines Beethoven, Tschaikowski, Mahler und auch Mussorgski angeknüpft, schöpferisch und mit neuen fruchtbaren Gedanken, die den mächtigen Impulsen unseres sozialistischen Zeitalters entsprungen sind. »Echte Musik«, äußerte einmal der Komponist, »spiegelt immer den Inhalt des Lebens, der in der Seele des Menschen umgewandelt wurde, die Welt der Gefühle, Stimmungen, Leidenschaften, Gedanken und Ideen wider. Deshalb entstehen die herrlichsten und mächtigsten Musikwerke in den Perioden, in denen die menschliche Gesellschaft stärker fühlt, wenn die Leidenschaften glühen, die Hoffnungen und das Streben der Menschen einengende Schranken durchbrechen – in Zeiten gesellschaftlicher Krisen, Revolutionen, eines mächtigen Vorwärtsdrängens.«

So entstanden Anfang der vierziger bis Anfang der sechziger Jahre die kämpferische, den Sieg der Humanität über die Greuel des Krieges ausdrückende 7. Sinfonie (den Verteidigern der Stadt Leningrad während des zweiten Weltkrieges gewidmet) und die als gewaltige Klanggemälde entworfenen Sinfonien Nr. 11 und 12, in denen die revolutionären Ereignisse von 1905 und 1917 ihre eindrucksvolle künstlerische Gestaltung finden. Zu den markanten, in Perioden gesellschaftlicher Veränderungen entstandenen Kompositionen Schostakowitschs gehören auch das Oratorium »Das Lied von den Wäldern« (1949), die Kantate »Über unserer Heimat scheint die Sonne« (1952), aber auch schlichte oder die Massen aufrüttelnde Lieder sowie zahlreiche im Ausdruck höchst differenzierte Kammermusikwerke wie das Klavierquintett aus dem Jahre 1940, der Zyklus von »Elf jiddischen Gesängen« (1948) und mehr als ein Dutzend Streichquartette, unter ihnen das 8., dem Eindrücke von der im Krieg sinnlos zerstörten Stadt Dresden und ihrem Wiederaufbau zugrunde liegen. In den konzertanten Werken gelingt es dem Komponisten, nicht nur neue virtuose Spielmöglichkeiten für die Soloinstrumente aufzuspüren und die Kadenzen stärker im Ausdruck zu betonen, ja zu erweitern, sondern auch die sinfonische Gestaltung von Solo- und Orchesterpart insgesamt zu vertiefen. Ein weiter Weg wird beschritten vom musizierfreudigen 1. Klavierkonzert (Konzert für Klavier, Trompete und Streichorchester) op. 35 (1933) bis zum gedanklich konzentrierten, im Ton ernst-lyrischen und dramaturgisch eigenwillig angelegten 2. Konzert für Violoncello und Orchester op. 126 aus dem Jahre 1966.

Betrachtet man die in den letzten zehn Jahren entstandenen sinfonischen Werke des Komponisten, so ist zu beobachten, daß sein Interesse an den »großen Themen« des gesellschaftlichen Lebens, am Kampf der Menschheit für Frieden und Glück nicht nachgelassen hat; nehmen wir die vokalsinfonisch konzipierte 13. Sinfonie, deren erster Satz den Opfern der faschistischen Rassenhetze gewidmet ist und ebenso der Klage wie der Anklage ergreifenden Ausdruck gibt, oder die 14. Sinfonie, in der die Dialektik von Leben und Tod in den Mittelpunkt rückt. Ob nun in diesen Werken der Satzzyklus erweitert oder verändert wird, vokale Mittel (Solostimmen) einbezogen und literarische Bezüge hergestellt werden – sie ergeben sich stets aus den inhaltlichen Fragestellungen, ethischen Absichten, Problemen des neuen Lebens und geschichtlicher Entwicklungen, mit denen sich der Komponist intensiv auseinandersetzt. Dazu gehört das Ringen um eine humanistische Weltsicht ebenso wie die überzeugende Gestaltung menschlicher Konflikte.

Heinz Alfred Brockhaus weist darauf hin, daß gerade die Werke der vergangenen zehn Jahre »in neuer Weise die Frage nach dem Wesen des Tragischen in der sozialistisch-realistischen Musik unserer Tage zur Diskussion stellen«. Er betont, daß bei allen jenen Werken, die das prononciert tun, Veränderungen im zyklischen Aufbau und neue Kompositionsmittel auffallend sind. Genannt werden von ihm die als Vokalsinfonie entworfene »Vierzehnte« und die Streichquartette Nr. 11 und 13, in denen der Konflikt von Tod und Leben mit bis dahin bei Schostakowitsch unbekannten Ausdrucksmöglichkeiten musikalisch gestaltet wird (Glissandowirkungen im 11. Quartett, dodekaphonische Elemente im 12. Quartett, Klopfen mit dem Geigenbogen auf den Instrumentalkörper im 13. Quartett usw.). Das Tragische sei bei Schostakowitsch, so heißt es weiter, frei von Pessimismus und Fatalismus, die gewählten Mittel und Methoden werden so eingesetzt, daß es gelingt, »das Tragische als durchschaubar und die ihm zugrunde liegenden Widersprüche als lösbare zu zeigen«. Abschließend heißt es: »Es geht also auch oder gerade in diesen tragischen Werken um das sozialistische Menschenbild, um humanistische Ideale, die der Komponist durch eine Konfrontation des Erreichten und des zu Erstrebenden zum Ausdruck bringt.«

Schostakowitschs Musik hat heute weltweite Anerkennung gefunden. Seine Persönlichkeit und sein künstlerisches Wirken sind zum Vorbild für viele Komponisten geworden, auch für die namhaften Musiker der DDR. In der Sowjetunion ist sein Schaffen durch die mehrfache Verleihung des Staatspreises, durch den Leninpreis und Leninorden, den Ehrentitel »Volkskünstler der UdSSR« und »Held der Arbeit« anerkannt worden. 1954 erhielt Schostakowitsch den Weltfriedenspreis. 1972 nahm er in der DDR anläßlich seines fünfundsechzigsten Geburtstages den Orden »Stern der Völkerfreundschaft« in Gold entgegen, mit dem seine großen Verdienste für die Verständigung und Freundschaft der Völker und für die Erhaltung des Friedens gewürdigt wurden. Die Universität Oxford sowie die Nordwest-Universität in Evanston bei Chicago verliehen ihm den Doktorgrad ehrenhalber, in Finnland überreichte man ihm den Sibelius-Preis, in England die Goldmedaille der Königlichen Philharmonischen Gesellschaft und in Dänemark den Sonning-Musikpreis 1973. Frankreich ehrte sein Wirken mit einem Orden der Akademie der Künste und Literatur. Schostakowitsch ist außerdem Mitglied der Schwedischen Akademie, Ehrenmitglied der Academia di S. Cecilia Rom sowie Korrespondierendes Mitglied der Akademie der Künste der DDR.

Sinfonien: Nr. 1 op. 10 (1925); Nr. 2 op.14 »Widmung an den Oktober« (1927); Nr. 3 op. 20 »1. Mai« (1930); Nr. 4 op. 43

(1936); Nr. 5 op. 47 (1937); Nr. 6 op. 54 (1939); Nr. 7 op. 60 »Leningrader« (1941); Nr. 8 op. 65 (1943); Nr. 9 op. 70 (1945); Nr. 10 op. 93 (1953); Nr. 11 op. 103 »Das Jahr 1905« (1957); Nr. 12 op. 112 »Das Jahr 1917« (1961); Nr. 13 op. 113 (1962); Nr. 14 op. 135 (1969); Nr. 15 op. 141 (1971). – Kleinere Stücke für Orchester: Scherzo f-Moll op. 1 (1919); Thema mit Variationen op. 3 (1922); Scherzo E-Dur op. 7 (1923); Zwei Stücke op. 23 (1929); Suite für Jazzorchester op. 38 (1934); Fünf Fragmente op. 42 (1935); Drei Stücke op. 77 (1948); Suite für Jazzorchester Nr. 2 (1938); Festliche Ouvertüre op. 96 (1954). – Ballettmusiken: Suite aus dem Ballett »Das goldene Zeitalter« op. 22 (1930); Musik zum Ballett »Der Bolzen« op. 27 (1931); Musik zum Ballett »Der helle Bach« op. 39 (1934); Ballettsuiten Nr. 1 (1949), Nr. 2 (1950), Nr. 3 (1951) und Nr. 4 (1953); Musik zum Ballett »Das Mädchen und der Rowdy« (1962).
Konzerte: Klavierkonzerte Nr. 1 c-Moll op. 35 (1933), Nr. 2 F-Dur op. 102 (1957); Violinkonzerte Nr. 1 a-Moll op. 99 (1955), Nr. 2 cis-Moll op. 129 (1967); Violoncellokonzerte Nr. 1 Es-Dur op. 107 (1959), Nr. 2 op. 126 (1966).   HPM

1. Sinfonie op. 10

Besetzung: Pikkoloflöte, 2 Flöten, 2 Oboen, 2 Klarinetten, 2 Fagotte, 4 Hörner, 3 Trompeten (eine in F), 3 Posaunen, Tuba, Pauken, Schlagzeug, Klavier, Streicher
Aufführungsdauer: 30 Minuten

Schostakowitsch war neunzehn Jahre alt, als er zum Abschluß seiner Studien am Leningrader Konservatorium (1925) die 1. Sinfonie schrieb; sie wurde am 26. Mai 1926 in Leningrad uraufgeführt und als der »höchstmögliche Ausdruck des Talents« bezeichnet.
Der *erste Satz* beginnt mit einer längeren Einleitung (Allegretto), deren Klangcharakter betont kammermusikalisch ist. Solistisch und im Dialog musizieren hier die Instrumente. Den Hauptteil (Allegro non troppo) eröffnet ein marschartiges Thema in der Solo-Klarinette,

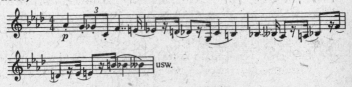

das im weiteren Verlaufe zunehmend seine in ihm steckende Kraft und Zuversicht offenbart. Es erscheint in den verschiedensten Orchestergruppen und ist ständig gegenwärtig. Den lyrischen Kontrast dazu bildet eine graziöse und munter emporschwingende Walzermelodie, zuerst von der Flöte angestimmt. In dem durchführungsartigen Mittelteil verdichtet sich das musikalische Geschehen, wobei die einzelnen Themen- und Motivteile konflikthaft gegenübergestellt werden. Mit einem Rückgriff auf die Einleitung klingt der Satz heiter und gelöst aus.

Ein sprühendes und wild dahinjagendes Scherzo folgt als *zweiter Satz* (Allegro), dessen Ausdruck durch sein Thema

umrissen wird. Lockere melodische Diktion und virtuoses Passagenwerk herrschen vor. Von besonderem Reiz sind hierbei auch die »Einlagen« des Klaviers. Die eigenwillige liedhafte Gestaltung des Mittelteils hebt sich davon scharf ab, er führt in eine andere Klangwelt. In der Wiederholung des A-Teils tritt das Klavier noch bestimmender hervor.

Der *dritte Satz* (Lento) beeindruckt durch seinen erhabenen und nachdenklichen Ausdruck. Kantables und expressives Melos in den Holzbläsern und Streichern, Trauermarschintonationen, aber auch Signalmotive in den Blechbläsern werden vom Komponisten eingesetzt, um diesem Satz sein besonderes inhaltliches Gewicht zu geben.

Ohne Unterbrechung folgt das beschwingte und sinfonisch weit ausholende *Finale* (Allegro molto), dem ebenfalls eine Einleitung, diesmal düster und geheimnisvoll, vorausgeht. Mitreißend dann das Hauptthema,

an das ein expressiver Seitengedanke in der Solo-Violine anschließt.
Mehrere energisch gesteigerte Episoden folgen, bis das turbulente
Geschehen in eine Prestostretta mündet. Doch zuvor ruft noch einmal die Pauke mit ihrem rhythmisch scharf profilierten Motiv aus
dem Lentosatz ernste Gedanken in Erinnerung.
»Es ist offensichtlich«, bemerkt Heinz Alfred Brockhaus über diese
Sinfonie, »daß die verschiedenen Gehaltkomponenten des Werkes
auf Erlebnisse des jungen Komponisten hinweisen. Dazu gehört
sowohl die Widerspiegelung einer als heiter und sorgenfrei empfundenen Jugend wie der schmerzliche Widerhall, den der Tod des
Vaters im Jahre 1922 in seinem Empfinden nachwirken ließ, wie
auch die erregenden Erlebnisse der Revolution im Jahre 1917. Das
alles hat Schostakowitsch verallgemeinert und künstlerisch überhöht dargestellt.«

2. Sinfonie op. 14 »Widmung an den Oktober«

Besetzung: Pikkoloflöte, 2 Flöten, 2 Oboen, 2 Klarinetten,
2 Fagotte, 4 Hörner, 3 Trompeten, 3 Posaunen, Tuba, 3 Pauken, Schlagzeug (mit Sirene), Glockenspiel, Streicher; gemischter Chor
Aufführungsdauer: 16 Minuten

Mit dieser Sinfonie legte der junge Schostakowitsch 1927 nicht nur
eine handwerklich sauber gearbeitete, in allen Details beeindruckende Talentprobe vor, sondern er wendet sich mit ihr erstmals der
musikalischen Gestaltung eines bestimmten gesellschaftlichen Ereignisses zu: der Oktoberrevolution. Die künstlerische Auseinandersetzung mit diesem großen Thema ist für den einundzwanzigjährigen Komponisten beachtlich, das Ergebnis nicht weniger, obwohl
er selbst seinem Werk zeitweise kritisch gegenübergestanden hat.
Es sei aber für ihn, wie er einmal betonte, als Arbeitsprozeß nützlich gewesen.
Auffallend ist, daß sich der Komponist knapp zu fassen verstand
und keineswegs ein grandioses Tongemälde zum Beispiel vom
Sturm auf das Winterpalais schuf. Die Gesamtanlage beschränkt
sich auf einen Satz, der mehrfach untergliedert ist und in einen
hymnischen Chorabschnitt mündet (Text: Alexander Besymenski).
Dissonanzenreich, hart und spröde präsentiert sich das Klangbild.
Es ergibt sich aus der betont linearen Gestaltungsweise, aber auch
aus der experimentellen Haltung des Komponisten, die für einige
seiner frühen Werke besonders charakteristisch ist.

Aus den allmählich anschwellenden Streicherfiguren des Beginns
entsteht eine große sinfonische Steigerung, die von einer Trompetenmelodie cantus-firmus-artig zusammengehalten wird. Die ordnende Kraft der Oktoberrevolution, so äußerte einmal der Komponist, sollte hier ihren musikalischen Ausdruck finden. Besungen
wird im abschließenden Chor der Oktober als Sinnbild für Glück,
Arbeit, Sonne und Erfüllung menschlicher Sehnsüchte seit Jahrhunderten. Es heißt dementsprechend in den letzten Verszeilen
(ins Deutsche übertragen von Gerhard Hartmann):

> Oktober! Das ist der Bote der ersehnten Sonne.
> Oktober! Das ist der Wille der aufgestandenen Jahrhunderte.
> Oktober! Das ist Arbeit, das ist Freude und Singen.
> Oktober! Das ist das Glück der Felder und Werkbänke.
> Dies ist das Banner, dies ist der Name der
> lebenden Generationen:
> Oktober, Kommune und Lenin.

Dieses Chorfinale besitzt musikalische Eindringlichkeit und Kraft.
Plastisch heben sich darin antiphonisch gestaltete Teile (Frauen-
und Männerstimmen) voneinander ab. Agitatorische Elemente
(Sprechchor), Marsch- und Signalintonationen geben der Idee des
Werkes konkreten Bezug. Das wird besonders auch durch
die vokalsinfonische Gestaltung unterstrichen, die nach Beethovenschem Vorbild der Aussage eine neue Dimension verleiht.
Die 2. Sinfonie wurde am Vorabend des 10. Jahrestages der Oktoberrevolution, am 6. November 1927, uraufgeführt.

3. Sinfonie op. 20 »1. Mai«

Besetzung: Pikkoloflöte, 2 Flöten, 2 Oboen, 2 Klarinetten,
2 Fagotte, 4 Hörner, 2 Trompeten, 3 Posaunen, Tuba, Pauken,
Schlagzeug, Glockenspiel, Xylophon, Streicher; gemischter
Chor

Aufführungsdauer: 30 Minuten

Sowohl im instrumentalen wie vokalen Bereich übertrifft die 3. Sinfonie, 1929/30 komponiert, ihre Vorgängerin. Sie begnügt sich nicht
mit einer Aneinanderreihung von kurzen, wenn auch in sich geschlossenen Episoden, sondern weist einen stärkeren sinfonischen
Zug auf. Er verbindet die verschiedenen, zueinander kontrastie-

renden Teile und läßt sie dem mächtig gesteigerten, melodisch einprägsamen Chorfinale zustreben. Gegenüber der »Zweiten« fällt auch die stärkere emotionale Vertiefung auf, die sich nicht zuletzt aus expressivem Streichermelos und einigen von rezitativischer Deklamatorik bestimmten Instrumentalsoli ergibt. Ein Beispiel dafür ist bereits die Klarinetteneinleitung,

die zunächst einstimmig und dann in munterer Terzenzweistimmigkeit (Klarinette I und II) erklingt. Feste Marschrhythmen, Signalmotive und ein locker übersprudelndes Bläserspiel sind für die folgenden Abschnitte von besonderer Bedeutung. Beim Hören stellen sich unwillkürlich Assoziationen ein, die an eine Maidemonstration denken lassen. In dieses Bild paßt auch jene Stelle, wo das zum Höhepunkt geführte Orchestergeschehen abbricht und zum »marschierenden« Rhythmus der Trommel 2 Solo-Hörner eine festliche Marschmelodie anstimmen,

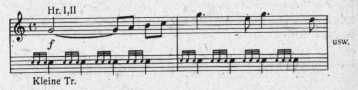

die bald auch von den anderen Blasinstrumenten, zum Beispiel der Trompete, übernommen wird. Der folgende Andanteabschnitt dürfte in der sinfonischen Literatur einen gewissen Seltenheitswert besitzen. Zu Paukenwirbel und sparsamer Streicherbegleitung erscheinen eindringliche Motive, die dem Tonfall der Rede, sowohl der nachdenklichen wie der erregten, ähnlich sind. Auf diese Besonderheit der »Dritten« hat einmal Boris Assafjew aufmerksam gemacht. Er stellte fest, daß diese Sinfonie wohl der einzige Versuch gewesen sei, »die Sinfonik aus der Dynamik revolutionären Redens, des Rednertonfalls entstehen zu lassen«. Dieses Gestaltungselement tritt in der Einleitung zum Chorfinale noch stärker hervor als im erwähnten Andanteteil. Eine Deklamatorik, die revolutionäres Pathos, plebejische Frische und Kraft ausstrahlt und an Gedichte von Wladimir Majakowski denken läßt, wird hier gestalterisch überzeugend eingesetzt. In der musikalischen Faktur entsprechen ihr emphatisch-aufbegehrende Glissandoschleifer in den Streichern und nachdrückliche Repetitionsmotive in den Bläsern.

Diese Instrumentalrezitative bereiten wie in der »Neunten« von Beethoven den vokalsinfonischen Schlußabschnitt vor, in dem sich hymnisch ausgesungene und mehr dem Sprechgesang zuzuordnende Teile abwechseln. Besonders deutlich werden melodisch-rhythmisch und in klanglichen Steigerungen jene Textzeilen hervorgehoben, in denen der 1. Mai als Fest der Freude und der Freiheit für die bisher unterdrückten werktätigen Massen gefeiert wird. Eine 7taktige instrumentale Stretta bildet den mitreißenden Ausklang.

4. Sinfonie op. 43

Besetzung: 2 Pikkoloflöten, 4 Flöten, 4 Oboen (4. auch Englischhorn), 5 Klarinetten (eine in Es), Baßklarinette, 3 Fagotte, Kontrafagott, 8 Hörner, 4 Trompeten, 3 Posaunen, 2 Tuben, 6 Pauken, Schlagzeug, Xylophon, Glockenspiel, Celesta, 2 Harfen, große Streicherbesetzung
Aufführungsdauer: 60 Minuten

Mit seiner 1935/36 geschaffenen »Vierten« kehrte Schostakowitsch zur großen zyklischen Sinfonieform (wenn auch vorerst nur zur dreisätzigen) zurück. In ihr prägt der Komponist zugleich im Keim seinen reifen Stil aus, dessen Merkmale nur stichpunktartig genannt seien: Konzentriertheit des thematischen Materials und dessen tiefgreifende sinfonische Entwicklung, Individualisierung des melodischen Ausdrucks, Orchesterpolyphonie, zyklische Formung, Genre-

Bildhaftigkeit, typische Schlußbildungen mit Streichern, Harfe und Celesta, souveräne Beherrschung des Orchesterapparates in allen seinen klanglichen Besonderheiten. Obwohl dieses Werk lange Zeit nicht gespielt wurde (es kam erst 1961 in Moskau zur Aufführung), darf es als wichtiger Meilenstein in der Entwicklung des Komponisten als Sinfoniker angesehen werden. Mit der »Vierten« war der Weg frei für die in der humanistischen Ideenkonzeption grandiose 5. Sinfonie.

Tiefer gedanklicher Ausdruck wird schon im *ersten Satz* (Allegro poco moderato) erreicht, in dessen epischer Anlage sich die kämpferisch-dramatischen Konflikte voll entfalten können. In den Konturen fest umrissen ist die kurze Einleitung; das etwas skurril anmutende, von Synkopen- und Marcatoakzenten geprägte erste Thema intonieren Trompeten, Posaunen und Violinen:

Dieser Exposition des Themas folgt eine bis zum Klangausbruch des Orchesters gesteigerte selbständige Durchführung, der sich in jeweils eigenen Abschnitten ein expressives Streicherthema (das kontrapunktisch verarbeitet wird) und nach mehreren wellenartigen Orchestercrescendi das für den weiteren Verlauf entscheidende Monologthema im Solo-Fagott anschließen.

Dieser expressive thematische Gedanke bringt als Kontrastelement zu den klanglich intensivierten Tuttistellen einen nachdenklich-philosophischen Zug in die spannungsvolle Auseinandersetzung: Sein deklamatorischer Charakter wird noch durch den bevorzugten Einsatz als Solothema (Baßklarinette, Horn) unterstrichen. Auf dem Höhepunkt der überdimensionalen Durchführung, die die Themen weniger im klassischen Sinne motivisch-thematisch verarbeitet als in episodischer Reihung klanglich variiert, erscheint eine in Sechzehntelpassagen wild dahinjagende Prestofuge,

die mit ihrem fast geräuschartigen Charakter am Schluß alle bisherigen klanglichen Wirkungen übertrifft. Sie ist ein bis dahin in der Sinfonik Schostakowitschs einzigartiges Phänomen. Eigenwilliges Gepräge besitzt auch der umfangreiche Reprisenkomplex: Zunächst erklingt die um das Doppelte erweiterte, rhythmisch intensivierte (Triolen) Allegrettoeinleitung, der sich nunmehr in umgekehrter Reihenfolge und in veränderter Klangcharakteristik die einzelnen Themen anschließen: zunächst das (dritte) Monologthema in den sordinierten Trompeten und Posaunen, dann das zweite, jetzt von festen Streicherachteln begleitete »Espressivo«-Thema und schließlich das hier fast beschaulich wirkende erste Thema im Solo-Fagott.

Dem von stürmischen Konflikten geprägten Kopfsatz schließt sich ein kurzes und übersichtlich geformtes *Scherzo* an, das besonders im ersten A-Teil einer lyrisch-phantastischen Ballettszene gleicht. Ohne dieses melodisch reizvolle und rhythmisch federnde »Intermezzo« im einzelnen zu erläutern, muß doch auf die neuartige Verknüpfung von im Gestus tänzerischen Elementen mit kontrapunktischen Verarbeitungstechniken hingewiesen werden. Im B′-Teil arbeitet Schostakowitsch auf eine andere spezifische, ebenfalls für ihn bezeichnende Weise: Ein ursprünglich den Streichern übertragenes Thema erklingt in den Hörnern wie eine in kräftigen Farben entworfene »Losung«, die übrigen Orchesterstimmen werden gleichsam darüber und darunter blockweise geschichtet (zum Teil mit weiterem thematischem Material).

Am wenigsten gelungen erscheint in der »Vierten« das *Finale,* ein Largo, das in seiner enormen Länge (25 Minuten) zwar ein Gleichgewicht zum ersten Satz schafft, aber weitaus bunter und in der Dramaturgie weniger straff als dieser ausgefallen ist. In sich geschlossen wirkt der erste, von einem Trauermarsch (Solo-Fagott) bestimmte Teil,

der in seiner ergreifenden Tragik auch auf spätere Gestaltungsarten (6. und 8. Sinfonie) hinweist. Im Mittelteil herrscht demgegenüber ein farbenprächtiges, locker arrangiertes Genreallerlei vor, bei dem sich ein derb zupackendes, tokkatenhaftes Scherzo-Allegro, eine ins Komische gesteigerte Polkaepisode, mehrere Walzermelodien und ein pionierliedähnlicher Marsch abwechseln. Seine eigentliche sinfonische Abrundung erfährt der Largosatz mit der Coda. In ihr erleben wir nicht nur noch einmal eine der faszinierendsten klanglichen Aufgipfelungen mit der für Schostakowitsch typischen, kontrastreich zugespitzten Instrumentation, sondern in ihr zieht der Komponist das entscheidende konzeptionelle Fazit: Das Trauermarschthema bleibt nicht wie es war, sondern wird ins Hymnische und Sieghafte gesteigert. Damit werden zwei wesentliche Seiten dieser großangelegten Sinfonie, ihre Tragik und ihre gewaltige heroische Kraft, in einer dialektischen Einheit aufgehoben.

HPM

5. Sinfonie op. 47

> Besetzung: Pikkoloflöte, 2 Flöten, 2 Oboen, 3 Klarinetten (eine in Es), 2 Fagotte, Kontrafagott, 4 Hörner, 3 Trompeten, 3 Posaunen, Tuba, Pauken, Schlagzeug, 2 Harfen, Glockenspiel, Xylophon, Celesta, Klavier, Streicher
> Aufführungsdauer: 50 Minuten

Diese 1937 vollendete Sinfonie in d-Moll ist ein Werk von großer ideeller Bedeutung. Ihr Thema: das Werden der Persönlichkeit, die Wandlung des menschlichen Bewußtseins. Außerordentlich reich ist die Fülle an Gedanken, die hier geäußert werden. Schostakowitsch läßt die antagonistischen Kräfte hart aufeinanderprallen und bejaht das aktive, energische Bewußtsein der neuen, sozialistischen Persönlichkeit und die Klarheit ihrer Weltanschauung.
Wie ein Motto für das ganze Werk erscheinen die ersten 4 Takte, die Einleitung zum *ersten Satz* (Moderato):

In dieses energische Motiv ist schon die ungeheure Kraft einbezogen, die für die ganze weitere sinfonische Entwicklung bestimmend bleibt. Aus diesem Motto wächst das Hauptthema hervor. Von heiterer Wehmut erfüllt ist das kantable Seitenthema. Die fortwährende Veränderung der harmonischen Verläufe, die Feinheit der Instrumentierung geben der Musik hier den Charakter einer leichten, zarten Träumerei. Im ganzen bildet die Exposition eine Welt quälender Gedanken und lyrischer Erinnerungen, unbeugsamer Entschlossenheit und müder Ergebung in die Mißgeschicke des Lebens ab; sie wird abgelöst vom Ungestüm der Durchführung. Drohend erklingt das Hauptthema. Die Intonationen des Mottothemas erscheinen, in verzerrter Form tauchen die Umrisse des Seitenthemas auf. Am Schluß der Durchführung nimmt das Hauptthema die Gestalt eines grotesken Marsches an. Die Reprise vereint dann die Gesamtheit des thematischen Materials, obgleich es hier keine genauen Wiederholungen gibt. Aufgehellt-elegischen Charakter trägt die Coda. Auf dem Hintergrund des exakten Rhythmus der Bässe wird noch einmal das Hauptthema umgewandelt; abermals erklingt das Thema des Mottos.

Der *zweite Satz* (Allegretto) ist ein funkelndes Scherzo. Es zeichnet sich durch Einfachheit und Humor sowie durch ungewöhnlichen Glanz in der Instrumentierung aus. Das Hauptthema überrascht durch unerwartete harmonische Wendungen und absichtlich ungeschickte Sprünge. Einzelne seiner Motive zwängen sich in andere Episoden hinein. Das zweite Thema ist wie das erste tänzerisch, doch wesentlich schärfer in der Rhythmik, das dritte wirkt hinreißend durch seine jubelnde Lebensfreude und seinen strahlenden Glanz. Mozartisch leicht, ländlerhaft übermütig und ein wenig ironisch klingt das bezaubernde Thema des Trioteils:

Tieftragischen Charakter hat der langsame *dritte Satz* (Largo). Lyrische Wärme vereint sich hier mit einer gewissen Härte des Kolorits und Strenge der Zeichnung. Unablässig fließt die Melodie, bald liedhaft, bald in der Form eines dramatischen Rezitativs. Eine der markantesten Stellen ist das von der Solo-Oboe vorgetragene Rezitativ:

Das ist die trauervolle Klage einer einsamen Seele, ausgedrückt in einer Sprache, die der Bachs verwandt ist und doch gleichzeitig völlig in die Gegenwart gehört. In der Reprise wird aus sanfter Ergebung leidenschaftliches Aufbegehren, aus ergreifender Klage tragisch bewegtes Pathos. In den Schlußtakten ziehen die wichtigsten Themen des Satzes noch einmal vorüber.

In diese Welt tiefernster Stimmungen bricht in rasendem Angriff das *Finale* (Allegro non troppo) ein. Das marschartige, aggressive Hauptthema – rauh in seinem Äußeren, elementar in seinem Charakter – entsteht unerwartet aus dem Dröhnen der Pauken.

Es gibt dem Finale den besonderen Charakter – befehlend und drohend. Nachdem es eine Reihe von Wandlungen durchgemacht hat, erscheint es noch einmal am Schluß, im strahlenden Bläserklang hymnisch gesteigert.

6. Sinfonie op. 54

Besetzung: Pikkoloflöte, 2 Flöten, 2 Oboen, Englischhorn, 3 Klarinetten (3. auch in Es), Baßklarinette, 2 Fagotte, Kontrafagott (auch 3. Fagott), 4 Hörner, 3 Trompeten, 3 Posaunen, Tuba, Pauken, Schlagzeug, Xylophon, Celesta, Harfe, Streicher

Aufführungsdauer: 33 Minuten

Dieses dreisätzige Werk, 1939 vollendet und in Leningrad mit der dortigen Philharmonie unter Jewgeni Mrawinski uraufgeführt, ist eine Art Fortsetzung der 5. Sinfonie.

Der *erste Satz* (Largo) entwickelt Gedanken, die denen des trauer-

Schostakowitsch

vollen Largo der vorhergehenden Sinfonie verwandt sind, wenn sie jetzt auch anders ausgedrückt werden. Der Satz ist monothematisch angelegt (d. h. er verwendet nur ein Thema) und besteht aus einer Folge von Variationen. In sich versunkene, schwermütige Nachdenklichkeit findet intensivsten Ausdruck.

Im Gegensatz zum Largo der 5. Sinfonie herrschen in diesem Largomonolog größere Ruhe und Besonnenheit. Durchströmte jenes Werk ein noch lebendiges, eben erst durchlittenes Gefühl, so äußert sich hier die objektive Aussage des überwundenen. Schostakowitsch entwickelt weite sinfonische Bewegung in einem einzigen melodischen Atem. Er folgt darin dem von ihm so hoch verehrten Johann Sebastian Bach, wobei sich natürlich seine musikalische Gestaltungsweise auf ganz anderer Ebene bewegt. Im Mittelteil treten vor allem deklamatorisch-rezitativische Züge hervor. Das Largo verklingt in tragischer Schicksalsergebenheit (Erinnerung an überstandene Leiden).

Im Kontrast zu diesem grüblerischen, lyrisch-philosophischen Largo versetzen uns die beiden folgenden Sätze in die Welt lichter Daseinsfreude. Der *zweite Satz* (Allegro), überaus reich an Ideen, Klangfarben und Rhythmen, ist ein zauberhaftes Scherzo, eines der besten von Schostakowitsch. Das erste Thema schwebt sanft wie ein Lufthauch in den zierlichen Rhythmen eines schnellen Menuetts oder Walzers vorüber. Im zweiten Thema, zurückhaltender in der Bewegung, kommt der Walzer- oder eigentlich Ländlercharakter noch deutlicher zur Geltung. Das dritte Thema, breit und schwungvoll, erklingt im Zwiegespräch der Violoncelli und Kontrabässe mit den Violinen. Bemerkenswert für das ganze Stück ist die Leichtigkeit der polyphonen Handschrift.

Im glanzvollen, funkelnd instrumentierten *Finale* (Presto) hat Schostakowitsch eine schlichte, melodienreiche Sprache gefunden. Das Hauptthema erinnert in seinem rhythmischen Charakter an einen Galopp.

Heiter und anmutig ist das zweite Thema. Der Mittelteil des Finalsatzes beginnt mit einer schweren, stampfenden Bewegung der Bässe. Vor diesem Hintergrund hebt sich eine Episode ungehemmter Fröhlichkeit ab. Mit einem stürmischen Lauf endet dieser lebensfrohe, humorvolle Satz.

IM

7. Sinfonie op. 60 »Leningrader«

Besetzung: 3 Flöten (2. auch Altflöte, 3. auch Pikkolo), 2 Oboen, Englischhorn, 3 Klarinetten (3. auch in Es), Baßklarinette, 2 Fagotte, Kontrafagott, 8 Hörner, 6 Trompeten, 6 Posaunen, Tuba, Pauken, Schlagzeug, Xylophon, 2 Harfen, Klavier, Streicher

Aufführungsdauer: 75 Minuten

In den unheilvollen Tagen des Kampfes um das sowjetische Land, während des heroischen Widerstandes gegen die faschistischen Eindringlinge wurde die »Sinfonie der allesbesiegenden Tapferkeit« (wie sie einmal in der Sowjetunion genannt wurde) geschaffen. Schostakowitsch berichtet über die Entstehungsgeschichte dieses Werkes: »Ende Juli 1941 begann ich an der Sinfonie zu arbeiten, Ende Dezember beendete ich sie. Fast die ganze Sinfonie schrieb ich in meiner Heimatstadt Leningrad. Die Stadt wurde von den blutdürstigen Hitlerschen Horden berannt und war den Bombardierungen aus der Luft ausgesetzt; vor der Stadt stand die feindliche Artillerie. Alle Leningrader hielten wie Freunde zusammen und gelobten sich, gemeinsam mit den ruhmreichen Kämpfern der Roten Armee dem überheblichen Feind die Stirn zu bieten. In diesen Tagen arbeitete ich an der Sinfonie. Ich arbeitete viel, angespannt und schnell. Ich wollte ein Werk über unsere Tage, unser Leben, unsere Menschen schaffen. Unserem Kampf gegen den Faschismus, unserem künftigen Sieg über die Feinde, meiner Heimatstadt Leningrad widmete ich meine siebente Sinfonie.«

Die Idee der Sinfonie ist der Triumph der humanistischen Kräfte, der Vernunft und Kultur über die düstere und entsetzliche Grausamkeit des Feindes. Das Werk ist erfüllt von jenem »Glauben an den Menschen«, der Maxim Gorki bewegte, als er die Worte schrieb: »Der Mensch ... wie stolz das klingt.«

Der *erste Satz* (Allegretto) läßt in unserem Bewußtsein den denkwürdigen Sommer des Jahres 1941 wiederaufleben:

> Das Land atmete im friedlichen Überfluß,
> Im Sprühen des Lebens, der Lieder und der Arbeit.
> An jenem frühen Morgen warfen die Feinde Bomben
> Auf sowjetische Häfen und Städte.

Der warme Atem eines Sommermorgens. Ein Bild friedlichen, glücklichen Lebens, von dem der Dichter Pawel Antokolski in jenen Versen spricht.

Breit und freudig erklingt ein russisches Liedthema:

Aber da ertönt von fern kalter Trommelwirbel. Das Thema des feindlichen Einfalls beginnt anzuwachsen, sich hervorzudrängen (bei seinem ersten Auftreten: Violinen I arco, Violinen II col legno, Bratschen pizzikato):

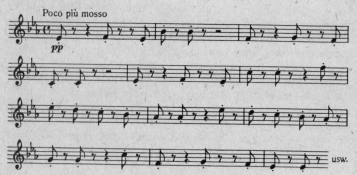

Das in seiner leblosen Automatik furchtbare Thema klingt immer rasender und wütender. Aber auch die Kraft des Widerstandes wächst. Das wilde Chaos der Zerstörung wird abgelöst von Bildern der Tapferkeit und des Kampfes. Wir hören von neuem das russische Thema. Es hat jäh sein Aussehen verändert. Jetzt spricht aus ihm der edle Zorn des Volkes. Der leidvolle und strenge Monolog des Fagotts (Adagio) erzählt von den Opfern, von den dahingegangenen heldenhaften Kämpfern. Wieder entsteht ein lichtes Bild – es ist die Erinnerung an die vergangenen frohen Tage, die verdunkelt wird vom Widerhall der schroffen Rhythmen des Kriegsthemas, des Überfalls.

Der *zweite Satz* (Moderato, poco allegretto) beeindruckt durch seine rührende und elegische Schönheit.

Der *dritte Satz* (Adagio) ist eine der innigsten Schöpfungen Schostakowitschs. Wir hören ein Poem auf die geistige Größe des Volkes. Der vertierten »Moral« des Feindes stellt der Komponist edle, humanistische Ideale gegenüber. Das zu Herzen dringende Thema des Adagio erhebt sich – wie Phönix aus der Asche – als Ausdruck unvergänglicher Lebenskraft.

Das Adagio geht unmittelbar ins *Finale* (Allegro ma non troppo) über, in dem Schostakowitsch von neuem das Bild des Krieges abrollen läßt. Ein düsteres Bild und dennoch freudig und voller Hoffnung. Das Hauptthema – es ist knapp und außerordentlich plastisch – klingt zuerst leise, wie von fern. Langsam gewinnt es an Kraft und beherrscht zuletzt machtvoll das ganze Orchester, kündend vom künftigen Triumph der gerechten Sache. Wenn der dynamische Höhepunkt erreicht ist, hören wir von neuem das russische Thema des ersten Satzes: Der Sieg des Lichtes über das Dunkel ist gewiß.

Schostakowitschs »Leningrader Sinfonie« wurde am 1. März 1942 im Moskauer Bolschoi-Theater unter der Leitung von Samuil Samossud uraufgeführt. Die deutsche Erstaufführung des Werkes fand im Dezember 1946 in der Deutschen Staatsoper Berlin statt (Berliner Philharmonisches Orchester unter Sergiu Celibidache).

8. Sinfonie op. 65

Besetzung: 4 Flöten (3. und 4. auch Pikkolo), 2 Oboen, Englischhorn, 3 Klarinetten (eine in Es), Baßklarinette, 3 Fagotte (3. auch Kontrafagott), 4 Hörner, 3 Trompeten, 3 Posaunen, Tuba, 4 Pauken, Schlagzeug, Xylophon, Streicher
Aufführungsdauer: 65 Minuten

Diese Sinfonie ist eines der bedeutendsten tragischen Orchesterwerke der letzten Jahrzehnte. Es ist die sinfonische Epopöe von den Leiden und Qualen eines Volkes, welches das grenzenlose Unheil der Kriegskatastrophen erduldet hat. Es ist die Erinnerung an vergossenes Blut und an vernichtete Menschenleben... Als großer und aufrichtiger Künstler mußte der Humanist Schostakowitsch mit einem Werk voller Trauer auf den Rauch von Auschwitz, auf die viehischen Morde an Kindern, auf die Not der Einwohner des eingeschlossenen Leningrad antworten. Die Sinfonie entstand im Jahre 1943, zu der Zeit, als der Krieg auf seinem Höhepunkt angelangt war. Der sowjetische Musikwissenschaftler Boris Assafjew nannte diese Tondichtung »ein erhabenes tragisches Epos über die von der Menschheit durchlebte furchtbare Zeit«.

Die 8. Sinfonie besteht aus fünf Sätzen, wobei der dritte, vierte und fünfte Satz ohne Pause einander folgen. Der fünfte hebt sich stark von den vorangehenden ab, aber auch der dritte und vierte Satz sind nach dem Prinzip des Kontrastes miteinander verbunden. Wenn man die Sinfonie als Ganzes betrachtet, kann man feststellen, daß sie eine dreifache Thematik hat: das schon aus der 7. Sinfonie bekannte Bild der unmenschlichen, zerstörerischen Kriegsmaschine (am stärksten ausgeprägt im dritten Satz), die Leiden des Volkes (vor allem in dem tragischsten der fünf Sätze, dem ersten) und den Glauben an das trotz Leid und Tod fortdauernde Leben. In Analogie zur altgriechischen Tragödie findet die Katharsis, die emotionale Lösung, im Finale der Sinfonie ihren Ausdruck.

Der *erste Satz* (Adagio) beginnt mit einem Aufruf in den Streichern (ein wenig im bachschen Stil), der den Charakter einer Einleitung trägt:

Ein leise dahinfließendes, leidvolles Thema der 1. Geigen antwortet:

Dieses Seitenthema steht in Intonation und Ausdruck der Melodik des Hauptthemas nahe. Auf dem Hintergrund des hartnäckigen Rhythmus der übrigen Streicher erklingt eine neue elegische Melodie, wiederum von den 1. Violinen vorgetragen:

Damit ist die Exposition beendet. Bei ihrer Instrumentierung erlegte sich der Komponist Selbstbeschränkung auf: Die Blechbläser sind fast gar nicht beteiligt, es gibt keine Tuttiabschnitte, das Schlagzeug schweigt. Nur Streicher und Holzbläser dienen dem Ausdruck des Leids. Nun aber beginnt die drohend anwachsende Woge der polyphon gestalteten Durchführung. Die Bilder von Leid und Gram wachsen hinüber in Bilder vom Alpdruck des Krieges. Das von unerträglichem Schmerz verzerrte Antlitz der leidenden Menschheit tritt hervor. Das Geschehen wächst zur unheimlichen Groteske, aus der man wildes Jagen heraushört, schweres Stampfen, automatisierte Figuren, starre, absichtlich primitive Rhythmen. Auf dem Höhepunkt erhebt sich die Stimme des Zornes und des Protestes gegen das Böse.

In der Reprise tritt wie in einem gesammelten Nachdenken über gerade Durchlebtes Stille ein. Erinnernd aber erklingen aufs neue quälend scharfe, harte Dissonanzen – Symbol für die faschistische Unmenschlichkeit.

Als *zweiter Satz* (Allegretto) folgt ein Rondo im Rhythmus eines federnden Marsches. Wie der dritte Satz ist er eine scharfe musikalische Satire, in der ein exzentrisch-groteskes Motiv der Pikkoloflöte eine große Rolle spielt. Hinter der effektvollen Exzentrik verbirgt sich ein tiefer Sinn: Die Bilder des Bösen werden auf einen grotesken, satirischen Hintergrund projiziert.

Der *dritte Satz* (Allegro non troppo) drückt, stärker noch als alle anderen, die Idee der Unmenschlichkeit aus. Im Rhythmischen tokkatenartig, im Melodischen bewußt banal, entsteht der Charakter aufdringlicher, gedankenloser, automatenhafter Betriebsamkeit. Im Mittelteil des Satzes erscheint ein neues phantastisches Schlachtenbild; an seinem Ende tobt ein ungestümer, düsterer Orkan.

Dann beginnt die tiefe Nachdenklichkeit des *vierten Satzes* (Largo), der in der Form einer Passacaglia geschrieben ist. Das strenge und bedeutungsvolle Thema erscheint zwölfmal im Baß. Ohne große Steigerungen, ohne scharfe Kontraste stellt sich uns

der Satz dar als ein Versuch, das, was vorgeht, mit dem Herzen zu erleben...
Das düstere gis-Moll dieses Satzes wird vom hellen C-Dur des *Finales* (Allegretto) wie die Nacht vom Morgen abgelöst. Die Natur lebt von neuem auf in ihrer großen Harmonie. Im Mittelpunkt des Finales steht eine sich frei entwickelnde Fuge, aufgebaut auf einem Thema, das in der Intonation den Themen des ersten Satzes nahesteht.

Die Reminiszenzen der tragischen Themen zwingen dazu, sich in Gedanken noch einmal mit dem Durchlebten auseinanderzusetzen. Aber das pastorale Thema des Satzbeginns taucht wiederum auf, hier als abschließendes Bild des Finales.

9. Sinfonie op. 70

Besetzung: Pikkoloflöte, 2 Flöten, 2 Oboen, 2 Klarinetten, 2 Fagotte, 4 Hörner, 2 Trompeten, 3 Posaunen, Tuba, Pauken, Schlagzeug, Streicher
Aufführungsdauer: 25 Minuten

Diese Sinfonie wurde im August 1945 beendet, und bald darauf erklang sie (in Moskau) zum erstenmal; Jewgeni Mrawinski, der die meisten Sinfonien Schostakowitschs uraufgeführt hat, dirigierte.
Im sinfonischen Schaffen Schostakowitschs bedeutet sie ein graziöses, lyrisch-komödienhaftes Intermezzo. Der Umfang der Sinfonie ist vergleichsweise gering, und von ihren fünf Sätzen sind drei – der erste, der dritte und der fünfte – à la scherzo geschrieben. Hier herrschen frühlingshafte Lebensfreude, helle Fröhlichkeit, Humor und feiner Witz.
Der *erste Satz*, ein knappes Allegro in Sonatensatzform, ist gekennzeichnet durch klassische Klarheit und konzentrierten formalen Aufbau. In dieser Hinsicht erinnert er, wie vieles an diesem

Werk, an die »Klassische Sinfonie« Prokofjews und bildet einen starken Gegensatz zu den vorhergehenden monumentalen und tragischen Schöpfungen des Komponisten. Seine ungezwungen sprudelnde Fröhlichkeit, Verschmitztheit und feine Ironie erkennen wir am klarsten im Hauptthema, das ein wenig an die Ouvertüren der Zeit der Klassik (bis Rossini!) erinnert.

Das Seitenthema versetzt uns in eine andere Sphäre. Auf dem Hintergrund schlichter Begleitung erscheint ein frisches, beinahe wie ein Gassenhauer klingendes Pfeifliedchen.
Der *zweite Satz* (Moderato) enthält heitere Lyrik, sein Hauptthema hat romanzenartigen Charakter.
Der *dritte Satz* (Presto) ist ein stürmisches Scherzo, aufgebaut auf einem sorglos dahinflatternden, spielerischen Thema:

Am Ende des Scherzos tritt die Fröhlichkeit hinter einer kurzen Aufwallung von Düsternis zurück.
Der sehr kurze *vierte Satz* (Largo) besteht fast nur aus Rezitativen des Solo-Fagotts auf dem Hintergrund gehaltener Akkorde

und tragisch-drohenden Unisoni der Posaunen und Trompeten. Diese düsteren Episoden bringen einen überraschenden Wechsel im Ausdruck mit sich; sie gehen unerwartet über in die geistreiche Buffonade des komisch-fröhlichen *Finales* (Allegretto), dessen Hauptthema lautet:

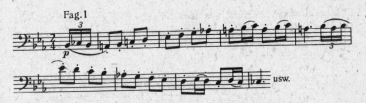

Das Finale ist ein effektvoller, dabei wahrhaft meisterlich gestalteter Satz, ein farbenprächtiges Gemälde von Tänzen und Festzügen, die vergnüglich und virtuos dargeboten werden. LD

10. Sinfonie op. 93

> Besetzung: Pikkoloflöte, 2 Flöten (2. auch Pikkolo), 2 Oboen, Englischhorn (auch 3. Oboe), 3 Klarinetten (eine in Es), 2 Fagotte, Kontrafagott (auch 3. Fagott), 4 Hörner, 3 Trompeten, 3 Posaunen, Tuba, Pauken, Schlagzeug, Xylophon, Streicher
>
> Aufführungsdauer: 51 Minuten

An der 10. Sinfonie arbeitete Schostakowitsch im Sommer des Jahres 1953. Am 17. Dezember des gleichen Jahres wurde sie in Leningrad uraufgeführt. Am 28. Dezember hörten sie die Moskauer. Die Sinfonie wurde von den Zuhörern wärmstens aufgenommen und erregte das lebhafte Interesse der sowjetischen Öffentlichkeit. In einigen Äußerungen über die »Zehnte« bemerkte der Komponist, daß er sich bemüht habe, in ihr die Gedanken und das Erleben der Menschen wiederzugeben, die den Frieden lieben, die gegen jegliche Kriegsdrohung kämpfen, die die Berufung des Menschen auf der Erde im tatenfreudigen Schaffen sehen, nicht im Zerstören. »Den Frieden lieben und nach Frieden streben«, sagt Schostakowitsch, »das bedeutet nicht idyllische Beschaulichkeit und passives Warten auf Stille und Ruhe. Streben nach Frieden, Liebe zur Menschheit und zu ihrer großen Kultur – das bedeutet Arbeit, Schaffen, Kampf. Liebe zur Sache des Friedens – das bedeutet unversöhnlichen Haß gegen die Sache des Krieges. Liebe zur Sache des Friedens – das bedeutet Liebe und Treue zu seinem Volk, zu seiner Heimat und gleichzeitig tiefe Ehrfurcht vor den nationalen Gefühlen aller Völker, vor der fortschrittlichen, humanistischen Kultur der Menschheit.«

Die 10. Sinfonie besteht aus vier Sätzen. Der *erste Satz* (Moderato) beginnt mit einer langsamen Einleitung, einer Musik voll tiefer Nachdenklichkeit.

Später erscheint – in der Klarinette – eine zu Herzen gehende Melodie, das Hauptthema des ersten Satzes. Es hat stark national-russischen Charakter. Mit dem lyrischen Seitenthema in der Solo-Flöte kommen allmählich unruhige und erregte Stimmungen in die Musik, die immer mehr anwachsen bis zu äußerster dramatischer Spannung. Wohl klingt das zweite Thema gegen Ende des Satzes wärmer und weicher, aber noch nicht beruhigt. Am Schluß kehrt die Musik der Einleitung wieder.

Der *zweite Satz* (Allegro) ist in einer ununterbrochenen, stürmischen Bewegung gehalten. Der Wirbel der Kleinen Trommel, das Pfeifen der Pikkoloflöte und der grelle, schreiende Klang der Es-Klarinette ergeben ein plastisches Bild vom Wüten wilder, dunkler Kräfte, wie wir sie in den Werken Schostakowitschs aus den Kriegsjahren finden. Die Musik klingt wie das Mahnen vor einem drohenden neuen Krieg, wie zorniger Protest und bringt feste Kampfentschlossenheit zum Ausdruck.

Im *dritten Satz* (Allegretto) werden drei Themen verwendet. Besonders lieblich ist das tänzerische erste:

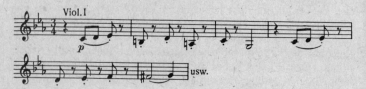

Große Ausdruckskraft und Spannungsgeladenheit zeichnen das kurze zweite Thema aus. Wiederholt auftauchende Rufe des Horns (drittes Thema) führen zur Wiederkehr der »Musik der Nachdenklichkeit« aus der Einleitung des ersten Satzes. Unerwartet brechen fordernd scharfe Klänge herein, welche die Stimmung der Beschaulichkeit und Nachdenklichkeit völlig zu zerstören drohen, doch schaffen die Rufe des Horns wieder Beruhigung.

Das *Finale* (Andante/Allegro) wird wiederum von einer langsamen Einleitung eröffnet: Den verhalten beginnenden Violoncelli und Bässen antwortet die einsam rufende Stimme der Oboe. Aber die traurige und klagende Musik wird von den leisen, aus der Ferne herdringenden Rufen der Klarinette und Flöte durchbrochen. Daraus entsteht das Hauptthema des Finales.

Es versetzt den Zuhörer in eine andere Welt. Das Thema ist voller Bewegung und Fröhlichkeit, in ihm klingen die Melodien sowjetischer Pionierlieder an. Im Reigen ziehen, eine die andere ablösend, lebensvolle, energische Melodien vorüber, in denen man das Pulsieren junger Kräfte spürt. In dem Moment, wo die frohe Erregung ihren Höhepunkt erreicht, tauchen von neuem die dramatischen Themen aus der Einleitung zum Finale und aus dem dritten Satz auf – wie eine Erinnerung an das Durchlebte. Aber eine neue, noch höhere Woge jugendlicher Energie und herzlicher Fröhlichkeit spült die Bilder der Erinnerung fort.

PG

11. Sinfonie op. 103 »Das Jahr 1905«

> Besetzung: Pikkoloflöte (auch 3. Flöte), 2 Flöten, 2 Oboen, Englischhorn (auch 3. Oboe), 2 Klarinetten, Baßklarinette (auch 3. Klarinette), 2 Fagotte, Kontrafagott (auch 3. Fagott), 4 Hörner, 3 Trompeten, 3 Posaunen, Tuba, Pauken, Schlagzeug, Xylophon, Celesta, Glocken, 2–4 Harfen, Streicher
> Aufführungsdauer: 63 Minuten

Dieses 1957 entstandene Werk besitzt ein deutlich ausgesprochenes Programm. Im Mittelpunkt der musikalisch-dramatischen Komposition stehen die Bilder des »blutigen Sonntags« im Januar 1905. Dasselbe Thema hatte der Komponist schon 1951 in der Chordichtung »Der neunte Januar« behandelt (aus dem Zyklus »Zehn Poeme« für Chor a cappella). Aber seine Ideen haben in der Sinfonie andere künstlerische Proportionen gewonnen. Die

Grenzen des Platzes, auf dem sich die Tragödie vom 9. Januar abspielte, haben sich geweitet. Vor uns ersteht ganz Rußland: Nicht Tausende, sondern Millionen, von Not und unerträglich schwerer Arbeit gepeinigte Menschen haben sich zum Kampf gegen die verhaßte Zarenherrschaft erhoben.

Im *ersten Satz* (»Der Platz vor dem Palast«; Adagio) zeichnet Schostakowitsch ein Bild vom Ort der Handlung, an dem das tragische Geschehen des »blutigen Sonntags« vor sich gehen wird. Die hohlen, gleichsam erstarrten Harmonien der Streicher und Harfen, die kriegerischen Signale der Trompeten, der Wirbel der Trommel, die monotonen Rhythmen der Pauke – das alles schafft symbolhaft ein Bild der Versklavung des Volkes, des hinter Kerkergittern angeschmiedeten Rußlands. Dabei verwendet der Komponist Melodien aus Liedern der politisch Verbannten (»Horch« und »Der Häftling«), die in der Vergangenheit weit verbeitet waren.

Der *zweite Satz* (»Der neunte Januar«; Allegro) ist bedeutender in seiner sinfonischen Spannweite. Er hat die Form eines Sonatensatzes. Ihm liegt als Hauptthema das dem gleichnamigen Chor von Schostakowitsch entnommene »Zar, du unser Vater« zugrunde.

Diese Melodie ist in der Intonation bäuerlichen Klageliedern verwandt. Ihre Durchführung gibt die verschiedenen Seelenzustände des sich an den Zaren wendenden Volkes wieder – von demütiger Klage und Bitte bis zu beharrlicher Forderung. Etwas später taucht ein neues – auch der Chordichtung entnommenes – Thema auf: »Entblößt die Häupter«.

Man spürt deutlich den Atem einer dichten Menschenmenge; sie kommt immer näher; die Stimmen, Ausrufe, Bitten und Seufzer vereinigen sich zu einem mächtig anschwellenden Grollen und Tosen. Plötzlich verstummt alles. Von neuem hört man das Thema des Platzes vor dem Palast (erster Satz). Die dann folgende Episode mit der Erschießung der Arbeiter, ihrer Frauen und Kinder ist der tragische Höhepunkt des zweiten Satzes wie der ganzen Sinfonie. Ein stürmisches Fugato bildet den Ablauf, der zum Kulminationspunkt hinführt. Der Komponist steigert die Tonfülle des Orchesters mehr und mehr und führt es klanglich bis an die äußersten Grenzen. Solo der Schlaginstrumente. Und auf dem Hintergrund des Krachens, Klirrens, Prasselns von Pauken, Trommeln, Becken und Tamtam erklingt im Orchester das tragische Thema des »Entblößt die Häupter«. Der Komponist hat die Ereignisse des 9. Januar nicht nur geschildert – er hat ihnen einen tiefen Sinn gegeben. In der Szene der Erschießung wird dem Gedanken, daß die Interessen und Gefühle des russischen Volkes mit der Böswilligkeit der Herrschenden unvereinbar sind, überzeugend Ausdruck gegeben.
Der *dritte Satz* (»Ewiges Gedenken«; Adagio) beginnt mit der Melodie des Trauermarsches »Unsterbliche Opfer« in den Bratschen:

Langsam und majestätisch fließt die Trauerweise dahin, ausgeführt von den Bratschen auf dem Hintergrund der leisen Pizzikati der Violoncelli und Bässe. Das Thema des Trauermarsches verbindet sich mit dem Thema leidvoller Gedanken. Doch der Satz drückt nicht nur Trauer aus, sondern auch die Entschlossenheit, weiter voranzuschreiten. Im Bewußtsein des Volkes, das dabei ist, Trauer und Gram zu überwinden, geht ein Wandel vor sich: der Übergang von der passiven Klage zum revolutionären Handeln.
Das *Finale* (Allegro non troppo) der Sinfonie hat der Komponist »Sturmläuten« genannt. Der Brand der Revolution lodert auf. Der Satz ist voller Intonationen von Revolutionsliedern; »Wütet, Tyrannen« und »Warschawjanka« stehen im Vordergrund. In Übereinstimmung mit seinem Programm hat der Komponist hier den

heftigen Kampf dargestellt, der noch viele Opfer fordert, bevor
das Volk die Macht in seine Hände nimmt. Nach dem Höhepunkt
kehrt zum letzten Mal die Musik des Platzes vor dem Palast wieder. Der Schluß der Sinfonie schildert den Sieg der revolutionären
Kräfte, die Erstürmung der alten Welt.   LD

12. Sinfonie op. 112 »Das Jahr 1917«

Besetzung: Pikkoloflöte (auch 3. Flöte), 2 Flöten, 3 Oboen,
3 Klarinetten, 3 Fagotte (3. auch Kontrafagott), 4 Hörner,
3 Trompeten, 3 Posaunen, Tuba, Pauken, Schlagzeug, Streicher
Aufführungsdauer: 40 Minuten

Die 12. Sinfonie kann als eine Fortsetzung der »Elften« angesehen
werden. Schostakowitsch hat sie zu Ehren des XXII. Parteitages der
KPdSU komponiert, der im Oktober 1961 in Moskau stattfand.
Kurz vor Beginn des Parteitags erklang sie unter der Leitung des
Dirigenten Konstantin Iwanow erstmals in der sowjetischen Hauptstadt, nachdem sie wenige Tage zuvor von der Leningrader Philharmonie unter Jewgeni Mrawinski in der Geburtsstadt des Komponisten uraufgeführt worden war.

Die »Zwölfte«, die der Komponist »dem Andenken an Wladimir
Iljitsch Lenin gewidmet« hat, ist eine Revolutionssinfonie mit klar
umrissenem Programm. In ihr widerspiegeln sich die dramatischen
Ereignisse des entscheidungsvollen Jahres 1917, das mit dem Sieg
der Großen Sozialistischen Oktoberrevolution in Rußland den Anbruch einer neuen Epoche der Menschheitsgeschichte brachte. Die
Titel der vier pausenlos ineinander übergehenden Sätze charakterisieren die wichtigsten Phasen des Kampfes und Sieges: 1. »Das
revolutionäre Petrograd«, 2. »Rasliw«, 3. »Aurora« und 4. »Morgenröte der Menschheit«.

Die Thematik der Sinfonie wird aus einem markanten Kernmotiv
entwickelt, das in der ursprünglichen Gestalt oder verwandelt in
allen vier Sätzen aufklingt und als Leitgedanke des Werkes anzusehen ist. Man könnte es, um mit Berlioz zu reden, die »idée fixe«
der Sinfonie nennen. Entschlossenheit ausdrückend, hören wir es
sofort zu Beginn der Sinfonie als Kopfmotiv (A) des weit ausschwingenden, melodischen und freizügig rhythmisierten Hauptthemas in der gedankenschweren, langsamen Einleitung (Moderato,
d-Moll) zum *ersten Satz* (»Das revolutionäre Petrograd«), unisono
vorgetragen von Violoncelli und Kontrabässen, aus der Tiefe sich

emporreckend. Dieses Aufsteigen, gleichsam aus der Masse des Volkes, in höchste Höhen ist charakteristisch für die Thematik des ganzen Werkes.

Nach mächtiger Steigerung setzt das Allegro mit einem energischen Thema ein, das nichts anderes ist als eine rhythmische Verwandlung des besinnlichen Hauptthemas in kämpferische, stürmisch vorandrängende Aktivität.

Im Aufbau des Allegro ist das klassische Muster der Themenaufstellung, der Durchführung und der Coda (ohne Reprise) zu erkennen. Drei Phasen des gewaltig anwachsenden Kampfes werden dargestellt. Die erste Phase bestreiten Motive des oben genannten Themas, wobei das Kernmotiv (A) wie eine siegverheißende Losung triumphal oder trotzig in die mit beispielloser Schwungkraft vorangetriebene, stürmische Entwicklung eingreift. Nach dem Abklingen dieser noch unentschiedenen Kampfphase setzt die zweite mit einer kantablen Melodie (dem zweiten Thema) in B-Dur ein, die, ebenfalls von Violoncelli und Bässen vorgetragen, abermals aus der Tiefe aufsteigt und ihre Verwandtschaft mit dem Hauptgedanken nicht verleugnet:

Auch das Kopfmotiv (B) dieses sanglichen, die Menschlichkeit preisenden Themas erweist sich als ein Leitgedanke der ganzen Sinfonie. Nach hymnischem Aufschwung wird es in den sich noch erbitterter entwickelnden Kampf einbezogen. Dieser erreicht in der dritten Phase (dem Durchführungsteil) den Höhepunkt. Aber der verhaltene Schlußteil (die Coda) bringt zum Ausdruck, daß die Revolutionäre den entscheidenden Sieg noch nicht errungen haben.
Im pausenlos angeschlossenen *zweiten Satz* (»Rasliw«), einem nachdenklichen Adagio, hat sich der Komponist vorgenommen, die philosophischen Gedanken und Gefühle eines nach dem vorläufigen Siege im Exil arbeitenden Revolutionärs musikalisch widerzuspiegeln. (Daß Lenin gemeint ist, besagt der Titel des Satzes.) Um das gedankliche Ringen in diesem mehr polyphon gestalteten, von starken Emotionen durchdrungenen Satz auszudrücken, erfindet Schostakowitsch ein Doppelthema. Violoncelli und Kontrabässe intonieren unisono eine wieder aus der Tiefe aufsteigende, grüblerische, in die verminderte Quarte eingespannte Figur, die ostinaten Charakter erhält. Sie wird zum Kontrapunkt eines zuversichtlichen, lyrischen Hornthemas. (Das Kopfmotiv dieses expressiven Themas – verwandt dem Hornthema »Entblößt die Häupter« im zweiten Satz der 11. Sinfonie – spielt nicht nur im Adagio eine bedeutende Rolle.)

Dieser Satz mit seinen feierlichen Bläserakkorden und duettierenden, kammermusikalischen Stellen einzelner solistischer Instrumente gibt der planenden Besonnenheit, der gütigen Menschlichkeit und der Zuversicht auf den unausbleiblichen Sieg Ausdruck. Das geschieht beispielsweise durch Wiederaufnahme des zweiten Themas (B) aus dem ersten Satz, wiederum in Bässen, Violoncelli, Bratschen, Klarinetten und Fagotten aus der Tiefe aufsteigend und in Verbindung mit dem grüblerischen Ostinatomotiv:

Attacca geht das Adagio in den *dritten Satz* (»Aurora«) über. Dieses Allegro steht anstelle des klassischen Scherzo, ist jedoch ganz und gar kein Scherzo, sondern ein neuer, die Entscheidung herbeiführender Kampfsatz (Sturm auf das Winterpalais!). Der Komponist hat das energiegeladene, von innerer Erregung zuckende und bebende Allegrothema aus dem lyrischen, jetzt stark aktivierten und rhythmisierten Hornthema des vorhergehenden Adagio entwickelt. Dies soll zeigen, daß der wohlüberlegten Planung die Tat folgt. Schließlich ertönt, von Posaunen und Tuba geblasen, siegverheißend und mit aller Kraft in stolzer Vergrößerung das heroisch-hymnische Kernmotiv (B):

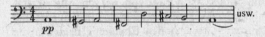

Unmittelbar mündet dieser Teil in den allmählich aufstrahlenden, triumphalen *Finalsatz* (»Morgenröte der Menschheit«). Wie im Atemholen nach schweren Kämpfen bleibt die Einleitung noch trübe und verhangen in der Grundtonart (d-Moll). Ein sieghaftes, signalartiges Hörnermotiv leuchtet dann plötzlich auf.

Nun breitet sich die Freude über den errungenen Sieg in einem nach D-Dur gewendeten Allegretto mit enthusiastisch anwachsender Beschwingtheit aus. Im Strom des kraftvoll anschwellenden Jubels wirkt das wieder aufklingende, ernste Kernmotiv (A) in d-Moll, dieses Symbol der humanen Grundidee, wie eine Mahnung, während das triumphierend in D-Dur immer glanzvoller aufstrahlende Hymnenthema mit dem Kernmotiv (B) von der großartigen Perspektive kündet, die der Sieg der Großen Sozialistischen Oktoberrevolution für die ganze Menschheit ermöglicht hat. KS

13. Sinfonie op. 113

Besetzung: Pikkoloflöte, 2 Flöten, 3 Oboen (3. auch Englischhorn), 3 Klarinetten (3. auch in Es und auch Baßklarinette), 2 Fagotte, Kontrafagott (auch 3. Fagott), 4 Hörner, 3 Trompeten, 3 Posaunen, Tuba, Pauken, Schlagzeug, Glocken, Glockenspiel, Xylophon, 2–4 Harfen, Klavier, Streicher; Baßsolo, Männerchor (nur Bässe)
Aufführungsdauer: 59 Minuten

Bereits ein Jahr nach der programmatischen 12. Sinfonie schrieb Dmitri Schostakowitsch 1962 seine »Dreizehnte«, ein vokalsinfonisches Werk, bei dem fünf Texte von Jewgeni Jewtuschenko den gedanklich-ideellen Hintergrund bilden. Der *erste Satz* trägt die Überschrift »Babi Jar«, er ist ein von dramatischen Elementen bestimmtes Adagio, gewidmet den Opfern der faschistischen Judenverfolgung. Die Musik gibt ein Bild von dem grausigen Geschehen, das sich in der »Babi Jar« benannten Felsschlucht bei Kiew zugetragen hat, sie wird zum »Echo tonlos mächtigen Schreis, der über abertausend Tote rinnt«. Doch die Klage wandelt sich zur Anklage und erhebt sich zum Protest. Eindrucksvoll das an Mussorgskis Volksdramen gemahnende deklamatorische Melos in Solopart und Chor. Nach einer kurzen instrumentalen Einleitung beginnen die Männerstimmen ruhig und getragen:

Immer wieder erklingen ein schreitendes Thema in den Streichern und ein schrilles, chromatisch auseinanderstrebendes zweistimmiges Sekundmotiv in den Bläsern, aus denen das weitere Geschehen entwickelt wird. Hymnisch gesteigert hören wir dann die auf der nächsten Seite oben abgebildete Stelle aus dem Solopart hervorgehoben.

Nachdem der Komponist den ersten Satz fertig konzipiert hatte, entschloß er sich, weitere Texte des Lyrikers Jewtuschenko heranzuziehen und sie um den für die Aussage der Sinfonie zentralen

»Babi-Jar«-Satz zu gruppieren. Schostakowitsch schreibt: »Dann enstand in mir der Gedanke, die Arbeit fortzusetzen, indem ich noch weitere Verse dieses Dichters benutzte. Für den zweiten Satz nahm ich die Verse ›Humor‹, für den dritten das Gedicht ›Im Magazin‹. Das Gedicht ›Ängste‹, das ich als Grundlage des vierten Satzes wählte, schrieb Jewtuschenko speziell für meine Sinfonie. Und für das Finale wählte ich die Verse ›Karriere‹ aus. Außer diesen Sujets habe ich keine weiteren Gedichte verwendet. Sie sind zu verschiedenen Zeiten publiziert worden und den verschiedensten Themen gewidmet. Ich schrieb die Sinfonie, aber nicht in der Reihenfolge der einzelnen musikalischen Teile.«

Im Charakter dreinfahrend erscheint der die unsterbliche Kraft des Humors besingende *zweite Satz* (Allegretto), der deftig klingt, nicht ohne Ironie und groteske Elemente, gesteigert bis zum mitreißenden tänzerischen Wirbel (»Bin zur Stell', schwangs' Tanzbein famos«).

Der *dritte Satz* (»Im Magazin«; Adagio) schildert weniger händlerisches Treiben, wie es der Titel vermuten läßt, sondern er wird mehr und mehr zu einem Hohenlied auf die sowjetischen Frauen, die während der Jahre des Großen Vaterländischen Krieges trotz Hunger und Entbehrung ihren unbeugsamen Mut bewahrten (musikalische Bezüge ergeben sich hier in solistischen und Chorteilen zur Oper »Katerina Ismailowa«).

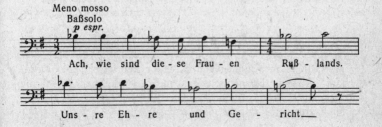

Bedrückend und düster klingt der mit »Ängste« überschriebene *vierte Satz* (Largo), in dem wir gehetzte Sechzehntelläufe und bedrohliche Tremolopassagen in den Streichern sowie gleichsam zu Eis erstarrte Harfenakkorde hören – »Babi Jar« wird noch einmal bezwingend gegenwärtig.

Das *Finale* (Allegretto) erscheint demgegenüber heiter-gelöst – bei allen ernsthaften Gedanken, die über die »gegenwärtige Karriere« in Betracht gezogen werden. Sie wird vom Komponisten als etwas Positives begriffen, wenn sie hilft, die kühnen Träume der Menschheit zu verwirklichen. Beispiele für diese wahren Karrieren sind Galilei, den die Inquisition verfolgte, Lew Tolstoi, der von der Kirche verflucht wurde, Ärzte, die an der Cholera gestorben sind, Kosmonauten, die mutig und unter Einsatz ihres Lebens den Weltraum erforschten. Mit ausgehaltenen Streicherakkorden und einer thematischen Reminiszenz (erster Satz) in der Celesta klingt die »Dreizehnte«, ein tragisches und in düster-bedrückende Klangbereiche vorstoßendes Werk, aus. Sie weist in vielem auf die noch im selben Jahr entstehende 14. und die fast ein Jahrzehnt später folgende 15. Sinfonie, mit denen sie ihre bekenntnishafte Aussage gemeinsam hat.

Die 13. Sinfonie wurde am 19. März 1973 in einem Konzert des Berliner Rundfunk-Sinfonie-Orchesters unter Thomas Sanderling in der DDR erstaufgeführt.

14. Sinfonie op. 135

Besetzung: Kastagnetten, Schlagholz, 3 Tomtoms, Peitsche, Glocken, Vibraphon, Xylophon, Celesta, Streicher; Sopran- und Baßsolo

Aufführungsdauer: 46 Minuten

Für seine »Vierzehnte« (1969 komponiert und in Leningrad unter Rudolf Barschai uraufgeführt) zog Schostakowitsch Texte nicht nur eines Dichters heran, sondern elf Verse (thematisch geordnet) von vier Meistern der Poesie: Federico García Lorca, Guillaume Apollinaire, Rainer Maria Rilke und Wilhelm Küchelbecker, einem nahezu unbekannt gebliebenen russischen Dekabristen-Dichter, dessen geschliffene Sprachkunst vom Komponisten wegen ihrer »wunderbaren Tiefe und Schönheit« bewundert wird. Die 14. Sinfonie unterscheidet sich von ihren Schwesterwerken auch in der aussparenden kammermusikalischen Besetzung.

Die einzelnen Titel und Sätze lauten: 1. De profundis, 2. Malagueña, 3. Loreley, 4. Der Selbstmörder, 5. Auf Wache, 6. Madame, so hören Sie doch!, 7. In der Santé, 8. Antwort der Saporoger Kosaken an den Sultan von Konstantinopel, 9. O Delwig, Delwig!, 10. Der Tod des Dichters, 11. Der Tod ist groß. Über die Entstehungsgeschichte seiner Sinfonie teilt uns der Komponist folgendes mit: »Ich war mit der Instrumentierung von Mussorgskis Liederzyklus ›Lieder und Tänze des Todes‹ beschäftigt... Das ist ein großes Werk, ich habe es stets verehrt und tue es heute noch. Und mir kam der Gedanke, daß ein gewisser ›Mangel‹ dieser Musik vielleicht in ihrer Kürze liege: der gesamte Zyklus umfaßt nur vier Nummern... Ich war fasziniert von der hohen Weisheit und künstlerischen Kraft, mit der in ihnen die ›ewigen‹ Themen Liebe, Leben und Tod behandelt werden, obgleich ich in der neuen Sinfonie meine eigene Einstellung zu ihnen habe.« Und an anderer Stelle bemerkt der Komponist, daß diese Einstellung zum Problem des Todes eindeutig materialistisch sei, das heißt, er will nichts Tröstendes oder Besänftigendes anbieten, wie zum Beispiel in einigen überlieferten Werken; er schreibt: »Boris Godunow stirbt – und es erklingt weiche Musik in Dur, die beruhigt und tröstet. Das gleiche nach Hermanns Tod in ›Pique Dame‹. Ebenso im Finale von Verdis ›Othello‹. Und Richard Strauss nennt eine seiner sinfonischen Dichtungen direkt ›Tod und Verklärung‹. Hier hängt das mit der Religion zusammen, mit dem Glauben an ein jenseitiges Leben. Solche Ideen waren sehr verbreitet. Ich löse das Problem anders.«
Dieses »anders« heißt für einen sozialistischen Künstler wie Schostakowitsch vor allem, der inneren Dialektik von Leben und Tod auf die Spur zu kommen; er drückt das so aus: »An den Tod muß man denken, um sein Leben besser zu nutzen. Gut sagte das N. Ostrowski: ›Das Wertvollste, was der Mensch besitzt, ist das Leben. Es wird ihm nur ein einziges Mal gegeben, und nutzen soll er es so, daß ihn zwecklos verlebte Jahre nicht bedrücken.‹ Und auch ich denke: Wir sind nicht unsterblich, aber gerade deshalb muß man sich bemühen, soviel wie möglich für die Menschen zu tun...«
In den elf Gesängen des Werkes, die durch selbständige sinfonische Entwicklungen zu vier Teilen zusammengefaßt sind, findet eine ganze Skala von menschlichen Empfindungen ihren zutiefst realistischen Ausdruck. Da hören wir lyrisch-verinnerlichte und von Trauer erfüllte Episoden, mit denen der Komponist an all jene erinnert, die wegen ihres fortschrittlichen Denkens und Handelns in Kerkern schmachteten und vom Leben allzu früh Abschied neh-

men mußten (»In der Santé«). Da erklingen aber auch in der Diktion aufbegehrende, klanglich zugespitzte und sarkastisch gemeinte Stücke (zweiter Teil der »Malagueña« sowie »Auf Wache«), in denen die unmenschliche Gewalt und Roheit eindringlich dargestellt und zugleich entlarvt wird. Wirkungsvoll werden in den fast »bilderbogenartig« aufeinanderfolgenden Sätzen außerdem eingesetzt: kantables, russisch »eingefärbtes« Liedmelos in »Der Selbstmörder«, aber auch Episoden mit feingliedriger polyphoner Arbeit, die beispielsweise vom Zwiegesang zwischen Vokal- und Instrumentalstimmen (Sopran und Violinen) im zehnten Satz (»Der Tod des Dichters«) bis zum bedrückenden, die unmenschlichen Qualen der Eingekerkerten ausdrückenden Orchesterfugato im siebenten Satz (»In der Santé«) reicht.

Nicht koloristisch, sondern im Sinne der inhaltlichen Aussage werden auch die reichen instrumentalen Klangfarben und Geräuscheffekte (z. B. Peitschen- und Xylophonschläge in der Erzählung von der »goldblonden Hexe« Loreley) eingesetzt.
Versuchen wir, einige Momente der meist poetisch verdichteten, weniger in einer äußeren Handlung »greifbaren« Verse und ihrer Vertonung wiederzugeben: Das erste Gedicht, *De profundis* (»Aus der Tiefe«), gleicht einem Prolog, der nicht nur den »ewigen Schlaf« der Heißverliebten unter dem trockenen Erdreich des heißen Andalusiens, sondern der Verstorbenen überhaupt besingt. Im zweiten Lorca-Gedicht, *Malagueña*, tritt dann der Tod als unerbittliche und stets gegenwärtige Gestalt in Erscheinung (»Der Tod ist gekommen und geht ein und aus in der Taverne«). Die alte romantische Ballade von der *Loreley* (Apollinaire) erhält hier durch die Auseinandersetzung zwischen der verführerischen, »goldblonden Hexe« und dem strengen und finsteren Bischof mit seinen drei Rittern neue dramatische Akzente. Als die traurig gestimmte Loreley schließlich ihre leuchtenden Augen, ihr goldstrahlendes Haar auf der spiegelnden Fläche des Wassers erblickt, stürzt sie sich, die von ihrem Geliebten verlassen wurde, in die Fluten des Rheins. Auf dem Grabhügel des »Selbstmörders« wachsen drei Lilien, deren Schönheit ebenso verflucht ist wie sein einstiges Leben (»Es wächst aus Wunden die eine... Es wächst aus dem Herzen die andere hervor...

Die dritte mit Wurzeln den Mund mir zerspaltet. Die drei wachsen auf meinem Grabe in Einsamkeit. / Und die Erde ist um sie leer.«). *Auf Wache* (Apollinaire) schildert die kalte und nach dem Leben trachtende Liebe des Todes zu seinem Opfer auf dem Schlachtfeld (»Er stirbt ja heute noch, so wie die Rosen sterben / mein kleiner Freund Soldat, mein Liebster, Bruder mein.«). Ganz anders in der Diktion ist die kurze, vom Dichter bewußt ironisch »überzeichnete« Beschreibung jener *Madame* (Apollinaire), die nur eine »Kleinigkeit«, nämlich ihr Herz verloren hat und die auflacht »über die Liebe, vom Tod abgemäht«. Der unbekannte Häftling im Gefängnis, in der ›Santé‹ (Apollinaire), steht – wie bereits erwähnt – als Symbol für diejenigen, die aufrecht in ihrer Gesinnung blieben, doch nun mit »verzweifelten Herzen in diesen Grüften leiden«. Das einzige, was dem im Dunkeln schmachtenden heldenhaften Menschen blieb, ist sein Verstand, der ihn dazu befähigt, kurz vor dem Tode noch einmal über das nützlich verbrachte Leben nachzudenken (»In der Zelle sind nur zweie: / Ich und – mein Verstand«). Die *Antwort der Saporoger Kosaken...* (Apollinaire) ist eine bittere und zornige Anklage gegen den türkischen Sultan, einen machtgierigen und blutrünstigen Herrscher. Was in dem bekannten Gemälde des russischen Malers Repin noch eine Apotheose des Gelächters bleibt, wird hier mit drastischen Worten zu einer herausfordernden Kampfansage zugespitzt: »Der du übler als Barabbas bist / mit dem Santan in Nachbarschaft hausest / in den Sumpf aller Laster getaucht / du mit Abfall gefüttert von Kindheit / höre / Dein Sabbat find' ohne uns statt!« Das vom freiheitlichen Geist der Dekabristenzeit durchwehte Gedicht *O Delwig, Delwig!* (Küchelbecker) ist ein erhabener Gesang auf die »kühne und beseelte Tat«.

Wenn alle Gleichgesinnten im Bund, dem »freien, freudigen und stolzen«, zusammenstehn, wird der Tag nicht fern sein, bis »der Tyrannen Macht erzittert«. Requiemartig beschließen zwei zutiefst nachsinnende und tragisch akzentuierte Rilke-Verse die Sinfonie, wobei aus *Tod des Dichters* noch der Glaube an das Leben spricht, das von dem Dahingeschiedenen geliebt wurde und von dem er nun mit »seinen Sinnen abgerissen« ist. Er fühlte sich eins mit ihm und allen Schönheiten, die es ihm bot (»... denn dieses: diese Tiefen, diese Wiesen und diese Wasser waren sein Gesicht«), so daß es nur seine Maske ist, »die nun bang verstirbt«. Im letzten Gedicht heißt es lakonisch und mit bezwingender Direktheit: »*Der Tod ist groß* / Wir sind die Seinen / lachenden Munds / Wenn wir uns mitten im Leben meinen / wagt er zu weinen / mitten in uns.« Die poetische Dichte und Schönheit dieser Verse wird von Schostakowitsch kongenial erfaßt, ohne sentimentale Gefühlsregung, ausdrucksstark, voller Glauben an das Leben. (Die zitierten Gedichtstellen wurden einer deutschen Textfassung von Waldtraut Lewin entnommen).

15. Sinfonie op. 141

Besetzung: Pikkoloflöte, 2 Flöten, 2 Oboen, 2 Klarinetten, 2 Fagotte, 4 Hörner, 2 Trompeten, 3 Posaunen, Tuba, Pauken, Schlagzeug, Xylophon, Glockenspiel, Vibraphon, Celesta, Streicher
Aufführungsdauer: 41 Minuten

Mit der 15. Sinfonie, die 1971 vollendet und uraufgeführt wurde, kehrt Schostakowitsch nach achtzehn Jahren wieder zur reinen Instrumentalsinfonie zurück. Sie darf, wie die vorangegangenen Kompositionen, als ein Meisterwerk angesehen werden, wirkt jedoch in klanglicher Hinsicht noch subtiler und gereifter, von tieferem philosophischem Ernst bestimmt. Sie ist zwar ein tragisches Werk, aber zugleich eines, aus dem immer wieder der Gedanke der Hoffnung und Zuversicht kräftig hervorbricht. Es wäre naheliegend, diese Sinfonie eine optimistische Tragödie zu nennen. Zweimal wird der Anlauf genommen, in zwei gleichlautenden, doch sonst sehr voneinander abweichenden Satzpaaren (Allegretto/Adagio, Allegretto/Adagio) das Bejahende wie Tragische und dessen kämpferische Überwindung zu gestalten. Züge einer neuartigen und eigenwilligen Dramaturgie sind erkennbar. In den Ideengehalt eingeschmolzen werden zwei Zitate aus fremder Hand: die Marschepisode aus Rossinis Ouvertüre zu »Wilhelm Tell«, das Schicksalsmotiv aus Wagners »Walküre«. Sie stehen jedoch nicht für sich allein, sondern verdichten, »konkretisieren« eine bestimmte Ausdruckshaltung,

können aber auch als Bekenntnis Schostakowitschs zu diesen beiden
Meistern und ihren Werken aufgefaßt werden. Zumindest bei Rossini läßt sich das sagen, auf den der Komponist schon im Finale der
6. Sinfonie zurückgegriffen hat. Trotzdem folgt Schostakowitsch
auch in seiner jüngsten Sinfonie dem Personalstil konsequent, mit
überlegener Reife und tief empfundener Musikalität.
Scherzoartig beginnt der *erste Satz*, ein freches und spritziges Allegretto, in dem mehrere thematische Gedanken ihr übermütiges Spiel
treiben. Zunächst hören wir ein kurzes Motiv in der Flöte,

aus dessen Kern ein fast improvisatorisch wirkendes Solo über mehr
als 30 Takte entwickelt wird. Die grundlegende Ausdruckshaltung
ist hier schon exponiert: Lebensfreude, Unbeschwertheit und Spaß
an der Pointe. Der lebensbejahende Charakter des Satzes wird auch
bei weiteren motivisch-thematischen Einzelheiten deutlich; zum
Beispiel, wenn plötzlich das erwähnte »Tell«-Thema von Rossini
erklingt, frisch und marschartig pointiert, von den Blechbläsern
intoniert, die es dann noch mehrmals in das turbulente Geschehen
als Zitat einwerfen.

Nach Meinung von Maxim Schostakowitsch, dem Sohn des Komponisten und Dirigenten der Uraufführung, tauchte der Rossini-Marsch
hier als ferne Erinnerung an erste musikalische Kindheitseindrücke
seines Vaters auf; zumindest läßt eine interessante Äußerung des
Komponisten einen solchen Schluß zu: Er bezeichnete den ersten
Satz als ein »Spielwarengeschäft«. Und sein Sohn ergänzt diesen
Hinweis, der auch die Buntheit und faszinierende Bilderfülle erklärt, mit den Worten: »Ein ›Spielwarengeschäft‹, aber mit einer
großen, wenn man das sagen darf, perspektivischen Entwicklung.«
Dem heiteren Rückblick folgt als *zweiter Satz* ein im Ausdruck
ernstes Adagio, das wie ein unheilvolles und düsteres Ereignis im
menschlichen Leben hereinbricht. Einen tragischeren Satz hat Scho-

stakowitsch wohl nicht geschrieben. Gleich drei seiner wesentlichsten Gestaltungsmomente des Tragischen – Bläserchoral, deklamatorisches Melos und Trauermarsch – werden hier auf engstem Raume konzentriert. Ein erhaben-ernster Bläserchoral

eröffnet den Satz. Den über 17 Takte erklingenden kompakten Bläserakkorden folgt als instrumentaler Kontrast ein Solo des Violoncellos, dessen deklamatorisches Melos eindringlich wirkt und eine weitere Seite des tragischen Konfliktes »aufreißt«. Diesem expressiven Rezitativ schließt sich der von der Solo-Posaune eingeleitete Trauermarsch an. Das Adagio wurde einmal mit einem großen Memorial verglichen – zum Gedenken an die Opfer der Revolution, des Großen Vaterländischen Krieges in der Sowjetunion, eine Erinnerung auch an alle gefallenen Helden, die für den Fortschritt der Menschheit kämpften.

Aus diesem Adagio wächst ohne Unterbrechung ein neues Allegretto, der *dritte Satz*, hervor, dessen quirlige, übersprudelnde Lebendigkeit und mutwillige Ausgelassenheit (Quintbässe) schon im ersten Thema unüberhörbar sind.

Die einzelnen Verwandlungen des Themas, das zuerst von den Klarinetten angestimmt wird, müssen nicht beschrieben werden, sie prägen sich beim ersten Hören ein und leben vom klanglichen Kolorit der jeweiligen Instrumente. Im Unterschied zu anderen

Scherzosätzen des Komponisten hat dieses Allegretto keine grotesken und wilden Züge, es steht mehr der tänzerisch empfundenen Burleske nahe.
Mit einem Zitat des Motivs der Todesverkündigung aus Wagners »Walküre«

wird das *Finale* eingeleitet; es korrespondiert in seinem gedanklich-philosophischen Anspruch, in seinem ernsten Ausdruck zum zweiten Satz und trägt wie dieser die Bezeichnung »Adagio«. Daß sich beide Sätze trotzdem voneinander unterscheiden, wird ganz deutlich, wenn nach den düsteren, schicksalsschweren Wagnerschen Blechbläserklängen eine Allegrettoepisode einsetzt, die alles, was vorher tragisch und von grüblerischem Ernst bestimmt war, in einer gelösten und freundlich-zuversichtlichen Haltung »aufhebt«. Dafür sorgt ein lyrisches, fast tänzerische Leichtigkeit ausstrahlendes Thema in den 1. Violinen, das danach von der Flöte und den Streichern in lichtvolle Höhen geführt wird, um so den inhaltlichen Kontrast zum Schicksalsmotiv zu unterstreichen. Die feste innere Geschlossenheit des Finales betont noch ein streng geformter Abschnitt im Charakter einer Passacaglia, bis dann Reminiszenzen des Flötenthemas aus dem ersten Satz den Ausklang bilden. Das Flötenthema erscheint hier nicht mehr kindlich-verspielt, sondern von philosophischer Weisheit durchdrungen. »Morendo« steht über den letzten Noten der 15. Sinfonie.

»Mit diesem Werk habe ich keinen Schlußpunkt gesetzt«, bemerkte einmal der Komponist. »Von besonderer Wichtigkeit ist für mich darin der Blick in die Zukunft.« HPM

1. Klavierkonzert c-Moll op. 35

Besetzung: Solo-Klavier; Solo-Trompete, Streicher
Aufführungsdauer: 21 Minuten
Schostakowitsch komponierte sein 1. Konzert für Klavier und Orchester im Jahre 1933.

Der *erste Satz* (Allegro moderato/Allegro vivace) des viersätzigen Werkes hat die Form eines Sonatensatzes; er drückt sowohl dramatische Gefühle als auch leichte, frohe Stimmungen aus. Der *zweite Satz* (Lento) ist ein langsamer, elegischer Walzer, der zu Anfang kammermusikalische Zartheit besitzt.

Er steigert sich bis zum pathetischen Kulminationspunkt, dann geht die Melodie des Walzers in ein dramatisches Rezitativ über. Das ausgeprägte Trompetensolo versetzt uns zurück in die Stimmung des ersten Walzerteils. Der *dritte Satz*, ein kurzes Intermezzo (Moderato), trägt episodischen Charakter und ist im Stile einer Improvisation geschrieben. Er stellt eine Art Einleitung zu dem stürmischen, lebensvoll strahlenden *Finale* dar. Dieses Allegro con brio steckt voller Humor und Fröhlichkeit. Scharfe, zuweilen tänzerische Rhythmen, kühne dynamische Kontraste, das Vorherrschen metallischer Klangfarben – das alles erinnert manchmal an den Stil der Jazzmusik. Das Klavier wird oft als »Schlaginstrument« eingesetzt.

LD

2. Klavierkonzert F-Dur op. 102

Besetzung: Solo-Klavier; Pikkoloflöte, 2 Flöten, 2 Oboen, 2 Klarinetten, 2 Fagotte, 4 Hörner, Pauken, Schlagzeug, Streicher

Aufführungsdauer: 20 Minuten

Seiner tragischen 10. Sinfonie ließ Schostakowitsch 1957 ein Klavierkonzert folgen, das wie ein Atemholen, ein Sichentspannen nach jenem gewaltigen Werk anmutet. Wir verstehen die Frische und lockere Faktur des Konzertes noch um so besser, wenn wir erfahren, daß Schostakowitsch das Konzert für seinen Sohn Maxim geschrieben hat, der es als Schüler der Zentralen Musikschule beim Moskauer Konservatorium selbst zur Uraufführung brachte, begleitet vom Sinfonieorchester der Moskauer Philharmonie. Der Komponist hatte sich dabei das Wort Gorkis zu Herzen genommen, man müsse für Kinder ebenso schreiben wie für Erwachsene, nur besser. Das ist ihm vollauf gelungen. Auch wenn er sich auf die technischen Möglichkeiten eines jungen Pianisten und zugleich

auf die »Mentalität« der Jugend, der das Werk unausgesprochen
gewidmet ist, einstellt, so wahrt das Werk doch höchsten künstlerischen Anspruch (auch im rein Pianistischen, was daran erinnert,
daß Schostakowitsch selbst einmal erfolgreicher Interpret und Teilnehmer am Chopin-Wettbewerb war).

Der Komponist hält sich an die klassische Dreisätzigkeit, auch in
der Wahl der Satzcharaktere folgt er der Tradition. Das *Allegro*
steigert sich von dem einfachen und auch in der Begleitung anspruchslosen, gelegentlich mit einem Querstand geschärften ersten
Thema

zu den lustigen Fanfarenrufen des zweiten, zu dessen Klängen
Junge Pioniere ausmarschieren könnten, um sich dann bei den zündenden Rhythmen des dritten Themas in lustigen Spielen auszutoben.

Still und besinnlich gibt sich der zweite Satz, ein *Andante*. Die edle
Einfalt des von den sordinierten Streichern intonierten Themas

zeigt uns einen Schostakowitsch, der sich dann in der vom Solo-Klavier angestimmten herben und doch so eindringlichen Melodik
aussingt:

Der knappgefaßte, der Jugend auch Ernst und Besinnlichkeit bescheinigende Satz geht unmittelbar über in das Finale-*Allegro*, das sprühende Virtuosität besitzt, Tanzrhythmen (zwei Themen, davon das zweite im 7/8-Takt) aneinanderreiht und das fröhliche, ja übermütige Beisammensein der Jugend zeigt, der die Liebe des Komponisten gehört.

KL

1. Violinkonzert a-Moll op. 99

Besetzung: Solo-Violine; Pikkoloflöte (auch 3. Flöte), 2 Flöten, 2 Oboen, Englischhorn (auch 3. Oboe), 2 Klarinetten, Baßklarinette (auch 3. Klarinette), 2 Fagotte, Kontrafagott (auch 3. Fagott), 4 Hörner, Tuba, Pauken, Schlagzeug, Xylophon, Celesta, 2 Harfen, Streicher
Aufführungsdauer: 36 Minuten

Schostakowitschs 1. Konzert für Violine und Orchester, 1948 entworfen, 1955 vollendet und David Oistrach gewidmet, zeichnet sich durch scharfe dramatische Konflikte aus.

Strenge Verhaltenheit der Gefühle charakterisiert den *ersten Satz* (Moderato), der die Bezeichnung »Notturno« trägt. Er entwickelt sich in breitem melodischem Fluß, in ruhiger Bewegung. Hier gibt es keine kontrastierenden Themen, Haupt- und Seitenthema ergänzen einander. Lyrischer, schwermütiger Ausdruck sowie die Gemeinsamkeit der rhythmischen Bewegung verbindet sie. Adel und Herzenswärme atmet das Hauptthema,

edlen, liedhaften Charakter hat das Seitenthema. Nach kurzen, dramatisch gesteigerten Episoden verläuft der Satz allmählich wieder abgeklärter, ruhiger. Innerhalb des Konzerts erscheint er wie ein selbständiger Prolog.

Der *zweite Satz* (Allegro) hat den Charakter eines Scherzo. Die heftige, drängende Dynamik, die komplizierte polyphone Anlage (eine Fuge im Mittelpunkt der Durchführung), die farbenprächtige

Instrumentierung – das alles beeindruckt sehr. Das Geschehen ist stürmisch, ungestüm, hat etwas Dämonisches. Das polyphone, subtil instrumentierte Gewebe demonstriert großartiges Können. In der Mitte des Scherzo steht ein grotesk anmutender Tanz volkstümlichen Gepräges, von eigentümlichem Humor und feiner Ironie erfüllt.
Als *dritter Satz* folgt eine Passacaglia (Andante), voller Adel, Schönheit und Gefühlswärme. Aus ihrem majestätischen Schreiten spricht aber auch Leid und Nachdenklichkeit. Das ausdrucksstarke Thema der Passacaglia wird zu Anfang von den Violoncelli und Kontrabässen intoniert:

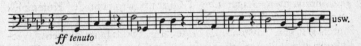

Die bedeutsamen Pausen geben seinem stolzen und gebieterischen Charakter ausgeprägte Konturen. In der weiteren Entwicklung schichten sich mehr und mehr Stimmen über diesem Thema auf, und jede von ihnen ist von melodischer Bedeutung. Nach einem von Dramatik und intensiver Pathetik erfüllten Höhepunkt beginnt die Kadenz, die hinsichtlich Gehalt und Formung einen fast selbständigen Satz darstellt. Hier leben Nachklänge der Stimmungen und Bilder von Adagio, Scherzo und Passacaglia wieder auf.
Eine ungeheure Woge dynamischer Steigerung führt die Kadenz unmittelbar ins *Finale* über, vom Komponisten »Burleske« genannt (Allegro con brio). Festlichkeit und ungezwungene Fröhlichkeit dieser Musik bilden einen scharfen Kontrast zu den ersten drei Sätzen. In diesem Schlußsatz von betont nationaler Klangfarbe erlebt man Bilder eines fröhlichen Volksfestes. Zuweilen ist das Spiel von Skomorochen (Wandermusikanten) zu hören. Die Themen sind in der Intonation mit denen der vorhergehenden Sätze verwandt. Das Hauptthema hat tänzerischen Charakter:

Es wird in der Solo-Violine und im Orchester breit entwickelt und dann von einer tänzerischen Episode abgelöst, die auf ein russisches Lied zurückgeht. Sodann erklingt eine Weise, aus der man das fröhliche Spielen der Wandermusikanten heraushört. Auf dem Höhepunkt der Fröhlichkeit erhebt sich das stolze Thema der Passacaglia. Aber jetzt ist seine Bedeutung eine völlig andere: Es ruft alle herbei zum frohbewegten Volksfest, mit dessen Bild das Werk schließt.

DO

2. Violinkonzert cis-Moll op. 129

Besetzung: Solo-Violine; Pikkoloflöte, Flöte, 2 Oboen, 2 Klarinetten, 2 Fagotte, Kontrafagott, 4 Hörner, Pauken, Tomtom, Streicher

Aufführungsdauer: 29 Minuten

Dem berühmten Geiger David Oistrach widmete der Komponist auch sein 2. Violinkonzert, das 1967 (nach allen anderen konzertanten Werken) entstand. Es bildet zum zwölf Jahre älteren 1. Violinkonzert das heiter-musizierfreudige Gegenstück. Der als Moderato bezeichnete *erste Satz* entwickelt sich aus einer düster und grüblerisch klingenden Achtelbewegung in den tiefen Streichern und einem expressiven Thema in der Solo-Violine,

das bald auch in den Holzbläsern und in den Streichern, im Ausdruck pathetisch gesteigert, auftaucht. Eine Auflichtung des Satzbildes bringt der überwiegend locker geformte, von vorantreibenden motorischen Abläufen und tänzerischen Rhythmen bestimmte Più-mosso-Teil, der in ein klanglich spritziges, im Solopart virtuos ausgestaltetes Allegretto übergeht. Am Ende der Durchführung hören wir in der Violine eine Solokadenz (Moderato), in der noch einmal das expressive Hauptthema und sein motivischer Kontrapunkt aufgegriffen werden. In der Reprise, einsetzend mit dem Hauptthema im Solo-Horn, erklingt wiederum ein pointiert hervorgehobenes Motiv aus dem Più-mosso-Teil, zu erkennen an seinen reizvollen Stakkati und Pizzikati:

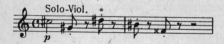

Ein großer, leidenschaftlich gesteigerter »Sologesang« der Violine ist das folgende Adagio, der *zweite Satz*, in dem sich über der festen und quasi ruhenden Streicherbegleitung ein bezauberndes Kantilenenspiel im Soloinstrument und in den Holzbläsern entfalten kann. Mit einer einprägsamen Episode des Solo-Horns klingt der Satz beschaulich aus.

Dem *Finale* geht eine kurze Adagio-Einleitung voraus, die zwar im Tempo unmittelbar an den langsamen Satz anschließt, aber in der motivisch-thematischen Gestaltung (auftrumpfendes Wechselspiel zwischen Hörnern und Solo-Violine) zum folgenden Allegro überleitet. Burlesk und musizierfreudig präsentiert sich dieses Finale. Virtuose Brillanz im Solopart und klanglicher Pfiff im Orchester begegnen uns hier in jedem Takt. Eigenes Gewicht besitzt die zu einem selbständigen Teil ausgeweitete Kadenz, der sich ein heiter-beschwingter Kehraus aller Instrumente anschließt.   HPM

1. Violoncellokonzert Es-Dur op. 107

> Besetzung: Solo-Violoncello; Pikkoloflöte (auch 2. Flöte), Flöte, 2 Oboen, 2 Klarinetten, Fagott, Kontrafagott (auch 2. Fagott), Horn, Pauken, Celesta, Streicher
> Aufführungsdauer: 30 Minuten

Schostakowitschs 1. Konzert für Violoncello und Orchester (1959) gehört zu den bewegtesten und auch heitersten Werken des Komponisten. Er widmete es Mstislaw Rostropowitsch, der es im Oktober 1959 in Leningrad (Dirigent: Jewgeni Mrawinski) erstmals spielte. Freudig-unruhevolle Lebendigkeit, kraftvoller Humor und warme, tief menschliche Lyrik prägen den Charakter dieses Konzertes mit seiner klaren und plastischen Klanggestaltung. Die Wesenszüge der Schreibweise Schostakowitschs, seine Besonderheiten im melodischen, harmonischen und rhythmischen Ausdruck sind unverkennbar. Das eigenartige Melos erinnert zuweilen an das 1. Violinkonzert, an die 10. Sinfonie und einige andere sinfonische Werke des Komponisten. Farbige Virtuosität des Soloparts wechselt mit liedhaften Kantilenen und mehr deklamatorischen Monologen des Orchesters (zweiter und dritter Satz).

Der sonatensatzförmig angelegte *erste Satz* (Allegretto) ist von Anfang bis Ende voller Energie und Bewegung. Das Kopfmotiv des Hauptthemas gewinnt besondere Bedeutung. Es wird zur sinfonisch »verbindenden Idee« des ganzen Satzes, der verhältnismäßig wenig Kontraste enthält.

Im *zweiten Satz* (Moderato) steht die melodische Erfindung im Vordergrund. Er ist lyrisch in der Stimmung und nähert sich im Charakter manchmal einer gedankenvollen Elegie. Das akkordisch gesetzte erste Thema wird vom Rhythmus einer Sarabande getragen. (Auch in anderen Werken hat Schostakowitsch gern den feierlichen Rhythmus dieses alten, schon von Händel bevorzugten langsamen Tanzes verwendet). Das Solo-Violoncello setzt mit einer liedhaften Melodie ein, deren volkstümliches, russisches Element von den begleitenden Bratschen betont wird. Der Mittelteil des dreiteiligen Satzes wird durch ein zartes, serenadenhaft anmutendes Thema bestimmt, das dem Orchester zugewiesen ist. Er erfährt eine allmählich ins Pathetische anwachsende große dramatische Steigerung. Nach dem Höhepunkt erklingt wieder die russische Melodie, jetzt sehr klar und zart im Dialog des Violoncellos (Flageolett) mit der Celesta, eine überaus poetische Stelle des Konzertes. Es schließt sich in ruhigem Tempo die große Kadenz des Soloinstruments an. Konzentrierte, kraftvolle Rezitative gehen unauffällig in schnelle Bewegung über, wobei thematische Gedanken des ersten Satzes verwendet werden.

Das *Finale* (Allegro con moto), ein Rondo, ist ungewöhnlich in seiner dynamischen Kraft. In ihm sind funkensprühende Vitalität und ausgelassene Fröhlichkeit mit virtuosem Glanz und einem faszinierenden Spiel temperamentvoller Rhythmen verbunden.

Mit Nachdruck und Kraft erklingt zum Schluß wieder das Hauptthema des ersten Satzes.

LD

2. *Violoncellokonzert op. 126*

Besetzung: Solo-Violoncello; Pikkoloflöte, Flöte, 2 Oboen, 2 Klarinetten, 2 Fagotte, Kontrafagott (auch 3. Fagott), 2 Hörner, Pauken, Schlagzeug, Xylophon, Harfen (nicht mehr als 2), Streicher
Aufführungsdauer: 34 Minuten

In seinem durch und durch sinfonisch konzipierten 2. Violoncellokonzert aus dem Jahre 1966, das ebenfalls dem hervorragenden Solisten Mstislaw Rostropowitsch zugeeignet ist, gelingt es dem Komponisten, den tragenden Gedanken und Gefühlen unserer Zeit Ausdruck zu geben. Wir begegnen darin nachdenklich-philosophischen und zugleich kraftvoll auftrumpfenden Episoden. Doch insgesamt überwiegt ein ernster und lyrisch-betrachtender Grundton, der in jedem der dramaturgisch eigenwillig angeordneten Sätze (Largo, Allegretto, Allegretto) anzutreffen ist, besonders aber in den beiden Ecksätzen. Bisher wurden dafür von den Komponisten vor allem die langsamen und ausdrucksvollen Mittelsätze bevorzugt. Ähnliche Abweichungen von überlieferten dramaturgischen Gestaltungsweisen finden wir auch in Schostakowitschs 15. Sinfonie, die fünf Jahre später (also in nicht allzu großem zeitlichem Abstand zum 2. Violoncellokonzert) entstanden ist. – 1966 wurde das Konzert in Moskau uraufgeführt; die westeuropäische Erstaufführung fand bereits kurz danach (am 5. Oktober) in der Londoner Royal Festival Hall mit dem BBC Symphony Orchestra unter Colin Davis statt. In der DDR erklang das Werk während der 1. Musik-Biennale (Berlin 1967) mit der sowjetischen Solistin Karine Georgian.

Der umfangreiche *erste Satz*, der fast die Hälfte der Aufführungsdauer beansprucht, ist ein ernstes und im gedanklichen Ausdruck konzentriertes Largo, das durch ein expressives und breit ausladendes Thema im Soloinstrument eingeleitet wird.

Das sich melodisch entfaltende und bis in die hohe Violoncellolage geführte Thema sinkt wieder auf die im Tonfall klagende kleine Sekunde *as-g* zurück, die das Werk eröffnete. Die logische und zielstrebige, polyphon (Soloinstrument und Streicher) angelegte Entwicklung führt zu einem Mittelteil, in dem hellere und zugleich härtere Klangfarben dominieren. Im locker gestalteten Satzbild fallen scharf hervorgehobene Stakkatoachtel in den Holzbläsern, Xylophonschläge und Sechzehntelpassagen in den Streichern und im Soloinstrument auf. Letzteres setzt auch mit kurz abgerissenen Fortissimoakkorden klangliche Akzente, vor allem in einem solistischen, von Trommelschlägen unterbrochenen Teil, der wie eine Kadenz wirkt und die reprisenartige Wiederkehr des großen Anfangsthemas einleitet. Es konzentriert in sich alle melodischen Kräfte und ist in den verschiedensten Erscheinungsformen präsent, auch in den Schlußtakten des ersten Satzes, der ohne Unterbrechung in den als Scherzo gedachten *zweiten Satz* (Allegretto) übergeht. Hier herrscht ein ausgelassenes und buntes Treiben: nachschlagende Akkorde in den Bläsern begleiten das übermütige und munter dreinfahrende Violoncellothema,

Walzerrhythmen klingen auf, Glissandoschleifer, auf unbetonten Taktteilen stehende Akzente und einsetzende Achtelläufe verstärken den burlesken Charakter dieses Allegretto. Besonderen Reiz haben auch die aufmunternden, mehrfach ertönenden und manchmal »unpassend« wirkenden »Zwischenrufe« des Horns (das Sekundintervall ist hier wieder anzutreffen, nur einem stark veränderten Ausdruck dienstbar gemacht).

Zu einem Ganzen sind auch der zweite und *dritte Satz* verschmolzen. Als »Verbindungsstück« dient eine höchst anspruchsvolle Kadenz des Soloinstruments, begleitet vom Wirbel der Kleinen Trommel. Den Beginn dieses zweiten Allegrettos erkennt man an der unisono und dann im Dialog geblasenen Fanfare der Hörner. Den Signalcharakter unterstreicht auch die einbezogene Kleine Trommel.

Im Kontrast dazu stehen die folgenden, melodisch-ausdrucksstarken und in den Streichern polyphon gearbeiteten Teile, mit denen es gelingt, die immer wieder aufblitzenden Allegrettoepisoden zu unterbrechen und lyrisch-gedankenvoller Betrachtung Raum zu geben. Dabei ist ein melodisch reizvolles und einprägsames »Espressivo«-Motiv immer wieder zu hören.

Auf dem entscheidenden Höhepunkt des Satzes, ja des ganzen Konzertes erklingt in einem gewaltigen klanglichen Ausbruch des Orchesters das Scherzothema aus dem ersten Allegretto. Damit und auch mit den Reminiszenzen aus dem ersten Satz (deklamatorisches Violoncellothema und Bläserakkorde aus dessen Mittelteil) wird die innere Geschlossenheit des Konzertes unterstrichen, über das Benjamin Britten nach der englischen Erstaufführung schrieb: »Es ist ein ergreifendes, kraftvolles Werk, eine Glanzleistung des Komponisten.«   HPM

Franz Schubert 1797—1828

Franz Peter Schubert wurde am 31. Januar 1797 als zwölftes Kind eines Schulmeisters auf dem »Himmelpfortgrund«, neben der Wiener Vorstadt Liechtental, geboren. Seiner erstaunlichen Musikalität und seiner schönen Knabenstimme hatte er es zu verdanken, daß er schon frühzeitig geregelten Musikunterricht erhielt und mit zehn Jahren als kaiserlicher Sängerknabe im Wiener Stadtkonvikt Aufnahme fand. Dort genoß er neben seiner musikalischen Fortbildung die Vorteile einer humanistischen Bildung und die Freundschaft hochgesinnter freiheitsdurstiger Jünglinge, denen er seine erste Berührung mit der klassischen deutschen Literatur verdankte. Für die düstere, von Geistlichen geleitete Anstalt mit ihren finsteren Erziehungsmethoden hatten die Zöglinge nur das bittere Wort »das Gefängnis« übrig. Ende 1813 wurde dem fieberhaft, größtenteils heimlich komponierenden Knaben, der seit dem eingetretenen Stimmbruch dem Hof nicht mehr als Sänger von Nutzen war, mit dem Ausschluß gedroht, falls sich seine Leistungen, namentlich in Mathematik, nicht bessern sollten. Statt sich der Drohung zu beugen, »ging er einfach durch« – zum nicht geringen Schrecken seines

Vaters, der sich vom Studium des Sohnes eine Beamtenlaufbahn versprochen hatte. Franz war nicht mehr zu bewegen, in das »Gefängnis« zurückzukehren.

Um dem drohenden langjährigen Militärdienst zu entgehen, entschloß er sich, bei seinem Vater als sechster Schulgehilfe in den Dienst zu treten, nachdem er etwa ein Jahr lang eine Schule für Lehranwärter besucht hatte. Bald jedoch sah sich der bereits rastlos Schaffende auch mit dieser kleinbürgerlichen Umgebung in einem unvermeidlichen Konflikt, der ihn um so schmerzlicher traf, als er seinem Elternhaus stets große Anhänglichkeit bewahrte. Er entzog sich der schwierigen Lage, indem er eine Stelle als Hausmusiklehrer bei einem ungarischen Grafen annahm. 1818 nach Wien zurückgekehrt, ging Schubert nicht mehr in sein Vaterhaus zurück, sondern lebte in der Hauptsache von der Unterstützung durch seine Freunde, bei denen er abwechselnd Unterschlupf fand. Sein Versuch, als freitätiger Künstler von den Einkünften der zahllosen eigenen Werke sich eine Existenz zu schaffen, scheiterte bis ans Ende seines kurzen Lebens. Hätten ihn die Freunde nicht immer wieder über Wasser gehalten, so wäre Franz Schubert verhungert. Zweimal bot sich ihm Gelegenheit, eine Anstellung zu erlangen: das eine Mal als Hoforganist, das andere Mal als zweiter Kapellmeister. Aber er betrieb seine Bewerbung nur lau, die Unterstützung durch seine Freunde und die äußerst bescheidenen und unregelmäßigen Verlegerhonorare einer festen Bindung vorziehend. »Ich bin zum Komponieren und sonst nichts auf die Welt gekommen«, erklärte er. Er konnte es einfach nicht fassen, weshalb sein großes Schaffen, dessen wachsende Anerkennung ihm seinen Wert beweisen mußte, ihn nicht ernähren sollte.

So hat Schubert auch die wenigen Reisen seines Lebens stets als Begleiter eines Freundes, Gönners oder Dienstherrn unternommen. Zweimal war er in Ungarn (1818 und 1824), einmal in Niederösterreich (1821), dreimal in Oberösterreich (1819, 1823, 1825), einmal im Salzkammergut (1825) und einmal in der Steiermark (1827). Überall durfte er zu seiner Genugtuung entdecken, daß seine Kompositionen gedruckt oder bloß in Abschriften von Freundeshand zu Freundeshand weitergegeben und mit großer Liebe und Bewunderung gepflegt wurden. Die Grenze der Donaumonarchie hat er niemals überschritten.

Als Franz Schubert am 19. November 1828 vom Flecktyphus dahingerafft wurde, zählte er noch nicht zweiunddreißig Jahre. Er starb mittellos. Seine künstlerische Hinterlassenschaft umfaßt rund

660 Lieder, über 80 Duette, Terzette, Gesangsquartette und Chöre; 19 Opern und Singspiele, 30 geistliche Werke, 10 Sinfonien, 9 Ouvertüren, zahlreiche kammermusikalische Werke, darunter 17 Streichquartette, 22 Klaviersonaten, mehrere Dutzend anderer Klavierkompositionen, 3 Violinsonaten, dazu eine Reihe weiterer Duostücke, ferner Dutzende von Märschen, Variationen, Rondos und Divertissements für Klavier zu 4 Händen und über 300 Tänze. Dieses riesige Lebenswerk hat er in einem Zeitraum von rund siebzehn Jahren geschaffen.

Dank seiner verschwenderischen Begabung gehört Schubert zu den größten musikalischen Potenzen überhaupt. Die positiven, dem Leben zugewandten romantischen Züge: Volks- und Naturnähe, humanistische Wärme des Gemüts, ungeschwächte Kraft der Naivität und die Poesie des Klanges treten bei ihm in besonders reichem Maße hervor. Daß er sich negativen romantischen Strömungen sehr entschlossen widersetzt, ist besonders bemerkenswert, da er ihren schädigenden Einflüssen in Wien, der Hochburg der Restauration, unmittelbar ausgesetzt war. Eingesperrt hinter der »chinesischen Mauer« (Marx) des österreichischen Polizeistaates unter Metternich, wurde Schubert gewaltsam vom Ideengut der Französischen Revolution ferngehalten. Um so erstaunlicher ist sein wachsender Widerstand gegen diesen Staat, sein immer wacheres Empfinden für die Halbheiten und die Passivität des österreichischen Bürgertums, seine zunehmende Solidarität mit den nichtdeutschen Nationalitäten des mit Gewalt und Ränken zusammengehaltenen Kaiserstaates und, damit verbunden, das Erstarken seines eigenen, österreichischen Nationalgefühls. Dieser politische Reifeprozeß spielte sich sowohl in seinem Denken als auch in seiner musikalischen Entwicklung mit zunehmender Deutlichkeit ab. Die Anklage gegen die Friedhofsstille der Restauration, die tragische Auflehnung gegen die Unvereinbarkeit von Kunst und Leben in der bürgerlichen kapitalistischen Gesellschaft, wie sie Schubert in seinem Gedicht »Klage an das Volk« oder in der »Winterreise«, der h-Moll-Sinfonie oder dem G-Dur-Streichquartett erhob, bezeugen die kritische Schärfe des Erfassens der Wirklichkeit bei diesem großen Komponisten.

Die Beziehungen zwischen Schubert und seinen berühmten Zeitgenossen Beethoven, Weber und Rossini sind vielgestaltig und differenziert. Viel Gemeinsames verband Schubert mit Weber, und es ist bekannt, wie nahe sich beide gekommen waren. Auch das im Kern echt demokratische Nationalbewußtsein teilten sie. Daß sich trotzdem das Verhältnis zu bestimmten Zeiterscheinungen ganz unterschiedlich gestalten konnte, zeigt etwa beider Position gegenüber dem in ganz Europa gefeierten Rossini: Während Webers Nationalgefühl zu einem leidenschaftlichen Kampf gegen Rossini und das Vorherrschen der italienischen Oper in Deutschland führte, teilte Schubert diesen nationalen Widerstand gegen Rossini keineswegs. Zwar hatte Schubert vor allem als Opernkomponist allen Grund, sich von den leichten Erfolgen Rossinis in Wien in den Schatten gedrängt zu sehen und sich über die nationale Würdelosigkeit der »Hofpartei« bitter zu beklagen. Trotzdem anerkannte er in Rossini das Genie, und wie bereitwillig er war, von ihm zu lernen, beweisen seine eigenen beiden »Ouvertüren im italienischen Stil«. Es wäre ihm ohne Frage niemals so gut gelungen, damit sein Vorbild womöglich noch zu übertreffen, wenn Rossinis leichter, luftiger und schmissiger Stil ihm als Wiener nicht so sehr entgegengekommen wäre. Und wenn die Musik zu »Rosamunde« den Namen Schuberts in alle Welt getragen hat, um es mit Rossinis Ouvertüren an Beliebtheit siegreich aufzunehmen, so verdankt sie diesen historischen Erfolg nicht weniger jenem einzigartigen Amalgam zwischen deutschem »Gemüt« und italienischer Lebendigkeit, das eben nur in Wien, der Hauptstadt Österreichs, zustande kommen konnte.

Es gab für Schubert an Rossini noch etwas anderes zu bewundern, das den italienischen Zeitgenossen – bei allem gebührenden geistigen Abstand zwar – mit den großen Vorbildern Mozart und Haydn verband: sein klarer klassischer Formensinn. In den folgenden Besprechungen einzelner Werke wird aufgezeigt werden, daß diese Qualität für Schubert weit mehr war als nur eine Formenfrage. Sein ganzes Verhältnis zur Aufklärung – deren Ideen Schubert in ihrer typisch österreichischen Ausprägung des Josephinismus kennenlernte – war darin eingeschlossen. Und weil diese die einzige Tradition darstellte, die ihn trotz ihrer Verfemung und Verfolgung durch die Restauration mit dem fortschrittlichen Ideengut des klassischen Humanismus verband, verstehen wir, warum er als Instrumentalkomponist (vor allem in seinen Jugendsinfonien) so zäh an den musikalischen Errungenschaften der vorrevolutionären Klassik festhielt, bevor er sich durch seine tragische und schließlich sogar heroische Auseinandersetzung mit der Restauration davon löste und zu einer neuen Qualität fand (Sinfonien h-Moll, C-Dur).

Hier also heroische Auseinandersetzung, dort dagegen um so mehr

Bereitschaft, sich Einflüssen bereitwillig zu öffnen: nämlich den
Einflüssen Rossinis. Worauf es Schubert dabei ankam, zeigt uns
das Ergebnis: eine Fortsetzung und Bereicherung der klassischen
Heiterkeit um das neue wienerische Element, die Verschmelzung
des klassischen Schönheits- und Wahrheitssinnes mit »Charme« und
»Gemüt«. In den italienischen Ouvertüren und der Musik zu »Rosamunde« erfährt die vorrevolutionäre Klassik eine kostbare Nachblüte, bereichert und verstärkt um ihre österreichischen, genau: wienerischen Züge. Der Einfluß Rossinis war Schubert deshalb so willkommen, weil er ihm dazu verhalf, das Heimatlich-Wienerische
seiner eigenen nationalen Tradition ungezwungen freizusetzen,
nicht etwa, um dieser Tradition untreu zu werden.

Schließlich wäre noch das wesentliche Verhältnis von Schubert zu
Beethoven zu betrachten. Es gibt Vorbilder, die unerreichbar werden, weil die gesellschaftlichen und geistigen Voraussetzungen dafür sich als unterbrochen oder sogar zerstört erweisen. Ein solches
unerreichbares Vorbild war Beethoven für Schubert geworden, obwohl sich beider Dasein in derselben Stadt, unter denselben allgemeinen Verhältnissen vollzog. Zerschlagen war die öffentliche Gemeinschaft, an die sich der einsame Beethoven mit unerschütterlicher Standhaftigkeit richtete. An ihrer Stelle bot sich dem jungen,
von den Ideen der Revolution gewaltsam ferngehaltenen Schubert
die unüberbrückbar gewordene Kluft zwischen Wahrheit und
Wirklichkeit, zwischen Kunst und Leben. Daher der Rückzug auf
die Freundschaft, das Schutzbedürfnis gegen die bedrückende Realität der Restauration, der Ausbruch des großen tragischen Lyrismus. Wenn es für Schubert einen Weg gab, Beethoven als Instrumentalkomponist nachzueifern, nachdem er ihn auf dem Gebiet des
lyrischen Liedes überflügelt hatte, dann konnte er nur durch die
rücksichtslose Durchdringung des instrumentalen Genres mit diesem neuen tragischen Lyrismus gefunden werden. Nicht ohne zögerndes Suchen und Experimentieren gelang der gewagte Schritt.
Noch zu Lebzeiten Beethovens – während die 9. Sinfonie entstand
– schuf der sechsundzwanzigjährige Franz Schubert mit seiner h-Moll-Sinfonie das bedeutendste Orchesterwerk des frühen 19. Jahrhunderts, welches nicht aus der Feder Beethovens stammte. Aber
es blieb ein Torso, »unvollendet«, selbst ein sichtbares Zeichen des
Suchens und künstlerischen Ungenügens, zumindest in den Augen
seines unzufriedenen jungen Meisters. Wo hätte er damals den
Mut zu einem Finale für die tragischen Konflikte dieser Sinfonie
gefunden? Am Problem des Finales mußte der große Lyriker

Schubert so lange scheitern, wie ihm der Weg zu einem neuen, heroischen Lebensgefühl verschlossen blieb, das ihm eine Lösung geboten hätte.
Doch sollte es nicht lange dauern, bis Schubert dieser zweite entscheidende Schritt gelang. Er vollzog ihn in seiner sogenannten »Gasteiner« Sinfonie, in der wir nach neuen Forschungsergebnissen kein anderes Werk als die große C-Dur-Sinfonie zu erblicken haben, knapp vor dem jähen Ende seiner schmerzlich kurzen Künstlerlaufbahn. Und wirklich, dieses hochgespannte, krafterfüllte Lebensbekenntnis eines Einunddreißigjährigen ist gar nicht zu begreifen ohne den tragischen Lyrismus, dem es in harten, konfliktreichen Kämpfen abgerungen wurde.
In dieser Sinfonie ist Schubert das Finale deshalb so großartig geglückt, weil er die heroische Tonsprache gefunden hatte. Die unüberhörbar starken nationalen Züge dieser Sinfonie lassen erkennen, aus welchen Quellen diese hochgemute heroische Sprache geschöpft war. Sie entsprang dem unaufhaltsam gefestigten, in wachsendem Widerstand gegen die reaktionäre Restauration erstarkenden, in brüderlicher Solidarität mit den nichtdeutschen Minderheiten des Habsburgerstaates verbundenen Österreichertum seines Komponisten. Mit Schuberts großer C-Dur-Sinfonie wird die Zeit der Tatlosigkeit, der Passivität und Lethargie, der biedermeierlichen Beschaulichkeit und Selbstgenügsamkeit in der österreichischen Kunst überwunden. Zwei Jahre vor der Pariser Julirevolution von 1830 und den nationalen Erhebungen in Belgien und Polen, die auch in Österreich ein Ermannen der bürgerlichen Intelligenz zur Folge hatten, entstanden, leitet hier ein musikalisches Kunstwerk die demokratische Bewegung des »Jungen Österreichs« ein, die 1848 den Sturz der Restauration herbeiführen sollte. Die Universalität und der Internationalismus der Tonsprache Beethovens waren für Schubert unerreichbar geworden. Um so stärker wurde die seine in die Bahn des Nationalen gelenkt. An die Stelle der Menschheit rückte das Bild des Vaterlandes. Daß es nicht in provinziell-beschauliche Heimattümelei versank, das verdankte es der großen, unversehrten Tradition der klassischen Humanität, die auch in der zersetzenden Periode der Restauration sich siegreich behauptete, ihre zukunftweisende Kraft erwies.
Sinfonien: Nr. 1 D-Dur (1813); Nr. 2 B-Dur (1815); Nr. 3 D-Dur (1815); Nr. 4 c-Moll »Tragische« (1816); Nr. 5 B-Dur (1816); Nr. 6 C-Dur (1818); D-Dur (1818; Fragment); E-Dur (1821; Fragment); Nr. 9 h-Moll »Unvollendete«

(1822); Nr. 10 C-Dur (1828). – Ouvertüren: D-Dur (1811; ungedruckt); »Der Teufel als Hydraulicus« D-Dur (1811); D-Dur (1812); D-Dur (1812); B-Dur (1816); D-Dur (1817); »Im italienischen Stil« D-Dur (1817); »Im italienischen Stil« C-Dur (1817); e-Moll (1819). – Ouvertüre, Zwischenakt- und Ballettmusiken aus »Rosamunde« (1823). – Konzertstück für Violine und Orchester D-Dur (1816); Polonaise für Violine und Streichorchester B-Dur (1817).

1. Sinfonie D-Dur

Besetzung: Flöte, 2 Oboen, 2 Klarinetten, 2 Fagotte, 2 Hörner, 2 Trompeten, Pauken, Streicher
Aufführungsdauer: 26 Minuten

Die ersten Orchesterwerke Schuberts waren auf Können und Geschmack von Wiener Dilettanten zugeschnitten. In beidem spiegelte sich die lebhafte Pflege der Instrumentalmusik in den Wiener Bürgerhäusern und ihr beachtliches Niveau. Das Repertoire bestand vor allem aus Werken der Wiener Klassiker und aus denen der kleineren Meister dieser Zeit. Schuberts Jugendsinfonien sind auf diesem einzigartigen Nährboden gewachsen. Sonst wäre es dem sechzehnjährigen Knaben gewiß nicht so mühelos gelungen, in seiner 1. Sinfonie die klassische Form spielend zu meistern. Darin liegt ihr eigentlicher Wert. Mehr dürfen wir von diesem Werk, das für das Zöglingsorchester des Wiener Konvikts geschrieben wurde (ihm stand der Hofsängerknabe Schubert öfter als Dirigent vor), nicht erwarten. Die Vorbilder Haydn, fast noch mehr Mozart, auch Beethoven und sogar Cherubini wirken sich darin noch allzu mächtig aus. Freilich steht die enge Bindung an große Vorbilder andererseits in einem wesentlichen Zusammenhang mit der Musikalisierung der auf Schubert und seine jungen Freunde einstürmenden Ideenwelt der großen deutschen Literatur, die sie in ihren Schlafräumen im Konvikt einander vortrugen. Im September 1813 hatte sich der sechzehnjährige Schubert an eine durchgehende Vertonung des »Tauchers« von Schiller herangewagt, die ihn ein volles Jahr nicht loslassen sollte. Doch schon Ende Oktober kam seine 1. Sinfonie hinzu. Nicht, daß sie nachweislich über bestimmte Strophen der Ballade komponiert wäre; von ihrer kühnen, jünglingshaften Dynamik (»Wer wagt es...«) sind jedoch namentlich die stolz herausfordernde Einleitung (Adagio, D-Dur, alla breve) zum *ersten Satz*,

sein rascher Hauptteil (Allegro vivace, alla breve)

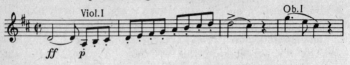

wie auch das *Finale* (Allegro vivace, D-Dur, alla breve) geprägt worden.

In diesem Zusammenhang ist auch der Lyrismus des *langsamen Satzes* (Andante, G-Dur, $^6/_8$-Takt) sowie die vor allem Beethoven verpflichtete Energie des *Menuetto* (Allegro, D-Dur) zu verstehen. Unter die Partitur hatte Schubert die Worte »finis et fine« gesetzt. Nur wenige Tage später sollte man gewahr werden, was sich hinter dem Doppelsinn verbarg. Zum Entsetzen seiner Familie »ging er einfach durch« (Schober) und war um nichts mehr zu bewegen, in das Konvikt zurückzukehren. Zwischen der Ideenfreiheit Schillers und dem »Gefängnis« war die Kluft zu unüberwindlich geworden.

2. Sinfonie B-Dur

> Besetzung: 2 Flöten, 2 Oboen, 2 Klarinetten, 2 Fagotte, 2 Hörner, 2 Trompeten, Pauken, Streicher
> Aufführungsdauer: 28 Minuten

Das eigenmächtige Verlassen des Konvikts hinderte Schubert nicht, 1814/15 seine zweite Sinfonie für das Konviktorchester zu schreiben und sie dem Direktor Pater Innozenz Lang höchstpersönlich zu widmen. Dieses B-Dur-Werk weist bereits eine unverkennbar persönliche Handschrift auf. Die Nachfolge Haydns, Mozarts und Beethovens – wenigstens des Beethoven bis zur Prometheus-Ouvertüre und zur 2. Sinfonie – kann und will auch sie nicht verleugnen. Man muß sie sogar mit ihren bekannten Vorbildern vergleichen, um die feinen, experimentellen Züge, die in diesem lebensprühenden Werk der klassischen Tradition hinzugefügt werden, nicht zu überhören. So bringt der *erste Satz* (Largo, $^4/_4$-Takt; Allegro vivace, alla breve) den Eintritt der Reprise in der Unterdominante (Es-Dur) – ein Kunstgriff, den Schubert in diesen Jahren auch in seinen Klaviersonaten anzuwenden liebte. Dadurch wird das Dominantverhältnis zum Seitenthema auch für die Reprise gewahrt.

In der Exposition läßt Schubert das Seitenthema dagegen zuerst in der Tonart der Unterdominante auftreten:

Diesem kantablen lyrischen Gedanken merkt man es kaum an, daß er das Ergebnis einer Überarbeitung ist und bereits den jungen Schubert von der überlegenden, korrigierenden, planenden Seite zeigt. Die innige Kantilene, mehr noch ihre lyrische Entfaltung, weist erstaunliche Berührungspunkte mit der Ouvertüre zum »Sommernachtstraum« des ebenfalls siebzehnjährigen Felix Mendelssohn Bartholdy auf, nur mit dem Unterschied, daß diese elf Jahre später komponiert wurde. Das war ein neuer Liedton, den man in dieser schwärmerisch-weichen Färbung bei den Klassikern noch nicht gehört hatte.

Der freie Umgang mit dem klassischen Modulationsplan bleibt aber keineswegs willkürlich. Schubert motiviert ihn durch den interessanten Versuch, die Schlußgruppe von Exposition und Reprise mit dem Hauptthema zu bestreiten. Es steht folgerichtig einmal in F-Dur, das zweite Mal in B-Dur. Dadurch rundet sich die ausgedehnte Exposition der sinfonischen Gedanken zu eindrucksvoll kontrastierter Geschlossenheit.

Konventioneller sind die beiden Mittelsätze gearbeitet. Und doch weisen auch sie einen bemerkenswerten gestalterischen Zug auf, der sie beide verbindet. Das *Andante* (Es-Dur, $^2/_4$-Takt) bringt fünf Variationen nach dem Muster Haydns über ein sehr mozartisches Thema:

Im Vergleich dazu das Thema der Oktavio-Arie aus »Don Giovanni«:

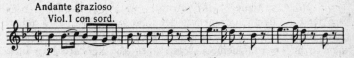

Die vierte Variation, Minore (c-Moll), dient zugleich, zum Scherzo umgestaltet, dem *dritten Satz* (Menuetto; Allegro vivace, c-Moll) als Thema. Wie bewußt Schubert die Beziehung zwischen beiden Sätzen herstellt, erhellt ebenso aus dem Trio (Es-Dur), in dem sich eine freundliche Variante des Variationsthemas zu erkennen gibt:

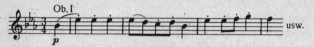

Für das *Finale* dieser Sinfonie (Presto vivace, B-Dur, $^2/_4$-Takt) wird man vergeblich nach einem Vorbild suchen. Auch der Vergleich mit dem ungebärdig-ausgelassenen Kehraus von Beethovens »Achter« kann hier nicht weiterhelfen. Was mit Schubert hier zum ersten Male in die klassische Tradition seinen Einzug hält, ist der unverfälschte »Wiener Ton«, das Liebenswürdig-Ungezwungene, der unnachahmlich schlendernde Ecossaisenrhythmus, der bald ansteckend locker, bald parademäßig gestrafft den ganzen Satz prägt. Es »pratert« gewaltig in diesem Stück. Halb ist es ein Rondo, halb ein Sonatensatz, in dessen Durchführungsteilen der übermütige Komponist im Vollgefühl seiner jugendlichen Kräfte auch nicht davor haltmacht, sein lockeres Ecossaisenmotiv in kühne harmonische Experimente voller dramatischer Spannungen zu verwickeln. Um so unwiderstehlicher erklingt das Thema bei seiner Wiederkehr: Die »Ungeniertheit« feiert hier wahre Triumphe, sich bis zur Ausgelassenheit eines Wiener Volksfestes steigernd. Besonders bezwingend der Charme des zweiten Themas:

Es hatte sich schon, noch etwas schüchtern zwar, im Finalsatz der 1. Sinfonie hervorgewagt.

3. *Sinfonie D-Dur*

> Besetzung: 2 Flöten, 2 Oboen, 2 Klarinetten, 2 Fagotte, 2 Hörner, 2 Trompeten, Pauken, Streicher
> Aufführungsdauer: 23 Minuten

Von den formalen Experimenten der 2. Sinfonie ist die bald darauf (Mai–Juli 1815) entstandene 3. völlig frei. Dafür dringt die neue wienerische – wir können ebensogut sagen: die Schubertsche – Intonation in alle Sätze ein. Sogar die obligate langsame Einleitung (Adagio maestoso, 4/4-Takt) zum *ersten Satz*, ein aus der sinfonischen Tradition übernommenes Erbe, wird von ihr diesmal erfaßt; noch nicht in den ersten Maestosotakten, dann aber um so unwiderstehlicher mit einer unerwarteten Terzrückung ein neues, unbetretenes Gefilde aufschließend, in dem sich Liebenswürdigkeit und schwärmerische Sehnsucht paaren. Es ist ein holdes Duett zwischen Klarinette und Flöte, voller verstohlener naturseliger Rufe. Wir finden hier bereits jene luftige, poesievolle Schubertsche Instrumentation, die später den Ruhm der »Rosamunde«-Musik begründen sollte. Die Episode dient zugleich der poetischen Vorbereitung des Allegrothemas. Ein naturhaftes Rufen und Suchen hebt an, so zärtlich verloren, wie es selbst in Beethovens Pastoral-Sinfonie nicht laut wurde, an die dieser Satz auch motivisch gelegentlich erinnert.

Mit dem Entdecken dieser naturhaften Pastelltöne ist ohne Frage auch die hervortretende Rolle der Klarinette zu erklären, die in den beiden vorangegangenen Sinfonien noch kein eigenes Leben führte. Daß ihr auf dieser poetischen Spur nicht nur die Flöte, sondern auch die Oboe folgt, beweist aufs anmutigste das Seitenthema des Allegro con brio (4/4-Takt), das sich auch motivisch wie die natürliche Fortsetzung des Hauptthemas einstellt.

Dazwischen lagern sich kräftige Tutti, deren etwas konventionelle Energien nicht mehr recht passen wollen zu solchen lyrisch-poetischen Entdeckungen. Dasselbe gilt auch für die etwas lärmende Coda. Dagegen ist die kurz gehaltene Durchführung wiederum ein Meisterstück gedanklicher und motivischer Arbeit, in dem jene zart aufgeblühte Welt von neuem anklingt, diesmal aber gefährdet und bedroht. Man sieht: Altes und Neues stehen in diesem Satz unverbunden nebeneinander.

In dem darauffolgenden *Allegretto* (G-Dur, ²/₄-Takt) zeigt sich das Neue überraschenderweise nicht von der lyrischen Seite, wie man bei dem um dieselbe Zeit in einer Liederflut fast ertrinkenden jungen Schubert vermuten könnte. Der zweite Satz war bisher stets der »wunde Punkt« in seinen Quartetten und Sinfonien gewesen. Jetzt gelingt er ihm unverhofft, weil er dem Empfindsamen aus dem Wege geht und sich dafür um so zwangloser an das Genrehafte hält. Es ist ein typisch Schubertscher Schlendersatz, nicht übermütig bewegt wie das Finale der 2. Sinfonie, sondern wohlig-behaglich »gehend«. Die muntere Gangart wird ausschließlich vom Streicherquartett getragen. Die Bässe schweigen fast völlig, und die Holzbläser beschränken sich im wesentlichen auf Verstärkung. Im Mittelteil wechseln die Rollen. Jetzt führen die Holzbläser, die Klarinette voran, während die Streicher »begleiten«. Nun entfaltet sich auch die Kantilene:

Es ist eine sehr »ungenierte« Melodie, welche die Klarinette hier intoniert, sehr gesellig, sehr »popular«, sehr wienerisch-aufgeräumt. Haydnsche Beschaulichkeit hat sich unter Schuberts Händen in biedermeierliche Geselligkeit gewandelt.

Mit kräftigen Strichen ist das *Menuetto* (Vivace, D-Dur) gezeichnet. Von einem Tanzsatz kann nicht mehr gut die Rede sein. Der Kontrast zur gemächlichen Gangart des zweiten Satzes ist zu deutlich hervorgekehrt. Erst im Trio geht die Bewegung in wirklichen Tanz über, freilich nicht in die gesetzten Schritte des Menuetts, sondern in die sanft dahingleitenden Figuren des Wiener Ländlers. Dem weiten Atem dieser Terzenkantilene (Oboe und Fagott!), ihrer liedhaften Ausspinnung haftet der volksnahe Zwiegesang der Wiener Heimat an.

Noch sind nicht alle Bewegungsarten erschöpft, in denen sich der junge Schubert in seinem Element fühlt: Im *Finale* (Presto vivace,

D-Dur, ⁶/₈-Takt) geht es mit sausender Fahrt in den ⁶/₈-Takt hinein. Auch dieser Satzcharakter wird für den Komponisten zum stehenden, fest umrissenen Finaletypus, sowohl in seinen Quartetten als auch in seinen Sinfonien. Die in toller Laune dahinschießende Fahrt mit ihren überraschenden Wendungen und ausgelassenen thematischen Einfällen – der ganze Sonatensatz ist in Wirklichkeit auf einem einzigen Thema aufgebaut – wird hier zum Inbegriff überschäumender Geselligkeit und Lebensfreude. Sie reißt den jugendlichen Schöpfer derart mit, daß ihm zum Schluß buchstäblich der Atem auszugehen droht. Zum Unterschied von den mit haydnschem Witz gearbeiteten Durchführungsteilen fällt ihm in der Coda nicht mehr viel ein. So wird die übermütige Fahrt ziemlich abrupt zum Stehen gebracht. Vier hastig hingeworfene Schlußakkorde beschließen ein Werk, in dem ein junges Genie – ein Vierteljahr vor dem Entstehen des »Erlkönigs« – allenthalben seine Glieder reckt.

4. Sinfonie c-Moll

Besetzung: 2 Flöten, 2 Oboen, 2 Klarinetten, 2 Fagotte, 4 Hörner, 2 Trompeten, Pauken, Streicher
Aufführungsdauer: 30 Minuten

Fast ein Jahr liegt zwischen dem Entstehen der 3. und der 4. Sinfonie. Angesichts der Schaffensflut des jungen Schubert bedeutet diese Zeitspanne viel. Um so größer ist unsere Enttäuschung; denn die 4. Sinfonie läßt den erwarteten Fortschritt gegenüber ihren Vorgängerinnen vermissen. Der Grund ist offensichtlich: In diesem Werk hat sich Schubert ein geistiges Problem gestellt, dem er – beneidenswertes Privileg der Jugend! – noch gar nicht gewachsen war. Er wollte eine »tragische« Sinfonie schreiben, und siehe da, es wurde nur eine »pathetische« daraus. Es ist jedoch eine klassische Erkenntnis, die wir Schiller verdanken, daß das Pathetische ästhetisch nicht befriedigen kann, wenn ihm die Größe fehlt. Sechs Jahre später jedoch tritt uns Schubert in der unvollendeten h-Moll-Sinfonie mit erschreckender Tragik – und Größe! – entgegen. Die Konflikte des Lebens, die Konflikte seiner Zeit haben sich seiner bemächtigt. Die »tragische« Sinfonie des Neunzehnjährigen aber ist konfliktlos, und darum wirkt ihr Pathos gezwungen, anempfunden. Der nicht zu überhörende Versuch, sich die Sprache Beethovens anzueignen, ist von vornherein zum Scheitern verurteilt. Es ist der Beethoven »in c-Moll«, der Sonate pathétique, des 4. Streichquartetts op. 18, der »Coriolan«-Ouvertüre und der 5. Sinfonie, der hier zum Vorbild dient. Weil aber das Vorbild unnachahmlich bleiben muß, haften der Nachbildung die Schwächen einer schlechten Kopie an. Mit seiner 4. Sinfonie befand sich Schubert also auf falschem Wege. Gerade darum ist es kein Wunder, daß das Richtige, die Bereicherung der vorrevolutionären klassischen Sinfonie um die wienerischen Züge und die Poetisierung des volksnahen heimatlichen Lebens, sich auch in diesem Werk streckenweise gebieterisch Geltung verschafft. Dazu wird man zwar das verheißungsvolle einleitende *Adagio molto* (3/4-Takt) mit seinen bedeutsamen Imitationen nicht unbedingt rechnen wollen; hier folgt Schubert der Tradition der groß empfundenen, gedankenschweren Introduktionen, wie sie Haydn geschaffen hat. Dagegen weist die warme, leuchtende Sanglichkeit des Seitenthemas des *Allegro vivace* (4/4-Takt) – es tritt in der terzverwandten As-Dur-Tonart auf – schon eher auf den »wahren« Schubert hin.

Schubertisch ist ebenfalls der Eintritt der Reprise in der Dominanttonart g-Moll, die Wiederkehr des Seitenthemas in Es-Dur und der unbekümmert breite Ausklang des Satzes in C-Dur. Die »tragische« Thematik hält nicht einmal einen Satz lang vor.

Auch der *zweite Satz* (Andante, As-Dur, 2/4-Takt) – er war ursprünglich im 3/4-Takt geplant – versucht an Beethoven anzuknüpfen, und zwar an den hymnisch-schwärmerischen der As-Dur-Mittelsätze der pathetischen Klaviersonaten. Feierlich steigt das Thema über die Stufen des Dreiklangs auf und kehrt darauf ebenso gemessen in mehrfach erweiterten Folgen zum Ausgangspunkt zurück.

Elf Jahre später hat der reife Schubert in seinem bekannten As-Dur-Impromptu diesen Gedanken wieder aufgegriffen und den ursprünglichen ³/₄-Takt wiederhergestellt.

Dieser leicht ländlerische Einschlag macht die Melodie sofort »schubertischer«. Der heimatlichen Intonation verdankt eben auch Schuberts Lyrismus sein selbständiges, unverwechselbares Gesicht. Die Anpassung an Beethovens erhabene Haltung bekommt ihm nicht. – Auch der Mittelteil, ein typisches Alternativo in f-Moll, beginnt zunächst ziemlich unpersönlich. Dann aber bricht mit einer überraschenden Wendung nach Ces-Dur der wahre Schubert durch. Es ist dieselbe Technik, die er sich schon in der Einleitung und im ersten Satz der 3. Sinfonie geschaffen hatte: Ein kleines, abgespaltenes Motiv wird zu zartem Ruf und Gegenruf vor allem in den Holzbläsern verdichtet. Hier, in dem so klassischen Andantesatz der 4. Sinfonie, geht der Komponist darin sogar noch weiter, indem er die 1. Violinen zur zärtlichen melodischen Abrundung heranzieht.

Die ganze Episode hat, allein schon durch Benutzung einer so entlegenen Tonart (im Orchestersatz damals durchaus ungewöhnlich) etwas märchenhaft Entrücktes, Verzaubertes. Behutsam leitet sie zum Hauptteil über, wobei man Schubert anmerkt, wie schwer es ihm fällt, sich von der Poesie dieser Episode zu trennen. Sie nimmt immerhin 43 Takte in Anspruch. Wir begreifen auch, warum er der Versuchung nicht widerstehen konnte, die »holde« Stelle, nur leicht gekürzt, später noch einmal in der Haupttonart, As-Dur, zu bringen. Dadurch wächst aber der ganze Satz ins Uferlose und ermüdet. Eine Raffung zur Dreiteiligkeit wird im Falle der Wiedergabe seine Schwächen mildern und seine Vorzüge in um so hellerem Licht rücken.

Der *dritte Satz*, von Schubert immer noch als Menuett (Allegro vivace, Es-Dur) bezeichnet, ist in seinem kräftigen Schüttelrhythmus aus drei und zwei Vierteln Beethovens Scherzosätzen, z. B. dem der 4. Sinfonie, nachgebildet. Nur ganz gelegentlich, etwa im zweiten Teil des Trios, meldet sich – abermals bei einer unerwarteten Modulation nach Ces-Dur – Schuberts eigener Ton.

Beethovensch ist auch das energisch treibende Hauptthema des *Finales* (Allegro, c-Moll/C-Dur, alla breve). Es verträgt sich nur schlecht mit dem beschwingten, schlanken Grundcharakter des Satzes. Auch wenn wir nicht nach den ersten Takten mit Sicherheit die Auflösung im heiteren C-Dur voraushören können – sie wird nach einer knappen Durchführung bereits mit dem Eintritt in die Reprise vollzogen –, müßten wir feststellen: Auf diesen Satz würde nicht einmal die Bezeichnung »pathetisch« zutreffen. Was wäre sonst von einer Wendung zu halten, die sich schon bald aus dem Hauptthema entwickelt und im Verlauf des Satzes eine wachsende thematische Selbständigkeit gewinnt?

Das ist ein »Wiener Einfall« von bezwingender Liebenswürdigkeit. Auch das Seitenthema in As-Dur gibt sich als eine weitere Variante jener poetischen Ruf- und Antwortmotive zu erkennen, die den Mittelteil des Andantesatzes verzauberten und bereits in der 3. Sinfonie anzutreffen waren.

5. Sinfonie B-Dur

    Besetzung: Flöte, 2 Oboen, 2 Fagotte, 2 Hörner, Streicher
    Aufführungsdauer: 27 Minuten

Die ungelösten Widersprüche seiner »tragischen Sinfonie« scheint Schubert selbst empfunden zu haben. Schon wenige Monate später, im September 1816, sehen wir ihn zu den heiteren Bahnen der Wiener Klassik zurückkehren. Nach dem mißglückten Experiment der c-Moll-Sinfonie vollzieht er die Abkehr von Beethoven so gründlich, daß die Entthronung sogar in seinem Tagebuch ihren Niederschlag gefunden hat. An seine Stelle rückt – in den Instrumentalwerken ebenso wie im Tagebuch – Mozart. Kurz hintereinander schreibt Schubert ein Allegro für Streichtrio, eine kleine Festtags-Ouvertüre ohne Flöten und eine Sinfonie für kleine Besetzung, ohne Trompeten, Klarinetten und Pauken. Alle drei Werke stehen in derselben Tonart: B-Dur; alle drei Werke weisen ostentativ auf Mozart.

Die Schwenkung ist erstaunlich. Nach dem Scheitern seines Beethoven-Experimentes sehen wir Schubert zu Mozart zurückkehren, radikaler und bewußter als in seinen beiden ersten Sinfonien. Hielt er ihn für den besseren Leitstern auf der Suche nach einem eigenen Stil? Die Erfahrung mußte, wenn auch nur vorübergehend, gemacht werden. Sie erwies sich als ebenso notwendig wie die beethovensche. Die 5. Sinfonie, dieses intime Kabinettstück, ist das feinste, lebendigste Zeugnis dafür.

Das unmittelbare Vorbild, auch in der Anlage, Technik und Besetzung, ist zum Greifen deutlich: Mozarts g-Moll-Sinfonie. Die Übereinstimmung wird streckenweise so auffällig, daß die Vermutung naheliegt, Schubert habe mit dieser B-Dur-Sinfonie – es ist seine zweite in dieser Tonart – ein unbeschwertes Gegenstück zur Mozartschen g-Moll-Sinfonie schaffen wollen (man beachte die gewählte Parallel-Dur-Tonart). Neben der »Unvollendeten« ist diese Sinfonie Schuberts einzige, die keine langsame Introduktion aufzuweisen hat. An ihre Stelle tritt ein »Vorhang« von 4 Takten (im Finale dieser Sinfonie wie schon in dem seiner 2. Sinfonie handhabt Schubert es ganz ähnlich, Mozart hingegen beschränkt sich mit diesem »Vorhang« auf nur einen Takt). Dann hebt das schlanke, leichte Thema an und mit ihm das lockere Spiel der Imitationen, das diesem ganzen *ersten Satz* (Allegro, alla breve) das Gepräge gibt.

Kein zweites Mal hat sich die verborgene Beziehung Schuberts zu
Mozart glücklicher gestaltet als in diesem anmutigen Satz. Mühelos
fügt sich der neue Wiener Ton in die klassische Tradition. Ein feiner Zug: Der »Vorhang« wird in die Durchführung einbezogen;
dagegen fehlt er beim Übergang zur Reprise.
Der *zweite Satz* (Andante con moto, Es-Dur, 6/8-Takt), in Takt
und Tonart wie bei Mozart, hat nicht die bedrohliche Hintergründigkeit des Vorbildes, sondern klingt weit eher an die innige Humanität der »Zauberflöte« an.

Mit dem Eintritt in den Mittelteil wechselt freilich die Szenerie:
An die Stelle von Sarastros Tempelweisheit tritt Susannas Gartenarie.
Bis dahin hatte Schubert die Verbindung zu Mozart gesucht, ohne
ihn blind zu imitieren. Beim *Menuett* angelangt (Allegro molto,
g-Moll), vermag er der Versuchung nicht mehr zu widerstehen: Er
kopiert ihn. Dieser Satz ist eine ziemlich treue Nachbildung des
berühmten Stückes aus Mozarts Sinfonie, freilich bei weitem primitiver, auch naiver, ohne dessen schneidende rhythmische Schärfe
und kontrapunktische Dichte. Stilistisch stehen sowohl das Trio aus

Mozarts g-Moll-Sinfonie wie schon das aus seiner Es-Dur-Sinfonie – beide haben ausgesprochenen Ländlercharakter – Schubert sehr nahe. Hier wird offenbar, daß die Ländler beider Komponisten auf gemeinsamem, österreichischem Boden gewachsen sind. Das weiche, lyrische Trio (G-Dur) aus Schuberts B-Dur-Sinfonie, ebenfalls ein typischer Ländler, zeichnet sich sowohl durch seine weitgeschwungene Melodie als auch die gebundenen Begleitfiguren aus (der Baß wird sogar bordunartig festgehalten).

Auch im *Finale* (Allegro vivace, B-Dur, $^2/_4$-Takt) sucht Schubert seinem Vorbild treu zu bleiben, obwohl ihn die eigene, kräftigere Feder, seine derbere musikalische Mundart hier eher in die Nähe Haydns als Mozarts führt. Im zweiten Thema dieses fröhlichen Satzes sind freilich Mozarts Anmut und Schuberts Ungezwungenheit eine so innige Verschmelzung eingegangen, daß sich der liebenswürdige Gedanke als anspruchsvolle Aufgabe für den musikalischen Rätselsport eignen würde.

Heiter, klar, ohne Eingriffe in den wohlproportionierten klassischen Aufbau läuft der einfache Sonatensatz ab, in seiner Durchführung von lebhaften Imitationen gewürzt.

F. Schubert

6. Sinfonie C-Dur

>Besetzung: 2 Flöten, 2 Oboen, 2 Klarinetten, 2 Fagotte, 2 Hörner, 2 Trompeten, Pauken, Streicher
>Aufführungsdauer: 32 Minuten

Ein volles Jahr sollte vergehen, ehe Schubert seinen ersten fünf Sinfonien eine weitere hinzufügte, und selbst diese entstand nicht in einem Zuge. Der erste Satz wurde im Oktober 1817 komponiert, die drei übrigen vier Monate später. Das ist nicht ohne Bedeutung; denn in die Zwischenzeit fiel ein neues künstlerisches Erlebnis: Rossini. Seine Spuren sind in den drei im Februar 1818 entstandenen Sätzen nicht zu überhören. Der *erste Satz* (Adagio, ³/₄-Takt; Allegretto, alla breve) ist dagegen von ihnen so gut wie unberührt. Nach einer verheißungsvollen Introduktion, die sich in ihrem ausgesponnenen Triolenmotiv nur etwas zu verlieren droht, setzt unerwartet hoch in Flöten und Oboen, nur von der 1. Klarinette begleitet, das Hauptthema ein.

In der Art des Eintrittes, in der Instrumentierung und im straffen Alla-breve-Takt erinnert der Einfall an das bekannte Thema aus Haydns Militär-Sinfonie. In seiner Gespanntheit und kecken Jugendlichkeit weist er zugleich aber auch viel Gemeinsames mit Weber auf. Das zeigt sich vor allem in der Beantwortung und Fortsetzung durch die Streicher. – Am zweiten Thema ließe sich zwar kritisieren, daß es ihm an Kontrast fehle. Aber auf Kontrast kommt es hier weniger an als auf Einheitlichkeit der heiteren Grundstimmung. Sie wird im zweiten Thema bis zum verwegenen Übermut gesteigert. Und um die Einheit zu wahren, hat Schubert nicht das geringste Bedenken, auch diesen Einfall zuerst den Holzbläsern, dieses Mal nur Flöte und Klarinette, anzuvertrauen:

Es verdient Bewunderung, wie selbstverständlich es Schubert gelingt, mit diesen beiden im Charakter so wenig kontrastierenden Themen ein reichbewegtes Leben zu entfalten, das uns bis zum letzten Takt in Atem hält. Als Mittel dient hier die spielend beherrschte klassische Durchführungsarbeit, die auf die beiden musikalischen Gestalten mit ihren vielfachen Verkürzungen und Überschneidungen oft überraschende Lichter und Schatten wirft.

Der *zweite Satz* (Andante, F-Dur, ²/₄-Takt) beginnt zunächst enttäuschend altväterisch. Aber der Schein trügt; kaum sind wir in den Mittelteil eingetreten, setzt in seinen fließenden Triolen ein Schaukeln und Wiegen von geradezu ansteckender Wirkung ein, begleitet von überraschenden Harmoniewechseln. Und mit Entzücken lauschen wir der Wiederkehr des »Großvaterthemas«, weil es nun, von der weiterlaufenden Schaukelbewegung getragen, seinen wahren Charakter offenbart: warme, herzliche Gemütlichkeit. Rossinis lokkernder Einfluß hat hier dazu verholfen, das Wienerische um so reiner freizusetzen.

Der *dritte Satz* (Scherzo; Presto, C-Dur, ³/₄-Takt) ist an Beethoven orientiert. Es ist nicht nur der Beethoven der »Ersten«, sondern auch der »Siebenten«, der diesem sprühenden Satz zur Gestalt verholfen hat. Ein solches Scherzo hatte Schubert noch nie geschrieben, zum mindesten nicht in seinen Sinfonien. Freilich, der bissige, ungebärdige Humor des großen Vorbildes wird hier durch die freundlicheren, schalkhaften Züge Schuberts gemildert. An Beethovens »Siebente« erinnert auch der jähe Übergang zum Trio (Più lento, E-Dur, ³/₄-Takt) mit seinen ausgehaltenen Holzbläsertönen und dem harmonischen Wechsel nach E-Dur. Während Beethoven seinen berühmten Volksgesang anstimmt, der angeblich einer alten niederösterreichischen Wallfahrtsweise entstammen soll, kann Schubert hier aus Eigenem schöpfen. Wir werden dem Gedanken bald wieder begegnen.

Das eigentliche Meisterstück dieser Sinfonie bietet aber das *Finale* (Allegro moderato, C-Dur, ²/₄-Takt). Es ist der hinreißendste Satz dieser Art, den Schubert bisher überhaupt komponiert hatte. Nur

F. Schubert

das Finale der 2. Sinfonie darf sich in einiger Entfernung mit ihm messen. Im Grunde genommen ist es dieselbe wienerische »Ungeniertheit«, die sich in beiden Stücken austollt, diesmal nur noch viel bewegter. Der Satz ist als Rondo gebaut, aber als ein Rondo, in dem zur Ausnahme einmal der Hauptgedanke nicht häufiger wiederkehrt als die Seitengedanken. Einen solchen Satztypus nennen wir Divertissement. Haupt- und Seitenthemen sind zu ganzen Episoden ausgebaut, in unaufhörlichem Wechsel einander ablösend. Im Grunde gibt es in diesem Finale gar kein eigentliches Hauptthema; alle Themen sind gleichwertig, sich durch ihre episodische Geschlossenheit zu ganzen Bildern abrundend. Immer unwiderstehlicher fühlt man sich von Episode zu Episode in diese tolle Praterpartie hineingezogen. Der Erhöhung der Bildhaftigkeit dienen auch die überraschenden Harmoniewechsel in der zweiten Episode; nach gegebenem Signalruf, der den Wagen in vollem Lauf anzukündigen scheint, wird der übermütigen Fahrt eine unerwartete Wendung von C-Dur nach As-Dur gegeben, und zu der federnden Wagenbewegung der Bässe sausen die Violinen in gestrecktem Lauf auf und nieder:

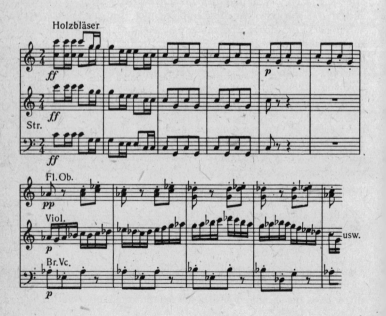

Dasselbe Spiel wiederholt sich wenige Takte später, aber dieses Mal von C-Dur über a-Moll nach F-Dur, wodurch eine ganz eigentümliche Raum- und Körperwirkung entsteht: Man fühlt sich förmlich weitergetragen, unaufhaltsam fortgerissen im Strudel des Volkstreibens. Wie unverfälscht dieses sich ausbreitet, davon singen uns in engverschlungenen Terzparallelen die Flöten und Oboen:

Demselben Gedanken sind wir in leicht veränderter Gestalt, in derselben Holzbläserbesetzung, im Trio des dritten Satzes begegnet. Man sieht, die Wiener »Werkl«-Musik wird hier von Schubert glänzend seinem Prater-Finale einverleibt. Den Mut zu diesem Schritt, den Einbruch des Leierkastens in die klassischen Bezirke der Sinfonie, verdankt er ohne Frage ebenfalls Rossini. Sogar bis zur Karussellmusik mit ihrer unentrinnbaren mechanischen Aufsässigkeit, mit ihren bekannten Walzenschlüssen, folgt er unbedenklich Rossinis Spuren.

Wir erkennen, wie die Einflüsse des italienischen Zaubermeisters, der damals ganz Wien verhexte, Schubert in seiner eigenen wienerischen Phantasie beflügelten.

F. Schubert

Sinfonie Nr. 9 h-Moll »Unvollendete«

Besetzung: 2 Flöten, 2 Oboen, 2 Klarinetten, 2 Fagotte, 2 Hörner, 2 Trompeten, 3 Posaunen, Pauken, Streicher
Aufführungsdauer: 22 Minuten

Es hatte ganz den Anschein, als ob Schubert die heiteren Traditionen der vorrevolutionären Klassik in seinen Sinfonien fortzusetzen gedachte, nicht ohne sie um den neuen wienerischen Zug und die rossinischen Feinheiten, z. B. in der Instrumentation, poesievoll zu bereichern. Aber es kam anders. Das Leben selbst trat ihm in den Weg. Je reifer er wurde, um so unausweichlicher wurden die Konflikte, sich ballend in dem einen, immer unlösbarer, unversöhnlicher erscheinenden Konflikt, der in der Unvereinbarkeit zwischen Kunst und Leben, Wahrheit und bürgerlicher Wirklichkeit bestand. Dieser tragische Antagonismus hatte sich seit 1819 immer gebieterischer seines Liedschaffens und seiner Kammermusik bemächtigt. Einzig das Gebiet der Orchestermusik hatte Schubert fast ängstlich besorgt von ihm fernzuhalten versucht.

In diesem Licht verstehen wir vielleicht besser, warum er in diesen kritischen Jahren zwei Sinfonien entwarf, sie aber beide als Skizzen liegenließ. Es handelt sich um die Entwürfe zu einer Sinfonie in D-Dur, mit deren Komposition er 1818, bald nach der 6. Sinfonie, begann, und um eine Sinfonie in E-Dur, die ihn im Jahre 1821 beschäftigte. Wie die Entwürfe zeigen, handelt es sich in beiden Fällen um den Versuch, die heitere, ungetrübte Welt der meisten früheren Werke fortzusetzen. Vieles spricht darum dafür, daß wir das Erlahmen des Interesses, die Unzufriedenheit des Komponisten vor allem mit dem Mißlingen dieses Versuches zu erklären haben. Eine Sinfonie war ja auch nicht mit einem Auftragswerk zu vergleichen, wie es die Musik zu »Rosamunde« gewesen war. Schon in den Entwürfen zu den Andantesätzen beider Sinfonien kündigt sich die neue schmerzliche Tragik an, die auf instrumentalem Gebiet zuerst in dem erschreckend heftigen Streichquartettsatz c-Moll aus dem Jahre 1820 hervorbricht. Auch er ist ein Torso geblieben. Der Mut, auf dieser Bahn fortzufahren, reichte nicht über die Skizze zum zweiten Satz hinaus. Wir sehen, der geistige Entwicklungsprozeß, der Abschied vom ungetrübten Leben in der Kunst bis zum willentlichen Zerreißen der Illusion erwies sich als äußerst schmerzhaft, im Schaffen von Unschlüssigkeit und Schwankungen begleitet. Als den Höhepunkt dieser ungelösten Krise, zugleich als den Durchbruch zu einer neuen, konflikthaften sinfonischen Sprache, an Beethoven erstarkt und doch von ihm in der Haltung so gründlich verschieden, müssen wir die begonnene Sinfonie in h-Moll aus dem Jahre 1822 bezeichnen.

Auch dieses Werk ist bekanntlich ein Fragment geblieben und nicht über den Entwurf des Scherzos hinaus gediehen. Zwingende äußere Gründe für ein solches Fallenlassen gab es nicht. Wenn Schubert dazu willens gewesen wäre, dann hätte er ohne Frage auch die Zeit gefunden, das Werk zum Abschluß zu bringen. Daß es ihm daran gebrach, zeigt die immer noch nicht überwundene Unschlüssigkeit seiner Haltung: die Übermächtigkeit des Neuen, die Schmerzhaftigkeit, sich vom Alten loszureißen. So müssen wir uns mit den zwei Sätzen dieser Sinfonie abfinden, die – das meistgespielte Werk der gesamten Gattung – als Schuberts »Unvollendete« in die Musikgeschichte eingegangen ist. Allein schon in dieser Zweisätzigkeit spiegelt sich die Tragik ihres Charakters wider. Diesmal handelt es sich, zum Unterschied von der 4. Sinfonie, die jene Bezeichnung zu Unrecht trägt, um echte, große Tragik, die an der Größe des Konflikts aufgebrochen war. Selbst wenn man, wie Arnold Schering, die nur um weniges ältere autobiographische Erzählung »Mein Traum« zu einer Deutung heranzieht, in der Franz Schubert den wiederholten Bruch und die Versöhnung mit seinem Vater in die romantische Allegorie eines Märchens zu kleiden suchte, wird man in diesen persönlichen Erlebnissen allenfalls den Ausgangspunkt, niemals aber den Kern des Konflikts zu erblicken haben. Er war viel umfassender, die Summe aller schmerzhaften Erfahrungen in sich schließend, die sowohl der Erzählung als auch der Sinfonie zugrunde lagen. Franz Schubert war ein viel zu großer Künstler, um das Persönliche nicht als Spiegel des Allgemeinen zu begreifen. Zwar mußte ihm die Ursache für den Kern seines Konfliktes, die wachsende Entfremdung der Kunst vom Leben durch die unaufhaltsam sich durchsetzenden kapitalistischen Produktionsverhältnisse, undurchschaubar bleiben. Aber in der humanistischen Lebensverbundenheit seiner schöpferischen Persönlichkeit konnte sich ihm alles, was ihm widerfuhr, nur im unheilbaren Zwiespalt dieser Unvereinbarkeit darbieten. In dieser tragischen Lebenserfahrung wurzelt die Programmatik der Sinfonie ebenso wie die der Traumerzählung. Er hat sie darin mit eigenen Worten ausgesprochen: »Wollte ich Liebe singen, ward sie mir zum Schmerz. Und wollte ich Schmerz singen, ward er mir zur Liebe. So zerteilte mich die Liebe und der Schmerz.«

Bereits mit dem Hauptthema des *ersten Satzes* (Allegro moderato,

F. Schubert

$^3/_4$-Takt) in den dunklen, in die Tiefe sinkenden Bässen wird dieser Leitgedanke in seiner ganzen Tragik laut. Um seine Bedeutsamkeit zu steigern, stellt ihn Schubert gleichsam als Devise der Sinfonie einstimmig voran.

Wir wissen aus Schuberts Liedern, daß er mit diesem düsteren Motiv, besonders in der »schwarzen« Tonart h-Moll, mit Vorliebe die Vorstellung des Grabes umschrieb. Gewiß, darin war die Erinnerung an die tote Mutter lebendig, die im Konflikt mit dem Vaterhaus eine so große Rolle spielt und auch in der Traumerzählung wiederkehrt. Darin lag aber zugleich auch das zentrale Erlebnis aller Dichter und Freunde, deren Lyrik Schubert vertonte. In diesen Gedichten wurde das Grab als die letzte Zuflucht einer um ihre Lebensrechte gebrachten Jugend herbeigesehnt. Es galt jener verzweifelten Generation als das Sinnbild der geraubten Lebenshoffnungen. Als Motto steht es über Schuberts Sinfonie. Es besteht nur aus 8 Takten, die der Exposition vorangestellt sind. Aber seine Bedeutung, namentlich für die Gestaltung der Durchführung und der Coda, die wie ein riesenhafter Epilog behandelt wird, ist gewaltig. Beide Teile erheben sich zu tragisch programmatischer Bildhaftigkeit.

Betrachten wir zunächst die Exposition. Über einer ruhelos getriebenen Streicherfigur und dunkel pochenden Bässen erklingt in Oboen und Klarinetten ein schmerzlicher Klagegesang, der sich zu immer heftigeren Akzenten steigert, bis ihm mit einem Schlage ein Ende gesetzt wird. Ein Hornruf, eine weiche Modulation nach G-Dur, und der Schmerz verwandelt sich in Liebe. Wiederum ist es ein lauterer Gesang, ein Lied, mehr noch: eine zart aufblühende Ländlermelodie, über dem Wiegen der Begleitstimmen zuerst von den Violoncelli, darauf von den Violinen angestimmt. (Notenbeispiel S. 261)

Kein Wunder, daß diese wunderbare Melodie die Runde um die Erde gemacht hat. Alles Herzliche, Warme, Unverbildete, Volkshafte, alles, was Schubert bedrängt und tödlich bedroht erschien, hat er in sie hineingelegt. In der Tat: Dieser tödlichen Gefährdung verleiht er alsbald eine vernichtende Gestalt in brutalen Fortissimoschlägen des ganzen Orchesters, die die gesamte Liedepisode des

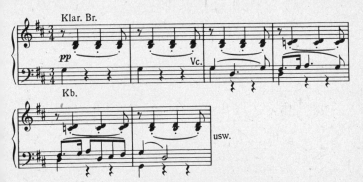

zweiten Themas zu zerreißen drohen. Die motivische Arbeit ist dabei von höchster Beredsamkeit. Sowohl die Ländlermelodie als auch ihre abrupte Unterbrechung erweisen sich als Variantengebilde, die aus dem klagenden Oboen- und Klarinettenthema des Anfangs entwickelt sind (der charakteristische Quint- und Quartfall!). Das Leben behauptet aber seine Kraft. Die Melodie wird siegreich fortgesetzt, mit jugendlicher Energie sich zu festen, hochgemuten Schritten straffend. Wie zum Abschied wird die Exposition mit einem kanonisch einsetzenden Zwiegesang beendet.
So spiegelt allein schon die Exposition mit programmatischer Deutlichkeit die »Zerteiltheit« in Schmerz und Liebe wider. Es hat sich unter den Dirigenten eingebürgert, die von Schubert ausdrücklich vorgeschriebene und musikalisch vorbereitete Wiederholung dieses Teiles zu übergehen. In der Mißachtung dieser Vorschrift liegt mehr als eine schlechte Tradition, die sich auf praktische Erwägungen beruft. Sie zeugt vom Verkennen des novellistischen Charakters des ganzen Satzes. Erst durch die Wiederholung der Exposition wird nämlich der poetische Grundgedanke ganz sichtbar. Gleichsam nach der alten Märchenregel »Und abermals begab es sich« verlangt der erste Teil des tragischen Geschehens seine wortgetreue Wiederholung. Erst dadurch tritt die Durchführung in ihrem ganzen novellistischen Gehalt heraus, erst damit kann sich die Wendung nach derselben Märchenregel (»Und zum dritten Male«) vollziehen. Die Bässe versinken in bodenloser Tiefe, das Grab öffnet seinen gähnenden Rachen, dem dreimal ausgestoßenen Aufschrei des Entsetzens folgen die beklommenen Herzschläge in den starren Synkopen der Holzbläser. Dann tritt die Ermannung ein. Das so fatalistische Grabmotiv verwandelt sich in die ehernen Schritte eines heroischen Kampfmotivs.

F. Schubert

Was folgt, ist eine tobende, von heftigen Kampffiguren in Streichern und Bläsern durchzogene Schlacht auf Leben und Tod, eine Zusammenballung sämtlicher Energien zur heroischen Auflehnung. Über den tragischen Ausgang bleibt kein Zweifel: Noch zweimal bäumt sich der Widerstand in heftigen Ausfallschritten auf; dann sinkt er ermattet in sich zusammen. Der Übergang zur Reprise ist freigegeben: Über der angstvoll hin- und hergetriebenen Streicherfigur und den pochenden Bässen erheben die Holzbläser von neuem ihre Klage, die durch die Katastrophe der Durchführung erst ihre ganze schmerzliche Bedeutung erlangt. Dasselbe gilt auch von dem hoffnungsvoll beseelten Ländlerthema und seinem mutig-zuversichtlichen Ausklang. Da tritt mit einem heftigen Schlag der Umschwung von neuem ein, wieder sinkt das Grabmotiv in schwarze Tiefe, wieder richtet es sich bedrohlich auf, erst in kanonischer Engführung, dann über dem unerbittlichen Orgelpunkt des Grundtones, sich sechsmal gleichsam um die eigene Achse drehend. Die Coda besiegelt den tragischen Ausgang der Durchführung ein zweites Mal. Mit drei gebieterischen Schlägen, denselben Schlägen, die so oft in diesem Satz Hoffnungen grausam zerstörten, scheint der Schmerz über die Liebe, der Tod über das Leben den Sieg davonzutragen.

Der *zweite Satz* (Andante con moto, E-Dur, ³/₈-Takt) ist diesen Kämpfen entrückt. Tiefer Märchenfriede umfängt uns hier. Behutsam steigen Baßschritte auf und nieder, leise gezupft und dann wieder weich gestrichen, unermüdlich die stille Bewegung in Gang haltend. Darüber erklingt eine sanfte, friedvolle Kantilene, halb Wallfahrtsgesang, halb von ferne an geruhsame Ländler anklingend.

Der Prozessionscharakter setzt sich durch. Bald verwandeln sich die leisen Pizzikato- und Legatoschritte der Bässe in rüstiges, zuversichtliches Schreiten zu einem feierlichen Posaunenchoral. Auch sein lichter, ferner Widerhall in den Holzbläsern ist ganz auf seraphischen Ton gestimmt. Doch der sanfte Himmelsfrieden bleibt nicht ungestört. Kaum klingt der erste Teil des Satzes in tiefer Ruhe und Ergebenheit aus, setzt, nur durch einen kurzen, geheimnisvollen Übergang der allein spielenden Violinen vorbereitet, eine große Klageszene in cis-Moll ein. Die verhaltene Wehmut der Klarinette wird durch einen Irrgarten der Modulation geleitet, bis sie von der Oboe besänftigt nach Des-Dur gewendet wird. Auch die Flöte wird an diesem sehnsuchtsvollen, traumverlorenen Ruf-und-Antwort-Spiel beteiligt. Rossinische Technik steht im Dienste innigster Schubertscher Poesie. Dann bricht der Schmerz von neuem auf, diesmal mit vollem Einsatz des Orchesters gestaltet. Der wild sich aufbäumenden Verzweiflung folgt ein wunderbar aufblühender kanonischer Zwiegesang zwischen Violoncelli und Violinen, erst in D-, dann in G-Dur. Schuberts Programmatik wird offenkundig: Schmerz verwandelt sich abermals in Liebe. – Eine Rückwendung von C-Dur nach E-Dur, in der die sehnsuchtsvollen Rufe der Holzbläser durch die verschleierten Fernklänge des Waldhorns beantwortet werden, bereitet die Wiederkehr des Hauptgedankens und die Wiederholung seines schmerzlich gestörten Verlaufes vor. Der Ausbruch der Verzweiflung erscheint darin sogar noch gesteigert. Erst die Coda bringt anstelle der zum dritten Male erwarteten Klage in den Holzbläsern – die geheimnisvolle Übergangsfigur der Violinen setzt hier sogar zweimal an – die endgültige Besänftigung in Wohllaut und Frieden. Das verhaltene Schreiten der Bässe löst sich im feierlichen E-Dur-Dreiklang auf.

So ist auch der zweite Satz der »unvollendeten« Sinfonie nicht frei von dem tragischen Konflikt, der dem ersten seine eigentliche Größe verleiht. Wir dürfen in diesem Andante vielmehr den Versuch erblicken, denselben Grundkonflikt in einer entrückteren Sphäre auszutragen. Dort der gescheiterte Versuch, die Kräfte des Lebens, die Liebe vor der Zerstörung, vor den Kräften des Todes zu schützen. Hier das vergebliche Bemühen, die Welt des himmlischen Friedens vor dem Einbruch des Schmerzes und der Verzweiflung zu bewahren, der Wunsch, den Traum von der Realität fernzuhalten.

Schuberts »Unvollendete« entläßt uns im Tiefsten erschüttert, weil sie Grundfragen des Lebens stellt, die in den beiden niedergeschrie-

benen Sätzen noch keine Lösung finden. Über den weiteren Gang
der Entwicklung ist Schubert uns für immer die Antwort schuldig
geblieben, sofern wir nicht der blassen Skizze des Scherzo eine Bedeutung beimessen wollen, die ihr nicht zukommt.

Sinfonie Nr. 10 C-Dur

Besetzung: 2 Flöten, 2 Oboen, 2 Klarinetten, 2 Fagotte, 2 Hörner, 2 Trompeten, 3 Posaunen, Pauken, Streicher
Aufführungsdauer: 46 Minuten

Schubert hat insgesamt zehn Sinfonien entworfen. Zwei davon – die
7. und 8. – gingen nicht über die Skizzen hinaus. Die h-Moll-Sinfonie war seine 9. Sinfonie, überdies zu derselben Zeit geschaffen, als
Beethoven mit der eigenen »Neunten« rang! Aber zum Unterschied
von dieser riesenhaften Schwester blieb auch sie Fragment, in ihrer
unvollendeten Gestalt von einem andersgearteten Ringen zeugend.
Nicht nur diesem zweisätzigen Meisterwerk, Schuberts ganzem Weg
zur »großen Sinfonie« – so lautete sein eigenes Ziel – haften die
Spuren dieses Ringens an. Das nächste Werk dieser Gattung hat in
der Schubert-Literatur den Namen »Gmundener« oder »Gasteiner
Sinfonie« erhalten, weil sie nach übereinstimmenden Berichten in
dem glücklichen oberösterreichischen Sommer 1825 entworfen
wurde. (In den meisten Studienpartituren und Konzertprogrammen
wird die Sinfonie infolge einer falschen Zählung in der Gesamtausgabe als Schuberts »Siebente« und neuerdings auch als Schuberts
»Neunte« bezeichnet.) Ihre Geschichte ist höchst eigenartig. Jahrzehntelang hat man nämlich in dem Archiv der Gesellschaft der
Wiener Musikfreunde, der die Sinfonie gewidmet war, vergeblich
nach ihr gesucht. Auch anderswo war sie trotz eifriger Nachforschungen nicht aufzufinden. So hatte man sich bereits mit dem
Gedanken abgefunden, die Sinfonie, von der wir wissen, daß Schubert sie für seine bedeutendste hielt, als verschollen zu betrachten.
Erst in neuerer Zeit ist es einem englischen Schubert-Forscher
gelungen, anhand der kritischen Überprüfung sämtlicher Quellen
neues Licht in die Angelegenheit zu bringen. (Vgl. Maurice J. E.
Brown, Schubert – a critical biography, London 1958, S. 354 ff.)
Danach spricht alles dafür, daß die langgesuchte »Gmundener oder
Gasteiner Sinfonie« identisch ist mit der großen und wohlbekannten
C-Dur-Sinfonie. Bis dahin nahm man an, daß dieses Werk im
Frühjahr 1828 komponiert wurde. Nun müssen wir zu dem Schluß

kommen, daß es um diese Zeit wohl fertiggestellt wurde, seine erste Niederschrift dagegen in den Sommer 1825 fällt.
Diese Feststellung ist in mehrfacher Hinsicht von großer Bedeutung. Erstens wirft sie ein Licht auf den langwierigen, über zweieinhalb Jahre sich hinziehenden Arbeitsprozeß, den das Werk bis zu seiner Vollendung erforderte. Wenn wir uns auch nicht vorstellen dürfen, daß Schubert andauernd daran gearbeitet habe, so erkennen wir doch, wie ernst er den Weg zur »großen Sinfonie« nahm und wie sehr er sich dafür Zeit ließ. Zugegeben, das Bild des unbekümmert produzierenden, an seinen Arbeiten nicht mehr feilenden Schubert verträgt sich nur schlecht mit diesem Ergebnis. In Wahrheit beweisen uns die in neuerer Zeit aufgefundenen Skizzen gerade zu den wichtigsten Werken – leider befinden sich diejenigen zur »großen Sinfonie« bis heute nicht darunter –, daß jenes weit verbreitete Bild ebenfalls in das Gebiet der vielen Schubert-Legenden zu verweisen ist.
Zweitens betrifft die Feststellung den Charakter der Sinfonie, die sich grundlegend von der »Unvollendeten« unterscheidet. Sie trägt dieselben heroisch-nationalen Züge, die auch die übrigen Hauptwerke Schuberts aus jenem oberösterreichischen Sommer inmitten der erhabenen Bergwelt, seines Vaterlandes zeigen (Klaviersonate D-Dur op. 53, Lieder: »Das Heimweh«, »Die Allmacht«).
Daß es sich dabei nicht bloß um eine Episode in Schuberts Schaffen, sondern um eine folgerichtige Entwicklung handelt, beweist uns schließlich jenes bedeutsame Gedicht »Klage an das Volk«, das zwischen »Unvollendeter« und großer C-Dur-Sinfonie entstand (Sommer 1824) und Schuberts innersten Gedankenkreis zu erkennen gibt. In diesem wichtigen autobiographischen Dokument beklagt Franz Schubert in bittern Versen die politische Lethargie und Passivität seines Volkes, den Verlust der »Zeit der Tat und Kraft«. In der großen C-Dur-Sinfonie hat er sie besungen. Zwar lag ihm der Zug zur Programmusik, selbst im begrenzten Sinne etwa von Beethovens Pastoralsinfonie, fern. Doch wäre er andererseits niemals der große Meister des Liedes geworden, wenn er sich nicht auch in seiner Instrumentalmusik von einer poetischen Idee hätte leiten lassen. Diesen realistischen Zug haben wir bereits in den beiden Sätzen der »Unvollendeten« erkennen können. Überhaupt gibt es kein gewichtiges Instrumentalwerk aus den Reifejahren Schuberts – sei es für Klavier, sei es für Streichquartett –, in dem die poetische Idee jemals fehlte. Diese verschärfte realistische Haltung unterscheidet gerade den gereiften, vom großen Riß der bürgerli-

chen Wirklichkeit angerührten Schubert vom Komponisten der sechs Jugendsinfonien. Wie die 6. steht auch die 10. Sinfonie in der kraftvollen Tonart C-Dur. Aber welch immenser innerer Weg wurde von ihrem Schöpfer in den zwischen beiden Werken liegenden knappen zehn Jahren durchlaufen! Die große C-Dur-Sinfonie unterscheidet sich von der kleinen nicht nur durch ihre äußeren Dimensionen. Die »himmlischen Längen« sind es gewiß nicht allein, die Schumann ihr mit der ihm eigenen kritischen Bewunderung nachrühmte. Wie bereits Stassow mit dem geschärften realistischen Blick der russischen Demokraten entdeckte, ist diese Sinfonie »wahrhaft genial in ihrer Eingebung, ihrer Gewalt, in ihrem Drang und ihrer Schönheit, im Ausdruck des Volkshaften und der Volksmasse...«

Es ist unwahrscheinlich, daß Stassow, der Freund und Wegbereiter Mussorgskis und des »Mächtigen Häufleins« in Rußland, das Gedicht »Klage an das Volk« und die vielen anderen Lebensäußerungen des reifen Schubert in dieser Richtung schon kannte, die das neuere Schubert-Bild so erheblich vertieft haben. Sie tragen jedenfalls überzeugend dazu bei, seine kühne Deutung der Sinfonie zu rechtfertigen.

In allen vier Sätzen sind das Volkshafte und die Volksmasse zur tragenden Idee geworden. Ein solch heroisches Kraftbewußtsein hatte sich Schuberts noch in keiner seiner Sinfonien – soweit wir sie kennen – bemächtigt. Der tragische Fatalismus der »Unvollendeten« erscheint völlig überwunden. Und gäbe es im Andantesatz nicht jene unerwartete dramatische Wendung zum Konflikt im Mittelteil, so müßte der Mangel an Konflikthaftigkeit als innerste Ursache für die fast ermüdende optimistische Einseitigkeit des lebensstrotzenden Werkes bezeichnet werden. Diese Schwäche war ohne Frage Ausdruck der Radikalität, nicht des Unberührtseins und noch viel weniger eine Frage formaler Länge. Man braucht sich bloß zu vergegenwärtigen, daß dieser Dithyrambus jugendlicher Tatkraft fast gleichzeitig mit den erschütternden Heine-Liedern komponiert wurde, in denen die tragische Auswegslosigkeit der »Winterreise« womöglich noch überboten wurde! Erst auf diesem düsteren Hintergrunde erkennen wir die bewußte Entschiedenheit, den ungestümen Willen zur Aktion, den Schuberts größte Sinfonie so hinreißend beseelt. Leider sollte es seine letzte sein.

Es war eine neue, von Beethoven grundverschiedene heroische Sprache, die hier gefunden wurde. Das Menschliche erscheint nicht mit ehernen Schriftzeichen zur Botschaft an die Menschheit erhoben.

Zu solchem universalen Horizont weitet sich Schuberts Sprache nicht. Darin mag man ihre Begrenztheit erblicken. Innerhalb dieser künstlich aufgerichteten Schranke aber schafft sich die ungebeugte Humanität einen neuen, in dieser Tiefe noch unerschlossenen Inhalt: Volk – Heimat – Nation.

Der *erste Satz*: Schon die mächtige Einleitung (Andante, 4/4-Takt) bereitet auf den großen Zusammenhang vor. Ein so breitangelegtes Stück an dieser exponierten Stelle (77 Takte!) hätte Schubert niemals seiner Sinfonie vorauszuschicken gewagt, wenn er es nicht gedanklich, ja sogar thematisch eng auf den schnellen Teil des ersten Satzes bezogen hätte. Dieser verheißungsvolle Prolog überbietet an Ausmaß sogar die längste sinfonische Einleitung, die bis dahin der Hörerschaft zugemutet wurde, das Poco sostenuto in Beethovens 7. Sinfonie. Ähnlich wie in der »Unvollendeten« wird der Satz von einem (ebenfalls einstimmigen) »Motto« eingeleitet – diesmal nicht von einem Grabmotiv, sondern von einem zuversichtlichen Tages- und Weckruf. Viermal wird er angestimmt: als naturhafter Hörnerruf aus weiter Ferne,

als feierlicher Holzbläserchoral zu den rüstigen Viertelschritten der Streicher, als machtvoller, von den Posaunen angeführter voller Orchestersatz, zuletzt abermals in den Holzbläsern, von erwartungsvollen Streichertriolen figuriert. Ungemein bedeutungsreich ist die Rolle der Streichinstrumente. Während sie zuerst den Bläserchoral in einem geteilten, leuchtenden Streichersatz – schreitend und singend zugleich – fortsetzen, teilen sie sich das zweite Mal in feste Schritte und jene ungeduldigen Triolenfiguren, deren sich eine wachsende Erregung bemächtigt. Die Bläserstimmen drängen. In fieberhafter Steigerung vermischen sich die Motive.

Noch ein Wort über die harmonische Poesie dieses grandiosen Aufbruchs. Sie ist von der melodischen Gestaltung, vom formalen Aufbau und von der leuchtenden Klangfarbe der einzelnen Instrumtalgruppen gar nicht zu trennen. C-Dur wechselt nach a-Moll und E-Dur, wendet sich ruckweise nach C-Dur zurück, springt nach As-Dur und kehrt ebenso unvermittelt nach der Grundtonart zurück. Immer neues Licht fällt ein, das flutende, füllende, weitende Licht der Natur. Zuletzt, in der aufgestauten Erwartung der Stei-

F. Schubert

gerung über dem verminderten Dominantseptakkord, verdichtet es sich zu blendenden Strahlenbündeln.
Höhepunkt dieses berauschenden Vorganges ist der Eintritt des Allegrothemas (Allegro ma non troppo, alla breve). Alles an diesem lapidaren, melodisch fast rücksichtslos zu nennenden Gebilde und seiner scharf rhythmisierten Fortsetzung ist auf »Kraft und Tat« eingestellt.

Der naturhafte Weckruf wird durch den Appell zur Aktion abgelöst. Die Bilder der Heimat verdichten sich zum Bekenntnis zu Volk und Nation. An der hochgemuten Marschbewegung der Streicher werden bald die Posaunen wuchtig beteiligt; dazu melden sich ungeduldig in Vierteltriolen gestoßene Bläserakkorde. Mit einer unvermittelten Rückung von C-Dur nach e-Moll fällt die ungestüme Bewegung in gleichmäßige Viertel zurück. Als Seitenthema wird ein zweiter nationaler Gedanke vorgetragen, diesmal nicht österreichisch, sondern slawisch intoniert:

Auch die wunderbar ausgesponnene slawische Mollepisode des Seitenthemas ist nicht frei von mächtigen Ausbrüchen gestauter Kraft. Gegen Schluß wird sie in einer wuchtig ausladenden Kadenz, wiederum unter der herrischen Führung der Posaunen, zusammengefaßt. Dann wendet sie sich nach der Dominanttonart, G-Dur, wobei sich ein oft zu beobachtender Schubertscher Zug wiederholt: Ungarisches oder Slawisches wird in Österreichisches verwandelt.

Die Bewegung kommt nicht zur Ruhe. Unaufhörlich werden scharf dissonierende Akkordballungen dazwischengeschleudert, bis die unruhig hin und her geworfenen Streicherfiguren zu einer geheimnisvollen neuen Episode einsetzen. Dazu erklingen ständig Pizzikati in den wechselnden Außenstimmen. In diese gespannt-verhaltene Erregtheit mischt sich – eine thematische Reminiszenz zur Einleitung – der langgezogene Unisonoruf der Posaunen, pianissimo, wie in weiter Ferne einsetzend und zu einem rauschenden Crescendo anschwellend. Auf dem Höhepunkt schlagen wieder sämtliche Stimmen des Orchesters ineinander. Nun wird die Dominanttonart nicht mehr verlassen. Von einem wahren Jubeltaumel fast zugedeckt, schließt die österreichische Variante des Seitenthemas, dicht gefolgt vom Hauptthema, die Exposition ab.
Die Durchführung kehrt das Verhältnis unverzüglich um: Jetzt geht das Hauptthema voraus, und das Seitenthema folgt ihm – immer in der österreichischen Färbung – auf dem Fuße. Der Vorgang wird um eine halbe Stufe, nach As-Dur, gehoben und, um den dramatischen Kontrast zu verstärken, ins Piano zurückgenommen. Immer enger verschlingen sich die verschiedenen Motive des heroischen Hauptthemas mit dem unaufhörlich durch alle Holzbläserstimmen gaukelnden Seitenthema. Sogar die hervorgestoßenen Vierteltriolen melden sich wieder, zuerst in den Trompeten, dann in den Violinen.
Ein Bild ungebrochener Kraftentfaltung und Zielstrebigkeit breitet sich aus. Der unaufhaltsamen Marschbewegung wird durch überraschende Harmoniewechsel jedesmal eine neue Wendung gegeben. Wie ein machtvoller Strom schwillt der Zug in einem einzigen, ununterbrochenen Crescendo an. Auf dem Höhepunkt erschallen die

Posaunen. Wie zu einem Doppelchor zusammengefaßt, wird ihr breiter Ruf vom gesamten Streichkörper unisono beantwortet. Es ist dasselbe Posaunenmotiv, das schon das Ende der Exposition ankündigte und in leicht veränderter Gestalt die Introduktion beherrschte. Kaum ist es in der Weite verhallt, erscheint es – gleichsam als innerer Nachklang der Erregung – leise in Bratschen und Bässen, sich in der Quinte beantwortend und wie durch ein Labyrinth durch Be- und Kreuztonarten geleitet. Die Beschwichtigung dieser weichen Episode wird sanft überhöht durch feingezeichnete Gegenstimmen in den hohen Holzbläsern, die sich jedesmal mit der Antwort in den Bässen verbinden. Dann verlieren sich diese in dunkler Tiefe, beinahe wie im Allegro der h-Moll-Sinfonie. Hier befinden wir uns in c-Moll. Von Grab und Tod kann aber nicht die Rede sein, viel eher vom bergenden Schoß der Natur. Und wirklich meldet sich über dem tiefen Orgelpunkt der Dominante der ferne Ruf der Waldhörner, derselben Hörner, die der Sinfonie den Introitus gaben. Wir stehen wieder am Anfang.

Allein die Rückkehr in den Schoß der Natur erweist sich als nur von kurzer Dauer, gleichsam als ein tiefes Atemholen. Denn sofort setzt das aktive Hauptthema ein, diesmal allerdings »sempre piano« gehalten. Die Reprise scheint sich zunächst in weiter Ferne zu vollziehen. Dann freilich rückt der Zug der Volksscharen in unaufhaltsamem Crescendo heran, das Epos von »Kraft und Tat« nimmt seinen Fortgang. Das slawisch gefärbte Seitenthema ertönt, diesmal in c-Moll. Die kühnen Vorgänge der Exposition wiederholen sich fast wörtlich genau (»und zum zweiten Mal«). Nur am Schluß gesellt sich dem Seitenthema in seiner österreichischen Variante das Hauptthema nicht mehr zu. Dafür beschleunigt die Coda die allgemeine Marschmotivik bis zum stürmischen Lauf (più moto). In immer neuen Wellen türmen sich die Anläufe in heroischen Signaldreiklängen aufeinander, in anhaltendem Harmoniewechsel zu frenetischem Jubel gesteigert. Er will kein Ende nehmen. Die volkhaften Intonationen verstärken sich. Das Massenerlebnis bemächtigt sich des künstlerischen Ausdrucks. Schließlich sammelt sich die ganze stürmische Bewegung im großen Thema der Introduktion. Jetzt wird es zu wuchtigen Sforzatoschlägen der Streicher im vereinten Holzbläserchor gebracht. Der Weckruf offenbart seinen Mottocharakter. Zu mächtigem Unisono des Streicherchores gebunden, richtet er seine lapidare Gestalt ein zweites Mal zur Riesengröße auf. Welche Kühnheit, welch programmatischer Realismus: Die Einstimmigkeit als Ausdruck und Sinnbild vereinter Kraft! – Mit einer knappen, wuchtigen Kadenz wird dieses Epos nationaler Tatkraft, nationalen Selbstbewußtseins abgeschlossen.

Der *zweite Satz* (Andante con moto, a-Moll, ²/₄-Takt) setzt diese hochgemute Haltung auf andere Weise fort. Es ist einer jener für Schubert so typischen Andantesätze, »gehend« in des Wortes wahrer Bedeutung. Hier ist es eine genau gemessene, durch punktierten Rhythmus ritterlich gestraffte Gangart. Dazu erklingt in einem durchaus untraurigen, balladenhaft gefärbten a-Moll die »Weise« (Oboe):

Dieser chevalereske Melodietypus ist uns bei Schubert nicht fremd. Mit besonderer Vorliebe kehrt er in seinen vierhändigen ungarischen Klavierkompositionen wieder. Im weiteren Verlauf verstärken sich noch die ritterlich-ungarischen Züge. Sie werden geradezu bestimmend für diesen straff gezügelten Satz. Allerdings läßt auch die Rückwendung ins Wienerisch-Wohlig-Weiche nicht auf sich warten.

Die Übereinstimmung mit der Behandlung des slawisch gefärbten Seitenthemas im ersten Satz (in der österreichischen Variante) ist schwerlich zu überhören. Der heroische Grundgedanke der Sinfonie, die patriotische Ermannung, kann für den Österreicher Franz Schubert gar nicht anders musikalisch vollzogen werden als im brüderlichen Verein mit den unterdrückten nichtösterreichischen Nationalitäten im Völkergefängnis der Donaumonarchie. Es ist ein echt demokratischer Zug in seinem Wesen, daß ihm nicht nur das politische Erwachen seines eigenen Volkes, sondern aller Völker des Habsburgerstaates in gleicher Weise am Herzen lag. In der bewußten thematischen Verwendung von slawischen und ungarischen Intonationen drückt sich nicht nur die Eigenart des Österreichertums

F. Schubert

überhaupt aus, sondern auch seine Sympathie für alles Nationale innerhalb der »chinesischen Mauer« des restaurativen österreichisch-ungarischen Kaiserstaates.

Der zweite Teil des Satzes vertritt in jeder Hinsicht den Kontrast. Er steht zwar in Dur, aber die feste, federnde Schrittmotivik geht in lyrisch gebundenes Wandeln über. Sein Charakter ist Friedfertigkeit und Ergebenheit.

Trotz der Verschiedenartigkeit der musikalischen Gestalt weist dieser Teil eine bemerkenswerte Übereinstimmung mit dem Andantesatz der »Unvollendeten« auf. In beiden waltet dieselbe sanft verklärte Grundstimmung. Unermüdlich wechselt der choralhafte Streichersatz mit der ähnlich behandelten Bläsergruppe, stellenweise direkt zu Wechselchören übergehend. Dann versinkt die friedfertige Episode wie im Traum. In fortlaufenden Harmoniewechseln des Streicherchores zu einem unverändert wiederkehrenden fernen Hornton entrückt das andachtsvolle Bild. Das »ungarische Thema« kehrt pianissimo zurück. Ungeachtet der dynamischen Zurückhaltung wird ihm jetzt ein leises Trompetensignal als »Begleiter« beigegeben. Dadurch ist der ritterlich-erzählende Charakter noch mehr hervorgehoben. Die Figur wird hochpoetisch von den Violinen weitergetragen und verkürzt. Alles spielt sich in behutsamstem Pianissimo ab. Um so schneidender tritt diesmal der Ausbruch im Fortissimo hervor. Laut und leise, Ausbruch und Besänftigung werden konflikthaft gegenübergestellt. Immer tragischer spitzt sich der Gegensatz zu. Die scharf punktierten Fortissimoschritte reißen die gesamte Bewegung an sich. In rascher, höchst intensiver Steigerung, die das ganze Orchester erfaßt, treibt der unerwartete Konflikt seinem Höhepunkt zu, um auf einem gellenden verminderten Akkord (fff) ins Leere zu stoßen. Die alte Wunde ist aufgebrochen. Der Schubert der »Unvollendeten«, der »Winterreise« und der Heine-Lieder gibt sich uns unverhüllt zu erkennen. Auf der Höhe des Konfliktes hält sich auch die großartige motivische Arbeit. Zitternd werden die in die Generalpause hineingestoßenen Schreie der Violinen als bang verhaltenes Pochen wieder laut. Da setzen die Violoncelli zu einem früher keimhaft vorgebildeten Ab-

gesang, zu einer blühenden, weit ausholenden Kantilene von unbeschreiblicher Wärme ein. Schmerz wandelt sich in Liebe.
Der Rest des Satzes ist variierte, figurierte Wiederholung, zunächst des friedfertigen Mittelteils, hierauf seiner traumverlorenen Überleitung zum ritterlichen Hauptgedanken. Ohne Frage sind es breite Wiederholungen dieser nur geringfügig modifizierten Art, die Schumanns bekannten Ausspruch von den »himmlischen Längen« gerechtfertigt erscheinen lassen. Erst in der Coda tritt eine letzte, kritische Wendung ein. Auf allerengstem Raum begegnen sich Ausbruch und Beschwichtigung. Erzählerisch, balladenhaft – wie er begann – geht der weitgespannte Satz zu Ende.
Das *Scherzo* (Allegro vivace, C-Dur, ³/₄-Takt), obzwar in raschem Tempo, gehört dem Ländlertypus an. Es ist ein sehr kräftiger, alpenländischer, allerdings auch ein eminent sinfonischer und im Zeitmaß wohl auch etwas gesteigerter Ländler. Dementsprechend ist er reich an motivischen, instrumentalen und dynamischen Gruppierungen. Schon einmal, in seiner oberösterreichischen Klaviersonate op. 53, hatte Schubert ein derart weitgespanntes Ländler-Scherzo voller urwüchsiger Kraft und gelöster lyrischer Kontraste geschaffen. Das Heimatliche in der großen Sprache der Sinfonik zu binden stand als neue nationale Aufgabe vor ihm. Andere nationale Meister, Smetana, Dvořák, Tschaikowski, auch Brahms (zum Beispiel in seiner 2. Sinfonie), haben diesen Weg weiter beschritten.
Es ist bemerkenswert, daß Schubert für dieses hinreißende Stück auf einen Gedanken zurückgriff, den er bereits früher skizziert hatte. Er findet sich in den Entwürfen zu der unausgeführten D-Dur-Sinfonie von 1818.

Was im Keim vorgebildet war, entfaltet sich jetzt zu großartiger Lebensfülle. In breiten Strichen wird das Volksleben gemalt – saftig, ungeniert und doch zugleich fein und lebensvoll gegliedert. Nach der uralten Regel des Werbe-und-Spröden-Spiels antworten jedesmal den kräftig auftrumpfenden Streichern zierlich und schalkhaft die hohen Holzbläser. Dann wird Männliches und Weibliches im melodischen Alpenländler vereinigt. Um dem beseligenden

Sichfinden den wahren, angemessenen Ausdruck zu geben, wird die weitgeschwungene Melodie sogar ganz volkstümlich im Kanon geführt (das »zweite Thema«).

Dasselbe Spiel wiederholt sich mit anderen Mitteln im As-Dur-Mittelteil, wo sich straffe Durchführungsarbeit mit gelöster Genrebildhaftigkeit verbindet. Mit einem übermütigen Stampfer auf dem dritten Taktteil wird die Bewegung taktelang kraftmeierisch weggerissen, dann setzt mit einer unerwarteten Rückung nach Ces-Dur in hoher Flötenlage die zierliche lyrische Antwort ein. Eine weitere Rückung nach C-Dur, und sie findet ihre Fortsetzung in der glückhaften Vereinigung von Oboe und Violinen.

Die Reprise ist alles andere als eine wörtliche Wiederholung. Der Gedanke des volkhaften Spiels wird sinfonisch immer weiter und höher getragen. Mit verhaltenem Pianissimo läßt Schubert die unaufhörlich kreisende Gestalt des Themas im Fugato durch die Stimmen wandern, ehe er sie im Zwiegesang wieder vereinigt.

Mit dem Eintritt des Trios (A-Dur) wechselt der Ländlerrhythmus seinen Charakter. Jetzt wird er ruhig, fließend, lyrisch. Die Streicher, obzwar schön in sich aufgeteilt, beschränken sich ausschließlich auf die Begleitung. Darüber wölbt sich in weitem Melodiebogen die in Terzen geführte Kantilene des gesamten Holzbläserchores:

Ein Choral im Ländlerrhythmus? Die Nähe zu Beethovens »Wallfahrermelodie« im Trio der 7. Sinfonie ist nicht von der Hand zu weisen. Schuberts weitgeschwungener Volksgesang ist womöglich noch gehobener, hymnischer. Er schließt alles in sich ein, was den Volksmassen teuer war: Gott – Natur – Heimat – Vaterland – Lebenslust.

Das *Finale* (Allegro vivace, C-Dur, ²/₄-Takt) ist – in jeder Hinsicht – Schuberts größtes. Das mächtige Stück faßt die vorhergegangenen Sätze zusammen. Zugleich nimmt es die kühne heroische Haltung des ersten Satzes wieder auf. Im Vergleich mit ihm ist es aber weniger reich an Kontrasten, weniger differenziert. Um so besser erfüllt es seine Bestimmung als Finale. Gegensätze werden hier nicht mehr ausgetragen. Mit unwiderstehlicher Zielstrebigkeit stürmt der Satz – ein Sonatensatz mit zwei Themen und Schlußgruppe – dem triumphalen Ende zu. Marschmäßiges und Kavalkadenhaftes mischen sich zu einem Bilde frenetischer Massenerhebung. Die programmatisch-poetische Idee erfährt ihre Erfüllung: Dem Weckruf der Introduktion und den hochgemuten Bildern der »Kraft und Tat« im ersten Satz folgt die Aktion in Bewegung. Das Thema selbst verzichtet auf jeden melodischen Anspruch, in seiner

F. Schubert

signalhaften Radikalität sogar die berühmte »Eroica«-Thematik Beethovens überbietend.

Fieberhaft jagt der Satz durch seine Exposition. Auch der jähe Einschnitt vor dem Einsatz des Seitenthemas stellt sich nur als Atempause dar. Endlich kommt hier die Kantilene zu ihrem Recht. Über dem federnden Kavalkadenrhythmus der Streicher erhebt sich im vereinigten Holzbläserchor ein hoffnungsfroher Terzengesang.

Die realistische Poesie der Episode ist unvergleichbar: Der singende Menschenzug kündigt sich zunächst in weiter Ferne an (Dynamik, Harmonik!); unaufhaltsam rückt er näher. Plötzlich scheint er – mit einer unerwarteten Terzrückung von G-Dur nach H-Dur – in fast unhörbar weite Ferne versetzt. Da wendet er sich mit einemmal rasch anschwellend zurück, um jubelnd auf uns zuzukommen. Der Freudentaumel steigert sich bis zum dreifachen Forte, mit voller Wucht durch das schwere Blech angefeuert. Darauf wird uns das Bild in einem großangelegten Decrescendo entzogen.

Die Durchführung setzt scheinbar mit einem neuen Gedanken ein. In Wahrheit handelt es sich aber um eine Fortsetzung, genauer: Variation des Gesangsthemas, gleichsam um eine zweite Liedstrophe. Sie wird zuerst von den Klarinetten in Es-Dur, bald darauf von den Oboen in As-Dur angestimmt. Unverändert bleibt der volkhafte Liedcharakter des Terzen- und Sextengesangs.

Da setzt – die gesamte Episode ist in tiefstes Pianissimo gehüllt – in den hohen und mittleren Streichern ein flimmerndes, fieberhaft erregtes Tremolo ein. In gespannten Imitationen wird dem liedhaften Gedanken motivisch eine ganz neue Wendung gegeben. Die Holzbläser treten zur Verstärkung hinzu. Über einem machtvoll anschwellenden Orgelpunkt drängt die Bewegung wie ein alles mit sich fortreißender Strom dem Ziele zu. Es wird mit der Wiederkehr des Gesangsthemas in seiner Urgestalt erreicht; diesmal jedoch erscheint der Gesang zum mächtigen Unisono vereinigt in Hörnern, Posaunen und Bässen! Wie in der triumphalen Coda des ersten Satzes dient die Einstimmigkeit der höchsten Entfaltung der poetischen Idee. Grandios, wie der Gedanke der heroischen Ermannung, der gesammelten Volkskraft musikalisch fortgesetzt wird: Schubert überbietet die Einstimmigkeit durch die Fortführung im Kanon. Den Hörnern, Posaunen und Bässen antworten mit denselben ehernen Schritten die Violinen im fast rücksichtslos harten Intervall einer None. In allen Stimmen hat sich die feste Marschmotivik siegreich durchgesetzt. Dann entschwindet der mächtige Menschenzug unseren Blicken, diesmal über einem abklingenden Orgelpunkt. Auf demselben Ton (g) löst sich das Marschmotiv in Sequenzen mit auseinanderlaufenden Gegenstimmen auf. Ein breitangelegtes Diminuendo führt schließlich zu einem Verebben der Bewegung in fast lautloser Stille. Aber Stillstand bedeutet hier weder Erschlaffen noch Erliegen. Die festen Schritte in Hörnern und Posaunen kehren zurück, das abklingende Violinmotiv verdichtet sich in allen Streichern: Ein neuer, ungestümer Crescendozug bemächtigt sich der Bewegung, mit einem durchdringenden Fortissimo meldet sich der Signalruf des Hauptthemas, von neuem zu Sammlung und Aktion rufend. Bemerkenswerterweise werden die energischen Schritte der Blechbläser auch jetzt, nach dem Eintritt der Reprise, beibehalten. Mit Ausnahme des kühn gesteigerten Modulationsplanes folgt der Verlauf sonst im wesentlichen dem der Exposition. Dieselben Gestalten, dieselben Bilder. Ihre Wiederkehr wird zur brausenden, jubelnden Bestätigung. Dann setzt die nicht enden wollende Bewegung von neuem geheimnisvoll in der Coda ein. Aufsteigend von *a* bis *g* (!) wird – fast durchgehend in Halbtonrückungen – ein Orgelpunkt nach dem anderen genommen. In gärender Unruhe jagen die Kavalkadenfiguren in den Streichern dahin, bald vom Signalruf des Hauptthemas, bald von den Terzengängen des Seitenthemas ungeduldig zur Eile getrieben. Alle bisherigen Steigerungen werden an Ausdehnung und fieberhafter Erwartung überboten. Da melden sich mit dröhnender Wucht die vier ehernen Marschtritte der Posaunenmelodie aus der Durchführung, diesmal zu einem bedrohlichen, fast gewalttätigen Wechsel zwischen Unisono und Akkordmassierung zusammengeballt. Viermal wiederholt sich dieser brutale Zusammenstoß auf Leben und Tod, dann schlagen die aufgewühlten Akkordmassen in taumelndem Jubel in der Grundtonart, C-Dur, zusammen, die nun nicht mehr verlassen wird. Das große Ziel ist erreicht. Das heroische Bild der nationalen Ermannung ist geschaffen, die Fessel der Restauration gesprengt. Nicht mit Unrecht ist das monumentale Werk als die »Sinfonie seines Volkes« bezeichnet worden (Armin Knab).

Die große C-Dur-Sinfonie zeigt uns Franz Schubert geistig und kompositorisch auf der Höhe seines Schaffens. Sie gibt uns die – leider letzte – Entwicklungsstufe zu erkennen, die er auf seinem kurzen Weg in der Orchestermusik erreicht hat. Betrat er mit der »Unvollendeten« zum ersten Male den Boden des Heroisch-Tragischen, so hat er in der großen C-Dur-Sinfonie dem Heroischen eine neue Wendung gegeben. Das Heroische erscheint verstärkt, das Tragische nahezu vollständig überwunden. Die optimistisch-heroische Tonsprache dieser Sinfonie ist getreues Abbild des gefestigten demokratischen Nationalgefühls ihres Schöpfers.

Ouvertüren im italienischen Stil

Die beiden Ouvertüren D-Dur und C-Dur entstanden Ende 1817 zwischen dem ersten Satz und den anderen Sätzen von Schuberts 6. Sinfonie. Sie wurden gestaltet »im italienischen Geschmack und dem Diktator desselben, Herrn Rossini, nachgebildet«, wie in der Presse Wiens nach ihrer ersten Aufführung mit Anerkennung verzeichnet wurde. Fügen wir hinzu: Es sind zugleich die spritzigsten und elegantesten Instrumentalstücke Schuberts geworden, die den Vergleich mit ihrem Vorbild wohl aushalten. Er selbst war nicht wenig davon überrascht, daß er sich ausgerechnet mit diesen beiden Werken – nicht etwa mit seinen Liedern! – zuerst den Weg ins öffentliche Konzertleben seiner Heimatstadt bahnte. Denn er hatte sie im Handumdrehen niedergeschrieben, um nach einer hitzigen Diskussion, die in seinem Orchesterverein über den Wert oder Unwert Rossinischer Ouvertüren entbrannt war, die Probe dafür zu leisten, »derlei Ouvertüren könne er jederzeit aus dem Ärmel schütteln«. Um diesen Beweis den vernarrten Mitgliedern seines Orchesters recht deutlich unter die Nase zu reiben, leistete er sich sogar den Spaß, die bekannteste Melodie aus Rossinis »Tancred«: *Di tanti palpiti*, die der italienische Musikdiktator natürlich schon ausgiebig in seiner Ouvertüre zitiert hatte, im Mittelteil seiner *D-Dur-Ouvertüre* (Besetzung: 2 Flöten, 2 Oboen, 2 Klarinetten, 2 Fagotte, 2 Hörner, 2 Trompeten, Pauken, Streicher; Aufführungsdauer: 8 Minuten) zu verwenden.

Schubert parodiert aber Rossini nicht. Sonst wäre ihm kaum der Gedanke gekommen, die weiche, süße Kantilene, die er dieser Ouvertüre als Einleitung vorausschickt, fast wörtlich in seiner Ouvertüre zur »Zauberharfe« und »Rosamunde« wieder zu benutzen. Es lag ihm durchaus fern, sich über den »italienischen Geschmack« lustig zu machen. Dazu hatte er vor Rossinis Genie zu begründeten Respekt, für die volkstümlichen Elemente in dessen Musik einen zu sicheren Blick.
Beide Ouvertüren sind wahre Schulbeispiele einer schöpferischen Auseinandersetzung. Sie haben Schubert unzweifelhaft zur Lösung von den übermächtigen Vorbildern der Wiener Meister der vorklassischen Zeit und zum Überwinden gewisser konventioneller Wendungen verholfen, die seinen früheren Orchesterwerken gelegentlich das Gepräge gaben. Die Anregung durch Rossini ist in diesem Zusammenhang beinahe ebenso stark wie die durch Beethoven. Die luftige Instrumentation, das Gaukeln der Themen

durch beinahe sämtliche Stimmen des Orchesters, kurz, die »leichte Handschrift« hatte es Schubert angetan. Was freilich erst durch ihn diesem leichtgeschürzten Verfahren eingehaucht werden sollte und dem genießerischen Rossini abging, war die lyrische Poesie.
Beiden Ouvertüren ist anzumerken, daß sie in einem einzigen Zuge niedergeschrieben worden sind. Das mußte wohl auch so sein, wenn Rossinis Stil getroffen werden sollte. Der einstimmige Fluß der leicht begleiteten Melodie, ihre eiserne Symmetrie, die unbekümmerte Terzen- und Sextenverdoppelung, die unfehlbare Strettatechnik, die automatenhafte Wiederholung der Perioden, der zündende, federnde Rhythmus und das sorgfältig abgestufte Crescendo der »Walzen« – alle diese unentbehrlichen Züge aus Rossinis Ouvertürenarsenal hat Schubert sehr genau beobachtet, zugleich aber auch erstaunlich selbständig verarbeitet. Die D-Dur-Ouvertüre gibt sich in dieser Hinsicht noch etwas zögernd, ungeachtet ihrer blumigen Kantilene in der Introduktion. Umgekehrt bei der zweiten, der *C-Dur-Ouvertüre* (Besetzung: 2 Flöten, 2 Oboen, 2 Klarinetten, 2 Fagotte, 2 Hörner, 2 Trompeten, Pauken, Streicher; Aufführungsdauer: 7 Minuten): Hier wirkt die Einleitung fast zurückhaltend – um so entfesselter gebärdet sich der Rossinismus im Allegro. Schon mit dem »elektrischen« Thema war im Prinzip die ganze Ouvertüre erfunden!

Musik zu »Rosamunde«

Besetzung: 2 Flöten, 2 Oboen, 2 Klarinetten, 2 Fagotte, 4 Hörner, 2 Trompeten, 3 Posaunen, Pauken, Streicher

Über die glänzend gelungene Beweisprobe der beiden italienischen Ouvertüren hinaus kann es gar keine Frage sein, daß Schubert sich willig von Rossini anregen ließ auf der Suche nach einem eigenen, persönlichen Orchesterstil. Als das vollendete Ergebnis dieser Synthese sind seine Instrumentalstücke zu »Rosamunde« zu bezeichnen.

Zu diesem romantischen Schauspiel der Wilhelmine von Chézy schrieb er im November 1823 die Bühnenmusik. Das Stück fiel mit Pauken und Trompeten durch, aber die verschwenderisch schöne Musik hat den Namen ihres Komponisten in die ganze Welt getragen und wurde so populär, daß sie sogar die berühmtesten seiner eigenen Lieder in den Schatten stellte. Von diesen Stücken haben sich namentlich die Ouvertüre, die Ballettmusik Nr. 1 und 2 und die Zwischenaktmusik nach dem 3. Akt von ihrer ursprünglichen Bestimmung völlig emanzipiert und als die meistgespielten Stücke Schuberts die Herzen der Menschen erobert.

Eine Sonderstellung nimmt die *Ouvertüre* (Aufführungsdauer: 10 Minuten) ein. Schubert hatte sie nämlich schon 1819 komponiert, als er den Auftrag erhielt, die Musik zu einem melodramatischen Spektakelstück, genannt »Die Zauberharfe«, zu schreiben. Der Zusammenhang mit dem Schauspiel ist musikalisch gewahrt; denn sowohl die schweren, unheildrohenden Töne der Einleitung

als auch das lieblich beflügelte Hauptthema des Allegrostückes

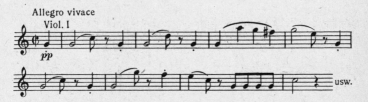

weisen motivisch auf den 1. Akt der Handlung hin. Ebenso bemerkenswert ist die motivische Beziehung zur italienischen Ouvertüre D-Dur. Nicht weniger als drei Gedanken sind daraus fast wörtlich übernommen: die triolenverbrämte Belcantomelodie der Einleitung zu »Rosamunde«,

F. Schubert

der quasi-militärische Rhythmus in den Tuttistellen

und die Coda im $^6/_8$-Takt mit ihren scharfen Holzbläsereinwürfen:

Dagegen ist das hochpoetische Spiel der Holzbläser mit dem berückenden Seitenthema und die feine rhythmische Variantenbildung in den Streichern (Bratschen!) eine echte Schubertsche Weiterentwicklung der lockeren Rossinischen Instrumentation.

»Italienisch« an diesem berühmten Stück ist auch das Fehlen einer Durchführung. Nach dem Muster so mancher Rossinischer Ouvertüren – freilich durchaus nicht aller! – beschränkt sich Schubert auf eine knappgefaßte Überleitung, ehe das Hauptthema wieder zu seinem holden Gesang anhebt.

Von den 3 *Zwischenaktmusiken* hat sich nur die *dritte* (Aufführungsdauer: 16 Minuten) ein dauerndes Bürgerrecht in den Konzert- und Rundfunkprogrammen erobert. Auch in diesem B-Dur-Andantino mit seiner unnachahmlich keuschen Kantilene und ihrer zarten Rückmodulation geht der große Liedmeister Schubert eine hochpoetische Verbindung mit Rossini ein. Sie zeigt sich vor allem in den beiden Minoreteilen (g-Moll, b-Moll) mit ihrem triolenverschlungenen Gesang, der zu einem traumverlorenen Ruf- und-Antwort-Spiel in den Holzbläsern ausgeweitet wird. Die Begleitung in den Streichern ist wiederum von »italienischer« Einfachheit.

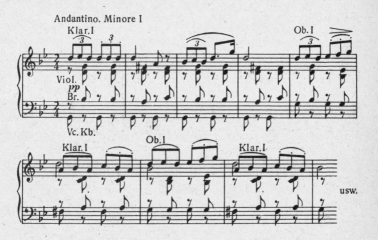

Sehr unterschiedlich sind die beiden *Ballettstücke* (Aufführungsdauer: 13 Minuten) entworfen. Das *erste* (h-Moll) hat mit seinem Alla-breve-Takt ausgesprochenen Marschcharakter. Man könnte sich – das Textbuch ist nicht erhalten geblieben – einen Aufzug der Ritterschaft dabei vorstellen. In der kurzen vorausgeschickten Introduktion und in der Gestalt des schwer schreitenden Hauptthemas stimmt es mit der selten gespielten Zwischenaktmusik Nr. 1

überein. Während sich diese mit fast ermüdender Ausschließlichkeit auf das ritterliche Hauptthema konzentriert, ist das Ballettstück bedeutend kontrastreicher angelegt. Da ist einmal die wunderschöne Duraufhellung mit dem lieblichen Oboen-Klarinetten-Solo, die bei ihrer Wiederholung in der Coda sogar noch dramatisch vorbereitet wird. Da ist ferner der überraschend einsetzende Epilog zwischen Bässen und Solo-Flöte (!) zu ahnungsvoll rauschendem Streichertremolo. Und da ist schließlich der musikalische Szeneriewechsel zu dem zarten lyrischen Andante, als dessen Überleitung sich jener dunkel gefärbte Epilog enthüllt. Auch dieser idyllische Nachsatz ist als sanftgetöntes Bläserpastell behandelt.

Wesentlich einfacher, in der Form geschlossener ist das *zweite Ballettstück* aus dem letzten Akt angelegt. Dieses unverkennbar Schubertsche Andantino in seinem unnachahmlich schlendernden ²/₄-Takt besteht überhaupt nur aus Haupt- und Triosatz, die einträchtig miteinander alternieren. Bemerkenswert ist der Unterschied im Charakter: Hinter dem Hauptsatz, der mit humoristischer Beharrlichkeit fast durchgehend piano und pianissimo vorgetragen wird, lacht der Schalk, während das triolenbewegte Alternativo sich in ungehemmter Finalfreude regt. Aber auch der Hauptsatz ist in sich aufs feinste kontrastiert. Dem G-Dur-Thema mit seinem ansteckenden Schlenderrhythmus

folgt bald das fast »türkische« Minore (g-Moll),

darauf endlich der erste kurze Forteausbruch durch das ganze Orchester, selbstverständlich in Moll, und seine unmittelbare Beantwortung in G-Dur durch die lieblich dahingaukelnden Klarinetten und Flöten, gleichsam als Epilog in der Grundtonart. Das holde Bild verliert sich naturhaft in weiter Ferne. Die sanfte ostinate Bewegung bleibt (ppp) auf der Fermate stehen. Grundtonart und Dominante verfließen ineinander. Da setzt wieder der muntere Schlendergang ein, diesmal mit jauchzenden, fröhlichen österreichischen Heimatklängen beschlossen. Vollendete Genre-Bildhaftigkeit verbindet sich hier mit vollendetem Formempfinden. Für die Bühne gedacht, entstand in den Instrumentalstücken zu »Rosamunde« ein neuer Typus: das Orchesterimpromptu.

HG

Manfred Schubert   geb. 1937

Schubert, einer der bedeutenden DDR-Komponisten der jüngeren Generation, wurde am 27. April 1937 in Berlin geboren. Er studierte Musikerziehung und Slawistik an der Berliner Humboldt-Universität (1955–1960) und war 1960–1963 Meisterschüler Rudolf Wagner-Régenys an der damaligen Deutschen Akademie der Künste zu Berlin. Seit 1962 ist er Musikkritiker der »Berliner Zeitung«.

Der Komponist hat bisher vorwiegend Instrumentalwerke (Orchester- und Kammermusik) geschrieben. Seine Arbeiten zeichnet Sinn für konstruktives Gestalten aus; in zunehmendem Maße bemüht sich Schubert zudem um das Entwickeln weitgespannter melodisch-klanglicher Bögen. Freitonale, klanglich geschärfte Harmonik verbindet sich oft mit tänzerisch inspirierter Rhythmik. Im stets durchsichtig und klar instrumentierten Orchestersatz werden auch neuere Satztechniken sinnvoll und überschaubar eingearbeitet.

Fünf Orchesterstücke (1965); Tanzstudien für kleines Orchester (1965); Suite für Orchester (1966); Orchestermusik '66 »Paean« (1966; 1973 Bearbeitung und Erweiterung um einen Satz als: »Paean und Dithyrambe. Orchestermusik 66/73«); Divertimento für Orchester (1970). – Klarinettenkonzert (1971); Hommage à Rudolf Wagner-Régeny. Konzertante Meditationen für Harfe, 13 Solostreicher, Schlagzeug und Celesta über Themen des Meisters (1972); Canzoni amorosi. Konzert für Bariton und großes Orchester auf Gedichte von Johannes Bobrowski (1973).

M. Schubert

Tanzstudien für kleines Orchester

>Besetzung: 2 Flöten (2. auch Pikkolo), Oboe (auch Englischhorn), 2 Klarinetten (1. auch Es-Klarinette, 2. auch Baßklarinette), Altsaxophon, Fagott, Horn, Trompete, Posaune, 2 Schlagzeuggruppen (mit Xylophon), Klavier, Streicher
>Aufführungsdauer: 15 Minuten

Die 1965 geschaffene Komposition wurde am 30. Januar 1969 vom Orchester der Komischen Oper Berlin unter Ogan Durjan uraufgeführt. Schubert hat sich hier die reizvolle Aufgabe gestellt, »Porträts« dreier Tänze zu schreiben. Es handelt sich nach des Komponisten Worten nicht um »Tänze an sich, sondern um die vielfältige Abhandlung der stilisierten Modelle, ein möglichst flexibles kompositorisches Spiel mit diesen Modellen und ihren Varianten«. Als Tanzmodelle wurden gewählt: die *Allemande* für den Hauptteil des ersten Satzes, der *Marsch* mit Trio für den zweiten Satz und der aus Argentinien stammende *Tango* für das Finale. Für die Konzeption des Ganzen wesentlich ist die dem ersten Satz voranstehende Moderatoeinleitung, in der Bläser und Schlagzeug hervortreten. Es ist eine Art Intrada, die das thematische Grundmaterial exponiert, aus dem alle Sätze schöpfen. Der »Witz« der Komposition liegt nun darin, daß Schubert die gewählten Tanzmodelle wie die gesamte der Tradition entnommene Anlage des Stückes betont einer musikalischen Gestaltung dienstbar macht, die ihrerseits ganz den Intentionen seiner eigenen, heutigen Musizierauffassung entspringt. Darum resultiert der ästhetische Reiz des Ganzen aus dem bewußt heraufbeschworenen Konflikt zwischen den bekannten und »gewohnten« Tanz-Grundformen und ihrer aktuellen »Verfremdung«. Diese findet statt in einfallsreicher, musikantischer, das Vergnügen am Spiel mit den Modellen betonender Grundhaltung, offenbart manchmal einen Schuß Ironie, vor allem aber heitere Überlegenheit im harmonischen, rhythmisch-metrischen wie melodischen Verändern der Tanzformen wie des aus eigener Feder stammenden thematischen Materials. Man wird an das Vorbild Prokofjew erinnert.

Energisch und direkt gibt sich der *erste Satz* (Risoluto, quasi allemande), dessen melodische Grundstruktur auftaktig ist, im 4/4-Takt steht und polyphon verarbeitet wird.

Die Streicher führen weitgehend und betonen am stärksten das Allemandemodell. Freitonale Harmonik, Schlagzeugakzente rücken es in die Musizierhaltung Manfred Schuberts. Mit einer großen Steigerung wird etwa die Satzmitte erreicht, dann schließt sich eine Wiederholung von Einleitung und Allemande in veränderter Form an.

Der *zweite Satz* (Grazioso, alla marcia) hat betont ironische Akzente. Anlaß zu dieser Ironie ist wohl eine inhaltliche Auseinandersetzung mit der pompös-protzigen Aura, die den Marsch seit der Wilhelminischen Ära umgab. Musikalisch dominiert hier das Gegeneinanderstellen von spiccato gespielten Sechzehntelpassagen der Streicher und »ironischen« Akzenten des Schlagzeugs, der Bläser. Der Trioteil (Sostenuto), in dem das melodische Element dominiert, bringt Beruhigung.

Virtuos (auch im solistischen Einsatz etlicher Instrumente, darunter des beim Tango legitimen Saxophons) ist das *Finale* (Tempo di tango) angelegt. Hier erscheint am Ende – in »tangogerechter« rhythmischer Gestalt – die Einleitung zum ersten Satz, nun von wirbelnden Streicherfiguren umrankt.

Klarinettenkonzert

Besetzung: Solo-Klarinette; 2 Flöten (beide auch Pikkolo), 2 Hörner, 2 Trompeten, 3 Posaunen, Tuba, 4 Pauken, Schlagzeug, Vibraphon, Klavier, Streicher

Aufführungsdauer: 22 Minuten

Das Konzert entstand im Auftrag der Berliner Komischen Oper und ist Oskar Michallik gewidmet, der auch bei der Uraufführung am 30. März 1972 mit dem Orchester der Komischen Oper unter Gert Bahner den Solopart blies, an dessen technisch sehr anspruchsvoller Gestaltung er beratenden Anteil nahm.

Solistische Virtuosität dominiert in allen Sätzen. Der *erste Satz* (Con moto) hat energischen Zuschnitt. Zwischen den Tuttiabschnitten sind zunächst freie Klarinettensoli »eingeblendet«. Dann wird eine Exposition aufgebaut. An die Stelle der Durchführung tritt eine kollektive Improvisation der Streicher über das Hauptmotiv,

von einem repetitiven, genau fixierten Bläsersatz kontrapunktiert. Hieraus erwächst die Solokadenz der Klarinette, der sich die Reprise (im Vergleich zur Exposition in umgekehrtem Ablauf) anschließt.

Klanglich sehr farbig wirkt der barförmige *zweite Satz* (Adagio). Die ersten Stollen werden durch Nutzen der tiefen beziehungsweise hohen Klangregister des Soloinstrumentes voneinander abgehoben, während im Abgesang der rhythmische Duktus des Modetanzes Bossa nova charakterisierend hervortritt.

Das *Finale* ist Tempo di Samba überschrieben. Hier wird auf ein Gestaltungsprinzip des ersten Satzes zurückgegriffen: Exakt notierte, vom Sambarhythmus geprägte Abschnitte wechseln mit Soli der Klarinette, die wieder improvisatorisch frei angelegt sind. Auf diese Weise wird formale Ausgewogenheit des ganzen Werkes erstrebt, während der südamerikanische Tanzrhythmus die Möglichkeit eines furiosen Abschlusses bietet.

HJS

Robert Schumann 1810—1856

Am 8. Juni 1810 kam Robert Schumann – Sohn des bekannten Verlagsbuchhändlers und Schriftstellers August Schumann – in Zwickau zur Welt. Das literarische Milieu seines Elternhauses und die liberal-fortschrittliche Gesinnung seines Vaters prägten von Anfang an die Entwicklung des Knaben. Früh zeigten sich seine schriftstellerischen und musikalischen Fähigkeiten, die der Vater wohl zu fördern wußte. Schon als Vierzehnjähriger schrieb Robert Kurzbiographien für die »Bildergalerie der berühmtesten Menschen aller Völker«, die sein Vater herausgab. Aus seinen Mitschülern hatte er ein Orchester und eine Gesangsgruppe zusammengestellt, mit denen er Abendunterhaltungen veranstaltete und auch eigene Kompositionen aufführte. Seine Klavierimprovisationen erregten Aufsehen. Seit dem siebenten Lebensjahr hatte er bei dem Organisten Johann Georg Kuntsch Klavierunterricht. 1825 wandte sich August Schumann brieflich an Carl Maria von Weber, um ihn als Lehrer für seinen Sohn zu gewinnen. Webers Englandreise und Tod vereitelten diesen Plan.

1826 starb auch Schumanns Vater, der entgegen den Wünschen seiner Frau der Ausbildung der musikalischen Anlagen seines Sohnes größtes Interesse entgegengebracht hatte. Nun traten literarische Neigungen wieder mehr in den Vordergrund. Robert entdeckte Jean Paul für sich, der in den nächsten Jahren den Stil seiner schriftstellerischen Arbeiten, seine Ideen- und Gedankenwelt bestimmte.

Eine Reise führte Schumann nach Süddeutschland, wo er die Witwe Jean Pauls besuchte und in München Heinrich Heine kennenlernte, bevor er im Herbst 1828 in Leipzig das Jurastudium aufnahm, dem er von Anfang an wenig Sympathie entgegenbrachte. Auch das studentische Treiben, die deutschtümelnden Burschenschaften, lehnte er ab. Um so mehr Zeit widmete er der Musik, nahm bei Friedrich Wieck, dem bekannten Klavierpädagogen, Unterricht und beschäftigte sich intensiver mit der Musik Franz Schuberts, der für ihn der »Jean Paul der Musik« war und dessen Einfluß in den Kompositionen jener Zeit deutlich erkennbar ist. Daneben vertiefte sich Schumann mehr und mehr in die Musik Bachs, dessen Kontrapunktik sich im Laufe der Jahre immer stärker in seinen Werken findet. Seine Verehrung für diesen Meister gipfelte schließlich 1850 in der Mitbegründung der Bach-Gesellschaft und dem Beginn der Kritischen Gesamtausgabe der Werke Bachs. Nach einem Jahr wechselte Robert die Universität und ging nach Heidelberg. Hier war es vor allem Justus Thibaut, an dessen musikalischen Abendunterhaltungen Schumann rege teilnahm, der ihn erneut auf den Weg der Musik wies. Ein Konzert Nicolò Paganinis Ostern 1830 gab den letzten Anstoß für die endgültige Entscheidung, die Musik als Beruf zu wählen.

Nach Leipzig zurückgekehrt, nahm er die Klavierstunden bei Friedrich Wieck wieder auf und erhielt von Heinrich Dorn Unterricht in Musiktheorie. 1831 erschienen Schumanns erste Kompositionen im Druck (Abegg-Variationen, Papillons). Im selben Jahre erwachte auch der Musikschriftsteller in ihm. Von Chopins Mozart-Variationen hingerissen, schrieb er seinen begeisterten Artikel »Ein Werk II« für die Allgemeine Musikalische Zeitschrift. In ihm treten erstmals die beiden in Jean-Paulscher Art personifizierten Seiten des Schumannschen Wesens – der kämpferische Florestan und der schwärmerische Eusebius – auf, zu denen »mit der besonnenen Weisheit reiferer Jahre« vermittelnd Meister Raro (ursprünglich ist hiermit Friedrich Wieck gemeint, dann wird es aber der Name für eine Phantasiegestalt) tritt.

Nachdem ihm 1832 durch die Lähmung des dritten Fingers der rechten Hand die Laufbahn des Klaviervirtuosen für immer verschlossen war, widmete sich Schumann verstärkt der kompositorischen Tätigkeit. Doch bald trat die Musikschriftstellerei mehr in den Vordergrund. Zu Ende des Jahres 1833 hatte sich im »Kaffeebaum« in Leipzig allabendlich eine Gesellschaft Gleichgesinnter versammelt »zum Austausch der Gedanken über die Kunst, die ihnen Speise und Trank des Lebens war – die Musik«. Zu ihr gehörten außer Schumann Friedrich Wieck, der taube Maler Johann Peter Lyser, Karl Herloßsohn, Ernst August Ortlepp, die Musiker Ludwig Schunke und Julius Knorr. Schumann läßt diese Gesellschaft erstmals im Dezember 1833 in der von Herloßsohn herausgegebenen Zeitschrift »Komet« als »Davidsbündler« auftreten. Später kommen noch weitere Mitglieder wie Clara Wieck, die Sängerin Francilla Pixis, auswärtige Musiker und Schriftsteller und auch Personen, die reine Phantasiegestalten sind, zu diesem Davidsbund hinzu, der sich niemals konstituiert hatte, sondern »ein mehr als geheimer war«, der »nur in dem Kopfe seines Schöpfers existierte«. Um den Kampf gegen alles Philisterhafte in der Kunst und für alles Zukunfsträchtige – den die »Davidsbündler« auf ihre Fahnen geschrieben hatten – entschlossener und gezielter führen zu können, gründete Schumann 1834 zusammen mit Wieck, Knorr und Schunke die Neue Leipziger Zeitschrift für Musik, durch die sich die Davidsbündlerschaft wie ein roter Faden zog. Dem Ministerium für Inneres in Dresden war mitgeteilt worden, daß »diese Zeitschrift der Politik fremd bleiben wolle, daher auch denjenigen Zeitschriften, worauf sich die provisorischen Bundestagsbeschlüsse vom 13. November 1819 ihrem übrigen Zusammenhange nach zu beziehen scheinen, nicht beigerechnet werden können«. Das Ministerium hatte darum gegen das Erscheinen der Zeitschrift nichts einzuwenden. Welche Schwierigkeiten türmten sich dagegen in Wien vor Schumann auf, als er 1838 – einer Forderung seines zukünftigen Schwiegervaters Wieck folgend – versuchte, dort Fuß zu fassen. Die Zensurbehörden bereiteten ihm unüberwindliche Hindernisse, und schließlich mußte er unverrichteterdinge wieder nach Leipzig zurückkehren. Ganz erfolglos war die Reise dennoch nicht, denn er entdeckte in Franz Schuberts Nachlaß dessen große C-Dur-Sinfonie, die dann Felix Mendelssohn Bartholdy – seit 1835 Leiter der Gewandhauskonzerte und Schumann freundschaftlich verbunden – in Leipzig uraufführte. Am 12. September 1840 heiratete Schumann nach langem, zermürbendem Kampf gegen den Widerstand ihres Vaters endlich Clara Wieck. Im Februar desselben Jahres hatte sich der Komponist, der bisher nur für das Kla-

vier zahlreiche bedeutende Werke geschaffen hatte, dem Lied zugewandt. Bis zum Ende des Jahres entstanden nicht weniger als 138 Lieder (darunter der Heine-Liederkreis op. 24, Myrthen op. 25, Frauenliebe und -leben op. 42, Dichterliebe op. 48). Das folgende Jahr stand im Zeichen der Sinfonie. 1842 widmete der Komponist sich intensiv der Kammermusik (Streichquartett op. 41, Klavierquintett op. 44, Klavierquartett op. 47). Ein Jahr später erschloß sich Schumann ein neues Gebiet: Das weltliche Oratorium »Das Paradies und die Peri« entsteht und hat bei seiner Uraufführung großen Erfolg. Sofort beginnt Schumann eine neue ähnliche Komposition, die Vertonung von Szenen aus Goethes »Faust«, die ihn ein Jahrzehnt beschäftigen sollte. Im selben Jahr noch berief ihn Mendelssohn als Lehrer für Komposition und Partiturspiel an das eben gegründete Leipziger Konservatorium. Doch schon die Rußlandreise, die das Ehepaar Schumann Anfang 1844 antrat, bereitete der Lehrtätigkeit ein Ende. Von dieser Konzertreise kehrte Schumann im Mai gesundheitlich geschwächt zurück, und bald erfolgte ein völliger Zusammenbruch. Der Arzt versprach sich von einer Luftveränderung Besserung, und so wurde Dresden gewählt. Nachdem Niels W. Gade als zeitweiliger Vertreter Mendelssohns statt Schumann für die Leitung der Gewandhauskonzerte gewählt worden war, hielt den Komponisten nichts mehr in Leipzig. Die Zeitschrift hatte er bereits im Juli 1844 an Oswald Lorenz übergeben. Am 1. Januar 1845 kaufte sie Franz Brendel und führte sie im Sinne Schumanns weiter.
Dresden bot ihm im Gegensatz zu Leipzig musikalisch wenig Anregungen. Die Hofkreise, die den Ton angaben und schon Carl Maria von Weber das Leben schwer gemacht hatten, erschlossen sich auch dem Ehepaar Schumann nicht. So war ihr Verkehr auf einen kleinen Kreis meist bildender Künstler beschränkt. Der Kontakt mit Richard Wagner führte weder zu Freundschaft noch zu gemeinsamem Kampf für die Zukunft der Musik. Als Ferdinand Hiller als Städtischer Musikdirektor nach Düsseldorf berufen wurde, übernahm Schumann die Leitung der Dresdner Liedertafel, für die er mehrere Männerchöre komponierte, und gründete selbst einen gemischten Chor, um auch oratorische Werke aufführen zu können. Freudig begrüßte Schumann 1848 den »Völkerfrühling«, die Maiaufstände in Dresden 1849 vertrieben ihn jedoch nach Maxen und Kreischa. Die revolutionären Ereignisse wirkten sich sehr stark auf seine schöpferische Arbeit aus. Diese Zeit war die fruchtbarste in seinem Schaffen. Die äußeren Umstände wurden für

ihn jedoch immer unerträglicher, und er suchte nach Möglichkeiten, anderswo eine Stellung zu finden. Nachdem ihm weder die Nachfolge des verstorbenen Mendelssohn in Leipzig noch die des wegen seiner Teilnahme am Maiaufstand flüchtigen Wagner in Dresden angeboten worden waren, nahm er schließlich die durch Hillers Weggang frei gewordene Stellung eines Städtischen Musikdirektors in Düsseldorf an, die man ihm auf Hillers Empfehlung hin angeboten hatte. Am 2. September 1850 trat er sein neues Amt an, zunächst von Ehrenbezeugungen überhäuft. Eine Phase erhöhter schöpferischer Aktivität war die Folge; aber es war zu spät für ihn, als Dirigent noch Fuß zu fassen. Bald begannen die ersten Konflikte mit dem Konzertkomitee. Schumanns Gesundheitszustand verschlechterte sich dadurch immer mehr. Das Jahr 1853 brachte ihm noch einmal eine längere Zeit des Wohlbefindens, die in verstärkter kompositorischer Tätigkeit ihren Ausdruck fand. Am 30. September dieses Jahres besuchte ihn Johannes Brahms, den Schumann in dem Aufsatz »Neue Bahnen« als den großen Zukünftigen in der Neuen Zeitschrift für Musik ankündigte. Am Ende dieses Jahres unternahm das Ehepaar Schumann eine Konzertreise nach Holland, auf der die Pianistin wie der Komponist enthusiastisch gefeiert wurden.

In Schumanns letzten Lebensjahren trat noch einmal seine schriftstellerische Beschäftigung in den Vordergrund. Er ordnete und redigierte seine Aufsätze für eine geschlossene Publikation und arbeitete intensiv an seinem »Dichtergarten«, einer Anthologie von Aussprüchen bedeutender Dichter. Da brach im Februar 1854 die Krankheit erneut aus. Nach einem mißglückten Selbstmordversuch wurde Schumann auf eigenen Wunsch in eine Nervenheilanstalt in Endenich bei Bonn gebracht. Am 29. Juli 1856 war sein Leiden zu Ende.

Nach seinem Tode wurden Clara und die Freunde Johannes Brahms und Joseph Joachim treue Sachwalter seines Werkes, zu dessen Verbreitung sie maßgeblich beitrugen, nicht zuletzt durch die Edition einer Gesamtausgabe.

Robert Schumann hatte mit wachem und kritischem Blick die musikalischen und politischen Entwicklungen in Europa verfolgt und als Musikschriftsteller wie als Komponist stets für das Zukünftige, Fortschrittliche gekämpft. So spiegeln sich in seinen Werken die Ideen und Wünsche des fortschrittlichen deutschen Bürgertums des Vormärz wider. Nach dem Scheitern der Revolution und der immer stärker werdenden Restauration zog sich Schumann mehr und mehr in die Sphäre der Kunst zurück, ohne jedoch jemals seine revolutionären Ideale zu verleugnen. So gehört sein Werk auch heute noch zum kostbaren Bestand unseres kulturellen Erbes, für dessen Pflege und Verbreitung die DDR auch durch die Austragung des Internationalen Robert-Schumann-Wettbewerbes und durch die Verleihung des Robert-Schumann-Preises der Stadt Zwickau intensiv eintritt.

Sinfonien: Nr. 1 B-Dur op. 38 »Frühlingssinfonie« (1841); Nr. 2 C-Dur op. 61 (1846); Nr. 3 Es-Dur op. 97 »Rheinische« (1850); Nr. 4 d-Moll op. 120 (1841; 2. Fassung 1851); Ouvertüre, Scherzo und Finale E-Dur op. 52 (1841, 2. Fassung 1845). – Ouvertüren: zur Oper »Genoveva« c-Moll op. 81 (1848), zu »Manfred« es-Moll op. 115 (1848), zu Schillers »Braut von Messina« c-Moll op. 100 (1851), zu Shakespeares »Julius Cäsar« f-Moll op. 128 (1851), zu Goethes »Hermann und Dorothea« h-Moll op. 136 (1851), zu Szenen aus Goethes »Faust« d-Moll (1853). – Konzerte: Klavierkonzert a-Moll op. 54 (1845); Introduktion und Allegro appassionato für Klavier und Orchester G-Dur op. 92 (1849); Konzertallegro mit Introduktion für Klavier und Orchester d-Moll op. 134 (1853); Konzertstück für 4 Hörner und großes Orchester F-Dur op. 86 (1849); Violoncellokonzert a-Moll op. 129 (1850); Phantasie für Violine und Orchester oder Klavier C-Dur op. 131 (1853); Violinkonzert d-Moll op. post. (1853).

Sinfonien

Im Januar 1830 findet sich in Schumanns Tagebüchern erstmals eine Eintragung, die auf seine Beschäftigung mit der Sinfonie hindeutet. Zwei Jahre später komponiert er eine Sinfonie in g-Moll, deren erster Satz noch 1832 in Zwickau, eine überarbeitete Fassung des Werkes 1833 in Schneeberg und dann auch in Leipzig aufgeführt wird. Doch ist sich der Komponist bewußt, wie wenig er noch die Orchesterpalette beherrscht. Mendelssohns Einfluß wie auch die Bekanntschaft mit Schuberts C-Dur-Sinfonie regen ihn erneut an, sich mit der sinfonischen Form auseinanderzusetzen. Und 1841 erfolgt der Durchbruch. Gleich drei sinfonische Werke und eine Phantasie für Klavier und Orchester (a-Moll) entstehen in diesem Jahr. Vom Vorbild Beethovens und Schuberts ausgehend und unter dem Eindruck Bachscher Polyphonie hat er seine Form gefunden.

Der feurige Florestan und der sanft-besinnliche Eusebius prägen anfangs die Themenpaare des Sonatenhauptsatzes und schaffen ein Spannungsfeld, das der klassischen Form entgegenkommt. Andererseits versucht Schumann durch Neigung zur Monothematik eine Einheitlichkeit des Werkes zu erreichen, wodurch die Durchführung ihre zentrale Bedeutung als Austragungsort von Konflikten verliert und mehr durch variative Motivwiederholung, fesselnde Modulationen oder kontrapunktische Verarbeitungen beherrscht wird. Die fast allen Sinfonien vorangestellten langsamen Einleitungen enthalten Themen, die an entscheidenden Stellen der ersten Sätze – oftmals aber auch in den übrigen Sätzen – wiederkehren. Auch sonst finden sich innerhalb einer Sinfonie häufig Rückgriffe auf bereits verwendete Themen oder Motive. Neu ist die Einführung eines zweiten, thematisch selbstständigen Trios im Scherzo. Die langsamen Sätze tragen im Gegensatz zu den Beethovenschen mehr intimen, liedhaften Charakter. Der die Werke durchziehende pulsierende Rhythmus, Tonartenverschleierungen und Modulationen, Klangmassierungen sind einige der Mittel für die Gestaltung der menschlichen Probleme, die Schumanns innerstes und wesentliches Anliegen waren und die diese Sinfonien zu persönlichen Bekenntniswerken von großer Ausdruckskraft werden lassen.

1. Sinfonie B-Dur op. 38 »Frühlingssinfonie«

Besetzung: 2 Flöten, 2 Oboen, 2 Klarinetten, 2 Fagotte, 4 Hörner, 2 Trompeten, 3 Posaunen, Pauken, Triangel, Streicher
Aufführungsdauer: 32 Minuten

Das Jahr 1841 stand im Zeichen großer sinfonischer Werke. Als erstes entstand die »Frühlingssinfonie«, innerhalb von vier Tagen (vom 23. bis 26. Januar 1841) skizziert und in den folgenden Wochen bis zum 20. Februar instrumentiert. Die Uraufführung fand bereits am 31. März unter Felix Mendelssohn Bartholdys Leitung im Leipziger Gewandhaus statt und wurde enthusiastisch aufgenommen. Die Sinfonie trug ursprünglich die Satzbezeichnungen »Frühlingsbeginn« – »Abend« – »Frohe Gespielen« – »Voller Frühling«. Wie Schumann die Sinfonie verstanden wissen wollte, schrieb er am 23. November 1842 an Louis Spohr: »Ich schrieb die Symphonie zu Ende Winters 1841, wenn ich es sagen darf, in jenem Frühlingsdrang, der den Menschen wohl bis in das höchste Alter hinauf und in jedem Jahre von Neuem überfällt. Schildern, malen wollte ich nicht; daß aber eben die Zeit, in der die Symphonie entstand, auf ihre Gestaltung und daß sie gerade so geworden, wie sie ist, eingewirkt hat, glaube ich wohl.«

Mit einer Fanfare in Hörnern und Trompeten hebt die langsame Einleitung (Andante un poco maestoso, $^4/_4$-Takt) zum *ersten Satz* an. Die rhythmische Anregung zu diesem Motiv empfing Schumann aus dem Schlußvers »Im Tale geht der Frühling auf« eines Frühlingsgedichtes von Adolph Böttger. Nach der Wiederholung der Fanfare im Orchester antwortet ein rauschender Zweiunddreißigstellauf, dem sich eine herabstürzende unisone Vierundsechzigstelfigur der Streicher anschließt. Noch streichen einzelne winterliche Schauer durch die Natur, die melancholisch stimmen. Doch der Frühling kündigt sich, wenn auch noch zaghaft, mit einem »schmetterlingshaften« Flötensolo an. Ihm folgen, zuerst in den Bratschen, Triolen, die von den anderen Streichern nach und nach aufgenommen werden und in einem großen Crescendo dem schnellen Teil (Allegro molto vivace, $^2/_4$-Takt) zueilen, der auch gleich mit einem jauchzenden, kräftigen ersten Thema beginnt,

das aus der Einleitungsfanfare abgeleitet ist. Nach mehrfachen leidenschaftlichen Steigerungen tritt Ruhe ein. Heiter und gesangvoll beginnen Klarinetten, unterstützt von Fagotten und Hörnern; das zweite Thema. Erst duftig fortgeführt, macht es dann kräftigeren Episoden Platz. Dunkel beginnen die Streicher nun wieder mit dem ersten Thema, werden jedoch sofort von zarten Holzbläserklängen unterbrochen. Oboen und Klarinetten stimmen zu düsterer Stakkatobegleitung der Streicher eine neue, sehnsuchtsvoll vorwärtsstrebende Melodie an. Ihr folgt das erste Thema crescendo nach, dessen zweiter Teil – von der Flöte gespielt – einen ganz neuen, heiteren Reiz erhält. Weiter geht der Kampf des Frühlings gegen die düsteren Schauer des Winters, der nach einem großen Crescendo schließlich in der Fanfare der Einleitung gipfelt, nun den Frühling jubelnd verkündend. Noch einmal zieht die Erinnerung an die überstandenen Auseinandersetzungen vorüber, dann läßt eine neue, blühende Melodie in den Streichern, dann in den Bläsern die Frühlingsahnung zur Gewißheit werden. Eine letzte, sich geradezu überstürzende Steigerung verkündet jubilierend den Frühlingsanfang.

In friedvoll elegischer, märchenhafter Stimmung beginnt der *zweite Satz* (Larghetto, Es-Dur, ³/₈-Takt) mit dem Thema in den 1. Violinen, nur von Streichern begleitet, zu denen sich nach und nach die Bläser gesellen. Eine melancholische Weise – eine Abwandlung des Hauptthemas – in Flöten und Oboen tritt dagegen, schließlich führen die Violoncelli zur Anfangsstimmung zurück. Den eigentlichen Kontrast bildet ein leidenschaftlicher Mittelteil, in dem sich Bläser und Violinen – begleitet von Zweiunddreißigstelfiguren der Bratschen und Violoncelli – ein kurzes punktiertes Motiv gegenseitig zuspielen, um schließlich gemeinsam in einem pochenden verminderten Dominantseptakkord zu enden. Die Spannung löst sich in einem Motiv,

das später auch Johannes Brahms in seiner F-Dur-Sinfonie verwendet. Eine Wiederholung des Hauptteils schließt sich an; gegen Ende aber treten feierlich-düstere chromatische Posaunenklänge auf und pianissimo erfolgt die Überleitung zum *Scherzo* (Molto vivace, d-Moll, ³/₄-Takt). Robust beginnen die Streicher ein Thema, das das gesamte Orchester wiederholt. Anmutig tänzerisch antwortet in den Bläsern eine neue Melodie, die nach einer forte intonierten Triole wieder vom Scherzobeginn verdrängt wird. Diesem Teil folgt ein längeres erstes Trio (Molto più vivace, D-Dur, ²/₄-Takt), das in seinem schnelleren Zeitmaß und dem neckischen Wechsel zwischen einzelnen Instrumentengruppen, die sich die Motive gleichsam zuwerfen, einen deutlichen Kontrast zum Scherzo bildet. Nach seiner Wiederholung folgt ein drollig-mutwilliges zweites Trio (B-Dur, ³/₄-Takt), dessen Motivik sich aus auf- und absteigenden Tonleitern rekrutiert. Nach gewaltiger Steigerung vom Piano zum Fortissimo kehrt das Scherzo wieder. Noch einmal klingt kurz das erste Trio an, dann verhallt der Satz.

Ein aufwärtsstürmender Lauf der Violinen mit anschließender Tuttiakkordfolge, die schon das zweite Thema des Satzes erkennen läßt, eröffnet das *Finale* (Allegro animato e grazioso, B-Dur, alla breve). Ein graziös hüpfendes erstes Thema folgt. Aus dem 8. Stück der »Kreisleriana« stammt das zweite Thema, dessen erster, tänzerisch beschwingter Teil in den Bläsern (Oboen und Fagotte) von einem selbstbewußt auftretenden florestanischen zweiten Teil in den Streichern beantwortet wird.

Dieser zweite Teil des Themas beherrscht den ganzen letzten Satz. Noch einmal versucht sich das erste Thema zu behaupten, doch das zweite setzt sich durch. Er erklingt als schöne Melodie in den Klarinetten, selbstbewußt wiederholt vom gesamten Orchester. Nach kurzer Überleitung verkünden die Frühlingsfanfaren der Einleitung den Beginn einer märchenhaften, geheimnisvollen Frühlingsnacht, eindringlich suggeriert durch pianissimo gespielte Streichertremoli und darüberliegende, lang ausgehaltene Bläserakkorde. In Kontrabässen und Violoncelli erhebt sich das zweite Thema, wird von den Blechbläsern, dann den Holzbläsern aufgenommen und verklingt leise wieder. Solistische Hornklänge und eine einsame Flötenmelodie führen zur Reprise, die mit dem duftigen, elfenhaften ersten Thema einsetzt und die Gedanken der Exposition wiederholt. In der Coda erfährt das zweite Thema, dem diesmal Blechbläser und Violinen hellen Glanz verleihen, seine letzte, sieghafte Steigerung. Jubelnd klingt die Sinfonie aus.

2. Sinfonie C-Dur op. 61

Besetzung: 2 Flöten, 2 Oboen, 2 Klarinetten, 2 Fagotte, 2 Hörner, 2 Trompeten, 3 Posaunen, Pauken, Streicher
Aufführungsdauer: 34 Minuten

»Die Symphonie schrieb ich im Dezember 1845 noch halb krank, mir ist's als müßte man ihr dies anhören. Erst im letzten Satz fing ich an mich wieder zu fühlen; wirklich wurde ich auch nach Beendigung des ganzen Werkes wieder wohler«, heißt es in einem Brief Schumanns vom 2. April 1849 an Musikdirektor D. G. Otten. Am 19. Oktober 1846 beendete der Komponist schließlich die Partitur. In ihr finden die Bach-Studien, die er 1845 verstärkt betrieben hatte, spürbaren Niederschlag. Am 5. November 1846 fand unter Felix Mendelssohn Bartholdys Leitung die Uraufführung der Sinfonie im Gewandhaus unter starkem Beifall statt, am 16. November wurde das Werk wiederholt. In der Folgezeit trat diese Sinfonie gegenüber den anderen mehr in den Hintergrund. Jedoch ist gerade sie – trotz mancher Längen – vielleicht das persönlichste Bekenntniswerk Schumanns, das in Satzfolge wie Inhalt der einzelnen Sätze Beethovens »Neunter« folgt.

Die von Leid überschattete langsame Einleitung (Sostenuto assai / Un poco più vivace, 6/4-Takt) des *ersten Satzes* beginnen die Blechbläser mit einer getragenen Quintenfanfare, die in fast allen Sätzen an entscheidenden Stellen sieghaft wiederkehrt und so eine Klammer um das ganze Werk bildet. Sie wird jetzt von einer wehmütigen, wellenförmigen Melodie der Streicher begleitet, in die auch die Holzbläser einstimmen. Mit rhythmisch profilierten Motiven

in den Holzbläsern – Wurzeln des späteren ersten Themas –, begleitet von tremolierenden 2. Violinen und Bratschen, beginnt eine leidenschaftliche Steigerung, die in der Quintenfanfare gipfelt und durch Tuttiakkorde plötzlich beendet wird. Stringendo leiten die 1. Violinen zum schnellen Teil (Allegro, ma non troppo, 3/4-Takt) über, der sofort mit dem rhythmisch markanten ersten Thema einsetzt.

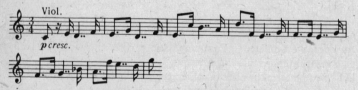

Voll drängender Ungeduld tritt das sich in Achteln bewegende zweite Thema dagegen. Die Durchführung gibt in ihrer inneren

Dramatik der abgrundtiefen Verzweiflung wie dem wilden Aufbegehren des Individuums erschütternden Ausdruck. Verhalten, beunruhigend beginnen die Holzbläser mit dem punktierten Thema, unterbrochen von spannungsgeladenen, immer stärker in die Höhe strebenden tremolierenden Streicherfiguren, die in das tragische zweite Thema münden. Plötzlicher Stimmungswandel tritt ein, eine wehmütige, eng mit der Begleitmelodie der Einleitung verwandte Kantilene wirkt beruhigend, dann jedoch resignierend und müde. Doch rasch werden die Kräfte wieder konzentriert, und unter Verwendung der Motivik des zweiten Themas, mit Unterstützung von Hörnern und Trompeten, erfolgt ein neuer, verzweifelter Ausbruch. Da gebietet das erste Thema Halt. Nun verbreitet die wehmütige Melodie Resignation, die Widerstandskraft scheint gebrochen. Mit dem erneuten vehementen Ausbruch des ersten Themas setzt die Reprise ein, in der Verzweiflung und Trotz nochmals aufklingen. In der Coda tritt nach großer Steigerung die Quintenfanfare wieder auf. Fortlaufende Streichertremoli verbreiten Unruhe und treiben den Satz seinem trotzigen Ende zu.

Das *Scherzo* (Allegro vivace, C-Dur, $^2/_4$-Takt) setzt, begleitet von federnden Akkorden, mit einer unruhigen Perpetuum-mobile-Melodie in den 1. Violinen ein. Von koboldhaft herabsteigenden Terzen in den Holzbläsern wird das rasante Spiel unterbrochen, doch dann sammeln sich die Kräfte des Perpetuum mobile wieder, steigern sich zu fast dämonischem Treiben, in das die Quintenfanfare der Einleitung hineinklingt. Mit einem kräftigen C-Dur-Akkord wird dieser Spuk beendet. Im Gegensatz dazu hat das erste Trio (G-Dur, $^2/_4$-Takt) mit seinen Triolen heiteren, lustigen Charakter. Die anfangs noch besinnliche Stimmung der Streicher wandelt sich bald in beschwingt tänzerische Ausgelassenheit. Schließlich gehen die Triolen der Violinen fast spielerisch in die Perpetuum-mobile-Melodie des Scherzos über, das nun wieder folgt und in ein zweites Trio (C-Dur, $^2/_4$-Takt), ein kontrapunktisch durchgearbeitetes Kleinod voll feierlicher Würde, mündet. Am Ende ertönt in den 1. Violinen eine kurze Sechzehntelfigur, die sich schließlich zur Perpetuum-mobile-Melodie des sich nun wieder anschließenden Scherzos entwickelt. In der Coda unterstreichen noch Hörner und Trompeten das lebendige Treiben der Streicher und intonieren schließlich die Quintenfanfare der Einleitung. Zwei Orchesterschläge bereiten dem atemberaubenden Jagen ein Ende.

Den langsamen, wie um Tröstung bittenden *dritten Satz* (Adagio espressivo, c-Moll, $^2/_4$-Takt) beginnen die Streicher mit einer Bachs

»Musikalischem Opfer« verpflichteten, sehnsuchtsvoll schönen Kantilene, die dann die Oboen, kontrapunktiert vom »melancholischen Fagott«, übernehmen. Hörner und Holzbläser verbreiten eine märchenhaft verzauberte Stimmung, an deren Gestaltung sich auch die Streicher beteiligen. Von den Bläsern übernehmen die 1. Violinen schließlich wieder das gesangliche Thema, steigern es ins Sehnsuchtsvoll-Leidenschaftliche und führen mit einer Trillerkette in den polyphonen Mittelteil, dessen Thema sehr klar seinen Ursprung in Bachs »Musikalischem Opfer« verrät. Die Bläser greifen dann die Hauptmelodie wieder auf, und nach einer letzten Steigerung klingt der Satz leidüberschattet aus.

Eine aufwärtsschießende C-Dur-Tonleiter und anschließende Modulation nach G-Dur eröffnen das *Finale* (Allegro molto vivace, C-Dur, alla breve). Die Bläser bringen dann sofort das marschartige, lebensfrohe erste Thema, das vom Tutti wiederholt wird. Beschwingte Achtelläufe in den 1. Violinen setzen das festlich-frohe Treiben fort. Erst das getragene, sehnsuchtsvolle zweite Thema, das schon in ähnlicher Gestalt das Adagio beherrschte,

stellt die Freude in Frage. Nachdem es in den tiefen Streichern erklungen ist, übernehmen es die anderen Instrumente. Jagende Achtel in tiefen Streichern, Klarinette und Fagott antworten. Sie bereiten eine dramatische Steigerung vor, die dann durch das erste Thema und die aufschießende Tonleiter mit dem sich anschließenden chromatischen Streicherunisono zum Höhepunkt getrieben wird. Das hinzutretende zweite Thema läßt noch die gerade überwundene Verzweiflung ahnen. Pianissimo verklingt es. Nach dreimaliger Generalpause singen die Bläser nun befreit eine aus Beethovens Liederkreis »An die ferne Geliebte« entlehnte Melodie: »Nimm sie hin denn, diese Lieder«, die, von den anderen Instrumenten übernommen, das weitere Geschehen beherrscht. Auch nach einer dramatischen Unterbrechung durch die Einleitungsmotive dieses Satzes kehrt das Liedthema wieder. Nun erklingt mehrmals piano die siegverkündende Quintenfanfare der Sinfonie-Einleitung. Die Themen erleben eine zunehmende machtvolle Steigerung, Anklänge an den Schlußchor aus Beethovens 9. Sinfonie drängen sich auf. Jubelnd und triumphierend wird der Satz beendet.

3. Sinfonie Es-Dur op. 97 »Rheinische«

Besetzung: 2 Flöten, 2 Oboen, 2 Klarinetten, 2 Fagotte, 4 Hörner, 2 Trompeten, 3 Posaunen, Pauken, Streicher
Aufführungsdauer: 31 Minuten

Kurz nach der Übersiedelung nach Düsseldorf, noch ganz im Hochgefühl des enthusiastischen Empfangs, den man dem Ehepaar Schumann bei seiner Ankunft bereitet hatte, und voller Hoffnung auf ein neues, gesichertes Betätigungsfeld, ebenso beeindruckt von der Landschaft und den Menschen, schuf der Komponist in einer Phase gesteigerter Produktivität seine 3. Sinfonie, die allgemein die »Rheinische« genannt wird. Im Anschluß an das Violoncellokonzert komponierte er sie zwischen dem 2. November und 9. Dezember 1850. Sie kam am 6. Feberuar 1851 in einem Düsseldorfer Abonnementskonzert unter Schumanns Leitung zur Uraufführung. Durch ihren mitreißenden Schwung hat sie sich schnell die Konzertsäle erobert.

Ohne vorherige Einleitung beginnt der *erste Satz* (Lebhaft, ³/₄-Takt) schlagartig mit seinem energiegeladenen, lebendigen ersten Thema im Forte, das, unterbrochen von einem aufwärtsstrebenden Achtelmotiv, bis zum Fortissimo gesteigert wird. Erst nach 94 Takten vermag der elegische Eusebius mit einem gesangvollen zweiten Thema in den Holzbläsern zu Wort zu kommen. Doch das erste Thema ist nicht sogleich zum Verstummen zu bringen. Noch einmal leuchtet es auf, dann übernehmen die 1. Violinen das zweite Thema, gefolgt von dem unruhevoll aufstrebenden Achtelmotiv; aber sofort ist auch das erste Thema wieder da. Mit einem Schlag im dreifachen Forte setzt die Durchführung zunächst mit dem Achtelmotiv in den dunklen Streicherstimmen ein. Gegen das zweite Thema, das die strahlende Helle zeitweilig verdunkelt, kann sich das erste Thema nur allmählich durchsetzen und die Düsternis vertreiben, bis es schließlich zu Beginn der Reprise in dreifachem Forte triumphierend erklingt. Noch einmal kehrt die Stimmung des zweiten Themas zurück, jedoch wird die knappe Coda nur noch von überschäumender Freude geprägt.

Heitere, behaglich sich wiegende Stimmung herrscht im *Scherzo* (Sehr mäßig, C-Dur, ³/₄-Takt). Bratschen, Violoncelli und Fagotte beginnen mit dem ländlerhaften Hauptthema, in das Klarinetten und 2. Violinen und schließlich das gesamte Tutti einstimmen. Gestoßene Sechzehntelfiguren schließen sich an, wiederum vom Hauptthema gefolgt. In eine andere Stimmung führt der Moll-Mittelteil. Über dem Orgelpunkt *c* erklingen wehmütig weiche Bläserklänge und beschwören die Sagenwelt verfallender Ritterburgen herauf. Doch bald wird das Bild vom Scherzothema verdrängt, in das jedoch 1. Violinen und Flöten mit der Horntriole des Mittelteils immer wieder hineinfahren. Nach energisch schreitenden Vierteln klingt nochmals der Mittelteil an, verharrt fragend, und mit schnell sich steigerndem Crescendo fällt das Scherzothema ein. In der Coda zieht abermals eine Erinnerung an die Sagenwelt vorüber, ehe nach erneutem kraftvollem Eintreten des Hauptthemas der Satz leise verklingt.

Der *dritte Satz* (Nicht schnell, As-Dur, ⁴/₄-Takt) deutet schon in der Besetzung (ohne Trompeten und Posaunen) auf seinen verinnerlichten »Mondscheincharakter«. Klarinetten und Fagotte beginnen – begleitet von Hörnern, Bratschen und Violoncelli – mit einer gesangvollen Melodie,

der die 1. Violinen mit einer elfenhaft tänzerischen Kantilene antworten.

Zur wiegenden Begleitung der Violoncelli und Kontrabässe erklingt in den Bratschen und Fagotten das gesangliche dritte Thema.

Diese drei Themen prägen miteinander verflochten den Satz, der schließlich mit einer letzten Andeutung aller Melodien verlöscht. Anregung zum *vierten Satz* (Feierlich, es-Moll, 4/4-Takt), ursprünglich »Im Charakter einer feierlichen Zeremonie« überschrieben, soll Schumann durch den Anblick des Kölner Domes und die Zeremonie der Kardinalserhebung des Erzbischofs Geißler erhalten haben. Doch war das höchstens der äußere Anlaß zu diesem dramatischen, von inneren Kämpfen durchzogenen Satz. – Posaunen und Hörner intonieren das erste, feierlich schreitende Thema,

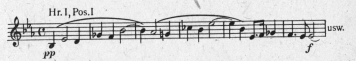

auf das ein aufbegehrendes, aufstrebendes zweites in den Streichern und Holzbläsern antwortet.

Die Themen werden kontrapunktisch verarbeitet und führen zu gewaltigen inneren Spannungen. Immer wieder fährt wie ein Aufschrei in den Streichern das zweite Thema aus der Tiefe aufbegehrend dazwischen. Doch tritt das erste Thema machtvoll hinzu, Erlösung herbeiflehend. Fanfarenartige Klänge der Bläser lassen die mögliche Erfüllung dieser Hoffnung ahnen. Feierlich, getragen klingt der Satz aus.

Zurück in die fröhliche Stimmung des ersten Satzes versetzt uns schlagartig das *Finale* (Lebhaft, Es-Dur, alla breve), das mit einem kraftvoll übermütigen Thema anhebt, gefolgt von einem beschwingt heiteren. Ein an das erste Thema des vierten Satzes erinnerndes dramatisches Hornmotiv tritt dazwischen, wird jedoch von einem vergnüglichen Motiv in stakkatierten Vierteln verdrängt. Fanfarenartig kündigt sich das leicht behäbige, wiegende zweite Thema an, das gleich in Stakkatovierteln seine Fortesteigerung erfährt. Beunruhigend erklingt in den Streichern ein Motiv, das dem zweiten Thema des vierten Satzes verwandt ist. Mit dem vergnüglichen Motiv aus stakkatierten Vierteln gehen die Holzbläser dagegen an. Eine glanzvolle Hornmelodie beendet dieses Spiel und führt zum strahlenden Höhepunkt, an den sich die Reprise mit dem vitalen ersten Thema anschließt. Nach langem Crescendo setzt in der Coda ein gewaltiger Bläserchor ein und verbreitet zusammen mit dem kanonisch eingeführten ersten Thema des vierten Satzes festlich frohe Stimmung. Hornsignale geben den Anstoß zu noch schnellerem Tempo. Mitreißend und schwungvoll endet die Sinfonie.

4. Sinfonie d-Moll op. 120

Besetzung: 2 Flöten, 2 Oboen, 2 Klarinetten, 2 Fagotte, 4 Hörner, 2 Trompeten, 3 Posaunen, Pauken, Streicher
Aufführungsdauer: 29 Minuten

Im Juni 1841 – kurz nach der »Frühlingssinfonie«, der Sinfonietta op. 52 und der Phantasie für Klavier und Orchester a-Moll – skizzierte Schumann die d-Moll-Sinfonie und konnte sie bereits am 13. September seiner Frau auf den Geburtstagstisch legen. Die Uraufführung dieses als »Symphonische Phantasie« bezeichneten Werkes fand zusammen mit der »Sinfonietta« am 6. Dezember 1841 im Gewandhaus unter Ferdinand Davids Leitung statt, brachte allerdings nicht den erwarteten Erfolg. Zehn Jahre später arbeitete Schumann das Werk um, wobei er vor allem die Ecksätze instrumentatorisch veränderte. Dadurch, daß er den tiefen Streichern und Bläsern größere Aufgaben zuteilte, unterstrich er den dämonischen Charakter der Sinfonie. In dieser Fassung, nun als 4. Sinfonie bezeichnet, erlebte sie unter Schumanns Leitung am 30. Dezember 1852 eine Voraufführung in Düsseldorf und am 15. Mai 1854 zum 31. Niederrheinischen Musikfest ihre große Premiere, bei der sie stürmisch gefeiert wurde.

Die vier Sätze der Sinfonie, die pausenlos ineinander übergehen, sind auch thematisch verklammert. So findet sich das Sextenthema der Einleitung zum ersten Satz in der Romanze wieder, diese und das Scherzo sind ebenfalls thematisch eng verbunden, der vierte Satz bezieht thematische Elemente wiederum aus dem ersten Satz ein.

Ein Forteschlag eröffnet die langsame Einleitung (Ziemlich langsam, ³/₄-Takt) des *ersten Satzes* und gibt einer leidvollen Sextenmelodie Raum, die lastende Schwere ausdrückt.

Das sich steigernde Aufbegehren erlischt schließlich im Piano. Eine Sechzehntelfigur – Zelle des folgenden Hauptthemas – leitet, zuerst in den 1. Violinen. dann sich zusammenballend in zunehmendem Crescendo und Stringendo, zum schnellen Teil (Lebhaft, 2/4-Takt) über, der vehement mit dem florestanisch vorwärtsstürmenden Sechzehntelthema beginnt.

Zu dem leidenschaftlichen Thema tritt alsbald eine heitere, punktierte Terzenmelodie in Flöten und Oboen, die jedoch wieder von dem aufbegehrenden ersten Thema verdrängt wird. Ein Sforzatoschlag mit anschließenden, schaurig aus der Tiefe aufsteigenden Sechzehntelläufen eröffnet die Durchführung, in der das Ringen des Menschen mit seinem Schicksal dramatisch gestaltet ist. Ein marschartiges, rhythmisch scharf profiliertes Motiv unterstreicht den kämpferischen Charakter. Frieden verbreitend tritt in den 1. Violinen, unterstützt von den Holzbläsern, eine gesangvolle Melodie, das eigentliche zweite Thema, dagegen, das nun seinerseits in der weiteren Durchführung eine gewaltige Steigerung erfährt, sieghaft im Marschrhythmus erklingt und schließlich in eine strettaartige Coda mündet. Mit einer letzten Steigerung des ersten Themas schließt der Satz.

Melancholische Schwermut liegt über dem *zweiten Satz* (Romanze; Ziemlich langsam, a-Moll, 3/4-Takt). 1. Oboe und Solo-Violoncello tragen die wehmütige, balladenartige Melodie vor,

der die Streicher mit der leidvollen Sextenmelodie der Einleitung antworten. Im Mittelteil verbreitet eine friedvoll anmutende melodische Arabeske der Solo-Violine – eine ornamental umspielte,

chromatisch gefärbte Tonleiter – versöhnliche Stimmung. Doch am Ende siegt die Schwermut, und pianissimo klingt der Satz aus.
Mit einem energischen, kämpferischen Thema beginnt das *Scherzo* (Lebhaft, d-Moll, ³/₄-Takt), das von rhythmischer Kraft geprägt ist. Eine idyllische Phase unterbricht nur kurz den energischen Charakter des Satzes. Voll tänzerischer Anmut erscheint dagegen das Trio (B-Dur, ³/₄-Takt), von einer sanft wiegenden Geigenmelodie – eng verwandt mit der Arabeske der Solo-Violine aus der Romanze – beherrscht. Nach der Wiederholung des energiegeladenen Scherzo beginnt noch einmal das Trio. Es gerät jedoch mehr und mehr ins Stocken, wird immer leiser – Lähmung breitet sich aus. Eine ungeheure Spannung wird aufgebaut. Über Pianissimotremoli der tiefen Streicher beginnen verhalten fragend die 1. Violinen mit dem Überleitungsmotiv zum Allegro des ersten Satzes. Dazu ertönt in Hörnern und Posaunen marcato, erst leise, dann immer lauter und drängender werdend, ein Ruf, und nach plötzlichem Piano stürzt das Orchester stringendo in den schnellen Teil des *letzten Satzes* (Lebhaft, D-Dur, ⁴/₄-Takt), der mit einem kraftvoll männlichen, vorwärtsstrebenden, mit dem marschartigen Motiv des ersten Satzes verwandten ersten Thema beginnt. Dazu erklingt in den Streichern der Themenkopf des Hauptthemas des ersten Satzes. Alsbald tritt diesem ersten ein schwärmerisch lyrisches zweites Thema zur Seite, zuversichtlich frohe Stimmung verbreitend. Kraftvoll aufschießende Sechzehntelläufe leiten zur Durchführung über, die nach zweifachem dissonantem Aufschrei mit dem Fugatoeinsatz des ersten Themas beginnt. Sein markanter Rhythmus gibt sowohl der Durchführung wie dem ganzen Satz das Gepräge. Siegeszuversicht verkünden nun die Hörner mit aufrüttelnden Signalen und führen damit zur Reprise, die sogleich mit dem zweiten Thema beginnt, das zunächst und dann vom kämpferischen ersten Thema abgelöst wird. Die dreiteilige Coda bringt schließlich mit zwei kraftvollen Fortissimoakkorden des ganzen Orchesters und einem fugierten, sich überstürzenden Prestoteil den Jubel über den errungenen Sieg zum Ausdruck.

Ouvertüre, Scherzo und Finale E-Dur op. 52

Besetzung: 2 Flöten, 2 Oboen, 2 Klarinetten, 2 Fagotte, 2 Hörner, 2 Trompeten, 3 Posaunen, Pauken, Streicher
Aufführungsdauer: 16 Minuten

Bald nach der Aufführung der »Frühlingssinfonie« arbeitete Schumann an einem neuen sinfonischen Werk, das wohl ursprünglich nicht als Einheit gedacht war. Die Ouvertüre skizzierte und instrumentierte er vom 12. bis 17. April 1841, anschließend erst komponierte er (vom 19. April bis 8. Mai) Scherzo und Finale. Das ursprünglich als »Sinfonietta« bezeichnete Werk hat einen »leichten freundlichen Charakter«, den die Tatsache noch unterstreicht, daß ihm der langsame Satz fehlt. Bei der Uraufführung am 6. Dezember 1841 unter Leitung von Ferdinand David erhielt es allerdings nicht den erhofften Applaus. Erst nach seiner Umarbeitung, die besonders das Finale betraf, gehörte es besonders im 19. Jahrhundert zu den beliebtesten Werken Schumanns. In umgearbeiteter Fassung war es erstmals am 4. Dezember 1845 vom Dresdner Konzertorchester unter Ferdinand Hillers Leitung gespielt worden.

Die Streicher beginnen die langsame Einleitung (Andante con moto, e-Moll, 4/4-Takt) der *Ouvertüre* mit einem weichen, eusebiushaften Motiv,

dem sogleich Florestan energisch in den Bässen antwortet.

Nach spannungsvoller Steigerung leitet das eusebiushafte Motiv leise ausklingend zum schnellen Teil (Allegro, E-Dur, alla breve) der Ouvertüre über, den sofort die 1. Violinen mit dem beschwingt heiteren ersten Thema beginnen, von leise pochenden Achteln der übrigen Streicher begleitet. Die Flöten übernehmen die Melodie, während sich Fagotte und Hörner an der Begleitung beteiligen und zu kraftvollem Tutti führen. Zur Achtelbegleitung der Violinen erklingt nun in den Oboen, unterstützt von den Klarinetten, eine getragene Kantilene, der das Orchester mit dem ersten und anschließend mit dem zweiten Motiv der langsamen Einleitung antwortet. Mit Hilfe dieser Motive wird eine Steigerung erreicht, die eine Pause abrupt unterbricht. Nach kurzem Stillstand läuft das erste

Thema langsam wieder an, das zweite Motiv der Einleitung tritt hinzu und dann erst das ganze Thema. Nun folgt ein teils heiteres, teils leidenschaftliches Spiel der Themen. Immer freudiger wirkt die Steigerung. Heiter, glanzvoll klingt der Satz aus.

Koboldhaft beginnt das *Scherzo* (Vivo, cis-Moll, ⁶/₈-Takt) mit seinem federnden, rhythmisch betonten Thema. Nachdem es erklungen ist, unterbricht es ein zweimaliger fanfarenartiger Ruf in Hörnern, Violinen und Bratschen und gibt den Weg frei für ein thematisches Spiel von geheimnisvoller Märchenhaftigkeit. Nach Wiederholung des ersten Scherzoteils folgt ein volksliedhaft weiches Trio (L'istesso tempo, Des-Dur, ²/₄-Takt), dessen Melodie erst Bläser und Streicher nacheinander, schließlich aber gemeinsam vortragen. Wieder schließt sich das Scherzo und danach nochmals das Trio an, das in eine Coda mündet, in der piano Anklänge an das erste Thema der Ouvertüre auftauchen. Einige Male noch setzt das Scherzothema an, dann ist der Märchenspuk verflogen.

Das *Finale* (Allegro molto vivace, E-Dur, alla breve) führt nach zwei Forterufen sogleich in den Streichern fugatoartig das sprühende, energiegeladene erste Thema ein.

Nach seiner Wiederholung durch das Tutti intonieren die 1. Violinen das gesangliche zweite Thema. Die Vitalität des ersten Themas aber beherrscht den Satz und wird nur kurz von polyphon geführten, schwärmerischen Episoden unterbrochen. Dem Mittelteil verleihen akzentuiert gespielte Viertel energischen, bestimmten Charakter. Das zweite Motiv der langsamen Ouvertüreneinleitung und Andeutungen des Hauptthemas kündigen die Wiederkehr des Hauptteils an. In der Coda erklingt dann in vollem Orchester und in breiten Notenwerten machtvoll das energiegeladene erste Thema und läßt den Satz festlich jubelnd ausklingen.

Ouvertüren

Schumann hat insgesamt sieben Ouvertüren für Orchester geschaffen. Drei von ihnen – »Genoveva«- (op. 81), »Manfred«- (op. 115) und »Faust«-Ouvertüre – sind Vorspiele zu dramatischen Werken. Goethes »Faust« hatte den Komponisten lange beschäftigt. Den Stoff als Oper zu bearbeiten, zog er kaum in Erwägung, vielmehr schien ihm die Form des weltlichen Oratoriums geeigneter, den gewaltigen Stoff zu fassen. So entstanden die Szenen zu Goethes »Faust«, deren Ouvertüre der Komponist nach Vollendung der übrigen Teile 1853 komponierte, um in die verschiedenen Stimmungskreise der Szenen einzuführen. Die Ouvertüren zu Schillers »Braut von Messina« (op. 100), zu Shakespeares »Julius Cäsar« (op. 128) und zu Goethes »Hermann und Dorothea« (op. 136) entstanden eigentlich als Einleitungen zu Opern, die jedoch nie ausgeführt wurden. Durch den Text angeregt, schrieb Schumann die Ouvertüren, in denen sich jeweils der Ideengehalt des Werkganzen komprimiert. Er komponierte sie 1850/51, in einer Zeit erhöhter schöpferischer Aktivität, in Düsseldorf. In »Hermann und Dorothea« zitiert er – wie schon früher in einigen Werken – die Marseillaise, hier als Symbolisierung der Französischen Revolution, vor deren Hintergrund die Handlung spielt.

Aus Anlaß des Niederrheinischen Musikfestes entstand 1853 die »Festouvertüre mit Gesang über das Rheinweinlied« (»Bekränzt mit Laub den lieben, vollen Becher«) für Chor und Orchester (op. 123), eine dankbare Gebrauchsmusik.

Ouvertüre zu Lord Byrons dramatischem Gedicht »Manfred« es-Moll op. 115

Besetzung: 2 Flöten, 2 Oboen, 2 Klarinetten, 2 Fagotte, 4 Hörner, 3 Trompeten, 3 Posaunen, Pauken, Streicher
Aufführungsdauer: 12 Minuten

Die Liebe zum Werk Byrons hat Schumann bereits von seinem Vater geerbt, der die Werke dieses Dichters ins Deutsche übersetzt hatte. Schon als Student beschäftigte ihn der »Manfred«. Aber erst 1848 kehrt er zu seinem sicher längst gefaßten Plan, ein Werk Byrons zu vertonen, zurück. Und wieder fällt sein Blick auf »Manfred«, dessen Schicksal ihn tief bewegte. Manfred, ruhelos und verzweifelt umhergetrieben, versucht von den Geistern Antwort

Schumann

auf die Frage nach dem Sinn des Lebens zu erhalten und stirbt schließlich, umringt von ihnen und sie noch im Tode verfluchend. Schumann gibt dagegen dem Werk einen versöhnlichen Abschluß, indem er Manfred im Tode Frieden finden läßt. Der Komponist selbst bezeichnete die Ouvertüre als »eines meiner kräftigsten Kinder«. Bei der Uraufführung am 14. März 1852 unter Schumanns Leitung mit dem Leipziger Gewandhausorchester hatte sie großen Erfolg.

Nach einem »Rasch« zu spielenden Takt mit drei anschwellenden Akkorden beginnt die langsame Einleitung (Langsam, ⁴/₄-Takt) melancholisch mit herabsteigenden Bläserakkorden und Streicherläufen, bis die 1. Violinen das eigentliche Manfred-Thema anstimmen:

Es führt, in Vierteln fortschreitend, zu einem ersten Aufbäumen, das noch einmal in einem Diminuendo aufgefangen werden kann, dann aber sogleich fortgesetzt wird. Mit verzweifelter Entschlossenheit stürmt das Geschehen zum schnellen Teil (In leidenschaftlichem Tempo, ⁴/₄-Takt), in dem innere Unruhe und Verzweiflung überhandnehmen. Jagende Sechzehntel und das sich aufbäumende Manfred-Thema wachsen immer mehr an und enden in scharf akzentuierten Vierteln. Nun scheint eine Atempause gewährt mit einer versöhnlichen Melodie. Doch das täuscht. Sofort folgt wieder zunehmende Spannung, die sich schließlich in scharf akzentuierten Rhythmen entlädt, dem Schrei des verzweifelten Herzens Raum gebend. Schließlich scheint die Kraft gebrochen. Sehnsuchtsvolle Sechzehntelfiguren in den Streichern rufen die Geisterwelt herbei, die in den Bläsern mit geheimnisvollen Rufen Antwort gibt. Wenn auch in den Pauken die Dämonen grollen, scheinen die Bläser Tröstung zu versprechen. Doch noch ist der Kampf nicht zu Ende. Immer stärker bäumt sich das Thema auf. Zerrissen, gehetzt jagt es dahin. Auf seinen gewaltigen Aufschrei antworten Violoncelli und Fagott mit einer abwärtssteigenden, sehnsuchtsvoll drängenden Melodie. Noch einmal ballen sich die Kräfte zusammen und führen zu immer größerer, beängstigender Bedrängnis. Nach fragendem und ratlosem Suchen der Streicher kommt es zu einem letzten, leidenschaftlich verzweifelten Ausbruch, der in scharf akzentuierten

Synkopen und nachfolgenden Vierteln seine Kraft endlich verliert.
Über unruhig irrenden Streichersechzehnteln erklingen die Bläserakkorde der Geisterwelt. Immer stockender werden die Violinen, bis sie schließlich quasi verlöschen. Im langsamen Zeitmaß der Einleitung deuten Holzbläser und Hörner in ergreifenden Klängen die endliche Erlösung des verzweifelten Menschenherzens an.

Ouvertüre zur Oper »Genoveva« c-Moll op. 81

    Besetzung: 2 Flöten, 2 Oboen, 2 Klarinetten, 2 Fagotte, 4 Hörner, 2 Trompeten, 3 Posaunen, Pauken, Streicher
    Aufführungsdauer: 10 Minuten

Die Komposition einer deutschen Oper beschäftigte Schumann schon seit seiner Studentenzeit. Die verschiedensten Stoffe wurden erwogen und verworfen, bis der Komponist schließlich in Hebbels »Genoveva« das Drama seiner Wahl gefunden zu haben glaubte. Den ihm befreundeten Dresdner Maler, Komponisten und Dichter Robert Reinick beauftragte er mit der Herstellung des Librettos, dessen sentimentale Fassung ihm dann so mißfiel, daß er sich schließlich selbst an die Aufgabe machte, den Text für seine Oper zu gestalten. Doch noch bevor er mit Reinick zu einer konzeptionellen Einigung gekommen war, hatte er schon in der Zeit vom 1. bis 5. April 1847 die Ouvertüre skizziert. Noch vor Weihnachten war sie auch instrumentiert, und das folgende Jahr widmete er der Komposition der Oper, die dann leider nie den Beifall fand, den das musikalisch sehr wertvolle Werk verdient. Die Uraufführung der Ouvertüre fand am 25. Februar 1850 in einem Konzert zum Besten des Orchesterpensionsfonds mit dem Leipziger Gewandhausorchester unter Schumanns Leitung statt.

Die langsame, aber leidenschaftliche Einleitung beginnt gleich mit einem Ausbruch im ersten Takt, an den sich absteigende Sechzehntel anschließen, gefolgt von einem düster-drohenden Quinten- und einem unheimlichen Trillermotiv, die den leidenschaftlichen, ungehemmten Charakter Golos verdeutlichen. Diese Motive beherrschen den Anfang und führen zu einem gewaltigen Ausbruch. Nach einer weiteren drängenden Steigerung leitet ein Anklang an das Genoveva-Motiv zum »leidenschaftlich bewegten« Teil, dessen erstes Thema zwar Elemente des Genoveva-Motivs aufweist, jedoch noch stark von der drängenden Ungeduld Golos geprägt ist. Nach kraftvoll stampfenden Vierteln des Orchesters erscheint das Genoveva-Motiv in Klarinette, Flöte und Violinen rein und fast tänzerisch. Doch wieder ballen sich die bösen Kräfte zusammen. Ein abstürzender Lauf der Violinen gibt den Weg frei für das die ritterliche Welt Siegfrieds symbolisierende Motiv; freundlichere Stimmung schafft dann die Verwendung des Genoveva-Motivs. Doch schon ziehen sich die Wolken zusammen: mit energisch aufsteigenden Skalen unterbrechen die Violinen die freundliche Atmosphäre. Wieder erklingt Siegfrieds Motiv. Doch da fährt das Golo-Motiv in den Hörnern dazwischen, bemächtigt sich schließlich des gesamten Instrumentariums und führt zu einem geballten Ausbruch. Friedlich tritt in der 1. Oboe, dann in anderen Instrumenten eine süße, an Genovevas Motiv orientierte Melodie dagegen. Doch das Golo-Motiv wird immer bedrückender. Stärker und stärker verdichtet sich die Dramatik und entlädt sich schließlich in einem Fortissimoschlag. Der sich anschließende energische Abwärtslauf der Streicher endet in einer klagenden Geste. Langsam nehmen die Streicher das erste Thema mit seiner drängenden Unruhe wieder auf, beruhigend gefolgt von dem Motiv Genovevas und dann auch Siegfrieds. Das Genoveva-Motiv wandelt sich, nimmt vorwärtsdrängenden, dann aufbegehrenden Charakter an, wird schließlich hymnisch gesteigert, und endlich ertönt in hellem C-Dur die Befreiungsfanfare. Sie führt zum sieghaften Abschluß der Ouvertüre.

Konzerte

Die Form des Klavierkonzertes beschäftigte Schumann bereits in Heidelberg. Hier begann er ein Klavierkonzert in F-Dur zu schreiben, an dem er in Leipzig weiterarbeitete. Auch zu einem d-Moll-Konzert existieren Skizzen. Doch erst 1841 findet er die ihm gemäße Form eines Konzerts, zunächst in der Phantasie für Klavier und Orchester a-Moll, die er vier Jahre später zum Konzert erweitert. 1849 folgt das Konzertstück op. 92, und 1853 schreibt er noch ein effektvolles Konzertallegro mit Introduktion (op. 134). Nach dem Klavier widmet er dem Violoncello ein Konzert. Erst 1853, als er beim Niederrheinischen Musikfest den Geiger Joseph Joachim gehört hat, entsteht in kürzester Zeit im Sommer 1853 für ihn eine »Phantasie« mit Begleitung des Orchesters oder Klaviers (op. 131). Diese Phantasie ist ganz aus dem Geist des Instruments geschaffen und gibt dem Geiger alle Möglichkeiten, sein technisches Können voll zur Wirkung zu bringen. Kaum war die Arbeit an dieser Komposition beendet, begann er auch schon mit einem größeren Werk für dieses Instrument, seinem *Violinkonzert,* das er zwischen dem 21. September und 3. Oktober 1853 skizzierte und instrumentierte. Eine Aufführung des Konzertes – seines letzten größeren Werkes – erlebte er nicht mehr. Nach seinem Tode verhinderten Clara Schumann und Joseph Joachim die Veröffentlichung, da sie von dem Wert des Werkes nicht überzeugt waren. Erst nachdem Georg Schünemann es 1937 publiziert hatte, erlebte es seine Uraufführung mit dem Solisten Georg Kulenkampff und den Berliner Philharmonikern unter Leitung von Karl Böhm am 15. November 1937. Das dreisätzige Konzert beginnt mit einem von düsterer Dämonie, Leidenschaft und Trauer geprägten Satz, dem ein melancholischer folgt, über dessen Thema (von dem Schumann glaubte, daß es ihm Engel vorgesungen haben) Johannes Brahms seine Variationen op. 23 schrieb. Ein virtuoser Satz beendet das Werk.

Schumanns Konzerte, die alle fern jeder äußerlichen Virtuosität stets zutiefst humane Anliegen verfolgen, unterscheiden sich klar von den vor ihnen entstandenen. Der in klassischer Zeit herrschende Themendualismus wird meist aufgegeben, und zwar zugunsten eines Hauptthemas, zu dem ein oder mehrere andere, nicht oder nur wenig kontrastierende, ja sogar mit dem Hauptthema verwandte Themen treten. Der Wettstreit zwischen Solist und Orchester entfällt zugunsten eines ausgewogenen, gleichberechtigten Anteils beider am gemeinschaftlichen Konzertieren. Das Orchester ist so behandelt, daß es transparent bleibt und das Soloinstrument klanglich niemals zudeckt. Die Kadenz gewinnt bei Schumann einen ganz neuen inneren Wert. Sie ist nicht mehr ein Bravourstück des Solisten, sondern der Kulminationspunkt des Satzes. So schuf Schumann eine neue Form des Konzertes, die man als »Symphonisches Konzert« bezeichnen könnte und die für die ihm nachfolgenden Komponisten wegweisend wurde.

Klavierkonzert a-Moll op. 54

> Besetzung: Solo-Klavier; 2 Flöten, 2 Oboen, 2 Klarinetten, 2 Fagotte, 2 Hörner, 2 Trompeten, Pauken, Streicher
> Aufführungsdauer: 34 Minuten

Schumann

Die Idee, ein Klavierkonzert in a-Moll zu schreiben, äußerte Schumann erstmals am 10. Januar 1833 in einem Brief an Friedrich Wieck: »Ich denke mir das Klavierkonzert müsse aus C-Dur oder A-moll gehen.« 1841, nach der »Frühlingssinfonie« und der Sinfonietta op. 52, entstand schließlich vom 17. bis 20. Mai die »Phantasie für Klavier und Orchester« a-Moll, die Clara während einer Probe der B-Dur-Sinfonie am 13. August 1841 spielte. Nachdem Schumann dieses einsätzige Werk erfolglos Verlegern (Friedrich Kistner und Härtel, beide in Leipzig) als »Allegro affettuoso für Pianoforte mit Begleitung des Orchesters op. 48« angeboten hatte, ergänzte er es schließlich vier Jahre später in Dresden durch Intermezzo und Rondo zu einem Konzert, das Clara Schumann dort am 4. Dezember 1845 unter der Leitung von Ferdinand Hiller erstmals spielte. Auch in seiner Dreisätzigkeit ist dieses Konzert eine Phantasie für Klavier und Orchester geblieben, in der die poetische Idee die Form bestimmt. Tenor des Werkes ist die Sehnsucht und das Glück zweier liebender Menschen, von Schumann selbst in seinem Kampf um Clara erlebt und nun, künstlerisch umgesetzt, allgemeingültig gestaltet. Das den ersten Satz bestimmende Hauptthema prägt in abgewandelter Form auch die Themen der übrigen Sätze. Es ist der Melodie der Florestan-Arie aus Beethovens Oper »Fidelio« (Beginn des 2. Aktes) eng verwandt und verdeutlicht dadurch noch mehr, wie die diese Oper beherrschenden Themen der Gattentreue und des Freiheitskampfes – für Schumann der Kampf gegen alles Philisterhafte, wie er sich im Programm seiner Davidsbündler manifestierte – auch sein entschiedenes Anliegen waren.

Mit einem Dominantschlag (e) des Orchesters hebt der *erste Satz* im Tempo Allegro affettuoso (4/4-Takt) an, gefolgt von einer florestanisch vorwärtsstürmenden Akkordfolge des Solisten, einem Motiv, das noch einmal in der Durchführung wiederkehrt. Erst dann erklingt in den Holzbläsern das eusebiushaft träumerische Hauptthema,

das im ersten Satz in der Motivik und Stimmung mannigfache Veränderungen erfährt. Nachdem es der Solist übernommen hat, intonieren die Streicher zu Klavierarpeggien einen sehnsuchtsvoll drängenden, gleichfalls vom Hauptthema beeinflußten Seitengedanken, der immer stärker kämpferischen Charakter annimmt, bis das sehnsuchtsvolle Hauptthema wiederkehrt, sich leidenschaftlich steigert, der Sehnsucht und dem Kampf des Liebenden Ausdruck gebend, wobei zarte melodische Wendungen in den Holzbläsern und im Klavier das Bild der Geliebten hervorzaubern. Lyrisch und leidvoll klagend beginnt die Durchführung (Andante espressivo, As-Dur, $^6/_4$-Takt) mit dem metrisch veränderten Hauptthema, umspielt von Klavierarpeggien. Dann aber unterbrechen die Florestan-Akkorde des Anfangs diese Passage und führen zu einem leidenschaftlichen Kampf, der nun die Durchführung beherrscht und in zunehmender Klangstärke und Spannung zur Reprise führt. Aus ihrer letzten Steigerung wird die Solokadenz herausgeschleudert. Sie ist der inhaltliche Kulminationspunkt des Satzes. In ihr erfährt das Hauptthema zunächst eine polyphone Verarbeitung und führt dann leidenschaftlich vorwärtsdrängend zur Coda, in der es in pochenden $^2/_4$-Rhythmus umgewandelt wird und als kämpferisch vorwärtsstürmender Davidsbündlermarsch den Satz beendet.

Das seelenvolle *Intermezzo* (Andantino grazioso, F-Dur, $^2/_4$-Takt) ist ein zartes Zwiegespräch zwischen Klavier und Orchester. Zuerst stimmt das Klavier das graziös schreitende erste Thema – verwandt mit dem Hauptthema des ersten Satzes – an, die Streicher übernehmen es antwortend. In reizvollem Wechselspiel zwischen Holzbläsern, Horn, Streichern und Soloinstrument wird das Bild der Geliebten gemalt, während im Mittelteil eine seelenvolle, innige Violoncellomelodie, von Klavierfigurationen umwoben, das schwärmerische Sehnen des Liebenden zum Ausdruck bringt. In dem sich wieder anschließenden ersten Teil wird das erste Thema immer zaghafter, zweifelnder und erstarrt schließlich ganz. Da signalisieren in die Stille Klarinette und Fagott das Hauptthema des ersten Satzes, das Klavier antwortet mit einer zweifelnden, ungläubigen Gebärde. Dasselbe wiederholt sich, Flöten und Oboen treten hinzu und bestätigen zusammen mit einem rasanten Vierundsechzigstellauf der Streicher den Sieg der Liebe.

Pausenlos schließt sich das schwungvolle *Rondo* (Allegro vivace, A-Dur, $^3/_4$-Takt) voll kämpferischen Elans mit dem (ebenfalls mit dem Hauptthema des ersten Satzes verwandten) ersten Thema an.

Im zweiten Thema verwandelt sich der tänzerische ³/₄-Takt in den geradtaktigen pochenden Marschrhythmus der Davidsbündler. Temperamentvoll tritt wieder das erste Thema auf, diesmal gefolgt von einer kantablen Oboenmelodie. Doch dann kehren die ersten Themen wieder, werden von immer stärker werdender kämpferischer Freude erfaßt, die in der ausgedehnten Coda – die auch dem Pianisten brillante virtuose Entfaltungsmöglichkeiten bietet – zu übersprudelnder Siegesgewißheit und Jubel gesteigert wird und hinreißend das Werk beendet. Der Sieg über die Philister ist erreicht, und wie in Beethovens »Fidelio« könnte es heißen: »Wer ein holdes Weib errungen, stimm' in unsern Jubel ein.«

Introduktion und Allegro appassionato.
Konzertstück für Klavier und Orchester G-Dur op. 92

Besetzung: Solo-Klavier; 2 Flöten, 2 Oboen, 2 Klarinetten, 2 Fagotte, 2 Hörner, 2 Trompeten, Pauken, Streicher
Aufführungsdauer: 15 Minuten

Viel zu selten gespielt wird Schumanns Konzertstück op. 92, das in seiner ausgewogenen Behandlung von Solo und Tutti, seinem Phantasiereichtum und den dankbaren Aufgaben für den Virtuosen ein sehr reizvolles Klavierkonzert darstellt.

In einer Zeit stärkster Produktivität, die eine Reaktion auf die revolutionären Ereignisse von 1849 in Dresden war, skizzierte Schumann vom 18. bis 20. September 1849 das Konzert und instrumentierte es in den folgenden Tagen (vom 21. bis 26. September). Clara Schumann spielte es dann zur Uraufführung am 14. Februar 1850 im Leipziger Gewandhaus unter der Leitung von Julius Rietz.

Die klangschöne Introduktion (Langsam, ⁴/₄-Takt) eröffnet die 1. Klarinette zu auf- und abwogenden Pianissimoarpeggien des Klaviers mit einer innigen Melodie, die anschließend das 1. Horn weiterführt.

Diese beiden Motive lösen einander ab, werden von Flöten, Oboen, Violinen übernommen und erscheinen auch in den hohen Spitzentönen der Klavierarpeggien, die die friedvolle Haltung der Einleitung bestimmen. Zum Schluß werden sie schneller und dramatischer, erzeugen immer größere Spannung und enden in einem herabstürzenden Lauf, auf den nun das ganze Orchester mit dem Klarinettenmotiv antwortet. Mit fragenden Gebärden führt das Klavier pianissimo zum Allegro (G-Dur, alla breve). In stürmischem Fortissimo und mit scharfem Tutti-Solo-Wechsel wird das leidenschaftlich aufbegehrende erste Thema angestimmt, das das Klavier sogleich in Arpeggien fortsetzt. In das Spiel des Solisten bricht mehrfach mit vehementer Kraft das Tutti ein, bis ihm der Solist mit dem dunklen, markanten, vorwärtsstrebenden zweiten Thema entgegentritt.

Lyrische Episoden verbreiten milderes Licht. Während im Klavier das Klarinettenmotiv versteckt erklingt, läßt sich das Hornmotiv deutlich vernehmen, dem das Klavier mit temperamentvollen Stakkatofiguren antwortet. Ein erneuter Tuttieinbruch leitet zur Durchführung über, die zunächst das imitatorisch geführte zweite Thema beherrscht. Dann setzt sich aber das Hornmotiv hartnäckig durch, bis es schließlich zu absteigenden Stakkatoachteln des Klaviers vom Horn selbst solistisch intoniert wird. Weiter geht das reizvolle Wechselspiel der Themen zwischen den Instrumenten. Auf dem dramatischen Höhepunkt beginnt mit einem Fortissimotutti die Reprise, die dem Pianisten mit Passagenwerk und energischen Akkordfolgen dankbare virtuose Entfaltungsmöglichkeiten bietet. Nach zwei kraftvollen Tuttiepisoden erklingt zu Beginn der Coda in Horn und Klarinette zu rauschenden Arpeggien des Klaviers das Hornmotiv, gefolgt vom Klarinettenmotiv im Holzbläserchor. Immer freudiger und behender streben die Melodien vorwärts. Schließlich klingt in das bravouröse Figurenwerk des Solisten noch zweimal der Beginn des Hauptthemas, und mit viermaliger Fanfare und kraftvollen Schlußakkorden geht das Werk glanzvoll zu Ende.

Schumann

Violoncellokonzert a-Moll op. 129

Besetzung: Solo-Violoncello; 2 Flöten, 2 Oboen, 2 Klarinetten, 2 Fagotte, 2 Hörner, 2 Trompeten, Pauken, Streicher
Aufführungsdauer: 25 Minuten

In der karg bemessenen Literatur für das Violoncello nimmt Schumanns Konzert eine bedeutende Stellung ein. Neben Dvořáks und Haydns Konzert gehört es zu den am häufigsten gespielten.
Schon als Kind hatte Schumann einige Unterweisung im Violoncellospiel erhalten, doch erst 1849 widmet er mit den »5 Stücken im Volkston« op. 102 diesem Instrument ein Werk. Bald danach – im Anschluß an die Übersiedelung nach Düsseldorf – entstand im Oktober 1850 das Violoncellokonzert. Noch 1854 feilte er – wenn ihm die Krankheit eine Atempause gönnte – an dem Werk, das seine Uraufführung erst am 9. Juni 1860, also nach Schumanns Tod, mit Ludwig Ebert als Solisten und dem Orchester des Leipziger Konservatoriums erlebte.

Das Konzert ist geprägt von Naturzauber und vom leidenschaftlichen Kampf des Menschen gegen Schicksalsgewalten. Die ohne Unterbrechung zu spielenden Sätze sind auch thematisch eng verknüpft, und das Hauptthema beherrscht so sehr das Geschehen, daß man das Werk eher als »Phantasie« bezeichnen könnte.

Mit drei Akkorden im Piano beginnen die Holzbläser den *ersten Satz* (Nicht zu schnell, ⁴/₄-Takt), ehe der Solist zur Achtelbewegung der Streicher das innige, wehmütig-sehnsuchtsvolle Hauptthema anstimmt.

Aufschießende Läufe des Violoncellos führen zum ersten Tuttieinsatz, in dem das rhythmisch profilierte, energische zweite Thema erscheint. Mit einer klagenden Kantilene tritt das Violoncello dagegen. Das Tutti fällt mit düster grollendem Stakkato ein und leitet zur Durchführung über, in der der Solist mit gesangvollen Melodien gegen das düster und leidenschaftlich aufbegehrende Orchester kämpft. Immer trostloser und drückender wird die Atmosphäre, bis in der Reprise die teils wehmütige, teils aufbegehrende Stimmung des Anfangs wiederkehrt. Nachdem eine Hornepisode milden Naturzauber verbreitet hat, bricht noch einmal die Verzweiflung gewaltig durch, eine Lösung scheint unmöglich, und klagend leitet das Violoncello zum *zweiten Satz* (Langsam, F-Dur, 4/4-Takt) über. Zu leise gezupfter Streicherbegleitung stimmt der Solist eine schlichte, ausdrucksvolle Melodie an. Die Einleitungsakkorde der Bläser aus dem ersten Satz unterbrechen nur kurz den Gesang des Violoncello, der sich schließlich in einer doppelgriffigen Kantilene verströmt. Noch einmal beginnt der Solist mit dem Hauptthema. Da ertönt in den Bläsern das sehnsuchtsvolle Hauptthema des ersten Satzes und gemahnt an die Leiden, die im ersten Satz ihren Ausdruck fanden. Sofort greift der Solist dieses Thema aus dem ersten Satz auf. Zu erregenden, sturmartig sich steigernden Streichertremoli folgt ein kurzer, leidenschaftlich verzweifelter Ausbruch, und schon eilt das Soloinstrument allein zum *dritten Satz* (Sehr lebhaft, a-Moll, 2/4-Takt). Dieses Rondo prägt lebensfrohe Zuversicht. In sein vorwärtsdrängendes, vitales Thema teilen sich Orchester und Solist. Mit dem tänzerischen zweiten Thema hebt dann, begleitet von den Streichern, das Soloinstrument an. Sein leichtbeschwingter Charakter überträgt sich auf das Orchester. Nach einer Fortesteigerung des Tutti tritt beruhigend ein drittes, gesangvolles Thema auf, das mit dem Thema des zweiten Satzes verwandt ist. Mit energischen Läufen erzwingt das Violoncello schließlich den Ausbruch des ersten Themas, des Rondothemas, das der Solist aufgreift, während im Horn der Beginn des Hauptthemas des ersten Satzes verhalten erklingt – eine letzte Reminiszenz an überstandene Kämpfe. Das erregende Spiel mit den Motiven des Rondothemas geht weiter, bis nach einer doppelgriffigen Triolenkette des Solisten das erste Thema mit seiner ganzen sprühenden Vitalität im Tutti auftritt. Im Forte antwortet der Solist mit dem tänzerischen zweiten Thema. Nach erneuter beunruhigender Steigerung verbreitet das dritte Thema friedliche Stimmung. Doch wieder zwingt der Solist mit Sechzehntelläufen den Ausbruch des ersten Themas herbei und schließt sich gleich mit seiner Kadenz an. Zarte Bläserakkorde legen sich über die Stakkatofiguren des Violoncello, und in einem »schneller« werdenden abschließenden Teil jagt der Solist, begleitet von Thementeilen im Orchester, dem Schluß zu, der mit dem Beginn des ersten Themas sieghaft herbeigeführt wird.

Schumann

Konzertstück für 4 Hörner und großes Orchester F-Dur op. 86

Besetzung: 4 Solo-Hörner; Pikkoloflöte, 2 Flöten, 2 Oboen, 2 Klarinetten, 2 Fagotte, 2 Hörner, 2 Trompeten, 3 Posaunen, Pauken, Streicher
Aufführungsdauer: 28 Minuten

Zu Beginn des schaffensreichen Jahres 1849 befaßte sich Schumann auch mit dem Horn. Nachdem er am 14. Februar ein »Adagio und Allegro« für Klavier und Horn (op. 70) skizziert und am 17. Februar vollendet hatte, verwertete er gleich anschließend seine Erfahrungen mit dem Instrument in einer großen Komposition, diesem Konzertstück, das er vom 18. bis 20. Februar skizzierte und schon am 11. März 1849 vollendete.

Das Ventilhorn begann sich nach 1830 erst langsam durchzusetzen. Gewöhnlich schreibt auch Schumann in seinen Werken Natur- und Ventilhörner nebeneinander vor. Seine beiden Werke op. 70 und op. 86 für Ventilhörner stellen einen gelungenen Versuch zum praktischen Nutzen dieser neuen Instrumente dar. Der Komponist berücksichtigte alle Möglichkeiten, die dem Horn klanglich und spieltechnisch gegeben sind, und verwendete es auch satztechnisch meisterhaft.

Den *ersten Satz* (Lebhaft, $^4/_4$-Takt) beginnt nach zwei Forteakkorden des Orchesters gleich das Hornquartett mit der Intonation des frischen, lebensfrohen Themas, das vom Orchester aufgegriffen und fortgeführt wird. Daraus entwickeln die Hörner eine lyrisch-elegische Melodie, unterbrechen sich selbst mit dem imitatorischen Einsatz des ersten Themas, setzen aber gleich darauf die besinnliche Melodie fort. Höchst geistreich sind die Aufgaben auf Orchester und Solisten verteilt. Leidenschaftliche Steigerungen, lyrisch-elegische Stimmung und lebensfrohes Vorwärtsstürmen wechseln einander ab, bis der Satz schließlich kraftvoll ausklingt. Sofort schließt sich die *Romanze* an (Ziemlich langsam, doch nicht schleppend, d-Moll, $^3/_4$-Takt), die, zunächst getragen vom Streicher-Hörner-Klang, melancholisch-märchenhafte Stimmung atmet. Ein aufgehellter, zuerst von Holzbläsern und Streichern, dann vom Hörnerklang geprägter Mittelteil schließt sich an. Wieder folgt der von tiefer Melancholie getragene erste Teil, in dessen Thema plötzlich herausfordernd Trompetensignale fahren und den *letzten Satz* ankündigen (Sehr lebhaft, F-Dur, $^2/_4$-Takt), der fröhlich ausgelassen mit einem Wechselspiel zwischen Orchester und Hörnern beginnt. Nach heiterem Spiel und einer großen Steigerung stimmen die Hörner einen ausdrucksvollen Gesang an, der sich an den Mittelteil des zweiten Satzes anlehnt. Trompetensignale fahren hinein, gleichsam mahnend und das Thema des letzten Satzes fordernd. Nach leidenschaftlicher Steigerung gelingt es dem fröhlichen Treiben wieder, die Oberhand zu gewinnen, wenn auch die besinnliche Stimmung nicht gleich gänzlich zu verdrängen ist. Dann aber herrscht die heiter tänzerische Atmosphäre, und lebensfroh beschwingt klingt der Satz aus.

RB

Kurt Schwaen geb. 1909

Am 21. Juni 1909 wurde Kurt Schwaen in Kattowitz geboren. Nach erstem Klavier- und Orgelunterricht bei dem Reger-Schüler Fritz Lubrich studierte er 1929–1933 Musikwissenschaft und Germanistik an den Universitäten zu Breslau und Berlin (u. a. bei Arnold Schering, Friedrich Blume und Curt Sachs). 1932 trat er der Kommunistischen Partei Deutschlands bei und kämpfte aktiv in ihren Reihen. Auch nach 1933 setzte er diese politische Tätigkeit fort. Seinen Lebensunterhalt verdiente er sich durch Klavierunterricht. 1935 wurde er von den Faschisten verhaftet und zu drei Jahren Zuchthaus verurteilt. 1939 begann er bei Mary Wigman zu arbeiten und lernte hier die Prinzipien des klassischen wie des Ausdruckstanzes kennen. 1943 wurde er zum Strafbataillon 999 eingezogen.

Nach Ende des zweiten Weltkrieges setzte sich Schwaen sogleich mit ganzer Kraft für den Neuaufbau des Musiklebens in Berlin ein. Er baute hier die Volksmusikschulen auf und setzte sich in Aufsätzen und Büchern mit Fragen des Laienmusizierens auseinander. Zugleich schuf er viele Werke für Laienensembles, auch für die Jugend (die Wartburgkantate »Sturm und Gesang«, 1958, die vielgespielte Kinderkantate »König Midas«, 1958). Als Musikreferent der Deutschen Volksbühne (1949), als 2. Sekretär des Komponistenverbandes (1953–1960), als Mitglied der Akademie der Künste der DDR, in deren Sektion Musik er einige Jahre Sekretär war, seit 1962 als Präsident des Nationalkomitees Volksmusik der DDR hat er der Entwicklung des sozialistischen Musiklebens in der DDR viele wesentliche Impulse gegeben.

Der Komponist Schwaen erhielt erste, bleibende Anregungen aus der deutschen und slawischen Folklore. Charakteristisch ist sein Bemühen um eine sehr sparsame, stets aufs Wesentliche konzentrierte Tonsprache, die gern mit ostinaten Formeln arbeitet, repetitive Melodik einsetzt, einen aktiven, progressive Haltungen stimulierenden Grundgestus aufweist. Wichtig wurde für Schwaen der Einfluß Brechts, auf dessen Anregung 1955 die Musik zum Lehrstück für Kinder »Die Horatier und die Kuriatier« entstand. Hier wie in anderen textgebundenen Werken zeigt sich Schwaens Bemühen, musikalisch nicht zu illustrieren, sondern zu kommentieren, einen dialektischen Bezug zum Wort herzustellen. Diese Haltung findet sich auch in vielen weiteren Vokalwerken, ebenso in seinen Opern, z. B. der Kammeroper »Leonce und Lena« (1960), der Kinderoper »Pinocchios Abenteuer« (1970), dem Ballett »Ballade vom Glück« (1966). Sie wirkt auch in Schwaens Instrumentalmusik und wird hier als Bemühen um eine höchst gestraffte, rhythmisch pointierte, wache und melodisch möglichst prägnante Tonsprache erkennbar.

3 Tanzsuiten (1947; 1952; 1960); Ouvertüre »Auf den Tod eines Helden« (1953); Suite »Parkfestspiele« (1955); »Ostinato 56« (1956); Concerto piccolo für Jazzorchester (1957); Sinfonietta für kleines Orchester (1957); Tanzszenen (1958); »Zwingerserenade« für kleines Orchester (1959); »Fanfaren des Sieges« (Ouvertüre 13. August) (1962); Figurinen aus »Leonce und Lena« (1964); Variationen über ein Thema von Robert Schumann (1964); »Berliner Serenaden« für Streicher (1964); 5 Orchesterstücke (1965); »Promenaden« für großes Orchester (1971); »Hört ihr den Trommelschlag«. Variationen für Streichorchester (1973). – Konzert für Klarinette, Trompete und Orchester (1959); Klavierkonzert (1964); Concertino für Violine und Streichorchester (1968); Kammerkonzert (Divertimento) (1968); 6 Bagatellen für Trompete und Streichorchester (1970).

Ostinato 56

Besetzung: 2 Flöten (1. auch Pikkolo), 2 Oboen, 2 Klarinetten, 2 Fagotte, 2 Hörner, 2 Trompeten, 2 Posaunen, Tuba, Streicher
Aufführungsdauer: 10 Minuten

Das von Schwaen in vielen seiner Kompositionen angewandte thematische Reihungsprinzip setzt er auch in diesem viersätzigen Werk mit großer Konsequenz ein. Dabei wird die traditionelle Entwicklung gegensätzlicher Themen durch eine variantenreiche, rhythmisch zwingende Abfolge von Motivkomplexen ersetzt.

Der *erste Satz* (Moderato, agitato) basiert auf einer 4taktigen, von Oboen, Klarinette und Kleiner Flöte vorgetragenen Tonfolge. Dieses kurze Motiv bleibt für den Satzverlauf ausschlaggebend – von einem knappen, überleitenden Zwischenspiel abgesehen.

Reizvoll ist im *zweiten Satz* (Allegretto amabile) der wiegende Wechsel von $^3/_4$- und $^5/_8$-Takt:

Der *dritte Satz* (Poco allegro) wird von steter dynamischer und rhythmischer Spannung erfüllt. Tremoloeffekte unterstreichen die Ausdruckskraft der Musik. Das *Finale* (Allegro molto) nutzt erneut den rhythmischen Reiz des permanenten Taktwechsels. Über fließendem Laufwerk der Streicher verdichtet sich das motivische Geschehen bis zum melodisch prägnanten Abschluß. SK

Concerto piccolo für Jazzorchester

Besetzung: Klarinette, Alt-, Tenorsaxophon, 2 Trompeten, 3 Posaunen, Klavier, Gitarre, Kontrabaß, Xylophon, Schlagzeug

Aufführungsdauer: 6 Minuten

Elemente des Jazz werden in dieser reizvollen Komposition aus dem Jahre 1957 phantasievoll stilisiert. Schwaen zielt mit seinem Concerto auf einen neuen Typ witziger, kunstvoller und aktivierender Unterhaltungsmusik. Der *erste Satz* (Allegro moderato, $^2/_4$-Takt) folgt dem Prinzip der Sonatenform. Sogleich zu Beginn intoniert das Klavier den Hauptgedanken mit seinen munteren Oktav-, Quint- und Quartsignalen in der Oberstimme:

Klarinette und Saxophon bringen das kantable Seitenthema, das rhythmisch besonders pikant verarbeitet wird. Der *zweite Satz* (Allegretto espressivo, ³/₄-Takt) ist von Bluesstimmung erfüllt. Die 1. Trompete trägt einen quasi improvisierten, deklamatorisch »sprechenden« melodischen Gedanken vor, der sich in vielfältigen Abwandlungen durch den ganzen Satz zieht. Ohne Pause schließt sich das *Finale* an (Allegro molto). Hurtige Sechzehntelpassagen der Klarinette legen den Charakter quirliger, auch virtuoser Musizierlaune fest, der den ganzen Satz bestimmt. Witzige melodische, harmonische und rhythmische Einfälle geben dem munteren Spiel immer neue Impulse.

HJS

Sinfonietta

Besetzung: Flöte, Oboe, Klarinette, Fagott, Horn, Trompete, Posaune, Tuba, Pauken, Streicher
Aufführungsdauer: 11 Minuten

In diesem unkomplizierten, fröhlichen Werk von 1958 greift Schwaen auf den frühklassischen Sinfonietyp Haydns zurück, bleibt aber in jeder Phase seiner Aussage der Gegenwart verbunden. Die Verwendung von »Klassizismen« geschieht offensichtlich mit leisem Augenzwinkern. Das Streben nach strenger Ökonomie der Mittel, das für alle Werke Schwaens bestimmend ist, findet sich auch hier.

Der *erste Satz* (Allegro non troppo, ⁴/₄-Takt) eilt in turbulenter Geschäftigkeit dahin.

Über charakteristischen Akkordbrechungen der Streicher ertönt in den Holzbläsern ein Skalenmotiv, das den Ablauf des Satzes über weite Strecken beherrscht.

Der *zweite Satz* (Moderato) gibt sich gemächlicher. Die Flöte trägt zunächst das Thema vor. Das motivische Geflecht der Begleitstim-

men gewinnt jedoch bald an Bedeutung. Im Mittelteil des Satzes kommt es zu einer kleinen sinfonischen Verdichtung. Dann erscheint das Thema wieder in der Flöte. Ruhig endet das Stück.
Der *dritte Satz* (Andantino) ist von tänzerischer Bewegtheit erfüllt. Flöte und Fagott intonieren das Thema. Ein dreistimmiger polyphoner Satz, von Violine, Bratsche und Violoncello dargeboten, schiebt sich dazwischen. Dann erklingt erneut das Hauptthema. Nun sind es auch die Blechbläser, die sich am Vortrag beteiligen. Die Melodik verschwebt schließlich über einem gehaltenen Baßton.
Fröhlich, lebenszugewandt sprudelt das *Finale* (Allegro vivace) dahin. Das auf Akkordbrechungen aufgebaute C-Dur-Thema wird witzig durchgeführt. Dabei setzt Schwaen interessante Instrumentenkombinationen ein. Die heitere Kehrausstimmung bleibt bis zum Ende erhalten. In betontem C-Dur endet dieses volkstümliche und kunstvolle Werk. SK

Jean Sibelius 1865—1957

Johan Julius Christian Sibelius wurde am 8. Dezember 1865 in Hämeenlinna geboren. (Den Vornamen Jean erhielt er erst 1889 von Kommilitonen während eines Studienaufenthaltes in Berlin.) Seine musikalische Begabung wurde früh offenbar. Im Elternhaus (der Vater war Chirurg) kam er mit der Musik der Klassik und des 19. Jahrhunderts in Berührung. Fünfzehnjährig erhielt er ersten Geigenunterricht, das Klavierspiel lernte er vom neunten Lebensjahr an. Nach dem Abitur (1885) begann er an der Universität Helsinki Jura zu studieren, nahm gleichzeitig am Musikinstitut von Martin Wegelius Unterricht im Violinspiel sowie in Theorie und Komposition. Bereits ein Jahr später gab er das Jurastudium auf und widmete sich ganz der Musik. Der Wunsch, Violinvirtuose zu werden, blieb freilich unerfüllt. 1888/89 war Ferruccio Busoni Klavierlehrer am Musikinstitut Helsinki, und es entstand eine tiefe Freundschaft zwischen ihm (der zum großen Vorkämpfer der Sibeliusschen Musik wurde) und Sibelius. 1889 schloß Sibelius seine Studien ab. Mit einem Streichquartett und einem Streichtrio erregte er das Interesse der Öffentlichkeit. Im gleichen Jahre erhielt er ein Stipendium und konnte eine Studienreise nach Berlin unternehmen. Studien bei Albert Becker und Woldemar Bargiel gaben ihm hier weniger Anregungen als das Konzertleben der Stadt. In Berlin hörte Sibelius die Sinfonische Fantasie »Aino« seines Landsmannes Robert Kajanus, die ihn zu intensiver Beschäftigung mit der finnischen Mythologie anregte. Er hörte aber auch Beethovens späte Streichquartette, gespielt vom Joachim-Quartett. 1890/91 folgte eine Studienreise nach Wien. Sibelius nahm Unterricht bei Robert Fuchs und Karl Goldmark. Hier entstanden erste größere Werke, darunter eine Komposition für Streicher und Holzbläser, aus der später Themen in »En Saga« übernommen wurden.

1892 beendete Sibelius in Finnland die Arbeit an der Chorsinfonie »Kullervo«, deren Stoff er dem nationalen finnischen »Kalevala«-Epos entnahm. Die Lehrjahre gingen zu Ende, die erste große Schaffensperiode, die Zeit des Stürmens und Drängens, steht im Zeichen der Beschäftigung mit »dem finnischen Geist«, der künstlerischen Teilnahme an der nationalen Befreiungsbewegung seiner Heimat, die um die Jahrhundertwende einem Höhepunkt zustrebte. Sibelius gab Theorieunterricht am Musikinstitut Helsinki, und Robert Kajanus vermittelte ihm gleichzeitig eine Lehrtätigkeit an der Orchesterschule der Philharmonischen Gesellschaft in Helsinki. Er wurde von Kajanus vor allem auch insofern gefördert, als dieser ihm sein Orchester zur Verfügung stellte. Sibelius konnte hier seine schöpferische Klangphantasie ständig an der Praxis prüfen und schulen. Nach der Uraufführung der Sinfonischen Dichtung »En Saga« versuchte sich Sibelius an einer Oper. Der Versuch scheiterte, hatte aber eine noch tiefere Beschäftigung mit dem »Kalevala«-Epos zur Folge. Das Opernvorspiel wurde als »Schwan von Tuonela« in die spätere »Lemminkäinen«-Suite übernommen.

Ende 1897 erhielt Sibelius vom finnischen Staat ein jährliches Stipendium. Es gestattete ihm, sich weitgehend der kompositorischen Arbeit zu widmen. So behielt er sein Lehramt nur noch einige Jahre. Sein Ruf als erster international bedeutender finnischer Komponist festigte sich rasch – in der Heimat, aber auch im Ausland. Die Schauspielmusik zu »König Kristian II.«, die Tondichtung »Finlandia«, die 1. Sinfonie, Aufführungen Sibeliusscher Werke durch das Philharmonische Orchester Helsinki zur Pariser Weltausstellung 1900 brachten den internationalen Durchbruch. Sibelius wurde nach Deutschland eingeladen, dirigierte eigene Werke, erhielt Anerkennung und Förderung durch Arthur Nikisch, Felix Weingartner, Richard Strauss und Arturo Toscanini.

Die Uraufführung der 2. Sinfonie im März 1902 in Helsinki mar-

kiert den Beginn einer neuen Schaffensperiode. Die Hinwendung zu klassischer Einfachheit bahnt sich an, und die Ausdrucksmittel werden künftig sparsamer verwendet. So ist der transparente Orchesterklang ebenso charakteristisch für diesen Schaffensabschnitt wie die Bevorzugung der Streicher, der die frühere Vorliebe für einen kräftigen Einsatz der Blechbläser weicht. Die formale Anlage wird konzentrierter und überschaubarer. Die Beschäftigung mit dem »Kalevala«-Stoff tritt in den Hintergrund, und an die Stelle der nationalen Mythologie als geistigen Ausgangspunkt gestalterischer Absichten tritt das Mühen um ästhetische Objektivierung persönlichen Erlebens. Die Musik zum Schauspiel »Kuolema« (»Der Tod«) von A. Järnefelt aus dem Jahre 1903 markiert diesen Wendepunkt. (Zu dieser Musik gehört auch jene »Valse triste«, die bis heute oft sentimental mißbraucht wird und die im Grunde voll tief ernsten Ausdruckes ist.) Konzertreisen – in diesen Jahren vor allem nach England – festigen den Ruf des Komponisten, der 1904 nach Järvenpää, einem kleinen Ort nördlich der finnischen Hauptstadt, übersiedelt. Mitten im Walde läßt er sich sein Haus »Ainola« (so vom Komponisten nach seiner Gattin, Aino Järnefelt, benannt) bauen und fand hier die nötige Ruhe zum Schaffen: »Es war für mich notwendig, aus Helsinki fortzugehen. Meine Kunst verlangte eine andere Umgebung. In Helsinki starb jede Melodie in mir.«
In Järvenpää entstanden als erste Werke die 3. Sinfonie und das Violinkonzert. Sibelius selbst urteilte: »Jetzt, wo ich zur Ruhe gelangt bin, kann ich wirklich über mein Leben und meine Kunst ins klare kommen, und ich bemerke, daß mir ständiges Vorwärtsstreben und Vorwärtskommen möglich ist und daß nur dies mich befriedigt.« Wieder folgten auch Konzertreisen nach England, Norwegen, Deutschland, Schweden, Rußland. Sibelius lernte auf diesen Reisen Debussy und Vincent d'Indy kennen, und er beendete unterwegs die Arbeit an seiner 1910 begonnenen 4. Sinfonie. Er schrieb dieses zunächst umstrittene Werk »als Protest gegen die gegenwärtigen Kompositionen«. Wenig später wandte sich Sibelius nach längerer Pause ein letztes Mal dem Genre der Sinfonischen Dichtung zu (»Der Barde«, »Die Okeaniden«). 1914 reiste er nach Amerika. Die Yale University New Haven verlieh ihm die Ehrendoktorwürde.
Der Beginn des ersten Weltkrieges bedeutete für den Komponisten eine schwere Krise. Seine Verbindungen nach Deutschland brachen ab. Um diese Zeit beginnt die dritte Schaffensperiode des Meisters, für die seine 5. Sinfonie charakteristisch ist. In ihr wer-

den die Leidenschaftlichkeit der frühen Werke und die Ausgewogenheit der zweiten Schaffensperiode zu neuer Einheit zusammengeführt.

1921 reiste Sibelius ein letztes Mal nach England und dirigierte dort seine 4. und 5. Sinfonie. 1923 trat er in Finnland zum letzten Male als Dirigent (der 6. Sinfonie) auf, und 1924 folgte in Kopenhagen das letzte eigene Konzert überhaupt. In diesem Jahr wird auch die letzte, die 7. Sinfonie vollendet, zwei Jahre später die Sinfonische Dichtung »Tapiola«, das »Hohelied des finnischen Waldes«. 1926 unternahm Sibelius eine letzte Italienreise; der im gleichen Jahr veröffentlichten Schauspielmusik zu Shakespeares »Der Sturm« folgen nur noch kleinere Arbeiten. Und seit 1929 erschien kein neues Werk von Sibelius mehr. Über sein schöpferisches Schweigen während der letzten dreißig Jahre seines Lebens ist viel gerätselt worden. Mitte der dreißiger Jahre kündigte das London Symphony Orchestra die Uraufführung seiner 8. Sinfonie an. Aber kurz vor dem Konzert kam ein Telegramm des Komponisten aus Järvenpää: »Sinfonie unvollendet.«

Vermutlich waren es eine zunehmende selbstkritische Haltung und die Einsicht in die ständig sich verschärfenden Widersprüche der gesellschaftlichen Entwicklung, vor allem während der Jahre des deutschen Faschismus, die Sibelius die schöpferische Arbeit in jener Zeit unmöglich machten. Nach seinem Tode (am 20. September 1957 in Järvenpää) erschien eine Pressenotiz: »Jean Sibelius hat keine unbekannten Werke hinterlassen. Das erklärte die älteste Tochter des Komponisten, Eva Palcheiwo, in Helsinki. Nach ihren Angaben hat Sibelius in den letzten zwanzig Jahren seines Lebens viele seiner Arbeiten verbrannt, darunter möglicherweise Entwürfe für eine 8. Sinfonie, die entgegen vielen Gerüchten nicht existiert.«

Die Musik von Jean Sibelius wird bis heute oft mißdeutet. Man sieht den Komponisten als »nationalen Romantiker«, als Fortsetzer der Tradition der Programmusik nach der Art Liszts oder Berlioz'. Wichtig ist ohne Zweifel der nationale Charakter seiner Werke. Er wird weniger in oberflächlichem Folklorisieren deutlich als in einer betont epischen Haltung, die Dramatisches und Lyrisches einschließt. Zum Verständnis seiner Arbeiten sind folgende Worte des Komponisten von zentraler Bedeutung: »Es herrscht die irrige Ansicht, daß meine Themen oft Volksmelodien seien. Aber bis jetzt habe ich nie ein Thema verarbeitet, das nicht meine eigene Erfindung gewesen wäre... Wie immer ist das Skulpturelle stärker hervortretend in meiner Musik. Deshalb dieses Aushämmern der ethischen Linie, das mich ganz in Anspruch nimmt und bei dem ich mich konzentrieren und aushalten muß. Wie immer bin ich der Sklave meiner Themen und unterwerfe mich ihren Forderungen.« Die Musik von Sibelius, die sich stilistisch schwer einordnen läßt, nutzt – ganz besonders in den gefühlsgeladenen frühen Kompositionen – Klang- und Farbenkraft voll aus und ist von eruptiver Leidenschaftlichkeit, kühn in der harmonischen Sprache. Die Hinwendung zu größerer Schlichtheit in der folgenden Schaffensperiode wird gelegentlich mit dem Einsatz einer impressionistischen Farbskala verbunden. In den späten Werken macht sich zunehmend die Neigung zu grüblerischem Ernst bemerkbar; die künstlerisch reifsten Werke zeigen eine enorme formale Konzentration.

Die nationale Grundhaltung vereint sich bei Sibelius mit einem realistischen, weltoffenen Humanismus, der ihn mit dem Erbe der Klassik verbindet. So ist er bis heute der bedeutendste finnische Komponist, zugleich aber eine singuläre Erscheinung der internationalen Musikkultur, mit dem Klischee des »Spätromantikers« ebensowenig zu erfassen wie mit dem des Folkloristen etwa im Sinne Griegs. In der Orchestermusik hat er von einsamer bürgerlich-humanistischer Position die großen klassischen Traditionen in unserem Jahrhundert fortgeführt – hierin dem älteren deutschen Johannes Brahms (der für ihn übrigens wenig Verständnis aufbrachte) vergleichbar. Besonders Sibelius' Freundschaft mit Busoni zeugt davon, daß der finnische Meister ebenso als nationale wie als humanistische internationale Erscheinung zu werten ist. So schrieb er einmal an Busoni: »Ohne Dich wäre ich eine Erscheinung aus den Wäldern geblieben.«

Sinfonien: Nr. 1 e-Moll op. 39 (1899); Nr. 2 D-Dur op. 43 (1902); Nr. 3 C-Dur op. 52 (1907); Nr. 4 a-Moll op. 63 (1911); Nr. 5 Es-Dur op. 82 (1915; letzte Umarbeitung 1919); Nr. 6 d-Moll op. 104 (1923); Nr. 7 C-Dur op. 105 (1924). – Sinfonische Dichtungen: »En Saga« op. 9 (1892; Umarbeitung 1901); »Frühlingslied« op. 16 (1894); Vier Legenden. »Lemminkäinen«-Suite op. 22 (»Lemminkäinen und die Jungfrauen auf Saari«, 1895; »Der Schwan von Tuonela«, 1893; »Lemminkäinen in Tuonela«, 1895; »Lemminkäinen zieht heimwärts«, 1895); »Finlandia« op. 26 (1899; Umarbeitung 1900); »Die Dryade« op. 45/1 (1910); »Pohjolas Tochter« op. 49 (1906); »Pan und Echo« op. 53 (1906; Umarbeitung 1909); »Nächtlicher Ritt und Sonnenaufgang« op. 55 (1909); »Der Barde«

op. 64 (1913: Neufassung 1914); »Die Okeaniden« op. 73 (1914); »Tapiola« op. 112 (1926). – Suiten aus Bühnenmusiken: »König Kristian II.« op. 27 (1898: A. Paul); »Kuolema« op. 44 (1903, darin u. a. »Valse triste«; A. Järnefelt); »Pelléas et Mélisande« op. 46 (1905; M. Maeterlinck); »Belsazars Gastmahl« op. 51 (1906; H. Procopé); »Schwanenweiß« op. 54 (1908; A. Strindberg); »Scaramouche« op. 71 (1913; P. Knudsen); »Der Sturm« op. 109 (1925; W. Shakespeare). – »Karelia«-Ouvertüre op. 10 und -Suite op. 11 (1893); »Historische Szenen« I op. 25 (1899; Umarbeitung 1911) und II op. 66 (1912); Trauermarsch »In memoriam« op. 59 (1909); Tanzintermezzo op. 45/2 (1910); »Rakastava«-Suite op. 14 für kleines Orchester (1911; Bearbeitung der gleichnamigen Komposition für Männerchor, 1893); 3 Stücke op. 96 (1920); »Suite mignonne« op. 98 a für 2 Flöten und Streichorchester (1921); »Suite champêtre« op. 98 b für Streicher (1921); »Suite caractéristique« op. 100 für Harfe und Streicher (1922). – Ouvertüren, Märsche und kleinere Orchesterstücke.
Für Violine und Orchester: Konzert d-Moll op. 47 (1903; Umarbeitung 1905); 2 Serenaden op. 69 D-Dur (1912), g-Moll (1913); »Ernste Melodien« (für Violine oder Violoncello) op. 77 (1915); 6 Humoresken op. 87 und 89 (1917).

Sinfonien

»Seit Beethovens Zeit sind alle die sogenannten Sinfonien, mit Ausnahme von Brahms, sinfonische Gedichte gewesen. In manchen Fällen haben uns die Komponisten ein Programm gegeben oder wenigstens angedeutet, woran sie gedacht haben; aus anderen Fällen geht klar hervor, daß sie sich vorgenommen haben, zu schildern oder zu illustrieren – sei es eine Landschaft oder eine Bildreihe. Das ist nicht mein Ideal einer Sinfonie. Meine Sinfonien sind Musik – erdacht und ausgearbeitet als Ausdruck der Musik, ohne irgendwelche literarische Grundlage. Ich bin kein literarischer Musiker, für mich beginnt Musik da, wo das Wort aufhört. Eine Sinfonie soll zuerst und zuletzt Musik sein. Natürlich kommt es vor, daß ein seelisches Bild unfreiwillig bei einem musikalischen Satz, den ich geschrieben habe, haftengeblieben ist; aber meine Sinfonien sind bei ihrer Entstehung immer rein musikalisch gewesen«. (Jean Sibelius) Die Worte machen deutlich, daß es dem Komponisten gerade in seinen Sinfonien wenig darauf ankam, illustrativer

Programmatik oder Naturschilderung nachzustreben. In der Form wie in der dramaturgischen Konzeption sah er sich als Erbe der großen klassischen Tradition.. Er empfing auch Anregungen etwa aus der Sinfonik Bruckners. Aber er verschmolz dies alles mit der epischen Weite des eigenen musikalischen Stiles, mit seiner originellen Themenfindung und -verarbeitung zu etwas Neuem. Daß Sibelius seine Sinfonien andererseits keineswegs etwa als »Musik um der Musik willen« verstanden wissen wollte, hat er bei anderer Gelegenheit mit Nachdruck betont: »Es sind ja meine Sinfonien Glaubensbekenntnisse mehr als meine übrigen Werke.«

1. Sinfonie e-Moll op. 39

Besetzung: 2 Flöten (auch Pikkolo), 2 Oboen, 2 Klarinetten, 2 Fagotte, 4 Hörner, 3 Trompeten, 3 Posaunen, Tuba, Pauken, Schlagzeug, Harfe, Streicher
Aufführungsdauer: 44 Minuten

In diesem 1898/99 komponierten Werk finden sich die stilistischen Merkmale der frühen Sinfonischen Dichtungen Sibelius' deutlich wieder. Das hat durchaus inhaltliche Gründe. Der Sibelius-Biograph Karl Ekman betont, daß das in der Sinfonie erkennbare »heroisch-tragische Pathos«, »ihr ständig durchbrechender Grundton von trotzig männlicher Haltung gegenüber dem Dasein« die Zeitgenossen veranlaßte, das Werk »als symbolisches Bild von Finnlands Kampfbereitschaft zu deuten«. Gerade dieser national-kämpferische, also zutiefst demokratische Charakter brachte dem Werk bei der Uraufführung am 26. April 1899 in Helsinki unter der Leitung des Komponisten wie vor allem ein Jahr später, beim Auftritt des Philharmonischen Orchesters Helsinki zur Pariser Weltausstellung, den großen Erfolg.

Als »Vorstellung von einer Ödmarkstimmung, von einer kargen und einsamen Landschaft« (Nils-Eric Ringbom) wird der *erste Satz* (Andante, ma non troppo, alla breve; Allegro energico, $6/4$-Takt) von einer melancholischen Klarinettenmelodie über Paukentremolo eingeleitet. (Notenbeispiel S. 332 oben)

Im raschen Hauptteil bringt das erste Thema mit seinen Signalintonationen den energischen, aufrüttelnden, kämpferischen Zug ins Geschehen, der immer wieder beherrschend wird. Ein lyrisches Seitenthema bildet in dem sonatensatzförmig angelegten Satz, in dessen Verlauf sich dramatische Ausbrüche wiederholen, den Kontrast.

Im langsamen *zweiten Satz* (Andante, ma non troppo lento, Es-Dur, alla breve) entwickelt sich aus dem ruhig schreitenden Hauptthema

unter beziehungsvollen Rückgriffen auf Thematisches des ersten Satzes eine tragische, dramatisch gespannte Haltung. Die Auseinandersetzung des Anfangssatzes geht hier weiter, wird subjektiv intensiviert.

Rustikal, rhythmisch originell, auflockernd gibt sich das *Scherzo* (Allegro, C-Dur, ³/₄-Takt), in dem die Pauke thematisch hervortritt. Ein Lento (E-Dur) mit dominierendem Bläsersatz schafft Beruhigung, ehe der Scherzobeginn variiert wiederkehrt. Beethovens Scherzotypus wird hier auf neue, originelle Weise aufgegriffen.

Im *Finale* (e-Moll; als »Quasi una Fantasia« im Untertitel bezeichnet) greift Sibelius zunächst auf die Klarinettenmelodie der Einleitung zum ersten Satz zurück. Jetzt erklingt sie in breitem Streicherunisono »Largamente ed appassionato«. Nach dieser langsamen Einleitung (Andante, alla breve) folgt das rondoartige Allegro molto (²/₄-Takt), in dem zwei Themen – der eingangs in Klarinetten und Fagotten erklingende rasche Hauptgedanke und eine lyrische Violinkantilene im Andante assai

– das Geschehen bestimmen. In der Haltung führt dieses Finale zur Festigung energischer, selbstbewußter Kampfentschlossenheit, die in der Coda mit großem dynamischem Aufwand, mit pathetischer Geste noch einmal bestätigt wird.

2. Sinfonie D-Dur op. 43

> Besetzung: 2 Flöten, 2 Oboen, 2 Klarinetten, 2 Fagotte, 4 Hörner, 3 Trompeten, 3 Posaunen, Tuba, Pauken, Streicher
> Aufführungsdauer: 46 Minuten

Der heroisch-kämpferischen, klanglich den »Kalevala«-Tondichtungen verbundenen 1. Sinfonie folgt mit der D-Dur-Sinfonie, die 1902 vollendet und am 3. März desselben Jahres in Helsinki unter Sibelius' Leitung uraufgeführt wurde, ein Werk von lichter, freudiger Grundstimmung. Es wurde in Italien konzipiert. Auch dies mag seinen Charakter mitgeformt haben, obgleich der finnische Grundton in keinem Takt zu überhören ist.

Im *ersten Satz* (Allegretto, $^6/_4$-Takt) wird die Sonatenform beibehalten, aber Sibelius arbeitet mit drei Themen. Zu Beginn intonieren die Holzbläser über dem dunklen Klanggrund der Streicher den pastoralen ersten Hauptgedanken. Dramatisch (alla breve) und drängend (Poco allegro) ergänzen die beiden weiteren Hauptthemen die pastorale Stimmung um erregte und leidenschaftliche Züge.

Der *zweite Satz* (Tempo andante, ma rubato, d-Moll, $^4/_4$-, $^3/_8$-Takt) bringt als einziger in diesem Werk düstere, schmerzliche Gedanken ins Spiel. Paukenwirbel, geheimnisvolle Pizzikati der tiefen Streicher, melancholisches Melos der beiden Fagotte schaffen eine Atmosphäre tiefen seelischen Schmerzes.

In wirbelnder Achtelbewegung (Vivacissimo, B-Dur, $^6/_8$-Takt) huscht dagegen der scherzoartige *dritte Satz* dahin. Als Trio erscheint ein Lento e suave (Ges-Dur, $^{12}/_4$-Takt) mit einer innigen Oboenmelodie:

Es folgen noch einmal Scherzo und Trio mit anschließender großangelegter Steigerung, die mit Eintritt des *Finales* (Allegro moderato, D-Dur, $^3/_2$-Takt) endet. Das weitgesponnene Hauptthema verleiht diesem Schlußsatz hymnischen Charakter, das nahezu monotone Seitenthema hingegen hat etwas von der Melancholie der nordischen Landschaft. Die kraftvolle und lebensfrohe Grundhaltung des Satzes nimmt in seinem weiteren Verlauf zu; den Höhepunkt dieser Steigerung bildet ein Bläserchoral (der sich aus dem Kopfmotiv des Hauptthemas herleitet), mit dem das Werk strahlend schließt.

3. Sinfonie C-Dur op. 52

Besetzung: 2 Flöten, 2 Oboen, 2 Klarinetten, 2 Fagotte, 4 Hörner, 2 Trompeten, 3 Posaunen, Pauken, Streicher
Aufführungsdauer: 35 Minuten

Nach der Übersiedlung in sein Landhaus Ainola bei Järvenpää wurde die 3. Sinfonie von Sibelius als erstes Werk in Angriff genommen (1907 abgeschlossen). Freude über das nun gewonnene Glück unabhängiger Arbeitsmöglichkeit, über die unmittelbare Nähe der geliebten heimatlichen Natur spiegeln sich im hellen, frohen Grundcharakter des Werkes wider. Zugleich finden sich das Streben nach klassischer Einfachheit und formaler Überschaubarkeit sowie der Verzicht auf klangvolles, massives Bläserpathos – Merkmale der neuen Schaffensperiode von Sibelius überhaupt. Der dramatischen und heroischen Ausdruckshaltung des für die nationalen Rechte seines Volkes eintretenden Künstlers folgt der Preisgesang auf freies, glückliches Menschsein.

Knapp und klar profiliert sind die beiden Themen des *ersten Satzes* (Allegro moderato, 4/4-Takt). Dem optimistischen Hauptthema steht das gesangliche zweite Thema (Violoncelli, h-Moll) nicht kontrastierend, sondern ergänzend zur Seite. Nach durchsichtig angelegter Durchführung und konzentrierter Reprise wird in der Coda ein bereits bekanntes Motiv in den Bläsern hymnisch ausgeweitet.

Der *zweite Satz* (Andantino con moto, quasi allegretto, gis-Moll, 6/4-Takt) gehört zu den schönsten lyrischen Eingebungen des Komponisten. Er besteht aus Variationen eines von den Flöten vorgetragenen Themas,

in die zwei Zwischenspiele eingeschoben sind.

Auf ein Scherzo wird in dieser Sinfonie verzichtet; aber das *Finale* (Moderato/Allegro, C-Dur, $^6/_8$-Takt) bringt nach drei Moderatotakten eine scherzohafte Themengruppe, die gleichsam seine Stelle vertritt und zugleich Ausgangspunkt der folgenden Entwicklung wird. In sie bezieht Sibelius Gedanken aus dem zweiten Satz ein. Eine zweite Themengruppe steht in a-Moll. Beide Themenkomplexe erfahren knappe Durchführungen. In der zweiten, die von f-Moll ausgeht, kommt es zu leidenschaftlichem Ausbruch. Den Abschluß des Satzes bildet ein weiterer, marschartiger Gedanke, der ebenfalls früher schon vorgebildet war und schließlich im $^4/_4$-Takt, »con energica«, die Sinfonie zum freudig-strahlenden Abschluß bringt.

Das Werk wurde am 25. September 1907 unter Sibelius in Helsinki uraufgeführt.

4. Sinfonie a-Moll op. 63

Besetzung: 2 Flöten, 2 Oboen, 2 Klarinetten, 2 Fagotte, 4 Hörner, 2 Trompeten, 3 Posaunen, Pauken, Streicher

Aufführungsdauer: 33 Minuten

Man hat dieses tief tragische Werk, das Sibelius am 3. April 1911 zur Uraufführung brachte, zu Unrecht als introvertiert, als dürftig in der Instrumentation bezeichnet. Die schwermütige Grundhaltung hat persönliche und gesellschaftliche Ursachen. Eine lebensgefährliche Erkrankung des Komponisten 1908 ist ebenso zu nennen wie das Erlebnis eines Sturmtages auf dem Koliberg in Karelien, schließlich vor allem aber auch die sich zur Zeit der Arbeit an diesem Werk (1910/11) abzeichnende, immer rücksichtslosere Unterdrückung Finnlands durch den Zarismus. Sibelius selbst bemerkte: »Immerhin kann ich nicht anders helfen, als durch Arbeit für ›König und Land‹. Ich arbeite an meiner neuen Sinfonie.« Endlich sind auch die bekannten Sätze des Komponisten wichtig: »Ich schrieb die Sinfonie als Protest gegen die gegenwärtigen Kompositionen. Nichts, absolut nichts von Circus um sie!« Sie erhellen die ästhetische Position des Komponisten, der sich durch Strenge, kompromißlose Logik und Konzentration der Gestaltung allem Pomp und orchestralen Klangaufwand, allem hohlen Pathos bewußt widersetzte. Tragisch ist die Aussage des Werkes. Quälende Zweifel, für die es keine befreiende Lösung gibt, werden erkennbar. Hier deuten sich Probleme an, die später zum völligen schöpferischen Verstummen von Sibelius führen sollten.

Sibelius

Die 4. Sinfonie hat der Komponist mit meisterlicher Konsequenz aus knappem und knappstem Grundmaterial geschaffen. So spielt in allen Sätzen das Intervall der übermäßigen Quarte eine beherrschende Rolle. Bei der Entwicklung des Materials kommt es zu sehr freier Behandlung der Tonalität, und im Rhythmischen werden durch Synkopierungen die Metren oft völlig überspielt.
Am Beginn des *ersten Satzes* (Tempo molto moderato, quasi adagio/Adagio, ⁴/₄-Takt) erscheint in Kontrabässen, Violoncelli und Fagotten eine synkopierte Melodie, deren vier Töne im Rahmen der übermäßigen Quarte als Keimzelle der ganzen Sinfonie zu betrachten sind.

Ein weiterer wichtiger Gedanke schließt sich sogleich im Solo-Violoncello an. Er kann als Hauptthema des Satzes gelten. Schon beim ersten Auftreten muß er sich förmlich vom dissonanten Baßfundament der in Kontrabässen und Violoncelli festgehaltenen Sekunde *e-fis* losringen:

Schrille Bläserakkorde eröffnen den folgenden Adagioteil, in dem Trompeten und Posaunen drohend jede hoffnungsvolle Regung ersticken. Ein letzter Abschnitt beschwört noch einmal die Melodie des Solo-Violoncellos herauf, die hier dramatisch gesteigert wird. Ein (verändernder) Rückgriff auf den Adagioabschnitt beschließt den Satz.
Im *zweiten Satz* (F-Dur, ³/₄-Takt) bleibt die tragische Spannung durchaus im Spiele. Nach heiterem, gelöstem Beginn (Allegro molto vivace) setzt sich am Ende (Doppio più lento) schmerzhaftes Aufbegehren und Resignieren durch.
Im *dritten Satz* (Il tempo largo, cis-Moll, ⁴/₄-Takt) treten einzelne Instrumente und Instrumentengruppen solistisch hervor. Das Ganze

erhält dadurch den Charakter unruhigen Grübelns. Gegen Ende wird es in feierlich hymnischer Gebärde aufgehoben. Wenige Takte vor dem Pianissimoausklang deuten Fagotte und Klarinetten eine melodische Wendung an, mit der die Violinen das *Finale* (Allegro, alla breve) eröffnen. In diesem Satz kommt es zu kompromißlos harten polytonalen Passagen, der sinfonische Duktus wird zu äußerster Tragik im Klanglichen gesteigert, um schließlich wie nach übermäßiger Anstrengung zu erlöschen.

5. Sinfonie Es-Dur op. 82

Besetzung: 2 Flöten, 2 Oboen, 2 Klarinetten, 2 Fagotte, 4 Hörner, 3 Trompeten, 3 Posaunen, Pauken, Streicher
Aufführungsdauer: 33 Minuten

Wie sehr Sibelius danach strebte, das sinfonische Erbe der Klassik, zumal Beethovens, in eigenen Arbeiten unter neuen gesellschaftlichen Verhältnissen fortzuführen, beweist seine 5. Sinfonie in besonderem Maße. Sie entstand in den Jahren des ersten Weltkrieges. Am 8. Dezember 1915, am fünfzigsten Geburtstag des Komponisten, der in Finnland als Nationalfeiertag begangen wurde, kam sie in erster Fassung zur Uraufführung. Die Arbeit war Sibelius nicht leichtgefallen. »Ich war unsicher, ob ich die 5. Sinfonie beginnen sollte. Ich habe überhaupt viel darunter zu leiden gehabt, daß ich darauf beharrte, Sinfonien zu schreiben in einer Zeit, als nahezu alle Tonsetzer sich anderen Ausdrucksformen zuwandten.« Nach der Uraufführung arbeitete der Komponist weiter an der Sinfonie. Nachdem er sich 1916 auf eine Konzentrierung des Werkes beschränkt hatte, begann er 1918 eine zweite Umarbeitung: »Die V:te Sinfonie in neuer Form – so gut wie neu komponiert, beschäftigt mich gegenwärtig. Satz I völlig neu, Satz II an den alten erinnernd, Satz III an den Schluß des alten I:ten Satzes erinnernd, Satz IV die alten Motive, aber in der Ausarbeitung kräftiger. Das Ganze eine, wenn ich so sagen darf, vitale Steigerung auf den Schluß hin. Triumphal.« November 1919 war die Arbeit beendet. In hervorragender Weise ist diese Sinfonie, nicht zufällig in Beehovens »heroischer« Tonart stehend, Zeugnis für Sibelius' »kraftvollen, unter Schmerzen erkämpften Optimismus in arger Zeit, ein erhebendes Zeugnis für einen unüberwindlichen Glauben an die ewig erneuernde Kraft des Lebens« (Karl Ekman).
Von schwerem Ringen um eine optimistische Grundhaltung zeugt

Sibelius

der originell angelegte *erste Satz* (Tempo molto moderato, ¹²/₈-Takt; Allegro moderato, ³/₄-Takt), in dem zwei Sätze zusammengefaßt sind. Er beginnt als langsamer Sonatensatz, um dann »poco a poco stretto« Züge des Scherzos anzunehmen. Im Schlußteil, mit einem 90taktigen Orgelpunkt *b–es* in Hörnern und Kontrabässen, wird bereits das Ziel, die sieghaft-optimistische Grundhaltung, erreicht, die dann im Finale volle Gestalt erhält.

Der überwiegend verhaltene *Andantesatz* (Andante mosso, quasi allegretto, G-Dur, ³/₂-Takt) bringt zuerst ein lyrisch-poesievolles Intermezzo, dessen schlichtes, liedhaftes Thema dann im weiteren variiert wird.

Im *Finale* (Allegro molto, Es-Dur, ²/₄-, ³/₂-Takt) baut Sibelius gewaltige Steigerungen majestätisch-heroischer Art auf, denen ein hymnisches Thema der Hörner

und ein Holzbläsergedanke (mit Violoncelli)

zugrunde liegen. Wie in früheren Sinfonien hat Sibelius auch hier diese Themen bereits in den vorhergehenden Sätzen keimhaft angedeutet, um sie nun im Finale voll auszubilden und in ihrer Bedeutung zu profilieren. Diese musikalische Arbeitsweise des Sinfonikers hat etwas zu tun mit dem »Schmieden an der ethischen Linie«, über das er als Arbeitsprinzip selbst geschrieben hat.

6. Sinfonie d-Moll op. 104

> Besetzung: 2 Flöten, 2 Oboen, 2 Klarinetten, Baßklarinette, 2 Fagotte, 4 Hörner, 2 Trompeten, 3 Posaunen, Pauken, Harfe, Streicher
> Aufführungsdauer: 28 Minuten

Dieses 1922/23 entstandene und am 19. Februar 1923 in Helsinki unter Leitung des Komponisten uraufgeführte Werk spiegelt in seiner ästhetisch reizvollen Art, kunstvollen Ausarbeitung und seinen lyrischen Schönheiten wichtige Züge des späten Schaffensstiles wider. Hier wird – nicht ohne Wehmut aus Einsicht in die Unwiederbringlichkeit vergangener Ideale – eine Welt menschlichen Fühlens, tiefer Naturliebe gestaltet, die nicht mehr unmittelbares Einwirken auf die Kämpfe und Widersprüche der Gegenwart einschließt. Dieser Gegenwart mit den erbitterten Klassenauseinandersetzungen auch in Finnland, die nach der russischen Februarrevolution von 1905 sich ständig zuspitzten, die 1918 zur vorübergehenden Eroberung der Macht durch das Proletariat führten, der dann die Reaktion mit deutscher Hilfe ein blutiges Ende setzte, war mit der Haltung des Patriotismus der frühen Werke Sibelius' nicht mehr beizukommen. Der Komponist spürte dies wohl. So konsequent er, der gefeierte Nationalheros seines Landes, sich aber jedem reaktionären Mißbrauch seiner Person widersetzte, so wenig verstand er die tieferen Hintergründe der historischen Entwicklung in seiner Heimat. Er verzichtete aber nicht – ähnlich wie Brahms in Deutschland und Österreich – auf die Forderung nach Humanität in Kunst und Leben, und diesen Anspruch erhielt er bei zunehmender Einsicht in die Unmöglichkeit einer praktischen Verwirklichung in der imperialistischen Bürgerwelt resignierend aufrecht.

So spiegelt sich im *ersten Satz* (Allegro molto moderato, $^2/_2$-Takt) in den sanft verwobenen Linien der Violinen und Bratschen sowie im Motivspiel der Holzbläser ein Bild zarter Schönheit. Charakteristisch für diesen wie die anderen Sätze der Sinfonie ist das Einbeziehen kirchentonartlicher, vor allem dorischer Wendungen. In der Coda des ersten Satzes deuten Rufe der Hörner (allargando) und dunkle Klänge der Streicher auf die Gefährdung jener idealen Schönheit, die sich zuvor in der Musik spiegelte.

Als *langsamer Satz* folgt ein Allegretto moderato ($^3/_4$-Takt). Nach harmonisch reizvoller Einleitung mit synkopiertem Einsatz von Flöten und Fagotten erklingt ein melancholisches Thema, das phantasievoll abgewandelt und verarbeitet, neu beleuchtet wird.

Das *Scherzo* hat Rondoform (Poco vivace, $^6/_8$-Takt). Energische Vitalität und Verhaltenheit wechseln im Spiel der Streicher- und Holzbläsergruppen. Der trochäische Rhythmus durchzieht das ganze Stück. (Notenbeispiel S. 340 oben)

Als Rondo ist auch das *Finale* (Allegro molto, $^6/_8$-Takt) angelegt. Ein heiterer, kantabler und ein energisch-derber Themenkomplex stehen sich gegenüber. Kunstvoll wird das Material verarbeitet und führt zu gelöst verklingendem Abgesang.

7. Sinfonie C-Dur op. 105

Besetzung: 2 Flöten, 2 Oboen, 2 Klarinetten, 2 Fagotte, 4 Hörner, 3 Trompeten, 3 Posaunen, Pauken, Streicher
Aufführungsdauer: 22 Minuten

Diese seine letzte, 1924 vollendete und am 24. März 1924 in Stockholm uraufgeführte Sinfonie sollte ursprünglich den Titel »Fantasia sinfonica« tragen. Als Konzeption notierte der Komponist: »Siebente Sinfonie – Lebensfreude und Lebenskraft mit appassionato-Zutaten. Drei Sätze – der letzte als hellenisches Rondo.« Am Ende aber wurde das Ganze ein einsätziges Werk, dessen Teile freilich deutlich die ursprüngliche mehrsätzige Konzeption durchschimmern lassen. Am Anfang und Ende stehen langsame Abschnitte. Sie umrahmen einen mäßig raschen Abschnitt und einen Scherzoteil. Als wichtigstes Thema erscheint eine Posaunenmelodie,

die am Ende der einzelnen Teile immer wieder gliedernd aufklingt, den Grundcharakter von »Freude und Lebenskraft« bestätigend. Überhaupt wird die Gesamtanlage durch engste motivische Verzahnung der einzelnen Abschnitte bestimmt. So bringen Flöten und Klarinetten zu Beginn eine Art Seufzermotiv, das in veränderter Form am Ende der Sinfonie wieder auftaucht. Die Konsequenz der gesamten thematisch-motivischen Arbeit steht in diesem vorwiegend lyrischen, im Gestus der 6. Sinfonie verwandten Werk im Dienste einer klaren Aussage. Der ans Ende gestellte C-Dur-Dreiklang im Fortissimo bestätigt gleichsam ein letztes Mal im sinfonischen Genre den unerschütterlichen Glauben des Komponisten an Schönheit und Erfülltheit menschlichen Seins.

Sinfonische Dichtungen

In diesen Werken, die bis heute vor allem Sibelius' Schaffen in den internationalen Konzertsälen repräsentieren, hat man allzuoft Programmusik literarisierender, außermusikalische Sachverhalte malender Art gesehen. (Daher rührt vor allem auch die Fehleinschätzung des Komponisten als »Spätromantiker«.) Wenn auch die Kenntnis des »Kalevala« für das Verstehen der Kompositionen, zu denen Sibelius durch das finnländische Nationalepos angeregt wurde, förderlich ist, so hat der Komponist doch mehrfach betont, daß seine Musik für sich sprechen solle. Ihr ganz eigenartiges Idiom, das aus der Verbindung zur heimatlichen Ideenwelt und aus der Widerspiegelung heimatlichen Naturerlebens resultiert, ist bewußter Ausdruck der bürgerlich-demokratischen, patriotischen Haltung ihres Schöpfers.

»En Saga« op. 9

> Besetzung: 2 Flöten, 2 Oboen, 2 Klarinetten, 2 Fagotte, 4 Hörner, 3 Trompeten, 3 Posaunen, Tuba, Pauken, Schlagzeug, Streicher
> Aufführungsdauer: 23 Minuten

Mit diesem am 16. Februar 1893 in Helsinki uraufgeführten sinfonischen Poem (es wurde 1892 komponiert, 1901 umgearbeitet) hat Sibelius auch im Ausland den ersten großen Erfolg gehabt. Die Beschäftigung mit der finnischen Sagenwelt, mit dem »Kalevala« wirkt sich hier ohne jeden direkten literarischen Bezug auf die Haltung der Musik aus. »En Saga« (»Eine Sage«) ist nach der treffenden Charakterisierung von Sigurd Frosterus »ein strahlendes Orchesterabenteuer ohne programmatische Unterlagen, ein Rittergedicht voll klingendem Spott, mit einander beißenden Rhythmen und Moti-

ven, ein funkelndes Feuerwerk, bei dem es Sibelius Spaß gemacht
hat,. ganz frei und unbekümmert zu malen«. Freilich steht diese
Freiheit unter dem Gesetz eines klaren Formwillens. Das Ganze
ist als Sonatensatz angelegt. Die Exposition bringt drei Themen.
Das zweite und dritte vor allem sind Gegenstand der ausgedehnten Durchführung. Die Reprise hat im Vergleich zur Exposition
wesentlich veränderten Charakter. So wird das erste Thema (Moderato assai in der Exposition) in energischem Allegro molto vorgetragen. Überhaupt folgt Sibelius hier bereits seinem immer wieder zu beobachtenden Prinzip, Themen nicht einfach vorzustellen
und dann zu variieren, sondern sie zunächst nur in Umrissen anzudeuten und später mehr und mehr auszuarbeiten, auszuformen.

»Der Schwan von Tuonela« op. 22 Nr. 2

Besetzung: Solo-Englischhorn; Oboe, Baßklarinette, 2 Fagotte, 4 Hörner, 3 Posaunen, Pauken, Große Trommel, Harfe,
Streicher
Aufführungsdauer: 10 Minuten

Die 1893 entstandene Tondichtung war zunächst als Vorspiel zur
nicht beendeten Oper »Der Bootsbau« nach einem Stoff aus »Kalevala« gedacht. 1895 übernahm Sibelius dieses lyrisch so ausdrucksreiche Werk in überarbeiteter Fassung in den Zyklus seiner »Lemminkäinen-Legenden« (denen er bei einer nochmaligen späteren
Überarbeitung die hier zugrunde gelegte Reihenfolge gab). An erster Stelle des Zyklus steht »Lemminkäinen und die Jungfrauen auf
Saari«; in diesem Stück wird das übermütige Treiben des liebesfrohen jungen Sagenhelden charakterisiert. An zweiter Stelle folgt
»Der Schwan von Tuonela« – bis heute das populärste Stück des
Zyklus. Sibelius hatte die Partitur mit einem die Aussageabsicht
erklärenden Hinweis (der später wieder gestrichen wurde) versehen: »Tuonela, das Reich des Todes – die Hölle der finnischen
Mythologie –, ist von einem breiten Flusse mit schwarzem Wasser
und reißendem Lauf umgeben, auf dem der Schwan von Tuonela
majestätisch und singend dahinzieht.« Eindrucksvoll erfaßt Sibelius in dieser Tondichtung den melancholischen Zauber weniger des
Totenreiches als seiner Heimat, des Landes der Wälder und Seen.
Über geheimnisvoll wogenden und kreisenden Klangschleiern der
Streicher klingt die schwermütige Weise des im ganzen Stück solistisch hervortretenden Englischhorns:

Im dritten Teil des Zyklus, »Lemminkäinen in Tuonela«, sind die Abenteuer Lemminkäinens, die er vollbringt, um Pohjola, die Tochter des Nordens, zu gewinnen, Gegenstand der musikalischen Gestaltung. Und im vierten Teil, »Lemminkäinen zieht heimwärts«, erreicht der von Kampf und Gefahren ermattete Held die Heimat. Freudig begrüßt er die erinnerungsreichen Stätten seiner Kindheit.

»Finlandia« op. 26

> Besetzung: 2 Flöten, 2 Oboen, 2 Klarinetten, 2 Fagotte, 2 Hörner, 3 Trompeten, 3 Posaunen, Tuba, Pauken, Schlagzeug, Streicher
> Aufführungsdauer: 9 Minuten

Diese 1899 komponierte (1900 überarbeitete) Tondichtung gibt am lapidarsten Zeugnis von der freiheitlich-patriotischen Haltung ihres Schöpfers. Anfang November 1899 uraufgeführt, wurde sie nicht zufällig von der zaristischen Diktatur unterdrückt. Auch ist es kein Zufall, daß in diesem Stück spezifisch finnisch-folkloristisches Material gar keine Rolle spielt, sondern ein Zeichen dafür, daß der demokratische Patriotismus von Sibelius nichts mit Nationalismus zu tun hat. Unterdrückung, Kampf und die Vision des endlich errungenen Sieges wurden so gestaltet, daß – nach einer Formulierung des Sibelius-Biographen Erik Tawaststjerna – »alle Völker und alle Menschen sie auf ihre Lage beziehen« können. »Acht Jahre zuvor, in Wien, hatte Beethovens ›Egmont‹-Musik Sibelius enthusiasmiert. Nun schuf er ein Werk, das in seiner Freiheits-Symbolik eine Entsprechung zu Beethovens Ouvertüre bildete.«

Ein wuchtiges Sekundmotiv, im einleitenden Andante sostenuto (alla breve) von den Blechbläsern vorgetragen, steckt voller aufgestauter Energie, die sich im Hauptteil (Allegro moderato) immer unwiderstehlicher entlädt, ergänzt von einem ebenfalls kraftvoll anschwellenden hymnischen Gesang. Sibelius: »Wir haben 600 Jahre lang für unsere Freiheit gekämpft, und ich durfte der Generation angehören, die sie errungen hat. Freiheit! Meine ›Finlandia‹ erzählt davon, sie war unser Kampflied, das zur Siegeshymne wurde.« Ursprünglich gehörte das Stück als letztes zu einer Reihe von »Tableaux vivants«, von gestellten Bildern mit vorzulesenden Texten und begleitender Musik, die anläßlich einer Demonstration zugunsten der vom Zarismus unterdrückten patriotischen finnischen Presse vorgeführt wurden.

»Tapiola« op. 112

Besetzung: 3 Flöten (3. auch Pikkolo), 2 Oboen, Englischhorn, 2 Klarinetten, Baßklarinette, 2 Fagotte, Kontrafagott, 4 Hörner, 3 Trompeten, 3 Posaunen, Pauken, Streicher
Aufführungsdauer: 19 Minuten

Diese Sinfonische Dichtung ist das letzte größere Werk des Komponisten. Es entstand im Auftrag der New York Symphony Society, die es am 26. Dezember 1926 unter Walter Damrosch zur Uraufführung brachte. Auf Wunsch seines Verlegers hat Sibelius dem Werk selbstverfaßte Verse vorangestellt, die auf das Anliegen der Musik deuten wollen:

> Da dehnen sich des Nordlands düstre Wälder,
> Uralt – geheimnisvoll in wilden Träumen;
> In ihnen wohnt der Wälder großer Gott,
> Waldgeister weben heimlich in dem Dunkel.

Der Gott der Wälder ist Tapio, Tapiola seine Wohnstätte. Sibelius hat nun in seiner Tondichtung dies alles nicht illustrierend gemalt, sondern gleichsam die Stimmung, das Wesen der Wälder Finnlands auf rein musikalische Weise äußerst konzentriert gestaltet. Wie in der 7. Sinfonie zeigt sich der Komponist auch hier im Hinblick auf die thematische Arbeit und die Orchesterbehandlung auf dem Höhepunkt seiner Meisterschaft. Das am Beginn der Tondichtung stehende, von den Streichern unisono vorgetragene Thema

enthält die vier Töne im Rahmen einer Quarte, die Kernmotiv des ganzen Werkes sind. So ziemlich jede spätere melodische Wendung geht unmittelbar oder mittelbar aus dieser Keimzelle hervor.

Die Wandlungen und Verwandlungen des thematischen Kerns und ihren inhaltlichen Sinn hat Ernest Newman zutreffend so beschrieben: »So wie der Wald in sich selber ruht und in sich selber vollkommen ist, ruht auch das Keimthema von ›Tapiola‹ völlig in sich selbst; wohl nimmt es mannigfaltige und verschiedene Formen an, doch bewahrt es stets seinen ursprünglichen Charakter.« Diese ständigen Wandlungen führen schließlich über ein mächtiges Streichercrescendo zu majestätischem Klangausbruch des ganzen Orchesters, ehe nach stürmischem Passagenwerk der Holzbläser und Streicher der ruhevolle Abschluß des Werkes erreicht wird.

Violinkonzert d-Moll op. 47

Besetzung: Solo-Violine; 2 Flöten, 2 Oboen, 2 Klarinetten, 2 Fagotte, 4 Hörner, 2 Trompeten, 3 Posaunen, Pauken, Streicher

Aufführungsdauer: 30 Minuten

Das Konzert, das bis heute zu den Standardwerken der Gattung zählt, entstand zwischen der 2. und 3. Sinfonie. 1903 vollendet und am 8. Februar 1904 uraufgeführt, kam es 1905 in endgültiger Fassung mit dem tschechischen Geiger Karel Halíř in einem Konzert der Berliner Hofkapelle unter Richard Strauss zur ersten Aufführung. Der besondere Vorzug des Werkes: Sibelius verstand es meisterlich, hohen geigerischen Anspruch, das Nutzen aller melodischen Ausdrucksfülle der Violine, souveränes Aufeinanderbeziehen von Solo- und Orchesterpart mit der unverwechselbaren Spezifik seiner persönlichen Tonsprache zu einer ganz eigenen Gesamtheit zu verbinden. Als großes Vorbild ist vor allem das Violinkonzert von Brahms spürbar, das natürlich aber in keinem Takt nachgeahmt wird.

Im *ersten Satz* (Allegro moderato, ²/₂-Takt) setzt die Solo-Violine über geheimnisvollen, monotonen Achteln der sordinierten Geigen mit ausdrucksvollem Melos ein:

Aus dem Kopfmotiv dieses Themas werden immer neue Verläufe
gebildet. Nach energischer Kadenz klingt das lyrisch blühende Seitenthema auf. Schließlich führt das Orchester in einem energischen
Zwischenspiel (Allegro molto) noch einen dritten Gedanken ein.
Die Entwicklung dieses Themenmaterials erreicht Ausdrucksbereiche heroischer Kraft, energischen Selbstbewußtseins.
Einen Satz verhaltener, schönster musikalischer Lyrik, für die schon
das Hauptthema charakteristisch ist,

hat Sibelius mit dem folgenden *Adagio di molto* (B-Dur, $^4/_4$-Takt)
geschaffen; er wird von Klarinetten und Oboen durch ruhevolle
Terzenmelodik eröffnet und mit sanft verklingenden B-Dur-Drei-
klängen beschlossen.
Im *Finale* (Allegro, ma non tanto, D-Dur, $^3/_4$-Takt) verbinden
sich tänzerischer Schwung und virtuose Brillanz zu musikalischen
Bildern von mitreißend lebensfroher Kraft.   HJS

Alexander Skrjabin 1872—1915

Alexander Nikolajewitsch Skrjabin, der Sohn eines russischen Di-
plomaten und einer bekannten Pianistin, wurde am 25. Dezember
1871 (6. Januar 1872) in Moskau geboren. Seine Tante L. A. Skrja-
bina ersetzte dem Knaben die Mutter, die bald nach seiner Geburt
gestorben war, und erzog ihn mit betonter Behutsamkeit. Über-
durchschnittliche geistige und spezielle künstlerische Begabung sowie eine fast krankhaft gesteigerte Sensibilität kennzeichnen die
Entwicklung Skrjabins. Neben der von der Familientradition dik-
tierten Kadettenausbildung bereitete er sich gründlich auf das Studium am Moskauer Konservatorium vor. Hier war er Schüler des
Klavierpädagogen W. I. Safonow; zum Abschluß des Klavierstu-

diums erhielt er die Goldmedaille zugesprochen (1892). Seine Kompositionslehrer waren Sergei Tanejew, der einstige Meisterschüler Tschaikowskis, und Anton Arenski.
Der junge Pianist wurde von dem Verleger und Mäzen Mitrofan Beljajew auf eine ausgedehnte und erfolgreiche Europatournee geschickt, die überaus günstig verlief. Aber dann verlor Skrjabin im pianistischen Wettstreit mit I. Lewin durch unkontrolliertes Üben die Spielfähigkeit der rechten Hand. Die Ärzte gaben keine Hoffnung auf Besserung. Doch Skrjabin kapitulierte nicht. Er wendete sich zwar stärker der Komposition zu, sah in ihr die Möglichkeit, seine ästhetischen und weltanschaulichen Vorstellungen zu gestalten, arbeitete aber zugleich hart, jedoch klug dosiert an der Wiederherstellung seiner pianistischen Leistungsfähigkeit. Er konnte ab 1895 wieder auftreten, mußte sich freilich jetzt mehr auf das virtuose Können seiner linken Hand verlassen.
Diesen Sieg seines Willens wollte Skrjabin allen Menschen verkünden – nicht nur durch sein Spiel. Er durchbrach komponierend den engen Rahmen der Ausdrucksmöglichkeiten des Klaviers, strebte nach sinfonischer Verallgemeinerung. Dabei genügten ihm herkömmliche Möglichkeiten nicht. Neben Orchester, Chor und Soloinstrumenten bezog er Farben und Bewegung in seine Vorstellungen ein. Er durchbrach die funktionelle Ordnung des Tonmaterials Schritt um Schritt zugunsten eines neuen, reizvollen und symbolkräftigen harmonischen Systems: Die Stelle tonaler Funktionen übernahmen jetzt wechselnde Klangzentren und ihre Transpositionen. In den von ihm selbst gefundenen Grenzen wollte Skrjabin die schöpferische Freiheit des menschlichen Geistes gestalten. Schließlich identifizierte er sich als Komponist mit dem antiken Prometheus. Wie dieser wollte er, sich aufopfernd, den Menschen Wissen und Erkenntnis ihrer selbst vermitteln, ihnen damit die Macht zur eigenen Gestaltung des »Schicksals« geben. Mit seiner Musik wollte er »beflügeln« (dies ist ihm gleichbedeutend mit »Ekstase«), »das allgemeine Glück der Menschen« schaffen helfen.
Freilich muß man berücksichtigen, daß Skrjabins Weltbild von den Widersprüchen im zaristischen Rußland vor und zwischen den Revolutionen beeinflußt war. Dies betraf seine Vorstellungen vom »Mysterium«, einem nicht realisierten Großwerk, und es wird deutlich in der Tatsache, daß bei Skrjabin okkultes, reaktionäres Gedankengut neben flammender Begeisterung für das gesellschaftlich Neue stand. Der Komponist empfand und litt mit seinem Volk, er ersehnte die Revolution und die durch sie ermöglichte Befreiung

der menschlichen Persönlichkeit von Unterdrückung und Entwürdigung. Er ahnte den Sieg des Sozialismus und verstand es in eindrucksvoller Weise, die Gewitterstimmung jener Zeit in Tönen auszudrücken. Seine Musik kann als Pendant zu Gorkis »Sturmvogel«, als Ahnung nahender Erschütterungen empfunden werden.
1898 nahm Skrjabin aus ökonomischen Gründen eine Professur für Klavier am Moskauer Konservatorium an, aber bald widmete er sich wieder ganz der schönpferischen Arbeit. 1904 ging er vorübergehend ins Ausland. In Genf wurde er mit Georgi Plechanow, dem bedeutenden russischen Theoretiker des Marxismus, bekannt. Erfolgreiche Konzerte in Nordamerika, in Paris und Brüssel folgten. Die sechs Auslandsjahre waren für den Komponisten sehr ergiebig: Er befreite sich mehr und mehr von seinen Vorbildern Liszt und Chopin. Die großen sinfonischen Schöpfungen entstanden. Die letzte und anspruchsvollste, »Prometheus. Poem des Feuers«, wurde allerdings erst nach der Rückkehr in die Heimat vollendet. Skrjabin verließ Rußland nun nur noch zu gelegentlichen Konzertreisen (in die Schweiz, nach Holland und England). Im wesentlichen beschäftigte er sich mit der Konzeption seines »Mysteriums«, einem monumentalen Gesamtkunstwerk, das die Evolution der Menschheit darstellen sollte. Mitten aus diesen weitgespannten, zum Teil irrealen Plänen riß den Dreiundvierzigjährigen der Tod. Er starb am 27. April 1915 in Moskau an den Folgen einer Blutvergiftung. Sein früher Tod beendete plötzlich die interessante Entwicklung vor allem seines Orchesterschaffens; es ist anzunehmen, daß manche erstaunliche Neuerung der letzten Klaviersonaten auch die Skrjabinsche Sinfonik um wesentliche neue Züge bereichert hätte.

1. Sinfonie E-Dur op. 26 (1900); 2. Sinfonie c-Moll op. 29 (1902); 3. Sinfonie op. 43 »Le divin poème« (1904). – Sinfonische Dichtung d-Moll (1899); »Rêverie« e-Moll op. 24 (1898); »Poème de l'extase« op. 54 (1907); »Prométhée. Le poème du feu« op. 60 (1910). – Klavierkonzert fis-Moll op. 20 (1897).

3. Sinfonie op. 43 »Le divin poème«

Besetzung: Pikkoloflöte, 3 Flöten, 3 Oboen, Englischhorn, 3 Klarinetten, Baßklarinette, 3 Fagotte, Kontrafagott, 8 Hörner, 5 Trompeten, 3 Posaunen, Tuba, Pauken, Tamtam, Glockenspiel, 2 Harfen, Streicher
Aufführungsdauer: 38 Minuten

Die noch 1902 in Moskau begonnenen Skizzen zum »Göttlichen Poem« nahm der Komponist mit in die Schweiz. Skrjabin zeigte hier lebhaftes Interesse für das politische Geschehen in seiner Heimat: In Genf schloß er sich revolutionären Kreisen an und lernte bei Plechanow marxistisches Gedankengut kennen. So erscheint es folgerichtig, daß gerade seine 3. Sinfonie von der russischen Jugend jener Zeit als »Hymne an das revolutionäre Element« verstanden wurde. Darum ist auch ein vom Komponisten vorgelegtes psychologisierendes Programm weitgehend symbolisch zu verstehen. Kampf, Heroismus und Lebensbejahung bestimmen den Charakter des Werkes. Ein musikalisches Motto zieht sich als Leitmotiv durch alle Sätze; es ist auch der Sinfonie vorangestellt (Lento). Energie und Wille zur Selbstbehauptung charakterisieren es.

Im *ersten Satz* (»Luttes«; c-Moll) toben die »Kämpfe« zwischen zwei Kontrastthemen, die, wie üblich, in der Exposition des Sonatensatzes vorgestellt werden. Nun kehrt, wie nach jedem Satzabschnitt, das leitmotivische Motto wieder. Neben regulärer Durchführung und Reprise fällt eine weitere Durchführung auf, die die beiden Themen auf neue Weise gegeneinanderstellt. Auf das Bauprinzip dieses Satzes (erweiterte Sonatensatzform mit alternierender Leitgruppe und zweiter Durchführung) greift Skrjabin später gern zurück. Schon innerhalb des ersten Satzes findet der dramaturgische Umschlag in lichte, vorwärtsdrängende Siegesstimmung statt, und zwar bereits in der ersten Durchführung.

Ein Motiv aus der rasch wechselnden Stimmungswelt der beiden Durchführungen bestimmt dann den gesamten *Mittelsatz* (»Voluptés«; Lento, E-Dur, $^3/_4$-Takt).

2. Satz

Aus pantheistischer Naturauffassung entwirft Skrjabin hier eine ungetrübte, heitere Welt der Sinnenfreuden (»Voluptés« – »Genüsse«): Waldesstimmung, Liebesschmachten, Hirtenflöte – in der locker gefügten Liedform präsentieren sich reich nuancierte, üppige Klangillustrationen.

Im *dritten Satz* (»Jeu divin« – »Göttliches Spiel«; Allegro, C-Dur, ⁴/₄-Takt) feiert das aus den »Kämpfen« siegreich hervorgegangene, aus passivem »Genießen« zu schöpferischem Handeln befreite »Ich« den ungestümen Triumph gottgleichen, souveränen Handelns. Diese Haltung spiegelt sich bereits im ersten Thema.

Nichts kann diesem Schwung widerstehen; selbst das passiv-betrachtende, sinnlich träge Thema des Mittelsatzes wird von dem Taumel angesteckt und erscheint in der Coda voll prometheisch-göttlicher, gebieterischer Klangfülle (Spielanweisung: »divine«).
Alle Sätze schließen attacca einander an. Hierin stellt die 3. Sinfonie bereits den Übergang zu den folgenden einsätzigen Poemen dar. Sie wurde 1905 in Paris unter Arthur Nikisch uraufgeführt, der bereits die 2. Sinfonie Skrjabins dem Pariser Publikum vorgestellt hatte.

»Poème de l'extase« op. 54

Besetzung: Pikkoloflöte, 3 Flöten, 3 Oboen, Englischhorn, 3 Klarinetten, Baßklarinette, 3 Fagotte, Kontrafagott, 8 Hörner, 5 Trompeten, 3 Posaunen, Tuba, Pauken, Schlagzeug, Glocke, Glockenspiel, Celesta, Harfe, Orgel, Streicher
Aufführungsdauer: 24 Minuten

Als Skrjabin 1905 in Genf mit der Komposition dieses Werkes begann, erreichte ihn die Nachricht von den revolutionären Ereignissen in Rußland. Fieberhaft verfolgte er die Presseberichte und machte seiner Freude Luft: »Endlich wird auch bei uns das Leben erwachen.« Unter diesem Eindruck wollte er den heroischen Tatendrang, den »élan terrible« der revolutionären Ereignisse in Töne zwingen. Sein neues Werk sollte der nationalen Befreiung gewidmet sein. Er erwog, ihm die Worte eines Revolutionsliedes voranzustellen. In seinem Vokabular heißt Tatendrang »Ekstase« – nicht im Sinne tranceähnlicher Entrückung, sondern im Sinne hellwacher, elastischer Aktivität. Handlungsbereitschaft bedeutet so auch Schaffensrausch.

Das neue, einsätzige Werk heißt nun nicht mehr Sinfonie. Zu eng sind die Beziehungen der musikalischen Bausteine, zu vielfältig die thematischen Gedanken. Auch die Orchestersprache wird beträchtlich erweitert: Ein Höchstmaß differenzierter Klangfärbung wird erreicht. Etwa parallel mit der Komposition hat Skrjabin eine sprachlich schöne Textdichtung unter gleichem Titel verfaßt, die der Dramaturgie des musikalischen Poèmes frei folgt und authentische Hinweise auf dessen Inhalt geben kann.

Deutlich wird, daß der Komponist die »göttliche Kraft des freien Willens« in seiner Selbstverwirklichung durch die aktive Tat und die Entwicklung bis zu diesem Ziele darstellen wollte. Dieser Grundkonzeption folgend, eröffnet eine passive Haltung das Werk, bestimmt vom »Thema der Sehnsucht«, wie es Skrjabin selbst nannte.

Auf der gleichen Ebene liegen das »Traum-Thema«

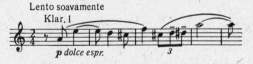

sowie das »Thema der entstandenen Geschöpfe«,

das Assoziationen zur Prometheus-Thematik hervorruft: liebevoll schwingt sich die Solo-Violine herab.

Eine gestalterische Neuerung stellen rhythmische Motive dar, die Skrjabin als federnden Bewegungshintergrund und als vibrierenden Klangteppich einsetzt. Eine solche Funktion hat beispielsweise das »Thema der Unruhe«.

Entscheidend für den inhaltlichen Verlauf des Werkes sind aber die aktiven Themen, das »Thema des Willens«,

das »Thema des Protestes«

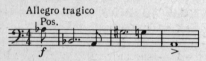

und das »Thema der Selbstbehauptung«.

Bemerkenswert sind die Kürze und Prägnanz der musikalischen Gestalten, die weniger an Themen klassischer Prägung erinnern als vielmehr als aphoristische Motive wirken. Alle sieben Themen werden in der 110 Takte umfassenden Exposition vorgestellt (das ganze Werk hat 605 Takte). Im weiteren Verlauf steht folgerichtig nicht die Auseinandersetzung zweier Kontrastgedanken im Zentrum, sondern die fortwährend wechselnde Kombination mehrerer

(bis zu sechs) Themen gleichzeitig. Dabei setzen sich die aktiven
Themen immer mehr durch und nehmen auch die passiven Stimmungen in ihre Entschlossenheit mit auf. In den letzten 30 Takten
baut Skrjabin eine gewaltige Steigerung auf: unentwegt dröhnt der
Orgelpunkt auf c, auf polyrhythmischem Klanggrund steigt im Fortissimo, vorgetragen von 8 Hörnern und der 1. Trompete, das
»Thema der Selbstbehauptung« siegreich auf.
Formal liegt auch hier das Sonatensatzschema mit zweiter Durchführung zugrunde. Der musikalische Ablauf schafft freilich seine
eigene Dramaturgie: ein gigantisches Crescendo.
Das »Poem der Ekstase« wurde 1907 vollendet und 1908 unter Modest Altschuler in New York uraufgeführt. Die europäische Premiere folgte 1909 unter W. I. Safonow in Moskau.

»Prométhée. Le poème du feu« op. 60

> Besetzung: Pikkoloflöte, 3 Flöten, 3 Oboen, Englischhorn,
> 3 Klarinetten, Baßklarinette, 3 Fagotte, Kontrafagott, 8 Hörner, 5 Trompeten, 3 Posaunen, Tuba, Pauken, Schlagzeug,
> Glocken, Glockenspiel, Celesta, 2 Harfen, Orgel, Klavier,
> Farbenklavier, Streicher. – Vierstimmig gemischter Chor
> Aufführungsdauer: 25 Minuten

Der in früheren Werken bereits kolossale instrumentale Aufwand
wird hier noch überboten. Den Orchesterapparat ergänzt ein Vokalisenchor. Zwei Besonderheiten kennzeichnen dieses Spätwerk: Einmal gelangte hier des Komponisten neuartige Harmoniesprache
zur Vollendung. Als Akkorde fungieren nicht mehr Terz-, sondern
alle Arten von Quartklängen. An die Funktionalität erinnern nur
mehr »Tonika-Strecken« (als Klangzentren) und »Quasi-Dominant-Strecken« (die nicht zum Klangzentrum gehören). Melodisch wie
harmonisch wird der Tritonus bevorzugt. Chromatische Alterationen, unerwartete »Auflösungen«, blitzschneller Harmoniewechsel
prägen die äußerst angespannte, intensive Klangsprache. Zum andern sieht die Partitur des »Prometheus« als Neuerung und Manifestation der ungewöhnlichen synästhetischen Vorstellungen des
Autors den Einsatz eines »Farbenklaviers« vor. Er hatte außerdem noch die Einbeziehung der Duftkomponente geplant. Skrjabin
verfügte, wie übrigens auch Rimski-Korsakow, über die seltene
Gabe des Farbenhörens. Unwillkürlich ordnete er bestimmten Harmonien bestimmte Farben zu. Das verführte ihn zu der Annahme,

diese subjektiv bedingte Assoziationsfähigkeit müsse in gleicher Zuordnung und Intensität für alle Menschen zutreffen. Es hat sich aber gezeigt, daß sowohl die Musik zum »Poem des Feuers« ohne die Farbpartitur auskommt als auch die Subjektivität der von Skrjabin gewählten Klang-Farben-Tabelle der sensuell-anregenden Aufnahme durch ein beliebiges Publikum nicht im Wege steht. (Skrjabin hat die »Licht-Stimme« auf dem obersten System seiner Partitur fast durchgängig zweistimmig notiert; die Oberstimme gibt konsequent die Grundtöne der wechselnden Klangzentren, jener neuen Art des Harmoniefundamentes, wieder. Die Unterstimme durchläuft einmal die gesamte Farbskala.)

Dem einsätzigen Werk, welches das Gerüst der Sonatensatzform noch freizügiger handhabt als das »Poem der Ekstase«, liegt eine imposante Konzeption zugrunde. Sieht man von der Verbrämung durch theosophisches Vokabular ab, so bleibt als Hauptinhalt die Vergegenständlichung menschlicher Schöpferkraft, die sich aus dem indifferenten »Urnebel« lähmender Gleichgültigkeit (Lento; Brumeux, $^3/_4$-Takt) heraus entwickelt. Das Aufkeimen eines Wunsches,

das Entstehen einer Individualität (symbolisiert durch das Klavier),

die Beziehung zwischen ihrer schöpferischen Aktivität und der der Gemeinschaft (symbolisiert durch das Orchester) bis zu allgemein aufflammender Begeisterung – ausgehend von einem erst in der Durchführung einsetzenden »Willensthema«

werden plastisch vorgeführt.

Der Gedanke des Triumphes von Willen und Aktivität krönt auf dem polyrhythmisch verwobenen, schillernden Klanggrund des vollen Orchesters (einschließlich Chor und Farbe) im fff aller Trompeten die Coda des erstaunlichen Werkes und damit Skrjabins Orchesterschaffen – als Sinnbild des prometheischen Feuers.
Ohne Farbenklavier wurde das »Poème du feu« 1911 in Moskau unter Sergei Kussewizki uraufgeführt. Eine Aufführung mit Farbenklavier folgte 1915 unter Altschuler in New York. CR

Bedřich Smetana 1824—1884

Bedřich Smetana wurde am 2. März 1824 in Litomyšl geboren. Sein Vater František war Pächter einer Bierbrauerei, ein Mensch mit regen geistigen Interessen. Bedřichs Kindheit verlief glücklich. Schon früh kam der Knabe mit Musik in Berührung, meist bei Hausmusikabenden, an denen sein Vater im Quartett die erste Geige spielte. Bald beherrschte der feinfühlige, außergewöhnlich begabte Knabe selbst das Violin- und Klavierspiel. Seine Schulbildung erhielt er an den Gymnasien einiger tschechischer Städte. In Havlíčkův Brod lernte er Karel Havlíček-Borovský kennen, einen älteren Mitschüler, der später zu einer bedeutenden Gestalt der nationalen Wiedergeburt wurde und starken Einfluß auf den jungen Smetana ausübte. Havlíček war der erste, der nationales Empfinden in dem Jüngling weckte und ihm Wegweiser und imponierendes Vorbild wurde.
Das Verlangen, sich ausschließlich der Musik zu widmen, veranlaßte den achtzehnjährigen Smetana, nach Prag zu ziehen. Hier nahm er nach kurzer Zeit des Elends und der Entbehrungen eine Stelle als Hauslehrer in der Familie des Grafen Thun an, um sich auf diese Weise Geld für das Musikstudium zu verdienen. Bis dahin hatte er ohne die geringste musiktheoretische Ausbildung komponiert. Nun (1843) konnte er die Privatmusikschule des ausgezeichneten blinden Pianisten und Theoretikers Josef Proksch besuchen. Nach drei Jahren erreichte Smetana das ersehnte Ziel: Er machte sich zunächst als Pianist selbständig und eröffnete ein Jahr später eine eigene Privatmusikschule, die bald den Ruf der besten Musikschule Prags erlangte. Bereits geschätzt als ausgezeichneter Pianist, wurde er jetzt auch als Pädagoge bekannt.

Das Jahr 1848 wurde für Smetanas schöpferische Entwicklung richtunggebend. Die Welle der patriotischen Begeisterung, die ihn zu einigen Kompositionen angeregt hatte (Revolutionsmärsche, Massenlied, Festliche Ouvertüre), brachte seine erste Auseinandersetzung mit der nationalen Idee sowie – im »Freiheitslied« – mit der Hussitenthematik. Das Erlebnis der Revolution fand seinen Niederschlag auch im ersten größeren orchestralen Werk des Komponisten, in seiner *Festouvertüre*, die von ungewöhnlicher Durchschlagskraft ist und den künftigen Musikdramatiker ahnen läßt.
1853/54 entstand als direkter Widerhall der Zeitereignisse Smetanas einzige Sinfonie, die *Triumphsinfonie* (oder Festsinfonie). In jener unerträglich bedrückenden Zeit des absolutistischen Regiments des Ministers Bach sah die tschechische Öffentlichkeit mit großen Hoffnungen den Vorbereitungen zur Hochzeit des österreichischen Kaisers Franz Joseph entgegen. Man hatte geglaubt, der junge Herrscher würde sich von dem Einfluß des Hofes frei machen und die Nationalitätenfrage lösen. Auch Smetana hoffte, daß sich unter seiner Herrschaft eine Welle wahrer Demokratie und nationaler Freiheit ausbreiten würde. Deshalb huldigte er in seiner viersätzigen Sinfonie nicht nur der Kaiserhochzeit, sondern begrüßte vor allem den ersehnten Anbruch einer neuen Ära. Die Tschechen hatten sich jedoch in ihren Hoffnungen getäuscht; daher verlor auch die klar ausgeprägte Tendenz der Sinfonie, in der ein direktes Zitat der österreichischen Hymne vorkommt, bald ihre Aktualität. (Smetana wollte später nur das Scherzo gespielt haben, das durch seinen Charakter aus dem Rahmen des Werkes herausfällt.)
Nun stand Smetana, der mit dem tragischen g-Moll-Trio (1855 unter dem Eindruck des frühen Todes seiner ältesten, musikalisch sehr begabten Tochter entstanden) den Höhepunkt seiner künstlerischen Entwicklung erreicht hatte, an einem bedeutungsvollen Scheideweg. Prag erwies sich als der für seine künstlerischen Pläne am wenigsten günstige Platz. Die verschärfte politische Unterdrückung und das Unverständnis seinen Kompositionen gegenüber ließen es ihm fast unmöglich erscheinen, jene große Laufbahn anzutreten, die er anstrebte. Deshalb nahm er 1856 die Dirigentenstelle im Musikverein »Harmoniska Sällskapet« in Göteborg an. Hier wurde er nicht nur als Pianist und Musiklehrer, sondern auch als Dirigent und Komponist anerkannt. In Schweden gewann er aufrichtige Sympathien und einige Freunde fürs Leben.
Nach dreijähriger Tätigkeit im Ausland starb Smetanas geliebte Frau, Kateřina Kolářová. Er sehnte sich immer mehr nach der Hei-

mat. Brennend war er an allem interessiert, was dort vorging. Nachdem endlich der Oktobererlaß erschienen war, der dem tschechischen Volke größere Selbständigkeit versprach, eine gewisse Entspannung brachte und daher Smetana neue Perspektiven für eine Tätigkeit auf heimatlichem Boden eröffnete, kehrte er voller Begeisterung mit Plänen und Hoffnungen im Frühjahr 1861 in seine Heimat zurück. (1860 hatte er hier – während eines Sommeraufenthaltes – die zwanzigjährige Bettina Ferdinandi geheiratet.) Nach kurzer Zeit stand Smetana an der Spitze des tschechischen Musiklebens: er arbeitete als Chorleiter und Musikkritiker, beteiligte sich an der Gründung eines Künstlervereins und eröffnete schließlich mit F. Heller abermals eine Musikschule. Der Erfolg seiner ersten beiden Opern, »Die Brandenburger in Böhmen« und »Die verkaufte Braut« – beide 1866 unter seiner Leitung uraufgeführt –, war entscheidend für seine Berufung zum 1. Dirigenten am Prager »Interimstheater«. (Dieses Amt bekleidete Smetana acht Jahre lang, ab 1872 als künstlerischer Direktor.)
Die zielbewußte nationale Richtung, die Smetana als Komponist vertrat, seine neuen ästhetischen Ansichten und seine kritische Tätigkeit riefen starken Widerhall, aber auch heftige Kämpfe grundsätzlicher Art hervor, Kämpfe für und gegen ihn, die sich zunächst besonders an seiner dritten Oper, »Dalibor« (1868 uraufgeführt), entzündeten. Er erfuhr viel Unrecht und manche Kränkungen. Zudem traf ihn 1874 der schwerste Schicksalsschlag: er wurde taub. Doch seine Schöpferkraft erlahmte nicht, ganz im Gegenteil: Smetana komponierte jetzt den größten Teil seiner Meisterwerke. Den Rest seines Lebens verbrachte er bei seiner Tochter in Jabkenice (ab 1876). Er starb am 12. Mai 1884 in einer Anstalt für Geisteskranke in Prag.
Smetana gilt als Begründer, als »Vater« der tschechischen Musik. In der Periode der nationalen Wiedergeburt, in der er aufwuchs und wirkte, in jener Periode, die von Sehnsucht nach einer nationalen Musik erfüllt war, setzten sich die Künstler mit der grundsätzlichen Frage auseinander, wie, woraus und für wen diese Musik geschaffen werden sollte. An eine eigene Tradition direkt anzuknüpfen war nicht möglich. Viele proklamierten die Rückkehr zum Volkslied und dessen Übernahme und Nachahmung in der Kunstmusik. In diesem Bestreben, das sich als unproduktiv herausstellte, scheiterte in gewissem Maße auch der bedeutendste Komponist vor Smetana, František Škroup. Smetana ging seinen eigenen Entdeckerweg. Er schuf sich eigene Prinzipien und Gesetze seiner musika-

lischen Sprache. In der Jugend komponierte er auffallend wenig.
Er studierte jedoch um so gründlicher und setzte sich mit den neuesten Richtungen der Musik auseinander, bis er schließlich Werke komponierte, die ihrer Form nach die Richtung Liszts vertraten, bereits aber eine eigene musikalische Sprache besaßen.
Smetanas Werk erwuchs aus tiefer Kenntnis des gesamten nationalen Lebens, des tschechischen Charakters und vor allem der tschechischen Sprache. Es ist die Synthese aller Bestrebungen der nationalen Wiedergeburt und die Apotheose der schönsten Lebensäußerungen seines Volkes. Smetana gehörte mit Leib und Seele zur jungen, das Volk wachrüttelnden Generation des fortschrittlichen Bürgertums. Deshalb knüpft er in seinen Kompositionen an die musikalischen Formen seiner Zeit an, die in dieser Klasse lebendig und typisch für sie waren. Das war seit den dreißiger Jahren des vorigen Jahrhunderts vor allem die Polka. Dieser im jungen Bürgertum sehr beliebte Tanz wurde als Ausdruck des Optimismus und des frisch beschwingten Lebens auf allen Bällen und Feiern getanzt, die damals unter dem Anschein einer bloßen Unterhaltung eine stark patriotische, politische Breitenwirkung hatten. Die Polka durchdringt das ganze Werk Smetanas nicht nur als Tanz, sondern auch als Genre: sie erscheint überall dort, wo es Smetana um die Charakteristik des Volksvergnügens oder überhaupt der nationalen Atmosphäre geht. Und natürlich hören wir sie auch in seinem populärsten Werk, in seiner komischen Oper »Die verkaufte Braut«, die Smetanas Weltruhm begründete.
Eines der Grundelemente von Smetanas Stil ist neben der Fröhlichkeit die feierliche Monumentalität. Smetana schuf in der tschechischen Musik ein eigenes Genre des feierlichen Chorliedes und des feierlichen Marsches, dessen Charakter den hohen und kühnen Idealen seiner Zeit entsprach, in der das jahrhundertelang unterdrückte Volk erwachte und sich auf seine Befreiung vorbereitete. Dieser monumentale Charakter des Werkes Smetanas, dessen Höhepunkte die Oper »Libuša« und der Zyklus Sinfonischer Dichtungen »Mein Vaterland« sind, entspricht der Idee des Hussitentums, jener bedeutendsten Epoche der tschechischen Geschichte, auf deren Tradition sich die nationale Wiedergeburtsbewegung berief.
Smetanas schöpferische Entwicklung verlief in einer ungewöhnlich einheitlichen und ununterbrochenen Linie, allmählich, stetig höher strebend, ohne Experimente. Sein Ziel war ihm von Anfang an klar, nur Weg und Mittel waren nicht gleich selbstverständlich.

Smetana komponierte nicht, ehe er nicht vollkommen überzeugt war von der Richtigkeit der gewählten Ausdrucksmittel. So trägt sein Werk Merkmale tiefer Überlegung; es zeichnet sich vor allem durch hohen Ideengehalt aus. Keine Komposition finden wir bei ihm, die nicht ihren Sinn, nicht ihre besondere Sendung hätte, die nicht organisch wie ein Glied einer Kette ihren Platz im Lebenswerk des Komponisten einnimmt.

Triumphsinfonie E-Dur (1854). – Sinfonische Dichtungen: »Richard III.« op. 11 (1858); »Wallensteins Lager« op. 14 (1859); »Hakon Jarl« op. 16 (1861); »Mein Vaterland«. Zyklus der Sinfonischen Dichtungen »Vyšehrad« (1874), »Die Moldau« (1874), »Šárka« (1875), »Aus Böhmens Hain und Flur« (1875), »Tábor« (1878) und »Blaník« (1879). – Menuett B-Dur (1842); Galopp der Bajaderen C-Dur (1842); Festouvertüre D-Dur op. 4 (1849); Polka D-Dur (1849); Ouvertüren zu Puppenspielen für kleines Orchester: »Doktor Faust« (1862), «Oldřich und Božena« (1863); Marsch zur Shakespeare-Feier (1864); Festouvertüre C-Dur (1868); Musik zu lebenden Bildern: »Der Fischer« (1869; nach Goethe), »Libušes Urteilsspruch« (1869); Polka G-Dur (1879); »Der Prager Karneval«. Introduktion und Polonaise für großes Orchester (1883).

Smetanas Sinfonische Dichtungen haben viel den Anregungen Franz Liszts zu verdanken. Dieser ungarische Meister spielte eine bedeutende Rolle im Leben des tschechischen Künstlers. Er förderte bereits den jungen, noch unbekannten Smetana, für den die entstehende und dann dauernde Freundschaft ein besonderer Gewinn war. Liszts großes Beispiel vor Augen, konnte Smetana seine eigenen, anfangs noch nicht ganz klaren Absichten festigen. Seit seinen ersten Beziehungen zu Liszt (1848) sowie seiner Bekanntschaft mit dem neuen Typus der Lisztschen programmgebundenen Tondichtung gehörte er zu den begeistertsten Anhängern dieser Richtung. Er entwickelte allmählich seinen eigenen Typus in diesem Genre und führte ihn bis zur höchsten Vollendung im Zyklus »Mein Vaterland«.

Im Gegensatz zu Liszt behandelt Smetana den Inhalt einer Dichtung völlig frei, indem er nur die wichtigsten Momente des logischen Gedankenablaufs einfängt. Er erweist sich in diesen Werken überdies als Meister der musikalischen Architektur. Damit hängt auch die Einheitlichkeit des Kompositionsstils zusammen, die sowohl für Smetanas gesamtes Schaffen als auch für seine einzelnen Werke charakteristisch ist. Sie ergibt sich logischerweise bei einem Künstler, der sich in seinem Schaffen auf ein Ziel konzentriert und eine eindeutige künstlerische und patriotische Konzeption besitzt. Smetana strebte eine konkrete und verständliche musikalische Sprache an. Dabei erhielten im Laufe seiner Entwicklung einige Grundideen, die man als Leitgedanken bezeichnen kann, einen ständig wiederkehrenden musikalischen Ausdruck.

In Göteborg griff Smetana das erste Mal nach einer Aufgabe größeren Formats, Shakespeares *Richard III.* regte ihn dazu an. Die zentrale Gestalt in Shakespeares Drama ist der dämonisch böse König Richard III., der zu Ende des 15. Jahrhunderts in England regierte. Den Kerngedanken in der Komposition Smetanas bildet die Gegenüberstellung zweier Hauptgegensätze – des Guten und des Bösen, des Rechtes und der Gewalt. Die kämpferische Auseinandersetzung wird zur treibenden Kraft des Geschehens. Sinn dieser Sinfonischen Dichtung ist es, zu demonstrieren, daß aller zeitweiligen Tyrannei und Gewalt zum Trotz das unterdrückte Menschenrecht letzten Endes immer siegen wird.

Smetana komponierte seinen »Richard III.« in der ersten Hälfte des Jahres 1858. Nachdem er im Juli mit der Partitur fertig war, schrieb er (deutsch) an Franz Liszt: »...Ich komponierte ihn mit Freude und mit Liebe, aus allen meinen Kräften; mehr, als was in ihm steht, bringe ich zur Zeit nicht fertig. Er besteht aus einem Satz und lehnt sich nur in großen Zügen an die Handlung der Tragödie: das Erreichen des Zieles durch die Beseitigung aller Hindernisse, der Triumph und schließlich der Sturz des Helden ... Mit dem Baßmotiv

meine ich die Persönlichkeit des Helden, der durch das ganze Werk hindurch handelt, mit dem folgenden Motiv

die Gegenpartei.«

Es mag sonderbar erscheinen, daß ein so ausgeprägt nationaler Komponist wie Smetana für seine erste Sinfonische Dichtung einen fremden Stoff wählte. Das hat seine Gründe. Erstens brauchte Smetana einen literarischen Stoff von Weltformat, einen Stoff mit einem großen dramatischen Konflikt. Zweitens hatte er eine Vorliebe für Shakespearesche Thematik, und schließlich erkannte er in diesem Drama Beziehungen zur Geschichte seines Volkes. Lebte doch das tschechische Volk bereits über zwei Jahrhunderte in einem rechtlosen Zustand unter fremder Herrschaft, die es oft grausam unterdrückte.

Bald nach Beendigung der Sinfonischen Dichtung »Richard III.« erhielt Smetana von der Leitung des tschechischen Theaters, mit der er in ständigem Kontakt blieb, die Aufforderung, eine Musik zu Schillers »Wallenstein«-Trilogie zu schreiben. Dieser Stoff begeisterte ihn, vor allem die darin gegebene Möglichkeit einer musikalischen Schilderung der tschechischen Landschaft, in der sich die Handlung abspielt und nach der sich Smetana in der Fremde unaufhörlich sehnte. Der Ort der Handlung, die Pilsener Gegend, in der Wallensteins Heer auf seinem Feldzug überwintern mußte, war ihm sehr vertraut. Smetana konzipierte seine Dichtung *Wallensteins Lager* als ein vierteiliges Ganzes, als eine kleine Sinfonie, deren Teile Ausschnitte aus dem Soldatenleben gestalten.
Diese Sinfonische Dichtung (1859 entstanden) unterscheidet sich im Charakter deutlich von den beiden zeitlich benachbarten Dichtungen »Richard III.« und »Hakon Jarl« (letztere 1861 vollendet, einer gleichnamigen Tragödie von Adam Oehlenschläger programmatisch verbunden). Smetana hat hier schon eine durchaus eigene musikalische Sprache entwickelt, die von der Lisztschen völlig abweicht und einen ausgeprägt tschechischen Ausdruck hat. In einem Brief aus dem Jahre 1877 spricht Smetana selbst davon: »... was den Stil betrifft, war ich bereits in der sinfonischen Dichtung ›Wallensteins Lager‹ um den nationalen Charakter bemüht; und das nicht ganz ohne Erfolg.«

Mein Vaterland

Seit Beendigung seiner Oper »Libuša« (1872), die eine monumentale Gestaltung der nationalen Idee darstellt, beschäftigte Smetana der Plan eines großzügig angelegten sinfonischen Werkes, wiederum mit nationaler Thematik – ein sinfonisches Gegenstück zu »Libuša«, in dem sich seine schöpferische Phantasie nun unabhängig von einer literarischen Vorlage frei entfalten konnte. »Mein Vaterland« ist ein zusammenhängender Zyklus von Bildern aus dem Leben des Volkes, ein Zyklus, in dem die historische Szene immer mit dem Bild des tschechischen Landes eng verbunden ist. Dem Inhalt, der Tendenz sowie vor allem der Form nach stellt »Mein Vaterland« eine ganz besondere und einzig dastehende Schöpfung nicht nur in der tschechischen, sondern auch in der Konzertliteratur der Welt dar. Smetana hat dieses große Werk im Zustand völliger Taubheit geschaffen. Er begann mit den Arbeiten an der ersten Dichtung des Zyklus, am »Vyšehrad«, in dem für ihn grausamsten Monat seines Lebens, im Oktober 1874. Das Gehörleiden kündete sich bereits seit einigen Monaten an, verbunden mit einer allgemeinen Nervenerkrankung und vollkommener Erschöpfung als Folge nicht nur der ständigen schöpferischen Anspannung, sondern hauptsächlich der wachsenden Anfeindungen und Angriffe seiner Gegner, die ihn verbitterten und in seiner Existenz bedrohten.

Der sechsteilige Zyklus ist so geordnet, daß sich jeweils zwei Dichtungen inhaltlich ergänzen. Diese Art Verbindung ist bei Smetana keine Einzelerscheinung; sie ist bereits in den »Sechs charakteristischen Stücken« für Klavier op. 1 sowie in weiteren zyklischen Werken vorhanden.

Vyšehrad

> Besetzung: Pikkoloflöte, 2 Flöten, 2 Oboen, 2 Klarinetten, 2 Fagotte, 4 Hörner, 2 Trompeten, 3 Posaunen, Tuba, Pauken, Schlagzeug, 2 Harfen, Streicher
> Aufführungsdauer: 14 Minuten

Smetana begann mit der Ausarbeitung einer Komposition immer erst dann, wenn er die ganze Konzeption des Werkes im Kopfe hatte. Die Partituren der ersten beiden Dichtungen des Zyklus »Mein Vaterland« bestätigen das von neuem. Sie sind beide in ungewöhnlich kurzer Zeit, wie in einem Atemzug, geschrieben. So entstand »Vyšehrad« zwischen Ende September und 18. November und »Vltava« (»Die Moldau«) zwischen 20. November und 8. Dezember 1874. Es war jene Zeit, in der Smetana physisch und seelisch am meisten gelitten hat.

Vyšehrad, jene mächtige, auf einem Felsen über der Moldau emporragende Festung am Stadtrand Prags, war Smetana wohlvertraut als ehemaliger Schauplatz großer Ereignisse der tschechischen Vergangenheit, als Ort der Prophezeiung Libušas sowie als imposantes Bild der Natur und Symbol der Härte und der Widerstandskraft des gedemütigten Volkes. Smetanas dramatisch-epische Tondichtung »Vyšehrad« spiegelt die Geschichte dieser Burg wider. Da aber Vyšehrad selbst, wie aus verschiedenen Äußerungen des Komponisten hervorgeht, für Smetana das Symbol der tschechischen Nation war, ist auch die Schilderung der Ereignisse auf dieser Burg im Grunde eine Darstellung der Geschichte des ganzen Volkes. Das Symbol nimmt bei dem Tondichter eine feste Form als Leitmotiv an, das überall dort erscheint, wo von Vyšehrad, der konkreten wie auch der symbolischen Festung, die Rede ist (»Libuša«, »Die Moldau«, »Blaník«). Seine Gestalt, deren motivische Wurzel in der Intonation des Hussitenchorals liegt, erhielt es schon in der Oper »Libuša«, in der der Vyšehrad den Schauplatz der Handlung darstellt:

Das Leitmotiv wird in »Vyšehrad« durch das feierliche Harfenmotiv der Einleitung ergänzt, das bereits in seinen ersten Takten den Eindruck erhabener Schönheit hervorruft.

Sein Baßfundament, in dem das Leitmotiv versteckt ist, verfolgte Smetana schon lange: in der kritischen Zeit seiner Gehörerkrankung klang es ihm hartnäckig in den Ohren. Nach Überwindung der Krise kristallisierte sich die Grundform heraus, über der Harfenakkorde ertönen, durch Passagen (1. Harfe) miteinander verbunden. Diese Harfenkadenz galt zu ihrer Zeit als ungewöhnlich und neuartig. Über das Einleitungsmotiv und die ganze Sinfonische Dichtung »Vyšehrad« äußerte sich Smetana wie folgt: »Die Harfen der Propheten geben den Auftakt; der Gesang der Propheten (Bardengesang) betrifft die Ereignisse um Vyšehrad, den Ruhm und Glanz, die Turniere, die Kämpfe und schließlich den Verfall und die Ruinen. Die Komposition schließt elegisch (Nachgesang der Barden).«

Die beiden erwähnten Motive bilden den Kern des musikalischen Geschehens. Alle übrigen Gebilde sind nur ihre Varianten. Der Form nach ist »Vyšehrad« ein großes elegisches Lied mit einer selbständigen Harfeneinleitung. Es hat die Form a–b–a. Nach der Harfeneinleitung, der Erzählung der Propheten (Lento/Largo maestoso), schildert der erste, fugatoartige Teil (Allegro vivo ma non agitato) die heldenhafte Epoche Vyšehrads, den Glanz der Ereignisse, deren Zeuge diese Burg war. Tragische Kämpfe und Kriege, die schließlich zum Verfall führen, gestaltet Smetana im zweiten Teil (Più mosso). Im dritten und letzten Teil der Tondichtung (Lento ma non troppo/Largamente) sind wieder die Harfen der Propheten zu hören. Sie klingen bei aller Betrübnis aber doch tröstlich, wie ein ermutigender Gesang von neuem Aufstieg und Ruhm. Das Werk wurde am 14. März 1875 in Prag uraufgeführt.

Die Moldau

Besetzung: Pikkoloflöte, 2 Flöten, 2 Oboen, 2 Klarinetten, 2 Fagotte, 4 Hörner, 2 Trompeten, 3 Posaunen, Tuba, Pauken, Schlagzeug, Harfe, Streicher
Aufführungsdauer: 12 Minuten

Die sinfonischen Tondichtungen »Vltava« (»Die Moldau«) und »Vyšehrad« (beide 1874 entstanden) sind eng miteinander verbunden; sie bilden ein zusammenhängendes Paar, bei dem die eine das Pendant der anderen ist. Widerspiegelt die zuerst entstandene Tondichtung den Glanz und den elegischen Charakter des mystisch düsteren »Vyšehrad«, so schildert »Die Moldau« im ununterbrochenen, rauschenden Strom den anmutigen Lauf des tschechischen Flusses, dieser – unter dem steilen Felsen des Vyšehrad – strömenden Pulsader des tschechischen Landes. In die Schilderung sind einige Episoden eingeflochten, die entweder dem Leben des Volkes oder dem Volksmärchenschatz entnommen sind. Die Form dieser Tondichtung ist rondoartig. Der Eindruck motivischer Einheitlichkeit, der trotzdem entsteht, wird durch charakteristische »wellenartige« Figurationen hervorgerufen, die das ganze Werk durchziehen.

In seinen kurzgefaßten Inhaltsangaben zu allen Sinfonischen Dichtungen des Zyklus schreibt Smetana über dieses Werk: »Die Komposition schildert den Lauf der Moldau, angefangen bei den beiden kleinen Quellen, der kühlen und der warmen Moldau, über die Vereinigung der beiden Bächlein zu einem Strom, den Lauf der Moldau durch Wälder und Fluren, durch Landschaften, wo gerade lustige Kirmes gefeiert wird, beim nächtlichen Mondschein tanzen die Wassernixen ihren Reihen; auf den nahen Felsen ragen stolze Burgen, Schlösser und Ruinen empor. Die Moldau wirbelt in den Johannisstromschnellen; im breiten Zug fließt sie weiter gegen Prag, am Vyšehrad vorbei, und in majestätischem Lauf entschwindet sie in der Ferne schließlich in der Elbe.«

»Die Moldau« ist die einzige Tondichtung des Zyklus, in deren Partitur der Komponist Bemerkungen eingetragen hat, die den Szenenwechsel erläutern.

Die Komposition beginnt mit einem über dem Pizzikato der Violinen und den Flageoletts der 1. Harfe eilenden Flötenmotiv, das vom Autor als »erste Quelle der Moldau« charakterisiert wird.

In diesem Motiv der ersten Quelle ist im Kern das künftige liebliche Thema des Moldaustromes enthalten, jene durch ihre Schlichtheit wie ein Volkslied klingende Weise. Sie ertönt nach der Vereinigung der Quellen der Kühlen und der Warmen Moldau.

Ein Fanfarenmotiv der Hörner kündigt die erste Episode, die Waldjagd, an:

Doch der Strom fließt weiter, und sein Brausen übertönt den Jagdlärm. Auf dieses Bild folgt eine fröhliche Tanzszene, eine Dorfhochzeit, die durch einen lustigen Polkarhythmus eingeleitet wird.

Die Nacht naht, der fröhliche Tanz verstummt, und über der still gewordenen Landschaft geht der Mond auf. Mit dem Motiv der gedämpften Streicher beginnt ein zauberhaftes, geheimnisvolles Nocturno, voller volkstümlicher Vorstellungen von übernatürlichen Märchenwesen, von einem Nixenreigen.

Die leisen Akkorde der Blechbläser muten an wie Silhouetten alter Burgen, jener Zeugen heldenhafter Zeiten der Vergangenheit.

Der Lauf der Moldau nähert sich einer gefahrvollen Stelle, den Johannisstromschnellen. Der Fluß prallt gegen Naturhindernisse, seine Fluten zerschellen an den Felsen und brausen auf. Nach diesem dramatischen Höhepunkt erklingt das Moldau-Thema ins Feierlich-Pathetische abgewandelt und nach Dur versetzt in seiner ganzen Breite und Fülle (Più moto). Es wächst und wird immer stärker, bis auf seinem Höhepunkt das Einleitungsmotiv des Vyšehrad ertönt: der gewaltige, breite Strom der Moldau hat den Felsen der alten Burg passiert. Der Fluß strömt immer weiter und verliert sich allmählich aus unseren Augen. Ein Motiv, das an Libušas Gebet erinnert, begleitet ihn wie ein inniger Wunsch nach Wohlergehen und Frieden für das ganze Land.

»Die Moldau« wurde am 4. April 1875 in Prag uraufgeführt.

Šárka

Besetzung: Pikkoloflöte, 2 Flöten, 2 Oboen, 2 Klarinetten, 2 Fagotte, 4 Hörner, 2 Trompeten, 3 Posaunen, Tuba, Pauken, Schlagzeug, Streicher
Aufführungsdauer: 10 Minuten

»Diese sinfonische Komposition wurde angeregt durch die Sage vom Mädchen Šárka und durch den Anblick der Landschaft, die denselben Namen trägt. Ich schildere also nicht nur diese wilde Landschaft, sondern vor allem die Erinnerung an die Sage von Šárka«, schreibt Smetana in seiner kurzen Erläuterung. Die grausame tschechische Sage hat einige Verwandtschaft mit der griechischen Penthesilea-Sage.
Den Inhalt seiner Sinfonischen Dichtung, die im Januar 1875 beendet wurde und am 17. März 1877 in Prag ihre Uraufführung erlebte, erklärt Smetana folgendermaßen:
»In dieser Komposition ist weniger die Landschaft als die Handlung, die Sage vom Mädchen Šárka, gemeint. Die Komposition beginnt mit der Schilderung des zornentbrannten Mädchens, das wegen der Untreue des Geliebten dem ganzen Männergeschlecht Rache schwört. Von weitem hört man das Nahen Ctirads und seiner Waffenträger; sie ziehen ins Feld, um die Mädchen zu zähmen und zu bestrafen. Schon von ferne werden sie des (freilich listigen) Jammerns der an einen Baum gefesselten Šárka gewahr. Bei ihrem Anblick bewundert Ctirad ihre Schönheit, Liebesgefühle entflammen ihn, und er befreit sie. Nun versetzt Šárka mit einem bereitstehenden Getränk Ctirad und dessen Waffenträger in fröhliche Stimmung und macht sie trunken, bis alle eingeschlafen. Auf ein verabredetes Waldhornsignal, das die in der Ferne versteckten Mädchen beantworten, stürzen diese zur blutigen Tat ...«
Das Thema der Rachsucht Šárkas ertönt gleich in den ersten Takten:

Šárka wird von einer Art »Leitmusik« begleitet; es sind Motive, die aus einem gemeinsamen musikalischen Komplex wachsen und dem Gefühlszustand Šárkas Ausdruck geben. Zorn und Haß erreichen im Racheschwur ihren Höhepunkt. In die Schilderung der herannahenden berittenen Gruppe Ctirads bricht Šárkas listiger Hilferuf, eine flehende schluchzende Klarinettenmelodie.

Die Klarinette charakterisiert die Heldin, das Violoncello den Ctirad. Es antwortet auf das Rufen der Klarinette wie mit einer Frage. Wenige Takte später beginnt eine große Liebesszene von weiter melodischer Spannung.

Der Liebesgesang wird durch ein übermütiges tänzerisches Thema unterbrochen.

Das damit geschilderte ausgelassene Treiben der Waffenträger Ctirads endet mit Trunkenheit und Schlaf. In die nächtliche Stille tönt Šárkas verräterischer Hornruf; und wieder erklingt die flehende Klarinettenmelodie: diesmal weint Šárka aufrichtig, weil sie sich ihrer Liebe zu Ctirad bewußt wird. Doch Gefühle der Rache überwältigen sie. Wieder hören wir das zornige Thema der Einleitung. Mit der Schilderung des wilden Mordens (Più vivo) erreicht die sinfonische Gestaltung der Šárka-Tragödie ihren Höhepunkt.

Die von der Gesamtidee des Zyklus scheinbar etwas abweichende »Šárka« ist das Symbol des den Verrat strafenden Vaterlandes, das Symbol der Heimat als Rächerin.

Aus Böhmens Hain und Flur

Besetzung: Pikkoloflöte, 2 Flöten, 2 Oboen, 2 Klarinetten, 2 Fagotte, 4 Hörner, 2 Trompeten, 3 Posaunen, Tuba, Pauken, Schlagzeug, Streicher

Aufführungsdauer: 12 Minuten

Bald nach Beendigung der »Moldau« teilt Smetana einem Freund den Plan einer weiteren Dichtung mit. »Etwa einer solchen, die das tschechische Leben bei der Arbeit und beim Tanz schildern soll; die Deutschen nennen das Volksweisen oder Tanzweisen. Ich weiß mir aber keinen Rat, welcher Titel am besten passen würde.« Der Meister kam jedoch erst nach Vollendung der »Šárka« zur Ausführung seines Planes, und zwar in Jabkenice, wo er sich für immer niedergelassen hatte, nachdem er völlig taub geworden war. Im Oktober 1876 war die Arbeit am Werk beendet, am 10. Dezember 1876 wurde es in Prag uraufgeführt.

Smetana beschreibt den Inhalt mit folgenden Worten: »Hier werden die Empfindungen beim Anblick der tschechischen Landschaft gekennzeichnet. Von allen Seiten, aus Fluren und Hainen, klingt ein Gesang voller Innigkeit, fröhlich, aber auch melancholisch. Wälder – in den Soli der Hörner –, frische und fruchtbare Täler der Elbe und anderer Flüsse, all das wird hier besungen. Jeder kann sich beim Hören dieser Komposition ein trautes Landschaftsbild vorstellen, und die Phantasie hat hier einen freien Weg vor sich, nur muß sie die Komposition in ihren Einzelheiten verfolgen.«

Die Sinfonische Dichtung »Aus Böhmens Hain und Flur« ist eine Apotheose des tschechischen Landes, seiner Landschaft sowie seines arbeitsamen, fröhlichen Volkes. Das eigene, innige Erleben des Komponisten und seine große Vaterlandsliebe sind hier, wo es zugeht wie bei einem Spaziergang durch die duftende und sonnendurchstrahlte Sommernatur, die jeden Schatten der Sorge und der Trauer verscheucht, am stärksten eingeflossen. Smetana erläutert: »Die Einleitung gleicht dem starken Eindruck beim Betreten einer Landschaft: daher der kräftige Anfang mit den nachdrücklichen Akkorden in g-Moll ...« In diesem hymnischen Anfangsteil erscheint, von Holzbläsern und Streichern gespielt, ein kleines rauschendes, viele Male wiederholtes Motiv:

Smetana

Sodann hören wir eine breite, verhaltene Melodie nachdenklichen, beinahe schmerzlichen Charakters – als ob sie daran erinnern wollte, daß dieses Land kein freies Land ist.

Doch schon nach wenigen Takten wird aus dem melancholischen g-Moll plötzlich helles Dur, »wie wenn eine naive Dorfschönheit aus dem Haus heraustritt«.

Nach ihrem freudigen Gesang beginnen die gedämpften 1. Violinen nach einer Generalpause das eindrucksvolle, leise Thema, das die Exposition einer kunstvollen fünfstimmigen Fuge (Allegro poco vivo, ma non troppo) eröffnet.
»Bei ³/₄: die Schönheit des Waldaufenthaltes im Sommer gegen Mittag, wenn die Sonne direkt über uns steht. Der Wald ist vollkommen in Dämmerung gehüllt, und nur hie und da vermag ein klarer Sonnenstrahl zwischen den Baumwipfeln durchzudringen. Die fortdauernde Phrase

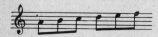

bedeutet das Vogelgezwitscher; sie behauptet sich auch während der kontrapunktischen Weiterführung, als über dem Ganzen ein Motiv der Hörner aus F-Dur auftaucht. Dies ist eine große kontrapunktische Aufgabe, die ich jedoch spielend leicht lösen konnte, da ich mich darin viel geübt habe.« (Smetana meint damit sein fleißiges Studium bei Prosch.) In das Stimmengeflecht hinein, das an Waldesrauschen, Vogelsang und Insektengesumm erinnert, ertönt plötzlich ein Thema der Hörner:

p dolce cantando

Seine weite, volkstümlich schlichte Melodie erhebt sich über der Landschaft wie ein hymnischer Gesang, den Menschen und sein Werk preisend. Er wird durch einen Juchzer unterbrochen, der in Form eines zweitaktigen kleinen Motivs (es ist im Grunde genommen eine Umbildung des Einleitungsmotivs) zweimal erklingt, als ob ihn ein heftiger Windstoß von weitem hergebracht hätte; beim dritten Mal beginnt mit ihm ein echtes Tanzvergnügen in wirbelndem Polkarhythmus (Allegro). Alles jubelt, singt und tanzt. Smetana bezeichnete diesen Teil als »ein Erntefest oder irgendein Dorffest«. Noch einmal erklingt die hymnische Melodie als letzter Gruß an das weite Land, und auf einem freudigen Höhepunkt des abschließenden Prestoabschnittes endet die Komposition.

Tábor

Besetzung: Pikkoloflöte, 2 Flöten, 2 Oboen, 2 Klarinetten, 2 Fagotte, 4 Hörner, 2 Trompeten, 3 Posaunen, Tuba, Pauken, Becken, Streicher
Aufführungsdauer: 12 Minuten

Nachdem die Arbeit am Zyklus »Mein Vaterland« zwei Jahre geruht hatte und in dieser Zeit die Opern »Der Kuß« und »Das Geheimnis« sowie das Streichquartett »Aus meinem Leben« geschaffen worden waren, komponierte Smetana 1878/79 die beiden letzten Sinfonischen Dichtungen des Zyklus: »Tábor« und »Blaník«, die sowohl ideell als auch musikalisch ein Ganzes bilden. In »Tábor« kommt der Kerngedanke, das philosophische Fundament des ganzen Zyklus klar zum Ausdruck. Smetana bekennt sich darin, wie bereits in seiner Oper »Libuša«, offen zur Hussitentradition. Die Kraft des Beispiels aus der Vergangenheit soll die Nation zur Wiedererlangung ihrer Souveränität führen. Das Hussitentum war für den damaligen fortschrittlichen Teil des tschechischen Volkes die Leitidee der politischen, nationalen Wiedergeburt. Um welche Eigenschaften der Hussiten es Smetana besonders geht, kann man seinen Erläuterungen entnehmen: »Motto: Der Hussitenchoral

Smetana

>Ihr, die ihr Gottes Kämpfer seid‹. Auf diesem majestätischen Gesang ist die ganze Komposition aufgebaut. In Tábor, dem Hauptsitz der Hussiten, wird dieser Gesang wohl am mächtigsten und häufigsten erklungen sein. Die Komposition schildert festen Willen, siegreiche Kämpfe, Standhaftigkeit und Beharrlichkeit sowie hartnäckige Unnachgiebigkeit, mit der sie auch schließt. Bis ins Detail läßt sie sich nicht zerlegen; in ihr kommt ganz allgemein der Ruhm und das Lob der Hussitenkämpfe sowie der unbeugsame Charakter der Hussiten zum Ausdruck.«

In Übereinstimmung mit dem angeführten Programm ist die ganze Komposition so aufgebaut, daß sie sowohl gedanklich als auch musikalisch aus dem genannten Hussitenchoral erwächst. Smetana arbeitet ausschließlich mit dem motivischen Material dieses Liedes, er benutzt es vor allem auch im Zusammenhang mit dem Text der einzelnen Liedabschnitte. Hier der Text der drei Abschnitte des Chorals in deutscher Übersetzung:

> »Die ihr Gottes Kämpfer seid
> und seiner Gebote,
> erbittet Gottes Hilfe
> und glaubt an ihn,
> damit ihr schließlich
> mit ihm siegen werdet!«

Die Choralmelodie lautet:

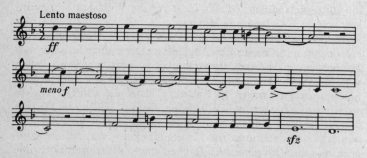

Die Tondichtung beginnt verhalten und in breitem Tempo (Lento) mit 3. und 4. Horn im Rhythmus des 1. Choralaktes über einem Orgelpunkt der tiefen Streicher und Pauken. Nach mehrmaliger nachdrücklicher Wiederholung erklingt endlich im ganzen Orchester der 2. Takt des Liedes mit dem Wort »Kämpfer«. Im weiteren wird der erste Abschnitt des Liedes verarbeitet; der Höhepunkt ist in

einer gewaltigen Phrase, die durchgehend auf dem Einleitungsrhythmus aufgebaut ist, erreicht. Dieser Teil bringt in einer lebendigen Art und Weise jenen vom Autor erwähnten kämpferischen und hartnäckig unnachgiebigen Charakter der Hussiten zum Ausdruck. Der bewegte Mittelteil (Molto vivace), der vor allem aus dem Schlußthema mit den Worten »Damit ihr schließlich mit ihm siegen werdet!« entwickelt ist, ruft eine Vorstellung vom Hussitenlager hervor, in dem sich alles zum Kampf vorbereitet; auf dem Höhepunkt angelangt, läßt Smetana den Hussitenchoral in seiner majestätischen Größe ganz erklingen (Lento maestoso). Nach einer kurzen Beruhigung, einer Art Danksagung, endet die Komposition im anfänglichen gewaltigen Fanfarenrhythmus.
Die Uraufführung des Werkes fand am 4. Januar 1880 in Prag statt.

Blaník

Besetzung: Pikkoloflöte, 2 Flöten, 2 Oboen, 2 Klarinetten, 2 Fagotte, 4 Hörner, 2 Trompeten, 3 Posaunen, Tuba, Pauken, Schlagzeug, Streicher
Aufführungsdauer: 13 Minuten

Von dem Berg Blaník erzählt eine Volkssage, daß in seinem Innern Ritter, Beschützer des Landes, schlafen. Sollte es dem Volk einmal ganz schlecht ergehen, so werde der Berg sich auftun und die Ritter herauslassen, damit diese für ihr Volk den Sieg erringen können. Wie Smetana erläutert, ist sein Werk »Blaník«, das nur wenige Monate nach »Tábor« (im März 1879) vollendet wurde, die Fortsetzung von diesem. (Beide Kompositionen wurden auch gemeinsam uraufgeführt, und zwar am 4. Januar 1880 in Prag.) »Die hussitischen Helden haben sich nach ihrer Bezwingung im Blaník versteckt und warten in schwerem Schlaf auf den Augenblick, wo sie dem Vaterland zu Hilfe kommen sollen. Dieselben Motive also wie in ›Tábor‹ dienen in ›Blaník‹ als Grundlage der Komposition: der Hussitenchoral. Im Sinne der Hussiten wird die Auferstehung und eine glückliche und ruhmvolle Zukunft des tschechischen Volkes vorbereitet. Mit einem Siegeshymnus in Form eines Marsches schließt die Komposition und damit auch der ganze Zyklus ›Mein Vaterland‹. Als kleines Intermezzo erklingt ein kurzes Idyll, eine Zeichnung vom Blaník und dessen malerischer Lage: ein kleiner Hirtenjunge singt und trällert (auf der Schalmei), und das Echo antwortet ihm.«

Smetana

»Blaník« setzt motivisch und in der Tonart so ein, wie »Tábor« schließt. Aus dem Anfangsrhythmus des Chorals (vgl. Notenbeispiel und Choraltext bei »Tábor«) wird das Einleitungsthema entwickelt.

Durchgehend bleibt es mit dem Hussitenchoral kombiniert. Es nimmt allmählich in der Lautstärke ab, bis es ganz untertaucht wie das Hussitenheer in den Tiefen der Erde. Auf dem Gipfel des Berges aber erschallt eine schlichte, wehmütige Schalmeienmelodie:

Sie ist ein Hirtengesang, in dem gleichzeitig Schmerz und Bedrängnis des Vaterlandes zum Ausdruck kommen. In dieses ergreifende Pastorale hinein erklingt plötzlich (vom 1. Horn vorgetragen) als Vorbote der Befreiung das Motiv der Choralstelle, deren Text lautet: »Damit ihr schließlich mit ihm siegen werdet!« Es ertönt ein dramatisch gespannter Marsch der Blaník-Ritter, der nach einer episodenhaften, lyrischen Unterbrechung zum Höhepunkt des Werkes führt. Auf diesem wird der mit der Wucht des ganzen Orchesters vorgetragene Hussitenchoral mit dem majestätischen Motiv des Vyšehrad, dessen harfende Bardenklänge den ganzen Zyklus eingeleitet hatten, vereint (Largamente maestoso, 3/2-Takt). Auf diese Weise beendet das Schlußbild des »Blaník« machtvoll den ganzen Zyklus und fügt ihn ideell fest zusammen. Das Lied der ruhmvollen Vergangenheit ist in einer grandiosen Steigerung unzertrennlich mit dem Gesang vom künftigen Ruhm der Nation verbunden: eine große Prophezeiung und ein Credo des Meisters, der sein ganzes Leben seinem Vaterland gewidmet hat.   ZK

Leo Spies 1899—1965

Leo Spies wurde am 4. Juni 1899 in Moskau als Kind deutscher Eltern geboren. Er besuchte dort das deutsche Gymnasium, erhielt vom siebenten Lebensjahr an Unterricht in Komposition, Violin- und Klavierspiel. 1915-1917 studierte er in Dresden und Berlin Musik, u. a. bei Johannes Schreyer, Robert Kahn und Engelbert Humperdinck. Von 1918 an war er als Korrepetitor und Kapellmeister an verschiedenen deutschen Theatern und bei der UFA tätig. 1928 ging er als Musikalischer Leiter des Balletts an die Berliner Staatsoper; am Deutschen Opernhaus Berlin war er von 1935 bis 1944 Kapellmeister. 1947-1954 arbeitete er als Dirigent und Studienleiter an der Berliner Komischen Oper. Danach lebte er in der DDR-Hauptstadt ganz der schöpferischen Arbeit hingegeben. Seit 1952 Mitglied der Deutschen Akademie der Künste, leitete er bis zu seinem Tode als Sekretär deren Musiksektion. Spies starb am 1. Mai 1965 in Ahrenshoop.

Auf die Entwicklung des jungen Komponisten hatten zunächst die Werke Skrjabins, aber auch die Musik Tschaikowskis und Rimski-Korsakows großen Einfluß. Später gehörte seine Liebe besonders Leoš Janáček. Als Pianist und Dirigent hat er sich immer wieder für die Kompositionen dieses Meisters eingesetzt.

Ende der zwanziger Jahre kam Spies mit Hanns Eisler und der revolutionären Arbeitersängerbewegung in Berührung. (Die den Erbauern des Sowjetstaates gewidmete Kantate »Turksib« entstand 1932.) An diese Erfahrungen konnte Spies anknüpfen, als er nach dem zweiten Weltkrieg hervorragenden Anteil am Aufbau einer neuen antifaschistischen Musikkultur nahm; auch sein kompositorisches Schaffen gewann nun zunehmend an Gewicht, so daß Spies bald zu den bedeutenden Komponisten der DDR gezählt werden konnte.

In vokalsinfonischen Werken (z. B. den Kantaten »Der Rote Platz«, 1957, und »Georgi Dimitroff«, 1962) hat er mit Vorliebe große sozialistische Themen gestaltet. Seine Tonsprache ist bestimmt von unverkennbarer Vorliebe für tänzerischen Gestus (so wurden seine Ballette »Der Stralauer Fischzug«, 1936, und »Die Sonne lacht«, 1942, sehr populär), für klare, lyrisch intendierte Melodik, Überschaubarkeit der Form, Tonalität der harmonischen Struktur. In seinen Orchesterwerken knüpft Spies bewußt an klassische Vorbilder an, ohne sie zu kopieren.

Sinfonie in D (1957); Sinfonie in c (1961). – Ballettsuiten: »Der Stralauer Fischzug« (1936); »Die Sonne lacht« (u. a. 3 Suiten: »Kinderspiele«, »Mittag im Park«, »Blumentänze«; 1942). – Streichersuite »Saltabile« (1928); Divertimento notturno (1939); Fröhliche Ouvertüre (1951); Trauermusik (1951); Orchesterfantasie (1955); 3 Stücke für Streichorchester (1959); Hochzeitsmusik für Streicher (1961). – Violoncellokonzert (1940); Violinkonzert (1953); Bratschenkonzert (1960); Canzonetta für Solo-Violine und Streicher (1964).

Sinfonie in D

Besetzung: 2 Flöten (2. auch Pikkolo), 2 Oboen (2. auch Englischhorn), 2 Klarinetten, 2 Fagotte, 4 Hörner, 2 Trompeten, 3 Posaunen, Tuba, 4 Pauken, Schlagzeug, Streicher
Aufführungsdauer: 40 Minuten

Mit achtundfünfzig Jahren vollendete Leo Spies seine erste Sinfonie. 1958 wurde sie in Berlin uraufgeführt. Der Komponist verfolgte mit dieser bewußt der klassischen Tradition etwa Haydns angenäherten Musik eine bestimmte Absicht: Er wollte dem zur Entstehungszeit seiner Sinfonie häufig vorherrschenden Pathos in der Musik unbeschwertes Musizieren entgegenstellen. Die Unbeschwertheit sollte nicht ohne Kontraste sein, sondern sich an Widersprüchen entzünden, sie aber ganz unfeierlich aufheben.

Verhalten, doch durchaus nicht kraftlos gibt sich schon der *erste Satz* (Allegro moderato, alla breve). Gleich zu Beginn intonieren die Streicher das Hauptthema, das zunächst kraftvoll voranstrebt.

Ganz lyrisch beseelter Gesang ist dagegen das von der 1. Oboe intonierte Seitenthema:

Es ist für die Konzeption des Satzes aufschlußreich, daß Spies in der durchaus dramatisch konzipierten Durchführung am Ende das zweite Thema dominieren läßt. Es wird dabei mit Elementen des Hauptthemas kontrapunktisch verflochten. Im Pianissimoausklang des Satzes steckt der Kopf des Hauptthemas, das nachdenklich, wie eine leise Frage, anmutet.

Im *zweiten Satz* (Andante lamentoso, a-Moll, 6/8-Takt) herrscht zunächst elegisches Streichermelos vor. Als Mittelteil (Più mosso, un poco scherzando, F-Dur, 3/8-Takt) erklingt eine kunstvoll ausgearbeitete Humoreske, in der vor allem die Holzbläser witzig, grotesk, aber auch vergnüglich hervortreten – einleuchtender Kontrast zur verhaltenen Melodik des Beginns, die im Schlußteil des Satzes wiederkehrt.

Der *dritte Satz* (Vivace, fis-Moll, 6/8-Takt) wendet mit kecken Rufen von Flöte und Klarinette melodische Elemente des langsamen Satzes ins Elegant-Unbeschwerte, dem der hurtig, brillant und fröhlich voraneilende Scherzosatz vorwiegend gewidmet ist. Im B-Dur-Trio (Poco meno, 2/4-Takt) tritt die 1. Klarinette mit einer weitgeschwungenen, pastoralen Weise beruhigend hervor.

Das Scherzo führt unmittelbar ins *Finale*, das mit einer verhaltenen Largoeinleitung (D-Dur, 3/2-Takt) beginnt. Sie knüpft an das Hauptthema des ersten Satzes an. Nach solch ernsthaftem Besinnen entwickelt sich dann im Hauptteil (Allegro assai, alla breve) gelöstes, tänzerisch bewegtes Spiel mit einem quicklebendigen Hauptgedanken.

»Brillante« schmettert die Trompete kecke Signale dazwischen. Sie verdichten sich zum zweiten, betont tänzerischen Thema. Aber der Kontrast fehlt auch hier nicht: Immer wieder tauchen dramatisch gespannte, auch nachdenkliche Episoden auf, die dazu angetan sind, das muntere Treiben gedanklich zu vertiefen. So verzichtet Spies auch auf einen billig effektvollen Schluß und setzt statt dessen eine Coda im Tranquillo-Zeitmaß, in der die tänzerische Bewegtheit des Satzes gleichsam nur noch leise nachklingt. Heiterkeit und

Nachdenklichkeit verbinden sich zu einer neuen Qualität: einem Optimismus nicht oberflächlicher, sondern durchaus konflikthafter und gerade darum überzeugender, realistischer Art.

Violinkonzert (Konzertante Sinfonie für Violine und Orchester)

> Besetzung: Solo-Violine; 2 Flöten, 2 Oboen, 2 Klarinetten, 2 Fagotte, 2 Hörner, 2 Trompeten, Posaune, Pauken, Streicher
> Aufführungsdauer: 35 Minuten

Zu seinem 1953 entstandenen und 1954 uraufgeführten Violinkonzert bemerkte der Komponist: »Beim Anhören eines großen genialen Geigers erlebte ich staunend, wie sehr die Violine, in der Hand eines Meisters mit dem Menschen verwachsen, ganz und gar Ausdruck seiner seelischen und geistigen Persönlichkeit werden kann. Nicht die technische Virtuosität blieb mir im Gedächtnis haften, sondern die unmittelbare Begegnung mit dem Menschen. Dieses Erlebnis weckte in mir den Wunsch, ein Werk für die Geige zu komponieren, das vom Interpreten in erster Linie eben solche offene Aussprache erheischt. Das so entstandene Konzert mußte, um diesen Gedanken zu verwirklichen, von der üblichen Konzertform etwas abweichen. Es wurde ein viersätziges Gebilde, etwa einer Sonate vergleichbar. Virtuose Solokadenzen kommen darin nicht vor, wiewohl oft fast monologische Teile die Entwicklung kennzeichnen und überhaupt die Themen wie ihre Durchführung aus dem solistisch-geigerischen Moment hervorgehen.«

Ein langsamer, die Kantabilität des Soloinstrumentes betonender Satz steht am Beginn (Larghetto, h-Moll, $^3/_4$-Takt). Er bewegt sich »zwischen Melancholie und schwärmerischer Hoffnung« (Spies). Freundliche Töne klingen vor allem in einem G-Dur-Teil auf, in dem die Solo-Violine einen melodischen Gedanken intoniert, der als eine Art zweites Thema anzusehen ist und der sich im weiteren Verlauf immer stärker durchsetzt.

Energisch und voll dramatisch gespannter Aktivität ist der *zweite Satz* (Allegro vivace e con brio, As-Dur, alla breve). Auch hier steht dem stürmischen Beginn ein lyrischer Kontrast zur Seite: Über lichten E-Dur-Harmonien des Orchesters schwingt sich die Solo-Violine melodisch anmutig in die Höhe.

Der *dritte Satz* (Andantino grazioso e semplice, E-Dur, 4/8-Takt) könnte nach des Komponisten Worten »als Versenkung in die friedliche, vielfältige Schönheit der Natur« gedeutet werden. Ein zunächst von der Klarinette vorgetragener liedhafter Gedanke wird von der Violine aufgegriffen und kunstreich fortgesponnen. Wiederum sind Kontrastepisoden in die lyrische Entwicklung eingeschoben.

Als *Finale* (Allegro con brio, H-Dur, 12/8-Takt) erscheint ein tänzerisch gelöstes, virtuoses Rondo. In der Mitte dieses beschwingten Satzes erinnert Spies noch einmal an den langsamen Eröffnungssatz.

Bratschenkonzert

Besetzung: Solo-Bratsche; 2 Flöten (2. auch Pikkolo), 2 Oboen, 2 Klarinetten, 2 Fagotte (2. auch Kontrafagott), 2 Hörner, 2 Trompeten, Pauken, Streicher
Aufführungsdauer: 30 Minuten

Das dreisätzige Bratschenkonzert wurde im November 1960 vollendet und 1962 uraufgeführt. Auch in diesem sparsam, durchsichtig instrumentierten Werk findet Spies wieder zu jener dialektischen Verbindung von volkstümlicher Musizierfreude, tänzerischem Gestus und lyrischer Verhaltenheit, die viele seiner besten Orchesterwerke kennzeichnet.

Keck und schwungvoll stimmt das Soloinstrument im *ersten Satz* (Allegro con brio, e-Moll, 4/4-Takt) das Hauptthema an:

Von der Bratsche wird dann auch das weit ausgesponnene zweite Thema, ein inniger Gesang, espressivo vorgetragen.

Der *zweite Satz* (Adagio non troppo, As-Dur, 4/4-Takt), von einer sanft absteigenden Linie der sordinierten Violoncelli und Kontrabässe melancholisch eröffnet, bringt zunächst konduktartige Rhythmen der Bläser. Aus diesem Trauermarschrhythmus löst sich allmählich das Soloinstrument. Animato folgen dramatische Aufgipfelungen, energisches Passagenspiel. Im Andante-Mittelteil werden elegische Orchesterkantilenen vom Soloinstrument mit lockerem Figurenwerk umspielt.

Das *Finale* (Allegro vivace, e-Moll, alla breve) steckt voll schwungvoller, motorisch drängender Bewegung. Lyrische und keck witzige Passagen sind meisterlich eingearbeitet. Am Schluß erstirbt die Bewegung. Generalpausen wirken als »Unterbrecher«, die Solo-Bratsche stockt. In den Violoncelli murmelt pianissimo eine Melodiefloskel, ehe das Orchester mit einem energischen E-Dur-Akkord den humorigen Schlußpunkt setzt.

HJS

Louis Spohr 1784—1859

Spohr wurde am 5. April 1784 als Sohn eines Arztes in Braunschweig geboren. Die Eltern erkannten früh seine große musikalische Begabung und sorgten für eine gründliche Ausbildung. Bereits mit fünfzehn Jahren wurde Spohr als Geiger Mitglied der Kapelle des Herzogs von Braunschweig. Der ersten Konzertreise mit seinem Lehrer Franz Eck nach Petersburg schloß sich die erste selbständige 1804 an, der viele weitere folgen sollten. Meist begleitete ihn die Harfenvirtuosin Dorette Scheidler, die er 1806 geheiratet hatte. Von 1805 bis 1812 war Spohr Konzertmeister der Gothaer Hofkapelle. Hier begegnete er erstmals Carl Maria von Weber. Als nächstes übernahm Spohr für kurze Zeit in Wien das Amt des Direktors am Theater an der Wien. Nachdem er von Ende 1817 bis 1819 Opernkapellmeister in Frankfurt am Main gewesen war, erhielt er schließlich 1822 auf Empfehlung Webers das Amt des Hofkapellmeisters in Kassel, das ihm eine gesicherte Existenz garantierte. Um 1848 gestaltete sich Spohrs Verhältnis zu seinem Herrscher immer unerquicklicher. Gegen verschiedentliche Schikanen des Fürsten setzte sich der freiheitlich denkende Künstler energisch zur Wehr. Darum mußte er 1857 gegen seinen Willen in Pension gehen. Er starb am 22. Oktober 1859 in Kassel.

Spohr galt neben Paganini als größter Violinvirtuose seiner Zeit; vor allem bewunderten die Zeitgenossen sein beseeltes Adagiospiel. Auf die Entwicklung des Violinspiels hat er beträchtlichen Einfluß gehabt, vor allem auch über eine Reihe bedeutender Schüler (u. a. Ferdinand David, Moritz Hauptmann). Der Dirigent Spohr, der zu denen gehörte, die als erste einen Dirigentenstab benutzten, machte über die Grenzen Deutschlands hinaus von sich reden. Durch sein Mitwirken als Dirigent bei Musikfesten in Frankenhausen, Quedlinburg, Düsseldorf, Aachen und Braunschweig erwarb er sich beträchtliche Verdienste um die Entwicklung des progressiven bürgerlichen Musiklebens seiner Zeit.

Der Komponist Spohr, der zahlreiche Werke für alle Genres der Musik geschaffen hat, ist heute weitgehend vergessen. Zu Lebzeiten wurde er nicht nur als berühmter Violinkomponist geschätzt, sondern er galt auch als bedeutender Meister der Oper. Hier hat er in der Tat als Zeitgenosse Webers und Vorläufer Wagners, beim Übergang von der Nummernoper zur durchkomponierten Oper, wichtige Anregungen gegeben (beispielsweise in seiner romantischen »Faust«-Oper oder im »Berggeist«). Von Spohrs umfangreichem kompositorischem Schaffen interessieren heute im wesentlichen nur noch einige wenige Violinkonzerte. In ihnen wird einerseits deutlich, daß Spohr in der Bereicherung der Harmonik und des differenzierten Orchestereinsatzes neben Weber zur Entwicklung der musikalischen Sprache des 19. Jahrhunderts Bedeutendes beigetragen hat. Andererseits bleibt ein Hang zu weichlicher Idyllik ebenso unverkennbar. Und hier liegt wohl auch der Grund, weshalb Spohrs Schaffen, das einst bei den Zeitgenossen so überaus hoch geschätzt wurde, heute fast völlig vergessen ist. Es könnten aber einige seiner Violinkonzerte, auch einige seiner Sinfonien oder die Klarinettenkonzerte durchaus zur Repertoirebereicherung unserer Konzertveranstaltungen beitragen.

10 Sinfonien: Nr. 1 Es-Dur op. 20 (1811); Nr. 2 d-Moll op. 49 (1820); Nr. 3 c-Moll op. 78 (1828); Nr. 4 F-Dur op. 86 »Die Weihe der Töne« (1832); Nr. 5 c-Moll op. 102 (1837); Nr. 6 G-Dur op. 116 »Historische« (1839); Nr. 7 C-Dur op. 121 »Irdisches und Göttliches im Menschenleben« für 2 Orchester (1841); Nr. 8 G-Dur op. 137 (1847); Nr. 9 h-Moll op. 143 »Die Jahreszeiten« (1850); Nr. 10 Es-Dur (1857). – Ouvertüren und kleinere Werke.

Violinkonzerte: Nr. 1 A-Dur op. 1 (1803); e-Moll (1804); Nr. 2 d-Moll op. 2 (1804); A-Dur (1804); Nr. 3 C-Dur op. 7 (1806); Nr. 4 h-Moll op. 10 (1805); Nr. 5 Es-Dur op. 17 (1807); Nr. 6 g-Moll op. 28 (1809); Nr. 7 e-Moll op. 38

(1814); Nr. 8 a-Moll op. 47 »in modo di scena cantante« (1816); Nr. 9 d-Moll op. 55 (1820); Nr. 10 A-Dur op. 62 (1810); Nr. 11 G-Dur op. 70 (1825); Nr. 12 A-Dur op. 79 (1828); Nr. 13 E-Dur op. 92 (1835); Nr. 14 a-Moll op. 110 »Sonst und Jetzt« (1839); Nr. 15 e-Moll op. 128 (1844); (Nr. 12–14 = Concertini). – Klarinettenkonzerte: Nr. 1 c-Moll op. 26 (1808); Nr. 2 Es-Dur op. 57 (1810); Nr. 3 f-Moll (1821); Nr. 4 a-Moll (1828). – Concertanten: für Violine, Violoncello und Orchester C-Dur (1803); für 2 Violinen und Orchester A-Dur op. 48 (1808), h-Moll op. 88 (1833); für Harfe, Violine und Orchester As-Dur (1807), f-Moll (1807). – Konzert für Streichquartett und Orchester a-Moll op. 131 (1845).

Violinkonzert Nr. 8 a-Moll op. 47

Besetzung: Solo-Violine; Flöte, Klarinette, 2 Hörner, Fagott, Pauken, Streicher
Aufführungsdauer: 20 Minuten

In seiner Selbstbiographie berichtet Spohr, daß dieses Werk in der Schweiz entstanden sei. Unter dem 16. Mai 1816 notiert er: »Die tägliche Bewegung in der herrlichen, reinen, balsamischen Luft stärkt unseren Körper, erheitert unseren Geist und macht uns froh und glücklich. In solcher Stimmung arbeitet es sich auch leicht und schnell, und schon liegen mehrere Arbeiten vollendet vor mir, nämlich ein Violinconcert in Form einer Gesangs-Scene und ein Duett für zwei Violinen.«
Spohr hatte das Werk für eine Konzertreise nach Italien geschrieben und am 27. September 1816 in der Mailänder Scala unter Allessandro Rolla selbst uraufgeführt. Der Untertitel »In Form einer Gesangs-Scene« weist auf die Besonderheit der Anlage: Spohr wollte hier die Gesangsmelodik der Opernarie und die Charakteristika des vokalen Rezitativs in den instrumentalen Bereich übernehmen, d. h. dramatischen Gesang und Konzertform verbinden. Das Vorbild der italienischen Oper und auch der Verzicht auf sinfonisch ausgearbeiteten Orchesterpart sollten dem Werk (und dem Geiger Spohr) den Erfolg bei den italienischen Konzertbesuchern sichern helfen. Für uns ist dieses Werk charakteristisch für die beseelte, gefällige Melodik Spohrs überhaupt, seine Vorliebe für weiche Harmonisierung und seinen elegant-brillanten Violinstil.
Das Konzert besteht aus drei Abschnitten, die ineinander über-

gehen. Am Beginn steht ein energisches *Allegro molto* (⁴/₄-Takt), dessen Schwung in der einleitenden Melodie der 1. Violinen und Flöte gleichsam zusammengefaßt erscheint:

Zwischen die teilweise variierten Wiederholungen dieses Themas, das immer nur dem Orchester überlassen wird, tritt die Solo-Violine rezitativisch mit bald innig-melancholischen, bald kraftvoll antwortenden Partien. Ein *Adagio* (F-Dur, ³/₄-Takt) schließt sich an, das wie eine Da-capo-Arie geformt ist. Es wird von einer lyrischen Gesangsmelodie eröffnet, die die Solo-Violine aufgreift und kunstvoll ausziert. Der Mittelteil (As-Dur, ²/₄-Takt) bringt eine dramatische Steigerung, die in die variierte Wiederholung des F-Dur-Beginnes zurückführt. Ein dramatisches Rezitativ der Solo-Violine in Doppelgriffen (Andante, F-Dur, ⁴/₄-Takt) leitet zum Schlußteil, einem *Allegro moderato* (a-Moll/A-Dur, ⁴/₄-Takt), über. Dem scharf profilierten, in den punktierten Rhythmen auf französische Vorbilder weisenden ersten Thema

steht ein lyrischer Seitengedanke gegenüber, der an Erfindungen Rossinis denken läßt. Bei der solistischen Verarbeitung dieser melodischen Substanz fallen die zahlreichen, für Spohrs Geigenspiel charakteristischen Triller auf.

HJS

Jan Václav Stamic 1717—1757

Stamic wurde am 19. Juni 1717 in der ostböhmischen Stadt Deutsch Brod (heute Havlíčkův Brod) als Kind tschechischer Eltern geboren. Er erhielt den ersten Musikunterricht beim Vater, Antonín Ignác Stamic, der in seinen jungen Jahren das Organistenamt an der Deutsch-Broder Dekanalkirche innehatte. Die weitere musikalische Ausbildung des Knaben erfolgte vermutlich am Jesuitenkolleg in Iglau (heute Jihlava), das er von 1728 bis 1734 besuchte; in den folgenden Jahren hat er wahrscheinlich bei dem berühmten italienischen Violinisten und Komponisten Carlo Tessarini, der um diese Zeit in Brünn (Brno) wirkte, Violin- und Kompositionsunterricht genommen. Fest steht zumindest, daß Stamic sich in dieser Zeit zu einem virtuosen Violinspieler entwickelte und sich kompositorisch betätigte.

Anfang der 1740er Jahre verließ Stamic seine Heimat, weil sich ihm dort kein geeignetes Wirkungsfeld bot. Sehr bald mußte er der Kapelle des seit 1720 in Mannheim residierenden pfälzischen Kurfürsten Karl Philipp als Violinist angehört haben. Diesem lag die Pflege der Künste sehr am Herzen. So verstand er es zum Beispiel, für seine Hofkapelle nicht nur zahlreiche – die Kapelle bestand 1723 aus 55 Mitgliedern, einer für damalige Zeiten kostspieligen Seltenheit –, sondern vor allem auch gute Musiker zu gewinnen. Karl Philipps Nachfolger (1743–1778), Karl Theodor von Pfalz-Sulzbach, entfaltete ein noch luxuriöseres höfisches Leben. Künste sowohl wie Wissenschaften pflegte und förderte er in einem Maße, daß Mannheim »die Aufmerksamkeit Europas auf sich zog« (Hugo Riemann). Dank seinen hervorragenden Leistungen stieg Stamic nach wenigen Jahren zum 1. Hof-Violinisten und bald darauf schon zum Direktor der »Instrumental-Kammermusik« auf. Dieses Amt verpflichtete ihn, die wöchentlichen Hofkonzerte zu leiten und für diese Kompositionen aus eigener Feder zu liefern. Es gelang ihm binnen kurzer Zeit, die kurpfälzische Kapelle in ein sinfonisches Orchester im modernen Sinn umzuwandeln, das sich durch seine großartigen Aufführungen europäische Geltung verschaffte und mit seinem Aufführungsstil richtungweisend für die Entwicklung des Orchesterspiels in Europa wurde. Zum einen war die Ensembleleistung das Ergebnis einer von Stamic betriebenen Orchesterschulung, wie man sie vorher nicht gekannt hatte und aus der die einheitliche Technik der Streicher (die Geiger hatte er zum großen Teil selbst aus- oder zumindest doch weitergebildet) resultierte, zum andern war es die Neuartigkeit der von Stamic für dieses Orchester geschaffenen Kompositionen, vor allem der Sinfonien, die diese Ausführungsart verlangten. Beides, die neue Kompositionsstruktur und der neue orchestrale Aufführungsstil, bedingte einander: Stamic hatte »die Exekutionsart dem musikalischen Gefüge einkomponiert« (Hans Heinrich Eggebrecht). Mit

seinen für das Mannheimer Orchester bestimmten Werken wurde
Stamic zum eigentlichen Schöpfer eines spezifischen Orchesterstils,
denn die Sinfonien seiner Zeitgenossen heben sich in der Faktur
noch nicht deutlich genug von der Kammermusik ab.
Ebenso schnell wie der Ruhm des Mannheimer Orchesters und seines
Leiters — übrigens stand Stamic als Dirigent noch nicht vor den
Musikern, dem Publikum den Rücken zuwendend, sondern dirigierte
als Konzertmeister vom 1. Pult der Violinen aus — verbreitete
sich aber auch Stamicens Ruhm als Komponist. So ergingen
Einladungen aus Paris an ihn, und Stamic hielt sich hier 1751 und
1754/55 auf. Sein Aufführungsstil und seine Kompositionen brachten
ihm in Paris wie in Passy, wo er im Herbst 1754 mit dem leistungsfähigen
Orchester des Mäzenen de la Pouplinière musizierte,
begeisterten Widerhall. 1755 wurde Stamic auf zehn Jahre ein königliches
Privileg zum Druck seiner Instrumentalkompositionen in
Frankreich verliehen. Im Spätsommer 1755 kehrte Stamic nach
Mannheim zurück. Hier starb er, auf der Höhe seines Ruhmes,
knapp vierzigjährig, am 27. März 1757.
Stamic gehört zu den Schöpfern der Sinfonie als zyklischer Großform.
Und zwar bestehen seine reifen sinfonischen Werke aus einer
Folge von vier Sätzen: zwei schnellen Ecksätzen, einem langsamen
zweiten und einem Menuett als drittem Satz.
Seine von den Zeitgenossen in ihrer Neuartigkeit so bewunderten
Kompositionen sind sehr einfach gehalten. In ihrer unkomplizierten,
kantablen Melodiebildung und der starken Akzentuierung des
Taktes lehnen sie sich an Lied und Tanz an, und an die Stelle von
weit ausgesponnenen, aus einem motivischen Kern entwickelten
Teilen tritt Kurzgliedrigkeit in Form von aneinandergereihten
Takten und Taktpaaren mit stets wechselnder Motivik. Stamic' Formungsprinzip
im großen besteht nun darin, diese Sinneinheiten miteinander
korrespondieren zu lassen — vor allem durch Kontrast und
Wiederholung. Dieses Prinzip der Korrespondenz und Reihung findet
sich ebenfalls bei Lied und Tanz. Stamic übernimmt in seine
Werke sogar direkt Melodieteile und -floskeln aus der Volksmusik,
so verwendet er beispielsweise in seiner Pastoralsinfonie,
op. 4, Nr. 2, den zweiten Teil des weit verbreiteten »Großvatertanzes«
als motivisches Grundmaterial (bei Bach begegnen Teile
dieses Tanzes in der Bauernkantate, bei Schumann im letzten Stück
der »Papillons«), idiomatische Wendungen aus der Hirten- und
Jagdmusik sind vielfach in seine Musik eingearbeitet, und seine
Menuette sind oft genug wirkliche Volkstänze. In den langsamen

Sätzen ist es meist eine innige Empfindungssprache, »die Sprache des Herzens« (Rousseau), die Stamic zu finden weiß. Durch diese und andere Gemeinsamkeiten mit der volkstümlichen und der Volksmusik sowie durch die empfindsamen Seiten seiner Musik eignen seiner Kunst ausgesprochen »revolutionär-vorausschauende, bürgerlich-demokratische« (Ernst H. Meyer) Züge, die Stamic zu einem frühen Klassiker stempeln.

Stamic ist auch der Schöpfer eines spezifischen Orchesterstils. Seine Merkmale sind: Das diskontinuierliche musikalische Geschehen ist mit einer differenzierten Instrumentierung verknüpft, die Bläser werden als selbständige Gruppe behandelt, breit angelegte, wirksame Steigerungen sind eingebaut, das Satzgefüge macht das Mitwirken eines Cembalos als Generalbaßinstrument überflüssig. Daneben ist Stamic der Begründer des modernen Orchesterspiels und der erste große Orchestererzieher in Europa. Durch sein Wirken gelang es ihm, der Entwicklung des öffentlichen Konzertlebens in vielfacher Weise gerecht zu werden. So nimmt es auch nicht wunder, daß Stamic im fortschrittlichen Paris, wo die Ideen- und Gedankenwelt der Aufklärung, die die Französische Revolution vorbereiten half, das kulturelle Leben schon allenthalben befruchtete, ein besonders starkes Echo fand.

Stamic war ein ausgesprochener Instrumentalmusikkomponist. Außer einigen wenigen liturgischen Vokalwerken schrieb er eine große Anzahl Sinfonien, mehrere Orchestertrios, etliche Konzerte für verschiedene Soloinstrumente, darunter das früheste Klarinettenkonzert, sowie Sonaten für Violine mit und ohne Begleitung und einige Triosonaten für verschiedene Besetzung.

Rund 60 Sinfonien; 10 Orchestertrios. – 14 Violinkonzerte (10 überliefert); 6 Cembalokonzerte (auch für Orgel oder Klavier, nur 1 vollständig erhalten, von den andern nur die Solostimme); 8 Flötenkonzerte (1 auch in einer Fassung für Bratsche); 1 Oboenkonzert; 1 Klarinettenkonzert.

Sinfonie D-Dur op. 5 Nr. 2

Besetzung: 2 Flöten, 2 Oboen, 2 Fagotte, Streicher; Cembalo ad lib.

Aufführungsdauer: 15 Minuten

Der *erste Satz* (Presto – in manchen Ausgaben Allegro –, D-Dur, 4/4-Takt) ist gekennzeichnet durch rhythmische Prägnanz und einen starken motorischen Impetus. Geformt ist er in erweiterter Zweiteiligkeit: Der zweite, in der Dominanttonart stehende Teil, der kurz vor dem Schluß wieder zur Grundtonart zurückkehrt, enthält sowohl Material aus dem ersten Teil als auch neues Material, doch wird nichts durchgeführt oder verarbeitet, sondern nur anders geordnet und höchstens einmal etwas modifiziert; die Schlußtakte knüpfen beim Schluß des ersten Teils an, wodurch ein Bogen zwischen beiden Teilen geschlagen und die Form geschlossen wird. – Wie Stamic es bei seinen Sinfonien häufig tut, eröffnet er auch diese mit einer (nicht extra gekennzeichneten) Einleitung – hier umfaßt sie 4 im Unisono vom gesamten Orchester gespielte Takte. Unter dem motivisch wichtigen Material des Satzes finden sich die für Stamic typischen diatonischen Skalen und rhythmisch pointierte, aus Sprüngen, Tonwiederholungen und Doppelschlägen gebildete Figuren von ausgesprochen aktivem, die Bewegung vorantreibendem Charakter, die am häufigsten in dieser Gestalt auftreten:

Das kantable Element besteht aus kurzen, volkstümlichen Melodiefloskeln, die in einem Fall an Abgesänge aus Volksliedern oder Volkstänzen anklingen, vielleicht sogar direkt aus solchen entlehnt sind. – Stamic verfährt mit diesem meist schon aus doppeltaktigen Sinneinheiten bestehenden Material nach dem bereits erwähnten Prinzip, es auf verschiedene Weise zu ordnen und es auch zu größeren Sinneinheiten zusammenzufassen. Bei aller Kleingliedrigkeit entsteht durch die übergreifenden Sinneinheiten und Stamicens kunstvolle orchestrale Anlage – z. B. harmonische Großflächigkeit und ausgewogene, abwechslungsreiche Instrumentation – ein abgerundetes Ganzes. Die orchestrale Anlage zeigt sich auch in einigen großangelegten Steigerungen, die Stamic durch Koordinierung melodischer, rhythmischer, harmonischer, dynamischer und instrumentatorischer Mittel erreicht: durch breite Tremoloabschnitte der Streicher, Unisonopartien entweder des ganzen Orchesters oder einiger Instrumentengruppen, klang- und ausdruckssteigernde Verwendung der Bläser.

Der *zweite*, den Streichern vorbehaltene *Satz* (Andante – in andern Ausgaben Andantino –, G-Dur, $2/4$-Takt) weist zweiteilige Liedform von der nicht häufigen Art auf, deren zweiter Teil eine Variante des ersten ist. Die 1. Violinen sind allein Träger der Melodiestimme, die anderen Streicher begleiten meist in schlichten Akkorden, die 2. Violinen streckenweise in Terzparallelen, bei Binnenschlüssen vereinigen sich die Stimmen oft zu einem Unisono. Die Melodie selbst ist aus verschiedenartigen kurzgliedrigen Sinneinheiten zusammengefügt. Mit ihren synkopierten, inständig drängenden Tonwiederholungen, ihren wiegenden Triolenketten, ihren Trillerfiguren, die oft in einem in die Höhe schnellenden Sextensprung enden, und ihrer verhaltenen Grundlautstärke ist sie von schwebender Anmut und schlägt einen für diese Zeit neuen, menschlich warmen Ton an.

Einen wirksamen Kontrast zum zarten langsamen Satz bildet das *Menuett* (D-Dur). Stamic ersetzt hier die höfische Tanzform durch einen echten Volkstanz mit regelmäßiger Viertaktgliederung.

Die einfache, sangbare Melodik, die den Schein des Bekannten hat, die Volltaktigkeit, die starke Betonung des ersten Taktteils und das häufige Unisono von Bläsern und Streichern verleihen dem Tanz den Charakter bäurischer Derbheit und fröhlichen Ausgelassenseins. Das Trio (G-Dur) ist ein Solo der Holzbläser. Sie tragen einen wiegenden, innigen, ganz im Piano gehaltenen Ländler vor, den die Streicher bordunähnlich begleiten. Es folgt die Wiederholung des fröhlich stampfenden Menuetts.

Der *vierte Satz* (Prestissimo, D-Dur, ⁶/₈-Takt) ist von einem dahinhuschenden, alles mitreißenden Bewegungszug getragen, dem nur hin und wieder zarte, lyrische Mollepisoden ein wenig Einhalt gebieten. Die formale Anlage ähnelt der dreiteiligen Liedform. Das motivische Material des Satzes – es sind diatonische Schritte innerhalb eines relativ engen Intervallraumes, kantable Dreiklangsmelodik, meist auf-, seltener absteigende Skalen sowie Dreiklangsbrechungen (zum Teil über pochenden Tonrepetitionen in den tieferen Stimmen), die den Raum von zwei Oktaven durchmessen und auf dem Spitzenton kurz verweilen (die sogenannten Mannheimer Raketen), all das ist gepaart mit einfachsten rhythmischen Bildungen – wird auf unterschiedliche Weise zu größeren Sinneinheiten zusammengefaßt. Von solchen sind hervorzuheben die spielfreudigen Soli der Holzbläser, die mehrmals eine heitere, marschähnliche Melodie anstimmen;

die imitatorisch gehaltenen Mollepisoden, die sich wie Inseln in der rasch fließenden Umgebung ausnehmen, sowie die Schlußbildungen, die sich zusammensetzen aus einem oft verwendeten, aus einer volkstümlichen Melodiefloskel bestehenden Doppeltaktmotiv, das nach mehrmaliger Wiederholung die Anfangsmotivik noch einmal aufgreift und erst dann in die den Schluß bekräftigenden, mehrfach wiederholten Akkorde mündet.

LB

Richard Strauss 1864—1949

Als Richard Strauss am 11. Juni 1864 in München geboren wurde, begannen nicht weit vom Geburtshaus Altheimer Eck 4 die Proben zur Uraufführung des »Tristan«. Der Vater, Franz Joseph Strauss, Solo-Hornist am Münchner Hoforchester, saß am ersten Pult. Die väterlichen Ahnen, meist Türmer, waren in der Oberpfalz ansässig;

mütterlicherseits entstammt Strauss der bekannten Münchner Brauereifamilie Pschorr. Die schöpferische Begabung Strauss' trat bereits im Kindesalter zutage. Eine strenge kompositorische Schule hat der Junge nicht genossen. Vom Vater im Geiste der klassischen Musik gegen Wagner erzogen, erhielt er Unterricht bei befreundeten Mitgliedern der Hofkapelle wie Benno Walter (Violine) und F. W. Meyer (Harmonielehre, Instrumentation). Dem Besuch des Gymnasiums folgten einige Semester Universitätsstudium.
Der vielversprechende junge Kapellmeister wurde von Hans von Bülow entdeckt. Er berief Strauss 1885 nach Meiningen. Im Jahr darauf ging Strauss als 3. Kapellmeister an die Münchner Hofoper; ab 1889 wirkte er in leitender Position am Weimarer Hoftheater; 1894 kehrte er nach München zurück. Seine Laufbahn erreichte ihren äußeren Höhepunkt 1898 mit der Berufung zum 1. Hofkapellmeister der Berliner Lindenoper (neben ihm wirkte bis 1912 Karl Muck, später dann Leo Blech) und 1908 mit der Ernennung zum Königlich Preußischen Generalmusikdirektor. Seine vielfältigen kompositorischen Aufgaben veranlaßten Strauss, 1910 die Leitung der Oper aufzugeben und nur die Führung der Konzerte beizubehalten. Noch einmal übernahm er ein verantwortliches Amt: 1919–1929 stand er zusammen mit Franz Schalk an der Spitze der Wiener Staatsoper. Anschließend ging er keine feste berufliche Bindung mehr ein. Er lebte nur noch seinem Schaffen, teils in Garmisch, teils in Wien, nur unterbrochen von Reisen als unermüdlicher Gastdirigent. Strauss, der seine Hauptwerke auf dem Gebiet der Oper, der Sinfonischen Dichtung und des Liedes schuf, starb kurz nach seiner Rückkehr aus der Schweiz, die er im Herbst 1945 durch Vermittlung von Freunden aufgesucht hatte, am 8. September 1949 hochbetagt in seinem Garmischer Landhaus, wo auch seine Urne Platz fand.
Wir sehen im Lebenswerk von Richard Strauss heute einen der letzten Glanzpunkte spätbürgerlicher Musikkultur, die ihre entscheidenden Kräfte aus Wagners »Tristan« bezog und die er mit allen Möglichkeiten psychologisch verfeinerter Orchestertechnik auswertete. Aber der gebürtige Bayer Strauss hat sich in seiner gesunden Diesseitigkeit in nur ganz wenigen Werken an eine Kunstauffassung verloren, die man als morbid oder dekadent bezeichnen muß. Die Höhepunkte des sich über sechzig Jahre erstreckenden Schaffens liegen deutlich in den Tondichtungen und Opern, die dem Leben zugewandt sind, das Schöne und Gute besingen. Die dekorative Pracht leuchtenden und sinnenfrohen Klanges ist bei Strauss

freudiger Abglanz des Lebens, wie er aus seiner Zeit heraus empfand und dem er, auch im Widerspruch, stets verbunden blieb.

Wie kaum ein zweiter bedeutender Komponist des ausgehenden 19. und beginnenden 20. Jahrhunderts hat Strauss viele Wandlungen äußerer und innerer Art durchgemacht. Nach den konservativen Anfängen des Brahms-Nachfahren wurde er innerhalb weniger Jahre zum Repräsentanten der »Moderne«, zum Neuerer und Neutöner. Man empfand die Orchesterwerke der Jahrhundertwende (»Don Quixote«, »Ein Heldenleben«, »Sinfonia domestica«) als »revolutionär«. Seine Kunst, als geistig-sinnliche Erscheinung eng mit dem Weltbild der wilhelminischen Epoche verbunden, war in ihrer Zeit wirklich, wie Romain Rolland sagte, das »letzte europäische Ereignis in der Musik«. Leidenschaftliche Zustimmung stritt mit eisiger Ablehnung; Überbewertung wie Unterschätzung bedrohten sein Schaffen. Für uns heute hat sich das Bild des Musikers Strauss verändert. Wir wissen: Im Grunde seines Wesens war er kein Umstürzler, auch kein »Revolutionär«. Wohl hat er mit wachen und oft auch kühlen Sinnen Ausschau nach Neuem gehalten, hat mit Frische, Naivität und Wagemut dieses Neue im Sinne seiner Zeit eingefangen; doch überall packte er das Gegenständliche, Vordergründige. Die Welt des Hellwachen, die Bereiche des Sinnlich-Spirituellen, des Virtuos-Glänzenden – das sind die Zonen, in denen er sich glücklich und erfolgreich mit dem Schwung der Jugend und der Erfahrung der Reife bewegt hat. Seit Strauss nach dem expressionistischen Aufruhr der »Elektra« (1908) die »Mozartsche Wendung« zum »Rosenkavalier« (1910) und zur »Ariadne« (1912) vollzog, bekannte er sich immer mehr zum Ideal des Lichten und Gelösten. Mit seinen Alterswerken, dem Konversationsstück für Musik »Capriccio« (1941) und den letzten Bläsersonatinen wie den konzertanten Werken, hat er eine schöngeschwungene Linie zum Ausgangspunkt seines Schaffens zurückgeführt. Er ist im großen Vorbild der Musik der Klassik zu suchen.

Weniger im Bereich von intimer Lied- und Kammermusik als vielmehr auf dem Gebiet der Orchestermusik und der Oper hat Strauss seine Bedeutung gewonnen. Er trat hier das Erbe von Berlioz und Liszt an, baute die Form der Sinfonischen Dichtung musikalisch eigenständiger aus als seine Vorgänger. Im »Don Juan« und in den folgenden Tondichtungen sind musikalische Elementarformen wie Sonate, Rondo und Variation programmatisch genial ausgewertet. Strauss war sich keinen Moment darüber unklar, daß jede dieser Partituren eine bestimmte formale Bindung benötigte, um als geistig-sinnliche Einheit zu erscheinen. »Neue Gedanken müssen sich neue Formen suchen, dieses Lisztsche Grundprinzip seiner sinfonischen Werke, in denen tatsächlich die poetische Idee auch zugleich das formbildende Element war, wurde mir der Leitfaden für meine eigenen sinfonischen Arbeiten.« Stets bekannte sich Strauss im Unterschied zu Liszt zu einer unmetaphysischen, vitalen Realitätsmusik. Wo er (wie bei »Tod und Verklärung« oder »Also sprach Zarathustra«) diese Linie vorübergehend verließ, bildete sich sogleich ein Zwiespalt zwischen Inhalt und Form. Ob Strauss die erotischen Abenteuer Don Juans schilderte, die übermütigen Schelmenstreiche Tills oder die wunderlichen Unternehmungen Don Quixotes – immer hat der Musiker die volle Gewalt über die poetisch-realistische Vorlage; immer gibt er sich als denkender Mensch zu erkennen, der sich von seiner bürgerlichen Warte aus durchaus kritisch und selbständig mit der spießigen, prüden Gesellschaft seiner Zeit auseinandersetzt.

Mit der natürlichen Wärme und dem bezaubernden Schwung seiner melodischen Einfälle, mit der Farbigkeit seiner blühenden Klänge, mit brillantem orchestertechnischem Können verwandelt er die teilweise recht unliterarischen »Dichtungen« zu Tonwerken von stark emotionalem Gehalt. Wichtig zu erkennen: die einzigartige Qualität der Instrumentation bekundet sich bei Strauss in der Tatsache, daß er in seinen Partituren die Klangfarbe nicht einfach als einen der Melodik und Harmonik hinzugefügten Schmuck verwendet. Seine Kunst liegt vielmehr darin, die individuelle Orchesterfarbe jeweils aus Stimmung und Charakteristik des Augenblicks zu erfinden – »orchestral denken«, wie es vor ihm schon Dvořák (übrigens beim Anhören des »Don Quixote«) als Grundbedingung jeder Komposition für Orchester erkannte. Für den »Farbkünstler« Strauss gilt, was Franz Schalk über die Partitur der »Frau ohne Schatten« so vortrefflich formulierte: die Instrumentation sei »durchaus abhängig von der Erfindung, von der Eingebung. Schlecht konzipierte Musik kann kein Gott gut instrumentieren, es sei denn, daß man müßig kindisch-barbarische Klangspielerei für Instrumentationskunst nähme ... Was die Strauss-Partituren so ›gut‹ klingend macht, ist nicht das Raffinement in der Behandlung der einzelnen Instrumente, sondern die Kunst seines musikalischen Satzes, der Reichtum und die Logik seiner Stimmführung.«

Im Bestreben, die »Bilder« so plastisch wie möglich vor den Hörer hinzustellen, nimmt freilich bei den späteren Tondichtungen (»Don

Quixote« bis »Alpensinfonie«) das Malende, Beschreibende, Illustrative verhältnismäßig breiten Raum ein. Blöken einer Hammelherde, Kampfgetümmel, Ehestreit, Niederstürzen eines Wasserfalls, Gewitter, Sonnenaufgang – es gibt in der Welt des Lebenden und Gegenständlichen, in Welt und Natur kaum etwas, das Strauss nicht überzeugend »echt« in Töne gefaßt hätte. Bei seinen frühen Meisterwerken (»Don Juan«, »Till«, »Zarathustra«) ist es dem Komponisten gelungen, diese rein deskriptiven, naturalistischen Züge ins sinfonische Geschehen einzuordnen; später hat er die ästhetischen Grenzen in dieser Hinsicht mehrfach überschritten. Trotzdem wollte Strauss seine Programmusik stets primär als musikalisches Bekenntnis verstanden wissen, das keineswegs die genaue Kenntnis des ihm zugrunde liegenden »Programms« verlangt. Sehr klar hat er das 1929 formuliert: »Auch Programmusik ist nur da möglich und nur dann in die Sphäre des Künstlerischen gehoben, wenn ihr Schöpfer vor allem ein Musiker mit Einfalls- und Gestaltungsvermögen ist. Sonst ist er ein Scharlatan, denn selbst in der Programmusik ist die erste und wichtigste Frage immer die nach der Werthaftigkeit und Stärke des musikalischen Einfalls.«

Strauss als musikalische Gesamterscheinung vereint in eigener, die Tradition zu Neuem verschmelzender Sprache die geistbewegte Grazie und Wärme Mozarts mit dem glühenden Gefühlsausdruck Wagners. Seine Werke, im Inhaltlichen subjektiv und oft zeitgebunden, dürfen zu einem großen Teil dem bedeutenden humanistischen Erbe der Musik zugerechnet werden.

Suite für 13 Blasinstrumente B-Dur op. 4 (1884); Serenade für 13 Blasinstrumente Es-Dur op. 7 (1882?); Sinfonie f-Moll op. 12 (1884); Sinfonische Fantasie »Aus Italien« G-Dur op. 16 (1886); Tondichtung »Don Juan« nach Nikolaus Lenau op. 20 (1889); Tondichtung »Macbeth« nach Shakespeare op. 23 (1888; 2. Fassung 1890); Tondichtung »Tod und Verklärung« op. 24 (1889); »Till Eulenspiegels lustige Streiche« op. 28 (1895); Tondichtung »Also sprach Zarathustra« frei nach Nietzsche op. 30 (1896); Fantastische Variationen »Don Quixote« nach Cervantes op. 35 (1897); Tondichtung »Ein Heldenleben« op. 40 (1898); Sinfonia domestica op. 53 (1903); Festliches Präludium op. 61 (1913); »Eine Alpensinfonie« op. 64 (1915); Orchestersuite »Der Bürger als Edelmann« (1920 aus den Bühnenmusiken op. 60 von 1912 und 1917 zusammengestellt); Orchestersuite »Schlagobers« (1932 aus dem gleichnamigen Ballett op. 70, 1924); 1. Sonatine für 16 Blas-

instrumente F-Dur (1943); »Der Rosenkavalier«. 1. Walzerfolge (freie sinfonische Fassung mit neuem Schluß) (1944) und Suite (1945); 2. Sonatine für 16 Blasinstrumente Es-Dur (1945); »Metamorphosen«. Studie für 23 Solo-Streicher (1945); Sinfonische Fantasie »Die Frau ohne Schatten« (1946); Sinfonisches Fragment »Josephslegende« (1947); Märsche, Walzer.
– Bearbeitungen von Klavierstücken François Couperins für kleines Orchester: Tanzsuite (1923), Divertimento op. 86 (1941).
Violinkonzert d-Moll op. 8 (1882); Hornkonzerte Nr. 1 Es-Dur op. 11 (1883), Nr. 2 Es-Dur (1942); Burleske für Klavier und Orchester d-Moll (1886); Konzert für Oboe und kleines Orchester (1946; neuer Schluß 1948); Duett-Concertino für Klarinette und Fagott mit Streichorchester und Harfe (1947).

»Don Juan« op. 20

Besetzung: 3 Flöten (3. auch Pikkolo), 2 Oboen, Englischhorn, 2 Klarinetten, 2 Fagotte, Kontrafagott, 4 Hörner, 3 Trompeten, 3 Posaunen, Baßtuba, Pauken, Schlagzeug, Glockenspiel, Harfe, Streicher
Aufführungsdauer: 17 Minuten

Dem jungen Richard Strauss, der bis jetzt auf dem Gebiet der Programmusik nur die bilder- und farbenreiche Orchesterfantasie »Aus Italien« vorzuweisen hatte, gelang nun (1889) mit seinem »Don Juan«, einer knapp gefaßten Tondichtung für großes Orchester, gleich ein bedeutender Wurf. Bis heute hat dieses Werk des kaum vierundzwanzigjährigen Komponisten, von ihm selbst am 11. November 1889 mit der Weimarer Hofkapelle zur Uraufführung gebracht, nichts von seiner Wirkungskraft eingebüßt. Hier, wo Strauss mit erstaunlicher Sicherheit die Linie Berlioz–Liszt weiterentwickelte, überraschte der junge Tondichter zum erstenmal mit jener geschmeidigen, sprühenden Klanggebärde, die fortan zu den typischen Merkmalen seines Instrumentalstiles wurde. Im »Don Juan« hat man die Quintessenz der Musizierhaltung von Strauss, die sich durch alle Stilwandlungen seines Schaffens behauptete. Hinreißender, jugendlich-ungestümer Elan befeuert diese Musik, die trotz aller Oberflächenspannung nicht geistig-sinnlicher Aussagekraft entbehrt. Wir wissen heute, daß der junge Stürmer und

Dränger das kühn konzipierte Stück als leidenschaftlichen Protest gegen das Spießertum der bürgerlichen Gesellschaft schrieb; daß in dieser Partitur all das Niederschlag fand, was der junge Kapellmeister der Münchner Hofoper an traurigen Erfahrungen erleben mußte. Das Ewig-unbefriedigt-Sein, das Immer-weiter-Müssen, wie es uns aus dem »Don Juan« entgegenklingt, ist nur durch die besonderen Lebensumstände verständlich, denen dieser Geniestreich des jungen Meisters sein Entstehen verdankt.

Strauss fand die »poetische Idee« für seine Tondichtung in Nikolaus Lenaus dramatischem Fragment »Don Juan«, aus dem er Teile auswählte und der Partitur voransetzte. Die wichtigsten Verse lauten:

> Den Zauberkreis, den unermeßlich weiten,
> Von vielfach reizend schönen Weiblichkeiten
> Möcht' ich durchziehn im Sturme des Genusses,
> Am Mund der Letzten sterben eines Kusses.
> O Freund, durch alle Räume möcht' ich fliegen,
> Wo eine Schönheit blüht, hinknien vor jede
> Und wär's auch nur für Augenblicke, siegen...
> Ja! Leidenschaft ist immer nur die neue;
> Sie läßt sich nicht von der zu jener bringen,
> Sie kann nur sterben hier, dort neu entspringen,
> Und kennt sie sich, so weiß sie nichts von Reue...

Gewiß: Strauss hat sein Werk nach einem bestimmten literarischen Programm geschrieben. Aber der Musiker »illustriert« hier nicht das Gedicht, sondern bringt dessen Empfindungsgehalt realistisch zum Ausdruck, der gar nicht der detaillierten Erklärung des Wortes bedarf. Seine Tondichtung, in frei behandelter Sonatenform entworfen, benutzt Lenaus Gedicht nur als Leitgedanken. Alles Inhaltliche vollzieht sich beim »Don Juan« allein aus dem musikalischen Einfall heraus – die von Strauss gewählten Motive und Klangsymbole besitzen gerade hier auch ungewöhnliche Plastizität.

Die Verwegenheit des Helden wird uns sofort mit einem kühn anspringenden E-Dur-Thema (Allegro molto con brio, Alla-breve-Takt) vorgestellt: »Hinaus und fort nach immer neuen Siegen, solang der Jugend Feuerpulse fliegen!« Nach dem Überschwang folgt das Verlangen: das im unwiderstehlichen Kraftbewußtsein mit den pulsierenden Holzbläsersextolen vorgetragene Don-Juan-Thema.

Strauss

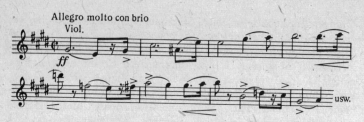

Den verführerischen, stürmisch-glutvollen Klanggestalten, die den eleganten Kavalier und kühnen Abenteurer charakterisieren, werden lyrischere Episoden zugesellt. Das schwärmerische Violinsolo in höchster Lage deutet auf eine schöne, berückende Frau, die das Opfer des Verführers zu werden droht. Seine leidenschaftliche Werbung klingt dagegen aus der schwungvoll-sinnlichen Geigenkantilene mit einem prächtigen Kontrapunkt in der Hornmittelstimme. Eine zart seufzende Oboenmelodie, das eigentliche lyrische Seitenthema,

zeigt den dämonischen Helden (der allerdings nie mit der »sinnlichen Genialität« der Mozartschen Operngestalt zu verwechseln ist) in einer neuen Liebessituation. Sie wird jäh durch das zweite Don-Juan-Thema unterbrochen, das, ungemein prägnant im Schnitt, »sehr energisch«, von den Violinen umschwirrt, in den Hörnern aufglänzt. Ein Tonsymbol von suggestiver Eindringlichkeit:

Damit ist der Höhepunkt des Werkes erreicht. »Und plötzlich ward die Welt mir wüst umnachtet... und kalt und dunkel ward es auf dem Herd.« Mitten in ein jauchzendes Glissando der Harfe und in drängende Akkorde des Orchesters schneidet eine Generalpause. Unheilvoll murmelt die Pauke, stockende Dissonanzen der Bläser (poco a poco più lento) – das feurige E-Dur ist zum fahlen, verglimmenden e-Moll geworden. Dennoch wirkt dieser Mollschluß nicht pessimistisch. Er ist nur Verweilen vor neuem Erblühen des Lebens.

»Till Eulenspiegels lustige Streiche« op. 28

> Besetzung: Pikkoloflöte, 3 Flöten, 3 Oboen, Englischhorn, 3 Klarinetten (eine in D), Baßklarinette, 3 Fagotte, Kontrafagott, 4 Hörner, (4 Hörner in D ad lib.), 3 Trompeten, (3 Trompeten in D ad lib.), 3 Posaunen, Baßtuba, Pauken, Schlagzeug, Streicher
> Aufführungsdauer: 18 Minuten

An Volkstümlichkeit wird der »Don Juan« nur von der Tondichtung »Till Eulenspiegels lustige Streiche« – »nach alter Schelmenweise in Rondeauform für großes Orchester gesetzt« – übertroffen. Das Werk des einunddreißigjährigen Meisters, am 5. November 1895 im Kölner Gürzenich unter Franz Wüllner uraufgeführt, ist die Abrechnung des jungen Münchner Opernkapellmeisters und Komponisten mit spießbürgerlicher Borniertheit und Rückständigkeit, die dem Wagemut der Jugend verständnislos gegenüberstanden. Strauss goß seinen ätzenden Spott vor allem über jenen denkfaulen Teil des Münchner Publikums aus, der sich »aus niedrig denkenden Bankiers und Kaufleuten zusammensetzt« und mit dem dramatischen Erstlingswerk »Guntram« herzlich wenig anzufangen wußte.

Ursprünglich plante er eine komische Oper, deren Held der Schelm Till sein sollte. Dann entschloß er sich endgültig zur Form einer Sinfonischen Dichtung. Das Problem dieser Musikgattung, ein literarisches Programm in geschlossener musikalischer Form wiederzugeben, löste Strauss glänzend – ein Orchesterscherzo aus einem Guß, wie die neuere Musikliteratur kaum ein zweites aufweist, entstand. Strauss hat das Werk in »Rondeauform« (wie es bewußt altertümelnd heißt) komponiert. Sicher deckt sich der spaßige, quicklebendige, mobile Musizierstil weitgehend mit dem humorigen, lebensfrohen Naturell des süddeutschen Musikers.

Der Komponist sträubte sich zunächst, sein Programm bekanntzugeben, da es »in Worte gekleidet, sich oft seltsam genug ausnehmen, ja vielleicht sogar Anstoß erregen« würde. Seine handschriftlichen Bemerkungen in der Partitur geben einen Anhalt für die Abfolge der Bilder, wobei dem »Hörer noch genügend Möglich-

keiten bleiben, die Nüsse aufzuknacken, die ihnen der Schalk verabreicht«. Ob man sich nun an ein Programm der verschiedenen Streiche Tills hält oder nicht – die Musik macht sich dem Hörer auf jeden Fall verständlich.
Nur wenige gemütvolle Einleitungstakte (Gemächlich, 4/8-Takt) stellt Strauss an den Beginn seiner virtuos gearbeiteten Partitur. Streicher, Klarinetten und Fagotte stimmen ihr behagliches »Es war einmal« an; und dann beginnt das übermütige Spiel mit der Hauptschelmenweis'. Vom Solo-Horn intoniert, wird sie zum Bindeglied des ganzen Werkes:

In den mannigfaltigsten Veränderungen und Verkürzungen tritt diese lustige Melodie auf. Später folgt die freche Schelmengebärde des eigentlichen Till-Motivs, das namentlich von den Holzbläsern und hier wieder von der selten verwendeten »spitzen« Klarinette in D für sehr originell-komische Wirkungen benutzt wird:

Bekannte Bilder ziehen am Hörer vorüber: Till unter den keifenden Marktweibern, denen er die Körbe umwirft und die Töpfe zerbricht; Till als wandernder Prediger, der die Landstraße entlangzieht und die Leute nasführt; wie er sich gar ernstlich verliebt und ob der schnöden Ablehnung in helle Wut gerät. Seinen Zorn läßt er an den trockenen Männern der Wissenschaft aus, die er verhöhnt. (Der »Ausbund der Philisterei, die Professoren und Gelehrten« werden durch 3 Fagotte, Baßklarinette und Kontrafagott höchst »trocken« gezeichnet.) Mit einem frechen Gassenhauer, den sich Strauss mitten aus dem Volke geholt hat, zieht Till weiter. Doch nun ereilt ihn die »Welt«, die er so oft verspottet: vor dem Gericht wird er peinlich befragt – viermal wiederholt das Orchester »drohend« die Frage. Beim dritten Mal kommt die Antwort schon zögernd und verängstigt (Klarinette in D »entstellt«), und schließlich winselt er nur noch »kläglich« (Trompeten und Hörner mit Dämpfern). Dumpf ertönen die Posaunen des Gerichts, die das Urteil bekanntgeben: den Tod durch den Strang. Schon geht dem Spötter mit dem letzten Flötentriller die Luft aus. Das Nachspiel setzt nochmals im schlichten Volkston ein, lacht dann mit Tills Motiv laut auf: er war doch ein Teufelskerl, der Eulenspiegel!

»Tod und Verklärung« op. 24

> Besetzung: 3 Flöten, 2 Oboen, Englischhorn, 2 Klarinetten, Baßklarinette, 2 Fagotte, Kontrafagott, 4 Hörner, 3 Trompeten, 3 Posaunen, Baßtuba, Pauken, Schlagzeug, 2 Harfen, Streicher
> Aufführungsdauer: 24 Minuten

Neben »Don Juan« und »Till«, den beiden Haupttreffern seiner Programmsinfonik, neben dem nur noch gelegentlich zu hörenden herbkraftvollen »Macbeth« (nach Shakespeare) komponierte Strauss mehrere Tondichtungen, deren Inhalt uns heute ferngerückt ist. »Tod und Verklärung«, am 21. Juni 1890 auf dem Eisenacher Tonkünstlerfest unter der Leitung des Komponisten uraufgeführt, ist die Frucht seiner Beschäftigung mit Schopenhauers Philosophie während der Münchner und der Weimarer Jahre. Das Werk mit einer Erkrankung von Strauss oder von Freunden in Beziehung zu bringen läßt sich historisch nicht rechtfertigen. Alles, was in dem Tonpoem vorgeht, entsprang der Phantasie des Komponisten. Irdisches Leid und himmlischer Sieg werden in dem melodisch reichen, die Ausdrucksbereiche des Weihevollen und Hymnischen bevorzugenden Werk in einer klanglich und formal sinnfälligen Weise besungen, die es ihm bei seinem Erscheinen besonders leicht machte, in die Breite zu dringen. Heute ist »Tod und Verklärung« gegenüber den weniger idealistischen und pathetischen Orchesterwerken in den Schatten getreten. Man kann die »Tondichtung für großes Orchester« (der Alexander Ritter erst nachträglich die leider häufig in den Programmen abgedruckten schwülstigen Verse unterlegte) ohne jede Anspielung auf außermusikalische Einflüsse als einen sinfonischen Sonatensatz erklären, der von einer großen getragenen Introduktion (Largo, c-Moll, $^4/_4$-Takt) eröffnet und von einem Hymnus in C-Dur nach Art einer Coda beschlossen wird. Innerhalb dieses Formgefüges entwickelt sich ein vielfältiges, streng durchgeführtes thematisches Leben mit den Kontrasten des Fieberwahnes und Todeskampfes wie der Erlösung und Verklärung. Zu den wesentlichen Themen gehört das gleich zu Beginn des Allegro molto agitato (4/4-Takt) auftretende tragische Kampfthema, das zugleich Hauptthema des Sonatensatzes ist. Als Überleitung zu dem von der 1. Flöte vorgetragenen Seitenthema (meno mosso, ma sempre alla breve), das gern als »Thema der Kindheitserinnerung« bezeichnet wird, erscheint zum ersten Male in den 1. Violinen eine sanft in die Höhe steigende melodische Wendung, aus der dann später das Verklärungsthema gewonnen wird.

Im Verlaufe der weiteren Entwicklung nimmt es immer kraftvollere, majestätische Gestalt an. Unschwer wird man heraushören, daß auch bei dieser recht naiv geschauten Vision vom Übergang einer Menschenseele ins Jenseits der Musiker Strauss der Diesseitige, dem Leben Verbundene bleibt.

»Also sprach Zarathustra« op. 30

> Besetzung: Pikkoloflöte, 3 Flöten (3. auch 2. Pikkolo), 3 Oboen, Englischhorn, 3 Klarinetten (eine in Es), Baßklarinette, 3 Fagotte, Kontrafagott, 6 Hörner, 4 Trompeten, 3 Posaunen, 2 Baßtuben, Pauken, Schlagzeug, Glockenspiel, tiefe Glocke in Es, Orgel, Streicher
> Aufführungsdauer: 34 Minuten

Am 27. November 1896 kam diese »Tondichtung (frei nach Nietzsche) für großes Orchester« in Frankfurt am Main unter des Komponisten Leitung zur Uraufführung. Als sich der Münchner Hofkapellmeister seinem »Zarathustra« zuwandte, hat er keinen Augenblick daran gedacht, einen philosophischen Kommentar zu Nietzsches fragwürdiger Übermenschen-Lehre zu komponieren. Er hat auch nicht das pathologisch übersteigerte Weltbild des Dichter-Philosophen in Klänge übertragen, sondern nur den lyrisch-hymnischen Gehalt des Zarathustra-Buches zum Ausgangspunkt seiner Tondichtung genommen. So ist der Widerspruch zwischen der rein abstrakten ideellen Vorlage und dem klanglich-poetischen Ergebnis evident. Während sich Nietzsche aus Siechtum, Gehemmtsein und Lebensrausch in eine ersehnte Wirklichkeit schmerzvoll hineinträumte, trat Strauss mit der bajuwarischen Vitalität seines geistig und körperlich urgesunden Naturells an diese überreife Weltanschauung heran. Dabei hat er sich allein von den positiven Grundstimmungen des Nietzsche-Werkes leiten lassen: vom Drang nach Freiheit, von der Sehnsucht nach einem besseren Dasein, von der Lebensbejahung und dem Tatendurst, von der Auflehnung gegen Mittelmaß und Rückständigkeit. Bei der kompositorischen Einteilung des Stoffes in acht Teile ergab sich die Notwendigkeit einer anderen Form als die des bislang bevorzugten Sonatensatzes. Strauss wählte hier die Form einer sinfonischen Fantasie mit Themen und ihren Varianten sowie daraus gebildeter Durchführung. Der Partitur hat er den »Hymnus an die Sonne« aus dem »Zarathustra« vorangestellt – mit dem Kernsatz für den Musiker: »Zu lange hat die Musik geträumt; jetzt wollen wir wachen. Nachtwandler waren wir, Tagwandler wollen wir werden.«

Entsprechend beherrscht Sonnenaufgangsstimmung die Einleitung der Partitur: Aus schwerem Kontrabaßtremolo (unterstützt von Orgel, Kontrafagott und Großer Trommel) steigt ein Trompetenmotiv auf, das zur vollen Klangentfaltung des Orchesters führt. In dunkles Moll getaucht ist hingegen der folgende Teil, »Von den Hinterweltlern« (mit ihnen bezeichnet Nietzsche die Menschen, die hinter der realen Welt eine andere, wahrere suchen). Aus dem Naturmotiv der Einleitung entwickelt sich in glühendem Streichermelos das Motiv der Sehnsucht. Der sich anschließende, bewegtere Abschnitt »Von der großen Sehnsucht« läßt die Orgel ein einfaches »Magnificat« intonieren; die aufstrebenden Harfenakkorde und die zu gewaltigem Sturm ansetzenden Läufe im Orchester malen das Bild der Sehnsucht, bis nach einem jähen Abbruch der thematisch verwandte Abschnitt »Von den Freuden und Leidenschaften« folgt. Das Motiv der Trunkenheit strahlt in den Violinen auf; erst Posaunenrufe dämpfen seinen Glanz. Stärkster Kontrast: das klagende Oboenthema des »Grabliedes«, das den Abschied von allen Jugendträumen symbolisiert. Ein Zurück gibt es nicht, auch nicht in die hinterweltlichen Studierstuben: Eine parodistische, schulgerechte Fuge bildet den nächsten Teil, »Von den Wissenschaften«. Aber unfrohes, trübes Moll wird vom H-Dur der Sehnsucht durchschnitten. So wendet sich Strauss wieder der Fülle des wirklichen Lebens zu: Der trockenen Gelehrsamkeit der Fuge wird die Durchführung in hellen, leuchtenden Farben gegenübergestellt.

Ein großer Aufschwung führt über den Abschnitt »Der Genesende«

zum »Tanzlied«, in dem sich mit walzerhaften Rhythmen und blühendem Kolorit bereits der »Rosenkavalier«-Komponist ankündigt. Auf dem Höhepunkt ertönt der erste Schlag der Mitternachtsglocke. »Das Nachtwandlerlied« (der einzige Titel, der nicht von Nietzsche stammt) hebt an; ein beseligender, immer leiser und langsamer werdender H-Dur-Gesang führt zum verklärenden Schluß. Doch in den letzten Takten erscheint in den Bässen nochmals das Naturmotiv (C-Dur) des Anfangs. In *h* verschwebt der Klang, in *c* versinkt der Ton. Strauss entläßt seine Hörer nach so viel üppigem Wohlklang mit einem Gleichnis für Zwiespältiges, Rätselhaftes im Menschen.

»Don Quixote« op. 35

Besetzung: Pikkoloflöte, 2 Flöten, 2 Oboen, Englischhorn, 2 Klarinetten (2. Klarinette auch in Es), Baßklarinette, 3 Fagotte, Kontrafagott, 6 Hörner, 3 Trompeten, 3 Posaunen, Tenortuba, Baßtuba, Pauken, Schlagzeug (u. a. Windmaschine), Glöckchen, Streicher

Aufführungsdauer: 35 Minuten

Mit viel Glück hat sich Straussens sinfonische Gestaltungskraft an der tragikomischen Figur des »Don Quixote« entzündet. Das Genial-Phantastische des »Ritters von der traurigen Gestalt« wurde vom Komponisten in seinen »Fantastischen Variationen über ein Thema ritterlichen Charakters für großes Orchester« (1897) höchst geistreich aufgezeigt. Die tragische Narrheit und der weltkluge Sarkasmus Quixotes, wie sie Cervantes in seinem weltberühmten gesellschaftskritischen Roman überliefert, reizten Strauss, der mit der kunstvoll gearbeiteten Partitur (sie entstand in der zweiten Münchner Zeit) zum lachenden Musikphilosophen wurde. Die »romantische Ironie« des 19. Jahrhunderts scheint hier nochmals in virtuoser Form aufzuleben: Die spöttische Grimasse des bizarren Helden hat die lächelnden Züge des die Umwelt kritisch betrachtenden Komponisten.

Der »Don Quixote« ist komponierter Cervantes – nichts wird unterlassen, um den klassischen spanischen Stoff in aller musikalischen Drastik und Vollständigkeit in Szene zu setzen. Ein besonderes »Programm« hatte Strauss auch in diesem Fall nicht aufgestellt; erst später gab er dem bilderreichen, sprühenden Werk eine bis ins einzelne gehende Erklärung mit, die dem Hörer zum Verständnis der verschiedenen Abenteuer diesmal doch wesentliche Hilfe leistet. Im »Don Quixote« gab Strauss dem Klanglich-Illustrativen größeren Raum als in seinen früheren programmatischen Werken: Der Kampf mit den Windmühlen, das Blöken der Hammelherde, der Ritt durch die Luft sind Anlässe zu glänzender Tonmalerei, ohne daß man die Bedeutung dieser naturalistischen Momente innerhalb des Ganzen überschätzen sollte. Vielmehr setzt sich immer wieder die charakterisierende Erfindungskunst des Tondichters durch. Wie Strauss Don Quixote und seinen Knappen Sancho Pansa mit typischen und wandlungsfähigen Motiven zeichnet, wie er bei dem Verschroben-Chevaleresken des einen das Solo-Violoncello

und bei dem Plump-Pfiffigen des anderen zunächst die Baßklarinette und Tenortuba und dann stets die Solo-Bratsche ins Treffen führt – das läßt bei aller Bravour letzthin eine innige Wehmut, eine stille Melancholie aufklingen.

Gegliedert ist das Werk in »Introduzione, Tema con variazioni e Finale«. Die Variationsform wird nicht im Sinne strenger Regel, sondern in differenzierter Anpassung an die jeweilige innere und äußere Situation angewandt. Mit einer ausgedehnten Introduktion (Mäßiges Zeitmaß, ritterlich und galant, D-Dur, 4/4-Takt) setzt die Tondichtung ein, in der geschildert wird, wie sich der Held so lange an verworrenen Ritterromanen erhitzt, bis er ganz verwirrt den Entschluß faßt, selbst solch ein edler Ritter zu werden. Daran schließt sich die eigentliche Themenaufstellung an. Zunächst erscheint »Don Quixote, der Ritter von der traurigen Gestalt« (Mäßig, d-Moll, 4/4-Takt) mit seiner bereits mitgeteilten Thematik im Solo-Violoncello. Ihm folgt Sancho Pansa (Maggiore) mit seiner Thematik in Klarinette, Tenortuba, Fagotten und hinzutretend Solo-Bratsche sowie Pikkoloflöte.

Die folgenden zehn Variationen haben je eine markante Episode des Romans zum Gegenstand. Rasch wechseln die Bilder. Variation 1 (Gemächlich): der Ausritt des seltsamen Paares mit seinen charakteristischen Themen; Variation 2 (Kriegerisch): der siegreiche Kampf mit den Windmühlen und der Hammelherde; Variation 3 (Mäßiges Zeitmaß, je nach dem Grundcharakter der verschiedenen Themen reich zu modifizieren): die lyrische Klangschwelgerei bei Don Quixotes Verheißung des Königreiches, in dem Sancho zu hohen Ehren kommen soll; Variation 4 (Etwas breiter): das unglückliche Abenteuer mit der Prozession von Büßern; Variation 5 (Sehr langsam): des Helden Herzensergüsse an die erträumte Dulcinea; Variation 6: seine Begegnung mit einer Bauerndirne, in der er die Ersehnte zu erkennen glaubt; Variation 7 (Ein wenig ruhiger als vorher): der tollkühne Ritt durch die Luft; Variation 8: die Fahrt auf dem verzauberten Nachen; Variation 9 (Schnell und stürmisch): der groteske Überfall auf zwei harmlose Mönche (Duett von 1. und 2. Fagott im $^3/_2$-Takt); Variation 10 (Viel breiter): der Zweikampf mit dem früheren Freund, dem Baccalaureus Samson Carrasco, Quixotes innere Wandlung und Heimkehr. Das Finale (Sehr ruhig, D-Dur, $^4/_4$-Takt) läßt uns von dem Helden Abschied nehmen. Don Quixote blickt zurück: all jene herrlichen, kühnen Abenteuer waren nur Grillen seiner kranken Phantasie. Er entsagt der Welt mit tiefschmerzlichen Gefühlen – Musik, die, vom Solo-Violoncello getragen, nochmals in inniger Wärme aufblüht und das Kapriziöse, Spirituelle dieser kunstvollen Partitur in reine, kantable Lyrik auflöst. – Das Werk kam am 8. März 1898 im Kölner Gürzenich unter Franz Wüllner zur Uraufführung.

»Ein Heldenleben« op. 40

Besetzung: Pikkoloflöte, 3 Flöten, 3 Oboen, Englischhorn (auch 4. Oboe), 3 Klarinetten (eine in Es), Baßklarinette, 3 Fagotte, Kontrafagott, 8 Hörner, 5 Trompeten, 3 Posaunen, Tenortuba, Baßtuba, Pauken, Schlagzeug, 2 Harfen, Streicher
Aufführungsdauer: 40 Minuten

Immer mehr drängte der Programmusiker Strauss in seinen späteren Äußerungen zum Subjektiven hin; immer mehr trat die Neigung hervor, für größtenteils sehr private Inhalte ein reich und überreich besetztes Orchester aufzubieten. In seiner Tondichtung »Ein Heldenleben«, 1898 abgeschlossen, am 3. März 1899 in Frankfurt am Main unter der Leitung des Komponisten uraufgeführt, betont Strauss mit ungeheurem Selbstbewußtsein sein eigenes bürgerliches Ich – ein pompöses Zeitdokument der Jahrhundertwende, zugleich ein Kolossalporträt kraftstrotzender Männlichkeit. Das ganze Werk hat auch formal den Zug ins Monumentale: ein ausgedehnter erster Sonatensatz mit mehreren eingeschobenen Episoden und einer dreigeteilten Coda. In weit ausholender, energiegeladener Gebärde stellt Strauss den »Helden« hin – es ist einer der stärksten sinfonischen Auftakte, die der Komponist je schrieb:

Dieser Gedanke offenbart Energie und Entschlossenheit. Drei Nebenthemen versinnbildlichen weitere geistige und charakterliche Züge des Helden. »Des Helden Widersacher« nähern sich – quengelnde Oboen, keifende Klarinetten, grunzende Fagotte und schrille Flöten in einem Scherzandoabschnitt. Ratlosigkeit bemächtigt sich angesichts dieser Nörgelei des Helden; sein Thema erscheint deformiert im Englischhorn. Dann aber steht es wieder in vollem Selbstvertrauen da. Im nächsten Abschnitt tritt uns mit kapriziösen Arabesken der Solo-Violine »Des Helden Gefährtin« (ein Abbild von Pauline Strauss-de Ahna, der Lebensgefährtin) entgegen. Der Held beginnt sein Liebeswerben, aber es dauert lange, bis er zu Worte kommt. Schließlich blüht eine große Liebesszene mit Oboe, Klarinette und Flöte auf. Von fern geifern die Widersacher in das Idyll. Leise aufklingende Trompeten leiten zum nächsten Abschnitt, »Des Helden Walstatt«. Siegreich geht der Held, von der Melodie der Gefährtin angefeuert, aus dem Kampfe hervor. Anschließend ziehen »Des Helden Friedenswerke« in besinnlicher Rückschau vorüber. Zitate aus früheren Werken (u. a. aus »Don Juan«, »Tod und Verklärung«, »Also sprach Zarathustra«) klingen auf. In die elegische Stimmung fallen störend noch einmal die Widersacher ein; der Held entschließt sich, den Kampf aufzugeben. Den Abschluß bildet »Des Helden Weltflucht«: Nicht Kampf mehr reizt ihn; es zieht ihn zurück in die Einsamkeit der Natur. Der Abgesang, aus dem Thema der Gefährtin entwickelt, läßt das Liebesglück nochmals als verklärte Erinnerung aufleuchten. (Die Überschriften sind von Strauss später aus der Partitur entfernt worden.)

»Sinfonia domestica« op. 53

Besetzung: Pikkoloflöte, 3 Flöten, 2 Oboen, Oboe d'amore, Englischhorn, 4 Klarinetten (eine in D), Baßklarinette, 4 Fagotte, Kontrafagott, 4 Saxophone, 8 Hörner, 4 Trompeten, 3 Posaunen, Baßtuba, Pauken, Schlagzeug, Glockenspiel, 2 Harfen, Streicher
Aufführungsdauer: 41 Minuten

Seinem »Heldenleben« stellte Strauss 1904 die liebenswürdige, am 21. März in New York uraufgeführte »Sinfonia domestica« mit ihren vorwiegend lyrischen Schönheiten gegenüber. Verbirgt sich hinter der »häuslichen Sinfonie«, die der glückliche Familienvater als op. 53 seiner »lieben Frau und unserem Jungen« widmete, bei der »Küche, Wohnzimmer, Schlafgemach all und jedem geöffnet sind« (Rolland), nicht allzusehr die Freude an bürgerlicher Selbstprojizierung? Ästhetisch betrachtet war es wohl ein Irrtum, die genrehaften Harmlosigkeiten eines sinfonischen Familienidylls so monströs, mit komplizierter Doppelfuge als Krönung des »lustigen Streits« der Ehegatten, aufzubauschen.

Aber: die Tendenz zum Einfach-Volkstümlichen in der Wahl der Themen, in der heiter-beschaulichen Grundstimmung ist unüberhörbar. In ununterbrochener Musizierfreude fließt die ausgedehnte, nur ganz am Schluß ermüdende Idylle in den Ausmaßen eines bürgerlichen Welttheaters dahin. Sie besteht aus vier Teilen: Allegro, Scherzo, Adagio und fugiertes Finale. Auch diesmal hat sich Strauss dafür entschieden, allzu offenherzige Programmhinweise nicht in die gedruckte Partitur zu übernehmen. Was früher mit den Worten »Der Mann«, »Die Frau« und »Das Kind« genauer fixiert war, trägt nun die neutrale Kennzeichnung 1., 2. und 3. Thema. Dabei führt die präzise Charakteristik der Themen bis zur symbolisierenden Anwendung der Tonarten. Grundtonart F-Dur ist das Sinnbild des Mannes, mit dessen Thema das Werk »gemächlich« beginnt:

Das »sehr lebhafte« Thema der Frau steht in H-Dur:

Das D-Dur des Kindes (drittes Thema) erscheint nach Strauss' Worten »als genaue Mitte zwischen *h* und *f*, also in der Dominantsphäre des *h*, zu *f* aus der Unterdominantsphäre hinneigend. ›Vom Weibe herkommend, dem Manne zustrebend«.

Dem entsprechen die Proportionen der drei Teile und des Finales. Nach der Themenaufstellung gerät man sogleich mitten in eine Familienszene: Die Verwandtschaft ist zu Besuch. Im zweiten Teil, einem Scherzo (Munter), sind die Eltern mit ihrem Kind allein: Elternglück, kindliche Spiele, Wiegenlied. 2 Klarinetten beginnen es, das Kindthema bildet den Kontrapunkt. Sieben Glockenschläge tropfen silbern in die träumerische Dämmerstimmung. Im ersten Abschnitt »Schaffen und Schauen« des dritten Teiles erklingen Themengruppen des Mannes; Themen der Frau gesellen sich hinzu. Eine Liebesszene erblüht in wohliger Klangsinnlichkeit. Auch das Thema des Kindes tönt hinein. »Träume und Sorgen« beziehen sich auf das Kind; die Nacht sinkt hernieder. Finale: Die Glocke schlägt sieben. Der Vater sagt etwas Unwirsches; die Frau entgegnet ihm ebenso – der Streit ist im Gange, der in einer eiligen Doppelfuge kreuz und quer durch das reiche Instrumentarium abschnurrt. Hier und da wirft das Kind einen Kontrapunkt dazwischen. Schließlich lenkt der Vater ein; die Frau ist rasch versöhnt. In einer Stretta von jauchzendem Übermut, in der sich die Hauptthemen noch einmal gesteigert und vergrößert ausleben dürfen, wird das turbulente Familiengeschehen zum »fröhlichen Beschluß« getrieben.

»Eine Alpensinfonie« op. 64

Besetzung: 2 Pikkoloflöten (auch 3. und 4. Flöte), 2 Flöten, 2 Oboen, Englischhorn (auch 3. Oboe), Heckelphon, 4 Klarinetten (eine in Es, eine in C, diese auch Baßklarinette), 3 Fagotte, Kontrafagott (auch 4. Fagott), 4 Hörner, 4 Tenortuben (auch 5.–8. Horn), 4 Trompeten, 4 Posaunen, 2 Baßtuben, Pauken, Schlagzeug, Glockenspiel, Wind- und Donnermaschine, Celesta, Orgel (ad lib.), Streicher; Bläser hinter der Szene: 12 Hörner, 2 Trompeten, 2 Posaunen
Aufführungsdauer: 50 Minuten

Rund zehn Jahre nach der »Domestica« hat Strauss auf dem Gebiet
seiner mehr oder weniger klanggewichtigen Tongemälde sein im
Umfang größtes Orchesterwerk folgen lassen. Es gelangte am
28. Oktober 1915 in Berlin durch die Dresdner Hofkapelle, der
es gewidmet ist, unter Leitung des Komponisten zur Uraufführung.
Wir hören ein mit breiten Pinselstrichen koloriertes Werk rein be-
schreibender Art, kein hohes Lied vom ethischen Verhältnis von
Mensch und Natur, sondern ein durch Naturerscheinungen und Na-
turerlebnisse imponierendes Alpen-Panorama, wie es Strauss von
den Fenstern seines Garmischer Hauses gegenüber der Zugspitze
und dem Wettersteingebirge erschaute. Alles seelisch Reflektie-
rende tritt bei dieser Bergsinfonie vor naturalistischen musikalischen Zustandsschilderungen zurück. Der Form nach eine von feier-
lichem Vor- und Nachspiel eingerahmte einsätzige Sinfonie – freilich, die Bezeichnung Sinfonie scheint denkbar unglücklich gewählt.
»Ein Tag im Hochgebirge« etwa wäre der geeignetere Titel. Dem
entsprechen die einzelnen Abschnitten vorangestellten programm-
matischen Überschriften: »Nacht und Sonnenaufgang« (Lento),
»Anstieg und Eintritt in den Wald« (Sehr lebhaft und energisch);
»Auf der Alm« (Mäßig schnell); »Auf dem Gipfel« (Festes, lebhaftes Zeitmaß), »Ausklang« (Etwas breit und getragen). Der Hörer
dieser umfangreichen »Alpensinfonie« wird sich rechtens an so virtuose Passagen wie den strahlenden »Sonnenaufgang« in A-Dur,
das Flimmern des Firns »Auf dem Gletscher« und das tumultuari-
sche Orchester-»Gewitter« halten. Strauss meinte am Ende der
Komposition kurz vor dem ersten Weltkrieg, daß er nun »endlich
instrumentieren gelernt« habe.

»Der Bürger als Edelmann« (op. 60)

Besetzung: 2 Flöten (auch Pikkolo), 2 Oboen, 2 Klarinetten,
2 Fagotte, 2 Hörner, Trompete, Posaune, Pauken, Schlagzeug,
Glockenspiel, Harfe, Klavier, Streicher
Aufführungsdauer: 35 Minuten

Ein bezauberndes Werk, das, befreit von seiner eigentlichen Bestimmung als Schauspielmusik, im Konzertsaal rasch Eingang fand,
ist die Orchestersuite aus der Musik zum »Bürger als Edelmann«
von Molière. Als Strauss nach der nicht sehr glücklichen Stuttgarter Uraufführung (1912) der »Ariadne auf Naxos« auf die Verbindung dieser Oper mit der Molièrschen Komödie verzichtet und
die ursprüngliche Schauspielmusik 1917 durch neue Stücke ergänzt

hatte (nämlich für die dreiaktige »Komödie mit Tänzen« von Hugo von Hofmannsthal, frei nach Molière), entschloß er sich 1918, die besten Stücke der Bühnenmusik zu einer Orchestersuite zu vereinigen. Die neun Sätze der Suite, unter ihnen die beiden knapp gefaßten Ouvertüren, begleiten und illustrieren geistreich und amüsant einzelne szenische Vorgänge der Komödie. Als Instrumentarium benutzt Strauss, entsprechend dem preziös-rokokohaften Stil, ein kleines, 35 Musiker zählendes Kammerorchester, das sich um einen modernen Konzertflügel gruppiert. Das Ohr nimmt diese Musik mit Vergnügen auf: Alles ist auf schlank gewachsene Melodien und federnde Rhythmen gestellt, voll archaisierender Anspielungen und reizvoller Ausblicke auf Mozart – ein seelisch erfülltes, kostbar klingendes Kunstgewebe, das den Komponisten auf der Höhe seiner Meisterschaft zeigt. Die einzelnen Nummern sind: 1: »Ouvertüre«, den großspurigen Herrn Jourdain charakterisierend; 2: »Menuett«, gedacht für die Tanzstunde bei Jourdain; 3: »Der Fechtmeister«, eine Burleske über das prahlerische Gehabe des Fechtlehrers; 4: »Auftritt und Tanz der Schneider«; 5: »Menuett des Lully«, die Bearbeitung eines Lully-Themas; 6: »Courante«; 7: »Auftritt des Cleonte« (wie Nr. 5 und 6 nach Lully-Vorlagen); 8: »Intermezzo«, das lyrische »Vorspiel zum zweiten Aufzug«; 9: »Das Diner«, eine Tafelmusik mit Tanz der Küchenjungen, in der die Speisenfolge lustig »charakterisiert« wird: der Rheinsalm beispielsweise mit dem Wellenmotiv aus »Rheingold«. Die Tischgespräche werden kantabel vom Solo-Violoncello »grundiert«, bis der Tanz der Küchenjungen den heiteren Abschluß bildet. – Die Orchestersuite wurde zum ersten Male am 31. Januar 1920 von den Wiener Philharmonikern unter Strauss in Wien gespielt.

»Metamorphosen« für 23 Solostreicher

In einem Werk besonderer Art (Aufführungsdauer: 25 Minuten) fand der Achtzigjährige den Weg zurück zum klassischen Musizierideal seiner Jugend. Nach dem »dramatischen Testament« des »Capriccio« wollte er nichts mehr für die Musikbühne schreiben. »Handgelenksübungen« nannte Strauss lächelnd seine späten Instrumentalwerke. Angesichts der Vernichtung der mit seiner Kunst eng verbundenen Opernhäuser in Berlin, München und zuletzt noch Dresden und Wien schrieb er in tiefem Schmerz die »Metamorphosen«. Diese »Studie für 23 Solostreicher«, in den letzten Kriegstagen in Garmisch konzipiert, ist die ergreifende Aussage des greisen Meisters, der von den Schönheiten der Welt Abschied nimmt – ein »Widerschein meines ganzen vergangenen Lebens«. Ein Sonderfall in der Konzertliteratur: ein langsamer Sinfoniesatz von fast halbstündiger Spieldauer mit den strengen Ausdrucksmitteln des klanglich-homogenen, solistisch behandelten Streichorchesters. Formal eigentliches motivisches Rückgrat des ganz auf blühendes Melos gestellten Werkes bilden die ersten 4 Takte aus dem Trauermarsch der »Eroica«, obwohl Strauss mit der Bemerkung überraschte, daß er den Spuren Beethovens bei der Komposition gewissermaßen unbewußt gefolgt sei. Erst 9 Takte vor Schluß tritt in den Violoncelli und Bässen das Beethoven-Motiv auf:

In drei miteinander verknüpften Teilen, zwei Adagios, die einen beschleunigten Mittelteil einschließen, entwickelt sich eine breite sinfonische Bewegung ohne jeden dialektischen Kontrast. In diesem spannungslosen und doch bewegenden Streicherwohllaut in Form der freien Variation (deren epische Struktur sich mit den langsamen Sätzen Mahlers und auch manchem Werk Schönbergs berührt) hat Strauss eine neue geistige Qualität des Klangsinnlichen erreicht. Reife und Milde liegen über diesem bedeutendsten instrumentalen Alterswerk des Meisters, das am 25. Januar 1946 in Zürich vom dortigen Collegium musicum unter Paul Sacher uraufgeführt wurde.

Hornkonzert Nr. 1 Es-Dur op. 11

Besetzung: Solo-Horn; 2 Flöten, 2 Oboen, 2 Klarinetten, 2 Fagotte, 2 Hörner, 2 Trompeten, Pauken, Streicher
Aufführungsdauer: 17 Minuten

Zum Horn stand Richard Strauss gewissermaßen in verwandtschaftlich nahem Verhältnis. Vater Franz Joseph Strauss war Solo-Hornist der Münchner Hofoper und Professor der Königlichen Akademie für Musik in der Isarstadt. Richard Wagner, zu dem der alte Strauss trotz seiner Mitwirkung als Solo-Hornist im Bayreuther Festspielorchester in recht kritischem Verhältnis stand, bekannte unumwunden: »Dieser Strauss ist zwar ein unausstehlicher Kerl, aber wenn er bläst, kann man ihm nicht böse sein.« Übrigens war Franz Strauss auch ein versierter Hornkomponist. Kann es unter diesen Umständen verwundern, daß sich auch der junge Richard Strauss, nach Veranlagung und Erziehung kein eigentliches Wunderkind, schon früh zum Klang des »familiären« Blasinstrumentes hingezogen fühlte? Die Mutter hat berichtet, daß der Knabe seine Musikalität bereits als Baby bewies, indem er auf den Ton einer Geige mit Weinen, auf den Klang des Horns jedoch mit Lächeln reagierte ... Dieser Liebe zum Horn hat Strauss in seinem reichen Schaffen manch unvergängliches Denkmal gesetzt.

Das Hornkonzert Nr. 1 läßt freilich noch kaum ahnen, daß der junge Stürmer und Dränger fünf Jahre später mit seinem »Don Juan« dem damaligen bürgerlichen Musikpublikum einen Schock versetzen würde. Er schrieb dieses Konzert für Horn und Orchester in der idealen Horntonart Es-Dur im Jahr seines Münchner Universitätsstudiums 1882/83, in dem außerdem sein Violinkonzert entstand. Als es am 4. März 1885 mit Gustav Leinhos und der Meininger Hofkapelle unter Hans von Bülow zur Uraufführung gelangte, sah man darin wohl eine starke Talentprobe in klassizistisch-romantischem Geist, ohne daß man an der Komposition bereits die individuelle Note erkennen wollte. Wenn die Thematik der drei Sätze (Allegro; Andante; Rondo: Allegro) auch noch keine eigene Handschrift, noch keine eigentlich »Strausssche« Züge aufweist, so deutet sich doch vieles, was uns von späteren Meisterwerken bekannt ist, von ferne an. Dazu gehören gleichermaßen einzelne weitgespannte Melodiebögen (Seitenthema des ersten Satzes, zweiter Satz) wie einige aparte Wirkungen der Klangbehandlung des begleitenden Instrumentariums. Die drei mit sicherem Formgefühl entworfenen Sätze gehen pausenlos ineinander über, wobei als Bindeglied eine aufsteigende Dreiklangstriole dient, die aus dem energischen Hauptthema des Kopfsatzes abgeleitet ist, im langsamen Mittelsatz in die Begleitung der Hornkantilene wandert, um beim Schlußrondo wieder in nunmehr hurtigster Weise ins thematische Geschehen einzumünden. Dieser Kehraus steigert sich in ein brillantes Presto, dessen fröhlicher Gestus den Charakter des ganzen Satzes bestimmt.

Hornkonzert Nr. 2 Es-Dur

> Besetzung: Solo-Horn; 2 Flöten, 2 Oboen, 2 Klarinetten, 2 Fagotte, 2 Hörner, 2 Trompeten, Pauken, Streicher
> Aufführungsdauer: 25 Minuten

Mit achtundsiebzig Jahren (also 1942) komponierte Strauss das
2. Hornkonzert – wiederum in Es-Dur –, das in vielem wie ein
wehmütiger Gruß an die Jugend erscheint. Es ist, entstanden in
der glücklichen Stimmung des Erfolges seines Konversationsstückes
für Musik »Capriccio« in München, mit der abgeklärten Virtuosität der Spätzeit ganz aus den Möglichkeiten des Soloinstrumentes
geschrieben, die ihm wie kaum einem zweiten bekannt waren. Vieles gemahnt an den teils spielerischen, teils lyrischen Duktus des
jüngeren Werkes. Aber die Gesamthaltung des neuen, gleichfalls
dreisätzigen Konzertes entspricht in blitzenden Läufen wie schwelgerischen Kantilenen jenem Altersstil, der bei allem Naiv-Frohen
des Miteinanderspielens der Themen bewußt in Mozarts Nähe
rückt. Das Orchester ist teilweise lebhaft am Spiel beteiligt. Eine
fanfarenhaft-kecke Kadenz zu Beginn bildet wie beim 1. Konzert
den Auftakt und legt den Concertinocharakter des zwischen fließender und gemächlicher Bewegung wechselnden Eröffnungs-Allegro fest, das mehrfach die Holzbläser hervorlockt. Ihr Klang bestimmt auch zunächst die idyllische Lyrik des sich unmittelbar anschließenden Adante. Scheint es nicht, als hätte der Komponist
vorübergehend vergessen, daß er ein Konzert fürs Horn schreiben
wollte? Das Schlußrondo (Allegro molto) mit allen guten Geistern eines übermütigen, sprudelnden Themas zeigt Strauss auf der
Höhe der Erfindungskraft; er selbst meinte in einem Brief an Viorica Ursuleac, daß es »sogar ganz nett ausgefallen ist«. Ganz zum
Schluß gibt es noch einen kleinen Extraspaß, nämlich wenn das
Solo-Horn das Thema fortissimo gemeinsam mit den beiden Hörnern des Orchesters spielt.
Die Uraufführung unter Karl Böhm fand am 11. August 1943 während der Salzburger Festspiele mit den Wiener Philharmonikern
und Gottfried Freiberg als Solisten statt. Technisch stellt das Spätwerk dem Solisten besonders knifflige Aufgaben.

Burleske für Klavier und Orchester d-Moll

> Besetzung: Solo-Klavier; Pikkoloflöte, 2 Flöten, 2 Oboen,
> 2 Klarinetten, 2 Fagotte, 4 Hörner, 2 Trompeten, 4 Pauken,
> Streicher
> Aufführungsdauer: 17 Minuten

Ein Frühwerk des Komponisten (1885/86 entstanden), ursprünglich für den befreundeten Hans von Bülow geschrieben, der jedoch
sauer reagierte: »Jeden Takt eine andere Handstellung, glauben

Sie, ich setze mich vier Wochen hin, um so ein widerhaariges Stück zu studieren?« Aber Strauss hatte mit diesem keck hingeworfenen Werk, das er im Brief an die Mutter einfacherweise sein »Klavierkonzert« nannte, bei einem anderen großen Klaviervirtuosen seiner Zeit mehr Glück: Eugen d'Albert schaffte es bei der Uraufführung beim Eisenacher Tonkünstlerfest am 21. Juni 1890 mit Leichtigkeit; ihm wurde das Stück dann freundschaftlich gewidmet.

Originell und bezeichnend für die unbekümmerte Art dieses einsätzigen Jugendwerks aus der Meininger Kapellmeisterzeit ist der Beginn mit vier Paukentönen, die von einem Terzenmotiv des Orchesters beantwortet werden. Das Paukenmotiv (Allegro vivace), mit dem die Burleske tänzerisch beschwingt anhebt,

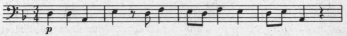

kehrt im Verlauf des so spritzigen wie gepfefferten Werkes immer wieder, wird schon bald zum vergnügten Widerspiel zwischen Klavier, Orchester und Pauken genutzt, bald derb auftrumpfend, bald skurril zerflatternd und in seine Bestandteile zerlegt. Das Seitenthema, vom Klavier entwickelt, ist eine weitgeschwungene Kantilene; auch ein dritter Gedanke gibt sich lyrisch. Das weithin dominierende Paukenthema sichert den »burlesken« Charakter des d-Moll-Stücks, in dem bereits das typisch Straussische aus dem noch stark Brahmsschen Duktus hervorlugt. Schon kündigt sich der spitzbübische Humor des »Till« an – mehr als eine Talentprobe!

Oboenkonzert

Besetzung: Solo-Oboe; 2 Flöten, Englischhorn, 2 Klarinetten, 2 Fagotte, 2 Hörner, Streicher
Aufführungsdauer: 25 Minuten

Das liebenswürdige, dem Geist Mozarts verpflichtete Konzert für Oboe und kleines Orchester ist 1945 kurz nach Kriegsende in Garmisch entstanden; seine Anregung verdankt es einem amerikanischen Oboer, der den Meister aufsuchte. Die drei Sätze, durch Kadenzen verknüpft, gehen ineinander über. In der Harmonik herrscht schlichte Diatonik: ein Wesenszug vieler später Strauss-Partituren, die das Chroma der Alterationsharmonik zu überwinden suchen. Beharrlich bleibt das D-Dur bestimmend für das Oboenkonzert. Der Sekundschritt *d–e*, von den Violoncelli in rascher Sechzehntelbewegung wiederholt, setzt mit dem ersten Takt des *Allegro mode-*

zato die tonale Basis. Die rollende Streicherfigur durchzieht den ganzen ersten Satz und erscheint auch noch im B-Dur-Andante, dem Mittelsatz. Aus diesem Bewegungsmotiv wird die gesamte erste Themengruppe im Oboensolo entwickelt, wobei die übrigen Blasinstrumente konzertant dem Solisten beitreten. Die Streicher werden mannigfach geteilt – eine Praktik, die in den »Metamorphosen« ihren Höhepunkt gefunden hatte. Das *Andante* setzt in freier Liedform mit einem weitgespannten, anmutigen Thema der Oboe ein, ausdrucksmäßig verwandt der Welt des »Capriccio«, dem späten Hornkonzert und den Vier letzten Liedern. Mit einem kühnen Lauf stürzt sich die Oboe ins *Finale,* das sich aufgliedert in ein scherzoähnliches Vivace im kecken $^2/_4$-Takt und ein Allegro im anmutigen $^6/_8$-Takt. Der Vivaceteil unterstreicht in Quartsprüngen und eilfertigen Triolen den kapriziösen Charakter der Oboe à la Strauss. Die Uraufführung des Werkes leitete am 26. Februar 1946 Volkmar Andreae in der Züricher Tonhalle; Strauss hatte dem Stück noch extra einen neuen Konzertschluß (der auch in der gedruckten Ausgabe vorliegt) beigefügt. Nach musikalischer Substanz und Brillanz gehört es zu den Standardwerken der Oboen-literatur. EKr

Johann Strauß (Sohn) 1825—1899

Zu den genialsten Komponisten des 19. Jahrhunderts gehört zweifellos der am 25. Oktober 1825 in Wien geborene Johann Strauß. Johann Strauß Vater (1804–1849), der schon zur Zeit der Geburt des ältesten Sohnes (Johann) als Komponist und Dirigent einer eigenen Kapelle der musikalische Abgott Wiens war, wollte keinesfalls einen Musiker zum Sohn haben, und so sollte Johann das Bankwesen erlernen. Dieser nahm aber während der Lehre heimlich Klavier- und Geigenunterricht, und als der Vater 1843 seine Familie verließ, widmete sich der Sohn, von der Mutter unterstützt, ganz dem Musikstudium (Kompositionsunterricht bei dem Wiener Domkapellmeister Joseph Drechsler, Violinunterricht bei Anton Kohlmann, einem Mitglied des Hofopernorchesters). Bereits im Oktober 1844 trat er mit einer eigenen Kapelle von 15 Mitgliedern als Konkurrent des Vaters sehr erfolgreich »beim Dommayer in Hietzing« auf. Schon hier erklangen auch eigene Kompositionen, z. B. der Walzer »Sinngedichte« op. 1. Nach dem Tod des Vaters (1849) vereinigten sich beide Orchester unter der Leitung des Sohnes, Anforderungen und Ruhm wuchsen ständig. 1851 fand die erste von zahlreichen epochalen Auslandstourneen statt (die ihn bis in die USA führten), ab 1853 war Johann Strauß Leiter der Hofballmusik (den Titel des k. k. Hofball-Musikdirektors erhielt er 1863). Als er sich 1854 auch noch einer russischen Eisenbahngesellschaft verpflichtete, bis 1870 alljährlich in den Sommermonaten Konzerte im Pawlowsk zu dirigieren, war er so überfordert, daß er sich häufig von einem seiner Brüder (Josef und Eduard), die beide begabte Dirigenten und Komponisten waren, vertreten ließ. Denn auch in Wien konnte er nicht überall dort sein, wo seine an manchen Abenden in Gruppen aufgeteilten Musiker spielten. Und so kam es, daß er im Fiaker von der einen zur anderen Veranstaltung hetzte, um wenigstens ein paar Stücke zu dirigieren.

Zu seinem fünfzigjährigen Künstlerjubiläum wurde Strauß' in Wien durch ein großes Musikfest gefeiert. Die ganze Welt zollte dem Walzerkönig höchste Anerkennung. Wenige Jahre später, am 3. Juni 1899, starb er in Wien an einer Lungenentzündung; er wurde auf dem Zentralfriedhof neben Schubert und Brahms in einem Ehrengrab der Stadt Wien beigesetzt.

In Strauß' Leben und Schaffen spiegelt sich das Österreich der zweiten Hälfte des 19. Jahrhunderts, spiegeln sich seine gesellschaftlichen Verhältnisse und Ereignisse wider. Als Repräsentant bürgerlicher Unterhaltungskunst schreibt Strauß vorwiegend Walzer – der Walzer war *der* Tanz des jungen, aufstrebenden Bürgertums –; in ihren Titeln und denen anderer Werke finden Vormärz und die Ereignisse um das Jahr 1848 sowie die absolutistische Restauration ihren Niederschlag. So ist das Jahr 48 gegenwärtig bei Walzern wie »Freiheitslieder«, »Burschenlieder« und »Einheitsklänge« oder dem »Revolutionsmarsch« und »Studentenmarsch«, die Zeit der Restauration hingegen beim »Kaiser-Franz-Joseph-Rettungs-Jubelmarsch« (1853 komponiert) oder dem Walzer »Myrthen-Kränze« (1854 anläßlich der Heirat des Kaisers entstanden). Am zahlreichsten sind jedoch Titel, die auf ein kleinbürgerliches Milieu weisen. Nicht Sucht nach Reichtum und Ruhm haben den bei aller Wohlhabenheit bescheidenen Strauß dazu veranlaßt, »vielen Herren zu dienen«, sondern er war einfach unbekümmert und gleichgültig gegenüber seiner Zuhörerschaft, wenn er in Musik schwelgte (wie er das vergleichsweise auch gegenüber den Texten war, die er vertonte).

Hinter den unterschiedlichsten Werktiteln verbirgt sich ein großer Reichtum an genialen Einfällen und Originalität, der seinen Niederschlag – mehr oder weniger – in über 500 Kompositionen fand. (Das Œuvre dürfte wesentlich umfangreicher gewesen sein – Eduard Strauß ließ 1907 gemäß einer mit Josef getroffenen Vereinbarung den Notenfundus der Strauß-Kapelle verbrennen.) Strauß komponierte mit überlegenem Könnertum alle zu seiner Zeit üblichen Tänze. An der Spitze – sowohl was Quantität als auch Qualität betrifft – stehen Walzer und Polka. In der Erweiterung und Erfüllung der Walzerform liegt Strauß größtes Verdienst, das von bedeutenden Zeitgenossen wie Berlioz, Brahms und Wagner mit anerkennenden Worten bestätigt wurde. Bis 1871 komponierte Strauß nur Tänze – in die sechziger Jahre fällt die Hoch-Zeit des Walzers –; zwischen 1871 und 1899 steht das Operettenschaffen im Vordergrund. Von seinen 16 Operetten haben sich eigentlich nur 4 unangefochten behauptet (»Die Fledermaus«, 1874; »Eine Nacht in Venedig«, 1883; »Der Zigeunerbaron«, 1885; »Wiener Blut«, 1899); von den anderen sind meist nur einzelne Tänze in das Repertoire eingegangen.

168 Walzer, darunter: »Morgenblätter« op. 279 (1864); »Hofballtänze« op. 298 (1865); »An der schönen blauen Donau« op. 314 (1867); »Künstlerleben« op. 316 (1867); »G'schichten aus dem Wienerwald« op. 325 (1868); »Wein, Weib und Gesang« op. 333 (1869); »Freut euch des Lebens« op. 340 (1870); »Wiener Blut« op. 354 (1871); »Bei uns z'Haus« op. 361 (1873); »Du und Du« op. 367 (1874; aus »Die Fledermaus«); »Rosen aus dem Süden« op. 388 (1880; aus »Das Spitzentuch der Königin«); »Kußwalzer« op. 400 (1881; aus »Der lustige Krieg«); »Frühlingsstimmen« op. 410 (1882; mit Sopransolo); »Lagunenwalzer« op. 411 (1883; aus »Eine Nacht in Venedig«); »Schatzwalzer« op. 418 (1885; aus »Der Zigeunerbaron«); »Kaiserwalzer« op. 437 (1888); »Seid umschlungen, Millionen« op. 443 (1892; Johannes Brahms gewidmet).

Etwa 140 Polkas, darunter: »Annenpolka« op. 117 (1852); »Tritsch-Tratsch-Polka« op. 214 (1858); »Sekundenpolka« op. 238 (1862); »Leichtes Blut« op. 319 (1867); »Pizzikatopolka« (1869; mit dem Bruder Josef komponiert); »Neue Pizzikatopolka« op. 449 (1893).

Etwa 35 Polka-Mazurkas; etwa 70 Quadrillen; etwa 45 Märsche.

Der Strauß-Walzer

Der Wiener Walzer hat seine höchste Vollendung, seine »klassische Form« in den Walzerkompositionen von Johann Strauß Sohn erhalten. Den reinen Gebrauchstanz hob Strauß durch Stilisierung, Übernahmen aus der nicht tanzgebundenen Musik und nicht zuletzt durch seine genialen Einfälle zum sinfonischen Konzertwerk, ohne daß er den Walzer seinem ursprünglichen Zweck entfremdete. Er knüpfte dabei an den von Strauß Vater und Josef Lanner geschaffenen Walzerzyklus, bestehend aus Introduktion, fünf Walzern und Coda, an; bei ihm wurde der Zyklus zum Stimmungsbild. Häufig leitet ihn ein quasi-sinfonisches Vorspiel ein, das die Hauptwalzerthemen schon einbezieht. Diese Themen sind in den besten Walzern von bewundernswerter plastischer Gestalt. Charme, Eleganz und Schwung sind ihnen ebenso eigen wie Sanglichkeit und schwermütige Süße. (Das überraschende Umschlagen der Melodie in einen entgegengesetzten Charakter ist eine der typischen Errungenschaften von Strauß.) Das Satzgefüge der Walzer zeigt interessante Harmonik mit manchen Kühnheiten, stellenweise auch das Aufgeben der stereotypen Begleitformel und das Einbeziehen polyphoner Gegenstimmen. Die Instrumentation ist nicht weniger originell und durch manche Überraschungseffekte gewürzt.

Zu den wichtigsten Eigenheiten des Straußschen Walzerstils, die nicht im Notenbild festgehalten sind, gehört die kurze Vorwegnahme des zweiten Taktteils, die dem Wiener Walzer etwas Federndes verleiht, ebenso wie das langsame Hineingleiten (»Einschleifen«) in das richtige Walzertempo; Ritardandi und Rubati geben dem Vortrag rhythmische Leichtigkeit und Geschmeidigkeit.

»An der schönen blauen Donau« op. 314

Besetzung: 2 Flöten (2. auch Pikkolo), 2 Oboen, 2 Klarinetten, 2 Fagotte, 4 Hörner, 2 Trompeten, 3 Posaunen, Tuba, Pauken, Schlagzeug, Harfe, Streicher
Aufführungsdauer: 7 Minuten

»Der Walzer war vielleicht den Leuten nicht reißerisch genug. Aber wenn man Chorsatz und Singstimmen im Sinn hat, kann man nicht bloß ans Tanzen denken! Wenn das Publikum was anderes von mir erwartet hat, dann freilich hat ihm *der* Walzer nicht so gefallen können!« Dies die Worte des Komponisten nach der weniger erfolgreichen Uraufführung am 13. Februar 1867. Strauß hatte mit diesem seinem ersten Gesangswalzer erst durchschlagenden, ja Welterfolg, als die Komposition einige Monate später in reiner Orchesterfassung zur Pariser Weltausstellung erklang. (In dieser Form begegnet man dem mehr instrumental empfundenen Walzer auch heute meist.) Der Komponist hatte den Wienern mit diesem Werk voller Atmosphäre ein »Bundeslied und Erkennungszeichen« (Eduard Hanslick) geschenkt, das bis auf den heutigen Tag nichts von seiner beispiellosen Popularität verloren hat.

Die Introduktion besteht formal aus zwei Teilen. Im ersten Teil (Andantino), einem den ideellen Vorwurf genial erfassenden Stimmungsbild, erhebt sich über Tremoli der Violinen – zarte Wellenbewegung darstellend – das Kopfmotiv des ersten Walzers, durch hingetupfte Bläserakkorde ergänzt. Nach neunmaliger Wiederholung dieser Phrase, die harmonisch immer wieder anders eingebettet ist, folgt ein zweiteiliges »Tempo di valse« mit Übergang zu Walzer I (»Donauwalzer«). Sein Thema, das wohl zu den beliebtesten und weltbekanntesten von Strauß zählt, ist besonders reizvoll durch die ihm immanente Zweistimmigkeit, die sich aus seiner Verteilung auf Ober- und Unterstimme ergibt:

Während in Walzer II wieder vor allem die melodische Gestaltung interessant ist – Nebeneinander von hingetupften Einzeltönen und kantablem Aufschwung –, besticht Walzer III durch Akzentverschiebung im Hemiolenrhythmus zu gleichbleibender Walzerbegleitung. (Notenbeispiel S. 419 oben)

Nach einer 4taktigen Modulation folgt Walzer IV in der Subdominante. Hier sind die Themen des ersten und zweiten Walzerteils von gegensätzlicher Gestalt. Ein »Eingang« leitet zum fünften Walzer, der von Erich Schenk zu den »Lockwalzern« gezählt wird: Die verbreiterten ersten drei Viertel führen in das eigentliche Tempo des Walzers, dessen wiegender Rhythmus und kurzes melodisches Aufschwingen ihm charakteristische Gestalt geben.

Die ausgedehnte Coda beginnt in Anlehnung an Walzer III, wiederholt den ersten Teil von Walzer II und IV und schließlich – als krönenden Abschluß des Mittelteils der Coda – den des »Donauwalzers«. Die ihn charakterisierenden Akkordbrechungen verwendet Strauß in einem verhaltenen Teil vor der Stretta, mit der der Walzer überraschend schnell schließt.

»G'schichten aus dem Wienerwald« op. 325

> Besetzung: 2 Flöten (2. auch Pikkolo), 2 Oboen, 2 Klarinetten, 2 Fagotte, 4 Hörner, 3 Trompeten, 3 Posaunen, Tuba, Pauken, Schlagzeug, Zither, Harfe, Streicher
> Aufführungsdauer: 6 Minuten

Dieser 1868 entstandene Walzer stellt die Krönung der Straußschen »Walzer im Ländlerstil« dar.

In der sehr abwechslungsreich gestalteten Introduktion wird ein knappes und geschlossenes Stimmungsbild gezeichnet. Schon zu Beginn (Tempo di valse) entsteht durch Baßquinten, Hornrufe und die für Ländler typischen Achtelfolgen ein Naturbild. Stampfende Tanzrhythmen fließen ein und führen über ein Zitat aus Walzer II und eine Flötenkadenz zur Moderatofassung des Walzers II. Die Bindung an die Volksmusik kommt in den »G'schichten« auch darin zum Ausdruck, daß Strauß eine Zither (solistisch) einsetzt:

J. Strauß

Nach Wiederholung der stampfenden Tanzrhythmen beginnt die Walzerkette, die wiederum fünf Walzer umfaßt. Zu den besten Einfällen des Komponisten zählt der außerordentlich volkstümliche Kopfwalzer; sein schmeichelnder Charakter entsteht durch Vorhaltschromatik und Zweistimmigkeit in Sexten. Von den folgenden Walzern, in denen volkstümliche Melodik und homophone Zweistimmigkeit das Ländlerische immer wieder unterstreichen, sei noch der zweite Teil des Walzers IV hervorgehoben, dessen Thema zum einen keck, übermütig und mit kantablem Kontrapunkt,

zum andern einschmeichelnd und schwärmerisch auftritt.

Der erste Teil von Walzer IV, dessen Melodik von Dreiklangsbrechungen geprägt wird, liegt in veränderter Form der Coda zugrunde, die eine Wiederholung des ganzen ersten Walzers einschließt. Mit einer Wiederholung des Zithersolos aus der Einleitung und der bei Strauß üblichen Stretta schließt das Werk.

»Frühlingsstimmen« op. 410

Besetzung: Pikkoloflöte, Flöte, 2 Oboen, 2 Klarinetten, 2 Fagotte, 4 Hörner, 2 Trompeten, 3 Posaunen, Pauken, Schlagzeug, Harfe, Streicher

Aufführungsdauer: 5 Minuten

Strauß komponierte den »Frühlingsstimmen«-Walzer 1883 auf Worte von R. Genée für die Koloratursängerin Bianca Bianchi. Da der Walzer sowohl in der Fassung für Koloratursopran und Orchester als auch in einer reinen Orchesterfassung dargeboten wird, sei die letztgenannte hier besprochen. (Strauß hat diesen Walzer auch in eine Fassung für Sopran und Klavier gebracht und dem Pianisten Alfred Grünfeld zugeeignet.)

Dem »introduktionslosen Meisterstück von letzter Zartsinnigkeit, Liniengrazie und Vorhaltsschmeichelei« (Erich Schenk) liegt eine dreiteilige Walzerkette, wie sie sich bei Strauß nur in den Spätwalzern findet, zugrunde. Auch die Durchgestaltung des Zyklus ist ungewöhnlich: Innerhalb dreigliedriger Walzerkette und Coda erklingt der Kernwalzer

dreimal (das dritte Mal in der Coda), wodurch das Ganze rondoartig wirkt.

Dem graziösen Kernwalzer folgt als B-Teil erst verhalten, dann übermütig eine schwungvolle Walzermelodie, die um den Ton c »wirbelt«. Nach dem Hemiolenrhythmus und der melodischen Süße des A-Teils des Walzers II fällt im Teil B wiederum das Kreisen um c auf. Walzer III beginnt – nach 4 Takten »Eingang« – zunächst abwartend, erst im 3. Takt setzt das Walzertempo ein. Bemerkenswert ist die im 2. Takt einbezogene, Trübung schaffende Mollsexte:

Auch im weiteren wird Melancholie durch Mollwendungen ausgedrückt. B-Teil des Walzers und Coda (mit Kernwalzer) bringen jedoch die fröhliche Grundstimmung wieder.

J. Strauß

»Kaiserwalzer« op. 437

Besetzung: 2 Flöten, 2 Oboen, 2 Klarinetten, 2 Fagotte, 4 Hörner, 2 Trompeten, 3 Posaunen, Pauken, Schlagzeug, Harfe, Streicher
Aufführungsdauer: 7 Minuten

Der »Kaiserwalzer« gehört zu jenen späten Schöpfungen, die Strauß als Walzerkomponisten auf einem zweiten Höhepunkt zeigen. Das Werk entstand 1888; es steht zeitlich und in bezug auf die sorgfältige Arbeit seines Schöpfers in der Nähe des Gesangswalzers »Groß-Wien« und des Brahms zugeeigneten Walzers »Seid umschlungen, Millionen«. Was allerdings seine Volkstümlichkeit und Beliebtheit anbelangt, übertrifft es diese beiden erheblich.

Der auf vier Glieder reduzierten Walzerkette geht eine Einleitung im ⁴/₄-Takt voraus, die beherrscht wird von graziösen Stakkatomotiven, in denen der erste Walzer anklingt. Auch in einer wiegenliedartigen Periode wird dieser vorausgenommen. Nach einer großartig angelegten Steigerung leitet ein Solo-Violoncello über »Tempo di valse« zum Walzer I (C-Dur) über. Die innige Stimmung des ersten Walzerteils resultiert aus dem selig wiegenden Terzmotiv; sie wird abgelöst vom mitreißenden Schwung des zweiten Walzerteils, der in seiner polyphonen Satzanlage ein typisches Beispiel der überlegenen Meisterschaft des späten Strauß ist.

Ohne Modulation schließt sich Walzer II in As-Dur an – bemerkenswert ist sowohl die Rückung als auch die Tonartenabfolge, die zwar im allgemeinen ohne festes Schema bei Strauß ist, größtenteils jedoch nur die drei Hauptfunktionen (Tonika, Dominante, Subdominante) einbezieht.

Im sinfonisch gearbeiteten Walzer II gesellen sich springende, kecke Achtelskalen der 1. Flöte und 1. Oboe zu einer fallenden, einschmeichelnden Linie von Violine I, Klarinette I und Violoncelli schmeichelnden Linie von Violine I, Klarinette I und Violoncelli – ein Beispiel für Kontraste auf engstem Raum, wie sie Strauß so vielfältig zu gestalten wußte.

Ein »Eingang« mit herausforderndem Trompetensignal führt nach C-Dur zurück und zum Walzer III, der von einzigartiger Melodienseligkeit beherrscht wird, unterbrochen von zweimaligen »Aufstampfern«. Ein majestätischer Abschnitt (»marcato«), in dem die Melodie gravitätisch – häufig in Ganztaktwerten – einherschreitet, führt zu Walzer IV, bei dem besonders der B-Teil mit dem weichen Legato seiner verführerisch wiegenden Linien besticht.
Die umfangreiche Coda beginnt mit einem zu Walzer I, der vollständig wiederholt wird, hinführenden Teil. In der Überleitung zu Walzer II geht es über eine überraschende, trugschlußartige Wendung (a-Moll–H-Dur) von C- nach G-Dur. Walzer III reißt plötzlich ab; in dem folgenden »Più-meno«-Teil läßt ein Violoncellosolo, unterstützt vom 1. Horn, Walzer I als lyrische Reminiszenz vorüberziehen. Im »Tempo di valse« wird mit großer Steigerung der festliche Schluß erreicht.

EG

Wolfgang Strauß geb. 1927

Strauß wurde am 22. Juli 1927 in Dresden geboren. Er studierte 1947–1951 an der Dresdner Musikhochschule bei Fidelio F. Finke Komposition. Bis 1955 war er Solorepetitor an der Leipziger Oper, anschließend Kapellmeister am Theater der Altmark in Stendal. 1958–1960 trat er als Liedbegleiter hervor und ging 1960 nach Berlin, wo er in leitender Position beim Rundfunk tätig ist. Der Komponist Strauß begann mit Werken der kleinen Form (Lied, Kammermusik). Später wandte er sich mehr und mehr der Orchestermusik zu. Sein Stil zeichnet sich aus durch ausgeprägten Sinn für klangliche Differenzierung und melodische Prägnanz.

Sinfonien: Kleine Sinfonie in C op. 36 (1962); 1. Sinfonie op. 49 (1967); 2. Sinfonie op. 55 (1971); 3. Sinfonie op. 59

(1973). – Concerto grosso für 4 Blechbläser und Kammerorchester op. 34 Nr. 2 (1961); Kleine Musik für Streichorchester op. 38 (1962); Konzert für Orchester op. 40 (1963); Sinfonische Szene op. 47 (1966); Orchestermusik 1969 op. 52. – 1. Violinkonzert op. 19 (1957); 2. Violinkonzert op. 41 (1965).

Kleine Sinfonie in C op. 36

Besetzung: Flöte, Oboe, Klarinette, Fagott, 2 Hörner, Trompete, Posaune, Pauken, Streicher
Aufführungsdauer: 13 Minuten

Dieses spielfreudige, heitere Werk von 1962 zeigt Strauß' Begabung für knappe Diktion, pointiertes Musizieren. Es ist bei sparsamem Einsatz des Instrumentariums sehr kunstvoll gearbeitet und dennoch unmittelbar verständlich.

Tänzerische rhythmische Impulse beleben den schwungvollen *ersten Satz* (Allegro moderato), während im *zweiten* (Andante cantabile) die melodische Linie dominiert. Dieser Satz beginnt mit einem von Violoncelli und Kontrabässen vorgetragenen Gedanken:

Das *Finale* (Allegro non troppo, ²/₄-Takt) wird von ruhelos drängender Bewegung geprägt. Nach kräftigem Beginn entwickelt sich in 1. und 2. Violinen sowie Bratschen ein kleines Fugato über folgenden melodischen Hauptgedanken des Satzes:

Er beherrscht das muntere Treiben bis zum Satzschluß.

1. Sinfonie op. 49

Besetzung: 2 Pikkoloflöten, 2 Flöten, 2 Oboen, Englischhorn, 2 Klarinetten, Baßklarinette, 2 Fagotte, Kontrafagott, 4 Hörner, 3 Trompeten, 3 Posaunen, Tuba, Pauken, Schlagzeug, Marimba, Glockenspiel, Vibraphon, Harfe, Celesta, Streicher
Aufführungsdauer: 20 Minuten

Die 1. Sinfonie (1967), für die Strauß den Hanns-Eisler-Preis des
Deutschen Demokratischen Rundfunks erhielt, wurde am 30. Januar 1969 in Halle uraufgeführt.
Die Komposition ist in vier Abschnitte gegliedert, denen eine originelle Idee zugrunde liegt: Bestimmte Konstruktionsprinzipien
deuten zugleich auf bestimmte Aussageinhalte hin. So trägt der
erste Satz die Überschrift »Stufen«. Es handelt sich um Variationen
eines stufenartig fortschreitenden melodischen Gedankens. Dieser
Gedanke wird zum gehaltenen Dissonanzklang *c–des* in den Pikkoloflöten (ppp) von tiefen Streichern, Holzbläsern und von der
Marimba vorgetragen:

Die Entwicklung führt zu immer energischeren und intervallisch
weiter ausgreifenden Stufen; damit verdichtet sich die konflikthafte
Spannung. Diese Auseinandersetzungen sinfonischer Art werden
am Ende nicht gelöst, sondern klingen nachdenklich aus. Der unmittelbar anschließende *zweite Satz* trägt den Titel »Flächen (5 Begegnungen)«. Zum Dissonanzklang *g–a* der Flöten und Pikkoloflöten intonieren die Blechbläser zunächst fortissimo signalartiges
Melos. Melos und Klang werden im folgenden gegeneinander gestellt, sie »begegnen« sich. Eine andere Art der sinfonischen Auseinandersetzung also, die pianissimo und sehr nachdenklich verklingt.
Als *dritter Satz* folgt ein Nachtstück, »Ketten« überschrieben. Streichertremoli und verhaltene melodische Gesten bestimmen den
Notturnocharakter. Der Begriff der Ketten ist zu verstehen als musikalisches Prinzip des Verkettens melodischer Wendungen im
Wechsel der Instrumente. Er will aber auch Assoziationen inhaltlicher Art wecken. Das macht ein Fortissimoabschnitt in der Satzmitte deutlich: In energischem, an Eisler gemahnendem melodischem Duktus erklingen Holz- und Blechbläser. Ketten werden gesprengt!

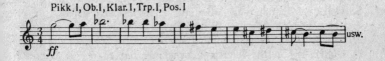

Das *Finale* schließt sich wiederum ohne Pause an. Der »Wandlung« genannte Satz besteht aus einer Folge von Variationen über einen energischen und beschwingten Gedanken. Reminiszenzen an den ersten Satz klingen auf. Das Prinzip der sinfonischen Lösung wird hier verwirklicht. Es zielt aber nicht auf eine Apotheose, sondern auf Konzentration und Kraftbewußtsein, gepaart mit Nachdenklichkeit.

HJS

Igor Strawinsky 1882—1971

Das vielschichtige und widerspruchvolle Lebenswerk dieses großen Komponisten, der am 5. (17.) Juni 1882 in Oranienbaum bei Petersburg als Sohn eines Bassisten der kaiserlichen Oper geboren wurde und der achtundachtzigjährig als Bürger der USA am 6. April 1971 in New York starb, nimmt im Musikleben unseres Jahrhunderts einen bedeutenden Platz ein. Anregungen unterschiedlichster Art gingen und gehen von ihm aus. Vom neunten Lebensjahr an erhielt Strawinsky in Petersburg musikalischen Unterricht. Erste Kompositionsversuche stammen aus den Schülerjahren. Sie wurden auch fortgesetzt, als Igor in seiner Heimatstadt das Studium der Rechte aufnahm. Wichtig für die spätere Entwicklung ist die Tatsache, daß Strawinsky im Elternhaus streng religiös erzogen wurde.
Noch während des Jurastudiums, das er 1905 beendete, nahm Strawinsky (ab 1903) privaten Kompositionsunterricht bei Rimski-Korsakow. Durch die 1908 auf Ustilug, dem Landgut der Strawinskys, entstandene Orchesterfantasie »Feu d'artifice« (»Feuerwerk«) wurde der große russische Ballett-Impresario Sergei Djagilew auf den jungen Komponisten aufmerksam. Für Djagilews »Russisches Ballett« schrieb Strawinsky in der folgenden Zeit die Ballette »L'oiseau de feu« (»Der Feuervogel«), »Petruschka« und »Le sacre du printemps« (»Das Frühlingsopfer«), das bei der Uraufführung 1913 in Paris einen der größten Theaterskandale unseres Jahrhunderts auslöste. Von 1914 bis 1920 ging Strawinsky in die Schweiz. Seitdem hat er außerhalb seiner Heimat gelebt, die er erst 1963 wieder besuchte. In der Schweiz trat der Komponist zum ersten Male als Dirigent auf (mit der »Feuervogel«-Suite 1915 in Genf). Bis in die letzten Lebensjahre hat er sich dirigierend

und als Pianist immer wieder vor allem für eigene Werke eingesetzt.
In der Schweiz entwickelte sich Strawinskys Neigung zum Kosmopolitismus immer stärker, begünstigt dadurch, daß er mit bedeutenden Musikern, Dichtern und Malern vieler Nationen in Berührung kam und sich von ihnen auf vielfältigste Weise anregen ließ. Zu seinem Freundeskreis gehörten seitdem u. a. der Dirigent und Mathematiker Ernest Ansermet, der Schriftsteller Charles Ferdinand Ramuz (Texte zu »Renard«, »Les noces«, »L'histoire du soldat«), der Schriftsteller und Philosoph Jean Cocteau (Text zu »Ödipus Rex«), der Schriftsteller André Gide (Text zu »Perséphone«), die Maler Pablo Picasso, Henri Matisse, Alexandre Benois, die zu seinen Werken Bühnenbilder schufen, die Choreographen Leonid Mjassin, Bronislawa Nijinska und Ida Rubinstein, die Komponisten Gabriel Fauré, Maurice Ravel und Manuel de Falla. Von 1920 bis 1939 lebte Strawinsky vorwiegend in Frankreich, wo viele seiner Werke zur Uraufführung kamen. 1934 wurde er französischer Staatsbürger, 1935 veröffentlichte der Komponist seine zweibändige »Chronique de ma vie«. Bei Ausbruch des zweiten Weltkrieges hielt sich Strawinsky in den USA auf, wo er an der Harvard-Universität seine Vorlesungsreihe »Poétique musicale« hielt. Er kehrte nicht wieder nach Europa zurück, sondern wählte seinen Wohnsitz in Hollywood. 1945 nahm er die amerikanische Staatsbürgerschaft an.
Mit der Mailänder Uraufführung der Messe für gemischten Chor und doppeltes Bläserquintett im Jahre 1948 stellte Strawinsky die durch den Weltkrieg unterbrochene Verbindung zu Europa wieder her. 1951 kam er selbst zum ersten Male wieder nach Europa, um in Venedig die Uraufführung seiner Oper »The rake's progress« zu dirigieren. Bis zu seinem Tode folgten nun viele weitere Europareisen, die zum großen Teil auch mit Werkaufträgen oder Uraufführungen seiner Kompositionen verbunden waren.
Strawinsky begann sein schöpferisches Wirken als russischer Musiker, der gleich den großen Vorbildern Glinka, Tschaikowski und Rimski-Korsakow in der Volksmusik seiner Heimat den Nährboden für sein großes und eigenwilliges Talent fand. Der melodische Gestus, das Klangraffinement, vor allem aber auch die vitale rhythmische Kraft solcher Meisterwerke wie »Petruschka«, »Der Feuervogel«, »Le sacre du printemps« sind aus dieser Tatsache erklärbar. Im Unterschied etwa zu Prokofjew, dessen »Skythische Suite« in zeitlicher Nähe zum »Sacre« steht, entwickelte sich

Strawinsky aber zum Kosmopoliten, sein Schaffen gehört der Welt des Spätbürgertums an und spiegelt darum dessen Konflikte und Probleme wider.
Es ist nicht allzu ergiebig, Strawinskys zahlreiche, einander oft widersprechende und bewußt provokatorische Äußerungen (aus der »Musikalischen Poetik« und der »Chronik meines Lebens« etwa) als Maßstäbe für die Wertung seiner Musik heranzuziehen. Sie offenbaren allenfalls im Wechsel von Sympathien und Antipathien etwas von der Problematik, in der sich der Komponist zeit seines Lebens befand, und sie resultieren letzten Endes aus dem Bemühen, diese Problematik theoretisch aus der Sphäre des Schaffens zu verbannen. Andererseits zeigt sich Strawinskys »L'art pour l'art«-Auffassung, die sich beispielsweise in der sogenannten neoklassizistischen Periode seines Schaffens – beginnend mit »Pulcinella« – niederschlug, letztlich als Ausdruck seines Strebens, Lösungen in der Sphäre der Kunst zu finden, die in der spätbürgerlichen gesellschaftlichen Wirklichkeit nicht mehr möglich waren. So muß man z. B. den Rückgriff auf frühklassische Modelle, auf klassisches Maß also, als Versuch werten, in der Sphäre der Kunst Ideale neu zu postulieren, die in der Realität verlorengingen. Die enorme Meisterschaft, mit der Strawinsky dies künstlerisch verwirklicht, macht uns viele seiner Werke aus jener Zeit wertvoll.
Wenn der sich in seinen Werken oft anscheinend so von Grund auf wandelnde Meister den Zeitgenossen fast als eine Art Chamäleon erschien, wenn seine Wandlungen Sensation machten, so darf uns das nicht über die tieferen Gründe für diese stilistischen Änderungen hinwegtäuschen. In der Rückkehr zu Bach, im Aufgreifen von Anregungen aus dem Jazz, in der Hinwendung zu antiken Themen, zu religiöser Mystik verbirgt sich bei aller Unterschiedlichkeit der musikalischen Resultate ein gemeinsames Agèns: der Drang nämlich, im Bereich des Musikalischen etwas von dem zu bewahren und neu zu formen, was dem Russen Strawinsky am Beginn seines kompositorischen Weges selbstverständlich erschien – die Bewährung und Bestätigung menschlicher Schöpferkraft. Hier liegt der Humanismus der Musik dieses großen Komponisten.
Dieser Drang bleibt auch noch in den Werken der letzten Schaffensperiode insofern wirksam, als der ehemalige Antipode Arnold Schönbergs in der praktischen Auseinandersetzung mit Dodekaphonie und Serialismus spürbar bemüht ist, das eigene Gesicht zu wahren. Freilich: Die Widersprüche nehmen zu. Und der schmale Grat, auf dem sich Strawinsky zwischen Scylla und Charybdis (sprich:

Plattheit und Mystifizierung oder artifizieller Verklausulierung) der bürgerlichen Musikentwicklung im Zeitalter des Imperialismus bewegte, wurde nicht selten verfehlt.

So nimmt es eigentlich nicht wunder, daß der greise Musiker von der Begegnung mit dem Musikleben der Sowjetunion im Jahre 1963 zutiefst beeindruckt war, daß er freimütig frühere Äußerungen über sein Heimatland, die unter dem Einfluß der antikommunistischen Haltung der Welt, in der er lebte, zustande gekommen waren, revidierte. Es gehört zum Bild dieses Mannes, der sein kompositorisches Handwerk beherrschte wie kaum ein anderer neben ihm, daß er seiner bürgerlichen Umwelt im Leben gelegentlich kritisch offener gegenüberstand als in der Musik. Er, der die rassistische Apartheidpolitik Südafrikas ebenso verurteilte wie die Rassendiskriminierungen in den USA und den Aggressionskrieg in Vietnam, suchte in seiner Kunst einen Weg, der von den Konflikten dieser Welt nur mittelbar berührt wurde. Seit 1945 Bürger der USA, blieb er hierin bürgerlicher Kosmopolit.

Es ist nicht einfach, Strawinskys so vielfältiges, alle musikalischen Genres einbeziehendes Œuvre unter gemeinsame Aspekte zu subsumieren. Allgemein werden drei Perioden seines kompositorischen Schaffens hervorzuheben sein: die Jahre der Bindung an die Tradition der russischen Heimat, in denen sich auch die gärende Unrast der vorrevolutionären Periode der russischen Musik (im »Sacre« z. B.) widerspiegelt; die etwa mit dem Ende des ersten Weltkrieges einsetzende neoklassizistische Periode, in der Stilmittel des Mittelalters, der Bach-Händel-Zeit und Klassik sowie des 19. Jahrhunderts schöpferisch genutzt werden; die etwa um 1950 beginnende Altersperiode, die geprägt ist von der Beschäftigung mit der Dodekaphonie, dem Serialismus, die aber auch auf spätmittelalterliche Techniken (Isometrie und Isorhythmik) zurückgreift.

Bei allen stilistischen Wandlungen prägen sich in der Musik Strawinskys aber auch personalstilistische Grundzüge unverwechselbar aus: Man kann sie fassen in einer stets erkennbaren Vorliebe für dominierende rhythmisch-metrische Strukturen, in denen Asymmetrie, Ostinato, Motorik und Polyrhythmik hervorstechen. Im Melodischen tritt das Streben nach lapidarer Einfachheit, Prägnanz, manchmal parodistischer Primitivität hervor. Harmonisch bleiben Einflüsse russischer Folklore, vermischt mit kirchentonalen Zügen, in allen Perioden unüberhörbar. Neben polytonalen Werken stehen auch freitonale; die Orientierung auf bestimmte tonale Zen-

tren ist jedoch fast immer vorhanden. Strawinsky geht in seiner
Orchestersprache vom farbigen Klangbild der national-russischen
Klassik aus; später vollzieht sich eine Wende zu glasklarer, oft
betont kühler Klanglichkeit, die mit der linearen Verselbständi-
gung der Stimmen verbunden ist.

Sinfonien: in Es op. 1 (1907; Überarbeitung 1914), in C
(1940), in 3 Sätzen (1945). – Scherzo fantastique op. 3 »Der
Bienenflug« (1908); »Feu d'artifice«. Fantasie für großes Orchester op. 4 (1908); Chant funèbre op. 5 (1908; zum Tode Rimski-
Korsakows); »L'oiseau de feu«. Ballettsuite (1911; Neuinstru-
mentation 1919 und 1945); »Petruschka«. Ballettmusik (1911;
Umarbeitung 1947); »Le sacre du printemps«. Ballettmusik
(1913; Umarbeitung 1947); Sinfonische Dichtung »Le
chant du rossignol« (1917); Ragtime für 11 Instrumente
(1918); Symphonies d'instruments à vent. In memoriam Claude
Debussy (1921; Neufassung 1947); »Pulcinella«. Suite für kleines Orchester nach dem Ballett (1920; Umarbeitung 1949);
»L'histoire du soldat«. Orchestersuite (1923; nach dem Büh-
nenwerk von 1918); »Apollon Musagète«. Ballettmusik für
Streichorchester (1928; Neufassung 1947); Divertimento. Sinfonische Suite (1934; Neufassung 1950) aus dem Ballett »Le
baiser de la fée« (1928); »Jeu de cartes«. Suite (1938; nach der
Ballettmusik von 1936); »Dumbarton Oaks«. Concerto in Es
für Kammerorchester (1938); Danses concertantes für Kammerorchester (1942); Zirkuspolka, komponiert für einen jungen Elefanten (1942); Four Norwegian moods (1942); Ode.
Triptychon für Orchester (1943); Scènes de ballet (1944);
Scherzo à la Russe (1944); Ebony Concerto für Bigband
(1945); Concerto in D für Streichorchester »Basler Concerto«
(1946); Prélude für eine Jazzband (1953); »Agon«. Ballettmusik (1957); Variationen für Orchester (1964).
Concerto für Klavier und Bläser (1924); Capriccio für Klavier und Orchester (1929; Überarbeitung 1949); Movements
für Klavier und Orchester (1959). – Concerto en Ré für Violine und Orchester (1931).
Orchesterbearbeitung eigener Werke: Suite Nr. 2 (1921; aus
Klavierstücken von 1915/16); Suite Nr. 1 (aus Klavierstücken
von 1916); Quatre études (1929; aus Stücken für Streichquartett, 1914, und für Pianola, 1917); Tango (1954; Fassung für
Klavier 1940). – »Monumentum pro Gesualdo di Venosa«.
Orchesterbearbeitung von 3 Madrigalen Gesualdos (1960).

Scherzo fantastique op. 3

>Besetzung: Pikkoloflöte, 3 Flöten (2. auch Altflöte, 3. auch Pikkolo), 2 Oboen, Englischhorn, 3 Klarinetten, Baßklarinette, 2 Fagotte, Kontrafagott, 4 Hörner, 3 Trompeten (eine in F), Celesta, Becken, 2 Harfen, Streicher
>Aufführungsdauer: 16 Minuten

Dieses frühe Werk Strawinskys entstand in Ustilug vom Sommer 1907 bis März 1908, uraufgeführt wurde es in der Wintersaison 1908/09 in Petersburg durch Alexander Siloti. In einer der Partitur voranstehenden Bemerkung erklärt Strawinsky: »Dem Stück liegt eine Episode aus dem ›Leben der Bienen‹ (›Vie des abeilles‹ von Maurice Maeterlinck) zugrunde. Der *erste Teil* (Con moto, H-Dur, ⁶/₈-Takt) gibt ein Bild des regen Treibens im Bienenkorb; der *Mittelteil*, ein langsamer Satz (Moderato assai, G-Dur, ³/₄-Takt), schildert den Sonnenaufgang und den Hochzeitsflug der Königin, den Liebeskampf mit dem auserwählten Gemahl und dessen Tod. Im *dritten Teil*, der Reprise des ersten, herrscht wieder das friedlich-emsige Treiben im Bienenkorb. So wird das Ganze für uns Menschen zum phantastischen Abbild eines ewigen Kreislaufes.« Das klangmalerische Werk steht spürbar unter dem Einfluß Rimski-Korsakows. Charakteristisch für die Melodik des jungen Meisters ist der zarte Flötengesang des Mittelteils. HJS

L'oiseau de feu

>Besetzung: 2 Flöten (2. auch Pikkolo), 2 Oboen, 2 Klarinetten, 2 Fagotte, 4 Hörner, 2 Trompeten, 3 Posaunen, Tuba, Pauken, Schlagzeug, Xylophon, Klavier, Harfe, Streicher
>Aufführungsdauer: 28 Minuten

1910 fand in Paris die Uraufführung des Balletts »Der Feuervogel« statt, das Strawinsky im Auftrage Sergei Djagilews geschrieben hatte. Die aus diesem Werk zusammengestellte Suite hat sich wegen ihres bestrickenden Klangzaubers und ihrer lyrischen Verhaltenheit, die mit barbarischer Wildheit wechselt, einen festen Platz

Strawinsky

im Konzertrepertoire der Orchester gesichert. Es gibt drei Fassungen dieser Suite: die von 1911 für großes Orchester, die von 1919 für mittleres Orchester (sie ist für die Haltung des Komponisten in jener Zeit charakteristisch) und die von 1945 mit nur einigen Instrumentationsretuschen. Sie wird heute allgemein zu Recht bevorzugt und soll daher hier besprochen werden.

Die Fabel des Balletts folgt einem russischen Märchen vom Prinzen Iwan, der im Zaubergarten des Menschenfressers Kaschtschei dem Feuervogel begegnet, ihn einfängt und gegen Überlassen einer Feder wieder freiläßt. Gefangene Prinzessinnen tanzen im mondbeschienenen Park. Iwan verliebt sich in eine von ihnen, der er trotz aller Warnungen ins Schloß folgen will. Der Zauberer Kaschtschei tritt ihm entgegen, um ihn in Stein zu verwandeln. Der durch die Feder herbeigerufene Feuervogel verrät dem Prinzen das Lebensgeheimnis des Zauberers. Der Prinz tötet ihn und befreit dadurch alle Gefangenen und Verzauberten. Die Prinzessin ist eine Zarentochter, die er heiratet. Aufschlußreich für Strawinskys Auffassung dieses Stoffes ist seine Äußerung, Prinz Iwan könne den Zauberer besiegen, weil Iwan sich von der christlichen und russischen Tugend des Mitleidens habe leiten lassen.

Die Suite gibt die wichtigsten Episoden des Balletts wider:

Die *Introduktion* läßt den Zaubergarten aufblühen. Aus dunkler Tiefe der Violoncelli und Kontrabässe wächst eine lyrische Melodie der Oboe.

Die Farbigkeit der Instrumentierung schafft rechte Märchenstimmung. Ein bunter Vogel, der Feuervogel, schwirrt plötzlich im Zaubergarten umher. Das Schwirren des Vogels ist durch spielerische Figuren zweier Flöten und einer Klarinette, durch Tremoli und Pizzikati der Streicher, durch Glissandi des Klaviers und der Harfe musikalisch äußerst suggestiv gestaltet. Im *zweiten Teil* (Pantomime I / Pas de deux: »Feuervogel und Prinz«) wird die Begegnung des Prinzen mit dem Feuervogel geschildert. Dann tan-

zen die verzauberten Prinzessinnen (*dritter Teil:* Pantomime II /
Scherzo: »Spiel der Prinzessinnen«). Der *vierte Teil* (Pantomime III/
Rondo: »Reigen der Prinzessinnen«) erzählt von der aufkeimenden Liebe des Prinzen zur schönsten Prinzessin. Hier erklingt eine
Oboenmelodie von anmutiger Süße:

Ihr steht eine in der Zartheit und lyrischen Verhaltenheit ähnliche
Melodie zur Seite:

Im *fünften Teil*, dem »Höllentanz des Fürsten Kaschtschei«, bannt
der Zauberer zunächst alle in seine teuflischen Fänge; der barbarisch wilde Tanz, mit dem, nach einem Wort Debussys, die »rhythmische Gewaltherrschaft« der Musik beginnt, hat etwas Brutales
an sich. Hämmerndes Schlagzeug und synkopische Melodiefetzen
kennzeichnen ihn:

Hier finden sich Ansätze, die im »Sacre« weiterentwickelt werden.
Strawinsky läßt auf dieses entfesselte Stück im *sechsten Teil* ein

»Wiegenlied« des Feuervogels folgen, das nicht nur durch den gewaltigen Kontrast, sondern auch durch den bestrickenden Liebreiz der Fagottmelodie fesselt.

Den *siebenten Teil* bildet eine Hymne; sie ist das Finale der Suite und leuchtet in allem klanglichen Prunk und Reichtum auf, wie er dem Charakter vieler alter Märchen Rußlands entspricht. Lento maestoso intoniert das Horn eine Melodie,

die Violinen und Flöte, dann zweimal das ganze Orchester wiederholen; sie wird dabei immer reicher harmonisiert und klanglich prächtiger ausgestattet, schließlich metrisch »versetzt«, nämlich vom ³/₂-Takt in den ⁷/₄-Takt:

Eine gewaltige klangliche Steigerung, bei der volle Klavier- und Harfenakkorde einbezogen und Pauken sowie die tiefsten Orchesterinstrumente zu Glockeneffekten genutzt werden, wird vorbereitet und findet in einer majestätischen Akkordfolge der Blechbläser Höhepunkt und Abschluß – der Eindruck einer feierlich-grandiosen Prozession im alten Rußland entsteht.

Strawinsky bekennt sich in diesem Werk durch den Volksliedcharakter seiner Melodien, durch die typisch russische Harmonik ganz zu seiner Heimat, indem er den Zauber des Rußland der alten Märchen beschwört und damit von der Kraft dieses Landes und seines Volkes kündet.

Petruschka

Besetzung: 3 Flöten, 2 Oboen, Englischhorn, 3 Klarinetten (3. auch Baßklarinette), 2 Fagotte, Kontrafagott, 4 Hörner, 3 Trompeten, 3 Posaunen, Tuba, Pauken, Schlagzeug, Xylophon, Celesta, Klavier, Harfe, Streicher
Aufführungsdauer: 42 Minuten

Ein alter Scharlatan führt zur Faschingszeit auf dem Petersburger Jahrmarkt seine Puppen – eine Ballerina, einen Mohren und den russischen Kasper Petruschka – vor, indem er ihnen auf seiner Flöte vorspielt, worauf die Puppen zu tanzen beginnen. Seine Zauberkunst hat den Puppen menschliches Fühlen eingegeben. Petruschka liebt die Ballerina, die sich jedoch in den eitel geputzten Mohren vergafft hat. In unbeherrschter Eifersucht tötet der Mohr Petruschka. Den Aufruhr der Zuschauer über den Mord beschwichtigt der Gaukler mit der Bemerkung, daß nur Puppen getanzt hätten. Als der Gaukler die Puppen wegschaffen will, erscheint ihm drohend Petruschkas Geist. Entsetzt flieht er. Ammen, Zigeuner, Kutscher und Pferdeknechte, Maskierte, ein Bauer mit der Drehorgel und einem Bären sind kontrastreicher und farbenprächtiger Hintergrund, vor dem sich die Tragödie der Puppen abspielt.

Das ist die Fabel des Balletts, das Strawinsky gemeinsam mit Alexandre Benois schrieb. Die Uraufführung fand 1911 in Paris durch das berühmte »Russische Ballett« Sergei Djagilews statt. Der große Erfolg bestimmte den Komponisten, die wirkungsvollsten Nummern des Balletts zu verschiedenen Suiten zusammenzustellen. 1947 gab er eine revidierte Fassung heraus, die an manchen Stellen die Instrumentation auflichtet, die Notierung des Rhythmus vereinfacht und den Klavierpart besser in das Klangbild einpaßt. Diese Fassung wird hier berücksichtigt. – Ursprünglich hatte Strawinsky eine Art Konzertstück für Klavier und Orchester geplant. Das Soloinstrument sollte dabei eine groteske, lebenerfüllte Marionette darstellen. Als Strawinsky Djagilew einen Teil dieses Werkes vorspielte, forderte dieser ihn auf, das Begonnene als Ballett fortzuführen. Alexandre Benois, der auch Bühnenbilder und Kostüme entwarf, wurde als Helfer gewonnen.

Die Suite von 1947 bringt folgende Teile: Karneval – Die Flöte des Scharlatans; Russischer Tanz; Petruschka; Der Mohr; Walzer; Tanz der Ammen; Der Bauer und der Bär; Zigeuner und Kaufmann; Tanz der Kutscher; Maskierte; Auseinandersetzung des Mohren mit Petruschka; Petruschkas Tod; Petruschkas Geist.

Das bekannteste Stück ist der *Russische Tanz* mit jener oft wiederholten, dadurch so eindringlichen Phrase:

Kraft, Schwung, auch Übermut zeichnen den Tanz aus. Der *Petruschka* genannte Teil gibt die grotesken, aber auch diabolischen Sprünge, die automatenhaften Bewegungen der Puppe wieder. Hier zeigen sich in der Partitur jene Stellen, die als Klavierkonzert konzipiert waren. Der *Mohr* wird als schwerfällig, unberechenbar und aufbrausend gezeichnet. Die Charakterisierung beider Gestalten gelang Strawinsky glänzend. Ebenso ist der *Walzer* ein Kabinettstück (er wurde aus den »Steirischen Tänzen« von Josef Lanner übernommen); schon sein Beginn zeigt Züge der Parodie, die sich in Strawinskys späteren Werken immer wieder finden.

Der Jahrmarktsrummel, der in den *Tanz der Ammen* übergeht, ist mit seiner flirrenden, turbulenten Musik ein glänzend beobachtetes Stimmungsbild. Im Tanz der Ammen dominiert eine der Volksmelodien,

die Strawinsky in die Partitur einwob, um die Lokalfarbe so echt wie möglich zu gestalten. Für die Leierkastenmusik im Jahrmarktsrummel hat der Komponist übrigens eine Drehorgelmelodie benutzt, die er damals öfter vor seinem Hotel in Beaulieu zu hören bekam. Der *Kutschertanz* mit den stampfenden Akkordschlägen

ist von urwüchsiger Derbheit erfüllt. Er vermischt sich mit der Melodie der Ammen, wie eben auf dem Jahrmarkt zur Fastenzeit alles durcheinanderwirbelt. Dieser Wirbel ist auch charakteristisch für die Maskenaufzüge, in denen der Teufel, die Ziege und das Schwein zu erkennen sind. JPT

Le sacre du printemps

Besetzung: Pikkoloflöte, 3 Flöten (3. auch Pikkolo), Altflöte, 4 Oboen (4. auch 2. Englischhorn), Englischhorn, Klarinette in Es, 3 Klarinetten (3. auch 2. Baßklarinette), Baßklarinette, 4 Fagotte (4. auch 2. Kontrafagott), Kontrafagott, 8 Hörner (7. und 8. auch Tenortuben), Trompete in D, 4 Trompeten (4. auch Baßtrompete), 3 Posaunen, 2 Tuben, 5 Pauken, Schlagzeug, Streicher
Aufführungsdauer: 33 Minuten

Als Ballett wurde »Le sacre du printemps« (Untertitel: »Bilder aus dem heidnischen Rußland«) am 29. Mai 1913 in Paris vom »Russischen Ballett« Djagilews uraufgeführt. »Barbarische« Klangmassierungen und wilde Rhythmen schockierten damals das Publikum, so daß die Premiere einen Riesenskandal ergab. Bereits 1910 war dem Komponisten die Idee dieses kühnen Werkes gekommen. Er notiert in seinen »Erinnerungen«: »Als ich in St. Petersburg die letzten Seiten des ›Feuervogel‹ niederschrieb, überkam mich eines Tages – völlig unerwartet, denn ich war mit ganz anderen Dingen beschäftigt – die Vision einer großen heidnischen Feier: alte weise Männer sitzen im Kreise und schauen dem Todestanz eines jungen Mädchens zu, das geopfert werden soll, um den Gott des Frühlings günstig zu stimmen. Das war das Thema von ›Sacre du printemps‹.« Ursprünglich war das Ganze als Sinfonie gedacht; daher auch die sehr genau kalkulierte Anlage der einzelnen Teile. Die Gesamtdramaturgie wird bestimmt vom Gegensatz zwischen den lichten, rauschartig lebensvollen Teilen, die mit dem Frühlingserwachen verbunden und von Volkslied- und Volkstanzintonationen geprägt sind, und von den düsteren oder grotesken Partien, von den barbarischen Stimmungen des kultischen Zeremoniells selbst. Hier findet Strawinsky eine bis dahin unbekannte bohrende Kraft motorischer Rhythmik und polytonal zugespitzter Klangmassierungen, die mit dem massiven Einsatz eines gewaltigen Instrumentariums einhergehen.

Mit Recht weist der sowjetische Musikwissenschaftler Boris Jarustowski darauf hin, daß in diesem Werk, dessen neuartige Klänge und Rhythmen für die weitere Entwicklung der Musik des 20. Jahrhunderts von großer Bedeutung waren, »Züge der Krise, ein Vorgefühl künftiger Katastrophen, Raserei der Gefühle, großartige expressive Höhepunkte« deutlich werden, die ästhetische Widerspiegelung der gesellschaftlichen Situation im vorrevolutionären Rußland waren. Und Jarustowski schreibt weiter: »Daß es dem Komponisten gelang, diesen mächtigen Ausbruch der elementaren Kräfte der Frühlingserneuerung zu zeigen, und daß er ihn vor allem überwiegend mit nationalem russischem Material wiedergab, spricht für den schöpferischen Weitblick Strawinskys, der ein Vorgefühl des revolutionären Aufbruchs empfunden haben muß.« Das Werk ist in zwei Teile gegliedert: »Die Anbetung der Erde« und »Das Opfer«. Beide sind wiederum in einzelne Abschnitte unterteilt, die auf den Inhalt weisende Titel tragen; Strawinsky hat sie selbst kommentiert. Wir stützen uns im folgenden auf seine Kommentare.

Erster Teil: *Die Anbetung der Erde*. In einer *Introduktion* (Lento), die mit einem Fagottsolo (auf einer litauischen Volksweise basierend) in extrem hoher Lage beginnt (Notenbeispiel S. 439 oben), hat Strawinsky seinem Orchester »die Furcht anvertraut, die jeden fein empfindenden Geist vor der Macht der Elemente überkommt«. »Die Melodie entwickelt sich in einer horizontalen Linie, die nur die Masse der Instrumente, die intensive Dynamik des Orchesters, aber nicht die melodische Linie selbst steigert oder abschwächt. Ich habe den panischen Schrecken der Natur vor der Schönheit wieder-

geben wollen, eine heilige Furcht vor der Mittagssonne, einen Panschrei, dessen Anschwellen neue musikalische Möglichkeiten erschließt. So muß das ganze Orchester die Geburt dieses Frühlings wiedergeben.« In diesem Sinne folgen der Introduktion die *Vorboten des Frühlings* (Tempo giusto). Jünglinge treten mit einer alten Frau auf (Tanz der Jünglinge): »Sie kennt die Geheimnisse der Natur und lehrt die Jünglinge deren Mysterien. – Die Jünglinge, um sie geschart, verkünden den Pulsschlag des Frühlings durch ihren verhaltenen Rhythmus.« Folkloristische Elemente klingen auch in dem Tanz der jungen Mädchen an, zum Beispiel in einer Flötenmelodie:

Zu den folgenden drei Abschnitten *Das Spiel der Entführung, Frühlingsreigen* und *Kampfspiele der feindlichen Städte* erläutert der Komponist: »Nun kommen die Mädchen vom Fluß herauf. Sie bilden einen Kranz, der sich mit dem der Jünglinge vereinigt (Tranquillo). – Sie nähern sich den Gespielen, und doch fühlt man im Rhythmus der Musik, daß sie sich trennen werden (Molto allegro). – Die Gruppen teilen sich wieder und kämpfen. – So äußert sich ihre Kraft in der Entzweiung und im Spiel.« Durch nationale russische Intonationen und ständige metrische Verschiebungen entsteht auch hier die dominierende Wirkung eines fast magischen Kreisens. So zum Beispiel im »Kampfspiel der Städte« (Molto allegro):

Nun folgen der *Auftritt der Weisen, Anbetung der Erde* und *Tanz der Erde*: »Man hört das Nahen eines Festzuges. Der Heilige, der Weise kommt, der älteste Priester des Bundes. Er segnet die Erde (Lento). – Seine Segnung ist wie ein Zeichen für neues rhythmisches Sprießen. Alle verhüllen sich, bewegen sich dann in Spiralen, unaufhörlich quellend wie die neuen Energien der Natur. Es ist der Tanz der Erde (Prestissimo).«
Zweiter Teil: *Das Opfer.* Dazu erläutert der Komponist: »Der zweite Teil beginnt mit einem schattenhaften Tanz der Mädchen. Die *Introduktion* (Largo) ist ein geheimnisvoller Gesang, der diesen Tanz begleitet. Die Mädchen weisen in ihrem Reigen (Andante con moto) auf die Stelle, wo die Auserwählte umringt wird, die dann nicht mehr entrinnen kann.« Diese *Geheimnisvollen Kreise der Mädchen* (Andante con moto) werden zu einem lieblichen Streichersatz mit wiederum metrisch unregelmäßiger, »schwebender«, folklorebezogener Melodik getanzt.

Anschließend folgen die Teile *Verherrlichung der Auserwählten, Anrufung der Ahnen, Rituelle Handlung der Ahnen, Opfertanz der Auserwählten*. Dazu Strawinsky: »Die Auserwählte soll dem Frühling die Kräfte wiedergeben, die die Jugend ihm geraubt hat. Sie wird von den jungen Mädchen umtanzt (Vivo). – Die Ahnen werden mit einem weihevollen Tanz (Lento) angerufen. – Als die Auserwählte erschöpft niedersinkt, ergreifen sie die Ahnen und heben sie zum Himmel empor. Der Zyklus der Kräfte, die wieder geboren werden, um zu vergehen und sich in der Natur aufzulösen, ist erfüllt und in diesen wesenhaften Rhythmen vollendet.«

Pulcinella

Besetzung: 2 Flöten, 2 Oboen, 2 Fagotte, 2 Hörner, Trompete, Posaune, Solo-Streichquintett, 4 Violinen I, 4 Violinen II, 4 Bratschen, 3 Violoncelli, 3 Kontrabässe
Aufführungsdauer: 22 Minuten

Nach der wilden Klangexplosion des »Sacre« war es für die Pariser Musikfreunde mehr als ein Schock, als ihnen sieben Jahre später (1920) Djagilews »Russisches Ballett« ein neues Werk Strawinskys vorstellte, das in jeglicher Beziehung zum älteren denkbar stark kontrastierte. Ein kleines Orchester spielt neunzehn reizvolle kleine Nummern, die sich als geistige Kinder Giovanni Battista Pergolesis (1710-1736) entpuppen. Strawinsky verarbeitete mit lockerer Hand Teile aus aufgefundenen Handschriften Pergolesis, aus Triosonaten und Arien. Schwankend zwischen »der Liebe zur Musik Pergolesis und dem Respekt vor ihm«, entschied sich Strawinsky im Sommer 1919 zur Adaption der Originalmusik. Er argumentiert seine Verfahrensweise: »Kann nicht nur die Liebe uns dazu bringen, die Seele eines Wesens zu begreifen? Und vermindert Liebe den Respekt? Respekt allein ist immer steril, er kann niemals als schöpferisches Element wirken. Um etwas zu schaffen, braucht er einen Motor, und welcher Motor ist mächtiger als die Liebe?« Er verwahrte sich entschieden gegen Vorwürfe, daß er es bei seiner großzügigen Bearbeitung an Achtung vor dem Erbe Pergolesis habe fehlen lassen: »Ich kenne die Mentalität der Konservatoren und Archivare der Musik zur Genüge. Sie wachen eifersüchtig über ihre Aktenstöße, die die Aufschrift tragen: Berühren verboten. Niemals stecken sie selber die Nase hinein, und sie verzeihen es keinem, wenn er das verborgene Leben ihrer Schätze erneuert, denn für sie sind das tote und heilige Dinge..« Auch zu diesem Ballett hatte Djagilew die Anregung gegeben. Die Handlung folgt dem Stil der Commedia dell'arte, und im Mittelpunkt steht Pulcinella, eine traditionelle Figur des neapolitanischen Volkstheaters.

Die Klarheit, Sachlichkeit, der spielerische Duktus dieser Musik sind charakteristisch für Strawinskys sogenannten Neoklassizismus, in dem die Besinnung auf Maß und gläserne Klarheit, auf objektivierte Aussage freilich manchmal einen Zug zur Kühle mit sich bringt.

Aus dem Ballett stellte der Komponist eine neunsätzige Suite zusammen, die er 1949 überarbeitete (diese Fassung wird heute allgemein gespielt). Ihre Sätze: Sinfonia; Serenata; Scherzino; Tarantella; Toccata; Gavotta; Vivo; Minuetto; Finale.

Apollon Musagète

Besetzung: Streichorchester
Aufführungsdauer: 30 Minuten

Dieses »Ballett blanc« entstand im Auftrage der Washingtoner Library of Congress. Am 27. April 1928 wurde es in Washington uraufgeführt. Strawinsky hatte bei diesem Stück die Absicht, ein Ballett über Themen aus der antiken Mythologie zu schreiben, dessen musikalische Sprache tonal sein und den edlen Klang der Streicher voll auskosten sollte. Tänzerisch war an eine Interpretation im klassischen Stil gedacht. 1947 nahm der Komponist eine Neufassung vor. Sie kann auch ohne tänzerische Deutung im Konzertsaal erklingen. Zum Inhalt des Balletts bemerkte der Komponist einmal: »Apollon Musagète ist ein Stück ohne Intrige. Es ist ein Ballett, welches das Thema ›Apollo, Führer der Musen‹ behandelt. Das heißt: Apollo inspiriert jede der Musen zu ihrer besonderen Kunst.«

Die Geburt Apollos ist der Prolog überschrieben. Er hat die Form einer französischen Ouvertüre (Largo/Allegro/Largo) mit den charakteristischen Punktierungen in den langsamen Teilen. Es folgt die *Variation des Apollo* (Untertitel: »Apollo und die Musen«), von einem kunstvollen Violinsolo eröffnet. L'istesso tempo musizieren dann zunächst zwei Solo-Violinen, vom Orchester sparsam begleitet. Am Ende (zum Solo einer Violine) erscheinen die Musen Kalliope, Polyhymnia und Terpsichore (es sind dies die Musen der Dichtung, des Gesanges und des Tanzes) Der folgende *Pas d'action* (Moderato) ist Grundlage einer tänzerischen Szene, in der Apoll jeder Muse eine Gabe überreicht. Danach zeigen die Musen ihre Kunst: Kalliope mit einem zierlichen *Allegretto*-Satz, Polyhymnia mit einem *Allegro* mit funkelnden Violinsechzehnteln, Terpsichore mit einem tänzerisch punktierten *Allegretto* ($3/8$-Takt). Feierlich antwortet Apollo *(Lento)*. Wieder treten in seinem Satz zwei Solo-Violinen hervor. Ein *Pas de deux* (Adagio, $4/8$-Takt) Apollos und Terpsichores folgt. Die Muse des Tanzes erhält von Apollo einen Ehrenplatz. In einer *Coda* (Vivo) gruppieren sich alle drei Musen um Apollo, der sie zu den Klängen der abschließenden *Apotheose* (Largo e tranquillo, $2/2$-Takt) zum Parnaß führt. – In dieser Komposition ist der Neoklassizismus Strawinskys am reinsten ausgeprägt.

HJS

Jeu de cartes

Besetzung: 2 Flöten (2. auch Pikkolo), 2 Oboen (2. auch Englischhorn), 2 Klarinetten, 2 Fagotte, 4 Hörner, 2 Trompeten, 3 Posaunen, Tuba, Pauken, Große Trommel, Streicher
Aufführungsdauer: 20 Minuten

Mit dieser Ballettmusik (deutsch: »Das Kartenspiel«), die auch ungekürzt im Konzertsaal zu hören ist, hat Strawinsky 1936 eines seiner heitersten und deshalb eingängigsten Werke geschaffen. Es wurde am 27. April 1937 an der New Yorker Metropolitan Opera uraufgeführt; wenige Monate später (Oktober 1937) erlebte es in Dresden unter Karl Böhm seine europäische Erstaufführung.

Zunächst freut sich der Hörer über die Anklänge an Rossini, Delibes, Johann Strauß, Tschaikowski und Ravel. Dieses »Kartenspiel in drei Runden« (so der volle Titel) ist ein mit Witz und Esprit gestaltetes Konversationsstück. Das Libretto gibt etwa folgendes zum Inhalt an: Handelnde Personen sind die Hauptkarten in einem Pokerspiel, über die von verschiedenen Spielern am grünen Tisch eines Spielsaales disputiert wird. In jeder Runde wird die Situation durch die Arglist des perfiden Jokers verwickelter, der sich auf Grund seiner Fähigkeit, sich in jede beliebige Karte zu verwandeln, für unbesiegbar hält. In der dritten Runde wird er geschlagen. Damit hat seine Bosheit und Niedertracht ein Ende. Im Vorwort zur Partitur zieht Strawinsky schmunzelnd das Fazit: »Wie sagt doch der alte La Fontaine? ›Daraus nun können wir ersehen, / daß man beständig Krieg führen muß mit dem Bösen. / Gut ist an sich des Friedens Walten, / doch kann vom Übel er erlösen / wenn nicht ihr Wort die Feinde halten?‹«

Das Ballett ist dreiteilig. Jede Spielrunde erscheint als Teil für sich, doch beginnt jeder Satz mit denselben marschartigen B-Dur-Takten:

Im *ersten Satz* folgen auf die Einleitungstakte drei Teile: ein Moderato-assai-Abschnitt (mit Flötensolo), ein energischer Stringendo-Teil und zuletzt ein Abgesang (Tranquillo) mit Flöte und Klarinette in weitgeschwungenen Melodiebögen. Der *zweite Satz* bringt nach der Einleitung eine Marcia mit 5 Variationen und einer Coda, die das Marschthema nochmals zitiert. Der *dritte Satz* gliedert sich in einen Walzer, ein geschwindmarschähnliches Presto (mit Zitat aus Rossinis »Barbier von Sevilla«) und ein Finale, das in die Einleitungstakte mündet und damit die drei Spielrunden wirklich abschließt.

Bemerkenswert ist an dieser Partitur die kluge Ökonomie des Orchestereinsatzes. Häufig wird kammermusikalisch musiziert, so daß die Tuttistellen immer überraschend wirken und nie an Reiz verlieren.

JPT

Concerto in Es »Dumbarton Oaks«

Besetzung: Flöte, Klarinette, Fagott, 2 Hörner, 3 Violinen, 3 Bratschen, 2 Violoncelli, 2 Kontrabässe
Aufführungsdauer: 12 Minuten

Im Auftrage der Familie Bliss, amerikanische Kunstmäzene und wohnhaft in Dumbarton Oaks, schrieb Strawinsky 1937/38 dieses Konzert für Kammerorchester. In Besetzung und Stil weist es unverkennbar auf Johann Sebastian Bachs Brandenburgische Konzerte als anregendes Vorbild. Strawinsky gelingt es meisterhaft, Melodiemodelle aus der Bachschen Polyphonie mit neuen, eigenen Stilmitteln zu verknüpfen.

Kraftvoll eröffnet ein im Duktus »bachisches« Motiv den *ersten Satz*:

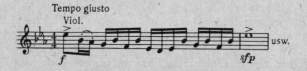

Es wird kunstvoll verarbeitet und offenbart dabei dank der Phantasie seines Schöpfers immer neue Seiten seines »Wesens«. Überdies bildet es den Hauptgedanken einer vierstimmigen Fuge. Eine ruhige, akkordische Überleitung führt zum *zweiten Satz* (Allegretto), dessen Thema bestimmt nicht zufällig an einen ähnlichen Gedanken aus Verdis »Falstaff« erinnert.

Gegen diese ruhig dahinfließende Melodie setzt Strawinsky mehrfach metrisch-rhythmisch sehr differenzierte und komplizierte Gedanken. Energisch, marschartig schließt sich das *Finale* (Con moto) an, das in einem Fugato kulminiert. HJS

Sinfonie in C

> Besetzung: Pikkoloflöte, 2 Flöten, 2 Oboen, 2 Klarinetten, 2 Fagotte, 4 Hörner, 2 Trompeten, 3 Posaunen, Tuba, Pauken, Streicher
> Aufführungsdauer: 28 Minuten

Im Winter 1939/40 hielt Strawinsky seine Vorlesungen über Musikalische Poetik an der Harvard-Universität. Schon vor dieser Vorlesungsreihe hatte er in den USA eine Konzertreise unternommen, auf der er den Auftrag erhielt, für die Fünfzigjahrfeier des Chicago Symphony Orchestra eine Sinfonie zu schreiben. Die Uraufführung fand am 7. November 1940 in Chicago statt. Strawinsky stand am Dirigentenpult.

Das Werk hat einen »Schutzheiligen«: Haydn; das ist am deutlichsten an der Klarheit und Heiterkeit der beiden Ecksätze zu spüren. Da Strawinsky auf lange Strecken sehr sparsam und kammermusikalisch instrumentiert, so daß ein überaus durchsichtiger, fast gläserner Klang – aller Sinnlichkeit abhold – entsteht, ist es wohl angebracht, von einem »ausgesparten Haydn« zu sprechen. Das Stück kommt erst in einem intimen Konzertraum voll zur Geltung.

Die Sinfonie in C besteht aus vier Sätzen. Der verhältnismäßig ausgedehnte *erste Satz* (Moderato, alla breve) hat Sonatenform. Das erste Thema hören wir zunächst von der Oboe,

das zweite vom Horn:

Der *zweite Satz* (Larghetto concertante, F-Dur) beginnt mit einem großen Oboensolo, dessen Thematik Flöte und Klarinette und später auch das Fagott aufgreifen. Schließlich beteiligen sich auch Trompete und Horn an diesem solistischen, von den Streichern sparsam begleiteten Musizieren.

Der *dritte Satz* (Allegretto, G-Dur) schlägt kraftvolle, vor allem rhythmisch akzentuierte Töne an, in denen Sforzati heftige Akzente markieren. Interessant ist eine Episode mit 3 Posaunen, die in eng gesetzter tiefer Lage ein Fagott begleiten. Es steckt etwas von der gebändigten Wildheit des »Sacre« in diesem Satz.

Das *Finale* wird von einem kurzen Largoteil eröffnet, den Fagotte, Hörner und Posaunen bestreiten. Kurz vor der Coda klingt dieses Largo verkürzt noch einmal an. Im übrigen (Tempo giusto, alla breve) kommt wieder die etwas manierierte Heiterkeit des ersten Satzes auf, an eine kleinschrittige Melodie gekettet. In der Coda gibt es sogar eine direkte Reprise aus dem ersten Satz, ehe das Werk piano endet.

Sinfonie in drei Sätzen

> Besetzung: Pikkoloflöte, 2 Flöten, 2 Oboen, 3 Klarinetten (3. auch Baßklarinette), 2 Fagotte, Kontrafagott, 4 Hörner, 3 Trompeten, 3 Posaunen, Tuba, Pauken, Schlagzeug, Klavier, Harfe, Streicher
> Aufführungsdauer: 24 Minuten

Die Philharmonic Symphony Society of New York bestellte dieses Werk (»Symphony in three movements«) bei Strawinsky und führte es am 24. Januar 1946 erstmals auf. Die Entstehungsgeschichte ist jener des »Petruschka« ähnlich: Strawinsky befaßte sich schon seit etwa 1942 mit einem sinfonischen Werk, das zunächst als Klavier-

konzert geplant war. Als er den Auftrag erhielt, verwendete er die schon fertigen Teile zu der Sinfonie (1945).
Ein Blick auf den *ersten Satz* bestätigt diese Tatsache. Dem Klavier sind durchaus solistische Aufgaben zugedacht, die einen Spieler mit großem virtuosem Können verlangen. Dieser Satz ist gleichsam eine Tokkata, die einerseits auf die dämonisch-dionysischen Entfesselungen des »Sacre« zurückweist, andererseits aber auch die Vorliebe Strawinskys für Episoden zeigt, die sparsam gesetzt sind und konzertanter Kontrapunktik huldigen.
Der *zweite Satz* (Andante) stellt die Harfe in den Mittelpunkt. Sie ist hier das Soloinstrument, das allerdings ohne die üblichen Harfeneffekte wie Arpeggio oder Glissando verwendet wird; sein Part ist meist linear oder stimmig komponiert. Es ist interessant zu vergleichen, wie Strawinsky etwa den gleichen musikalischen Gedanken der Harfe und der Flöte zuweist und wie er aus dem Instrumentalen abgeleitete Veränderungen dieses Gedankens vornimmt.
Ein kurzes, akkordisch gehaltenes Zwischenspiel leitet ohne Unterbrechung zum *Schlußsatz* (Con moto) über, in dem sich nun Klavier und Harfe ganz ins Orchester einfügen. Dieser Satz hat wegen seiner rhythmischen Kraft und der übersteigerten Dynamik beklemmende Wirkung. Der Rhythmus erhält wie im »Sacre« eine streckenweise alles beherrschende Funktion. Im Programmheft anläßlich der Uraufführung schrieb der Komponist u. a. folgende Sätze: »Der Sinfonie liegt kein Programm zugrunde, es wäre vergeblich, ein solches in meinem Werk zu suchen. Doch ist es möglich, daß der Eindruck unserer schwierigen Zeit mit ihren heftigen und wechselnden Ereignissen, ihrer Verzweiflung und Hoffnung, ihrer unausgesetzten Peinigung, ihrer Spannung und schließlich ihrer Entspannung und Erleichterung Spuren in dieser Sinfonie zurückgelassen hat.« JPT

Concerto für Klavier und Bläser

> Besetzung: Solo-Klavier; Pikkoloflöte, 2 Flöten, 2 Oboen, Englischhorn, 2 Klarinetten, 2 Fagotte (2. auch Kontrafagott), 4 Hörner, 4 Trompeten, 3 Posaunen, Tuba, Pauken, Kontrabässe
> Aufführungsdauer: 20 Minuten

Dieses Concerto für Klavier, Bläser und Kontrabässe entstand 1923/24 in Biarritz. Die Uraufführung fand am 22. Mai 1924 in Paris unter Sergei Kussewizki mit dem Komponisten als Solisten statt. Fünf Jahre lang behielt sich Strawinsky das alleinige Auffüh-

rungsrecht vor und spielte das Konzert während dieser Zeit mehr als vierzigmal. Dabei fürchtete er sich zunächst vor dem solistischen Auftreten. Er übte Czerny-Etüden, um sich vorzubereiten. Bei der Uraufführung vergaß er den Beginn des zweiten Satzes. Erst nachdem ihm Kussewizki die ersten Noten zugeflüstert hatte, ging die Premiere reibungslos zu Ende. (Übrigens hat Strawinsky auch das Capriccio für Klavier und Orchester für sich selbst geschrieben, um bei seinen vielen Konzertverpflichtungen als Solist neben dem Klavierkonzert noch ein anderes Konzertstück spielen zu können.)
Der *erste Satz* (Largo/Allegro/Largo) hat Tokkatencharakter. Nach einer Bläsereinleitung setzt das Klavier mit einer dreistimmigen Invention ein, die spürbar von Bach beeinflußt ist. Eine virtuose, rhythmisch interessante Klavierkadenz mündet dann in das abschließende Largo. Der *zweite Satz* (Largissimo) ist dreiteilig angelegt. Das Klavier und später das Orchester stellen das Hauptthema vor. Eine Kadenz des Klaviers leitet zum Mittelteil über, den das Orchester mit zwei kontrastierenden Themen bestreitet. Die anschließende zweite Kadenz führt mit einer verkürzten Reprise in den Anfangsteil zurück. Die gleiche, im Tempo freilich gesteigerte Kadenz steht auch am Beginn des *Finales* (Allegro), an die zunächst ein energisches Fugato anschließt. Dann tauchen Marschintonationen auf, später knüpft das Klavier mit Varianten der Tokkatenmelodik gedanklich an den ersten Satz an. Ein weiteres Fugato (Majesteux) wird vom Orchester mit einem neuen, mächtig ausholenden Themengedanken bestritten. In der Coda weckt Strawinsky Erinnerungen sowohl an den Anfang des dritten Satzes als auch an den ersten Satz.

Concerto en Ré für Violine und Orchester

Besetzung: Solo-Violine; Pikkoloflöte, 2 Flöten, 2 Oboen, Englischhorn, Es-Klarinette, 2 Klarinetten, 3 Fagotte, (3. auch Kontrafagott), 4 Hörner, 3 Trompeten, 2 Posaunen, Baßposaune, Tuba, Pauken, Streicher
Aufführungsdauer: 22 Minuten

Das Violinkonzert entstand 1931 und wurde am 23. Oktober des gleichen Jahres in Berlin unter Strawinskys Leitung mit Samuel Dushkin als Solisten uraufgeführt. Als eines der großen Violinkonzerte unseres Jahrhunderts steht es in einer Reihe mit denen von Prokofjew, Berg, Schönberg und Bartók, die ebenfalls im gleichen Jahrzehnt entstanden. Strawinsky zögerte zunächst, ein Konzert für

die Geige zu schreiben. Als Komponist kannte er zwar die technischen Möglichkeiten des Instruments, spielte es aber selbst nicht. Hindemith, der ein ausgezeichneter Geiger war, ermutigte ihn zu der Komposition. Bei der endgültigen Ausarbeitung des Soloparts zog Strawinsky den Solisten der Uraufführung zu Rate.
Strawinsky ließ sich auch in diesem Werk von der Musik des 17. und 18. Jahrhunderts anregen, und es gelang ihm überzeugend, diese Anregungen aus der Vergangenheit in seinen Stil zu übersetzen. Sowohl die Satzbezeichnungen Toccata, Aria I und II und Capriccio als auch Thematik und Motivik, ja sogar die Musizierhaltung weisen auf diese Zeit, allein die »Machart« kennzeichnet das Werk als echten Strawinsky.
Am Anfang aller vier Sätze und innerhalb des dritten Satzes begegnen in verschiedenen Modifikationen vier weitgespannte Akkorde; sie stehen stellvertretend für eine Intrada. Die des ersten Satzes haben folgendes Aussehen:

Der *erste Satz* (Toccata, D-Dur) schreitet nach den eröffnenden Akkorden zügig voran. Das Orchester beginnt mit einer Variante des Hauptthemas, von den Trompeten im Terzabstand gespielt. Das Hauptthema geht auf jenes gefällige Doppelschlagmotiv zurück, mit dem Boccherini sein bekanntes Menuett-Thema eröffnet. Das anschließende Seitenthema erschließt den Tonraum nach der Höhe. Es wurde aus dem C-Dur-Dreiklang entwickelt. Im Mittelteil dominiert im Orchester über weite Strecken eine kantable, rhythmisch punktierte Linie. Es schließt sich eine Reprise an, die den ersten Teil des Satzes variiert. Die notengetreue Wiederholung der Intrada eröffnet auch den *zweiten Satz* (Aria I, d-Moll). In mäßigem Tempo trägt sofort die Solo-Violine, assistiert von den Violoncelli, das Thema, eine weitgespannte Kantilene, vor. Dieser Satz ist Bach sehr verpflichtet; fast durchweg kammermusikalisch durchsichtig instrumentiert, ist er wie der *dritte Satz* (Aria II, A-Dur) melodiös und wohlklingend. Der abschließende *vierte Satz* (Capriccio, D-Dur); in freier Rondoform geschrieben, steigert die musikantische Haltung der Toccata durch sehr schnelles Zeitmaß, ausgeprägte Motorik und schnelles Laufwerk. Strawinskys Vorliebe für metrische Verschränkungen und ausgeprägte rhythmische Gestaltung läßt den Satz zu einem überzeugenden Finale werden. Besonders in diesem Satz sind die technischen Ansprüche an den Solisten enorm, obwohl der Höreindruck das nicht vermuten läßt. In diesem Konzert hat Strawinsky das Prinzip des Miteinander-Konzertierens von Solisten und Orchester beeindruckend und doch scheinbar spielerisch leicht verwirklicht. HJS

Eugen Suchoň geb. 1908

Suchoň wurde am 25. September 1908 in Pezinok geboren. Er studierte Musik in Bratislava bei Frico Kafenda und in Prag bei Vítězlav Novák. Bis 1959 arbeitete er in Bratislava als Kompositionslehrer und lebt seitdem ganz seiner schöpferischen Arbeit. Er ist der eigentliche Schöpfer der modernen slowakischen Musik. Sein Schaffen wird geprägt von Elementen der slowakischen Volksmusik; außerdem nutzt er moderne Gestaltungsweisen auf vielfältige, sehr persönliche Art. (In der Liebe zur Volksmusik, die auch in vielen stilisierenden Bearbeitungen slowakischer Volkslieder zum Ausdruck kommt, ist er Novák verwandt.) Bestimmend für seine Musik ist ein oft melancholischer, verinnerlichter Zug und ein fester tektonischer Aufbau.

Suchoňs schöpferische Entwicklung vollzog sich sehr konsequent. Schon in frühen Kammermusikwerken zeigte sich seine Neigung zum Aufbau großer tonaler Räume und zu klarem inhaltlichem Profil. Die Melodik ist mit der slowakischer Volkslieder vergleichbar: sie basiert auf der Ganztonleiter mit chromatischen Auflösungen; demzufolge finden sich ungewöhnliche Intervallsprünge wie der Tritonus. Auffällig in jüngster Zeit, da Suchoň neuere Kompositionsmethoden stärker einbezieht, ist die Vorliebe für Sequenzen, Quartenakkorde, freie Tempi und starke dramatische Kontraste in einer zutiefst lyrischen Gesamtkonzeption.

Suchoňs Schaffen erstreckt sich auf Kammer-, Orchestermusik und das vokale Genre; auf dem Opernsektor ist er der führende slowakische Meister (»Krútňava« wurde ein internationaler Erfolg).

Serenade für Streichorchester op. 5 (1934); Balladeske Suite op. 9 (1936); Metamorphosen (1953); Sinfonietta rustica (1956); Symphonische Fantasie über B-A-C-H für Orgel, Streicher und Schlagzeug (1972). – Fantasie und Burleske für Violine und Orchester op. 7 (1948).

Metamorphosen

Besetzung: 3 Flöten (3. auch Pikkolo), 3 Oboen, 3 Klarinetten (3. auch Baßklarinette), 2 Fagotte, Kontrafagott, 4 Hörner, 3 Trompeten, 3 Posaunen, Tuba, Pauken, Schlagzeug, Glockenspiel, Xylophon, Harfe, Klavier, Streicher
Aufführungsdauer: 30 Minuten

In der sinfonischen Suite »Metamorphosen«, die 1953 komponiert und uraufgeführt wurde, setzt sich der Komponist in sehr persönlicher Weise mit den großen gesellschaftlichen Veränderungen auseinander, die von 1935 bis 1945 in seiner Heimat vor sich gingen und auf sein Leben und Schaffen wirkten. Die Idee der Suite: Ein Kernmotiv aus Sekund- und Quartintervallen

entwickelt sich in den fünf sinfonischen Sätzen des Werkes von lyrischer Idyllik zu Aktivität und Nachdenklichkeit. Es hat heftige Konflikte zu bestehen, bis es sich durch neue, im Kampf errungene und vertiefte Einsichten zu optimistischer Grundhaltung wandelt. Die Komposition trägt autobiographische Züge. Suchoň blickt hier auf vergangenes Erleben zurück, gibt sich und der Öffentlichkeit Rechenschaft über seine künstlerische Entwicklung. Der Komponist verarbeitet Themen, die aus eigenen früheren Werken stammen. Sie erscheinen in veränderter Gestalt, es sind »Metamorphosen«. Die Anlage des Werkes ist kompliziert; die Form der Variation wird mit anderen Formen vermischt. Insgesamt bilden die fünf Sätze, die von gleichem thematischem Material geprägt werden, eine organische Einheit.

Der *erste Satz* (Andante con moto) trägt idyllische Züge. Bilder aus der Jugendzeit werden heraufbeschworen. Suchoň zitiert hier Themen aus einem frühen Streichquartett und aus seiner Kleinen Klaviersuite. Das Kernmotiv erscheint dreifach verwandelt:

Der *zweite Satz* (L'istesso tempo) wird von inniger Lyrik durchdrungen. Das abgewandelte Kernmotiv erfährt eine Erweiterung durch ein klagendes Motiv:

Der erregte *dritte Satz* (Allegro moderato / Allegro agitato) hat scherzoartigen Charakter. Ein hurtig laufendes, chromatisches Thema,

das dreimal verwandelt wird, gibt ihm das Gepräge. Der bukolisch gestimmte Trioteil (Un pochettino meno mosso) erinnert an den lyrischen zweiten Satz. Im Schlußteil erfährt die Gestaltmetamorphose des Kernmotivs dramatische, nahezu tragische Zuspitzung.
Im *vierten Satz* (Larghetto) klingen Gedanken aus dem ersten und zweiten Satz in neuer, nachdenklich verwandelter Form an. Erregt, konfliktgeladen ist der Mittelteil (Appassionato) gestaltet, der zu mächtiger Klangauftürmung (Grandioso) führt – ein erregendes und ungewöhnlich wirkungsvolles Stück.
Der spannungsreiche *Schlußsatz* (Allegro feroce) bringt die Lösung. Gedanken aus den vorhergehenden Sätzen klingen wieder auf, nehmen immer drohendere, wildere Haltung an. Sie steuern auf eine Katastrophe zu, aus der es keinen Ausweg zu geben scheint. Aber eine große Wende bringt die Rettung. Diese Katharsis wird versinnbildlicht durch ein völlig neues, energisches, Zuversicht ausstrahlendes Thema, das zuerst vom Solo-Horn vorgetragen wird. Es erinnert an den slowakischen Volkstanz »Odzemek«:

In erhabener, von neuem Leben erfüllter Gestalt erklingt das verwandelte Hauptthema des zweiten Satzes im Schlußteil – die neue Qualität menschlichen Denkens und Handelns ist erreicht. Der Sinn der Metarmorphosen hat sich erfüllt.

Sinfonietta rustica

Besetzung: Pikkoloflöte, 2 Flöten, 2 Oboen, 2 Klarinetten, 2 Fagotte, 4 Hörner, 2 Trompeten, 2 Posaunen, Tuba, Pauken, Schlagzeug, Glocken, Klavier, Streicher
Aufführungsdauer: 19 Minuten

Diese Sinfonietta rustica (Ländliche Sinfonie) entstammt dem Zyklus »Bilder aus der Slowakei« und wurde 1956 vollendet. Sie ist inspiriert vom Leben und der ursprünglichen Musik der Bauern in der Slowakei. In dem dreisätzigen Werk, das in einigen Teilen den volkstümlichen Szenen der Oper »Krútňava« verwandt ist, kam es dem Komponisten auf unmittelbare Verständlichkeit an.

Dem *ersten Satz* in freier Sonatenform geht eine Einleitung (Moderato sostenuto) voran, die von einem eigentümlichen Gedanken bestimmt wird.

Dieser Gedanke ist auch später bedeutungsvoll. Hier erklingt er zweimal, wird in kurze Passagen aufgelöst, aus denen dann das tänzerisch beschwingte, synkopierte Hauptthema (Allegro vivo) hervorgeht.

Die Herkunft aus der slowakischen Volksmusik ist unverkennbar.
Volkstümlichen Charakter hat auch das zweite, energische Thema.
Anstelle der Durchführung stehen hier Reminiszenzen an die Einleitung, auf die auch die Coda zurückgreift.

Dem liedförmigen *zweiten Satz* geht wiederum eine Einleitung
(Adagio) voraus, die zum Schluß nochmals aufgegriffen wird. Im
Hauptsatz stimmen die Bratschen eine träumerische Melodie an:

Es handelt sich um eine slowakische Volksmelodie, in der die sogenannte Suchoň-Tonleiter verborgen ist. Sie wurde also nicht vom
Komponisten konstruiert, sondern in ihrer spezifischen Folge von
Ganz- und Halbtönen aus dem slowakischen Volkslied abgeleitet.
Das Thema tritt dreimal variiert auf.

Das *Finale* (Allegro assai) in Sonatenform erhält sein Gepräge
von zwei gegensätzlichen, tänzerischen Themen, die ebenfalls slowakischer Folklore entstammen. Sie werden virtuos verarbeitet; in
der Reprise erklingen sie in umgekehrter Reihenfolge.   JM

Josef Suk 1874—1935

Josef Suk, am 4. Januar 1874 in Křečovice bei Neveklov (Böhmen)
geboren, entstammt einer alten Kantorenfamilie. Seine musikalische Begabung zeigte sich früh. Elfjährig kam er auf das Prager
Konservatorium, wo seine Lehrer Antonín Bennewitz (Violine),
Karel Stecker (Komposition) und später auch Dvořák (der nach
Antritt seiner Tätigkeit am Konservatorium Suk sofort unterrichtete) auf ihn aufmerksam wurden. 1892 gründete Suk mit seinen
Studienfreunden Karel Hoffmann, Oskar Nedbal und Otto Berger das später weltberühmt gewordene »Böhmische Quartett«, dem
er bis 1933 (dem letzten Auftreten des Quartetts) angehörte. Er
wirkte bei insgesamt mehr als 4000 Konzerten in der ganzen Welt
mit. Suk war auch ein hervorragender Pädagoge. (Zu seinen Schülern zählt Bohuslav Martinů.) 1922 wurde er am Staatlichen Konservatorium in Prag Professor für Komposition, 1930 Rektor. Diese
Stellung hatte er bis zu seinem Tode (am 29. Mai 1935) inne.

Bis zum Jahre 1903 entfaltete sich Suks kompositorisches Schaffen mit einer fast wunderbaren Leichtigkeit. In glücklichen Lebensverhältnissen – er hatte 1898 Dvořáks Tochter Ottilie geheiratet – schöpfte Suk aus dem Reichtum seiner melodischen Begabung, die sich vor allem in empfindungsstarken lyrischen Intonationen äußert. Eine entscheidende Wende brachten die Jahre 1904 und 1905: Der Künstler wurde vom Tode seines Schwiegervaters und seiner geliebten Gattin tief getroffen. Nur schwer konnte er sich zu neuer optimistischer Lebenshaltung durchringen. So sind die drei großen Werke »Asrael« (Sinfonie, 1906), »Das Reifen« (Sinfonische Dichtung, 1914) und »Epilog« (Sinfonische Kantate, 1932) Ausdruck ernster Auseinandersetzungen über Fragen von Leben und Tod. Der musikalische Stil Suks, der durch den Impressionismus und die Werke von Richard Strauss stark beeinflußt wurde, gewann in dieser Zeit seine endgültige Gestalt. Er nähert sich jetzt der westeuropäischen Moderne; seine Kompliziertheit hat ihren Ursprung im grüblerischen Charakter des Künstlers. Sie wird durch einen eigenartigen, strengen Formwillen gebändigt.

Suks Schaffen war für die weitere Entwicklung der tschechischen Musik sehr bedeutungsvoll. Es bildete vor allem den Anknüpfungspunkt für jene tschechische Musikergeneration, die nach dem zweiten Weltkrieg in den Vordergrund trat. Neben Bühnenmusiken, Chorwerken, Kammermusiken und Klavierstücken hat Suk vor allem bedeutende Orchesterwerke geschrieben.

Sinfonien: E-Dur op. 14 (1899), c-Moll op. 27 »Asrael« (1906); Sinfonische Dichtungen: »Praga« op. 26 (1904), »Ein Sommermärchen« op. 29 (1909), »Das Reifen« op. 34 (1914). – Dramatische Ouvertüre op. 4 (1892); Serenade Es-Dur op. 6 für Streichorchester (1892). – Fantasie für Violine und Orchester g-Moll op. 24 (1902; Bearbeitung 1903). VL

»Praga« G-Dur op. 26

Besetzung: 3 Flöten (3. auch Pikkolo), 2 Oboen, Englischhorn, 2 Klarinetten, Baßklarinette, 2 Fagotte, Kontrafagott, 4 Hörner, 3 Trompeten, 3 Posaunen, Tuba, Pauken, Schlagzeug, Glocken, Harfe, Orgel, Streicher

Aufführungsdauer: 22 Minuten

Die Idee zu diesem Werk kam Suk während einer Reise des »Böhmischen Quartetts« in Spanien. Von Sehnsucht nach der Heimat erfüllt, dachte der Komponist daran, die Hauptstadt seines Vater-

landes durch eine Sinfonische Dichtung zu preisen. Seine Liebe zu
dieser Stadt, Ehrfurcht vor ihrer stolzen historischen Tradition,
Ausblick auf eine lichte Zukunft sollten hier Ausdruck finden. Die
Konzertreise wurde durch den Tod des Schwiegervaters jäh unterbrochen. Suk mußte zum Begräbnis Dvořáks (am 1. Mai 1904)
heimkehren. Die Skizzen, die in Spanien begonnen worden waren,
wurden im Juli beendet, am 1. Oktober schloß Suk die Niederschrift der Partitur ab. Die Uraufführung erfolgte am 18. Dezember 1904 in Plzen durch die Tschechische Philharmonie unter Oskar Nedbal. In Prag selbst erklang das Werk unter Suks Leitung
am 25. März 1905 im damaligen Rudolfinum zum ersten Male.
Über der Partitur steht die Widmung: »Dem königlichen Prag«.
Das Werk ist in drei große, zusammengehörige Abschnitte gegliedert. Suk erläuterte seine programmatischen Absichten: Wie im
fernen Nebel erscheint aus grauer Vorzeit das Bild Prags. Erinnerungen an Entwicklung und Blütezeiten der Stadt werden wach,
aber auch an die Perioden voller Stürme und Verwirrungen.
Schließlich sieht der Komponist mit prophetischem Blick die Stadt
Libušas in zukünftigem Glanz. – Zunächst wird, über tiefen Tönen
von Pauke, Harfe und Kontrabässen, das zentrale Thema Prags
vom 3. und 4. Horn intoniert:

Es ist mit der Melodik des alten Hussitenchorals »Ihr, die ihr Gottes Kämpfer seid« verwandt und beherrscht das ganze Werk.
Nachdem es eine dynamische Steigerung erfahren hat, bei der das
gesamte Orchester beteiligt ist, tritt ein anmutiger Seitengedanke
der Pikkoloflöte zu Streichertremolo und Harfenarpeggien hinzu.
»Grandioso« klingt erneut das Prag-Thema in den Blechbläsern auf.
Dann verebbt die Bewegung »Ma poco più largamente«. »Molto
sostenuto« beginnt der zweite Teil (Es-Dur, $^3/_4$-Takt). Ihn bestimmt ein inniger Liebesgesang der Oboe, das zweite Hauptthema
der Sinfonischen Dichtung:

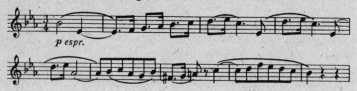

Suk entnahm diese »Liebesmelodie« seiner Schauspielmusik »Radúz a Mahulena«. Nach weiteren klangvollen Höhepunkten beginnt ein Allegroteil (alla breve) voll dramatischer Auseinandersetzungen – der Blick richtet sich in die Kämpfe der Vergangenheit. Das Prag-Thema wird als melodische Substanz verarbeitet. Schließlich tritt im großkonzipierten Schlußteil auch das lyrische Thema wieder stärker hervor, verbindet sich mit dem Prag-Thema, das in der Schlußapotheose in majestätischem Glanz dominiert. HJS

Karol Szymanowsky 1882—1937

Am 6. Oktober 1882 wurde der polnische Komponist Szymanowski in Tymoszówka (Gouvernement Kiew) als Sohn eines wohlsituierten Landadligen geboren, der Klavier und Violoncello spielen konnte und bei häuslichen Opernaufführungen mitwirkte. Drei der fünf Kinder wählten Musikerberufe: ein Bruder wurde Pianist, eine Schwester Sängerin. Karol erhielt vom siebenten Lebensjahr an Musikunterricht, zuerst beim Vater, dann an der Musikschule zu Jelisawetgrad bei seinem Onkel Gustav Neuhaus, mit dessen Sohn, dem später berühmten Pianisten Heinrich Neuhaus, ihn eine langjährige Freundschaft verband. Von Dargomyshskis »Rusalka« tief erschüttert, schrieb Szymanowski noch als Kind mehrere Opern; auch entstand eine Vielzahl von Klavierwerken, die er später vernichtete. Auf einer ersten Auslandsreise nach Österreich hörte der Elfjährige den »Lohengrin«. Dieses Erlebnis bestimmte endgültig seinen Wunsch, Komponist zu werden.

Von 1901 an studierte er in Warschau privat Harmonielehre und Komposition bei M. Zawirski und Z. Noskowski. Häufig besuchte er die Proben der Philharmonie, um sich praktische Kenntnisse der Orchesterbehandlung anzueignen; intensiv analysierte er die Klavierwerke Chopins und Skrjabins. An Wagner und Strauss interessierten ihn vor allem die musikdramatischen Aspekte. Szymanowskis nahezu maßlose Begeisterung, der elementare Drang, alle bewunderten Techniken selbst »in den Griff« zu bekommen, machten die Lehrjahre des angehenden Komponisten ungeheuer ergiebig und reich an Anregungen.

In jene Zeit fiel auch die Bekanntschaft mit drei führenden polnischen Musikern, die sein Schaffen beeinflußten. Es waren der Diri-

gent Grzegorz Fitelberg, mit dem Szymanowski später einen
Musikverlag gründete, der Pianist Artur Rubinstein und der Violinvirtuose Pawel Kochański. Jetzt fand er auch Kontakt zu der progressiv-nationalen Gruppierung »Junges Polen«, der unter anderen
der Freund Fitelberg angehörte.
1904 hatte Szymanowski schon eine Reihe beachtenswerter Kompositionen aufzuweisen, darunter etliche Klavierwerke, eine Violinsonate und eine Anzahl Lieder. Eine erste Orchesteraufführung
erlebte der Komponist 1906: die Warschauer Philharmoniker spielten seine Ouvertüre op. 12. Das war ein gewaltiger Schritt vorwärts für den jungen Künstler; dieser überraschend frühe Durchbruch verstärkte noch die ihm ohnehin eigene Energie. So beschäftigte er sich bald sehr intensiv mit der wuchernden Polyphonie
Regers, wie sie damals in Mode war, um dann ein entsprechendes
»kontrapunktisch-harmonisch-orchestrales Monstrum« vorzulegen,
wie er hinterher seine 1. Sinfonie ironisch nannte. Das Werk erlebte nur eine Aufführung. Das Schicksal dieses freilich mit echtem
Feuer aufgetürmten Opus symbolisiert zugleich das Heranreifen
einer schöpferischen Krise: Der Weg der harmonischen Anreicherung und Üppigkeit, der Ausdruckssteigerung endet in einer Sackgasse, in erdrückender Überladenheit und Schwüle.
In solcher Situation gaben ihm Italiens Natur und Kunstschätze
den entscheidenden Impuls zur Rückbesinnung und führten ihn zu
Klarheit und Übersichtlichkeit. So konnte Szymanowski nach jener
Reise (1908) in zwei neuartigen Werken seinem Schaffen eine andere Richtung geben: Die 2. Klaviersonate und die 2. Sinfonie stehen für diese wichtige Wende.
Dem von Europa bereits Gefeierten versagte Polen indes die gebührende Anerkennung. Der reifende Meister verließ enttäuscht
Warschau, die Stadt seiner Studien und ersten Erfolge, und lebte
von 1910 bis 1914 in Wien, von wo aus er wieder Italien und nun
auch Nordafrika besuchte. Das Ausland sollte ihm erneut zum
Selbstverstehen und zu innerer Prüfung verhelfen. Wie Claude Debussy und Maurice Ravel faszinierte ihn jetzt Igor Strawinsky in
seinen frühen Balletten. »Pelléas« und »Petruschka« zählen zu den
wichtigen Eindrücken jener Übergangsphase. Nun setzte eine zweite
Schaffensperiode ein, für deren Werke ausgefeilte Klangfarben und
andererseits scharf konturierte Gestalten, die eine Aufweichung
der Linien verhindern halfen, charakteristisch sind. Jene Reisejahre lösten das Szymanowski bis zuletzt begleitende Interesse an
außereuropäischer Musikkultur und Geistesart aus. Lieder auf

Texte des Persers Hafis sowie die Oper »Hagith« – als Gegenstück zur »Salome« seines einstigen Idols Strauss konzipiert – verdanken ihr Entstehen dieser Neigung. Daß der Künstler dabei zeitweilig den Boden der Realität verliert, wird aus einzelnen mystisch gefärbten Werken deutlich, so der Oper »König Roger« und der 3. Sinfonie, der »Hymne an die Nacht«. – Wohl hatte Szymanowski eine Fülle stilistisch wertvoller und fruchtbarer Impulse aus den Begegnungen mit den französischen Impressionisten und Strawinsky, mit exotischer Folklore, außereuropäischer Philosophie und antikem Geist empfangen, die als Teilzüge auch in seine reife Sprache eingegangen sind. Doch waren es gerade diese Assimilationsprozesse, die ihm Empfindungen und Verständnis für das gesellschaftliche Leben und das politische Geschehen jener Jahre verschlossen. Erst als Polen 1918 seine staatliche Unabhängigkeit erlangt hatte, brach auch bei Szymanowski ein waches, engagiertes Verhältnis zu Zeit und Gesellschaft durch. Unter den neuen Bedingungen formte sich sein folkloristisch bestimmter Reifestil aus: »In mir war das Gesetz lebendig, nach dem jeder zu der Erde zurückkehren muß, von der er stammt: aus Überzeugung habe ich die melodische Prägnanz der polnischen Volksmusik aufgegriffen.« Vorbilder hatte er hierbei in Strawinsky und besonders Bartók, Material fand er speziell im Lied- und Tanzgut der Tatragoralen (in Zakopane hatte er sich öfter eines chronischen Leidens wegen aufgehalten). Die typischen Spielpraktiken und Charakteristika der Musik jener Bergbewohner machen die Eigenart solcher Werke wie des Balletts »Harnasie« aus. Originell wirken Synthesen aus Szymanowskis früheren Stilmerkmalen und jenen Folkloreelementen, so in den späten Mazurken op. 50 die Verschmelzung von Einflüssen aus der Musik Chopins und der Goralen. Eines seiner frühesten Vorbilder wird somit »aufgehoben« durch die heimatliche Folklore. Ähnlich zeigt sich jetzt ein wesentlicher Unterschied zu Strawinsky. Wenngleich beide Komponisten ostinat-beschwörende, motorische Rhythmen bevorzugen, überspannt sie der polnische Meister doch stets mit den weiten Bögen der slawischen Melodik. Daneben findet eine bewußte Reduktion der Mittel und der äußeren Spannungskurve statt. So schreibt Szymanowski seine 4. Sinfonie op. 60 im Gegensatz zu der prätentiösen Vorgängerin als »concertante« mit kammermusikalischem Charakter, ohne ihr Programm oder poetisches Beiwerk zu geben, ohne sie philosophisch zu befrachten.
Inzwischen hatte sich auch Warschau besonnen und dem Komponisten die Leitung des Konservatoriums angetragen (1926). Mit

seinen progressiven Reformversuchen in Lehre und Forschung stieß
der neue Rektor jedoch auf die Vorbehalte konservativer Warschauer Musikerkreise. Auch sein Rücktritt nach drei Jahren konnte
diesen Widerstand nicht brechen. Zu offener Polemik gezwungen,
verfaßte Szymanowski seine bedeutsame kulturtheoretische Schrift
»Die erzieherische Rolle der Musikkultur in der Gesellschaft«.
Zwar wurde er 1930 wiederum zum Direktor des inzwischen zur
Warschauer Musikakademie ernannten Konservatoriums berufen;
aber nach zwei Jahren weiterer Auseinandersetzungen sah der
Komponist erneut den Ausweg nur in der Demission. So verbrachte
er seine letzte Lebenszeit mit Konzertreisen und Kuraufenthalten
vorwiegend im Ausland. Er kam nicht mehr dazu, eine Reihe geplanter Werke auszuführen. Noch nicht fünfundfünfzigjährig, starb
Karol Szymanowski, der bedeutendste polnische Komponist der
ersten Hälfte unseres Jahrhunderts, am 29. März 1937 in einem
Sanatorium in Lausanne an chronischer Tuberkulose.

Der unermüdlich suchende, vielseitig und hoch begabte Künstler
hat nach eigenen Worten nicht für »gestern, sondern für heute und
morgen« geschaffen. Vom Komponisten setzte er voraus, sich niemals mit Erreichtem zu begnügen. Diese Grundhaltung verleiht
Szymanowski, der nie Kompositionslehrer war und kaum Schüler
hatte, dennoch die Bedeutung eines Vaters der jungen polnischen
Komponistengeneration. Für sein Land hat er die gleiche Bedeutung wie Bartók für Ungarn.

4 Sinfonien: Nr. 1 f-Moll op. 15 (1907), Nr. 2 B-Dur op. 19
(1910; neu instrumentiert 1936), Nr. 3 op. 27 »Das Lied von
der Nacht« für Tenor-Solo, gemischten Chor und Orchester
(1916), Nr. 4 op. 60 »Symphonie concertante« für Klavier und
Orchester (1932). – Konzertouvertüre E-Dur op. 12 (1905;
neu instrumentiert 1913). – 2 Violinkonzerte: Nr. 1 op. 35
(1916), Nr. 2 op. 61 (1933).

3. Sinfonie op. 27 »Das Lied von der Nacht«

Besetzung: Pikkoloflöte, 3 Flöten, 3 Oboen, Englischhorn,
4 Klarinetten (eine in Es), Baßklarinette, 3 Fagotte, Kontrafagott, 6 Hörner, 4 Trompeten, 4 Posaunen, Tuba, Pauken,
Schlagzeug, Glocken, 2 Harfen, Klavier, Celesta, Orgel, Streicher. – Tenorsolo, gemischter Chor
Aufführungsdauer: 23 Minuten

Während der Entstehungszeit dieses Werkes (1914–1916) wirken auf Szymanowski die unvergängliche Schönheit Italiens, die Fremdartigkeit Nordafrikas und das kompositorische Vorbild Strawinskys sowie die Errungenschaften der neueren französischen Musik. Eine faszinierende Synthese aus impressionistischem Klangzauber, orientalischem Kolorit und poetischer Mystik gewinnt hier Gestalt, angeregt und kommentiert von Versen des persischen Philosophen und mystischen Dichters des 13. Jahrhunderts Dschelâl ed-dîn Rumi, die das Geheimnis der Nacht preisen. Die Nacht als Gegenstand und Ort der Kontemplation, der verzückten Versenkung, hat bei dem polnischen Meister freilich nichts gemein mit der Tristanischen Todessehnsucht. Vielmehr schwingt stets eine geradezu lebensgierige Sinnlichkeit mit. – Szymanowski versah beide Rahmenteile der einsätzigen Sinfonie mit den hymnisch-gehobenen Texten des Persers; sie werden von Chor und einem Solisten vorgetragen. Die Themen der langsamen Einleitung des Finale weisen durch ihre Melismatik voraus auf die raffinierte Technik des Violinkonzerts op. 35; sie haben orientalisches Kolorit.

Der nur vom Orchester gestaltete Mittelteil erweist sich als ekstatischer Tanz, der sich aus züngelnden Rhythmen in der Art Skrjabinscher Bewegungsmotive entwickelt.

Die Partitur ist äußerst vielschichtig: die ständigen polyphonen Verflechtungen sowie die Gleichzeitigkeit verschiedener, oft schwer vereinbarer Metren und Rhythmen wie auch die Überlagerung mehrerer tonaler Flächen wirken wohl überwältigend, stellen aber zugleich hohe Anforderungen an den Hörer. Die gesamte Atmosphäre ist rast- und ruhelos, selbst die langsamen Eckteile hinterlassen keinen gelösten, entspannten Eindruck. Der Klangstrom reißt nicht ab, zumal schon die Einsätzigkeit engste Geschlossenheit vorbestimmt. Dem farbenprächtigen und leuchtkräftigen Werk wird man am ehesten gerecht, wenn man es in seiner ekstatischen Gehobenheit als gewaltigen Hymnus auf die Natur auffaßt, ohne an die Sinfonie-Kantate allzu strenge formale Maßstäbe anzulegen. Erst 1922 fand in Boston die Uraufführung der vollständigen Sinfonie statt.

4. Sinfonie op. 60 »Symphonie concertante«

Besetzung: Solo-Klavier; 2 Flöten (2. auch Pikkolo), 2 Oboen, (2. auch Englischhorn), 2 Klarinetten (2. auch in Es), 2 Fagotte (2. auch Kontrafagott), 4 Hörner, 3 Trompeten, 3 Posaunen, Tuba, Pauken, Schlagzeug, Harfe, Streicher
Aufführungsdauer: 25 Minuten

Dieses 1932 komponierte verkappte Klavierkonzert ist unverdienterweise weniger populär als Szymanowskis Violinkonzerte; Grzegorz Fitelberg leitete im Jahr der Entstehung bereits die Uraufführung, die mit dem Komponisten am Klavier in Poznań stattfand. Szymanowski hat in der »Symphonie concertante« seinen Reifestil gefunden, der durch die Aufnahme heimatlicher Folklore und eine relative Herbheit und Beschränkung der Mittel gegenüber früheren Stilperioden gekennzeichnet ist. Das Werk hat die üblichen drei Sätze eines Konzertes. Das einleitende *Moderato* (F-Dur, ³/₄-Takt) ist sonatensatzförmig gestaltet. Sein Hauptthema verrät Anklänge an die Musik der Tatragoralen, die Szymanowski u. a. in Zakopane intensiv studiert und dann bewußt in seinen Spätstil aufgenommen hat. Das Soloinstrument trägt diese Melodie in doppelten Oktavparallelen vor. Dann gesellt sich eine meist den Terzabstand einhaltende Unterstimme hinzu.

Die weichen Umspielungen dieser Melodik bestimmen den lyrischen Grundton des Kopfsatzes überhaupt.

Traditionsgemäß folgt als Binnensatz ein *Andante* (Molto sostenuto, ⁴/₄-Takt), das hier freilich keine Kontrastfunktionen erfüllen kann. Schier endlos spinnt sich eine zarte Kantilene fort und verstärkt den bisherigen lyrischen Eindruck.

Ihn ergänzt dann erst das *Finale* (Allegro non troppo ma agitato ed ansioso) in Rondoform, das die rhythmisch betonten Wendungen bestimmter Mazurkavarianten (Oberek und Kujawiak) aufgreift. Jetzt ist das Gleichgewicht zwischen beschaulicher und bewegter Stimmung hergestellt. Nur in diesem Satz wird das Klavier bewußt brillant eingesetzt. Sonst kann man nicht von einem virtuosen Solopart sprechen, zumal der Pianist eine Doppelfunktion erfüllen muß: hier ist er Solist, da wieder hat er sich in das Orchester ein- und einem gelegentlichen anderen Solisten unterzuordnen. Darüber hinaus stellt der Klavierpart an den Interpreten ungewöhnliche Anforderungen besonderer Art, weil ihn Szymanowski auf seine eigenen Spielgegebenheiten zugeschnitten hat.

Als souveräner Solist und Interpret der »Symphonie concertante« hat sich Artur Rubinstein verdient gemacht, dem das Werk auch gewidmet ist und der – ähnlich Kochański beim 1. Violinkonzert – tätigen Anteil an seiner Entstehung genommen hatte.

1. Violinkonzert op. 35

Besetzung: Solo-Violine; 3 Flöten (3. auch Pikkolo), 3 Oboen, (3. auch Englischhorn), 3 Klarinetten (eine in Es), Baßklarinette, 3 Fagotte, (3. auch Kontrafagott), 4 Hörner, 3 Trompeten, 3 Posaunen, Tuba, Pauken, Glockenspiel, Celesta, Klavier, 2 Harfen, Streicher
Aufführungsdauer: 23 Minuten

In seinem 1. Violinkonzert (1916 geschrieben, 1922 in Warschau mit Józef Oziminski als Solisten uraufgeführt) hat Szymanowski eine bis dahin unbekannte Behandlung der Violine als Soloinstrument demonstriert, deren transparente, atmosphärische Klangwirkung die Bezeichnung »Violinimpressionismus« nahelegte. Maßgeblich beteiligt an diesen Neuerungen war der mit dem Komponisten befreundete Geiger Pawel Kochański, der damals gerade als Professor am Petrograder Konservatorium wirkte. Im Entstehungsjahr des Konzerts fuhr Szymanowski mehrmals dorthin; ein augenfälliges Beispiel für diese Zusammenarbeit ist die im Violintechnischen ungewöhnliche Solokadenz – sie stammt völlig von Kochański. Ihm ist das Konzert auch gewidmet.

Kind der gleichen Stilphase wie die 3. Sinfonie, empfängt auch das 1. Violinkonzert seine Dramaturgie und seine poetisch-musikalischen Bilder von einer literarischen Vorlage; hier sind es Verse voll heidnischer Sinnenglut aus der Feder des Landsmannes Tadeusz Miciński, auf dessen Lyrik der Komponist bereits etliche Lieder geschrieben hatte. Das zugrunde liegende inspirierende Gedicht, die »Mainacht«, vermittelte dem Komponisten ekstatisch-überschwengliche oder verklärt-entrückende Stimmungen, deren Intensität, nach außen und nach innen gerichtet, den Hörer an dieser Musik gefangennehmen.

Das einsätzige Werk läßt deutlich drei Teile erkennen. Auf unruhevoll bewegtem, erst allmählich Klangvolumen gewinnendem Orchestergrund steigt das Hauptthema auf, eine breite Kantilene in einsamer Höhe.

Dreimal schraubt sich diese Melodie empor, bis sie wieder in die Anfangslage zurückkehrt. Wichtig für die Darstellung einer entrückten Begeisterung sind die freie Metrik wie andererseits die punktierten, energisch-federnden Aufsprünge. Die Stelle des langsamen Satzes vertritt eine Episode »Tempo comodo (Andantino)«, deren ausdrucksvollem Thema der 3/4-Takt den Anflug eines graziösen Walzers gibt.

Der wieder gerades Metrum und rasches Zeitmaß aufgreifende Schlußabschnitt hebt im Charakter eines Scherzo an (Vivace assai)

und faßt die voraufgegangenen Stimmungen zusammen. Die enorm komplizierte Solokadenz (u. a. Doppeltriller in Terzen) wirkt in ihrer dynamischen Steigerung geradezu atemberaubend und führt strahlend zur Coda.

In diesem Konzert ist die Solopartie der ruhende Pol. Um ihre ebenmäßig geschwungenen und klar gezogenen Linien irrlichtert und brodelt das Orchester. Die Violine aber braucht und genießt diesen Klangfond. Es ist kein Kampf, keine Auseinandersetzung zwischen beiden; eher mag man das Soloinstrument auffassen als Symbol für den Menschen in Korrespondenz zu einer zauberischen Natur – »Mainacht«.

CR

Otar Taktakischwili geb. 1924

Otar Wassiljewitsch Taktakischwili, geboren am 27. Juli 1924 in Tblissi, gehört zur mittleren Generation sowjetischer Komponisten. Er ist Grusinier und stammt aus einem sehr musikliebenden Elternhaus. Vor allem sein Onkel Schalwa Taktakischwili, Komponist und Professor am Konservatorium in Tblissi, hatte Einfluß auf seine Entwicklung. Otar Taktakischwili absolvierte die Musikschule und die Kompositionsklasse Sergei Barchudarjans am Konservatorium von Tblissi.

Die Begabung des jungen Taktakischwili formte sich unter dem unmittelbaren Einfluß der heimatlichen Volkskunst wie unter dem der größten Leistungen der klassischen und der sowjetischen Musik. Denn früh studierte er die Volkslieder und -tänze seiner grusinischen Heimat, und bereits als Student betätigte er sich als Chorleiter. Zudem kamen während des Krieges Prokofjew und Mjaskowski nach Tblissi. Sie führten in Konzerten eigene Werke auf, aber auch die neuesten Kompositionen Schostakowitschs (die 7. Sinfonie) und Chatschaturjans (die 2. Sinfonie) 1947 schloß Taktakischwili sein Studium ab. 1950 beendete er seine Aspirantur, wurde Dozent am Konservatorium seiner Heimatstadt und künstlerischer Leiter des grusinischen Staatschores. Er ist überdies Deputierter des Obersten Sowjets der UdSSR und Sekretär des sowjetischen Komponistenverbandes.

Noch während des Studiums schrieb Taktakischwili die Staatshymne der Grusinischen SSR. Er trat vor allem mit sinfonischen und chorsinfonischen Werken, aber auch mit Liedern, Chören, Märschen, Klavier- und Kammermusik hervor. Neben sinfonischen Werken sind es nicht zuletzt seine Opern, die heute zunehmend auch im Ausland Anerkennung finden. In Taktakischwilis Musik verbindet sich melodische Klarheit mit differenzierter, ausdrucksvoller Harmonik und farbiger Orchesterbehandlung. Obwohl die frühen Werke deutlich den Einfluß des 19. Jahrhunderts zeigen, ist die Verbundenheit zur heimatlichen Folklore stets das wesentliche Bestimmungselement für seine Tonsprache.

1. Sinfonie a-Moll (1949); 2. Sinfonie c-Moll (1953); 3 Ouvertüren (1950, 1951, 1955); Sinfonische Dichtungen: Samgori (1950); Mtsyri (1956); – Violoncellokonzert (1947); Klavierkonzert (1951); Trompetenkonzert (1954); Concertino für Violine, Klavier und Orchester (1955).

1. Sinfonie a-Moll

Besetzung: Pikkoloflöte, 2 Flöten, 2 Oboen, Englischhorn, 2 Klarinetten, Baßklarinette, 2 Fagotte, 4 Hörner, 3 Trompeten, 3 Posaunen, Tuba, Pauken, Schlagzeug, Harfe, Streicher
Aufführungsdauer: 45 Minuten

Diese Sinfonie aus dem Jahr 1949 wird allgemein »Jugendsinfonie« genannt. Der *erste Satz* (Allegro molto, 2/4-Takt), dem eine langsame Einleitung (Andante, 2/4-Takt) vorangeht, basiert auf der sinfonischen Entwicklung dreier Themen. Wie ein Aufruf zum Kampf, wie die Erinnerung an Stürme und Ungewitter klingt das Thema der Einleitung:

Im Tempo eines schnellen Marsches erscheint dann das energische Hauptthema des Allegro. Es ist melodisch dem sowjetischen Massenlied verwandt, will Stürmen und Drängen der sowjetischen Jugend widerspiegeln. Als heller Traum vom Glück erscheint das Seitenthema, von Violinen, dann von Flöten und Klarinetten vorgetragen. Hier dominieren Intonationen grusinischer Folklore. Nach dynamischer Durchführung folgt eine verkürzte Reprise. Am Schluß wächst die drohende Gebärde des Einleitungsthemas hinüber in die sieghaften Klänge des Hauptthemas: Jugendliche Energie überwindet alle Hindernisse.

Die Lyrik des *zweiten Satzes* (Andante, a-Moll) erinnert an Tschaikowski und Rachmaninow, unterscheidet sich von den Erfindungen dieser aber durch den spezifisch folkloristischen Zug. Das wird besonders im E-Dur-Seitenthema deutlich, das stark orientalische Färbung hat. Es wird zunächst solistisch von der Oboe vorgetragen und nimmt auf dem Höhepunkt der Entwicklung pathetisch-leidenschaftliche Gestalt an. Das fordernde Einleitungsthema des ersten Satzes unterbricht es dann, und schließlich werden die beiden lyrischen Themen des Satzes leise und innig, wie aus der Ferne, wiederholt.

Der *dritte Satz* (Allegro scherzando, G-Dur, 3/4-Takt) stellt zwei Themen gegeneinander: ein genrehaftes und ein volkstümliches. Von letzterem wird die Musik des Trios abgeleitet, in dem die Instrumentation (Streicherpizzikati, Oboensolo) einen Klangeindruck erzeugt, der an grusinische Volksinstrumente denken läßt.

Das *Finale* (Moderato, ³/₄-Takt; Allegro, Alla-breve-Takt; a-Moll/A-Dur) wird von dem energischen, kraftvollen Hauptthema mit Rufintonationen geprägt. Leidenschaftlich bewegt gibt sich das Seitenthema. Die Durchführung beginnt wie ein sich aus der Ferne nähernder Marsch: Die Kraft der Jugend triumphiert.

Klavierkonzert c-Moll

Besetzung: Solo-Klavier; Pikkoloflöte, 2 Flöten, 2 Oboen (2. auch Englischhorn), 2 Klarinetten (2. auch Baßklarinette), 2 Fagotte, 4 Hörner, 3 Trompeten, 3 Posaunen, Tuba, Pauken, Schlagzeug, Streicher
Aufführungsdauer: 34 Minuten

Dieses 1951 komponierte Konzert hat betont sinfonische Struktur. Der *erste Satz* (Allegro, alla breve) steht in Sonatenform. Am Beginn erklingt fortissimo im vollen Orchester ein signalartiges Thema, das im weiteren Verlauf gleichsam die »Kräfte des Bösen« repräsentiert. Zwei musikalische Gedanken werden ihm gegenübergestellt und setzen sich im Verlaufe des Satzes durch: ein lyrisch-gedankenvolles Hauptthema und ein orientalisch-liedhaftes Seitenthema.

Der *zweite Satz* (Scherzo; Vivo e leggiero, D-Dur, ³/₄-Takt) ist lebhaft, elegant, ohne größere Gegensätze. Er fegt dahin wie ein Wirbelwind der Fröhlichkeit. Bemerkenswert ist eine Episode, in der 2 Flöten zur Begleitung von 2 Klarinetten das Thema – die Originalmelodie des grusinischen Volksliedes »Tebrone geht Wasser holen« – spielen.

Den *dritten Satz* (Andante, a-Moll, ⁴/₄-Takt) prägt ein liedhaftes Thema, das zuerst vom Solo-Klavier vorgetragen wird. Es folgen zwei durchführungsartige Abschnitte. Im zweiten schaffen Oboe und Englischhorn pastorale Stimmung. Jäh bricht in diese heitere Welt das Thema des »Bösen« aus dem ersten Satz ein. Aber das Liedthema kehrt wieder, alles endet in Versöhnung.

Das *Finale* (Allegro molto, C-Dur, alla breve) ist ein Variationensatz. In einer kurzen Einleitung verwandelt sich das Thema des »Bösen« in ein helles, siegreiches Thema. Dann führt das Solo-Klavier das fröhliche Thema der Variationen vor. Es wirkt treuherzig wie ein Kinderlied. In der Variationenfolge steigert sich allmählich die Dynamik, und das Konzert endet in festlicher Apotheose. LP

Georg Philipp Telemann 1681—1767

»Ich bin in Magdeburg 1681, den 14. Märtz gebohren«, so beginnt die letzte der drei Autobiographien Telemanns (aus den Jahren 1718, 1729 und 1739), die wertvolle Aufschlüsse über Leben und Schaffen des Komponisten enthalten. Nach kurzem Klavierunterricht ging Telemann seinen frühzeitig sich zeigenden musikalischen Neigungen kompositorischer Art und im Instrumentalspiel autodidaktisch nach, so daß er schon auf dem Gymnasium in Zellerfeld (1694–1697) »fürs Chor Moteten und für den Stadtmusikanten allerhand Bratensymphonien«, auf dem Andreanum in Hildesheim (1698–1701) Arien zu Schuldramen, Lieder und Motetten komponieren konnte. Wiederholte Besuche der benachbarten Kapellen in Hannover und Braunschweig-Wolfenbüttel boten Gelegenheit, »dort die frantzösische Schreibart und hier die theatralische, bey beiden aber überhaupt die italiänische näher kennen und unterscheiden zu lernen«, was für sein späteres Schaffen fundamentale Bedeutung gewann. Dem Wunsch der Mutter folgend, nahm Telemann 1701 ein Jurastudium an der Leipziger Universität auf, entschied sich aber endgültig für den Musikerberuf, als er im Wechsel mit dem Thomaskantor Johann Kuhnau ehrenvolle Kompositionsaufträge für die Thomaskirche erhielt. Mit musikliebenden Studenten gründete er ein Collegium musicum, gab öffentliche Konzerte und führte eigene musikdramatische Werke an der Leipziger Oper auf. Als Hofkapellmeister beim Grafen Erdmann von Promnitz in Sorau (1705–1707) lernte er durch Volkstanzmusikanten dort und bei Aufenthalten in Kraków polnische und hanakische Musik kennen, deren rhythmische, melodische und harmonische Merkmale sein Schaffen nachhaltig beeinflußten. In wachsender Zahl entstanden Instrumentalkonzerte, Orchestersuiten und Kammermusik während seiner Tätigkeit als Konzert- und Hofkapellmeister in Eisenach (1708–1712) sowie anschließend als städtischer Musikdirektor in Frankfurt a. M. (1712–1721.), wo er mit seinem aus bürgerlichen Musikliebhabern bestehenden Collegium musicum abermals öffentliche Konzerte veranstaltete. Ehrenvolle Angebote aus Gotha (1716) und Weimar (1717) lehnte er ab und fand als Kantor am Johanneum und städtischer Musikdirektor der fünf Hauptkirchen in Hamburg (1721–1767) den umfangreichsten Aufgabenkreis seines arbeitserfüllten Lebens. Über die amtsgebundene Produktion vieler Kantaten und Passionen hinaus schuf er zu gesellschaftlichen Ereignissen der Hansestadt repräsentative Oratorien, Serenate und instrumentale Festmusiken, die er anschließend im Hamburger Drillhaussaal erneut zu Gehör brachte. Damit trug Telemann wesentlich zur Entwicklung des öffentlichen Konzertlebens bei. In Hamburg gelangte er auch als Opernkomponist zum Gipfel seiner Laufbahn, als ihm die Leitung der dortigen Oper (1722-1737) übertragen wurde, für die Telemann »etwa 35 Stücke« schrieb. Musikdramatische Werke, Kammer- und Orchestermusik lieferte er auch als »Kapellmeister von Haus aus« nach Eisenach und Bayreuth. Mit großem Erfolg erklangen beim achtmonatigen Aufenthalt in Paris (1737/38) seine berühmte Vertonung des 71. Psalms und die für dortige Virtuosen komponierten »Pariser Quartette«. Weitere Höhepunkte seines Schaffens erreichte Telemann mit mehreren Spätwerken wie den bekannten Oratorien »Die Tageszeiten« (1757), »Der Tag des Gerichts« (1762) und der hochdramatischen Solokantate »Ino« (1765). Von Freunden und Kollegen der europäischen Musikwelt vielerorts hochgeehrt, starb er im Alter von 86 Jahren am 25. Juni 1767 in Hamburg.

»Georg Philipp Telemann war ein auf seine Umwelt ungeheuer fein reagierender, aber zugleich selbst äußerst anregender Künstler, seiner Zeit aufs engste verhaftet, ihr dennoch in seinen beweglichen und progressiven Gedanken weit vorauseilend«, erklärte W. Siegmund-Schultze in der Festrede der 1. Magdeburger Telemanntage 1962. Diese Feststellung gilt auch für zahlreiche, von Telemann an allen Wirkungsstätten geschaffene Orchestersuiten und Instrumentalkonzerte. In der Vielfalt ihrer Formen, Stile und Besetzungen, Ausdrucksbereiche und Ansprüche trugen sie zur internationalen Anerkennung des Komponisten zu Lebzeiten entscheidend bei und erfreuen sich bei Berufskünstlern und Musikliebhabern vieler Länder heute erneut gewachsener Wertschätzung. Wesentliche Ursachen hierfür liegen in der Universalität ihres Schöpfers, seinem Streben nach kunstvoller Popularität und seiner kompositorischen Meisterschaft. Indem es Telemann in vielen Orchestersuiten und Instrumentalkonzerten beispielhaft verstand, kantabel, allgemeinverständlich und instrumentengemäß zu schreiben; indem er beim Schaffensprozeß ferner die unterschiedlichen Anlässe, Wünsche und Fähigkeiten der ausführenden Künstler und Musikliebhaber gebührend berücksichtigte und ihnen im Geist der Aufklärung zugleich belehrendes wie gemütvoll-unterhaltendes Studien- und Aufführungsmaterial bot; indem er ältere, polyphone Satztechniken mit der neuen, melodisch-galanten Schreibart verband und auch Elemente der Volks- und Kunstmusik seiner Zeit, verschiedene nationale (französische, italienische, polnische und deutsche) Stilmerkmale und Intonationen in differenzierter Weise verschmolz, erfüllte er als einer der ersten Komponisten am Beginn des 18. Jahrhunderts mit seinen vielerorts gespielten Orchestersuiten und Konzerten viele musikalische Bedürfnisse jener Zeit und zugleich eine für die Entwicklung der frühklassischen Instrumentalmusik historische Aufgabe. Als eigenständiger Meister hat Telemann mit seinen besten Werken »in hohem Maße dabei mitgewirkt, den großen Stilwandel zu vollziehen vom fugiert-polyphonen und Generalbaßstil des 17. Jahrhunderts zu einem emotionell vertieften, eleganteren und persönlicheren Ausdrucksstil, wie er zur Wiener Klassik hinführte« (E. H. Meyer).

Die Gesamtzahl der Orchestersuiten schätzt man auf über 600 bzw. um 1000 (H. Büttner); A. Hoffmann (TWV 55) zufolge sind davon 118 vollständig erhalten, 17 weitere nur bibliographisch oder als Fragment nachweisbar. An Instrumentalkonzerten sind nach den quellenkundlichen Ermittlungen von S. Kross von etwa 500 Werken noch 95 vorhanden. In Neuausgaben liegen zur Zeit 35 Orchestersuiten und 54 Instrumentalkonzerte vor.

Orchestersuiten

Telemanns Orchestersuiten zeichnen sich durch phantasievolle Vielfalt ihrer Formen, Besetzungen und Ausdrucksbereiche, durch klangschöne Faktur und spielerische Eleganz aus. Von den zeitlebens verehrten französischen Komponisten J. B. Lully und A. Campara empfing Telemann wertvolle Anregungen für die von ihm mit besonderer Intensität geschaffenen, als Tafel- und Konzertmusiken zur höfischen und bürgerlichen Unterhaltung bestimmten Suiten. Der typischen Ouvertüre im französischen Stil mit gravitätisch langsamem Eingangsteil im punktierten Rhythmus, einem schnellen, oft fugierten Mittelteil und der Wiederkehr des variierten Eröffnungsteiles folgen (fast immer in gleicher Tonart) unterschiedlich stilisierte Tanzsätze vorwiegend französischer Herkunft. In der nicht genormten, zahlenmäßig freien Abfolge der teils volkstümlichen, teils höfischen Tanzsätze bevorzugte Telemann aus dramaturgischen Gründen das Kontrastprinzip. Ferner brachte er in vielen Orchestersuiten das Konzertprinzip in differenzierter Weise zur

Anwendung. Nach dem Vorbild französischer Opern- und Ballettsuiten tragen einige (der annähernd 800 erhaltenen) Tanzsätze programmatische Überschriften und wurden von Telemann zu form- und affektvollen Charakterstücken entwickelt. Bekannte Stoffe und Gestalten der Literatur und der antiken Mythologie, Vogel- und Tierstimmen, das Meer, Stadt und Land und nicht zuletzt aktuelle gesellschaftliche Anlässe inspirierten seine schöpferische Phantasie zur musikalischen Produktion, bei der die tonmalerischen Fähigkeiten des erfahrenen Opern- und Kantatenkomponisten in den Orchestersuiten ebenfalls klang-, wirkungs- und bedeutungsvoll zur Geltung kamen.

Orchestersuite A-Dur TWV 55 A 8

Besetzung: Solo-Violine; Streicher, Continuoinstrumente
Aufführungsdauer: 22 Minuten

In dieser erst kürzlich veröffentlichten Suite läßt Telemann eine Solo-Violine in vielfältiger Weise mit dem Streichorchester konzertieren. Dem gravitätischen Eingangsteil der *Ouvertüre* im punktierten Rhythmus folgt ein schneller Konzertsatz (von 150 Takten!), dessen signalartiges Thema aus einer diatonisch absteigenden Skala entwickelt wird.

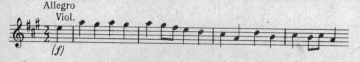

Vierstimmige Fugendurchführungen des prägnanten Themas rahmen den lebhaften Satz ein, in dessen Verlauf mehrere Tuttiabschnitte in verwandten Tonarten (E-Dur, D-Dur, fis-Moll) von Soloepisoden der konzertierenden Violine und figurativem und motivisch-modulierendem Spiel verbunden werden. Paarweise folgen *Passepied* ($^3/_8$-Takt), *Aria* (alla breve) sowie *Menuet* ($^3/_4$-Takt) und bilden durch Wiederholung jeweils des ersten Stücks dreiteilige Satzgruppen in Da-capo-Form (A–B–A); die Rahmensätze werden stets vom Streichertutti ausgeführt, dem die Solo-Violine in den Mittelsätzen auflockernd gegenübertritt – im volkstümlichen *Passepied II* mit gebrochenen Dreiklangsfiguren, in der *Aria II* mit melodischem Skalenspiel und im *Menuet II* mit reigenartigen Triolen. Mosaikartiger Wechsel von 4taktigen Tutti- und Soloabschnitten bestimmt das schwungvolle *Rondeau* ($^2/_4$-Takt), dessen Ritornellthema wieder aus einer diatonisch absteigenden Skala gewonnen wird, während der nächste schnelle Satz, *»Fanfare«* betitelt (alla breve), durch signalhafte Passagen der konzertierenden Violine zur tremolierenden Streicherbegleitung charakterisiert wird. Solo-Violine und Violinen I duettieren dann über harmonischen Stützakkorden in einer kantablen *Aria* ($^4/_4$-Takt), der abschließend eine heitere *Gigue* ($^{12}/_8$-Takt), wiederum mit signalartiger Dreiklangsthematik und taktweisem Wechsel von Solo- und Tuttiabschnitten, folgt. Insgesamt dokumentiert die Suite in ihrer kontrastierenden Formenvielfalt und abwechslungsreichen Verbindung der Soli und Tutti Telemanns differenzierte Durchdringung der Gattung mit konzertierenden Elementen und zugleich seine genaue Kenntnis der Streichinstrumente und ihrer Verwendungsmöglichkeiten im fünfstimmigen Streichersatz.

Orchestersuite B-Dur TWV 55 B 1

Besetzung: 2 Oboen, 2 Solo-Violinen; Streicher, Continuoinstrumente
Aufführungsdauer: 26 Minuten

Telemanns bekannter, in Hamburg 1733 erschienener Sammlung »Musique de table« (Tafelmusik) entstammt die repräsentative Orchestersuite B-Dur, in der 2 Oboen mit 2 Solo-Violinen und dem Streichorchester abwechslungsvoll konzertieren. Mit pikanten lombardischen Rhythmen beginnt und schließt die einleitende *Ouvertüre*, deren fugierter schneller Mittelteil (147 Takte) durch konzertante Episoden der Solo-Violinen und Oboen spielerisch aufgelockert wird. Beispielhaft huldigt Telemann dann seiner an der französischen Opern- und Ballettmusik geschulten Neigung, den Ausdrucksgehalt einzelner Sätze in programmatischen Überschriften anzukündigen und sie zu feingliedrigen, form- und affektvollen Charakterstücken auszugestalten. *»Bergerie«* (Schäferstück) ist ein rondoförmiger Reigentanz im wiegenden Sicilianorhythmus ($^6/_8$-Takt); er besteht aus drei konstanten 16taktigen Tuttiritornellen und zwei 20taktigen Episoden, in denen die Oboen und Violinen mit Hirtenmusik in melodischen Terzen- und Sextengängen aufwarten. In dreiteiliger Form (A–B–A) folgt *»Allégresse«* (Freude), ein überaus lebhafter, eleganter Satz ($^2/_4$-Takt), dessen graziöse

Rahmenteile barförmige Gliederung aufweisen; spielfreudig duettieren beide Solo-Violinen und Oboen im proportional ausgewogenen Mittelteil (g-Moll!) ohne Continuoinstrumente. Aus synkopierten Oktavmotiven erhält der nächste Satz, »*Postillons*« betitelt (³/₄-Takt) – ein Rondo von sieben symmetrisch angelegten 12taktigen Perioden –, sein jubilierendes Posthornsignal, das in imitierender Verarbeitung bald in den Oboen, bald in den Bässen oder den 1. Violinen auftritt.

In der folgenden »*Flatterie*« (Schmeichelei) kommt die im Titel angezeigte Haltung und Stimmung durch breite Klanggebung im punktierten Sarabandenrhythmus (³/₂-Takt) und echoartige Passagen der Oboen und Solo-Violinen mit reizvollen Trillereffekten zur Geltung. »*Badinage*« (Scherz), der nächste schnelle Satz (très vite, ⁴/₄-Takt) in dreiteiliger Form, lebt in beiden Rahmenteilen von schwungvollen polnischen Tanzrhythmen, während Oboen und Solo-Violinen im Trio wieder ohne Generalbaßbegleitung mit spritzigen Motiven kokett dialogisieren. Nach einem galanten *Menuett* (³/₈-Takt) mit kontrastierendem Mittelteil (g-Moll) erklingt zum Abschluß der Suite – als Pendant zur Ouvertüre – eine festliche »Conclusion« (²/₂-Takt), die von fanfarenartigen Dreiklangsfiguren der Violinen eröffnet wird und wirkungsvoll in einer konzertanten Fuge gipfelt.

Orchestersuite C-Dur TWV 55 C 3

> Besetzung: 3 Blockflöten (eine davon Flauto piccolo), 2 Querflöten, 2 Oboen, Fagott; Streicher, Continuoinstrumente
> Aufführungsdauer: 25 Minuten

Als Tafelmusik zur Feier des hundertjährigen Bestehens der Hamburger Admiralität (1723) entstand die »Wasser-Ouvertüre« C-Dur, in der Telemanns humorvolle Charakterisierungs- und tonmalerische Schilderungskunst in farbig wechselnden Instrumentenkombinationen exemplarisch zu bewundern sind. Bereits die *Ouvertüre* malt in ihrer langsamen Einleitung und dem fugierten, auf Motorik eingestellten Mittelteil mit konzertierenden Bläsertrioepisoden der Oboen und des Fagotts einem zeitgenössischen Aufführungsbericht zufolge »die Stille, das Wallen und die Unruhe des Meeres«. Um diesen bildhaften und gedanklichen Vorwurf, der dem festlichen Anlaß angemessen ist, kreisen auch die folgenden Tanzsätze mit programmatischen, vorwiegend allegorisch-personifizierenden Überschriften aus der griechisch-römischen Meeresgötterwelt. Klangvoll verschmelzen 2 Blockflöten in oktavierender Stimmführung mit den Violinen und malen mit sanften Triolenfiguren in einer reizvollen *Sarabande* (3/4-Takt) das Bild der schlafenden Meeresnymphe Thetis, deren Erwachen in einer fröhlichen *Bourrée* (4/4-Takt) mit aufsteigenden Dreiklangsfanfaren geschildert wird. Ebenso ausdrucks- und bedeutungsvoll verdoppeln sodann Querflöten und Fagott die Außenstimmen der Streicher in den nächsten Sätzen. Humorvoll wird zuerst »der verliebte Neptunus« in einer gravitätischen *Loure* (3/4-Takt, in c-Moll!) vorgestellt. Mit munteren Reigentänzen folgen »die spielenden Najaden« in einer rondoförmigen *Gavotte* (alla breve) und ihre männlichen Begleiter, »die schertzenden Tritons«, in einer flotten *Harlequinade* (3/4-Takt), die von polnischen Volkstanzrhythmen lebt.

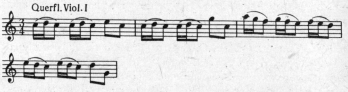

Bedrohlich erhebt sich dagegen »der stürmende Aeolus« im nächsten Satz, »*Tempête*« (3/4-Takt) überschrieben, mit zwei auskomponierten und für die Zeit bemerkenswerten Orchestercrescendi, die sich aus nacheinander einsetzenden Tonrepetitionen der Streicher und Oboen in rhythmischer Beschleunigung und wachsender Lautstärke dynamisch zum orkanartigen Tutti entwickeln. Kontrastierend folgt »der angenehme Zephir«, ein anmutiges *Menuet* (3/4-Takt), in dessen Mittelteil Flauto piccolo, Blockflöte und Fagott als Concertinogruppe hervortreten. Anschaulich und hörbar werden schließlich auch »Ebbe und Fluth« in einer zweiteiligen *Gigue* (6/8-Takt) imitiert; eine aus drei Achtelnoten bestehende Tonfloskel rollt hier wieder dynamisch über zwei Oktaven im Tutti zur

Dominanttonart G-Dur empor und sinkt im zweiten Teil bei Instrumentenreduzierung in sich zur Ausgangstonart zurück. Für den fröhlichen Ausklang der Suite sorgen »die lustigen Boots-Leute« in einer schwungvollen *Canarie* ($^6/_8$-Takt) mit volkstümlicher Reigentanzmelodik.

Instrumentalkonzerte

In seiner ersten Autobiographie (1718) erklärte Telemann zwar von seinen Instrumentalkonzerten, »daß sie mir niemahls recht von Hertzen gegangen sind, ob ich deren schon eine ziemliche Menge gemacht habe«; dennoch befinden sich unter den nahezu 100 erhaltenen Konzerten mehrere, die seine Meisterschaft, sein Streben nach kunstvoller Popularität in dieser Gattung italienischer Provenienz ebenfalls exemplarisch unter Beweis stellen. Als Ursache seiner Abneigung gab Telemann an, »daß ich in den meisten Concerten, so mir zu Gesichte kamen, zwar viele Schwürigkeiten und krumme Sprünge, aber wenig Harmonie und noch schlechtere Melodie antraff«. In seinen eigenen Werken war er daher bestrebt, harmonisch ausdrucksvoll, kantabel und allgemeinverständlich, ohne übermäßige virtuose Schwierigkeiten zu schreiben. Ferner zeichnen sich seine Instrumentalkonzerte durch abwechslungsreiche Vielfalt der Klangstrukturen und Besetzungen aus. Er bedachte Violine, Block- und Querflöte, Oboe, Horn und Trompete – erstmalig auch Oboe d'amore und Viola – mit instrumentengemäßen Solokonzerten und brachte sie in vielen von ihm bevorzugten Doppel- und Gruppenkonzerten für gleiche und verschiedene Instrumente in reizvollen Kombinationen zum Einsatz. In der Mehrzahl seiner Werke folgte er dem älteren viersätzigen Konzerttyp (mit zweimaligem Satzpaar langsam – schnell), pflegte jedoch ebenfalls die damals aufkommende, von Vívaldi geprägte dreisätzige Form (schnell – langsam – schnell) mit einem Modulationsrondo als erstem Konzertsatz. Durch motivisch-thematische Verknüpfung der Soli- und Tuttiabschnitte in mehreren Konzertsätzen half Telemann als Wegbereiter des klassischen Stils die Konzertform weiterzuentwickeln, wie er der Gattung auch mit Tanzsätzen der französischen Orchestersuite, durch Einbeziehung und kunstvolle Verarbeitung verschiedener Stilmerkmale und Formen der polnischen Volkstanzmusik wie der zeitgenössischen Oper neue Ausdrucksbereiche erschloß.

Violinkonzert a-Moll

Besetzung: Solo-Violine; Streicher, Continuoinstrumente
Aufführungsdauer: 10 Minuten

In beispielhafter Weise zeigt das dreisätzige Werk den Operndramatiker Telemann im Konzertschaffen. Der zeitgenössischen Aufführungspraxis folgend, diente ihm das Konzert als Ouvertüre zu seiner Hamburger Oper »Emma und Eginhard« (1728).
Klangprächtig wird der *erste Satz* (Allegro, 4/4-Takt) von einem dreiteiligen Eingangstutti mit prägnantem Themenkopf, lombardischen Rhythmen und motorischem Skalenspiel eröffnet. Devisenartig setzt dann der Solist mit einem kontrastierenden Seitenthema von signalartiger Dreiklangsmotivik ein, um es nach kurzem Tuttieinwurf zu wiederholen und in scheinpolyphonen Passagen modulierend auszuspinnen; nach dem zweiten Orchesterritornell in der Paralleltonart (C-Dur) wartet der Solist abermals mit neuen »Themen« in harmonisch abwechslungsreicher Form auf, bis der vitale Konzertsatz vom dritten Tutti in der Grundtonart (mit 11-taktiger Coda) wirkungsvoll beschlossen wird.
Im langsamen *Mittelsatz* (Andante, C-Dur, 3/4-Takt) bilden die Streicher mit anapästischen Dreiklangsfiguren in komplementärer Ablösung den rhythmisch ostinaten Hintergrund, über dem sich die Solo-Violine in italienischer Arienmelodik barförmig entfaltet, im ersten Stollen nach G-Dur, im zweiten nach d-Moll modulierend und im klangschönen Abgesang zur Ausgangstonart (C-Dur) zurückkehrend; es folgt eine 7taktige Coda mit ausdrucksvollen Streicherakkorden, einer Accompagnatoszene vergleichbar; dramaturgisch dient sie zugleich als spannungs- und kontrastvolle Überleitung zum heiteren *Finalsatz* (Presto, a-Moll, 4/4-Takt), dessen Hauptthema im Charakter einer fröhlichen Bourrée mit dem Eingangschor der Oper motivisch verknüpft ist.

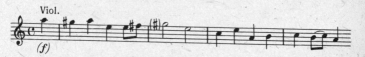

Konzert für Blockflöte und Querflöte e-Moll

Besetzung: Block- und Querflöte (als Soloinstrumente); Streicher, Continuoinstrumente
Aufführungsdauer: 15 Minuten

Telemann

Telemanns Vorliebe für Doppelkonzerte offenbart sich in dem viersätzigen Werk, das zu seinen schönsten und bedeutendsten Schöpfungen dieser Art zählt. Mit dem Flötenspiel seit seiner Jugend vertraut, übertrug er beiden Solisten technisch und musikalisch dankbare Aufgaben.

Der langsame *erste Satz* (Largo, 3/4-Takt) in Da-capo-Form (A–B–A) wird von einem klangschönen Rahmen eingefaßt; im Mittelteil duettieren beide Flöten mit instrumentengemäßen Spielfiguren zu Begleitakkorden der Streicher (ohne Continuoinstrumente).

Nach dem Vorbild Vivaldis zeichnet sich der *zweite Satz* (Allegro, e-Moll, 4/4-Takt) wieder durch klare tonale Disposition und die thematische Unterscheidung seiner vier Tutti- von drei konzertanten Soloabschnitten aus. Das mehrgliedrige Eingangsritornell besteht aus einem plastischen Themenkopf und figurativer Fortspinnung; um die verkürzten Binnenritornelle in der Paralleltonart (G-Dur) und der Subdominante (a-Moll) lagern sich drei proportional ausgewogene Episoden der mit imitierenden Stimmführungen und spielerischen Figurationen rivalisierenden Flöten, bis das fugierte Schlußritornell in der Ausgangstonart (e-Moll) den Satz wirkungsvoll beschließt.

In E-Dur folgt ein ausdrucksvolles *Largo* (4/4-Takt); dialogartig duettieren die Solisten abermals mit fugiertem Linienspiel, galanten Terzen- und Sextenpassagen zur Pizzikatobegleitung der Streicher und zeigen beispielhaft, wie zukunftsträchtig Telemann als Wegbereiter des klassischen Stils die neue, homophon-akkordische Schreibart mit polyphonen Techniken zu verbinden wußte.

Charakteristische Merkmale polnischer Volkstanzmusik bestim-

men dann das heitere *Rondofinale* (Presto, e-Moll, alla breve), in dem das Spiel polnischer Dudelsackbläser mit ostinaten Wiederholungen kurzgliedriger Motive über einem bordunartigen Musettebaß imitiert wird.

Konzert für Flöte, Oboe d'amore und Viola d'amore E-Dur

Besetzung: Querflöte, Oboe d'amore, Viola d'amore (als Soloinstrumente); Streicher, Continuoinstrumente
Aufführungsdauer: 15 Minuten

Telemanns instrumentengemäße Schreibweise, sein Sinn für farbige Klangkombinationen und seine oftmals bekundete Tendenz zur »Vermenschlichung« der instrumentalen Tonsprache durch Anwendung kantabler Ausdrucksformen werden in diesem viersätzigen Tripelkonzert besonders deutlich. Bereits im einleitenden *Andante* ($^3/_2$-Takt) erhalten die verschiedenen Soloinstrumente in ausgesponnenen Kantilenen wiederholt Gelegenheit, ihre klangspezifischen Eigenarten zu offenbaren. Polnische Volkstanzelemente, Akzent- und Schwerpunktverlagerungen durch Synkopen und anapästische Rhythmen kennzeichnen die eleganten (an zweiter und vierter Stelle folgenden) Konzertsätze, die durch motivische Substanzgemeinschaft miteinander verbunden sind. Kreisende Spielfiguren bilden in beiden Sätzen die motorischen Keimzellen der Tuttiritornelle und der motivisch aus ihnen hervorgehenden Soloepisoden. Nach der dritten Episode erhält der erste *Allegrosatz* (E-Dur, $^2/_4$-Takt) vorübergehend sogar Durchführungscharakter, indem das 28taktige Tuttithema abschnittsweise, von motivisch verwandten Soli unterbrochen, vorgetragen wird. Mit dieser mosaikartigen Kompositionstechnik und der motivischen Verflechtung der Soli- und Tuttiabschnitte gelang es Telemann in mehreren Werken, die Konzertsatzform aufzulockern und Ansätze zur motivisch-thematischen Arbeit der Mannheimer und Wiener Sinfoniker aufzuzeigen.

Im klangschönen *dritten Satz* (Siciliano, e-Moll, $^6/_8$-Takt) stimmen die Solisten nacheinander zur Begleitung der Streicher (ohne Continuoinstrumente) einen ausdrucksvollen Rundgesang an.

Der Viola d'amore folgt die Querflöte mit der liedhaft schlichten Weise in der Paralleltonart (G-Dur). In deren Dominante (D-Dur) übernimmt sie die Oboe d'amore, bis Viola, Flöte und Oboe gemeinsam den zur Ausgangstonart modulierenden Abgesang (mit Continuobegleitung) ausführen. Nacheinander erhalten die Solisten auch im pastoralen *Rondofinale* (Vivace, E-Dur, ³/₈-Takt) instrumentengemäße, z. T. sogar virtuose Entfaltungsmöglichkeiten in drei ausgedehnten Episoden, die von vier konstanten Orchesterritornellen eingefaßt werden.

GF

Siegfried Thiele geb. 1934

Thiele wurde am 28. März 1934 in Chemnitz, dem heutigen Karl-Marx-Stadt, geboren. Nach ersten Privatstudien in seiner Heimatstadt ging er 1953 an die Leipziger Musikhochschule und studierte dort bis 1958 Komposition bei Wilhelm Weismann und Johannes Weyrauch. 1960–1962 war er Meisterschüler von Leo Spies an der Deutschen Akademie der Künste zu Berlin. Eine pädagogische Tätigkeit hatte er bereits 1958 aufgenommen, und zwar unterrichtete er bis 1962 an den Musikschulen in Radeberg und Wurzen, im Jahre 1962 wurde er dann als Dozent für Partiturspiel und Tonsatz an die Leipziger Musikhochschule verpflichtet. 1963 übernahm er zusätzlich die Leitung des Leipziger Jugendorchesters.

Thiele, einer der begabtesten DDR-Komponisten der jüngeren Generation, ging in seiner schöpferischen Entwicklung vom Vorbild Bartóks, aber auch von dem Hindemiths aus. Aufschlußreich und für die Entwicklung der persönlichen Handschrift wichtig ist Thieles Streben nach klarer, eigenwilliger Dramaturgie und Architektur. Seine enge Bindung zur Schulmusik wie zur Arbeit mit der musizierenden Jugend überhaupt bestimmte auch die Richtung seiner schöpferischen Arbeit: es entstanden viele Spielmusiken für Kinder und Laien. Dazu sind auch das Trompetenkonzert und das Concertino für Flöte und Streichorchester zu rechnen, die in ihrer Struktur und ihren technischen Ansprüchen vorwiegend für die Aufführungsmöglichkeiten von Laienorchestern bestimmt sind. Mit der Pantomime für Orchester, in der Thiele die Prinzipe des »Dionysischen« und »Apollinischen« in eigenwilliger fünfsätziger Anlage gegenüberstellt, begann die Eroberung der großen Form. Ein weiterer, wichtiger Schritt auf diesem Wege war das Klavierkonzert. Themenmetamorphose, tonale Zentrierung, herbe Klanglichkeit, auch Beziehungen zur Dodekaphonie sind seitdem wichtige Merkmale seiner Tonsprache.

Pantomime für Orchester (1962); Sonatine für Jugendorchester (1964); Sinfonie in fünf Sätzen (1965); Musik für Orchester (1968); Intrada, Cantus, Toccata für Orchester (1969); Introduktion und Toccata für großes Orchester (1971). – Trompetenkonzert (1961); Concertino für Flöte und Streichorchester (1961); Klavierkonzert (1962); Sonate für Streichquartett und kleines Orchester (1967); Concertino für Harfe, Streichorchester und Pauken (1971).

Musik für Orchester

Besetzung: 3 Flöten, 3 Oboen, 3 Klarinetten, 3 Fagotte, 4 Hörner, 3 Trompeten, 3 Posaunen, Tuba, Harfe, Klavier, Pauken, Schlagzeug, Streicher
Aufführungsdauer: 17 Minuten

Dieses im November 1968 in Plauen uraufgeführte Werk zeigt, wie Thiele die schon früher vorhandene Gestaltungsidee von Polarität und Metamorphose klanglich und strukturell zunehmend differenziert. Anregungen aus der Dodekaphonie spielen dabei eine wichtige Rolle.

Das viersätzige Werk beginnt mit einem *Vorspiel* (Andante), in dem sich allmählich eine thematisch für das ganze Werk wichtige Zwölftonreihe artikuliert. Im Mittelteil wird diese Reihe von den Bläsern melodisch-rhythmisch prägnant formuliert:

Fanfaren der Blechbläser (sie entstehen aus vertikaler Anordnung von Teilen der Reihe) bilden den Satzhöhepunkt. Der *Hauptsatz I* (Allegro) beginnt mit tokkatenartiger Bewegung. Melodisch dominiert zunächst das Quartintervall. Durch allmähliches Hinzutreten der Reihengestalt aus dem Vorspiel wird die Haltung der Musik ernster, konzentrierter. Im Mittelteil dominiert weitgespannte Me-

lodik. Sie wird aus der Reihe (in den Holzbläsern) und deren Umkehrung (in den Bässen) entwickelt. Dann führt die Entwicklung zu der tokkatenartigen Bewegung zurück. Aber am Ende erklingt mit Nachdruck noch einmal die Reihe.
Ein *Zwischenspiel* erweist sich als Weiterführung des Vorspiels. Horizontal wie vertikal wird das Geschehen von der Reihe beherrscht. Ruhig und gedankenvoll leitet der Satz zum abschließenden *Hauptsatz II* (Vivace) über. Hier stehen dem tänzerischen Hauptthema (quasi Carioca) drei weitere Themen im Sinne zunehmender Steigerung der musikalischen Intensität gegenüber: ein ausdrucksvolles Streicherthema im Mittelteil des Satzes, ein rhythmisch betontes Ostinato sowie ein vorandrängendes Streicherthema, das aus dem Reihenkopf gebildet ist. Am Ende kehrt das Hauptthema wieder. Die Musik wächst zu hymnischer Größe und mündet in das glanzvoll aufstrahlende Reihenthema. Kontrast und Entwicklung werden zusammengeführt.

HJS

Johannes Paul Thilman 1906—1973

Thilman wurde am 11. Januar 1906 in Dresden geboren. Er ließ sich dort als Lehrer ausbilden und studierte danach an der damaligen Technischen Hochschule Kulturwissenschaften. Kompositorisch erhielt er nach autodidaktischem Beginn kurze Zeit Unterweisung durch Paul Hindemith und Hermann Scherchen. In Leipzig war er danach Kompositionsschüler von Hermann Grabner. Bis zum Kriegsausbruch unterrichtete er an verschiedenen Schulen im sächsischen Bereich. Nach 1945 wirkte Thilman zunächst als Dozent an der Volkshochschule und an der Paluccaschule sowie an der Musikakademie in Dresden, bevor er 1956 eine Professur für Komposition an der Dresdner Musikhochschule erhielt, die er 1968 krankheitshalber aufgab. Er starb am 31. Januar 1973 in Dresden.
Thilman war Mitbegründer des Verbandes Deutscher Komponisten und Musikwissenschaftler und langjähriger Vorsitzender des Bezirksverbandes Dresden sowie Mitglied des Zentralvorstandes. Von 1970 an gehörte er zu den korrespondierenden Mitgliedern der Akademie der Künste der DDR.
Seine ersten kompositorischen Erfolge errang Thilmann 1926 in Dresden in Paul Arons berühmt gewordenem Zyklus neuer Musik,

1926 in Donaueschingen, 1929 in Genf und 1931 in Bad Pyrmont mit Interpreten wie Paul Hindemith und Hermann Scherchen. Der eigentliche kompositorische Aufschwung erfolgte dann nach 1945. Schwerpunkte bilden hierbei wechselweise Kammermusik und Orchesterwerke. Nachdem er sich aus der Abhängigkeit seiner Vorbilder Hindemith und Strawinsky gelöst hatte, fand Thilman zu einer eigenen Musiksprache, die von handwerklicher Meisterschaft, musikantischem Elan, Prägnanz, Linearität, tonal orientierter moderner Harmonik, interessanten Klangwirkungen und unkonventionellen Besetzungen gekennzeichnet ist. Im sinfonischen Schaffen begann er Anfang der sechziger Jahre neue Wege zu gehen. Er war bestrebt, schon mit den Titeln seiner Kompositionen inhaltliche Hinweise zu geben. Bloße Erfüllung im Handwerklichen und in logischer Gesetzlichkeit überwand er zugunsten einer »sprechenden«, gesellschaftlich engagierten Aussage, die durch ihre Intensität und Eindringlichkeit wirksam wird.

Thilman trat auch als Kulturpolitiker und Musikschriftsteller anregend hervor. Er zählt mit seinem vielfältigen und gewichtigen Œuvre zu den profiliertesten musikalisch-schöpferischen Persönlichkeiten der Deutschen Demokratischen Republik.

Kleine Sinfonie G-Dur op. 56 II (1951); Kleine Sinfonie F-Dur op. 60 (1952); Kleine Sinfonie D-Dur op. 63 (1953); 4. Sinfonie d-Moll op. 64 (1954); 5. Sinfonie (in einem Satz) op. 79 (1956); 6. Sinfonie in E op. 92 (1959); 7. Sinfonie in A op. 99 (1961); 8. Sinfonie in C op. 101 (1961). – Vorspiel und kleines Konzert op. 5 (1935); Heiteres Vorspiel op 14 (1937); Variationen über »Ich wollt', daß ich daheime wär« op. 21 (1941); Vorspiel zu einem Weiheakt op. 35 (1946); Thema und Variationen op. 42 (1948); Partita piccola op. 43 (1948); Ballettszenen. Klassisches Ballett op. 45 (1949); Die sieben Tänze op. 52 (1951); Sinfonietta op. 56 (1951); Sinfonische Variationen op. 76 (1955); Sinfonische Inventionen op. 77 (1955); Sonate für Streichorchester op. 78 (1955); Feierlicher Vorspruch op. 88 (1958); Sinfonischer Prolog op. 94 (1960); Sinfonisches Vorspiel. Huldigung für Robert Schumann op. 100 (1961); Orchesterballade (1964); Rhapsodie (1965); Monolog (1966); Ode (1967; Überarbeitung 1968); Episoden (1967); Kassation (1969); Impulse (1971); Ornamente (1971); Betrachtungen für Streichorchester (1972).

Concertino giocoso für Posaune und kleines Orchester op. 47 (1949); Violinkonzert op. 59 (1953); Concertino für Trompete und Kammerorchester op. 66 (1954); Concertino für Streichquartett und kleines Orchester op. 95 (1960); Doppelkonzert für Baßklarinette und Klavier mit Streichern und Schlagzeug (1968); Concerto piccolo für Cembalo und kleines Orchester (1968); Konzert für zwei Klaviere und Orchester (1968); »Orpheus«. Konzert für Englischhorn und kleines Orchester (1968); Violinkonzert (1972).

4. Sinfonie d-Moll op. 64

Besetzung: 2 Flöten, 2 Oboen, 2 Klarinetten, 2 Fagotte, 3 Hörner, 2 Trompeten, 2 Posaunen, Baßtuba, Pauken, Streicher

Aufführungsdauer: 25 Minuten

Seiner 4. Sinfonie, entstanden 1953/54 und von der Dresdner Philharmonie am 2. Januar 1955 uraufgeführt, gab Thilman den klassischen viersätzigen Aufbau mit Sonatensatz, langsamem Satz, Scherzo mit Trio und Rondofinale. Er beabsichtigte, dieses der sinfonischen Tradition verbundene Schema mit »neuem Leben« zu erfüllen, indem er die großen Entscheidungen unserer Zeit zum Inhalt erhob.

Der *erste Satz* beginnt mit einer grüblerischen Einleitung (Breit, schwer, $^4/_4$-Takt), in der Bläserakkorde hervortreten. Das vorwärtsdrängende, sofort durchgeführte erste Thema des eigentlichen Sonatensatzes (Lebhaft, straff, $^3/_4$-Takt) setzt in den Bratschen und Klarinetten ein; Stakkati der Fagotte und Hörner sowie Pizzikati der Violoncelli und Kontrabässe begleiten es. Auch im davon klar getrennten zweiten Thema, das die volksliedhafte Melodie »Sah ein Knab' ein Röslein stehn« verwendet, bleibt die bestehende Unruhe erhalten. Die Exposition wird mit einer großen Steigerung abgeschlossen. In der Durchführung bezieht sich Thilman vor allem auf Elemente des zweiten Themas; am Schluß greift er auf das erste Thema zurück. Die Reprise stellt die beiden Themen nebeneinander, wobei das zweite durch schmetternde Trompeten die kommende Entwicklung vorwegnimmt und zur Coda überleitet, die in gewaltiger Steigerung das herrschende Moll in Dur auflöst.

Der *langsame Satz* (Düster, sehr ruhig, $^4/_4$-Takt) hat eine Atmosphäre der Resignation. Er mutet wie ein Trauermarsch an. Mit dem zart verklingenden Dur-Schluß wird – diesmal zaghaft – der Weg weiter ins Licht gewiesen.

Das *Scherzo* (Sehr lebhaft, $^3/_4$-Takt) betont das Urwüchsige, unterstrichen durch Rhythmus und Instrumentation. In seiner Aggressivität bildet es einen starken Gegensatz zum lieblichen Trio (Langsamer).

In der Einleitung (Sehr langsam, 4/4-Takt) zum *Schlußsatz* drängen auf dem dunklen Untergrund der Streicher die Holzbläser zu erregtem Ausbruch, akzentuiert durch Akkorde der Blechbläser. Nach der Wiederholung beginnt das Rondo (Lebhaft, stürmisch, 6/8-Takt) mit seinem energischen Streicherthema (mit Fagotten),

das im Verlauf des Satzes phantasievoll verarbeitet wird. Thilman bekennt sich vor allem mit dem Schluß über das Kämpferische der Auseinandersetzung mit der Vergangenheit hinaus zum Zukünftigen. Das für die Coda (4/4-Takt) wichtige Motiv

erscheint in Blech- und Holzbläsern. Es wird im vorhergehenden Rondoteil vorbereitet (von den gleichen Instrumenten)

und erhält durch das plötzlich verbreiterte Tempo eine neue Qualität: Es wird zur festlichen Apotheose. Dazu spielen die Streicher in vier Oktaven aufwärtsstrebende Melodielinien, die Zukünftiges, das Bekenntnis zum Leben, zum Heute und Hier, charakterisieren.

Partita piccola für Kammerorchester op. 43

> Besetzung: Oboe, Klarinette, 2 Fagotte, 2 Hörner, Trompete, Posaune, 4 Violinen, 2 Bratschen, 2 Violoncelli
> Aufführungsdauer: 12 Minuten

Thilman suchte mit diesem knappen, beschwingten und witzigen, 1948 geschriebenen und am 11. Februar 1949 von der Dresdner Staatskapelle uraufgeführten »kleinen« Werk den Weg zum Hörer. In ernster Zeit wollte er seine Hörer erheitern und entspannen, um ihnen für ihre damals oft unlösbar scheinenden Aufgaben mit seiner Musik Kraft und Mut zuzusprechen. So stellt die Partita im besten Sinne »Gebrauchsmusik« dar, und sie behielt mit ihren vier kleinen, in sich selbständigen und zu einem Ganzen aneinandergereihten Sätzen bis heute ihren Wert. Thilman wollte sich mit der Partita von der Hindemith-Abhängigkeit lösen. Er erhob daher den Neoklassizismus Strawinskys und der Franzosen zum Vorbild und erfüllte seine Musik mit Esprit und Witz, mit Klarheit und Durchsichtigkeit. Die Partita bietet besonders den Bläsern reizvolle Aufgaben.

Im *ersten Satz* (Heiter, lebendig, präzis, 2/4-Takt), der aus zwei in sich wiederholten Teilen und einer zügigen Coda besteht, tritt das vergnügte Dreiklangsthema der Trompete,

das Thilman ständig verändert und weiterentwickelt, beherrschend hervor.

Der zarte und schlichte dreiteilige *langsame Satz* (Ruhig, melancholisch, 3/8-Takt) steht in starkem Kontrast zu den übrigen Sätzen. Die harmonische Basis wird durch Horn und Bratsche, unterstützt von den in Quintenparallelen geführten Violoncelli, geschaffen. Darüber erhebt sich ein inniger Gesang der Oboe, in den später auch die Klarinette einfällt. Die Trompete zeigt auch hier ihre Keckheit, wenn auch, der allgemeinen Stimmung angepaßt, gedämpft. Die Streicher werden als Soloinstrumente behandelt. In aparten Klängen verschmelzen sie mit den Bläsern. Der Satz verklingt mit einem B-Dur-Dreiklang in den Holzbläsern und Streichern.

Das fröhliche *Scherzo* (Lustig, scherzhaft, dabei exakt, 3/8-Takt) wird mit einem spritzigen Thema der Trompete in C-Dur eröffnet. Oboe und Klarinette übernehmen es. Geteilte Streicher unterstreichen, stellenweise im Pizzikato, den tänzerischen Charakter dieser Musik.

Das lebensvolle, kontrastreiche dreiteilige *Finale* (Sehr lebhaft 6/8-, 2/4-Takt). tarantellaartig in seinem Thema, in seinem Mittelteil

in Beziehung zum Thema des ersten Satzes (Trompete) gesetzt, wird nach der Reprise der Tarantella mit einer spritzigen, strettaartigen Coda beschlossen.

Sinfonische Inventionen op. 77

> Besetzung: 2 Flöten, 2 Oboen, 2 Klarinetten, Baßklarinette, 2 Fagotte, 3 Hörner, 2 Trompeten, 2 Posaunen, Baßtuba, 3 Pauken, Schlagzeug, Streicher
> Aufführungsdauer: 23 Minuten

Thilman erprobte mit diesem 1955 entstandenen Stück den Typus der Invention sinfonisch. Zwölf Inventionen werden aus einem geschlossenen Grundmaterial heraus entwickelt, das aus zwei Elementen besteht: einer auffahrenden Streicherfigur, die als Basis der kontrapunktischen Arbeit zu gelten hat (melodisches Motiv), und einer Akkordrückung von zwei verminderten Dreiklängen in weiter Lage der Hörner und tiefen Streicher (harmonisches Motiv).

Das melodische Motiv macht eine Reihe von Verwandlungen durch, die sich hauptsächlich als rhythmische Varianten erweisen, während das harmonische Motiv (abgesehen von Transpositionen in andere Tonartenbereiche) gleichbleibt. Die Inventionen gehen ineinander über. Schnelle Zeitmaße überwiegen (zweimal unterbrochen von zwei direkt aufeinanderfolgenden langsamen Teilen: dritte und vierte – achte und neunte Invention). Es herrscht ein ununterbrochener Fluß. Das Grundmaterial wird ständig in anderen Stimmungen gezeigt. Starke Kontraste, auch innerhalb der einzelnen Inventionen, fallen als charakteristisch für diese Partitur auf. Die Ausdrucksskala ist sehr vielfältig, wobei der solisti-

schen Bläserbehandlung besondere Aufmerksamkeit gewidmet wird.
Die Uraufführung erfolgte am 20. Juni 1956 durch die Dresdner Philharmonie.

Rhapsodie

> Besetzung: Flöte, Oboe, Englischhorn, Klarinette, Baßklarinette, 2 Fagotte, 4 Hörner, 2 Trompeten, 2 Posaunen, Pauken, Schlagzeug, Xylophon, Harfe, Streicher
> Aufführungsdauer: 18 Minuten

Mit der Rhapsodie, die er Ende 1964 bis Anfang 1965 komponierte, machte sich Thilman im Interesse der von ihm angestrebten gegenwartsbezogenen, sozialistischen Aussage seiner Musik unabhängig von den überlieferten Schemata der Sonaten- oder Rondoform. Er gliederte sein Stück in zehn Abschnitte, die kontrastreiche Kommentare zum Thema bilden, das er sich von nun an in Anlehnung an literarische Gattungen selbst stellt. Den Zusammenhalt für das Ganze gibt das einleitende Englischhornsolo, das gewissermaßen als Motto gedacht ist.

Dieser musikalische Gedanke wird in den verschiedenen Klanggruppen ausgebaut. Melodische Eindringlichkeit verbindet sich dabei mit rhythmischer Lebendigkeit. So unterschiedlich die einzelnen ineinander übergehenden Abschnitte auch sind – sie fügen sich thematisch, rhythmisch und formal zu einem Ganzen, ordnen sich der »Idee« des Komponisten, der Schilderung unserer Welt durch einen Rhapsoden von heute in Bildfülle und Erlebnisdichte, unter. Die Instrumentation ist äußerst transparent und beweglich; Thilman nutzt hier wie in anderen Werken des sinfonischen Bereichs die Erfahrungen kammermusikalischer Werke. Zu den ausgeprägtesten Partien der Rhapsodie gehören die Holzbläsersoli sowie der markante, zugleich sehr differenzierte Einsatz des Schlagzeugs mit Xylophon, Gong und Tomtoms. So entsteht eine Partitur der Farben und Kontraste von episch-lyrischem Charakter.
Die Uraufführung fand am 14. Januar 1966 durch die Dresdner Philharmonie statt.

Ode

Besetzung: 2 Flöten, Englischhorn, 2 Klarinetten, Baßklarinette, 2 Fagotte, 2 Hörner, 2 Trompeten, 2 Posaunen, Pauken, Schlagzeug, Xylophon, Klavier, Celesta, Streicher
Aufführungsdauer: 18 Minuten

Die »Ode« ist dem hundertjährigen Bestehen der Dresdner Philharmonie gewidmet und wurde von diesem Orchester am 29. November 1970 uraufgeführt. Auch in diesem 1966/67 komponierten, 1968 überarbeiteten Stück der Gestaltung ernster und erhabener Gedanken, wie sie dem Vorbild der literarischen Ode entsprechen, nutzt Thilman das Prinzip der Aneinanderreihung kontrastierender Teilstücke, die in sich geschlossen sind. Verschiedene Struktur, Instrumentation, Dynamik und Metrik werden als Charakteristika der einzelnen Abschnitte erkennbar. Der Klarheit im Aufbau entspricht handwerkliche Meisterschaft, wie sie bei Thilman immer gegeben ist. Das Wesentliche wird erkannt und ausgesprochen. Alle diese Eigenschaften des Werkes sind wiederum bereits in verschiedenen kammermusikalischen Kompositionen vorgebildet. Als Keimzelle des Werkes erweist sich ein Triolenmotiv, das sich in der breit ausladenden einleitenden Kantilene der Baßklarinette herauskristallisiert.

um danach vielfach abgewandelt zu werden. Im weiteren Verlauf des einsätzigen, zehn Abschnitte umfassenden Werkes wechseln bewegte, erregte und ruhige, stille Teile. Eine in der kontrapunktischen Schreibweise Thilmans begründete geistige Disziplin verhindert Extreme im Emotionalen wie im Rationalen. Trotz des großen Orchesterapparates überwiegt im Gesamtbild der Partitur die für Thilmans Werke der letzten Jahre typische Durchsichtigkeit, wobei instrumentale Feinheiten entdeckt und reizvolle Kombinationen einzelner Instrumente gefunden werden. »Wie unser Leben von einem dramatischen Elan erfüllt ist, wie es in ihm auch Augenblicke der besinnlichen Stille gibt, so wechselt die Ode ebenso ihre Ausdrucksformen.« (Thilman)

Episoden

Besetzung: Flöte, Englischhorn, Klarinette, Baßklarinette, Fagott, Trompete, Posaune, Schlagzeug, Xylophon, Vibraphon, Klavier, 4 Violinen I, 4 Violinen II, 3 Bratschen, 3 Violoncelli
Aufführungsdauer: 16 Minuten

Thilman ist bestrebt, in seinen »Episoden für großes Kammerorchester«, die er 1967 komponiert hat, kontrastreiche Stimmungen musikalisch zu erfassen. Sieben kurze, vornehmlich heitere, aber auch nachdenkliche Stücke, die sämtlich attacca ineinander übergehen, werden aneinandergereiht. »Das heißt, daß die Einzelabschnitte jeweils in sich geschlossen sind, daß sie nicht das Nächste bedingen oder herausfordern. Ich hatte die Absicht, mit den Episoden auf eine pointierte, interessante, im besten Sinne unterhaltsame Musik zuzusteuern, darüber hinaus eine möglichst große Weite des Ausdrucksvermögens von der Unterhaltsamkeit bis zur melancholischen Innenschau zu erstreben. Das unterhaltsame Element sollte allerdings nicht auf Billiges zusteuern: Die Sätze mit unterhaltenden Elementen sind mit dem gleichen handwerklichen Verantwortungsbewußtsein geschrieben – einem Verantwortungsbewußtsein, das sich weit über das bloß Handwerkliche erhebt und die ganze Weite des gesellschaftlichen Bewußtseins in sich einschließt.« – Soweit der Komponist über sein Anliegen. Rhythmische Kräfte stehen in diesen Miniaturen im Vordergrund, farbige Effekte werden erzielt, aber es treten auch melodische Bögen, vor allem in den Soli der Holzbläser und des Klaviers, hervor. Trotz aller improvisatorischen Einwürfe, die in das Episodische eingeordnet sind, wird auf höchste Präzision geachtet. Auffällig und für Thilman charakteristisch ist die intensive harmonische Gestaltung mit atonalen Neigungen und Jazzelementen.

Im *ersten Satz* (Sehr markant und lebhaft, $^2/_4$-, $^3/_8$-Takt) wird der energiegeladene Hauptgedanke, der im Klavier auftritt, bestimmend, indem er unentwegt vorwärtsdrängt. Baßklarinette, Englischhorn, Flöte und Klavier treten im *zweiten Satz* (Langsam, versponnen, $^3/_8$-Takt) solistisch hervor, wozu die Streicher das rhythmische Fundament geben. Thilman erreicht hier eine große Ausdrucksdichte. Der *dritte Satz* (Sehr robust und lebendig) wird durch Taktwechsel und überraschende Akzente sehr abwechslungsreich gehalten, wobei die Musik immer wieder zu einem Karikaturwalzer anzusetzen scheint. Trotz seiner Farbigkeit bleibt der *vierte Satz* (Sehr ruhig, melancholisch, $^4/_8$-Takt) in seiner Grundstim-

mung verhalten. Der belebte *fünfte Satz* (Belebt, Boogie-Tempo, 2/4-Takt) wird in witziger Weise wie ein Schlager angelegt und eine für den einstigen Modetanz Boogie-Woogie typische Baßfigur in verschiedenen Besetzungen dargestellt. Der *sechste Satz* (Voller Ruhe, 4/8-Takt) ist verhalten; Baßklarinette und Klarinette erzeugen eine fast romantisierende Stimmung. Der *Schlußsatz* (Stürmisch, aber heiter, 9/16-Takt) in Rondoform wird von tarantellaartigen Rhythmen beherrscht. Die verschiedensten Instrumente treten solistisch auf. Der Mittelteil ist improvisatorisch gehalten und verwendet ausschließlich das Klavier und das Schlagzeug mit Tomtoms, Kleiner Trommel, Xylophon und Vibraphon.
Die »Episoden« kamen am 24. April 1968 durch die Staatskapelle Dresden zur Uraufführung.

Concerto piccolo für Cembalo und kleines Orchester

Besetzung: Solo-Cembalo; Flöte, Klarinette, Baßklarinette, Schlagzeug, Streicher (ohne Kontrabässe)
Aufführungsdauer: 12 Minuten

Thilmans Cembalokonzert wurde 1968 für das 43. Bachfest der Neuen Bachgesellschaft geschrieben und am 8. Dezember 1968 von der Dresdner Staatskapelle uraufgeführt. Es ist mit viel Geist und Witz komponiert und bringt etwas von dem »Gemisch von Naivität und Klugheit in mir« (Thilman) zum Ausdruck. Zwei schnelle Sätze umrahmen einen liedhaften, besinnlichen Mittelsatz. Wichtig für das gesamte Stück werden die ersten 4 Takte des *ersten Satzes* (Lebhaft, 2/4-, 9/16-Takt), die mottohafte Bedeutung haben und als Grundmaterial der musikalischen Entwicklung anzusehen sind. Es handelt sich bei diesen Anfangstakten um einen dreistimmigen Kanon in der Septime, den die Holzbläser auf dem Untergrund der Streicher anstimmen:

Die Ecksätze sind nach dem Schema A–B–A geformt, wobei der zweite A-Teil gegenüber dem ersten harmonisch und rhythmisch verändert wird. Den B-Teil bildet jeweils eine Kadenz des Cembalos.
Im *Mittelsatz* (Liedhaft, schlicht, ruhig, 9/16-Takt) übernimmt die Klarinette, gestützt von Violinen und Bratschen, die Melodie, die durch das Soloinstrument ins Virtuose umgemünzt wird. Dieser Satz ist in Rondoform angelegt. Die Einleitungsteile kehren immer wieder, wenn auch in der Gestalt jeweils verändert.
Im *Schlußsatz* (Impulsiv, rhythmisch belebt, 3/8-, 2/4-Takt) geben Akzente und Synkopen die Impulse. Bis zum Schluß herrscht ein fröhliches, unkompliziertes Wechselspiel zwischen Bläsern, Cembalo und Streichern. Sein Anliegen für dieses Cembalokonzert formulierte Thilman selbst wie folgt: »Es ging nicht um Stilkopie oder Wiederbelebungsversuch des fugierten Stiles, sondern um Eigenständigkeit. Darin ist das Verhältnis des heute Schaffenden zum klassischen Erbe zu sehen. Es ist als Basis zu betrachten, von der aus der heutige Komponist die Zukunft ansteuert.«   DU

Gerhard Tittel   geb. 1937

Gerhard Tittel wurde am 13. Mai 1937 in Vielau bei Zwickau geboren. Nach dem Schulabschluß erlernte er im Kraftfahrzeugwerk VEB »Sachsenring« Zwickau den Beruf des technischen Zeichners und war als solcher bis 1955 in seiner Ausbildungsstätte tätig. Seine musikalische Ausbildung begann 1955 an der Arbeiter-und-Bauern-Fakultät für Musik in Berlin. Sie wurde 1958 an der Musikhochschule der DDR-Hauptstadt fortgesetzt. Kompositionslehrer Tittels war Günter Kochan. Als zweites Hauptfach wählte der junge Musiker die Violine. Hieraus erklärt sich seine spätere Vorliebe für Kompositionen, in denen Streicher eine bestimmende Rolle spielen. 1966 wurde die Ausbildung abgeschlossen. In den Jahren 1963/64 unterrichtete Tittel an der Musikschule in Strausberg bei Berlin Violinspiel und Musiktheorie. Seit 1966 ist er als Lehrer für Musiktheorie, Kontrapunkt und Gehörbildung an der Berliner Musikhochschule »Hanns Eisler« tätig. Er gehört zu den erfolgreichsten DDR-Komponisten der jüngeren Generation und machte bisher mit zwei Märchenopern auf sich aufmerksam, schrieb überdies Lieder, Kammermusikwerke, insbesondere aber Orchesterkompositionen. Sein Stil tendiert zu tonalen Wendungen und klarer Formgebung. Vor allem ist er geprägt von musikantischer Grundhaltung.

Capriccio für Orchester (1962); Sonata für Orchester (1965); Musik für Streichorchester (1967); Festliche Invention für großes Orchester (1967). – Skizze für großes Blasorchester (1966). – Capriccio für Oboe und Orchester (1961); Adagio und Allegro capriccioso für Violine und Kammerorchester (1964); Konzert für 2 Streichergruppen, Klavier, Pauken, Schlagzeug und Kontrabaß (1966); Doppelkonzert für Violine und Violoncello (1968); Violinkonzert (1968); »Unsere Liebe«. Kammerkonzert für Sprecher und Kammerorchester (1968); Klavierkonzert (1972).

Musik für Streichorchester

Dieses oft gespielte, musizierfreudige Werk (Aufführungsdauer: 14 Minuten) entstand 1967 im Auftrage des Kammerorchesters des Berliner Sinfonie-Orchesters und wurde von diesem am 5. Oktober des gleichen Jahres unter seinem Leiter Werner Scholz uraufgeführt. Die Komposition hat vier Sätze. Dem *ersten Satz* (Allegro agitato) geht eine langsame Einleitung voraus (Adagio). Hier wird ein zwölftöniges Hauptthema exponiert, das in allen Sätzen eine Rolle spielt. Kleine Terz und Quinte sind in ihm strukturbestimmend. Die ersten fünf Töne dieses Themas *(h, gis, b, a, dis)* erscheinen eingangs klanglich aufgeteilt in Bratschen, Violoncelli, Violinen und Kontrabässen. Nach kurzem Crescendo wird der Hauptsatz von einem motorischen Gedanken eröffnet, in dem Quinte sowie kleine und große Terz die wesentliche Rolle spielen:

Dieser Gedanke wird effektvoll ausgeführt und verarbeitet. Von Arpeggien der Violinen umspielt, erscheint dann in Bratschen und Violoncelli der kantable Seitengedanke. Gegen Ende greift Tittel noch einmal auf den Beginn der langsamen Einleitung zurück, ehe der Satz mit dem Seitengedanken verhalten endet.

Unmittelbar schließt sich der *zweite Satz* (Larghetto) an, der trotz
strenger kontrapunktischer Arbeit einen gelösten musikantischen
Charakter hat. Zwei Themen werden miteinander verknüpft: das
gesangvolle Hauptthema in den melodieführenden 1. Violinen, das
Seitenthema als eine Art ostinater Baß in den Kontrabässen.
Scherzocharakter hat der *dritte Satz* (Allegro – sereno). Den dissonanten Sekundklang *a–b*, mit dem der langsame Satz endete, greift
Tittel auf und entwickelt aus ihm das muntere und zum Teil ironische Geschehen mit kecken Trillern, Glissandi und weiten Intervallsprüngen, eine Solo-Violine tut sich dabei hervor.
Mit motorischer Sechzehntelbewegung der 2. Violinen beginnt das
Finale (Allegro non troppo). Dazu intonieren die 1. Violinen im
Stakkato das Hauptthema, in dem erneut der Wechsel von kleiner
und großer Terz auffällt. In das erzmusikantische Geschehen werden Episoden aus den vorangehenden Sätzen eingeblendet, und
der leise Ausklang greift bogenförmig noch einmal auf die langsame Einleitung zurück.

*Konzert für 2 Streichergruppen, Klavier, Pauken, Schlagzeug
und Kontrabaß*

> Besetzung: 1. Streichergruppe: je 6–8 Violinen I und II, 4–6
> Bratschen, 4–6 Violoncelli; 2. Streichergruppe: gleiche Besetzung; 3–4 Kontrabässe, Klavier, 4 Pauken, Schlagzeug (Kleine
> Trommel, 2 Tomtoms, Becken hängend, Tamburin, Tamtam,
> Glockenspiel, Xylophon)
> Aufführungsdauer: 19 Minuten

Dieses Werk aus dem Jahre 1966, in dem Tittel zu einer differenzierteren klanglichen Gestaltung findet, wurde am 4. April 1969
von der Berliner Staatskapelle unter Kurt Masur uraufgeführt. Der
Komponist erläuterte: »Die Anregung zu dieser Komposition erhielt ich beim Hören einer Stereoaufnahme. Um einen solchen Stereoeffekt zu verstärken, wählte ich 2 Streichergruppen, wobei die
zweite bis auf wenige Takte con sordino zu spielen hat. Der optische Eindruck in der Anordnung der beiden Gruppen soll die gewünschte Wirkung noch unterstreichen.« – Nach Anweisung der
Partitur sind die beiden Streichergruppen im Halbkreis links
(1. Gruppe) und rechts (2. Gruppe) vom Dirigenten anzuordnen.
In diesem Halbkreis, also vor dem Dirigenten, steht das Klavier.
Im Hintergrund sind die Kontrabässe in der Mitte zu postieren,

links davon das Schlagzeug, rechts davon die 4 Pauken. Das inhaltliche Anliegen des Komponisten ist »die Gestaltung und Überwindung eines Konfliktes«. Die Konfliktgestaltung findet im *ersten Satz* (Larghetto/Sostenuto/Allegro assai/Sostenuto) statt. Das thematische Material dieses Satzes erscheint in kleinen Intervallen, in polyphoner Struktur, »ständig drängend, nach einer Lösung suchend« (Tittel). Dieses thematische Material wird im *zweiten Satz* (Lento) aufgegriffen und neu, in vorwiegend nachdenklicher Haltung abgewandelt. Im *Finale* (Allegro con brio) wird der Konflikt überwunden. Tittel vermeidet hier bewußt Anklänge an das vorangehende Themenmaterial. Über drängendem Schlagzeugrhythmus wird eingangs in der 1. Streichergruppe ein neues Thema exponiert. Es sprengt gleichsam den Rahmen der kleinen Intervallschritte der Thematik in den ersten beiden Sätzen, schwingt sich zu weiten Intervallsprüngen auf. Diese neue Qualität des Melodischen verbindet sich mit der energischen Akzentuierung im Schlagzeug zu der von Tittel erstrebten neuen, selbstbewußten Haltung. HJS

Pjotr Iljitsch Tschaikowski 1840—1893

Tschaikowski wurde am 25. April (7. Mai) 1840 in Wotkinsk (früher Gouvernement Wjatka, jetzt Udmurtische ASSR) geboren. Es zeigte sich zwar schon in der Kindheit, daß Tschaikowski musikalisch begabt war, doch war lange Zeit nicht abzusehen – obwohl er Klavier- und Gesangsunterricht bei guten Lehrern hatte –, ob es sich bei ihm um eine überragende musikalische Begabung handelte. Deshalb ließen ihn seine Eltern Jura studieren. 1859, nach beendetem Studium, trat er eine Stellung als Sekretär im Petersburger Finanzministerium an. Sowohl während der Studienzeit als auch während seiner Tätigkeit im Ministerium betrieb Tschaikowski intensive musikalische Studien. 1861 belegte er in den öffentlichen Kursen der Russischen Musikgesellschaft bei N. I. Zaremba Musiktheorie. Im Jahre 1863 quittierte er schließlich den Staatsdienst, um am gerade gegründeten Petersburger Konservatorium ein reguläres Studium aufzunehmen. Die führenden Köpfe des Konservatoriums waren Anton Rubinstein und N. I. Zaremba. Bei Rubinstein studierte Tschaikowski Komposition und Instrumentation, bei Zaremba Harmonielehre und Kontrapunkt. Mit einer Vertonung von

Schillers »Ode an die Freude« schloß er 1865 sein Musikstudium
mit Auszeichnung ab.
Zu Beginn des Jahres 1866 berief ihn Nikolaus Rubinstein als
Lehrer für Theorie an das von ihm um diese Zeit gegründete Moskauer Konservatorium. An dieser Ausbildungsstätte war Tschaikowski elf Jahre lang pädagogisch tätig. Zu seinen bedeutendsten
Schülern gehörte S. I. Tanejew. In den ersten Moskauer Jahren begann für Tschaikowski ein wahrer Schaffensfrühling (es entstanden
Opern, sinfonische Werke und Klaviermusik). 1872-1876 war
Tschaikowski zeitweilig auch als Musikkritiker, und zwar für die
»Russischen Nachrichten«, tätig. So besuchte er 1876, in dem Jahr,
in dem er sein Ballett »Schwanensee« beendete, auch die Bayreuther
Festspiele und schrieb darüber erstaunlich hellsichtige, kritische Berichte. 1877 heiratete Tschaikowski. Aber nach kurzer, unglücklicher Ehe trennte er sich wieder von seiner Frau und reiste zur Erholung in die Schweiz und nach Italien. In diese Zeit fällt der Beginn seiner Freundschaft mit Nadeshda Filaretowna von Meck,
die ihm für längere Zeit durch Aussetzen einer Jahrespension von
6000 Rubeln die Möglichkeit gab, ganz seinem Schaffen zu leben.
Tschaikowskis Briefwechsel mit Frau von Meck (die beiden sind
sich nie persönlich begegnet) ist für das Erkennen der schöpferischen Persönlichkeit des Komponisten höchst aufschlußreich. In den
folgenden Jahren lebte Tschaikowski abwechselnd bei seiner
Schwester in Kamenka (in der Ukraine), auf den Gütern der Frau
von Meck, im Ausland, in seinen Landhäusern Majdanowo und
Frolowskoje, in Petersburg oder in Moskau. Daß die Freundschaft
mit Frau von Meck durch deren Schuld später zerbrach, hat den
sensiblen Komponisten tief verletzt. In den achtziger Jahren begannen Tschaikowskis Werke in zunehmendem Maße internationale
Aufmerksamkeit zu erregen. Der Komponist trat nun auch als Dirigent eigener Werke auf, zunächst in Moskau, bald aber auch im
Ausland, vor allem in Westeuropa und in den USA. Neun Tage
nach der Uraufführung seiner 6. Sinfonie, die er in einem Konzert
der Russischen Musikgesellschaft in Petersburg selbst dirigiert
hatte, starb Tschaikowski an der Cholera, es war der 25. Oktober
(6. November) 1893.
Tschaikowski ist der wohl bedeutendste russische Komponist des
vorigen Jahrhunderts. Obwohl er mit den Komponisten des
»Mächtigen Häufleins« freundschaftlich verbunden war, ging er
doch seinen eigenen Weg, der zu einer stärkeren Einbeziehung der
Tradition westeuropäischer Musikentwicklung in die eigene Musik-

sprache führte. Gleichwohl ist seine Tonsprache, vor allem im Melodischen, der Volksmusik seiner Heimat aufs engste verbunden. In seinen Opern, Liedern und Romanzen, seinen bedeutenden Orchesterwerken und in zahlreichen kammermusikalischen Werken erweist sich Tschaikowski sowohl als sensibler Lyriker wie als Meister eleganter, farbiger Klangregie, er schreckt aber auch vor hatten dramatischen Akzentuierungen nicht zurück. Diese Elemente prallen oft auf engstem Raume aufeinander. Für seine Opern und Ballette bevorzugte Tschaikowski Stoffe aus der russischen Geschichte und Märchenwelt, und auch in seinen Sinfonien und Konzerten spiegeln sich Anregungen aus diesem Bereich wider. Es ging ihm als Komponist wie auch als Musikkritiker darum, der nationalen Tonkunst seiner Heimat internationale Geltung zu verschaffen. Daß sich der nationale Zug seiner eigenen Tonsprache dabei auf wahrhaft schöpferische Weise mit Anregungen verband, die der Komponist etwa aus dem Werk von Berlioz, vor allem aber aus dem Werk des von ihm als klassisches Vorbild leidenschaftlich verehrten Mozart empfing, zeigt, wie weltoffen und wenig nationalistisch Handschrift und künstlerische Absicht Tschaikowskis sind. Der Realismus seiner Musik besteht in der ganz originellen Verbindung hoch subjektiver, psychologisch vertiefter Ausdrucksgestaltung mit dem ständigen Bemühen um volkstümliche Verallgemeinerung. Auch Tschaikowskis Instrumentalmusik ist – nicht nur in den Sinfonischen Dichtungen – stets programmatisch gedacht. Immer wieder klingt hier der gesellschaftliche Grundwiderspruch an, mit dem er sich zeit seines Lebens auseinanderzusetzen hatte: der Widerspruch zwischen der bedrückenden, belastenden Enge, in die die kleinbürgerlich-feudale Welt der herrschenden russischen Kreise den Künstler zwängt und gegen die er sich oft verzweifelt auflehnt, und dem Optimismus, dem unverwüstlichen Willen zum Leben, zur Tat, wie ihn für Tschaikowski das russische Volk und seine Lieder repräsentieren.

> Sinfonien: Nr. 1 g-Moll op. 13 »Winterträume« (1866); Nr. 2 c-Moll op. 17 (1872; 2. Fassung 1880); Nr. 3 D-Dur op. 29 (1875); Nr. 4 f-Moll op. 36 (1877); Nr. 5 e-Moll op. 64 (1888); Nr. 6 h-Moll op. 74 »Pathétique« (1893); Sinfonie »Manfred« op. 58 (1885). – Orchestersuiten: Nr. 1 d-Moll op. 43 (1879); Nr. 2 C-Dur op. 53 (1883); Nr. 3 G-Dur op. 55 (1884); Nr. 4 op. 61 »Mozartiana« (1887; Arrangement von Kompositionen Mozarts). – Sinfonische Dichtungen: »Der Sturm« op. 18 (1873); »Francesca da Rimini« op. 32 (1876);

»Hamlet« op. 67a (1888). – Ouvertüren: »Das Gewitter« op. 76 (1864); »Romeo und Julia« (1869; 3. Fassung 1880); »Das Jahr 1812«. Ouverture solennelle op. 49 (1880). – Slawischer Marsch op. 31 (1876); Capriccio italien op. 45 (1880); Serenade für Streichorchester C-Dur op. 48 (1880). – Ballettsuiten: »Schwanensee« (1876); »Dornröschen« (1889); »Der Nußknacker« op. 71a (1892).

Klavierkonzerte: Nr. 1 b-Moll op. 23 (1875); Nr. 2 G-Dur op. 44 (1880); Nr. 3 Es-Dur op. 75 (1893); Konzertfantasie für Klavier und Orchester op. 56 (1884). – Violinkonzert D-Dur op. 35 (1878); Sérénade mélancolique op. 26 für Violine und Orchester (1875); Valse-Scherzo op. 34 für Violine und Orchester (1877). – Variationen über ein Rokokothema für Violoncello und Orchester op. 33 (1876); Pezzo capriccioso op. 62 für Violoncello und Orchester (1887; Arrangement des Streichquartettes op. 11).

Sinfonien

Tschaikowski definierte die Sinfonie als »die lyrischste der musikalischen Formen. Muß sie nicht all das ausdrücken, wofür es keine Worte gibt, was aber aus der Seele hervordrängt und ausgesprochen sein will?« Hier wird auf das besondere Wesen der Sinfonik Tschaikowskis aufmerksam gemacht. Die Sinfonik diente Tschaikowski vor allem dazu, Empfindungen, seelisches Ringen und seelische Erschütterungen musikalisch zu gestalten. Darum sind die Sinfonien dieses Komponisten, besonders die in aller Welt vielgespielten Sinfonien Nr. 4, 5 und 6, große lyrisch-philosophische, psychologische Dramen, in deren Mittelpunkt »der psychische Prozeß selbst, seine Formen, seine Gesetze, die Dialektik der Seele« stehen (Tschernyschewski). Die drei letzten Sinfonien Tschaikowskis stellen den Höhepunkt der russischen Sinfonik im 19. Jahrhundert dar. Jede von ihnen hat unverwechselbar eigenes Profil. Zugleich aber eint alle drei eine gemeinsame philosophische Grundidee: Tschaikowski spiegelt in ihnen typische Züge des Menschen seiner Epoche wider – jener Epoche, in welcher nach den Worten Maxim Gorkis »die schweren grauen Wolken der Reaktion über das Land zogen und die hellen Sterne der Hoffnung auslöschten ... Die blutbefleckten Hände der dunklen Macht flochten eilig von neuem das Netz der Sklaverei.«

Aber auch unter den Bedingungen der grausamen politischen Reaktion stärkte sich im russischen Volk der Wille zum Kampf. Der Held der Sinfonien Tschaikowskis ist subjektiv empfunden, voll innerer Zweifel und tragischer Widersprüche. Aber er sucht diese Widersprüche im Bekenntnis zum Volk, zur Schönheit des Lebens zu bezwingen. So besingt der Komponist in seinen Sinfonien leidenschaftlich die Schönheit des Lebens und sagt zu den Hörern: Sucht das Glück, es ist auf der Erde, wenn ihr es zu erlangen versteht!

Von den 7 Sinfonien Tschaikowskis (wenn man die »Manfred«-Sinfonie mitzählt) haben sich die ersten 3 erst in neuerer Zeit in der Praxis stärker durchsetzen können. Für das Bild des Sinfonikers Tschaikowski sind sie bereits sehr charakteristisch. In ihnen wie in den späteren Werken geht es dem Komponisten um den Einsatz der großen sinfonischen Form im Dienste einer Aussage, die auf immer wieder neue Weise das große Thema des Verhältnisses von subjektivem persönlichem Erleben und objektiver gesellschaftlicher Realität gestaltet.   DSh

1. Sinfonie g-Moll op. 13 »Winterträume«

Besetzung: Pikkoloflöte, 2 Flöten, 2 Oboen, 2 Klarinetten, 2 Fagotte, 4 Hörner, 2 Trompeten, 3 Posaunen, Tuba, Pauken, Schlagzeug, Streicher
Aufführungsdauer: 34 Minuten

Nach der Übersiedlung von Petersburg nach Moskau, wo er am Konservatorium eine Professur für Theorie antrat, begann Tschaikowski Anfang 1866 mit der Komposition seiner 1. Sinfonie. Die Arbeit ging langsam voran, mehrere Überarbeitungen wurden vorgenommen. Am 11. Februar 1867 kamen in Petersburg die beiden Mittelsätze zur ersten Aufführung. Die Uraufführung des ganzen Werkes fand ein Jahr später in Moskau statt. Danach nahm Tschaikowski noch einmal Korrekturen vor.

Der Titel »Winterträume« weist darauf hin, daß Tschaikowski schon in seinem sinfonischen Erstling eine ganz bestimmte Beziehung seiner Musik zur Wirklichkeit wollte. Der Titel ist nicht als sinnfälliges Programm, sondern als Hinweis auf den gedanklich-emotionalen Rahmen gedacht, in dem sich die Aussage entwickelt.

»Träume von einer Winterreise« ist der *erste Satz* (Allegro tranquillo, 2/4-Takt) überschrieben, der in der Form einem Sonatensatz entspricht. Seine Thematik weist spezifisch russische Züge auf. Sie sind im ersten Thema ebenso unverkennbar

wie im zweiten.

Die Verarbeitung der Themen dient dem Gestalten vielfältiger, lyrisch-verhaltener, aber auch gelegentlich kräftig aufbegehrender Stimmungen, die den Reisenden in der weiten russischen Landschaft erfüllen mögen. Das erste Thema klingt am Ende der Sinfonie (mit leisem Schluß) noch einmal in der originalen Gestalt auf, rundet damit das musikalische Geschehen ab.

Im *zweiten Satz* (Adagio cantabile ma non tanto, Es-Dur, 4/4-Takt) mögen den Komponisten Erinnerungen an eine Fahrt bewegt haben, die er mit dem Dichterfreunde Alexei Apuchtin 1866 auf dem Ladogasee gemacht hat. Volksliedeinfluß verrät die Hauptmelodie auch dieses Satzes.

Er zeigt in seiner differenzierten Klanglichkeit schon den späteren Meister des subtilen Einsatzes von Klang und Instrumentenfarbe zur Gestaltung emotionaler Haltungen. »Düsteres Land, nebliges Land« ist dieser Satz überschrieben.

Im *Scherzo* (Allegro scherzando giocoso, c-Moll, 3/8-Takt) greift Tschaikowski auf Entwürfe aus seiner Studienzeit zurück. Wir erkennen die Vorbilder des jungen Meisters, vor allem Mendelssohns luftige, reizvoll dahinhuschende »Sommernachtstraum«-Stimmung. Andererseits erscheint im Trio dieses Satzes zum ersten Male einer jener eleganten Walzer, die bei Tschaikowski gerade in sinfonischen Werken eine große Rolle spielen.

Freudig und festlich gibt sich dann das *Finale*. In der langsamen Einleitung (Andante lugubre, g-Moll, 4/4-Takt) erklingt die Melodie des russischen Volksliedes »Blumen blühten«,

die dann im Hauptsatz (Allegro maestoso, G-Dur, alla breve) in etwas veränderter Form den Seitengedanken bildet. Kraftvoll ausgreifend gibt sich hier der Hauptgedanke:

Schon mit diesem vitalen und fröhlichen Schlußsatz, der kunstvolle polyphone Arbeit aufweist, schuf Tschaikowski jenen Finaltyp, auf den er immer wieder zurückgreift. Assafjew hat ihn so charakterisiert: »... Wieder die Hinwendung zum Humor, wieder das Leben auf einer feiertäglich bewegten russischen Straße mit dem ungeschickten Gedränge, dem Übermut, mit kecken Gebärden, verschmitzten Neckereien, listigem Geflüster und eigensinnigem Stampfen ein und derselben rhythmischen Figur. Kraftvoll, lebhaft, farbenreich. Natürlich ist Tschaikowski in solchen Instrumentalbildern eher ein fein empfindender Zeichner von Sitten und Gebräuchen als ein Dichter.«

2. Sinfonie c-Moll op. 17

Besetzung: Pikkoloflöte, 2 Flöten, 2 Oboen, 2 Klarinetten, 2 Fagotte, 4 Hörner, 2 Trompeten, 3 Posaunen, Tuba, Pauken, Schlagzeug, Streicher

Aufführungsdauer: 32 Minuten

Im Sommer 1872 entstand diese Sinfonie. Tschaikowski schrieb sie während seines Ferienaufenthaltes auf dem Gute Kamenka in der Ukraine, wo die Familie seiner Schwester lebte. In Kamenka hörte der Komponist besonders interessiert ukrainische Volkslieder, die er aufschrieb und für seine Arbeiten nutzte. Wegen der Einbeziehung solcher Melodien hat die 2. Sinfonie auch den Beinamen die »ukrainische« oder die »kleinrussische« erhalten. Die Uraufführung am 16. Januar 1873 in Petersburg unter Nikolai Rubinstein wurde zu einem triumphalen Erfolg für den Tonsetzer. Gleichwohl nahm der selbstkritische Komponist später (1879/80) Veränderungen im ersten Satz, im Scherzo sowie Kürzungen im Finale vor. Diese Fassung wird heute zu Recht bevorzugt.

Der *erste Satz* hat eine langsame Einleitung (Andante sostenuto, ⁴/₄-Takt), in der das russische Volkslied vom »Mütterchen Wolga« in seiner ukrainischen Variante verwendet wird.

Energisch und erregt beginnt dann der Sonatenhauptsatz (Allegro vivo, ⁴/₄-Takt) mit dem scharf geschnittenen, rhythmisch akzentuierten Hauptthema:

Kontrastreich wird das chromatisch konzipierte, aufstrebende Seitenthema dagegengesetzt:

In die Durchführung greift auch das Liedthema der Einleitung ein. Und nachdrücklich erklingt es, vom Horn ganz vorgetragen, in der zum leisen Ausklang führenden Coda.

Der *zweite Satz* (Andantino marziale quasi allegro moderato, Es–Dur, ⁴/₄-Takt) wurde vom Komponisten aus musikalischem Material seiner Oper »Undine« gestaltet, die er für mißlungen hielt und darum vernichtete. Es handelt sich um den Hochzeitsmarsch aus der Oper, dessen Melodie eingangs von Klarinetten und 1. Fagott über einem Paukenostinato vorgetragen wird:

Reizvoll steht ein lyrisches Gesangsthema dagegen:

Im Mitteilteil des Satzes erscheint wiederum ein ukrainisches Volkslied (»Spinn, meine Spinnerin«).

Phantasievoll versteht es Tschaikowski, die Wiederkehr des Satzbeginns durch instrumentatorische Veränderungen in neues Licht zu rücken.

Im *dritten Satz* (Scherzo; Allegro molto vivace, c-Moll, $3/4$-Takt) geben energisch zugespitzte harmonische Wendungen und drängende Achtelbewegung dem Geschehen temperamentvolle Aktivität. Sie bleibt auch im Trio (Es-Dur, $2/8$-Takt) erhalten, das ein ukrainisches Scherzlied zitiert.

In Kamenka hatte Tschaikowski auch das ukrainische Volkslied vom »Kranich« notiert, das im *Finale* dieser Sinfonie (Moderato assai / Allegro vivo, C-Dur, $2/4$-Takt) die Hauptrolle spielt.

Unmittelbar nach der kurzen Einleitung erscheint diese Melodie zunächst in den Violinen, wandert dann durch alle Stimmen, wird variiert, in immer neues Licht gerückt. Ein lyrischer Seitengedanke

Tschaikowski

unterbricht die Fröhlichkeit des Satzes nur kurz. In prächtigen Farben wird Lebenslust, Scherz und Freude des Volkes gezeichnet.
Mit der 2. Sinfonie gelang Tschaikowski zum ersten Male meisterlich und tief überzeugend eine eigene, national russische Weiterführung der großen klassischen Sinfonietradition. Nicht zufällig fand gerade dieses Werk bei Komponisten wie Balakirew, Rimski-Korsakow, Mussorgski und Borodin enthusiastischen Beifall.

3. *Sinfonie D-Dur op. 29*

> Besetzung: Pikkoloflöte, 2 Flöten, 2 Oboen, 2 Klarinetten, 2 Fagotte, 4 Hörner, 2 Trompeten, 3 Posaunen, Tuba, Pauken, Streicher
> Aufführungsdauer: 44 Minuten

Dieses 1875 komponierte Werk nimmt rein äußerlich unter den Sinfonien Tschaikowskis eine Sonderstellung ein: Es ist die einzige Sinfonie in einer Durtonart, und sie hat fünf Sätze. Diese wiederum sind dramaturgisch bewußt symmetrisch angeordnet: Ein langsamer Satz in Moll bildet das Werkzentrum, zwei »Scherzi« (Dur, Moll) umgeben ihn, und diese Satztrias wird ihrerseits von zwei effektvollen Ecksätzen in der Grundtonart eingeschlossen.
Vom Trauermarsch zum Festmarsch: dies ist die Grundentwicklung im *ersten Satz*. Die Introduzione (Moderato assai, Tempo di marcia funebre, d-Moll, 4/4-Takt) verharrt im Gestus des Trauermarsches, der allmählich verklingt. Ein energisch fugiertes Accelerando führt zum Allegro brillante (D-Dur, 4/4-Takt), in dem das feurige Hauptthema

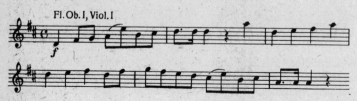

das Geschehen bestimmt. Ein liedhaftes Seitenthema bildet keinen Gegensatz, sondern bereichert das froh beschwingte Bild, dem auch humorvolle Züge nicht fehlen (etwa in einem Motiv, mit dem das Fagott hervortritt).

In dem folgenden *zweiten Satz* (Alla tedesca. Allegro moderato e semplice, B-Dur, ³/₄-Takt) dominieren tänzerische Züge, die überdies in der ganzen Sinfonie eine Rolle spielen. (Als Tschaikowski im Sommer 1875 an diesem Werk arbeitete, beschäftigte er sich auch bereits mit Entwürfen zu seinem »Schwanensee«-Ballett, das er unmittelbar nach der Sinfonie schrieb.) In diesem Allegro moderato kommt es zu reizvollen Gegenüberstellungen von gemütvoller Ländlermelodik und eleganten Walzerintonationen.

Der *Mittelsatz* (Andante elegiaco, d-Moll/D-Dur, ³/₄-Takt) steht in seiner liedhaft-elegischen Anlage dem Typus der Romanze, wie sie Tschaikowski als Vokalform gerne pflegte, nahe. Nach verhaltenem Beginn stimmen Flöten und 1. Violinen einen ausdrucksvollen Gesang an:

Er wird sinfonisch entwickelt und dramatisch gesteigert, ehe am Ende die elegische Stimmung des Beginns wiederkehrt.

Der *vierte Satz* (Scherzo; Allegro vivo, h-Moll, ²/₄-Takt) wird zunächst durch unruhige Sechzehntelbewegung charakterisiert. Im Trio mit Marschintonation

halten die Hörner den Ton *d* fest, über dem sich das musikalische Geschehen in immer neuer harmonischer Beleuchtung entwickelt. Tanzbetont gibt sich auch das *Finale* (Allegro con fuoco, Tempo di polacca, D-Dur, ³/₄-Takt). Vom ganzen Orchester wird sogleich das furiose Hauptthema vorgetragen:

Tschaikowski

Die Genreintonationen der Polonaise prägen diesen reich orchestrierten, sehr wirkungsvollen Satz, dem es auch an kunstvoller kontrapunktischer Arbeit nicht fehlt. Das zweite Thema ist der polnischen Tanzfolklore ebenfalls verpflichtet. Hier wird der charakteristische rhythmische Duktus besonders hervorgehoben.

Die Uraufführung der Sinfonie fand bereits am 7. November 1875 unter Tschaikowskis Leitung in Moskau statt.   HJS

4. Sinfonie f-Moll op. 36

> Besetzung: Pikkoloflöte, 2 Flöten, 2 Oboen, 2 Klarinetten, 2 Fagotte, 4 Hörner, 2 Trompeten, 3 Posaunen, Tuba, 3 Pauken, Schlagzeug, Streicher
> Aufführungsdauer: 40 Minuten

Diese Sinfonie wurde 1877 komponiert und kam am 10. Februar 1878 in Moskau unter Nikolai Rubinstein zur Uraufführung. Sie übertrifft an Tiefe und Reichtum der Gestaltung alles, was Tschaikowski bis dahin geschrieben hatte. In der 4. Sinfonie ist, wie Assafjew schreibt, »die Erregung des ersten Allegro bis zur höchsten Stufe geführt, so daß das lyrische Erleben zum dramatischen wird. Den Mittelsätzen, Andantino und Scherzo, wird in der Konzeption des Ganzen ein bedeutender Platz eingeräumt«.

Die Einleitung (Andante sostenuto, ³/₄-Takt) zum *ersten Satz* zeichnet mit mächtigen Fanfarenklängen der Bläser das Bild einer drohenden, unerbittlichen, dem Menschen feindlichen Gewalt:

»Die Einleitung enthält den Keim der ganzen Sinfonie, ohne Zweifel die Kernidee«, schreibt der Komponist. »Es ist das Fatum, jene Schicksalsgewalt, die unser Streben nach Glück hindert, ans Ziel zu gelangen, die eifersüchtig darüber wacht, daß Glück und Friede nicht vollkommen und ungetrübt seien...« Bewegtes, leidenschaftliches Drängen bildet das Aussagezentrum des Hauptteiles (Moderato con anima, in movimento di valse, 9/8-Takt). Er beginnt mit einem weichen, walzerartig schwebenden und sehnsuchtsvollen Thema, das dem Verlangen nach Glück Ausdruck verleiht.

Aber bald greift unerbittlich das schicksalhafte Kernmotiv, das wir in der Einleitung kennenlernten, ein und treibt das Geschehen zu heftigen Auseinandersetzungen, bis eine zärtliche Klarinettenmelodie aufklingt. Ihre Glückverheißung ist jedoch nur Traum. Der Kampf geht weiter. In der großangelegten Durchführung wird die musikalische Entwicklung der Themen ins Tragische gesteigert. In der dramatisch gespannten Reprise spielt der Kampf des elegischen Hauptthemas mit dem Kernmotiv, das man nicht zu Unrecht als »Schicksalsthema« bezeichnet hat, eine wichtige Rolle.
Der *zweite Satz* (Andantino in modo di canzona, b-Moll, 2/4-Takt) beginnt mit einem liedhaften Oboensolo:

Das Seitenthema und auch der Mittelteil des Satzes erweitern, intensivieren die hier vorgezeichnete Grundstimmung: Der Held der Sinfonie überläßt sich seinen Erinnerungen und Träumen. »Das ist jenes melancholische Gefühl, das sich des Abends einstellt«, schrieb der Komponist, »wenn man allein sitzt, von der Arbeit ermüdet.

Man hat ein Buch ergriffen, aber es ist einem aus der Hand gesunken. Ein ganzer Schwarm von Erinnerungen taucht auf. Sich der Jugend zu erinnern ist traurig, weil so vieles war und verging, und angenehm zugleich. Leid ist es einem um das Vergangene, und man hat doch keine Lust, von neuem zu beginnen. Das Leben hat einen erschöpft. Wie schön ist es, auszuruhen und zurückzublicken. Vieles kommt einem ins Gedächtnis zurück. Es gab freudige Augenblicke, in denen das junge Blut überschäumte und das Leben einen befriedigte. Es gab auch schwere Augenblicke, unersetzliche Verluste. All das liegt schon irgendwo in der Ferne. Traurig und doch süß ist es, in die Vergangenheit hinabzutauchen...«

Der *dritte Satz* (Scherzo, Pizzikato ostinato; Allegro, F-Dur, ²/₄-Takt) ist im ersten Teil von phantastisch flimmernder Musik erfüllt. Im ersten Teil des Trio (Meno mosso, A-Dur, ²/₄-Takt) gibt es groteske Skizzen vom Straßentreiben, mit dem tänzelnden, lustig gepfiffenen Lied vom »zechenden Bäuerlein«. Mit harmonischem Ruck nach Des-Dur erklingt im zweiten Trioteil Marschmusik, ein »kriegerischer Aufzug«. Der eigentümliche Reiz dieses Satzes kommt vor allem durch den originellen Einsatz von drei Instrumentengruppen zum Ausdruck: den ersten Teil (Pizzikato ostinato) bestreiten die Streicher allein, den humorvollen zweiten nur die Holzbläser, während die Marschmusik nur den Blechbläsern anvertraut ist. Nach Wiederholung des ersten Teils werden am Ende des Satzes alle drei Instrumentengruppen und mit ihnen ihre spezifischen Themen gemischt.

Das *Finale* (Allegro con fuoco, F-Dur, ⁴/₄-Takt) bringt Variationen über das russische Volkslied »Auf dem Felde eine Birke stand«.

Das farbige Bild eines fröhlichen Volksfestes wird gezeichnet. Dabei erhält die schlichte Volksliedmelodie dramatisches Profil, wird aber auch lyrisch intensiviert. Mitten in das ausgelassene Treiben bricht das »Schicksalsmotiv« ein. Es ist, als ob der Held der Sinfonie auch hier, inmitten der ausgelassenen Menge, sein Leid nicht vergessen kann. Aber der Wirbel der Fröhlichkeit reißt ihn erneut mit: »Wenn Du in Dir selbst keine Gründe zur Freude findest«, kommentierte Tschaikowski, »dann schau auf die anderen Menschen. Geh unter das Volk, sieh, wie es sich zu vergnügen versteht, wie es sich schrankenlos den Gefühlen der Freude hingibt.«

5. Sinfonie e-Moll op. 64

>Besetzung: 3 Flöten (3. auch Pikkolo), 2 Oboen, 2 Klarinetten, 2 Fagotte, 4 Hörner, 2 Trompeten, 3 Posaunen, Tuba, 3 Pauken, Streicher
>Aufführungsdauer: 45 Minuten

Diese Sinfonie, 1888 komponiert und am 5. November 1888 in Petersburg unter der Leitung des Komponisten uraufgeführt, entstand in einer Zeit, da sich die gesellschaftlichen Widersprüche in Rußland immer mehr verschärften. Im Ideengehalt und in der kompositorischen Anlage ist sie der »Vierten« verwandt. Wieder führt das Thema der Überwindung des »Schicksals«, das Thema des Kampfes für ein glückliches Leben zur Gestaltung der Widersprüche, mit denen sich der Mensch auf dem Weg zu seinem Glück auseinanderzusetzen hat.

Der *erste Satz* beginnt mit einer langsamen, düsteren Einleitung (Andante, 4/4-Takt), die mit ihrem Schicksalsmotiv an einen Trauermarsch erinnert und Gedanken an den Tod assoziiert. Ähnlich wie beim Schicksalsmotiv der 4. Sinfonie spielt auch hier das tragisch getönte Leitthema, das von den Klarinetten in tiefer Lage vorgetragen wird, in allen vier Sätzen eine wesentliche Rolle.

Das Hauptthema des folgenden Allegro con anima (6/8-Takt) hat erregten, unschlüssigen Charakter. Assafjew nennt es einen »in seiner Bewegung gehemmten Aufschwung«. Tschaikowski schrieb in sein Notizbuch neben die Skizze dieses Themas »Zweifel, Klagen, Vorwürfe«.

Das walzerartige Seitenthema, von den Streichern molto espressivo intoniert, weckt Träume von ungetrübtem Glück. Es steht also in Kontrast zum Hauptthema. Aber seine Entwicklung bricht jäh ab, und es beginnt die dramatisch gespannte Durchführung, in der das Hauptthema vorherrscht. Den gleichen Charakter ungestümen, aber gehemmten Aufschwunges haben auch Reprise und Coda.

Der *zweite Satz* (Andante cantabile, con alcuna licenza, G-Dur, 12/8-Takt) ist eine schwärmerische Hymne auf das Glück. Das vom Solo-Horn zunächst vorgetragene Thema kann als einer der schönsten lyrischen Einfälle Tschaikowskis bezeichnet werden.

Diesem weitgespannten Gesang, der durch kontrapunktierende Stimmen bereichert wird, antwortet die 1. Oboe mit einer hellen Melodie. Der Komponist bezeichnete sie in seinem Notizbuch direkt als »Lichtstrahl«.

Dieses Thema wird zu einem festlichen Höhepunkt gesteigert. Die Solo-Klarinette ergänzt mit einer pastoralen Episode das Bild einer lichten, friedfertigen Welt. Zweimal wird diese aber durch das drohende Schicksalsmotiv verdunkelt. Leise, gedämpft wiederholen die Streicher das Thema des »Lichtstrahls«, der im Zusammenstoß mit der brutalen Wirklichkeit trübe wird und zu erlöschen beginnt.

Der *dritte Satz* (Valse; Allegro moderato, A-Dur, 3/4-Takt) ist ein Walzer. Das Genre des Walzers, im 19. Jahrhundert allgemein verbreitet, half Tschaikowski hier zu einfacher, verständlicher und gleichzeitig lyrisch erfüllter Gestaltung, wie sie sich sogleich im von den 1. Violinen vorgetragenen Walzerthema offenbart.

Aber auch in diesem Satz klingt das Schicksalsthema drohend an.
Das *Finale* (E-Dur) ist die Antithese zum ersten Satz. Dort Zweifel, Suchen, unbefriedigter Aufschwung – hier Triumph und Sieg.
Bezeichnend ist die Umwandlung des Schicksalsmotivs: Aus der Haltung leidvoller Trauer in der Einleitung zum ersten Satz verwandelt es sich nun, in der Einleitung zum Finale (Andante maestoso, 4/4-Takt), zu einem stolzen, heroischen Marsch. Der stürmisch aufjubelnde Hauptteil (Allegro vivace, alla breve) ist auf tänzerischen Themen aufgebaut. In der Coda verwandelt sich der Triumphmarsch in eine Siegesapotheose. Der Mensch hat das tragische Schicksal bezwungen.

6. Sinfonie h-Moll op. 74 »Pathétique«

> Besetzung: 3 Flöten (3. auch Pikkolo), 2 Oboen, 2 Klarinetten, 2 Fagotte, 4 Hörner, 2 Trompeten, 3 Posaunen, Tuba, 3 Pauken, Schlagzeug, Streicher
> Aufführungsdauer: 40 Minuten

Tschaikowskis 6. Sinfonie entstand 1893. Sie ist das letzte große Werk des Komponisten und stellt in vieler Hinsicht die Summe seiner Bestrebungen als Sinfoniker dar.
In seinen Jugendjahren hatte Tschaikowski die Sinfonie die »lyrischste der musikalischen Formen« genannt. In seiner 6. Sinfonie erreicht er nun eine unerhörte lyrische Intensität und Unmittelbarkeit des Ausdruckes. Er selbst bezeichnete dieses Werk als das wahrhaftigste, das er je geschaffen habe. »In diese Sinfonie«, schrieb er, »legte ich ohne Übertreibung meine ganze Seele; ... ich liebe sie, wie ich nie vorher eines meiner musikalischen Kinder geliebt habe.« Der Plan zur 6. Sinfonie reifte nur allmählich. An der Verwirklichung arbeitete der Komponist lange und ausdauernd. Er begann damit 1892, als er die Oper »Jolanthe« und das Ballett »Der Nußknacker« beendet hatte. Nach der Niederschrift eines Teiles des neuen Werkes empfand er bittere Enttäuschung. Zu Beginn des Jahres 1893 teilte er einem Freunde mit: »Du weißt, daß ich die teils komponierte, teils instrumentierte Sinfonie im Herbst vernichtet habe. Und ich habe gut daran getan, denn in ihr ist wenig Erfreuliches – ein leeres Spiel der Klänge ohne echte Inspiration. Auf meiner Reise tauchte mir der Gedanke an eine andere Sinfonie auf, diesmal eine programmatische. Das Programm ist ganz voller Subjektivität, und oft habe ich beim Niederschreiben geweint ...«

Tschaikowski

Das neue Werk war im August 1893 beendet. Die erste öffentliche Aufführung fand am 18. Oktober in Petersburg unter der Leitung des Komponisten statt. Es war Tschaikowskis letztes Auftreten. Wenige Tage später erlag er der Cholera.

Wie viele andere Werke der letzten Schaffensperiode Tschaikowskis ist auch die 6. Sinfonie von Stimmungen tiefsten Leides erfüllt. Der Komponist selbst sprach davon, daß dieses Werk eine Art Requiem sei. Aber damit sind Gehalt und Bedeutung dieser Sinfonie längst nicht erschöpft.

Unter den Papieren des Komponisten hat sich ein Programmentwurf erhalten, in dem die Idee des Werkes mit dem Wort »Leben« gekennzeichnet ist. Das entspricht dem tatsächlichen Gehalt der Sinfonie. Leid ist bei Tschaikowski immer mit einer leidenschaftlichen Liebe zum Leben verbunden. Nirgends, auch nicht in den tragischen Episoden, ist seine Musik passiv, willenlos. Sie kündet von der Kraft der menschlichen Seele, von Tatendrang, von Schönheit und Liebe. Mit jedem Takt rebelliert sie gegen Pessimismus, gegen Zerstörung und Tod. Darin ist Tschaikowskis Musik den Werken Tolstois, Tschechows und anderer großer russischer Humanisten zutiefst verwandt.

Die 6. Sinfonie hat vier Sätze. Der *erste Satz* beginnt mit einer tief melancholischen Einleitung (Adagio, 4/4-Takt), die dann in dramatische Entwicklungen übergeht (Allegro non troppo). Das schmerzerfüllte Fagottmotiv der Adagio-Einleitung wird in das erregte, kämpferische Hauptthema des Allegrosatzes verwandelt.

Die Musik ist hier voller gewaltiger emotioneller Kraft und Leidenschaftlichkeit, und eben auf sie bezieht sich die Bezeichnung »Pathétique«. Zwei entgegengesetzte Haltungen werden in diesem Satz gegenübergestellt: die der Qual, des Protestes, des Drängens nach Freiheit tritt neben eine Stimmung, die wie der lichte Traum von Leben und Freude wirkt. (Notenbeispiel S. 513 oben)

Der *zweite Satz* (Allegro con grazia, D-Dur, 5/4-Takt) hat tänzerischen, walzerartigen Charakter, obwohl ihn das 5/4-Metrum

durchpulst. Diese Taktart ist sehr typisch für die russische Volksmusik.

In diesem Allegro herrschen heitere Stimmungen vor. Es ist voller Grazie und Anmut. Nur eine kleine Episode in der Satzmitte (con dolcessa e flebile) erinnert an nicht zu verdrängende Qual und Sehnsucht.

Der *dritte Satz* (Allegro molto vivace, G-Dur, $^4/_4$-, $^{12}/_8$-Takt) führt noch weiter von der tragischen Haltung des Sinfoniebeginnes fort. Nach rascher und geheimnisvoller Bewegung, wie sie oft im sinfonischen Scherzo zu finden ist, beginnt ein Geschwindmarsch energischen, tatfrohen Charakters.

Abweichend von der Tradition endet die Sinfonie mit einem langsamen *Finale* (Adagio lamentoso, h-Moll, $^3/_4$-Takt); es bildet einen durch seinen Ausdrucksgehalt ungewöhnlich starken Kontrast zum

energischen, tatkräftigen dritten Satz. Allmählich erst enthüllt sich
das tragische Hauptthema.

Wir werden zurückgeführt zur Haltung des Anfangs der Sinfonie.
Aber das Leid ist noch tiefer, noch unstillbarer geworden. Das
Ende, nach schmerzlichem Aufbegehren (Andante, dreifaches
Forte) erreicht, führt klanglich immer mehr in die Tiefe. Dunkle
Klänge der Violoncelli und Kontrabässe, dumpfes Pochen des all-
mählich verklingenden Triolenrhythmus erwecken den Eindruck
müde verlöschenden Lebens.

DSh

Sinfonie »Manfred« op. 58

> Besetzung: 3 Flöten (3. auch Pikkolo), Englischhorn, 2 Klari-
> netten, Baßklarinette, 2 Fagotte, 4 Hörner, 2 Trompeten,
> 2 Cornets à pistons, 3 Posaunen, Tuba, Pauken, Schlagzeug,
> Glocke, 2 Harfen, Streicher
> Aufführungsdauer: 48 Minuten

Diese 1885 vollendete programmatische Komposition, die Tschaikowski »Manfred, Sinfonie in vier Bildern nach Byrons dramatischer Dichtung« nannte, ist sein umfangreichstes sinfonisches Werk
(Uraufführung am 11. März 1886 in Moskau unter Max Erdmanns-
dörfer). Aufgrund seiner literarischen Programmatik gehört es
eigentlich zum Genre der von Berlioz und Liszt begründeten Sinfonischen Dichtung. Wie Berlioz in seiner »Fantastischen Sinfonie«,
mit der sie inhaltlich verwandt ist, bedient sich Tschaikowski in der
»Manfred«-Sinfonie eines in allen vier Sätzen erscheinenden »Leit-
themas« (einer Art »idée fixe«) zur Symbolisierung des von hohen
Idealen durchdrungenen und für sie kämpfenden, aber von Zweifeln, Qualen und Widersprüchen zerrissenen Helden, mit dem er
sich identifiziert.

Die »Manfred«-Sinfonie hat vier Sätze, ihre Programmatik hat der
Komponist selbst eindeutig erläutert. Danach schildert der *erste
Satz*, der in drei großen Abschnitten gestaltet ist, wie der von
Qualen des Zweifels gefolterte Manfred in den Alpen umherirrt.

Der düstere Beginn (Lento lugubre) bringt das ausdrucksvoll-zerklüftete Manfred-Thema, das Ausgangspunkt höchst leidenschaftlichen Ringens wird. Im Mittelteil verzehrt sich der Held »in Erinnerung an Astarte, seine schöne Schwester, deren Leben er durch sündhafte Liebe vernichtet hat«. Der Schlußteil bringt erneutes Aufflammen seelischer Kämpfe. »Fried- und ruhelos irrt Manfred durch die Welt, ein Opfer der furchtbarsten Verzweiflung.« In düsterem h-Moll endet der Satz, wie er begonnen.

Der *zweite Satz* (Vivace con spirito, $^2/_4$-Takt) ist ein dreiteiliges Scherzo: »Die Alpenfee erscheint Manfred unter dem Regenbogen.« Glänzend schildert der Tondichter das Glitzern, Sprühen und Rauschen des im Sonnenlicht flimmernden Wasserfalls. Im Trioteil charakterisiert eine liebliche, harfenumspielte Melodie das Erscheinen der guten Alpenfee. Hier wie auch in der abgewandelten Wiederholung des ersten Scherzoteils erklingt mehrmals das Manfred-Thema.

Im *dritten Satz* (einer Pastorale im $^6/_8$-Takt), »Schlichtes, freies und friedliches Leben der Bergbewohner« überschrieben, meint Manfred bei Bauern und Hirten Genesung von seinen Leiden zu finden. Aber vergeblich.

Im *Finale* stürzt sich der Held verzweifelt in den »unterirdischen Palast des Höllenfürsten Ahriman« (Allegro con fuoco). Dort gerät er mitten in eine wüste Orgie. Eine lyrische Episode zeigt die »Anrufung des Schattens der Astarte. Sie weissagt ihm das Ende seiner irdischen Leiden.« Der Schlußteil stellt des Helden Tod und Auferstehung dar. Das Manfred-Thema gewinnt monumentale Größe und wächst zum heroischen Hymnus. Ein abschließendes Largo huldigt dem faustisch ringenden Menschengeist, der »immer strebend sich bemüht«. Zu zartem H-Dur aufgehellt, verklingt das Werk.

KS

Sinfonische Dichtungen

Das Genre der Sinfonischen Dichtung, in dem Tschaikowski Anregungen vor allem Berlioz' und Liszts auf persönliche Weise verwertete, kam seiner Neigung zur psychologisch differenzierenden, menschliche Konflikte im Rahmen einer bestimmten »Fabel« ausführenden Gestaltung entgegen. Überdies bot sich dem literarisch sehr gebildeten und interessierten Musiker (»Das Lesen gehört zu den größten Glückseligkeiten«, äußerte Tschaikowski einmal) hier

erwünschte Gelegenheit, Anregungen aus der Dichtung zu folgen.
Nicht zufällig regten Meisterwerke der Weltliteratur (z. B. von
Shakespeare und Dante) die musikalische Phantasie des russischen
Komponisten besonders an. Musikalisch stehen die Werke dieses
Genres andererseits in enger Beziehung zur Sinfonie, vor allem
zur Dialektik des Sonatensatzprinzips, das hier das literarische
Sujet auf spezifisch musikalische Weise formen hilft.

»Francesca da Rimini« op. 32

> Besetzung: 3 Flöten (3. auch Pikkolo), 2 Oboen, Englischhorn,
> 2 Klarinetten, 2 Fagotte, 4 Hörner, 2 Trompeten, 2 Cornets à
> pistons, 3 Posaunen, Tuba, Pauken, Schlagzeug, 2 Harfen,
> Streicher
> Aufführungsdauer: 19 Minuten

Die Anregung zu dieser Sinfonischen Dichtung (Uraufführung am
8. März 1877 in Moskau) erhielt Tschaikowski im Sommer 1876,
als er auf der Reise von Lyon nach Bayreuth den 5. Gesang des
»Inferno« aus Dantes »Göttlicher Komödie« las. Gereizt hat ihn –
ähnlich wie Liszt bei der Komposition seiner Dante-Sinfonie – der
psychologisch wie dramatisch und dramaturgisch ergiebige und
bedeutungsvolle Kontrast zwischen Qual und Schrecken der Verdammten
in der Hölle und dem Preisgesang auf das Liebespaar
Francesca und Paolo. Im Mittelteil seiner »Fantasie nach Dante«
(so Tschaikowskis Lieblingsbezeichnung für das Werk) findet der
Komponist denn auch in einem Andante cantabile Töne innigster
Poesie, schuf er Kantilenen von berückender Zartheit, die von der
tragischen Liebe Francescas und Paolos künden. Greller Gegensatz
dazu im ersten und letzten Teil des Werkes der für Tschaikowski
ungewöhnliche Aufwand schneidender Dissonanzenketten, knapper,
gleichsam aufschreiender Motivfetzen: ein packendes Bild des
Danteschen »Inferno«.

Wie sich am Beginn des Werkes aus den düsteren Akkorden einer
kurzen Einleitung (Andante lugubre, 4/4-Takt) der dramatische
Wirbel dieses musikalischen Infernos (Allegro vivo, 6/8-Takt) entfaltet,
dessen Wiederkehr im letzten Teil von mächtigen Hörnerklängen
angekündigt wird, so entwickelt sich andererseits im Mittelteil
(Andante cantabile non troppo, 4/4-Takt) das musikalische
Bild der Liebe Francescas zu Paolo aus einer schlichten, melancholischen
Klarinettenmelodie.

Ouvertüren

Im Grunde sind Tschaikowskis Konzertouvertüren den Sinfonischen Dichtungen zuzurechnen. Dazu berechtigt die Bedeutung außermusikalischer Programmatik, dazu berechtigt auch die Vorliebe für die sinfonische Konzeption der Werke im einzelnen.

Fantasieouvertüre »Romeo und Julia«

Besetzung: Pikkoloflöte, 2 Flöten, 2 Oboen, Englischhorn, 2 Klarinetten, 2 Fagotte, 4 Hörner, 2 Trompeten, 3 Posaunen, Tuba, Pauken, Schlagzeug, Harfe, Streicher
Aufführungsdauer: 18 Minuten

Shakespeares Dichtung gab die Anregung zu diesem bedeutenden Werk Tschaikowskis, das am 4. März 1870 in Moskau unter Nikolai Rubinstein zum ersten Male erklang. Die Programmatik des Ganzen ist unschwer zu verfolgen; seine musikalische Gestalt entspricht einer freien Sonatenform. Voran steht eine langsame Einleitung (Andante non tanto, quasi moderato, fis-Moll, $^4/_4$-Takt). Hier erklingt eine choralartige Weise in Klarinetten und Fagotten:

Sie wird von den Streichern übernommen. Schmerzliche Trübungen bereiten auf die Tragödie vor. Im folgenden Allegro giusto (h-Moll, $^4/_4$-Takt) entbrennt der Kampf der beiden feindlichen Geschlechter. Er entwickelt sich aus dem signalartigen, rhythmisch gespannten Hauptthema.

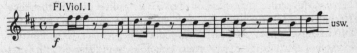

Aus dieser heftigen Kampfsituation löst sich dann, eröffnet vom Englischhorn und den Bratschen (con sordino), die Liebesszene zwischen Romeo und Julia mit einer innigen Kantilene.

Sordinierte Streicher, Holzbläser umspielen sie, übernehmen sie. Weiche Harmonien tragen die Melodik, deren Fortspinnung zu leidenschaftlichem Aufschwung führt. Im weiteren Verlauf wird der Kontrast zwischen beiden Themen innerhalb einer Art Durchführung noch vertieft. Die Choralweise der Einleitung (sie ist der Gestalt des Paters Lorenzo zuzuordnen) klingt auf, vermag sich aber nicht durchzusetzen. Das Thema des Kampfes behauptet sich. Über dunklem Paukenwirbel verhaucht in Streichern und Fagott die Liebesweise allmählich. Ein Bläserchoral im Epilog (Moderato assai) bringt verklärende Lösung der Widersprüche. Verklärt erscheint hier auch die Liebesweise noch einmal wieder.

Das Thema dieses Werkes – der tragische Kampf zweier Liebender um ihr Glück inmitten einer von fanatischem Haß erfüllten Umwelt – hat Tschaikowski lange beschäftigt. 1870 und 1880 nahm er Überarbeitungen der 1869 erstmals geschaffenen Komposition vor. Überdies beschäftigte ihn der Plan einer Oper »Romeo und Julia«, die freilich nicht vollendet wurde.

HJS

»Das Jahr 1812«. Ouverture solennelle op. 49

Besetzung: Pikkoloflöte, 2 Flöten, 2 Oboen, Englischhorn, 2 Klarinetten, 2 Fagotte, 4 Hörner, 2 Trompeten, 2 Cornets à pistons, 3 Posaunen, Tuba, Pauken, Schlagzeug, Glocken, Streicher; Banda (Harmoniemusik) ad lib.

Aufführungsdauer: 10 Minuten

Auf das Programm dieser 1880 komponierten, 1882 uraufgeführten Festouvertüre deutet schon der Titel: Sie ist den historischen Ereignissen des Vaterländischen Krieges 1812 gewidmet, dem heldenhaften Kampf des russischen Volkes gegen die Kriegshorden Napoleons. Zwei Bilder werden einander gegenübergestellt: das aufopferungsvoll die Unabhängigkeit seiner Heimat verteidigende russische Volk und die Napoleonischen Heere, die Rußland zu unterwerfen trachten.

Das Werk beginnt mit einer langsamen Einleitung (Largo), aufgebaut auf einem Thema choralhaften Gepräges, dem die Melodie einer russischen Gebetshymne zugrunde liegt. Es wird ausgeführt von Solostreichern (2 Bratschen, 4 Violoncelli):

Danach entwickelt sich das musikalische Geschehen immer unruhiger – Spiegelbild der Gefühle russischer Menschen, die von der Sorge um die Heimat erfüllt sind. Im folgenden Allegro giusto wird zunächst der Aufzug der russischen Armee geschildert. Über Trommelwirbeln erklingt ein kriegerisches Fanfarensignal. Die Schlacht beginnt. Im Kampfeslärm ertönt die Marseillaise, die Tschaikowski zur Kennzeichnung der französischen Truppen benutzt. Sie wird bald durch eine strahlende Melodie russischen Gepräges verdrängt. Sie ist zu verstehen als Sinnbild des siegreichen Kampfes gegen die Eroberer.

Dann erklingt in Flöten und Klarinetten die Melodie des Hochzeitsliedes »Am Tor, an Väterchens Tor«. Voll Übermut und Frische deutet sie den Charakter des russischen Volkes, seine Kraft, seine Lebenszuversicht. Erneut entbrennt die kriegerische Auseinandersetzung. Dann schildern in der Ferne verhallende Nachklänge des französischen Themas den Rückzug der Truppen Napoleons.
Der Schlußteil der Ouvertüre feiert den Sieg des russischen Volkes. Die musikalischen Entwicklungen der vorangehenden Abschnitte

werden hier zur Synthese geführt. Ursprünglich endete das Werk
mit der Zarenhymne. Unter den Bedingungen der Zeit Tschaikowskis
war das unumgänglich. Heute hat sich die Tradition eingebürgert,
sie durch den Ruhmeschor aus Glinkas Oper »Iwan Sussanin«
sinnvoll zu ersetzen.

Interessant sind folgende Worte Maxim Gorkis über dieses Werk:
»Die tief im Volk verwurzelte Musik der Ouvertüre, eine bedeutende,
machtvolle Musik, ergießt sich in strömenden Wogen durch
den Saal und ergreift uns mit etwas Neuem, hoch über den Alltag
Erhebendem ... Der große geschichtliche Augenblick, der in diesen
Klängen Ausdruck findet, ist Zeugnis für die Macht des Volkes,
die sich zum Schutze der Heimat entfaltet.« LP

Ballettsuiten

Im Schaffen Tschaikowskis nehmen die Ballette einen bedeutenden
Platz ein. Hier zeigen sich die musikdramatische Begabung des
Komponisten wie seine Liebe zum Theater als zu einer Kunst, die
auf breite Menschenmassen zu wirken imstande ist.

»Schwanensee«

Besetzung: Pikkoloflöte, 2 Flöten, 2 Oboen, 2 Klarinetten,
2 Fagotte, 4 Hörner, 2 Trompeten, 2 Cornets à pistons, 3 Posaunen,
Tuba, Pauken, Schlagzeug, Harfe, Streicher
Aufführungsdauer: 25 Minuten

Das Ballett (op. 20) entstand 1875/76 nach einem Libretto von
W. P. Begitschew und W. Gelzer. In der Musik herrscht eine lyrische
Haltung vor. Assafjew nannte »Schwanensee« ein Album beseelter
»Lieder ohne Worte«. Der Inhalt ist in Kürze folgender:
Der böse Zauberer Rotbart hat die schöne Odette und ihre Freundinnen
in Schwäne verwandelt. Die Verzauberung verliert nur
dann ihre Kraft, wenn Odette einen Mann findet, der sie liebt und
ihr treu bleibt. Auf der Jagd begegnet Siegfried, der Sohn einer
Fürstin, Odette, und in seinem Herzen erwacht die Liebe zur Königin
der Schwäne. Aber Rotbart setzt alles daran, den Prinzen zu
betrügen. Bei einem Fest führt er seine Tochter Odile auf das
Schloß. Durch die Ähnlichkeit der beiden Mädchen getäuscht, erwählt
der Prinz sich Odile zur Frau und bricht damit das Treuegelöbnis,
das er Odette gegeben hatte. Als sich das Geschehen auf-

klärt, stürzt Siegfried voller Verzweiflung an das Ufer des Schwanensees, Odette um Verzeihung anzuflehen. Die beiden Liebenden ziehen den Tod der Trennung vor. Vereint gehen sie in den Wogen des aufschäumenden Sees unter. Das hat den Tod Rotbarts zur Folge. Das Böse ist durch die Kräfte der reinen und treuen Liebe bezwungen.

Die Suite entstand 1882. Sie enthält sechs Nummern:

Einleitung: Begegnung Odettes und Siegfrieds am Ufer des Sees. Hier erklingt bereits das Leitmotiv der Schwäne, eine zärtliche Melodie der 1. Oboe auf dem Hintergrund bebender Streichertremoli und leichter Harfenarpeggien:

Walzer: Das Hauptthema in den Violinen bezaubert durch seine Leichtigkeit. Figuren der Flöten und Klarinetten bilden den Kontrapunkt. Zwischenepisoden bringen rhythmische und dynamische Vielfalt.

Tanz der Schwäne: Die Musik dieses knappen Satzes hat den Charakter eines poetischen und graziösen Scherzo. Das Hauptthema wird von 2 Oboen ausgeführt, begleitet vom Stakkato der Fagotte und Pizzikato der Violoncelli:

Dieses Stück wird häufig »Tanz der kleinen Schwäne« genannt.

Szene: Hier erklingt, von einer Harfenkadenz vorbereitet, die Musik des großen Pas de deux zwischen Odette und Siegfried. Mit einer innigen Melodie duettieren Solo-Violine und Solo-Violoncello (beide con sordino): Ausdruck des ersten zärtlichen Liebesgeständnisses.

Ungarischer Tanz: Es handelt sich um einen der Tänze, mit dem sich die Gäste im Festsaal des Schlosses dem Prinzen und seiner Mutter vorstellen. Dieser Csárdás mit einem majestätischen Violinthema am Beginn wird im zweiten Teil von lebensfrohen, scharf akzentuierten Rhythmen bestimmt. Tempobeschleunigung führt zum feurigen Ausklang.

Tschaikowski

Szene: Odette erzählt ihren Freundinnen vom Treuebruch Siegfrieds. Sie reden ihr zu fortzufliegen, aber Odette will den Geliebten ein letztes Mal sehen. Ihr Seelenzustand spiegelt sich in der Musik wider, einer Musik voller Herzenswärme und leidenschaftlicher Sehnsucht:

Siegfried sucht Odette. Das Thema der Schwäne klingt auf, diesmal Leid und Verzweiflung des Jünglings wiedergebend. Odette nimmt Abschied. Aber der Prinz kann sich nicht von ihr trennen. Beide stürzen sich in die Wogen des Sees. In hellem H-Dur klingt die Suite aus: Sinnbild des Sieges der Liebe über alles Böse.

»Dornröschen«

Besetzung: Pikkoloflöte, 2 Flöten, 3 Oboen, 2 Klarinetten, 2 Fagotte, 4 Hörner, 2 Trompeten, 2 Cornets à pistons, 3 Posaunen, Tuba, Pauken, Schlagzeug, Glockenspiel, Harfe, Streicher

Aufführungsdauer: 22 Minuten

Das Libretto des Balletts »Dornröschen« (op. 66, 1888/89) von I. A. Wsewoloshski gründet sich auf einen in der Märchenfolklore verschiedener Völker verbreiteten Vorwurf. Hier liegt speziell die Fassung des französischen Schriftstellers und Märchensammlers Charles Perrault zugrunde. Nach einer treffenden Bemerkung von G. Laroche ist Tschaikowskis »Dornröschen« »ein französisches Märchen, begleitet von Musik in russischer Weise«. Die hier besprochene Suite, die nach dem Prinzip kontrastierender Gegenüberstellung zusammengestellt ist, spiegelt nicht die Handlung des Balletts wider. Sie wurde auch nicht von Tschaikowski selbst zusammengestellt, sondern entstand in der Sowjetunion als lose Zusammenstellung einzelner Teile.

Introduktion: Einander gegenübergestellt sind das sarkastische Thema der Fee Carabosse, das Bild des Bösen und der moralischen Verderbtheit,

und die anmutige lyrische Melodie, welche die gute Fliederfee charakterisiert:

Das Stück endet mit einem Teil aus dem Finale des 1. Aktes – jener Szene, in der das Reich des Königs Florestan in tiefen Schlaf versenkt wird. Hier dominiert das Thema der Fliederfee.
Pas d'action: Der Tanz der Prinzessin Aurora (Dornröschens) mit dem Prinzen Désiré. Lyrisch und farbenfroh wird hier das Bild des lebensfrohen jungen Mädchens als Sinnbild des Glücks, alles Lichten und Guten gestaltet.
Pas de caractère: »Der gestiefelte Kater und das weiße Kätzchen.« In diesem Charaktertanz sind lebendige Darstellungskraft und funkelnder Witz verbunden mit lyrischer Grundhaltung. Meisterhaft hat Tschaikowski die Anmut, das zärtliche Miauen des koketten Kätzchens ebenso wie seine unvermuteten Hiebe mit den weichen, aber krallenbehafteten Pfötchen wiedergegeben:

Panorama: Ein sinfonisch gestaltetes Landschafts- und Stimmungsbild. In einer Mondnacht schweben die Fliederfee und der Prinz durch dichte Wälder im schlafenden Reich König Florestans. Nach und nach hüllt Nebel alles ein. Musikalisch interessant ist hier die Verbindung einer Dreiertaktmelodie mit einer Zweiertaktbegleitung der Holzbläser oder Hörner.

Valse: Jungen und Mädchen aus dem Dorf grüßen tanzend das Königspaar und seine prinzlichen Gäste. Der turbulenten Einleitung folgt ein Walzerthema von edler Gestalt.

Kontrast dazu schafft die sich anschließende Episode, der schwungvolle Achtelbewegungen der Violinen (und Flöten) das Gepräge geben. Das anmutige, an Franz Schubert erinnernde zweite Thema erhält reizvolle Farbe durch Kombination von Holzbläsern und Glockenspiel; das Frage-und-Antwort-Spiel zwischen diesen und dem 1. Horn erhöht noch den Reiz dieses Themas und zeigt einmal mehr die Instrumentationskunst Tschaikowskis.

»Der Nußknacker« op. 71 a

> Besetzung: 3 Flöten (alle auch Pikkolo), 2 Oboen, Englischhorn, 2 Klarinetten, Baßklarinette, 2 Fagotte, 4 Hörner, 2 Trompeten, 3 Posaunen, Tuba, Pauken, Schlagzeug, Glockenspiel, Harfe, Celesta oder Klavier, Streicher
> Aufführungsdauer: 26 Minuten

Der Vorwurf zu diesem Ballett (op. 71), das 1891/92 entstand, geht auf E. T. A. Hoffmanns phantastische Novelle »Nußknacker und Mäusekönig« in der Fassung von Alexander Dumas zurück: Zu Weihnachten bekommt das Mädchen Klara einen Nußknacker geschenkt. Ermüdet vom Festtrubel, schläft sie ein. Sie träumt, daß der Nußknacker einen Kampf mit den Mäusen zu bestehen hat. Im kritischen Moment greift auch sie in den Kampf ein. Durch einen treffsicher geworfenen Schuh besiegt sie den Mäusekönig und rettet Nußknacker, der sich als verzauberter Prinz entpuppt und seine Retterin in das Zauberreich der Zuckerfee (Fée Dragée) entführt. In der Musik dieses Balletts wird Tschaikowskis während jener Zeit besonders nachdrückliches Streben nach Knappheit, nach kluger Ökonomie der musikalischen Mittel deutlich. Dabei ist alles Charakteristische, Malerische, Theatralische liebevoll ausgefeilt. Die Suite, die aus acht Nummern besteht, wurde mit großem Erfolg am 7. März 1892 in Petersburg (noch vor der Premiere des Ballettes) uraufgeführt.

Ouvertüre: Dieses reizvolle kleine Vorspiel zum Ballett wird von einem scherzhaften Marschthema

und einem liedhaften zweiten Thema bestimmt.

Marsch: Die Kinder erhalten ihre Geschenke und marschieren mit ihnen um den Tannenbaum. Ungeduldig drängend und frisch unbekümmert klingt der Hauptgedanke dieses sehr populären G-Dur-Satzes:

Tanz der Zuckerfee: Hier trägt die Celesta das Hauptthema vor. Ihr gläserner Klang und die lockere Pizzikatobegleitung der Streicher schaffen eine märchenhafte Stimmung. Die später einsetzenden Holzbläser, besonders die vergnüglich dreinpolternde Baßklarinette, geben der Musik neue Farben.

Trepak: Dieser derbe russische Tanz bildet einen wirkungsvollen Gegensatz zu den zarten Klängen der Musik der Zuckerfee. Er ist erfüllt von dynamischen Kontrasten.

Tschaikowski

Ein weiteres Thema bringt eine komische Nuance ins Spiel.

Arabischer Tanz: Diesem Tanz der Kaffeefiguren im Reiche der Zuckerfee liegt die Melodie eines grusinischen Wiegenliedes zugrunde, die Tschaikowski von dem Komponisten Ippolitow-Iwanow mitgeteilt wurde. Sie erklingt vor dem Hintergrund ruhiger Bewegung (Bratschen und Violoncelli) von Englischhorn und Klarinetten. Im Mittelteil treten raffinierte Chromatismen auf. Ein ostinater Tamburinrhythmus durchzieht den ganzen Tanz.

Chinesischer Tanz: Dieser Tanz der Teefiguren wirkt durch die Instrumentierung (3 Pikkoloflöten!) lebendig und zerbrechlich zart. Er malt gleichsam die Bewegungen von Porzellanpuppen.

Tanz der Rohrflöten (Mirlitons): Kleine Spielzeughirten spielen auf Schalmeien, die aus Schilfrohr gefertigt sind. Das Hauptthema wird von einem Flötentrio vorgetragen. Im Mittelteil tritt das Englischhorn hervor. Am Schluß wird das Hauptthema wiederholt.

Blumenwalzer: Eine Einleitung mit virtuoser Harfenkadenz eröffnet dieses schwungvolle und poetische Stück, das den Abschluß der Suite bildet. Das sehr populäre Hauptthema wird von den Hörnern vorgetragen:

Dann übernehmen es die Klarinetten, die Streicher begleiten, bevor sie einen eigenen Gedanken beisteuern. Zwei Themen beherrschen das Trio: eines von der Flöte vorgetragen, ein weiteres von den Bratschen. In der sinfonischen Ausarbeitung dieses Materials gehört Tschaikowskis »Blumenwalzer« zu den bedeutendsten Walzern der russischen klassischen Ballettliteratur.   NSch

Orchestersuiten und Serenaden

Auch in seinen Orchestersuiten und serenadenhaften Werken hat Tschaikowski es überzeugend verstanden, programmatische Sujets und sinfonische Ausarbeitung des musikalischen Materials wie in seinen Sinfonischen Dichtungen und programmatischen Ouvertüren auf persönliche Weise zu verbinden.

3. Orchestersuite G-Dur op. 55

> Besetzung: 3 Flöten (3. auch Pikkolo), 2 Oboen, Englischhorn, 2 Klarinetten, 2 Fagotte, 4 Hörner, 2 Trompeten, 3 Posaunen, Tuba, Schlagzeug, Pauken, Harfe, Streicher
> Aufführungsdauer: 26 Minuten

Von Tschaikowskis vier Orchestersuiten hat sich die 1884 entstandene dritte bis heute zu Recht am stärksten in der Konzertpraxis erhalten. Sie kam im Januar 1885 in Petersburg unter der Leitung Hans von Bülows zur Uraufführung.

Der *erste Satz* ist eine Elegie (Andantino molto cantabile, $^6/_8$-Takt), die zunächst von sanft strömendem Streichermelos bestimmt wird. Ein Andanteabschnitt bringt durch Triolenbewegung leidenschaftlichere Impulse, die zu einer erregten Steigerung (Sechzehntelbewegung, Chromatik) führen. Am Ende mündet der Satz wieder in den elegischen Teil, in dem eine Solo-Violine hervortritt.

Als *zweiter Satz* (Valse mélancolique; Allegro moderato, e-Moll, $^3/_4$-Takt) folgt einer der typischen sinfonischen Walzer Tschaikowskis, lyrisch-verhalten in der Aussage, im Mittelsatz von kunstvollem Wechselgesang zwischen Flöte und Klarinette erfüllt.

Der *dritte Satz* (Scherzo; Presto, e-Moll, $^6/_8$-Takt) hat betont tänzerische, temperamentvolle Züge. Er ist im Typ der Tarantella angenähert. Reizvoll kontrastiert der Mittelteil, in dem Blechbläser und Kleine Trommel im $^2/_4$-Takt einen verhaltenen Marsch intonieren.

Der gewichtigste Satz der Suite ist das *Finale* (Tema con variazioni). Andante con moto tragen die 1. Violinen, begleitet von den übrigen Streichern, das kurze, ausdrucksreiche, russisch gefärbte Thema vor. In der 1. Variation erscheint das Thema im Baß, die Holzbläser kontrapunktieren es. In der 2. Variation (molto più mosso) lösen die Violinen das Thema in lockere Zweiunddreißigstelfigurationen auf. Die 3. Variation (Tempo del tema) bringt das

Thema wechselnd in Flöte und Bässen, von anderen Orchesterinstrumenten mit Sechzehnteltriolen umspielt. Die 4. Variation (Tempo del tema) rückt das Thema nach Moll. Im Mittelteil treten reizvolle Modulationen auf. Die 5. Variation (Allegro risoluto) ist als energisches Fugato angelegt, die 6. (Allegro vivace) rückt das Thema in den 6/8-Takt, die 7. (Moderato) ist als choralartiger Holzbläsersatz konzipiert. In der 8. Variation (Largo) wird das Englischhorn von tiefen Streichern begleitet. Die 9. Variation (Allegro molto vivace) betont das russische Kolorit. Dem scherzoartigen Satz ist eine Kadenz der Solo-Violine angefügt. Die 10. Variation (Allegro vivo e un poco rubato) läßt die Solo-Violine im graziösen 3/8-Takt hervortreten. Variation 11 (Moderato mosso) rückt das etwas veränderte Thema in den 4/4-Takt. Als Finale (und 12. Variation) erscheint eine bravouröse Polonaise, deren melodische Substanz sich aus Teilen des Themas rekrutiert.   HJS

»Capriccio italien« A-Dur op. 45

Besetzung: 3 Flöten (3. auch Pikkolo), 2 Oboen, Englischhorn, 2 Klarinetten, 2 Fagotte, 4 Hörner, 2 Trompeten, 2 Cornets à pistons, 3 Posaunen, Tuba, Pauken, Schlagzeug, Glockenspiel, Harfe, Streicher

Aufführungsdauer: 15 Minuten

Das »Capriccio italien«, 1880 entstanden, am 6. Dezember desselben Jahres in Moskau unter Nikolai Rubinstein uraufgeführt, ist geprägt von den Eindrücken eines römischen Karnevals, eines farbenprächtigen Schauspiels. Motive, die den lebensfrohen italienischen Liedern und Tänzen nahestehen, hat der Komponist mit großem Können und feinem Einfühlungsvermögen in Geist und Charakter der italienischen Volksmusik entwickelt. Seiner Struktur nach stellt das »Italienische Capriccio« eine Suite dar, deren Sätze einander ohne Pause folgen. Der erste Teil, eine langsame Einleitung, weist zwei Themen auf. Das erste wurde in der Phantasie des Komponisten unter dem Eindruck eines Kavalleriesignals geboren, das er während seines Aufenthaltes in Italien gehört hatte. Er verarbeitete es in heller, festlicher Weise:

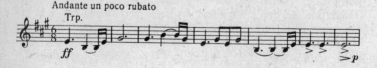

Das zweite Thema ist im Charakter und in den Intonationen italienischen Volksliedern verwandt:

Ein heiteres, lebhaftes und anmutiges Thema liegt dem folgenden Teil zugrunde. Es entspricht im Stil den neapolitanischen Liedern mit charakteristischem tänzerischem Einschlag. Gleichsam schwebend begleiten Violoncelli und Bässe ein Duett der Holzbläser – es ist, als ob zwei hohe Stimmen zu Gitarrenbegleitung ein Lied singen.

Nach großer Steigerung mündet das Geschehen ins folgende Allegro moderato – ein unkomplizierter, mitreißender Tanz. Das beschwingte Thema wird von den Streichern vorgetragen, von den Bässen und vom Rhythmus des Tamburin begleitet.

Dann folgt eine Episode (Andante), die dem ersten Thema der Einleitung gewidmet ist. Dieses Mal geht es unmittelbar in das Finale, eine stürmische, wirbelnde Tarantella, über.

Serenade für Streichorchester C-Dur op. 48

Diese 1880 komponierte und am 16. Januar 1882 uraufgeführte Serenade (Aufführungsdauer: 26 Minuten) nähert sich im Aufbau und in der musikalischen Dramatik betont der Sinfonie. Das wird besonders auch in der Verarbeitung der Themen deutlich.
Vom *ersten Satz* (Pezzo in forma di Sonatino, 6/8-Takt) sagt der

Komponist, er habe mit ihm »der Verehrung für Mozart einen Tribut entrichtet«, der Satz sei »eine bewußte Nachahmung seiner Manier«. Doch fällt es schwer, dem beizustimmen, denn auch hier spürt man den individuellen Stil Tschaikowskis als wesentliches Merkmal. Eine Einleitung (Andante non troppo) geht dem Allegro moderato voran, das auf zwei Themen aufgebaut ist: Das erste trägt leidenschaftlich bewegten Charakter, das zweite könnte man motorisch nennen, gründet es sich doch auf eine ununterbrochene Sechzehntelbewegung; offensichtlich war dieses Thema der Grund, weshalb Tschaikowski seine Serenade eine Nachahmung Mozarts nannte. Es ist im Stil der Musik des 18. Jahrhunderts gehalten.

Ein Walzer bildet den *zweiten Satz* (Moderato, G-Dur, ³/₄-Takt), den viel Wärme, Herzlichkeit und Innigkeit auszeichnen. Der *dritte Satz* (Larghetto elegiaco, D-Dur, ²/₄-Takt) beginnt mit einer Einleitung choralhaften Gepräges. Ihr folgt ein sehr ausdrucksvolles Thema, das von den 1. Violinen auf dem Hintergrund einer durchsichtigen Begleitung »gesungen« wird. Das *Finale* (Tema russo, C-Dur, ²/₄-Takt) ist in der Form eines Sonatenallegros komponiert. Eine Einleitung im Tempo Andante geht ihm voraus. Hauptthema des folgenden Allegro con spirito ist die russische Volkstanzweise »Unterm grünen Apfelbaum«, der das Seitenthema an Ausdrucksgehalt bedeutend nachsteht. In der Coda kehrt das Thema der Einleitung aus dem ersten Satz wieder, aber es wird bald vom Hauptthema des Finales abgelöst. Festlich, lebensfroh und tänzerisch endet das Werk. DSh

Konzerte

Im Gesamtschaffen Tschaikowskis nehmen die Konzerte eine wichtige Stellung ein. Das 1. Klavierkonzert und das Violinkonzert gehören bis heute zu den beliebtesten Werken ihres Genres. Hoher virtuoser Anspruch im Solopart und dessen enge sinfonische Verzahnung mit dem Orchesterpart sind für Tschaikowskis Konzerte ebenso charakteristisch wie das Bemühen, die klassische Konzertform in den Dienst unverwechselbar nationaler, zugleich aber ganz persönlich empfundener und geformter Werkideen zu stellen.

1. Klavierkonzert b-Moll op. 23

Besetzung: Solo-Klavier; 2 Flöten, 2 Oboen, 2 Klarinetten, 2 Fagotte, 4 Hörner, 2 Trompeten, 3 Posaunen, Pauken, Streicher
Aufführungsdauer: 42 Minuten

Das 1. Klavierkonzert gehört zu den bekanntesten Schöpfungen Tschaikowskis. Er schuf es 1874/75 und widmete es Hans von Bülow, der es am 25. Oktober 1875 in Boston zur Uraufführung brachte. Die russische Erstaufführung fand am 13. November 1875 in Petersburg statt.

Frohes, lebensbejahendes Pathos, das mit Episoden von zärtlicher und anmutiger Lyrik abwechselt, bestimmt die Aussagehaltung des Konzertes. Die Virtuosität ist völlig der Deutung seelischen Geschehens untergeordnet.

Der *erste Satz* (Allegro non troppo e molto maestoso, ³/₄-Takt) beginnt mit einer machtvoll-festlichen Einleitung in Des-Dur. Das melodisch grandios geschwungene, majestätische Thema spielen die Streicher, begleitet von wuchtigen Akkorden des Klavieres. Als Hauptthema des in Sonatenform gehaltenen Allegro (b-Moll) benutzte Tschaikowski eine Melodie in Des-Dur (!), wie sie blinde ukrainische Bettelmusikanten vorzutragen pflegten, die er auf dem Markt in Kamenka bei Kiew gehört hatte.

Zu diesem Thema kontrastiert das ausdrucksvolle Seitenthema. Durchführung und Reprise mit einer großen Kadenz des Klaviers entwickeln virtuosen und sinfonischen Schwung. Im *zweiten Satz* (Andantino semplice, Des-Dur, ⁶/₈-Takt) herrscht zärtliche Lyrik leicht pastoralen Charakters vor. Die mittlere, etwas lebhaftere und scherzoähnliche Episode rundet dieses Bild ab. Dem rondoartigen *Finale* (Allegro con fuoco, b-Moll/B-Dur, ³/₄-Takt) dient als Grundthema die umgewandelte Melodie eines ukrainischen Brauchliedes, das hier Züge festtäglicher, sprühender Fröhlichkeit annimmt. Das zweite Thema, lyrisch und liedhaft, wird zum Schluß jubelnd gesteigert.

2. Klavierkonzert G-Dur op. 44

Besetzung: Solo-Klavier; 2 Flöten, 2 Oboen, 2 Klarinetten, 2 Fagotte, 4 Hörner, 2 Trompeten, Pauken, Streicher
Aufführungsdauer: 25 Minuten

Das 2. Klavierkonzert, das im Sommer 1880 vollendet und am 25. Mai 1882 in Moskau uraufgeführt wurde (Solist: Sergei Tanejew), erreicht das 1. Klavierkonzert in der ursprünglichen Kraft der Gestaltung nicht ganz. Es bereichert jedoch das Genre auf geniale Weise wiederum um spezifische nationalrussische Züge. Ebenso wie im 1. Konzert findet sich das Streben nach sinfonischer Gestaltung, nach Themenbildungen von starker Dramatik und Emotionalität, nach spezifisch russischer Farbgebung und fesselnder Virtuosität.

Der *erste Satz* (Allegro brillante e molto vivace, ⁴/₄-Takt), feierlich und dramatisch in seiner Aussage, wird bestimmt durch eine mit wuchtigen Akkorden verbundene »reckenhafte« russische Melodie, wie sie sich ähnlich auch bei Borodin findet.

Schon im 2. Takt greift der Solist das Thema auf. In seiner Bildhaftigkeit erinnert es etwa an das letzte Stück aus Mussorgskis Zyklus »Bilder einer Ausstellung«, »Das große Tor von Kiew«. Das liegt daran, daß Tschaikowskis Thema in der russischen Volksmusik wurzelt, aus der auch die anderen russischen Komponisten ihre Anregungen schöpften. Der Solist entwickelt und unterstreicht die einzelnen Phasen des Themas, gleichzeitig aber ist der Klavierpart mit effektvollen Passagen überladen, so daß die gehaltvolle Thematik manchmal vom virtuosen Glanz erdrückt wird. Das Seitenthema hat einen völlig anderen Charakter; es wird zunächst vom Solisten vorgetragen und beginnt ruhevoll, gleichsam nachdenklich betrachtend, mit Motivimitationen:

Die Ruhe währt aber nicht lange. Mit einem effektvollen Höhepunkt wird die Exposition abgeschlossen. In der nach kurzer Pause beginnenden Durchführung dominieren die Motive des Seitenthemas und prallen jäh mit den Rhythmen des Hauptthemas zusammen. Am Schluß der Kadenz setzen sich Bruchstücke aus dem ersten Thema immer hartnäckiger durch. Das Hauptthema siegt und verstärkt dadurch das lebensbejahende Bild. Eine stürmische Coda beschließt den Satz.

Der *zweite Satz* (Andante non troppo, h-Moll, ³/₄-Takt) ist ein Notturno. Der Komponist selbst war sehr zufrieden mit diesem gedanklich reichen Satz. Der poetische Charakter der Musik wird dadurch intensiviert, daß in ihr Gewebe eine Art Replik und Kadenz der solistisch behandelten Orchesterinstrumente (hauptsächlich Violine und Violoncello) eingeflochten sind. Denn dies schafft feines, zartes Kolorit, wirkt wie das nächtliche Rufen ferner Stimmen.

Die elegische Haltung des Notturnos steht in starkem Kontrast zum freudigen *Finale* (Allegro con fuoco, G-Dur, ²/₄-Takt). Es ist gedrängter als die beiden vorangehenden Sätze. Auch die Entwicklung des Materials wirkt hier ökonomischer; sie ist fast durchweg tänzerisch und sehr konzentriert gestaltet. Zu dem energisch beschwingten Hauptthema

bringt das zweite Thema (grazioso) den anmutigen Kontrast. Aber die Grundhaltung bleibt unverändert: Optimismus und Lebensfreude durchdringen das glänzende Finale.

Tschaikowski

Violinkonzert D-Dur op. 35

Besetzung: Solo-Violine; 2 Flöten, 2 Oboen, 2 Klarinetten, 2 Fagotte, 4 Hörner, 2 Trompeten, Pauken, Streicher
Aufführungsdauer: 35 Minuten

In seinem einzigen Konzert für Violine und Orchester hat Tschaikowski sein Streben nach virtuoser, sinfonischer Gestaltung von Bildern, die lyrischen Zauber mit eindringlicher emotionaler Ausdruckskraft verbinden, glänzend verwirklicht. Schönheit und Adel der Melodik – Eigenschaften, die in gleichem Maße die liedhaften Themen der ersten beiden Sätze wie auch die verschiedenen tänzerischen Themen des Finales kennzeichnen – machen das Wesen dieses Werkes aus. In der Geschlossenheit der Form, in der poetischen Ausarbeitung der Details, in der Klarheit der melodischen Zeichnung, hauptsächlich aber im ungezwungen dahinfließenden Strom der Kantilenen übertrifft es auch das b-Moll-Klavierkonzert.

Der Komponist begann die Arbeit an seinem Violinkonzert in den ersten Märztagen 1878. Schon am 16. März war es im Entwurf fertiggestellt. Aber das Andante gefiel Tschaikowski nicht. »Bei der Ausführung durch die Violine hat das Andante mich nicht befriedigt, und ich werde es entweder einer radikalen Korrektur unterziehen oder ein neues schreiben«, berichtet der Komponist in einem Brief vom 22. März. Am 24. März heißt es dann: »Ich habe ein zweites Andante geschrieben, das besser zu den beiden komplizierten Sätzen des Konzertes paßt. Das erste stellt ein selbständiges Violinstück dar.« (Es wurde übrigens später als op. 42, Nr. 1 unter dem Titel »Gedanken« herausgegeben.) Anfang April war das Konzert dann endgültig fertig und vollständig instrumentiert. Doch erst am 4. Dezember 1879 fand in Wien die erste öffentliche Aufführung statt, und zwar mit dem Geiger Adolf Brodski (dem das Konzert gewidmet ist) und dem Dirigenten Hans Richter. Übrigens entstand Tschaikowskis Violinkonzert zeitlich in unmittelbarer Nähe zum Violinkonzert von Johannes Brahms.

Der *erste Satz* des Konzertes (Allegro moderato, 4/4-Takt) ist eigenwillig aufgebaut, doch im Grunde ohne wesentliche Abweichungen von der traditionellen Sonatenform. »Der Inhalt des ersten Satzes ist das tätige Leben, das Glück über Erreichtes, Bezwungenes. Für Augenblicke schwingt sich eine stolze, heroische Phrase empor, zwar nicht ausreichend, um diese Musik die ›Eroica‹ Tschaikowskis zu nennen, aber alles durchdringend mit ent-

schlossenen Impulsen und mit der Überzeugung vom ›Sieg des Lebens über den Tod‹ (Worte Tschaikowskis)«, schreibt der sowjetische Musikwissenschaftler Arnold Alschwang über diese Musik.
Das in seiner natürlichen Ausdruckskraft bedeutende Thema der Orchestereinleitung beginnt fließend und ruhig. Doch bald – schon im 9. Takt – entsteht der Eindruck ungeduldiger Erwartung. Es sind bereits Intonationen zu hören, die das Kopfmotiv des kommenden Hauptthemas vorwegnehmen. Es strömt als eine im Reichtum der emotionalen Ausdrucksfülle großartige, frei fließende Melodie dahin:

Das letzte Motiv des Themas mit seiner charakteristischen, elegant-launischen rhythmischen Formel, die sich einschmeichelnd in alle melodischen Biegungen einflicht, wird zum wichtigen Element der Überleitung. Der Ausdruck leidenschaftlichen Strebens nimmt energisches, sogar gebieterisches Gepräge an und geht endlich über zu dem schwärmerisch-zärtlichen Thema des ruhigen Seitensatzes in A-Dur:

Dieses Thema, eine der genialsten Offenbarungen des Lyrikers Tschaikowski, bietet dem Solisten Möglichkeiten, die ganze Schönheit des geigerischen Gesangstones aufblühen zu lassen. Allmählich kommen virtuose Züge zur Geltung. Ein feierlicher Marsch mit dem Kopfmotiv des Hauptthemas bildet den Schlußteil der Exposition. Die Durchführung trägt den Charakter energischer Aktivität. Den Übergang zur Reprise bildet eine lange, improvisatorische Kadenz der Solo-Violine. Sie besteht aus einzelnen, gleichsam bald hier, bald da auftauchenden Motiven, die sich nicht zu einem Ganzen vereinen. Es ist eine Kette quälender Gedanken, in denen Unsicherheit, vorsichtiges Tasten nach einem Ausweg, jähe energische Impulse und schließlich das sieghafte, triumphierende Gefühl der

Befreiung zum Ausdruck kommen. Nach der Solokadenz erklingt von neuem ruhig und feierlich das Hauptthema. Es ist, als sei das gestörte Gleichgewicht wiederhergestellt, und in der Coda setzt sich dann endgültig Aktivität durch.

Der »Canzonetta« überschriebene *zweite Satz* (Andante, g-Moll, ³/₄-Takt) ist in einfacher dreiteiliger Liedform angelegt. Leise Trauer klingt aus der liedhaften Kantilene des ersten Teils. Der Mittelteil (Es-Dur) wirkt lebhafter und energischer. Aber mit der Wiederkehr der Hauptmelodie, die Klarinette und Flöte mit melancholischen Figuren umspielen, wird der Ausdruck des Leidvollen noch gesteigert.

Unmittelbar leitet die Canzonetta zum tänzerischen *Finale* (Allegro vivacissimo, D-Dur, ²/₄-Takt) über – Trauer und Beschaulichkeit weichen überschäumender Lebensfreude. Hier der erste Einsatz der Solo-Violine:

In dieser Musik findet man Intonationen dörflichen Musizierens, welche die Keckheit und Ungezügeltheit dieser tänzerischen Musik noch akzentuieren.

Zunächst wurden die technischen Anforderungen, die das Konzert an den Solisten stellt, von Geigern und Kritikern als außergewöhnlich hoch angesehen. Den ersten Interpreten des Konzertes, den Geiger Brodski, bezeichnete man als »tollkühn«. Er erkannte jedoch die Bedeutung des Werkes und wurde der technischen Schwierigkeiten Herr. Damit widerlegte er die Behauptung von der »Unspielbarkeit« dieser Musik, die übrigens bei der Entwicklung der Geigentechnik eine wesentliche Rolle gespielt hat.

Variationen über ein Rokokothema op. 33

Besetzung: Solo-Violoncello; 2 Flöten, 2 Oboen, 2 Klarinetten, 2 Fagotte, 2 Hörner, Streicher
Aufführungsdauer: 18 Minuten

Diese Variationen, komponiert 1876, nehmen in der Literatur für Violoncello eine hervorragende Stellung ein. Ihr klassisch klarer, heiterer Stil, Einfachheit und Ausgewogenheit rücken sie in jene Gruppe von Werken Tschaikowskis, die seinen – völlig eigenständigen – Tribut tiefer Verehrung und Liebe an die Kunst des 18. Jahrhunderts, in erster Linie an die Mozarts, darstellen.

Das Werk enthält sieben Variationen über ein eigenes Thema. Eine kurze Orchestereinleitung (Moderato quasi andante) geht dem Thema voraus. Die ruhige Introduktion mit ihrer weichen, gewissermaßen fragenden Aussage bereitet das eigentliche Thema vor: eine bezaubernd schlichte Melodie, vorgetragen vom Soloinstrument.

Dem Stil der Komposition entsprechend, nutzt Tschaikowski die Mittel des Orchesters sehr sparsam. Hauptträger der Entwicklung sind Streicher und Holzbläser.

In den *ersten beiden Variationen* (Tempo del tema) wird das Thema in lebhaften Figurationen des Violoncello verarbeitet; das rhythmische Pulsieren der Begleitung nimmt an Aktivität zu, namentlich in der zweiten Variation. Eine melodisch ausdrucksvolle Kadenz bereitet die *dritte Variation* vor, eine Variation (Andante sostenuto, C-Dur) mit lyrischem Charakter. Die *vierte Variation* (Andante grazioso, A-Dur) trägt das Gepräge eines alten, »galanten« Tanzes mit seinen zierlichen Verbeugungen und Reverenzen. In der *fünften Variation* (Allegro moderato, A-Dur) tritt die Flöte solistisch hervor; ihr ist das Thema anvertraut, das hier in seiner ursprünglichen Gestalt erscheint. Triller und virtuose Passagen des Solo-Violoncello – vorwiegend im hohen Register – bilden dazu ein Filigranornament. Eine umfangreiche, bravouröse Kadenz mit Läufen und Akkordbrechungen führt hin zur *sechsten Variation*, der innigsten des ganzen Zyklus. Das Thema wird hier wie eine elegische Romanze »gesungen«. Das lebensfrohe Dur wechselt nach Moll (d-Moll), das Tempo verlangsamt sich zum Andante:

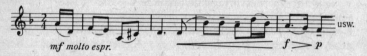

Die *siebente Variation* (Allegro vivo, A-Dur) fegt vorbei wie ein Wirbelwind. Auf dem Hintergrund von Holzbläserstakkati und Streicherpizzikati spielt das Soloinstrument kurze Phrasen. Diese Schlußvariation bringt eine rhythmisch veränderte Themenvariante. Hurtige Bewegung führt zum wirkungsvollen Abschluß: ein energisches und fröhliches Bild.

(Da es heute üblich ist, die Variationen in der besprochenen Reihenfolge aufzuführen, wurde der Einführung diese und nicht jene vom Komponisten gewählte zugrunde gelegt.)   NSch

Ralph Vaughan Williams 1872—1958

Vaughan Williams wurde am 12. Oktober 1872 in Down Ampney (Gloucestershire) geboren. Am Royal College of Music in London und am Trinity College in Cambridge erhielt er seine musikalische Ausbildung bei C. H. H. Parry und C. V. Stanford. Später gaben ihm Ravel und Bruch weitere kompositorische Anregungen. 1896 bis 1899 war Vaughan Williams Organist in London, hielt später auch Vorlesungen in Oxford. Ab 1904 sammelte er als Mitglied der Folk Song Society englische Volkslieder und veröffentlichte sie. 1919 ging er als Kompositionslehrer an das Royal College of Music in London. 1920–1928 leitete er den Bach-Choir (als Nachfolger von H. P. Allen). Er trat auch als Musikschriftsteller hervor.

Vaughan Williams galt bis zu seinem Tode (am 26. August 1958) als Haupt der englischen nationalen Schule. Schon in seiner Jugend hatte er mit dem Sammeln von Volksliedern begonnen, und aus den neuentdeckten Schätzen des britischen musikalischen Erbes schöpfte er die wichtigsten Anregungen für seine kompositorische Arbeit. Außer den Orchesterwerken umfaßt sein Schaffen Opern, Chormusik, Lieder, Kammermusiken, Film- und Bühnenmusiken.

1942 bemerkte Vaughan Williams in einem Essay über »Nationalismus und Internationalismus: »Ist es möglich, Nationalist und gleichzeitig Internationalist zu sein? Ich glaube, daß politischer Internationalismus und persönlicher Individualismus sich notwendigerweise ergänzen: der eine kann ohne den anderen nicht existieren ... Ich glaube, daß alles, was in unserem geistigen und kulturellen Leben wertvoll ist, in unserem Heimatboden wurzelt; aber dieses Leben kann sich nur in einer Atmosphäre der Freundschaft und der Verbundenheit mit anderen Nationen entwickeln und Früchte tragen. Mehr noch, unsere nationale Kunst darf kein ruhendes Gewässer sein, sondern sie muß ihren Teil beitragen zu dem großen Strom, der durch die Jahrhunderte geflossen ist. In diesem Strom müssen wir unsere eigene Strömung bewahren. Wir dürfen nicht gänzlich zu einem ununterscheidbaren Teil des allgemeinen Flusses werden.«

Sinfonien: Nr. 1 »A Sea Symphony« mit Sopran, Bariton und Chor (1910); Nr. 2 »A London Symphony« (1913; Umarbeitung 1920); Nr. 3 »Pastoral Symphony« (1922); Nr. 4 f-Moll (1935); Nr. 5 D-Dur (1943); Nr. 6 e-Moll (1947); Nr. 7 »Sin-

fonia antartica« (1952); Nr. 8 d-Moll (1956); Nr. 9 (1958). - Sinfonische Impression »In the Fen Country« (1904; letzte Umarbeitung 1935); Norfolk Rhapsody e-Moll (1906); »Fantasia on a Theme by Tallis« für Streichorchester (1910); 5 Variationen über »Dives and Lazarus« (1939); Partita für doppeltes Streichorchester (1948).
»The Lark Ascending«, Romanze für Violine und Orchester (1914); Concerto academico d-Moll für Violine und Streichorchester (1925); Klavierkonzert (1933; Bearbeitung für 2 Klaviere und Orchester 1946); Suite für Bratsche und Orchester (1934); Konzert für Oboe und Streichorchester (1944); Romanze für Mundharmonika und Orchester (1952); Konzert f-Moll für Baßtuba und Orchester (1954).

In seiner schöpferischen Arbeit hat sich Vaughan Williams bewußt und ständig bemüht, Themen englischen Charakters zu erfinden, ein ihnen entsprechendes harmonisches Gebäude zu errichten und dabei auch zur persönlichen Tonsprache zu finden. In den ersten beiden Sinfonien, die manch wertvolle Details enthalten, ist dieses Streben in Ansätzen erkennbar. Die 4. Sinfonie mit ihrer eklektischen Chromatik fällt aus dem Rahmen. Ihr Schöpfer hat dieses Werk später selbst sehr kritisch betrachtet. Die erste überzeugende, meisterliche Lösung wurde mit der 5. Sinfonie gefunden. In der 6. Sinfonie von 1947 wollte Vaughan Williams Gefühle reflektieren, die der Krieg in ihm auslöste. Es ging ihm dabei um eine Abstrahierung, um den Krieg »im allgemeinen«. Und seine Reaktion ist im Finale des Werkes »ein sanftes, tödliches Erlöschen im Schweigen«. Hier erkennen wir die Grenzen des bürgerlichen Humanismus bei Vaughan Williams. Aus der Musik zum Film »Scott in der Antarktis« entstand die 7. Sinfonie, die »Sinfonia antartica«, in der versucht wird, die antarktische Landschaft musikalisch zu erfassen. Ein großes Orchesteraufgebot steht im Dienste einer manchmal fast naturalistischen Klangmalerei. Neben diesen Sinfonien haben eine Reihe reizvoller Konzerte von Vaughan Williams Bedeutung. Unter anderem sein effektvolles, klangüppiges Klavierkonzert von 1933, das Vaughan Williams gemeinsam mit Joseph Cooper 1946 für 2 Solo-Klaviere und Orchester umschrieb. Bekannt wurde auch die Fantasie über ein Thema von Tallis für Streichorchester.
Aktiv bis zuletzt in allen Fragen, die professionelle Musik wie auch Laienkunst in England betrafen, hat sich Vaughan Williams einen

musikhistorisch wichtigen Platz als Erwecker eines neuen Nationalbewußtseins in der englischen Tonkunst erworben. Sein Wirken trug viel dazu bei, die englische Musik von eklektischem Imitieren kontinentaler musikalischer Erscheinungen zu befreien.

5. Sinfonie D-Dur

> Besetzung: 2 Flöten (2. auch Pikkolo), Oboe, Englischhorn, 2 Klarinetten, 2 Fagotte, 2 Hörner, 2 Trompeten, 2 Posaunen, Tuba, 3 Pauken, Streicher
> Aufführungsdauer: 35 Minuten

Mit dieser 1943 vollendeten Sinfonie fand Vaughan Williams die erste überzeugende Lösung beim Ringen um eine nationale und persönliche Tonsprache. Kein Zufall, daß er dieses Werk Jean Sibelius widmete. Der *erste Satz*, Preludio (Moderato, ⁴/₄-Takt), wird durch ein monumentales Eingangsthema mixolydischen Charakters eröffnet, das über dem *c* der Bässe auf *d* endet:

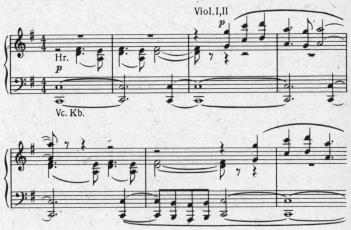

Es geht über in ein zweites, ebenfalls mixolydisches Thema, das aber in *e* abschließt. Anstelle der Durchführung erscheinen plötzlich ständig wiederholte Fragmente einer phrygischen Melodie auf lebhaft bewegtem, pentatonischem Untergrund. Nach der Reprise tauchen in der Coda die phrygischen Fragmente wieder auf. Somit bricht der Satz aus dem klassischen Muster aus. Das folgende

Scherzo (Presto, ³/₄-Takt) hat Rondoform. Hier dominiert melodisch wie harmonisch Pentatonik. Der *langsame Satz* ist »Romanza« überschrieben (Lento). Seine Melodik trägt äolischen Charakter. Als *Finale* erklingt eine Passacaglia (Moderato, ³/₄-Takt), ionisch auf *d*, mit kontrastierenden dorischen und äolischen Episoden; das Eingangsthema des ersten Satzes erscheint hier wieder.

Als Ganzes ist die 5. Sinfonie eines der charakteristischsten Werke des Komponisten. Der ungewöhnliche Gebrauch der Tonarten, die englischen Intonationen der Melodik, die originelle Logik der sinfonischen Gestaltung überhaupt machen dieses Werk zu einer »klassischen« Sinfonie der englischen nationalen Musik im 20. Jahrhundert. Ihre Stimmungen umfassen fragenden Ernst (im ersten Satz), bukolische Kraft (Scherzo), erhabene Lyrik (»Romanza«) und optimistische Energie in der Schlußpassacaglia. Sie endet ruhig, in einer Haltung der Zuversicht.

AB

Henry Vieuxtemps 1820—1881

Einer der bedeutendsten Vertreter der franko-belgischen Geigerschule war Henry Vieuxtemps. Am 12. Februar 1820 in Verviers als Sohn eines Tuchwebers und Tanzgeigers geboren, erhielt er schon frühzeitig zunächst von seinem Vater, dann von M. Lecloux-Dejonc Geigenunterricht und machte derart rasche Fortschritte, daß er bereits mit sechs Jahren in einem öffentlichen Konzert spielen konnte. Während einer kleinen Konzerttournee hörte ihn der bedeutende belgische Violinist Charles-Auguste de Bériot, nahm ihn sofort als seinen Schüler auf und stellte ihn in Paris der Öffentlichkeit vor. Als Bériot 1831 eine größere Konzertreise antrat, war Vieuxtemps' systematischer Violinunterricht zu Ende. Einige Anregungen verdankte er später noch Louis Spohr, Bernard Molique und Joseph Mayseder. Auch Paganini, den er 1834 in London hörte, hinterließ einen tiefen Eindruck. Zuvor schon hatte Vieuxtemps eine Konzerttournee durch Deutschland und nach Österreich geführt, wo er in Wien in einem der Concerts spirituels das fast vergessene Beethovensche Violinkonzert aufführte. (Vieuxtemps komponierte später Kadenzen zu diesem Konzert.) Hier gab ihm Simon Sechter Kontrapunktunterricht, und 1835 unterrichtete ihn dann noch Anton Rejcha in Paris. Nun begann er auch selbst

mit dem Komponieren. Zahlreiche Konzertreisen führten ihn in
den nächsten Jahren durch Europa, nach Rußland und auch dreimal
nach Amerika (1843/44, 1857/58, 1870/71). 1846 verpflichtete
ihn Zar Nikolaus als Sologeiger und Professor für Violine nach Petersburg.
Bis 1851 hatte Vieuxtemps die Stellung inne, dann nahm
er sein unermüdliches Wanderleben wieder auf, bis er 1871 als
Professor für Violine an das Brüsseler Konservatorium berufen
wurde. Ein Schlaganfall setzte schon zwei Jahre später seiner Lehrtätigkeit
ein Ende. (Seine außerordentliche Befähigung zu diesem
Beruf beweisen nicht zuletzt die aus seiner Feder stammenden geistvollen
und eleganten Violin-Etüden.) Er starb schließlich am
6. Juni 1881 in Mustapha bei Algier in einem Sanatorium, das sein
Schwiegersohn dort errichtet hatte.

Henry Vieuxtemps hat als Virtuose wie als Komponist die Entwicklung
des Violinspiels beeinflußt. Seine makellose Intonation,
sein warmer, großer, voller Ton wie seine phänomenale Bogentechnik
und die souveräne Beherrschung des Stakkatospiels werden von
den Zeitgenossen gleichermaßen gerühmt. Als Komponist versuchte
er, anstelle der üblichen Virtuosenkonzerte, bei denen das
Orchester nur einfache Begleitfunktion hatte, sinfonisch durchgearbeitete
Konzerte zu schaffen; der Solopart bleibt dabei dennoch stets
effektvoll und virtuos. Seine Kompositionen sind melodisch reizvoll,
rhythmisch prickelnd, im Harmonischen dagegen eher konservativ.
Die Orchesterpalette beherrscht Vieuxtemps virtuos. Durch
das meist pomphaft eingesetzte Instrumentarium gerät er allerdings
mitunter leicht an den Rand des Trivialen. Gerade das theatralische
Pathos erregte aber bei seinen Zeitgenossen Aufsehen. Von
seinen 7 Violinkonzerten, deren Wert sehr unterschiedlich ist, stellt
das erste wohl das technisch schwerste dar. Mit dem vierten und
fünften Konzert versuchte Vieuxtemps formale Neuerungen: das
vierte erweiterte er auf vier Sätze, das fünfte dagegen ist ein straff
konzipiertes einsätziges Werk.

7 Violinkonzerte: Nr. 1 E-Dur op. 10 (1840), Nr. 2 fis-Moll
op. 19 (1837), Nr. 3 A-Dur op. 25 (1844), Nr. 4 d-Moll op. 31
(1850), Nr. 5 a-Moll op. 37 »Grétry« (1860), Nr. 6 G-Dur
op. 47 (1880), Nr. 7 a-Moll op. 49 (1880); 2 Violoncellokonzerte:
Nr. 1 op. 46 (1876), Nr. 2 h-Moll op. 50 (1880); Duo
brillant für Violine und Violoncello mit Orchester und Klavier
op. 39. – Stücke für Violine und Orchester (oder Klavier):
Air varié avec introduction de l'opéra Il Pirata de Bellini
op. 6, Hommage à Paganini op. 9, Fantaisie-Caprice A-Dur

op. 11 (1840), Les arpeges op. 15, Norma-Fantaisie op. 18, Souvenirs de Russie op. 21, Morceau brillant op. 22, Grande Fantaisie sur des thèmes slaves op. 27, Andante et rondo op. 29, Fantasia appassionata op. 35, Ballade et polonaise op. 38, Suite op. 43.

Violinkonzert Nr. 4 d-Moll op. 31

Besetzung: Solo-Violine; 2 Oboen, 2 Klarinetten, 2 Fagotte, 4 Hörner, 2 Trompeten, 3 Posaunen, Pauke, Harfe, Streicher
Aufführungsdauer: 35 Minuten

Vieuxtemps' 4. Violinkonzert, das entgegen der sonst üblichen Konzertform vier Sätze umfaßt, entstand 1850 in Petersburg. Aus Sorge, mit dieser Neuerung auf Ablehnung zu stoßen, zögerte der Komponist ein Jahr, ehe er es schließlich im Dezember 1851 in Paris der Öffentlichkeit vorstellte und rauschenden Beifall dafür erhielt.

Den Orchesterprolog des frei angelegten *ersten Satzes* (Andante, d-Moll, 4/4-Takt) beginnen die Streicher allein, dann unterstützt von den Holzbläsern mit einer melancholisch getragenen Melodie. Diese Stimmung verdüstert sich noch, wird beunruhigender und führt nach einer leidenschaftlichen Steigerung zu einem dramatischen Ausbruch. Verhalten klingt das Tutti aus und allein beginnt der Solist wie improvisierend mit gesangvollen Motiven und Akkordfolgen, aus denen eine leidenschaftliche Melodie hervorgeht. Grollende Streichersechzehntel und markante Bläsermotive treten hinzu und führen zu einer erregenden Zusammenballung der Kräfte, die schließlich in einen lyrischen »Moderato«-Teil mündet, in dem der Solist eine süße Kantilene anstimmt. Nach einem kräftigen Orchestercrescendo setzt die Kadenz mit einem im Finale als Hauptthema wiederkehrenden Thema ein, das virtuos behandelt wird und dem Solisten alle Möglichkeiten zur Entfaltung seines Könnens bietet.

Ein kurzes energisches Tutti moduliert zum *zweiten Satz* (Adagio religioso, Es-Dur, 12/8-Takt), in den ein ausgehaltener Hornton hinüberführt. Hörner und Fagotte beginnen den Satz choralartig, dann setzt der Solist – zu wechselndem Klanghintergrund des Orchesters – mit einem lyrisch dahinströmenden Gesang ein, der bis zu einem leidenschaftlichen Ausbruch anwächst und in lang gehaltenen Tönen zweier Hörner und der Solo-Violine aufgefangen wird – eine neue Stimmung wird erreicht: Harfenklänge begleiten zartes, sehnsuchtsvolles Spiel des Solisten. Leise verhallt der Satz. Sorglos spielerischer Rhythmus durchpulst das spritzige *Scherzo* (Vivace, d-Moll, ³/₄-Takt), das vom Solisten – von Streichertupfen und gelegentlich auch von Bläsern begleitet – bestimmt wird. Eine brillante Steigerung, an der das ganze Orchester beteiligt ist, beendet das Scherzo, dem ein wiegendes, pastorales Trio (Meno mosso, D-Dur) folgt. Die Wiederholung des Scherzo schließt den Satz ab. Ein melancholisch resignierendes Andante – sehr eng mit dem Beginn des Konzertes verwandt – leitet zum *Finale marziale* (Allegro, D-Dur, Alla-breve-Takt) über, das dann das Orchester mit einem kraftvoll-optimistischen Hauptthema – dem Thema der Kadenz des ersten Satzes – beginnt.

Mit einem energisch vorwärtsstürmenden Stakkatothema schließt sich das Soloinstrument an und bringt gleich noch ein fröhlich hüpfendes neues Thema. Schwungvoll und brillant werden die Themen fortgeführt. Der Virtuose kann noch einmal alle Register seines Könnens ziehen. In glanzvoller Steigerung schließt das Werk.   RB

Giovanni Battista Viotti   1755—1824

Viotti, der am 12. Mai 1755 in Fontanetto da Po (Vercelli) geboren wurde, erregte schon mit acht Jahren auf einer kleinen Geige, die er von seinem Vater, einem Hufschmied, geschenkt bekam, großes Aufsehen. Nach der Ausbildung bei Gaetano Pugnani wurde er als Geiger in der Königlichen Kapelle in Turin angestellt. 1780 begann er mit Pugnani große Konzerttourneen nach Deutschland, Rußland, England und Frankreich, wo überall sein vollendetes Violinspiel bewundert wurde. 1782 ließ sich Viotti in Paris nieder, gab aber bald seine Virtuosenlaufbahn auf und widmete sich der Dirigententätigkeit und dem Theater. Die Revolution vertrieb ihn 1792 nach London, wo er wieder konzertierte. Als politisch verdächtig 1798 aus London verbannt, lebte er einige Jahre in der Nähe Hamburgs. 1801 kehrte er nach London zurück, widmete sich aber nur dem

Weinhandel. 1819-1823 wirkte Viotti nochmals als Operndirektor in Paris, dann blieb er in London, wo er am 3. März 1824 starb. Bleibende Verdienste erwarb sich Viotti vor allem als Geiger und Komponist von Violinkonzerten, die als Standardwerke anerkannt wurden. Sie bilden den eigentlichen Grundstock des modernen Virtuosenkonzerts, das nichts mehr mit höfischer Unterhaltungsmusik zu tun hat, sondern mit dem sich der Solist vor einem großen Publikum produzieren wollte. Zweifellos hat hier die Breitenwirkung der Revolutionsatmosphäre auf die französische Geigerschule eingewirkt, die außer Viotti noch in den von ihm beeinflußten Rodolphe Kreutzer und Pierre Rode glänzende Vertreter besaß. So wie die französischen Opernkomponisten der Revolutionszeit (Grétry, Méhul) auf den »Fidelio« einwirkten, ist auch Beethovens Violinkonzert ohne die französischen Vorbilder nicht zu denken. Beethoven kannte vor allem Viottis Konzerte ganz genau (der letzte Satz seines Violinkonzertes hat sein Muster im D-Dur-Schlußrondo von Viottis 20. Konzert). Zu Studienzwecken blieben Viottis Violinkonzerte Nr. 22, 23, 28 und 29 lebendig. Das überragende 22. in a-Moll hört man mit vollem Recht auch noch im Konzertsaal.

29 Violinkonzerte; 10 Klavierkonzerte (die nicht verschollenen sind Bearbeitungen seiner Violinkonzerte); 2 Symphonies concertantes für 2 Violinen und Orchester.

Violinkonzert Nr. 22 a-Moll

Besetzung: Solo-Violine; Flöte, 2 Oboen, 2 Klarinetten, 2 Fagotte, 2 Hörner, 2 Clarinen, Pauken, Streicher
Aufführungsdauer: 38 Minuten

Diesem Luigi Cherubini gewidmeten Konzert (wohl zwischen 1792 und 1795 komponiert) räumte der große Geiger Joseph Joachim einen bevorzugten Platz in seinem Repertoire ein, und kein Geringerer als Brahms zählte es zu seinen Lieblingswerken. Während er selbst an seinem Violinkonzert arbeitete, schrieb er an Clara Schumann: »Das a-Moll-Konzert von Viotti ist meine ganz besondere Schwärmerei ... Es ist ein Prachtstück, von einer merkwürdigen Freiheit in der Erfindung; als ob er phantasiere, klingt es, und ist alles meisterhaft gedacht und gemacht ... Daß die Leute im allgemeinen die allerbesten Sachen, also Mozartsche Konzerte und obiges [von] Viotti, nicht verstehen und nicht respektieren – davon lebt unsereiner und kommt zum Ruhm. Wenn die Leute eine Ahnung hätten, daß sie von uns tropfenweise dasselbe kriegen, was sie dort nach Herzenslust trinken könnten!« Brahms hat hier – bei bescheidener Unterschätzung des eigenen Schaffens – Viotti genau charakterisiert: seine historische Bedeutung für die Konzertform neben Mozart, den Wert seiner glücklichen thematischen Erfindung und die Meisterschaft seiner Gestaltungskunst.

Ein ausgedehntes Orchestertutti eröffnet den *ersten Satz* (Moderato, 4/4-Takt). Der erste Einsatz der Solo-Violine mit dem Hauptthema zeugt so recht vom Selbstbewußtsein des Solisten (Viotti komponierte in erster Linie für sich selbst):

Der sinnlichen Leuchtkraft dieses Themas steht der sonatinenhaft schlichte, ruhig schreitende Seitengedanke in E-Dur gegenüber. Überhaupt spielt in diesem Satz der Wechsel zwischen Dur und Moll eine entscheidende Rolle. Die gesanglichen Partien und die virtuos brillierenden Passagen sind geschickt ausgewogen. Die ungehemmte Terzenfreudigkeit der endlosen Doppelgriffketten erscheint uns heute freilich als etwas reichlich dosiert.

Dafür steht uns die edel geprägte Melodik des *zweiten Satzes* (Adagio, E-Dur, Alla-breve-Takt) um so näher. Besonders ausdrucksvoll sind die Takte, in denen die Geige mit einer innigen Umspielung des Hauptthemas einsetzt (ganz zurückhaltend begleitet nur das Streichorchester):

Mit diesem Satz rückt Viotti in die Nähe Beethovens. Er ist das gehaltvollste Stück des Konzertes.

Sind die ersten beiden Sätze noch als Fortsetzung der altitalienischen Geigenkunst zu werten, so zeigt es sich im *Finale* (Agitato assai, a-Moll, 2/4-Takt), wie weitgehend sich Viotti französischem

Geist assimiliert hat: die Eleganz des sprunghaften Themas, die
Brillanz der solistischen Episoden – all das ist echt französisch.
Sehr einfallsreich ist dieser Satz auch instrumentiert (solistische
Gegenstimmen, Imitationen der Flöte). Die auskomponierte, begleitete (!) Solokadenz schrieb Viotti in dieser Art als einer der
ersten.
WSch

Antonio Vivaldi 1678—1741

Antonio Vivaldi, am 4. März 1678 in Venedig geboren, zählt zu den
bedeutendsten Musikerpersönlichkeiten seiner Zeit und der Weltmusikkultur überhaupt. Der künstlerische Rang und die musikgeschichtliche Bedeutung seines Schaffens sind erst in neuester Zeit
erkannt worden.
Als Sohn eines Kathedralmusikers geboren, soll Vivaldi schon von
seinem zehnten Lebensjahr an im Domorchester von San Marco als
Geiger mitgewirkt haben. Über seinen musikalischen Bildungsweg
ist nur wenig bekannt. Sicher war er Schüler seines Vaters; nicht
belegt sind die Nachrichten über Vivaldis Unterricht bei G. Legrenzi, der Kapellmeister an San Marco war, sowie bei Corelli in
Rom. Vivaldi wuchs in die musikgesättigte Kultur des reifen venezianischen Settecento hinein: Die glanzvolle Kirchenmusik an San
Marco, ein blühendes Opernwesen und die auf hohem Niveau stehende Pflege vokaler und instrumentaler Musik an den Ospedali,
den berühmten Mädchenwaisenhäusern und -konservatorien der
Lagunenstadt, werden die Bildung des heranwachsenden Musikers
wesentlich mitbestimmt haben.
Vivaldi war zunächst für die geistliche Laufbahn bestimmt. Doch
ließ sich der priesterliche Werdegang nach den italienischen Gepflogenheiten des 17. und 18. Jahrhunderts sehr wohl mit dem Beruf eines Musikers verbinden. 1703 wurde er zum Priester geweiht,
aber bald darauf ließ er sich wegen eines angeborenen körperlichen
Leidens von diesem Amt dispensieren. Die Stellung eines weltlichen Priesters behielt er jedoch bis an sein Lebensende.
Ebenfalls 1703 begann Vivaldis Tätigkeit als »Maestro di Violino«
am Ospedale della Pietà. Durch sein Wirken als Komponist, Pädagoge und Violinvirtuose an diesem Institut erlangten die Konzerte
des durchweg aus jungen Mädchen bestehenden Orchesters euro-

päische Berühmtheit und zogen die Kenner und Liebhaber der Musik nach Venedig. Spätestens von 1710 an sind Vivaldis Werke, vornehmlich seine neuartigen Concerti, in Deutschland, einige Jahre später auch in England und Frankreich bekannt geworden – insbesondere ab 1712, als seine erste Drucksammlung von Konzerten (op. 3) bei Roger in Amsterdam, der von nun an sein Verleger wurde, erschienen war. Vivaldis Erfolge ermöglichten es ihm, die bis dahin offenbar stetige Arbeit am Ospedale mehrfach und später immer häufiger zu unterbrechen. Er unternahm Kunstreisen, erhielt auswärtige Aufträge und Berufungen. In die Zeit seiner Anwesenheit in Venedig fällt u. a. 1716/17 der Besuch J. G. Pisendels aus Dresden. Pisendel, zur damaligen Zeit der wahrscheinlich beste deutsche Geiger, nahm während seines Aufenthaltes Unterricht bei Vivaldi und trat zu ihm in freundschaftliche Beziehungen. Nach seiner Rückkehr nach Dresden im Herbst 1717 leitete er zusammen mit dem Dresdner Orchester eine Vivaldi-Pflege ein, die für das Schaffen vieler deutscher Komponisten von entscheidendem Einfluß werden sollte.

Um 1720 erfolgte eine dreijährige Anstellung Vivaldis beim Markgrafen Philipp von Hessen-Darmstadt, der in Mantua Statthalter war. In diese Zeit fällt wahrscheinlich auch der Beginn der persönlichen Beziehungen Vivaldis zu der Sängerin Anna Giraud, die ab 1726 die Primadonnenrollen in seinen Opern sang. 1723/24 konzertierte Vivaldi in Rom vor dem Papst und wurde hoch geehrt. 1725 erfolgte der Auftrag, zur Hochzeit Ludwigs XV. ein »Gloria« zu komponieren. 1729 begann eine längere Reise in Begleitung seines Vaters nach Deutschland. Vivaldis Tätigkeit am Ospedale ist schließlich von 1735 an wieder nachweisbar, doch hatte sich das Verhältnis zur Institutsleitung sehr verschlechtert.

Menschlich schwer getroffen wurde Vivaldi durch das Aufführungsverbot einer seiner Opern im Jahre 1737, das mit der Tatsache begründet wurde, daß er trotz Priesterschaft keine Messe lese und ein Verhältnis zu der Sängerin Anna Giraud unterhalte. In die nächsten Jahre fallen zwar Festkonzerte in Amsterdam sowie 1740 in Venedig, doch muß Vivaldis Wertschätzung nicht nur am Ospedale, sondern überhaupt in Venedig nur noch sehr gering gewesen sein. Vielleicht auf der Suche nach einem neuen Wirkungsbereich, ist er – inzwischen ziemlich verarmt – auf einer seiner Reisen 1741 (begraben am 28. Juli) in Wien gestorben.

Vivaldis schöpferische Leistung, erwachsen aus der Auseinandersetzung mit den Werken seiner Vorgänger Corelli, Albinoni und

Torelli, gipfelt in der von ihm ausgeprägten, meist dreisätzigen Form des Konzerts, einer Ritornellform, »deren rasche Ecksätze – mit der Prägnanz und dem Elan ihrer Tuttithemen, mit ihren scharf formulierten Tutti-Solo-Wechseln, mit der dramatischen Intensität ihrer Satzverläufe – und deren ausdrucksstarke Kantilenen in den langsamen Mittelsätzen« (Rudolf Eller) musterhaft für das Schaffen vieler italienischer und deutscher Komponisten werden sollten. Kein Geringerer als J. S. Bach studierte Vivaldische Konzerte, bearbeitete sie für Cembalo und Orgel und ging in seinem eigenen Konzertschaffen vom Vivaldischen Konzerttypus aus. Vivaldis stupendes Virtuosentum auf der Violine revolutionierte nicht nur deren Spieltechnik, sondern beeinflußte zudem auch eine Weiterentwicklung der Spielweisen und Ausdrucksmöglichkeiten auf vielen anderen Instrumenten seiner Zeit. In seinen Werken finden sich alle nur denkbaren Besetzungen. Als Soloinstrumente werden neben der Violine, die in seinem Gesamtschaffen dominiert, Violoncello, Viola d'amore, Mandoline, Block- und Querflöte, Oboe, Fagott sowie auch Lauten, Cembalo, Orgel, Trompeten, Hörner und sogar bereits Klarinetten gefordert. Neben den reinen Solokonzerten stehen Konzerte für mehrere Instrumente (von zwei bis zu zehn Solostimmen) in teils gleichartiger, teils verschiedenartiger Besetzung. Häufig sind in diesen groß besetzten Werken, die Vivaldi selbst »Concerti con molti Istromenti« nannte, konzertierende Bläsergruppen mit einer dominierenden Solo-Violine kombiniert, so daß Elemente des Concerto grosso mit neuartigen des Solokonzerts verbunden werden, ein Verfahren, das J. S. Bach in seinen »Brandenburgischen Konzerten« zur reifsten Ausprägung führte.
Die neue Art des Konzertierens nahm Vivaldis gesamte Schöpferkraft in Anspruch. In seiner unerschöpflichen Klangphantasie und Kombinationsgabe übertrug er die »Ritornellform« des Konzerts auch auf Werke ohne Soli, wie Sinfonien und Kammerkompositionen. Selbst in den Arien und Chören seiner Opern, Oratorien und Kantaten ist dieses Formmodell wiederzufinden. Vivaldis formgestaltende Kraft, seine motivische Kombinatorik, aber auch sein Sinn für aparte Klangwirkungen und reizvolle instrumentale Besetzungen weisen ihn als einen Meister aus, dessen Stil mit wegweisend für die Musik der Wiener Klassik werden sollte. – Der gegenwärtige Bestand an vollständig überlieferten Konzerten für Soloinstrumente mit Streichorchester, an »Concerti per archi« bzw. »Concerti ripieni« (Orchesterkonzerte, d. h. Werke ohne Soloinstrumente) sowie an Sinfonien zählt 445 Werke. Sie machen aber wahr-

scheinlich nur einen Teil dessen aus, was Vivaldi tatsächlich auf diesem Gebiet geschaffen hat.
Die von Marc Pincherle in dem »Inventaire thématique« seines Buches »Antonio Vivaldi et la musique instrumentale«, Paris 1948, eingeführte Katalogisierung des Vivaldischen Instrumentalwerkes hat sich weitgehend durchgesetzt und wurde deshalb im weiteren einbezogen (Angabe eines P mit nachstehender Zahl).
393 Konzerte: 212 für Violine, 26 für 2–4 Violinen, 6 für Viola d'amore, 27 für Violoncello (1 davon für 2 Violoncelli), 2 für 1 bzw. 2 Mandolinen, 17 für Flöte (Quer- bzw. Blockflöte, davon 1 für 2 Querflöten, 3 für »Flautino«, ein Pikkoloinstrument), 20 für Oboe (3 davon für 2 Oboen), 37 für Fagott, 1 für 2 Trompeten, 2 für 2 Hörner, 43 mit mehreren verschiedenartigen Soloinstrumenten (darunter auch die sogenannten »Concerti con molti Istromenti«); 52 »Concerti per archi«, »Concerti ripieni« und Sinfonien.
Zu den bedeutendsten zu Vivaldis Lebzeiten erschienenen Drucksammlungen von Konzerten zählen: »L'Estro Armonico«. 12 Concerti op. 3 (erschienen 1712); »La Stravaganza«. 12 Concerti op. 4 (erschienen um 1712/13); »Il Cimento dell' Armonia e dell'Inventione«. 12 Concerti op. 8 (erschienen um 1725); »La Cetra«. 12 Concerti op. 9 (erschienen 1728).

12 Concerti op. 3 »L'Estro Armonico«

Bereits die erste Drucksammlung von Konzerten stellt Vivaldi als einen Meister vor, der einerseits das Erbe, die Corellische Concerto-grosso-Form, genial bewältigt und für sein eigenes Schaffen adaptiert hat, andererseits in diesem Zyklus Solokonzerte vorlegt, die die seiner Vorgänger in Formbehandlung, thematischem Einfall, virtuoser Figuration und künstlerischer Reife weit übertreffen. Die Mannigfaltigkeit in der Besetzung, die dieser Konzertzyklus (sein Titel bedeutet soviel wie »Die harmonische Eingebung«) fordert, ist selbst im gesamten Vivaldischen Schaffen einzigartig geblieben. Die zwölf Konzerte gliedern sich nach ihrer Besetzung auf in: Concerti »con 4 violini e violoncello obligato« (Nr. 7 und 10), Concerti »con 4 violini obligati« (Nr. 1 und 4), Concerti »con 2 violini e violoncello obligato« (Nr. 2 und 11), Concerti »con 2 violini obligati« (Nr. 5 und 8), Concerti »con violino solo obligato« (Nr. 3, 6, 9 und 12).

Vivaldi

Es zeigt sich, daß die in op. 3 veröffentlichten Konzerte drei sehr
verschieden angelegte Werktypen repräsentieren: Die Konzerte mit
4 Violinen stehen mit ihren kleingliedrigen Soli und Sologruppen
dem Corellischen Concerto-grosso-Typus am nächsten. Klassische
Concerto-grosso-Besetzung weisen lediglich die Konzerte Nr. 2 und
11 auf, doch ist die Behandlung und der Einsatz der Concertinogruppe, die aus 2 Solo-Violinen und Solo-Violoncello besteht, bereits so stark dem Solokonzert bzw. Doppelkonzert verpflichtet,
daß von einem geschlossenen Concertinoverband, wie er bei Corelli
und Händel eingesetzt wird, kaum etwas zu verspüren bleibt. Die
Doppelkonzerte der Sammlung sind bereits in klarer Ritornellform gehalten, weisen aber noch wenig thematisch entwickelte
Soloteile auf. Erst in den Solokonzerten gelangen die Soloteile
zu voller Entfaltung und nehmen gegenüber dem Ritornell for-
males Übergewicht ein. Die Wirkung der Konzerte des Opus 3
auf Vivaldis Zeitgenossen muß eine ungeheure gewesen sein, allein
J. S. Bach hat sechs Werke dieses Zyklus für Cembalo bzw. Orgel
bearbeitet.

Concerto Nr. 6 a-Moll (P 1)

Besetzung: Solo-Violine; Streicher, Continuoinstrumente
Aufführungsdauer: 6–7 Minuten

Das Violinkonzert gehört zu den reifsten Werken des gesamten
Zyklus op. 3. Der *erste Satz* (Allegro, $^4/_4$-Takt) gliedert sich in fünf
Tuttiabschnitte und vier Soloteile, voran die Hauptgruppe, das
große einleitende Tuttiritornell, dessen prägnantes Kopfmotiv dem
Satz Vehemenz und spielerische Leichtigkeit verleiht:

Die den Soli nachfolgenden Tuttiabschnitte bringen die Thematik
der eröffnenden Hauptgruppe niemals unverändert und vollständig
wieder, stets sind sie verkürzt, werden aber aus Gliedern des
Ritornells, vor allem aus dem thematischen Kopfmotiv des Anfangs gespeist.

Das erste Solo übernimmt das Kopfmotiv des Ritornells und spinnt
dieses aus – ein Verfahren, das im Gesamtschaffen Vivaldis selten

vorkommt und bereits auf das Tutti-Solo-Verhältnis im sonatenhaften Konzert der Wiener Klassik vorausweist. Figurativ beginnt das zweite Solo, schließt aber – ähnlich dem ersten – mit einer Umbildung der Tuttimotivik ab. Das dritte Solostück läßt, obgleich solistisch intensiviert und abgewandelt, die rhythmische Faktur des Ritornells deutlich erkennen. In den beiden letzten Soli bildet schließlich das virtuose Element der Figuration die treibende Kraft.

Ein *Largo* (4/4-Takt), in der im ersten Satz ausgesparten Subdominanttonart d-Moll gehalten, erscheint »als große ornamental geformte Solokantilene von elegischer Inbrunst« (Eller). Dreifach geteilte Violinen und Bratschen hüllen das »Solo e Cantabile« der Prinzipalvioline mit hochliegenden Begleitakkorden ein. Die Continuoinstrumente schweigen.

Erster und *dritter Satz,* letzterer ein zügiges »Presto« (2/4-Takt), entsprechen sich in ihrer prinzipiell gleichartigen Form, in ihrem spezifischen, auf die Klassik vorausweisenden Tutti-Solo-Verhältnis sowie in ihrer verwandten Hauptthematik. Einen anderen Verlauf gegenüber dem ersten Satz nimmt jedoch das Abschlußritornell des dritten Satzes. Es enthält eine vollständige Reprise der eröffnenden Hauptgruppe zu Satzbeginn, doch wird diese Reprise nicht fortlaufend vom Tutti, sondern in einem kunstvollen Wechselspiel von Tutti und Solo durchgeführt, wobei das Solo die ihm übertragenen Teile diminuiert. So erfolgt eine Kopplung der thematisch bestimmenden Hauptgruppe mit der das gesamte Werk umspannenden konzertierenden Idee. Ein kurzer Epilog schließt sich an, der durch die wörtliche Übernahme einzelner figurativer Glieder aus dem ersten Satz Vivaldis zyklisches Gestalten in diesem Konzert verdeutlicht.

Concerto Nr. 11 d-Moll (P 250)

Besetzung: 2 Solo-Violinen, Solo-Violoncello; Streicher, Continuoinstrumente
Aufführungsdauer: 12 Minuten

Bereits das einleitende *Allegro* (3/4-Takt) läßt erkennen, wie Vivaldi den festgefügten Corellischen Concerto-grosso-Typus durch eine unkonventionelle Formgestaltung genial durchbricht. Die Solo-Violinen, die in kurzen Abständen sich einander folgen, steigen unbegleitet in Akkordfiguren auf:

Vivaldi

Allegro
Solo-Viol. I

Solo-Viol. II

Daran schließt das Solo-Violoncello mit erregten Figuren an und stürzt in einem energischen Abstieg zum tiefen *d*. Das nachfolgende 3taktige *Adagio e spiccato* erweist sich in harmonischer Hinsicht als eine ungewöhnliche, ja geradezu dämonische Überleitung zu einer ernsten *Fuge* (⁴/₄-Takt).

Adagio e spiccato

pp

Allegro (Fuga)
B.c.

Die Fuge bringt zwei Concertinoepisoden und endet mit einem gewaltigen Orgelpunkt.

Als *dritter Satz* folgt ein »Largo e spiccato« (¹²/₈-Takt). Er verströmt gefühlstiefen Sicilianoatem. Das Tutti leitet den Satz ein und beschließt ihn, während des Solospiels schweigen die Continuoinstrumente. Die erste Solo-Violine emanzipiert sich im kantablen Spiel zum führenden Soloinstrument. Der neue Geist des Vivaldischen Solokonzerts bricht unmittelbar herein.

Der *Schlußsatz* (Allegro, ⁴/₄-Takt), der von den 3 Soloinstrumenten imitatorisch eröffnet wird, ist hingegen der Corellischen Tradition wieder mehr verpflichtet, obwohl auch hier – wie etwa die virtuos gesteigerte Solofiguration vor Aufnahme des Schlußtutti zeigt – die erste Solo-Violine dominiert. Mehrere Tutti schließen über einem chromatisch absteigenden Quartfallmotiv, tonsymbolisch als Ausdruck des Leidens und des Schmerzes zu verstehen, und unterstreichen den ausgesprochen ernsten, fast düsteren Charakter des Werkes.

4 Concerti op. 8 »Le quattro Stagioni«

Besetzung: Solo-Violine; Streicher, Continuoinstrumente
Aufführungsdauer: 10 Minuten je Konzert

Wie aus dem Widmungsvorwort des Opus 8 (dessen Konzerte 1-4 die »*Vier Jahreszeiten*« bilden) für »Signor Venceslao Conte de Marzin« zu entnehmen ist, hat Vivaldi diese Konzerte oft vor dem böhmischen Grafen gespielt. Vor der Drucklegung hat er sie jedoch nochmals überarbeitet, wobei die programmatische Schilderung wesentlich erweitert und vertieft wurde. Zudem stellte er zur inhaltlichen Erläuterung jedem Konzert ein »Sonetto dimostrativo« voran. Die einzelnen Textzeilen dieser Gedichte, deren Verfasser nicht genannt ist, erscheinen an der entsprechenden Stelle im Notentext wieder, offensichtlich um den Spielern eine Interpretationshilfe zu sein. Obwohl Vivaldi in den »Jahreszeiten«-Konzerten Vorwürfe aus der Natur, wie Tier- und Vogelstimmen, Gewitter-, Sturm- und Regenstimmungen, Jagdszenen und pastorale Idyllik ausgiebig imitiert oder tonmalerisch nachgestaltet, sind diese Werke nicht nur als Programmusik zu verstehen. Denn das Programm ist der Solokonzertform untergeordnet. Dabei sind Form und Inhalt weitgehend zur Übereinstimmung gebracht.

Die äußerst virtuos und wirkungsvoll konzipierten Konzerte gehörten und gehören zu den meistgespielten Werken des Komponisten. Unmittelbar nach ihrem Erscheinen in Amsterdam um 1725 wurden sie in Paris nachgedruckt und erlangten weite Verbreitung.

Concerto Nr. 1 E-Dur (P 241) »La Primavera«

»*Der Frühling*«: Der *erste* Satz (Allegro, 4/4-Takt), in Ritornellform gehalten, wird von einem strahlenden Tutti eröffnet. »Der Frühling ist gekommen«, lautet die entsprechende Sonettzeile.

Die zweite Motivgruppe dieses Tutti wird als verkürztes Ritornell den mittleren Solo- bzw. Programmabschnitten, die von der Solo-

Vivaldi

Violine oder vom gesamten Streichkörper ausgeführt werden, nachgestellt.

Das erste Solo, von 3 Solo-Violinen vorgetragen, illustriert mit Triller- und Stakkatoketten den Gesang der Vögel. Nach dem Ritornell folgt piano in murmelnder Sechzehntelbewegung der Violinen die Schilderung der fließenden Quellen und säuselnden Lüfte. Ein auf 3 Takte verkürzter Ritornellabschnitt leitet forte zu einer Gewitterstimmung über. Das Tremolo der Ripienstreicher läßt den Donner grollen, während schnelle Tonleiterpassagen und von der Solo-Violoine erregt gespieltes, triolisch gebrochenes Dreiklangsfigurenwerk Blitze musikalisch nachzeichnen. Ein kurzes Tutti (Ritornell) führt zur friedlichen Stimmung zurück: Der Gesang der Vögel (wie erstes Solo) hebt wieder an, gefolgt vom Tutti des Anfangs, wobei zunächst der erste Teil der Hauptgruppe in Moll erklingt. Doch wird durch ein kurzes figuratives Solo der Prinzipalvioline das glänzende Dur wieder erreicht. Die zweite Motivgruppe des Ritornells beendet den Satz in lichter Frühlingsstimmung piano.

Im *Largo* (³/₄-Takt), einem Satz in einfacher Liedform, verzichtet Vivaldi auf die Baßinstrumente. »Und dann schläft auf der blumengeschmückten lieblichen Wiese beim zarten Rascheln des Laubes und der Pflanzen der Ziegenhirte mit seinem treuen Hunde zur Seite«, heißt es im Sonett. Zur musikalischen Verdeutlichung weist der Komponist den Instrumenten höchst unterschiedliche Ausdrucksbedeutungen zu. Die Ripienvioline veranschaulichen mit durchgehend punktiertem Sechzehntelrhythmus das Rascheln des Laubes und der Pflanzen, während die Viola, »immer sehr stark und abgerissen«, den bellenden Hund lautmalerisch wiederzugeben hat. Über diesem rhythmisch statischen Untergrund schwebt der Gesang des Violino principale als Schlummerlied des Ziegenhirten.

Der *Schlußsatz* (Allegro, ¹²/₈-Takt), eine »Danza pastorale« »Ländlerischer Tanz«), wiederum in Ritornellform konzipiert, gibt der Freude über den erwachten Frühling Ausdruck. »Zum festlichen Klange der ländlichen Schalmei tanzen Nymphen und Schäfer im lieblichen Haine beim strahlenden Erscheinen des Frühlings«, lautet das Motto. Viermal erklingt das mehrgliedrige Ritornell –

transponiert, modifiziert, gegen Ende des Satzes auch einmal nach Moll versetzt –, dessen unbeschwert tänzerischer Sicilianocharakter bereits im Kopfmotiv zu erkennen ist:

In den drei Soloepisoden erhält das Soloinstrument reichlich Gelegenheit zur geigerischen Entfaltung. Virtuoses Figurenwerk steht neben mehrstimmigen Partien, deren Unterstimme zur Charakterisierung von Hirtenflöte und Dudelsack häufig durch einen liegenden Bordunton gebildet wird.

Concerto Nr. 2 g-Moll (P 336) »L'Estate«

»Der Sommer«: Das mit Pausen durchsetzte, pianissimo zu spielende Eingangsritornell des *ersten Satzes* (Allegro non molto, 3/8-Takt) versetzt assoziativ in eine schwüle, die Kräfte lähmende Sommertagsstimmung.

Auch das geradtaktig (4/4) eingeschobene Solo (Allegro), das nur von Violino principale und Continuoinstrumenten ausgeführt wird und den Kuckucksruf in sehr freier, virtuoser Art nachgestaltet, vermag nur wenig an der lastenden Schwüle des Satzes zu ändern. Nach einem verkürzten Ritornell imitiert die Solo-Violine den Gesang der Turteltaube und das Schlagen des Distelfinks. Die hohen Streicher übernehmen die Schilderung eines süßen, lauen Windes; mit Triolen und punktierten Sechzehntelrepetitionen in feinster dynamischer Abstufung versuchen sie ihn einzufangen. »Aber der Nordwind bricht unversehens herein und bekämpft ihn«, heißt es im Sonett: Drastisch, unvermittelt prasseln Zweiunddreißigstelketten gewaltsam hernieder. In ihrer figurativen Erregtheit ergeben sie eine plastische Darstellung des Sturmes. Ein kurzer Ritornellabschnitt, pianissimo vorgetragen, führt zu einem ausgedehnten Soloteil: Über chromatisch absteigender Baßlinie, mit schneidenden Akkorden vom Continuoinstrument harmonisiert, erhebt sich das klagende Melos der Solo-Violine. Es symbolisiert die Tränen des

Vivaldi

Bauernburschen, der den hereinbrechenden Sturm fürchtet und um sein Schicksal bangt.

 usw.

Furios setzt das volle Tutti dem Klagen ein Ende und stürmt, ohne auf den Ritornellgedanken nochmals zurückzugreifen, die letzten Takte all'unisono spielend, dem Satzschluß entgegen.
Der *zweite Satz* (4/4-Takt), ein Wechselspiel von »Adagio e piano« und »Presto e forte«, schenkt den Bauern und Hirten nicht die gewünschte Ruhe. Der dahinziehende Adagiogesang der Solo-Violine wird von punktierten Sechzehntelgruppen der Ripienviolinen konstant begleitet: Fliegen und Insekten nehmen den »müden Gliedern all ihre Ruhe«. Repetierte Sechzehntel auf g, »Presto e forte« gespielt, zucken wie Blitz und Donner, unterbrechen jäh die müde Stimmung und künden von bevorstehendem Unheil.
Im *dritten Satz* (Presto, 3/4-Takt) tobt das Unwetter. »Der Himmel donnert und blitzt, und der Hagelschauer knickt den Mais und das stolz aufgerichtete Korn.« Tremolo, Tonleiterbewegungen, Dreiklangsbrechungen, erregte Baßfiguren sowie virtuoses Passagenwerk der Solo-Violine wie Bariolage (sich schnell wiederholende Saitenwechsel), Spiel in hohen Lagen u. a. sind die musikalisch-technischen Mittel, mit denen Vivaldi dieses packende Finale, das in klarer Ritornellform gearbeitet ist, aufbaut. Den vier Soloepisoden kommt dabei keine kontrastierende gestalterische Funktion zu, sie unterstützen vielmehr in virtuoser Übersteigerung die orgiastische Wirkung des Satzes mit seinen wuchtig vibrierenden Klangflächen.

Concerto Nr. 3 F-Dur (P 257) »L'Autunno«

»*Der Herbst*«: Den *ersten Satz* (Allegro, 4/4-Takt) beginnt Vivaldi mit einem 16taktigen Ritornell, das in seiner rhythmisch-melodischen Faktur wohl einem Volkstanz der Zeit sehr nahesteht.

Durch die klare Periodenbildung ergibt sich eine Forte-Piano-Kontrastierung wie von selbst. Der Solist nimmt die Motivik mit doppelgriffigem Spiel auf, das Tutti antwortet forte mit dem ersten Teil der Hauptgruppe. Im Sonett heißt es dazu: »Der Bauer feiert mit Tänzen und Liedern das schöne Vergnügen der glücklichen Ernte.« Nach diesem ersten Formteil beginnt der eigentlich erste Soloabschnitt, überschrieben mit »L'Ubriaco« (»Der Betrunkene«). Zur Darstellung dieses Zustandes benutzt Vivaldi Akkordzerlegungen über einen Raum von fast drei Oktaven, Zweiunddreißigstelläufe, Reihungen von Sechzehnteltriolen, eine Trillerkette und nachschlagende Achtel in der Solopartie. Zwischendurch erklingen »torkelnde« Sechzehnteleinwürfe, absteigende Molltonleitern und wie Klangfetzen anmutende, zur Erinnerung eingeworfene Ritornellkopfmotive der Ripienstreicher. Diesem ausgeweiteten Soloteil folgt wieder, etwas modifiziert und nach Moll versetzt, das Ritornell als Tanz der Bauern. Auch das anschließende Solo ist mit »Ubriaco« (»betrunken«) erläutert. Das nächste Tutti bringt eine thematische Erweiterung mit einem für Vivaldi typischen, lebhaften Synkopenmotiv, dem ein kurzer virtuoser Anhang der Solo-Violine nachgestellt ist. Das gleichbleibende, pulsierende Tempo wird plötzlich »Piano e larghetto« unterbrochen, die Continuoinstrumente schweigen, der melodische Fluß der Solo-Violine verlangsamt sich immer mehr und stockt schließlich in einer Fermate: Die Betrunkenen enden ihre Lust im Schlafe. Doch »Allegro molto« (gegenüber dem »Allegro« des Satzanfanges) bricht das Bauerntanzritornell herein und beschließt den Satz.

»Die schlafenden Betrunkenen« ist der *zweite Satz* (Adagio molto, 3/4-Takt) überschrieben. Von allen Streichern mit Dämpfer gespielt, baut sich mit den nacheinander einsetzenden Stimmen eine harmonisch schillernde Klangfläche von äußerster Zartheit auf. Der Violino principale bleibt in diesem modulierenden Zwischenspiel ohne solistische Funktion.

Das *Finale* (Allegro, 3/8-Takt), »La caccia« (»Die Jagd«) betitelt, entspricht in seiner Anlage dem ersten Satz. Eine volkstanzartig derb-kräftige Melodie und fanfarenartige Motivik sind für das Streicherritornell bestimmend:

Vivaldi

Von der Solo-Violine wird der zweite Teil der Hauptgruppe aufgenommen und durch doppelgriffiges Spiel und Arpeggien intensiviert. Nach beiden Soloepisoden folgt, etwas verkürzt, das Ritornell. Dann beginnt die eigentliche Jagddarstellung. Mit erregten Sechzehnteltriolen und Zweiunddreißigstelläufen charakterisiert der Solist das fliehende Wild. In einer Art rhythmischem Crescendo malen die Streicher das verletzte, vom Lärm der Flinten und Hunde erschreckte Getier. Durch zweimaliges Einschieben des verkürzten Ritornells mit der prägnanten Kopfthematik ordnet Vivaldi das muntere Jagdtreiben dem vertrauten Formschema des Solokonzertsatzes unter. Das letzte Solo schließlich, von gehetzten, pochenden Zweiunddreißigsteln der Ripienisten unterbrochen und begleitet, erweist sich in seinem rhythmischen Decrescendo und kurzatmigen Läufen als letztes Aufbegehren des erschöpften Wildes: »Von der Flucht entkräftet, verendet es überwältigt«, lautet die analoge Sonettzeile. Das Ritornell, in der motivischen Reihenfolge umgestellt, beendet mit tänzerischem Schwung das Werk.

Concerto Nr. 4 f-Moll (P 442) »L'Inverno«

»*Der Winter*«: Hier erreicht Vivaldi den Höhepunkt in der Darstellung außermusikalischer Vorwürfe. Meisterhaft sind die Mittel zur klanglichen Versinnbildlichung klirrender Kälte im Eingangsritornell des *ersten Satzes* (Allegro non molto, 4/4-Takt) gewählt.

Dieser Satzanfang verkörpert bei Vivaldi gewissermaßen den musikalischen Ausdruck für Kälte schlechthin, denn er benutzt die gleiche Motivik auch in der Arie »Gelido in ogni vena« seiner Oper »Siroe, Ré di Persia«.

Ab Takt 12 des Konzerts beginnt die Solo-Violine mit der Schilderung schrecklichen Windes. Abwärtsrasende Zweiunddreißigstelfiguren, mehrmals unterbrochen vom »eisigen« Kopfmotiv des Ritornells, leiten zu einer rhythmisch geprägten, gleichsam schüttelnden Motivgruppe der Ripienisten über,

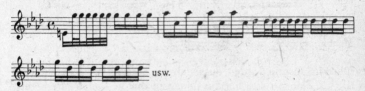

der ein virtuoses Solo folgt. Dieser Abschnitt ist programmatisch mit »Laufen und Aufstampfen der Füße vor Kälte« überschrieben. Durch eingeworfenes Tremolo der Streicher, Wind symbolisierend, verdichtet sich dieses Solo und mündet in das verkürzte, »eisige« Ritornell. Im letzten Soloabschnitt erzeugt die Aufeinanderschichtung von repetierten Achteln (in den Bratschen), Sechzehnteln (der Ripienviolinen) und doppelgriffig auszuführendem Zweiunddreißigsteltremolo der Prinzipalvioline ein akustisch sehr realistisches »Batter li denti« (»Zähneklappern«). Als Schlußtutti wird die mit Aufstampfen der Füße vor Kälte bezeichnete Motivgruppe angehängt und ausgesponnen. Auf das Eingangsritornell des Satzes wird nicht noch einmal Bezug genommen.

Der *Mittelsatz* (Largo, Es-Dur, $^4/_4$-Takt) in dreiteiliger Liedform zeichnet musikalisch eine häusliche Idylle nach: »Ruhig und zufrieden seine Tage am Kamin zubringen, während draußen der Regen alle durchnäßt«, lautet dazu der Sonettext. Solo-Violine und Bratschen singen voll Behaglichkeit ihre Melodie, während die Pizzikati der Ripienviolinen den Regen peitschen lassen.

Im *dritten Satz* (Allegro, $^3/_8$-Takt) verzichtet Vivaldi auf ein einleitendes Ritornell. Die Solo-Violine eröffnet den Satz, über dem langgehaltenen Baßton *f* zeichnet sie die Kurven und Figuren eines Eisläufers nach:

Vivaldi

Das Tutti nimmt diese Bewegung auf, verlangsamt sie jedoch, »aus Angst zu stürzen«, wie es im Sonett heißt. Durch eine ruckartige Wendung und Drehung fällt der Eisläufer zu Boden:

Doch im anschließenden, ausgedehnten Soloteil bewegt er sich wieder auf dem Eis und beginnt immer rascher zu laufen: die Figuren der Solo-Violine werden virtuos gesteigert. Der Eisläufer springt, »bis das Eis bricht und sich aufspaltet«.

Plötzlich, »Lento« – ein Tutti, zieht der sanfte »Sirocco« (der Südostwind) auf und gerät mit dem ungebärdigen »Borea« (dem Nordwind) heftig gegeneinander. »Allegro« rast die Solo-Violine in Zweiunddreißigstelläufen dahin, vom Tremolo der Ripienisten kontrapunktiert, bis sie in die brausende Sturm-Klangfläche des Schlußtutti einmündet: »Das ist der Winter, aber, wie er auch sei, welch' Freuden bringt er«. So ist es gewiß, daß der Sturm den Winter vertreiben und ein neuer Frühling heraufziehen wird. MF

Rudolf Wagner-Régeny 1903—1969

Rudolf Wagner-Régeny, am 28. August 1903 in Szászrégen (Siebenbürgen) geboren, verbrachte Kindheit und Schulzeit noch in der verfallenden österreichisch-ungarischen Monarchie. Kurz nach dem ersten Weltkrieg begann er sein Studium am Leipziger Konservatorium, siedelte aber bald nach Berlin über, um hier nach Studien bei Rudolf Krasselt, Friedrich Ernst Koch, Emil Nikolaus von Reznicek, Franz Schreker und Siegfried Ochs 1923 seine musikalische Ausbildung abzuschließen. Von 1927 bis 1930 reiste er mit Rudolf von Laban und seiner Kammertanzbühne als dessen Kapellmeister und Komponist durch Deutschland, die Schweiz und Holland. 1929 traf Wagner-Régeny in Essen mit dem Bühnenbildner, Maler und Schriftsteller Caspar Neher zusammen, der ihm in der Folgezeit, beginnend mit dem »Günstling«, die Textbücher für seine bekanntesten Opern lieferte, die den Namen des Komponisten in die Welt trugen. Der entscheidende Durchbruch gelang 1935 mit der überaus erfolgreichen Uraufführung des »Günstlings« an der Staatsoper Dresden unter Karl Böhm, die Wagner-Régeny in die vorderste Reihe der zeitgenössischen deutschen Opernkomponisten rücken ließ. Es folgten – 1939 unter Herbert von Karajan – die »Bürger von Calais« in Berlin und – 1941 unter Leopold Ludwig – »Johanna Balk« an der Wiener Staatsoper. 1943 wurde der Künstler zum Militärdienst einberufen, der schwere gesundheitliche Schädigung brachte.

Das Jahr 1947 brachte Wagner-Régeny die Ernennung zum Direktor der neugegründeten Musikhochschule Rostock sowie zum Professor und Leiter der Meisterklasse für Komposition. 1950 erfolgte seine Berufung als Professor für Komposition an die ebenfalls neugegründete Deutsche Hochschule für Musik in Berlin, wo er bis 1968 wirkte. Gleichzeitig leitete er eine Meisterklasse für Komposition an der Deutschen Akademie der Künste zu Berlin. Mit dem szenischen Oratorium »Prometheus« (nach Aischylos) wurde 1959 das neuerbaute Haus des Staatstheaters Kassel eingeweiht. 1961 gelangte während der Salzburger Festspiele die Hofmannsthal-Oper »Das Bergwerk zu Falun« zur Uraufführung. Der Komponist verstarb am 18. September 1969 in Berlin.

Wagner-Régeny, eine der prominentesten Komponistenpersönlichkeiten der Deutschen Demokratischen Republik, war vor allem Opernkomponist, der sich namentlich in den Neher-Opern der mittleren Schaffensperiode als legitimer Fortsetzer des von Brecht und Weill begründeten gesellschaftskritischen, lehrhaft-epischen Musiktheaters erwies. Er schrieb aber auch verschiedene gewichtige Orchester- und Kammermusikwerke, Klavierstücke, Lieder und Kantaten; sie demonstrieren eindringlich seine auf stärkste Verdichtung der melodischen Linien bedachte Tonsprache, die das Laute, das Grelle, den Effekt und die Klangschwelgerei bewußt vermeidet. Seine »Kunst der Aussparung« verbindet strenges Formbewußtsein, kunstvolle lineare Stimmführung, herben Klangcharakter mit innerer Gespanntheit des Ausdrucks. Ferruccio Busonis neoklassizistische Bestrebungen führte Wagner-Régeny in seinem Spätschaffen zur Synthese mit subjektiv modifizierter Dodekaphonie. In allen seinen Kompositionen herrscht eine eindeutige künstlerische Grundhaltung. Sie besteht in der Besinnung auf Klarheit, Einfachheit, Wahrhaftigkeit, Disziplin, in der Vermeidung alles Überflüssigen und Verschwommenen.

Von Wagner-Régenys insgesamt sieben Beiträgen zur Orchestermusik stehen die ersten fünf in unmittelbarem geistig-stilistischem Zusammenhang mit dem Bühnenschaffen des Komponisten. Lediglich die beiden letzten Orchesterarbeiten, zweifellos die Kulminationspunkte seines Orchesterwerkes überhaupt und bezeichnende Zeugnisse aus der späten Schaffensperiode, markieren eine neue, über die Opern hinausgehende selbständige sinfonische Position.

Orchestermusik mit Klavier (1935); Suite aus dem Ballett »Der zerbrochene Krug« (1937); Suite aus der Oper »Persische Episode« (1950); Mythologische Figurinen (1951); Drei Orchestersätze (1952); Einleitung und Ode für sinfonisches Orchester (1967); Acht Kommentare zu einer Weise des Guillaume de Machaut (1968).

Orchestermusik mit Klavier

Besetzung: 2 Flöten, 2 Oboen, 2 Klarinetten, 2 Fagotte, 2 Hörner, 2 Trompeten, 2 Posaunen, Schlagzeug, Klavier, Streicher
Aufführungsdauer: 17 Minuten

1935, im Jahr der Dresdner Uraufführung des »Günstlings«, entstand dieses Werk, unter dessen bescheidenem Titel sich nichts anderes als ein Klavierkonzert verbirgt, das der Komponist als Solist mit der Dresdner Staatskapelle unter Karl Böhm 1936 uraufführte. Das klassizistische Stück – geistig in der Nähe des »Günstlings« und des Ballettes »Der zerbrochene Krug« angesiedelt – ist ein reizvolles, musizierfreudiges Opus, das dem Solisten, der freilich nicht selbstherrlich-konzertant mit großen Kadenzen herausgestellt wird, dankbare, durchaus virtuose Aufgaben stellt. Die herzhaft zupackenden, stilisiert volksliedhaft-schlichten wie die spielerisch vergnügten Partien des Stückes, die Motorik wie die feinnervigen (auch poly-) rhythmischen Impulse, sein disziplinierter, polyphon durchsetzter Kammerstil erweisen es als eine wertvolle Bereicherung der zeitgenössischen Klavierkonzertliteratur. Leichtverständlichkeit ist nicht der geringste Vorzug der dreisätzigen Komposition, die das Orchester der Wiener Klassik einsetzt.

»Heftig, gehämmert« ist der *erste Satz* überschrieben, der starke rhythmisch-motorische Kräfte freisetzt. Er hat regelrechte Sonatenform. Ein markant gemeißeltes, akkordisches Klavierthema, das erste Thema des Satzes, eröffnet das Werk.

Es wird sofort vom Orchester aufgegriffen und im Wechsel mit dem Soloinstrument in »hämmernden« Rhythmen und Klangbildern verarbeitet. Verhältnismäßig spät und die ausgedehnte Exposition beendend, tritt, wiederum im Klavier, das ebenfalls rhythmisch betonte zweite Thema hinzu, dessen Anlage dem Komponisten erlaubt, es gleichzeitig im Orchester zu variieren. Während die Durchführung nur mit dem zweiten Thema arbeitet, beginnt die Reprise mit dem Hauptthema, das nun allerdings zuerst im Orchester aufklingt.

Auf Klangschönheit ist im Gegensatz zur kraftvollen Geste des Eingangssatzes der langsame *zweite Satz* (Einfach, zart) bedacht. Das wie ein altes Volkslied wirkende Hauptthema, das vom Solisten anfangs unbegleitet angestimmt wird, prägt den innigen Charakter dieses Satzes, der in erweiterter Liedform angelegt ist.

Den *dritten Satz* (Freimütig, frisch-anmutig, bewegt) gestaltete Wagner-Régeny zweiteilig, indem er dem eigentlichen Finalsatz ein freches kleines Scherzo wie einen Prolog vorausschickt. Stark kontrapunktisch ist die Faktur des anmutig bewegten Finales. Zu Beginn spielen die Streicher ein vierstimmiges Fugato. Dann erklingt im Klavier das eigentliche Hauptthema, legato, fast im Haydn-Stil. Am Schluß dieses äußerst differenzierten, eigenartigen Rondos steht eine Stretta des Hauptthemas.

Suite aus der Oper »Persische Episode«

Besetzung: 2 Flöten, 2 Oboen, 2 Klarinetten, Altsaxophon, Akkordeon, 2 Fagotte, 2 Hörner, 2 Trompeten, 2 Posaunen, Tuba, Pauken, Schlagwerk, Glocke, Klavier, Streicher
Aufführungsdauer: 15 Minuten

Unter Mitarbeit von Bertolt Brecht schrieb Wagner-Régeny nach einem Libretto von Caspar Neher die bereits 1940 begonnene, jedoch erst 1950 vollendete Komische Oper »Persische Episode« (auch »Der Darmwäscher«), die unter dem Titel »Persische Späße« 1963 am Volkstheater Rostock unter Gerd Puls ihre Uraufführung erlebte. Motive aus »Tausendundeine Nacht« sowie Gedichte Brechts bilden die literarische Grundlage des Stückes, das, einer modernen Offenbachiade vergleichbar, eine Satire darstellt. Nach dem Vorbild der Oper »Aufstieg und Fall der Stadt Mahagonny« von Brecht und Kurt Weill wird in der »Persischen Episode« auf vergnügliche Weise eine dennoch aggressive, unerbittliche Kritik an gewissen Erscheinungen der kapitalistischen Gesellschaftsordnung geübt, wird gegen die Fäulnis einer Moral Anklage erhoben, deren notwendige Konsequenzen Prostitution, Korruption, Gewaltherrschaft der Stärkeren sind. Ein armer Darmwäscher, der sich auf ein Abenteuer mit der Frau eines Ölmagnaten eingelassen hat, muß zugrunde gehen, weil er mutig genug ist, die moralische Verderbtheit und Verkommenheit der Geldleute zu entlarven. Wiener Vorstadtmusik, Jazzelemente, an Zirkusatmosphäre erinnernde Galopp- und Polkarhythmen sind neben dem Song die hauptsächlichsten stilistischen Fundamente der Musik dieser Oper, die in einigen selbständigen Instrumentalstücken, welche mit der Ouvertüre zusammen vom Komponisten zu einer vierteiligen Konzertsuite zusammengefaßt wurden, auch dem Ballett Entfaltungsmöglichkeiten gibt.

Der erste Satz, die *Ouvertüre*, beginnt mit einer kurzen, grellen Adagio-Einleitung, der sich ein heiteres, tänzerisch hüpfendes Allegretto anschließt. »*Kampf zweier Raubtiere*« ist der zweite Satz (aus dem 2. Akt der Oper) überschrieben. Brutal stampfende Rhythmen demonstrieren die Gewalttätigkeit und Gemeinheit der sich im Leben, nicht nur hier im Spiel des Tanzes, heftig bekämpfenden »Raubtiere«, worunter die Gäste eines Maskenballs zu verstehen sind, den der Ölkönig in seinem Palast veranstaltet. Dem 3. Akt entnommen ist die nachfolgende *Polka*, ein Tanz der Dirnen. Mit der *»Musik der großen Haifische«* aus dem 4. Akt endet die Suite. Zu den Klängen dieses abermals sehr brutale Jazzelemente enthaltenden Tanzes verlassen die noch immer als Raubtiere maskierten Gäste des Ölkönigs das Fest. Der Mittelteil im $^3/_4$-Takt schafft einen Kontrast zur Heftigkeit des Hauptteiles.

Drei Orchestersätze

> Besetzung: Pikkoloflöte, 2 Flöten, 2 Oboen, Englischhorn, 2 Klarinetten, Baßklarinette, 2 Fagotte, Kontrafagott, 4 Hörner, 3 Trompeten, 3 Posaunen, Tuba, Pauken, Schlagzeug, Glocke, Streicher
> Aufführungsdauer: 15 Minuten

Die im Jahre 1952 geschriebenen und am 28. September 1953 durch die Berliner Staatskapelle unter Karl Egon Glücksig uraufgeführten »Drei Orchestersätze«, eine orchestrale Vorstudie zum szenischen Oratorium »Prometheus« nach Aischylos, beschäftigen einen großen sinfonischen Apparat. Inhaltlich nehmen die drei suitenartig nebeneinandergestellten Sätze die monumental-titanische Haltung des »Prometheus« voraus. Die thematischen Gedanken der Partitur sind aus einer Zwölftonreihe entwickelt.
Ein eindringlich-emphatisches Hornthema

eröffnet den mehrgliedrigen *ersten Satz*, dessen Ausdruckscharakter heroisch, monumental ist. Nach der energischen Einleitung, in der Hörner und Holzbläser dominieren (die Streicher steuern nur stützende Akkorde bei), bestimmen starke rhythmische Akzente des vollen Orchesters und Taktwechsel die weitere Entwicklung des Satzes. Markante Bläsereinwürfe treten hervor. Schließlich wird von der Kleinen Trommel ein auffallender $^{10}/_8$-Rhythmus angeschlagen, der zur Schlußsteigerung überleitet,

Fünf kurze Charaktervariationen über ein expressives Andanterubato-Thema, das gleich zu Beginn von einer Solo-Violine vorgeführt wird, bilden den *zweiten Satz*. Die erste Variation (leicht fließend) wandelt das zarte Thema poesievoll ab; die zweite, im $5/8$-Rhythmus, ist bei gedämpften Blechbläsern sehr fließend gehalten; leicht bewegt gibt sich die ganz auf Linien gestellte dritte, während die vierte (meno mosso) eine fast jazzoid-frivole Tanzvariation darstellt und die fünfte von drängender Bewegung erfüllt wird. Zum Schluß erklingt nochmals das Thema, vorgetragen von der Solo-Flöte.

Eine von den Holzbläsern angestimmte, dann auch von den Streichern, den Blechbläsern und dem Schlagzeug getragene scherzohafte Einleitung geht dem eigentlichen kraftvoll-titanischen, lebhaften *Finalsatz* (Lebhaft) voraus, der mit majestätischen Fortissimoklängen des gesamten Orchesters anhebt. Durch den Rückgriff auf die melodisch-rhythmischen Kräfte der vorausgegangenen Sätze erreicht Wagner-Régeny eine schöne geistige Geschlossenheit seiner Komposition. Mit dem breiten Hornthema des ersten Satzes, nunmehr vom strahlenden Tutti zum dreifachen Forte grandios gesteigert, schließt das Werk, das in seiner klanglichen Massivität ziemlich einsam dasteht in dem sonst auf »Kammerton« gestellten Œuvre des Komponisten.

Einleitung und Ode

Besetzung: Flöte, Oboe, Englischhorn, Klarinette, Fagott, Kontrafagott, Horn, Trompete, Posaune, Schlagzeug, Klavier, Streicher

Aufführungsdauer: 21 Minuten

Im Februar und März 1967 – zwei Monate nach schwerer Erkrankung und Operation – schuf Wagner-Régeny im Auftrage Kurt Sanderlings und des Berliner Sinfonieorchesters diese seine bedeutendste sinfonische Komposition, deren Auftraggeber zugleich die ersten Interpreten am 2. Oktober 1967 im Rahmen der Berliner Festtage waren. Zum Anliegen des Werkes sagte der Komponist: »Der jahrzehntelange Umgang mit jungen Menschen, die das Komponieren erlernen wollen, lehrte mich: daß jener allmächtige Lebensstrom, der alles Organische und Anorganische der Welt durchfließt, in allen Kunstwerken vorgefunden werden muß. Dieser Fluß des Lebens wird in unreifen Musikstücken oft unterbunden. Die Unterbrechungen können durch Unvermögen oder durch psy-

chische Einwirkung hervorgerufen sein. Die ersteren lassen sich durch satztechnische Mittel, die letzteren nur durch den geistigen Reifeprozeß beheben. Die Domäne des Alten sind: das Streben nach der Schönheit des Ganzen, nach der Symmetrie der Flächen, nach der Kraft des Melodischen (auch in den Nebenstimmen) und die Gläubigkeit an das Leben. Diesem strebte ich nach. Ich weiß nicht, ob ich es gefunden habe.«
In der Tat: Sein Streben nach Schönheit und Symmetrie des Ganzen wie der Teile hat in diesem Kunstwerk, das bei aller Verhaltenheit und Nachdenklichkeit durchdrungen ist vom Glauben an die Kraft des Lebens, Erfüllung gefunden. Die höchst konzentrierte, ja introvertierte Komposition ist zu Recht als sinfonisches Selbstporträt bezeichnet worden – das Selbstporträt eines Künstlers, der seine hohe gesellschaftliche Aufgabe darin erblickte, von der Schönheit unseres Lebens zu künden. Daß er dies auf eine zutiefst persönliche Weise tat, verwundert nicht angesichts der eigengeprägten schöpferischen Persönlichkeit des Komponisten. So findet sich alles, was Wagner-Régenys Spätstil kennzeichnet, in diesem Werk: geistige Disziplin und innere Logik der kompositorischen Struktur, Ebenmaß und Ausgewogenheit der Form, Ökonomie der Mittel, eine dem äußerlichen Effekt grundsätzlich abholde, maßvolle, verinnerlichte und gedankenvolle Haltung.
Mehrfach unverändert (lediglich in anderer Instrumentation) auftretende thematische Grundgestalten prägen im wesentlichen den Bau des Werkes. Sie fügen sich zu einem Ganzen durch eng verzahnte Bindeglieder, motivische Floskeln und Kontrapunkte, die logische Bezüge schaffen, mehr oder weniger selbständige Bedeutung gewinnen und überleitende Funktionen erhalten. Diese kontrapunktischen Zutaten zum musikalischen Grundmaterial erweisen sich im Unterschied zu jenem als in hohem Maße verwandlungsfähig. Sie tragen eine kunstvolle strukturelle Metamorphose: eine gleichsam von Kommentaren durchbrochene Form. »Kommentare sind nicht Variationen«, sagte Wagner-Régeny. »Sie unterscheiden sich von diesen darin, daß nicht melodische Veränderungen, sondern Zutaten auftreten, die die originale Gestalt durch neue Sichten umkreisen.«
Die *Einleitung* (Ruhig, $^4/_4$-Takt) beginnt mit einem weitgespannten Thema, das sich über 20 Takte erstreckt und von den Kontrabässen pianissimo gesungen wird; bereits im 2. Takt setzen die Bratschen mit einem die Stimmung vertiefenden Kontrapunkt ein. Nun entfaltet sich ein kunstvoll geformtes, ausdrucksstarkes Linien-

spiel im Streichersatz, zu dem nur ganz wenige belebende Oboenkantilenen sowie gelegentliche behutsame Grundierungen durch das Tamtam hinzutreten. Jede Linie erscheint melodisch bedeutungsvoll ausgeformt; vielfältig sind die handwerklichen Künste, die Stimmvertauschungen und strukturellen Metamorphosen des dabei wie aus einem Guß wirkenden Stückes. Zweistimmig, wie die Einleitung beginnt, schließt sie auch. Die Grundhaltung des Werkes ist geäußert: edle Besonnenheit und Klarheit.

Nach der zarten, sparsam kolorierten Einleitung hebt die *Ode* (Langsam, 2/4-Takt) an, ebenfalls in gemessenem Tempo. Entsprechend der altgriechischen Bedeutung als (Strophen-) Lied, als Ausdruck ernster Gedanken und Gefühle, beginnt sie, wie die Einleitung monothematisch angelegt, mit einem breit-strömenden, lyrischen Unisonogesang der Violinen von 21 Takten.

Wie in der Einleitung erscheint das Hauptthema in der Ode dreimal in unveränderter Gestalt (am Anfang, in der Mitte und am Schluß), jedoch in wechselnder Instrumentation und in jeweils anderer Umspielung. Es verkörpert gleichsam die drei Strophen der Ode, um die herum kaleidoskopartig neue Gedanken und Bilder von großer Mannigfaltigkeit zu einem geschlossenen Ganzen gefügt werden. Eine Fülle motivisch-kommentierender Verbindungsglieder dient der thematischen Evolution. Rhythmische Umkehrungen, Diminutionen und Imitationen erzeugen eine stetige Verwandlung der eingeführten Gedanken, die auch in den Nebenstimmen große melodische Kraft entfalten. Kommentierendes und Reflektierendes führen nach einer großen Entwicklungskette zum Höhepunkt der Ode: zum Ausklang, zum Hymnus auf das Leben. Zum geschlossenen, apollinischen Organismus der Ode trägt die aparte, leuchtende Instrumentation bei.

Beim klanglichen Nacherleben dieser Musik, zumindest beim ersten Male, spielt das Raffinement des Technischen kaum eine Rolle. So konnte Wagner-Régeny sagen, »Einleitung und Ode« sei zugleich das »einfältigste und raffinierteste Stück seines Lebens« – einfach in der Wirkung und raffiniert in der Struktur.

Acht Kommentare zu einer Weise des Guillaume de Machaut

Besetzung: Flöte, Oboe, Klarinette, Fagott, 2 Hörner, Kleine Trommel, Klavier, Streicher
Aufführungsdauer: 14 Minuten

Das Kompositionsverfahren, das Wagner-Régeny erstmals in »Einleitung und Ode« angewendet hatte, gab dieser letzten, 1967 entstandenen und am 5. April des folgenden Jahres durch die Berliner Staatskapelle unter Arvid Jansons uraufgeführten Orchesterarbeit ihren Namen. Das Prinzip der kommentierend-meditierenden »Zutaten« zu einem vorgegebenen Gedanken erlangt hier außer der strukturellen zugleich formschaffende Bedeutung, denn die Kommentare, äußerst knappe, konzentrierte Sätze, stellen eigenständige Gebilde dar (sind nicht mehr Teile eines höheren Ganzen wie in der »Ode«). Wagner-Régeny äußerte zu dem Werk: »Je weiter wir im Geiste in die hinter uns liegenden Jahrhunderte hinabsteigen, um so fremdartiger mutet uns die Welt von einst an. Was Max Liebermann um 1900 in seinen Bildern gestaltete, unterscheidet sich von dem, was Albrecht Dürer um 1500 darstellte, in Gewändern, Krügen, Lampen und in Gesichtern. Der Ausdruck der Gesichter aber ist es, der das Weltgefühl am deutlichsten zeigt. Nun ist der Transport von Gegenständen und Weltgefühl zwar auch in anderen Künsten sichtbar: in der Plastik, wie in der Architektur und in Schriftwerken. Am deutlichsten aber in der Musik. Es mußte mich zutiefst erregen, als ich in den Weisen des Machaut (aus dem 14. Jahrhundert) Gefühlswerte aufspürte, die bis zu Franz Schubert (also bis in die Goethe-Zeit hinein) lebendig geblieben sind und die uns Menschen von heute noch vertraut sind. Darum schrieb ich acht Kommentare zu einer Weise des Guillaume de Machaut. Wie man einen Gegenstand seinem Zwecke entfremden kann, um ihm ein neues Leben zu schenken, so wollen die acht kleinen Stücke immer in einem anderen Geiste erscheinen, ohne das Urtümliche ihrer Substanz anzutasten.«

Das Thema des Machaut, des größten Repräsentanten französischer Musik des 14. Jahrhunderts, entnahm Wagner-Régeny dem ersten Band der von F. Ludwig herausgegebenen Gesamtausgabe seiner Werke. Es handelt sich um das Virelai Nr. 16, »C'est force«, das – altertümlich ausgesetzt – als *Die Weise* ($^6/_8$-Takt) dem für kleines Orchester konzipierten Zyklus der Kommentare vorangestellt ist. Im *ersten Kommentar*, der den Charakter eines Arioso besitzt, tritt das Thema zuerst im Fagott, dann in der Klarinette auf, begleitet von Hörnern und Streichern. Im *zweiten*, wie ein langsamer Tanz anmutenden Stück singt anfangs die Oboe die Machaut-Weise, dann wird diese, verkürzt durch kleinere Notenwerte, von der Flöte übernommen. Eine Klavierkadenz beschließt den Satz. Mit einer Zwölftonreihe in den 2. Violinen wird der *dritte Kommentar* eröffnet, in dem das Thema zuerst im Horn erscheint, dann, in seinen Teilen gleichzeitig übereinandergeschichtet, in den Streichern und in der Klarinette. Die Reihe, zunächst von der Flöte intoniert, dann von der Oboe, liefert den Kontrapunkt dazu. Derb walzerhaft beginnt das *vierte Stück* und führt zu einem Klaviersolo. Darauf trägt die Oboe das Thema vor, während die Streicher gleichzeitig im Pianissimo ein jazzartiges musikalisches Geschehen beisteuern. Neuerlich hebt das Klaviersolo an, nunmehr im Krebs. Eine 4taktige Reminiszenz an die Jazzepisode erklingt als Beschluß. Der *fünfte Kommentar* bringt das Thema nacheinander in Klarinette, Horn und schließlich in Violoncelli und Kontrabässen, gleichzeitig wird es von einem Dreitonmotiv im Spiegel ständig von den Streichern umspielt. Nach einer Klaviereinleitung stimmt im *sechsten Kommentar* die Oboe das Hauptthema an. Zu den Gegenstimmen von Klarinette, Hörnern und Fagott – wie das Thema im Zweierrhythmus – schlägt die Kleine Trommel einen Dreierrhythmus. Marschartig laut verklingt dieser Teil im Tutti. Ein locker federndes Menuett steht an *siebenter* Stelle, während das *Finale* wieder ein Tuttistück darstellt, zwischen $^2/_4$- und $^3/_4$-Takt oft wechselnd. Ein eigenartiger, archaisierender Orgelmixturklang, durch Quintenschichtungen ausgelöst, prägt die 6taktige Coda (Breit, fortissimo). DH

Moissei Wainberg geb. 1919

Moissei Samuilowitsch Wainberg wurde am 8. Dezember 1919 in Warschau geboren. Er erwarb seine musikalische Ausbildung in Warschau und Minsk. Anschließend wirkte er für einige Jahre als Lehrer und Chorleiter in Taschkent, der Hauptstadt Sowjet-Usbekistans. Seit 1943 lebt er in Moskau. Der sowjetische Komponist hat vor allem durch bedeutende Orchesterwerke auf sich aufmerksam gemacht, in denen sich schöpferische Weiterführung polyphonkonzertanter musikalischer Traditionen mit ungestümem Musiziertemperament höchst glücklich verbinden.

11 Sinfonien: Nr. 1 (1945); Nr. 2 (1954); Nr. 3 (1960); Nr. 4 (1961); Nr. 5 (1962); Nr. 6 mit Knabenchor (1964); Nr. 7 für Streicher und Cembalo (1966); Nr. 8 mit Tenor und Chor (1967); Nr. 9 (1967); Nr. 10 (1968); Nr. 11 (1969); Sinfonietta (1940); Sinfonietta für Streichorchester und Pauken (1960). – Rhapsodie auf moldauische Themen (1969); Slawische Rhapsodie (1950); Suiten »Polnische Melodien« (1950) und »Sinfonische Lieder« (1951); Serenade (1954). – Violinkonzert (1960); Violoncellokonzert (1956); Konzert für Flöte und Streichorchester (1961); Trompetenkonzert (1967); Konzert für Klarinette und Streichorchester (1970).

Sinfonietta

Besetzung: Streichorchester, Pauken
Aufführungsdauer: 17 Minuten

Dieses erfolgreiche Werk aus dem Jahre 1960 besticht durch den kraftvollen Ernst seiner Grundhaltung wie durch seine eigenwillige Dramaturgie. An erster Stelle steht ein tokkatenhafter *Allegro*-Satz (g-Moll, 4/4-Takt), dessen scharf geschnittenes Hauptthema sogleich zu Beginn im Unisono der Streicher erklingt:

Die Pauken geben im Verlauf des Satzes rhythmische Akzente auf *g* (dem Grundton der Haupttonart). Die klanglich abwechslungsreich gestalteten Abschnitte, in denen das Hauptthema wiederholt, variiert, transponiert wird, umschließen mehrfach aufgelockerte Partien mit polyphon verflochtenen melodischen Linien.

Diesem kraftvollen Eröffnungssatz folgt ein locker instrumentiertes, harmonisch nuancenreiches und lyrisch beschwingtes *Allegretto* (²/₄-Takt), dessen Hauptgedanken die 1. Violinen con sordino eingangs unbegleitet vorgetragen:

In diesem Satz, der mit einem Violinsolo in hoher Lage sanft verklingt, schweigen die Pauken ebenso wie im folgenden *Adagio* (³/₄-Takt). Konzentrierte sich der zweite Satz tonal auf *c*, so rückt das unmittelbar anschließende Adagio nach *des*. Die Lyrik des Allegretto wird hier gedanklich vertieft, ins Grüblerische gewendet. Wieder steht am Ende ein Violinsolo, das über dem Klanggrund der sordinierten 1. und 2. Violinen nun gleichsam entrückt in die Höhe steigt. Im wiederum attacca anschließenden Finalsatz, einem *Andantino* (³/₄-Takt, G-Dur), bietet Wainberg eine sehr differenzierte sinfonische Lösung: Über einem geheimnisvollen Paukenwirbel im dreifachen Piano spielen die 2. Violinen con sordino und pianissimo eine tänzerische Weise,

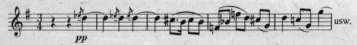

die allmählich Gegenstimmen (zunächst in den Violoncelli) erhält, dann einer einfacheren Liedweise weicht, wobei der tänzerische Rhythmus immer stärker hervortritt. Der Wechsel von Dominanz des Melodischen und des rhythmisch stärker akzentuierten Tänzerischen durchzieht das ganze Stück bis zum in Flageoletts der Streicher und leisem Paukenwirbel verklingenden Schluß.   HJS

Carl Maria von Weber 1786—1826

Ein nur kurzes Leben war Carl Maria Friedrich Ernst von Weber beschieden – ein Leben, das abenteuerlich begann und in harter, von Krankheit umdüsterter, bis zur Selbstaufopferung ausgeübter, oft genug von Mißgunst verfolgter beruflicher Fron endete, ein Leben, das aber auch überglänzt war von Schaffensfreude, Anerkennung und der Anteilnahme echter Freundschaft.

Geboren am 19. November 1786 in Eutin, verbrachte Carl Maria,

Sohn des Eutiner Stadtmusikus und seit 1787 Direktors der »von Weberschen Schauspielergesellschaft«, Franz Anton von Weber – der sich selbst den Adelstitel zugelegt hatte –, seine Jugend im Reisewagen und hinter Theaterkulissen. In Hildburghausen fand der Zehnjährige in J. P. Heuschkel den ersten Musiklehrer; in Salzburg kam er in die Lehre Michael Haydns, unter dessen Aufsicht sein Opus 1 (Fughetten für Klavier) entstand. So etwas wie eine Schicksalswende bedeuteten die Jahre 1798–1800 in München: In dieser damals führenden Opernstadt geriet Weber in den Bann des Musiktheaters, das alsbald seine geistige Heimat, sein Lebenselement werden sollte. (Das Münchner Opernrepertoire prägte entscheidend seine späteren Spielpläne in Breslau, Prag und Dresden.) In München vervollkommnete er bei J. N. Kalcher und J. E. Valesi (Wallishauser) seine musikalischen Kenntnisse und machte den ersten Opernversuch (»Die Macht der Liebe und des Weines«).

In Freiberg in Sachsen, wo der ehrgeizige Vater mit Hilfe des Sohnes ein Konkurrenzunternehmen zu der in München von Aloys Senefelder errichteten, damals berühmten Notendruckerei gründen wollte, wurde seine zweite Oper, »Das Waldmädchen« (oder »Das stumme Waldmädchen«), 1800 aufgeführt. Ein Zeitungsskandal machte den weiteren Aufenthalt in Freiberg unmöglich. So kam Carl Maria 1801 wieder nach Salzburg zu Michael Haydn, unter dessen Aufsicht neben Instrumentalwerken 1801 auch die Oper »Peter Schmoll und seine Nachbarn« entstand.

Um seine musikalische Ausbildung zu vervollkommnen, wandte sich Carl Maria von Weber nach Wien. Durch Vermittlung eines Freundes wurde er Schüler G. J. Voglers (in der Musikgeschichte als Abbé Vogler bekannt), der Weber bereits 1804 als Opernkapellmeister nach Breslau an das 1798 von einem Aktienverein gegründete »Nationaltheater« empfahl. Hier begann er mit einschneidenden Reformen in der Opernarbeit (neue Sitzordnung des Orchesters zur Steigerung der klanglichen Möglichkeiten, strenge Probenarbeit, anspruchsvolle Programme), die ihn rasch in Widerspruch zu den Sängern und dem Konsistorium, aber auch zum Publikum brachten. Aus dem unhaltbaren Zustand löste er sich schließlich 1806 durch Kündigung.

Nächste Station war Carlsruhe im damaligen Oberschlesien, wohin ihn der Herzog Eugen von Württemberg-Öls eingeladen hatte. Hier stand ihm ein tüchtiges Orchester zur Verfügung, hier hatte er Muße, diesem einige Werke »auf den Leib« zu schreiben. So entstanden unter anderem seine beiden Sinfonien, ein Concertino für

den Hornisten und Sekretär des Fürsten, Dautrevaux, und Sechs Variationen für Bratsche und Orchester.
Als der Eroberungskrieg Napoleons 1807 auch Schlesien erreichte, wandte sich Weber, nachdem er ein Vierteljahr als Klaviervirtuose umhergereist war, wohl auf Empfehlung des Herzogs nach Stuttgart zu dessen Bruder Herzog Ludwig von Württemberg und wurde sein Sekretär. Hier schloß er Freundschaft mit Franz Danzi, dem Hofkapellmeister der Stuttgarter Oper, der ihn zur Komposition der Oper »Silvana« ermunterte. Außerdem schrieb Weber in dieser Zeit die »Turandot«-Musik, ein Klavierquartett, zahlreiche Lieder, Klaviermusik und die Kantate »Der erste Ton«.
Eine zum Teil durch den Vater verschuldete mißliche Geldangelegenheit führte dazu, daß Vater und Sohn am 9. Februar 1810 verhaftet, dann auf Lebenszeit des Landes verwiesen und über die Grenze Württembergs abgeschoben wurden. Das war ein entscheidendes Ereignis im Leben Webers. Er wandte sich nun zunächst nach Mannheim, wo er in Gottfried Weber einen Freund gewann, und ging dann für einige Monate nach Darmstadt. Hier beendete er seine Oper »Abu Hassan« (1811) und gründete den »Harmonischen Verein«, dessen Aufgabe es vor allem sein sollte, seine Mitglieder in der Öffentlichkeit bekannt zu machen. Im März 1811 traf er nach ausgedehnten Konzertreisen zu einem mehrere Monate währenden Aufenthalt in München ein. In dem Klarinettisten der Münchner Hofkapelle, H. J. Baermann, gewann er einen Freund, für den er seine Klarinettenmusik schrieb und mit dem er ausgedehnte Konzertreisen unternahm. 1812 führte ihn eine Tournee erstmals nach Berlin, wo er wichtige Verbindungen knüpfen konnte und bei einem späteren Aufenthalt – 1814 –, begeistert von der Volkserhebung gegen die napoleonische Fremdherrschaft, mit der Vertonung von Gedichten aus Theodor Körners »Leyer und Schwerdt« zum Sänger des Volkes wurde.
Einen Abschluß fand Webers unstetes Wanderleben 1813 mit dem Engagement als Operndirektor in Prag. Als umsichtiger Dirigent, Orchestererzieher und Organisator, auch als Musikkritiker und -schriftsteller gelang es ihm, in kürzester Zeit das musikalische Niveau dieses Opernunternehmens entscheidend zu heben. Im September 1816 beendete er seine Tätigkeit in Prag, um als Kapellmeister und Musikdirektor der »Deutschen Oper« nach Dresden zu gehen. Dresden wurde Höhepunkt seines Wirkens und Schaffens (begünstigt durch die glückliche Ehe mit Caroline Brandt). Hier entstand 1820 »Der Freischütz«, die erste deutsche Volksoper, deren

Uraufführung aber nicht in Dresden, sondern in Berlin stattfand.
1823 komponierte er für Wien die »Euryanthe« und 1826 für London die Oper »Oberon«. Um die finanzielle Zukunft seiner Familie
zu sichern, um gegen die Geringschätzung seiner Arbeit seitens des
Dresdner Hofes zu protestieren, hatte der bereits Todkranke diesen
Auftrag aus England angenommen und reiste im Februar 1826 nach
London, um die Oper einzustudieren. Im Begriffe die Heimreise
anzutreten, starb er hier am 5. Juni 1826. Im wesentlichen auf Betreiben Richard Wagners wurden seine Gebeine im Winter 1844
nach Dresden überführt und in dem von Gottfried Semper entworfenen Familiengrab beigesetzt.
Weber, der auch als Musikschriftsteller und Kritiker Bedeutendes
geleistet hat, war in erster Linie Opernkomponist, der kühn den
Weg zum Musikdrama voranschritt. Trotzdem dürfen seine Werke
für den Konzertsaal nicht unterschätzt werden. Vielfach noch dem
Vorbild Haydns und Mozarts verpflichtet, war er dennoch auch hier
ein Neuerer: vor allem im Harmonischen, in der Kunst der Instrumentation, des Erweiterns der Spielmöglichkeiten einzelner Instrumente (Klarinette), in der Farbigkeit der Klanggebung.

Sinfonien: Nr. 1 C-Dur op. 19 (1807), Nr. 2 C-Dur (1807). −
Ouvertüren: Grande ouverture à plusieurs instruments op. 8
(1807; Umarbeitung der Ouvertüre zu »Peter Schmoll und
seine Nachbarn«, 1801); »Turandot« op. 37 (1809; Umarbeitung der Overtura chinesa, 1805); »Beherrscher der Geister«
op. 27 (1811; Umarbeitung der Ouvertüre zu »Rübezahl«,
1805); Jubel-Ouvertüre op. 59 (1818). − Tänze. −
Konzerte: Klavierkonzerte Nr. 1 C-Dur op. 11 (1810), Nr. 2
Es-Dur op. 32 (1812); Konzertstück für Klavier und Orchester f-Moll op. 79 (1821). − Concertino für Klarinette und
Orchester Es-Dur op. 26 (1811); Klarinettenkonzerte Nr. 1
f-Moll op. 73 (1811), Nr. 2 Es-Dur op. 74 (1811). − 6 Variationen für Bratsche und Orchester C-Dur (1806); Andante e
Rondo ungarese für Bratsche und Orchester c-Moll (1809; für
Fagott und Orchester 1813). − Grand potpourri für Violoncello und Orchester D-Dur op. 20 (1808); Variationen für
Violoncello und Orchester d-Moll/F-Dur (1810). − Romanza
siciliana für Flöte und Orchester g-Moll (1805); Fagottkonzert
F-Dur op. 75 (1811; Umarbeitung 1822); Adagio und Rondo
für Harmonichord (oder Harmonium) und Orchester F-Dur
(1811); Concertino für Horn und Orchester e-Moll op. 45
(1815).

Sinfonien

Die beiden Sinfonien entstanden zwischen Dezember 1806 und Januar 1807 in Carlsruhe. Mit ihrer Besetzung trägt Weber den besonderen Bedingungen der fürstlichen Kapelle Rechnung – so fehlen die Klarinetten, dafür treten Oboe und Horn, für die virtuose Spieler zur Verfügung standen, stärker solistisch hervor. – Der Komponist bekannte später, daß er allenfalls die beiden Mittelsätze der *1. Sinfonie* gelten lasse. Die *2. Sinfonie* ist einheitlicher konzipiert, aber weniger ursprünglich als die erste. Einem ersten Satz, der mehr von dramatischen als sinfonischen Spannungen lebt, folgt ein stimmungsvoller zweiter Satz mit überraschenden harmonischen Finessen. (Weber benutzte ihn 1822 noch für ein höfisches Festspiel zu Ehren des Prinzen Johann von Sachsen.) Ihm schließen sich zwei keß-humorvolle Sätze an: ein Menuett und das Finale.

Daß Weber sich diesem Genre später nicht mehr zuwandte, ist aus seiner immer intensiveren Bemühung um die Oper zu erklären.

1. Sinfonie C-Dur op. 19

Besetzung: Flöte, 2 Oboen, 2 Fagotte, 2 Hörner, 2 Trompeten, Pauken, Streicher

Aufführungsdauer: 25 Minuten

Der *erste Satz* (Allegro con fuoco, ⁴/₄-Takt) dieser Sinfonie sei, so meinte der Komponist, ein »toller Fantasiesatz, im Ouvertürenstil allenfalls«. Das Stück steht in einem festen musikalischen »Rahmen«: die ersten 4 Takte im vollen Orchester werden am Schluß wiederholt. Was sich dazwischen abspielt, ist kein systematisches Entwickeln und Verarbeiten musikalischer Gedanken, sondern ein munteres, übermütig-wirbelndes Spiel mit den beiden Themen des Satzes. Dem ersten Thema, das den Satz leitmotivisch durchzieht,

folgt als zweites eine Melodie, in der Webers Vorliebe für exotisches Kolorit (»Oberon«) bereits deutlich wird:

An sie schließt sich eine Oboenkantilene an – als Huldigung für den Herzog von Württemberg-Öls, der dieses Instrument passabel spielte.

Das folgende *Andante* (c-Moll, 6/8-Takt) führt bereits ins »Freischütz«-Milieu, wenn zu Beginn die Streicherbässe ein später von Flöte und Fagott aufgenommenes, aus dem ersten Thema des ersten Satzes entwickeltes neues Thema anstimmen, dem dann die 1. Oboe mit einem A-Dur-Gesang von »agathenhafter« Innigkeit antwortet. Schließlich schaffen Echorufe von Oboe und Fagott naturhafte »Waldstimmung«, die durch den Einsatz der Hörner noch verstärkt wird.

Im folgenden *Scherzo* (Presto, C-Dur, 3/4-Takt) steht dem munter sprudelnden Hauptteil ein schlichtes Trio sehr anmutig entgegen.

Das *Finale* (Presto, C-Dur, 2/4-Takt) setzt die Scherzostimmung fort. Man spürt förmlich das Vergnügen, das Weber daran gehabt hat, »seinen« Musikern reizvolle Aufgaben zu stellen. So geben die Hornisten mit einem rhythmisch prägnanten, den ganzen Satz beherrschenden Thema, dem die tiefen Streicher antworten, den Auftakt.

Aber auch die Holzbläser, voran die Oboen, läßt Weber nicht zu kurz kommen. Für sie werden aus dem Hauptthema dankbare Varianten entwickelt.

Ouvertüren

Mit seinen Ouvertüren hat Weber Wegweisendes für diese Gattung geschaffen. Er hat gezeigt, wie die Sonatenform programmatisch für das folgende Drama zu verwerten ist. Das thematische Material

der Ouvertüren entstammt fast ausschließlich der folgenden Oper; oder es ist zumindest vom geistigen und stimmungshaften Gehalt der Bühnenhandlung geprägt. Die Themen sind so gewählt, daß sie die Grundelemente der Handlung beziehungsweise das zu schildernde Milieu charakterisieren. Das zeigt sich bereits in der Ouvertüre zu »*Peter Schmoll und seine Nachbarn*«, die Weber 1801 komponierte und 1807 zur »*Grande ouverture à plusieurs instruments*« (op. 8) umarbeitete. In dieser stilistisch an Mozart orientierten Ouvertüre folgt der langsamen Einleitung ein »Allegro vivace« in Sonatenform, das vor der Reprise noch von einem eingeschobenen langsamen Teil unterbrochen wird. 1811 entstand die Ouvertüre »*Die Beherrscher der Geister*« (op. 27), in der Weber Teile seiner frühen Oper »Rübezahl« verarbeitete. In dieser, vom Komponisten selbst als seine »kraftvollste und klarste« bezeichneten Ouvertüre erreicht er erstmals eine vollkommene innere und äußere Einheit.
Deutlich von Lokalkolorit geprägt ist die Ouvertüre zu Gozzi/Schillers »*Turandot*« (op. 37, 1809), eine Umarbeitung der vier Jahre zuvor in Breslau komponierten »*Overtura chinesa*«. Noch deutlicher tritt das Lokalkolorit in der kurz nach dem »Freischütz« geschriebenen Ouvertüre zu »*Preciosa*« (1820) hervor, wo schon mit den ersten Takten des »Allegro moderato« der Schauplatz Spanien erkennbar ist und im Mittelteil »Moderato ma tutto ben marcato« mit dem Zigeunermarsch nach einer Zigeunermelodie weitere folkloristische Elemente zur Milieuschilderung verwendet werden.

Konzerte

Weber hat eine Reihe von Konzerten geschrieben, die alle aus einem bestimmten Anlaß entstanden und vor allem Virtuosenkonzerte sind (das Orchester hat bis auf einige Ausnahmen nur begleitende Funktion). Dies gilt besonders für seine für sich selbst geschriebenen Klavierkonzerte; virtuose Brillanz, Terz-, Oktav- und Dezimengriffe (Weber besaß eine ungewöhnlich weite Handspanne), kurz gerissene Begleitakkorde, die an Webers Gitarrespiel denken lassen, bestimmen das technische Bild der Solopartien. Stilistisch ist zunächst das Vorbild C. Ph. E. Bachs, J. N. Hummels und F. Dušeks maßgebend. Mehr und mehr treten aber später die für Webers Konzertstücke charakteristischen Grundzüge in den Vordergrund: die Kompositionen sind frei konzipiert, gleichsam improvisiert und in der Haltung vorwiegend chevaleresk.

Das 1. *Klavierkonzert* (C-Dur op. 11) – in Mannheim begonnen und Ende Oktober 1810 in Darmstadt beendet – prägt ein leicht militärischer Zug, der bereits in dem punktierten Rhythmus des ersten Themas im ersten Satz zum Ausdruck kommt. Während die beiden Ecksätze ganz und gar der Virtuosität und Brillanz verpflichtet sind, atmet der Mittelsatz tief romantischen Klang- und Stimmungszauber. Das 2. *Klavierkonzert* (Es-Dur op. 32) begann Weber 1811 in München und beendete es im Spätherbst 1812 in Gotha, wo er auf Einladung des Herzogs Emil Leopold August von Sachsen-Gotha weilte; es ist glänzender konzipiert als das erste. Sein stimmungsvoller Mittelsatz gehört wohl zu den schönsten Stücken, die Weber überhaupt geschrieben hat; die beiden Ecksätze sind voll festlich-froher Stimmung und glänzender Virtuosität.

Die bedeutendsten Konzerte schrieb Weber für die Klarinette. In ihnen eröffnete er dem Instrument neue Möglichkeiten, er entdeckte und verwertete ihre bis dahin wenig beachteten Klangfarben in extremen Registern. (Bekanntlich trug gerade dies ihm die Bewunderung von Hector Berlioz ein.) Zu Webers engsten Freunden gehörte Heinrich Joseph Baermann, Klarinettist der Münchner Hofkapelle, den Weber schon von Darmstadt her kannte. Mit ihm konnte er das Instrument »ausprobieren«, für ihn schrieb er seine sämtlichen Klarinettenwerke.

Konzertstück f-Moll für Klavier und Orchester op. 79

Besetzung: Solo-Klavier; 2 Flöten, 2 Oboen, 2 Klarinetten, 2 Fagotte, 2 Hörner, 2 Trompeten, Posaune, Pauken, Streicher
Aufführungsdauer: 17 Minuten

Bis heute hat sich diese wahrhaft dramatische Szene in der Gunst der Pianisten und des Publikums gehalten. Weber begann das ursprünglich als dreisätziges Konzert geplante Stück 1815 in Prag, vollendete das schließlich auf vier Sätze erweiterte Werk aber erst in Berlin, und zwar am Vormittag der »Freischütz«-Uraufführung. Es war der 18. Juni 1821, der Gedenktag an die Schlacht von Belle-Alliance, in der Napoleon von den preußischen und britischen Truppen endgültig besiegt worden war. Weber sah darin ein gutes Omen für seine Oper, aber auch seine Klavierkomposition stand unter diesem Zeichen. Obwohl sein Tagebuch für diesen Tag noch »Besuche aller Art« registrierte, vollendete er doch das Konzertstück, spielte es seiner Frau und seinem Schüler Julius Benedikt vor und kommentierte es mit den folgenden Worten: »Die Burgfrau ist auf dem Söller. – Sie schaut wehmütig in die weite Ferne hinaus. – Der Ritter ist seit Jahren im heiligen Lande. – Wird sie ihn wiedersehen? – Viele blutige Schlachten sind geschlagen. – Keine Botschaft von ihm, der ihr Alles ist. – Vergebens ihr Flehen zu Gott, vergebens ihre Sehnsucht nach dem hohen Herrn. – Da befällt sie eine entsetzliche Vision. – Er liegt auf dem Schlachtfeld, verlassen von den Seinen, das Herzblut aus der Wunde rinnend. – Ach könnte ich ihm zur Seite sein – und wenigstens mit ihm sterben! – Sie sinkt bewußtlos und erschöpft hin. – Horch! Was klingt da in der Ferne? – Was glänzt dort am Walde im Sonnenschein? – Was kommt näher und näher? – Die stattlichen Ritter und Knappen alle mit dem Kreuzeszeichen und wehende Fahnen, und Volksjubel, und dort – er ist's! – sie stürzt in seine Arme. – Welch ein Wogen der Liebe – welch endloses unbeschreibliches Glück. – Wie rauscht und weht es mit Wonne aus den Zweigen und Wellen, mit tausend Stimmen den Triumph treuer Minne verkündend.«

Von Anfang an (März 1815) wollte Weber ein Werk schreiben, das, wie seine Theodor-Körner-Lieder, wie seine Kantate »Kampf und Sieg«, der Erhebung gegen Napoleon gewidmet sein sollte. Daß er dies nun auch mit einem Klavierkonzert tun, also diesem Genre einen genau festgelegten Inhalt geben würde, kam ihm anfangs selbst merkwürdig vor. Schrieb er doch von Prag an J. F. Rochlitz, den Herausgeber der »Allgemeinen Musikalischen Zeitung«: »Da ich alle betitelten Tonbilder sehr hasse, so wird es mir höllisch sauer, mich selbst an diese Idee zu gewöhnen, und doch drängt sie sich mir unwiderstehlich auf, und will mich von ihrer Wirksamkeit überzeugen.«

Weber hat jene symbolhafte Erläuterung nicht als »Programm« drucken lassen, wohl aber Benedikt sein Einverständnis mit einer Veröffentlichung kundgetan. In diesem »Programm« kann man die Form des Konzertes durchaus wiederfinden: Als *erster Satz* steht ein Larghetto affettuoso ($^3/_4$-Takt) – Ausdruck der Wehmut und Klage, der Sehnsucht, des Alleinseins:

Der *zweite Satz* (Allegro passionato, f-Moll, $^4/_4$-Takt) ist Sinnbild der »entsetzlichen Vision«, der Verzweiflung und Hoffnungslosigkeit. Einer kurzen Adagioüberleitung, die das Geräusch der siegreich Heimkehrenden imitiert, folgt der *dritte Satz* (Tempo di marcia, D-Dur, $^4/_4$-Takt), der Marsch der Sieger. Er bildet zugleich die Einleitung für das *Finale* (Presto gioioso, F-Dur, $^6/_8$-Takt), ein Rondo, in dem Solist und Orchester sich überbieten in feurigem Ausdruck: »Welch ein Wogen der Liebe – welch endloses unbeschreibliches Glück.«

Mit diesem Werk und seiner Abkehr von der klassischen Form ist Weber für viele Spätere, vor allem für Liszt zum Anreger geworden. Nicht zufällig war das Webersche »Konzertstück« eines von Liszts Lieblingsstücken; Schumann bezeichnete es nach einer Aufführung in Leipzig (1840) voller Begeisterung als Webers »genialste Leistung«.

1. Klarinettenkonzert f-Moll op. 73

Besetzung: Solo-Klarinette; 2 Flöten, 2 Oboen, 2 Fagotte, 3 Hörner, 2 Trompeten, Pauken, Streicher
Aufführungsdauer: 25 Minuten

Weber erhielt den Auftrag zur Komposition seiner beiden Klarinettenkonzerte von König Max Joseph von Bayern. Das 1. Konzert wurde am 17. Mai 1811 vollendet und im Juni bereits von Baermann in einem Konzert in München mit großem Erfolg aufgeführt.

Den *ersten Satz* (Allegro, $^3/_4$-Takt) beginnen die Streicher mit einer zarten Einleitung, die das »Freischütz«-nahe Hauptthema andeutet, bis nach einer Fermate das Orchester voll mit dem prägnanten ersten Thema einsetzt, dem die Klarinette mit einem Gesangsthema antwortet. Es wird dann durch Sechzehntelfiguren und Triolenmotive aufgelockert und bis zu einer von Baermann stammenden Kadenz weitergeführt. Nach kurzem Orchesterzwischenspiel stimmt die Klarinette ein zweites Gesangsthema resignierenden Charakters an, das aber schnell von beweglichen Passagen kontrastiert wird, die zum Hauptthema führen.

Im *zweiten Satz* (Adagio ma non troppo, C-Dur, $^4/_4$-Takt) gibt Weber dem Soloinstrument sofort das Wort mit einer elegischen Melodie. Den Höhepunkt des Satzes bildet die Kombination der 3 Hörner mit der über ihrem warmen Klanggrund klagend singenden Klarinette:

Im abschließenden *Rondo* (Allegretto, F-Dur, ³/₄-Takt) mit kapriziösem Thema und vielfarbigen Refrains und Couplets hat der Solist dann wieder die Möglichkeit, mit allen Künsten virtuosen Spiels zu brillieren.

2. Klarinettenkonzert Es-Dur op. 74

Besetzung: Solo-Klarinette; 2 Flöten, 2 Oboen, 2 Fagotte, 2 Hörner, 2 Trompeten, Pauken, Streicher
Aufführungsdauer: 28 Minuten

Das 2. Klarinettenkonzert entstand im Sommer 1811, also kurz nach dem ersten, und wurde im November desselben Jahres von Baermann in München uraufgeführt. Es zeigt gegenüber dem 1. Konzert und dem Concertino eine Steigerung sowohl des musikalischen Ausdrucks als auch der stets zu beobachtenden Zugeständnisse an die Virtuosität des Solisten.

Schon die ausgedehnte Orchestereinleitung des *ersten Satzes* (Allegro, ⁴/₄-Takt) läßt größeres Format erkennen. Sie exponiert die Hauptthemen: das schon an »Euryanthe« erinnernde erste und das lyrische zweite Thema, die dann im Zusammenwirken von Orchester und Solisten vielfältig verarbeitet werden. Über die Sonatenform hinausgehend, führt Weber vor der Reprise ein drittes Thema ein, das er in das Zwielicht eines unerwarteten, nur kurz vorbereiteten Des-Dur stellt.

Der *zweite Satz* (Andante con moto, g-Moll, ⁶/₈-Takt) ist »Romanze« überschrieben. Mehr balladesk-düster als romanzenhaftheiter wirkt hier die seelenvolle Mollkantilene der Klarinette. Aufgelichtet wird das Bild durch ein Orchesterzwischenspiel in Dur, das in chromatischen Durchgängen schwelgt. Als Mittelteil folgt ein opernhaftes Rezitativ, in dem die Klarinettenmelodie wie eine Gesangsstimme notiert ist. Ihm schließt sich wieder das erste, das Klagethema des Satzes an, mit dem, um eine kurze Ad-libitum-Kadenz erweitert, der Satz ausklingt.

Das *Finale* (Alla polacca, Es-Dur, ³/₄-Takt) ist eine rhythmisch interessante Polonaise, die gleich mit pikanter Synkopierung beginnt. Sie läßt immer wieder Webers Vorliebe für diesen polnischen Tanz erkennen und zollt der Virtuosität ausgiebigen Tribut.

KL

Anton Webern 1883—1945

Anton Webern wurde am 3. Dezember 1883 in Wien geboren. Sein Vater, ein Bergbauingenieur, entstammte einem alten österreichischen Beamtenadelsgeschlecht. Anton Webern studierte ab 1902 Musikwissenschaft bei Guido Adler in Wien und promovierte 1906 zum Dr. phil. mit einer Arbeit über Heinrich Isaacs »Choralis Constantinus«. 1904 begann sein Privatstudium bei Arnold Schönberg, mit dem er sein Leben lang befreundet war. Von 1908 bis 1913 wirkte er als Dirigent in verschiedenen deutschen und österreichischen Städten, kurz vor Ende des ersten Weltkrieges war er Theaterkapellmeister in Prag. In Wien, wo er bis 1922 in Schönbergs »Verein für musikalische Privataufführungen« mitarbeitete, widmete er sich vor allem der Leitung der Wiener Arbeiter-Sinfoniekonzerte und des Wiener Arbeiter-Singvereins. Während des Naziregimes in Österreich lebte er zurückgezogen in dürftigsten Verhältnissen und hielt sich lediglich durch private Lehrtätigkeit über Wasser. Am 15. September 1945 wurde Webern in Mittersill bei Salzburg von der Kugel eines amerikanischen Besatzungssoldaten tödlich getroffen.

Webern gehört mit Alban Berg und Hanns Eisler zu den bedeutendsten Schönberg-Schülern. Abgesehen von den Jugendwerken und der Passacaglia op. 1 sind alle seine Werke tonartlos. Mit op. 17 übernahm er die von Schönberg entwickelte Technik der »Komposition mit zwölf nur aufeinander bezogenen Tönen«. Doch im Gegensatz zu seinem Lehrer, der die Zwölftonreihe der klassischen thematischen Arbeit unterwarf, machte Webern als erster den Versuch, die Reihe nach bestimmten Symmetrieverhältnissen zu ordnen und ihre Struktur auf die Großform des Werkes zu projizieren. Spiegelte sich in den frühen, expressionistischen Orchesterstücken op. 6 und op. 10 noch die Krisen- und Katastrophenstimmung der Vorkriegszeit wider, so bedeuten die zwölftönigen Werke einen Rückzug in die reine Innerlichkeit: Es sind ruhige, in sich kreisende, äußerst knapp geformte Stücke von einer zerbrechlichen Schönheit, die die große Hörerschaft heute noch nur schwer aufzunehmen versteht. Webern, der einmal nicht zu Unrecht der Meister des Pianissimo genannt wurde, hat jedes Jahr durchschnittlich nur ein einziges Werk komponiert.

Passacaglia op. 1 (1908); Sechs Stücke op. 6 (1909; revidierte Fassung 1928); Fünf Stücke op. 10 (1913); Sinfonie op. 21 (1928); Fünf Sätze für Streicherquartett op. 5, bearbeitet für Streichorchester (1929); Fuga a 6 voci (Nr. 2 aus dem »Musikalischen Opfer« von Johann Sebastian Bach) für Orchester gesetzt (1935); Variationen op. 30 (1940).

Passacaglia op. 1

Besetzung: Pikkoloflöte, 2 Flöten, 2 Oboen, Englischhorn, 2 Klarinetten, Baßklarinette, 2 Fagotte, Kontrafagott, 4 Hörner, 3 Trompeten, 3 Posaunen, Tuba, Pauken, Schlagzeug, Harfe, Streicher

Aufführungsdauer: 11 Minuten

Die Passacaglia op. 1 entstand 1908, am Ende der »Lehrzeit« bei Schönberg. Die Uraufführung fand erst am 10. Juni 1921 (in Bochum) statt. Nach Umfang und Besetzung ist die Passacaglia der am größten angelegte Satz innerhalb des Webernschen Gesamtwerkes. Webern geht hier jedoch massiven Einsätzen des Orchesters aus dem Weg; die klare und durchsichtige Instrumentation ist eher kammermusikalisch. Man weiß, daß Brahms im Unterricht bei Schönberg eine große Rolle spielte: Das Finale der 4. Sinfonie von Brahms hat denn auch das Vorbild für Weberns durchaus schon eigenständiges »Gesellenstück« abgegeben, ohne daß das Modell kopiert worden wäre.

Das 8taktige Passacagliathema wird zu Beginn von den Streichern pizzikato, in Oktaven und unbegleitet vorgetragen:

Dieses Thema wird mindestens 20mal erkennbar durchgeführt. Es wird stellenweise sogar schon wie eine Reihe behandelt: in solchen

Variationen wird nicht die Themengestalt festgehalten, sondern lediglich die Tonhöhen-Klassen. Im Laufe des Satzes werden freilich neue melodische Erfindungen – Gegenthemen – viel wichtiger als das Passacagliathema, das durch die verschiedensten Instrumente und Instrumentengruppen wandert. Nach der 20. Variation, d. h. nach dem zweiten Drittel des Werkes, wird das Thema mehr und mehr aufgelöst und verschwindet schließlich ganz. Auf dem Höhepunkt – einem der seltenen Fortefortissimoausbrüche –, gegen Ende des Stücks, erklingen nur noch die Gegenthemen. Das Werk steht in d-Moll; nur in der Mitte ist ein kürzerer D-Dur-Teil eingeschoben.

Sechs Stücke op. 6

> Besetzung der revidierten Fassung: 2 Flöten, 2 Oboen, 2 Klarinetten, Baßklarinette, 2 Fagotte, 4 Hörner, 4 Trompeten, 4 Posaunen, Tuba, Pauken, Schlagzeug, Celesta, Harfe, Streicher
> Aufführungsdauer: 10 Minuten

Die Sechs Stücke für großes Orchester op. 6 entstanden 1909 in Teplitz. Sie sind Arnold Schönberg, der sie am 31. März 1913 in Wien uraufführte, »in höchster Liebe« gewidmet. Ihre überdimensionierte Besetzung wurde 1928 wesentlich reduziert. Weberns Vorbild für dieses Werk sind zweifellos Schönbergs Fünf Orchesterstücke op. 16, die ebenfalls 1909 beendet wurden. Zu den wichtigsten Merkmalen beider Werke gehören die expressionistische Verdichtung des Ausdrucks, die von Klangfarbenvorstellungen geleitete Führung der melodischen Linien und die aphoristische Verkürzung. In der motivischen Mosaiktechnik und in der sehr sensiblen Anwendung der Chromatik unterscheiden sich freilich Weberns Stücke erheblich von denen Schönbergs. Außerdem betritt Webern, im Gegensatz zu Schönberg, das Neuland des Klanges mit größter Behutsamkeit, ja Zaghaftigkeit.

Das vierte Stück ist das eindrucksvollste des Zyklus. Es hat den Charakter einer Marcia funebre. Über einem als Basso ostinato dienenden Geräuschuntergrund erheben sich Klänge von äußerst drohender, beklemmender Wirkung. Es ist ein Stück, das die nahende Katastrophe des ersten Weltkrieges zum Ausdruck bringt.

Webern

Fünf Stücke op. 10

Besetzung: Flöte, Oboe, 2 Klarinetten (eine in Es), Horn, Trompete, Posaune, Schlagwerk, Xylophon, Harmonium, Celesta, Harfe, Mandoline, Gitarre, Streichquartett
Aufführungsdauer: 4 Minuten

Die 1911-1913 geschriebenen Fünf Stücke op. 10 dirigierte Webern selbst zum erstenmal am 23. Juni 1926 in Zürich. Es handelt sich um zarteste Sätze von nur wenigen Takten; sie sind schon zu Ende, kaum daß sie begonnen haben. »Verklingend« und »Kaum hörbar« sind ihre häufigsten Vortragsbezeichnungen. Gegenüber op. 6 haben die Atomisierung des Klanges, der Farbwechsel auf engstem Raum (»Klangfarbenmelodien«) und die Chromatisierung weiter zugenommen. Obwohl Webern keine programmatische Erklärung der Stücke gegeben hat, sind ihre Titel überliefert (sie stehen freilich nicht in der Partitur). Mit ihnen sollten lediglich die Stimmungen bezeichnet werden, die ihn bei der Komposition beherrschten. Stück I = »Urbild«, II = »Verwandlung«, III = »Rückkehr«, IV = »Erinnerung« und V = »Seele«.

Sinfonie op. 21

Besetzung: Klarinette, Baßklarinette, 2 Hörner, Harfe, Streichquartett
Aufführungsdauer: 10 Minuten

Die Sinfonie op. 21 wurde im Sommer 1928 in Mödling bei Wien vollendet und ein Jahr später, am 18. Dezember 1929, in New York uraufgeführt. Sie ist nur für 9 Soloinstrumente geschrieben, also eine Art Kammersinfonie. Es ist Weberns erste Komposition für eine größere Instrumentalbesetzung, die die Zwölftonmethode verwendet. Webern zog, wie bereits erwähnt, aus dieser Methode andere Konsequenzen als Schönberg. Das Werk ist keine Sinfonie im klassischen Sinn, vielmehr ein ruhiges, in sich kreisendes, symmetrisch gegliedertes Gebilde. Der Titel »Sinfonie« bezieht sich offenbar auf das zyklische Moment: Die zwei Sätze des Werkes kontrastieren zwar im Ausdruck und im Aufbau, doch liegen ihnen infolge der gemeinsamen Zwölftonreihe die gleichen Intervallverhältnisse zugrunde.

Der *erste Satz*, in ruhig schreitendem Tempo, gliedert sich in zwei Teile, die je wiederholt werden, wobei der zweite Teil nach dem ersten Drittel eine Reprise des ersten Teils enthält. Im ganzen Satz erfolgen Reihenabläufe in vier Schichten. Damit werden die bei Schönberg verpönten Tonwiederholungen auf engstem Raum unvermeidlich. Gerade diese Tonwiederholungen machen aber einen wesentlichen, genau einkalkulierten Reiz des Satzes aus. Die vier Reihenschichten hat Webern in Form zweier Doppelkanons komponiert. Die kanonischen Stimmen sind freilich schwer zu durchhören, weil die melodischen Linien mosaikartig von einem Instrument zum andern wandern und dadurch in knappe Motive, gar in Einzeltöne aufgespalten werden.

Der *zweite Satz* besteht aus einem Thema, sieben Variationen und einer Coda. Alle neun Abschnitte sind je 11 Takte lang, Tempi und Satzdichte sind sehr unterschiedlich. Auch hier liegt ein Symmetriegedanke zugrunde: nicht nur das Thema ist spiegelbildlich gebaut, sondern der ganze Satz stellt einen Doppelkanon mit Rücklauf dar. Die 4. Variation ist demnach der Mittelpunkt des Satzes; von da ab verlaufen die melodischen Gestalten wieder zurück zum Anfang.

Variationen op. 30

Besetzung: Flöte, Oboe, Klarinette, Baßklarinette, Horn, Trompete, Posaune, Tuba, Pauken, Celesta, Harfe, Streicher
Aufführungsdauer: 10 Minuten

Die Variationen op. 30 wurden 1940 geschrieben und am 3. März 1943 unter Leitung von Hermann Scherchen in Winterthur uraufgeführt. Das Werk enthält ähnliche Konstruktionsprinzipien wie die Sinfonie op. 21, ist aber eher dramatisch gehalten. Webern hat hier an den Charakter einer »Ouvertüre« gedacht. In einem Brief an den Musikschriftsteller Willi Reich äußerte er sich hierzu wie folgt:

»Das Thema der Variationen reicht bis zum ersten Doppelstrich; es ist periodisch gedacht, hat aber einleitenden Charakter. Es folgen sechs Variationen ... Die erste sozusagen das Hauptthema der Ouvertüre (Andanteform) in voller Entfaltung bringend; die zweite die Überleitung, die dritte den Seitensatz, die vierte die Reprise des Hauptthemas ... aber in durchführender Art, die fünfte, Art der Einleitung und Überleitung wiederholend, führt zur Coda: sechste Variation.

Alles nun, was in dem Stück vorkommt, beruht auf den beiden Ge-

danken, die mit dem ersten und zweiten Takt gegeben sind (Kontrabaß und Oboe)! Aber es reduziert sich noch mehr, denn die zweite Gestalt (Oboe) ist schon in sich rückläufig: die zweiten zwei Töne sind der Krebs der ersten zwei, rhythmisch aber in Augmentation. Ihr folgt, in der Posaune, schon wieder die erste Gestalt (Kontrabaß), aber in Diminution! Und im Krebs der Motive und Intervalle. So ist nämlich meine Reihe gebaut, die mit diesen dreimal vier Tönen gegeben ist.
Aber der motivische Ablauf macht diesen Krebsgang mit, jedoch unter Benutzung von Augmentation und Diminution! Diese beiden Arten von Veränderung führen nun fast ausschließlich zu den jeweiligen Variationsideen, das heißt: eine motivische Veränderung geht, wenn überhaupt, nur in diesem Rahmen vor sich. Aber durch alle mögliche Verlegung des Schwerpunktes innerhalb der beiden Gestalten entsteht immer etwas Neues in Taktart, Charakter u. s. w.« EK

Manfred Weiss geb. 1935

Weiss wurde am 12. Februar 1935 in Niesky (Oberlausitz) geboren. Schon frühzeitig lernte er Violine und Klavier zu spielen. Obwohl sich unter seinen Vorfahren keine Berufsmusiker befinden, stand für ihn schon in der Schülerzeit die Musik als Lebensaufgabe unverrückbar fest. Nach dem Abitur studierte Weiss von 1952 bis 1955 an der damaligen Hochschule für Musik in Halle Komposition bei Hans Stieber. Anschließend setzte er seine Ausbildung an der Musikschule in Berlin bei Ruth Zechlin (Tonsatz), Jürgen Wilbrandt (Kontrapunkt) und Rudolf Wagner-Régeny (Komposition) fort. Nach dem Staatsexamen im Hauptfach Komposition war Weiss von 1957 bis 1959 Meisterschüler Wagner-Régenys an der Deutschen Akademie der Künste zu Berlin. Seither gehört er der Hochschule für Musik »Carl Maria von Weber« in Dresden an. Hier war er zunächst als Oberassistent für Tonsatz tätig, seit 1970 ist er Dozent für Komposition und stellvertretender Leiter dieser Abteilung.
Manfred Weiss zählt zu den DDR-Komponisten der jüngeren Generation. Es entspricht seinem Wesen, daß er nicht »schüttet«, sondern mit Bedacht ein Werk ausreifen läßt. Bei seinen wortgebun-

denen Arbeiten hat neben Liedern und Chören vor allem die 1958 entstandene Brecht-Kantate »An meine Landsleute« Beachtung gefunden. Auch auf kammermusikalischem Gebiet liegen bemerkenswerte Beiträge vor, ein Klaviertrio (1964) etwa, das oft gespielte Oktett (1965), ein Streichquartett (ebenfalls 1965), ein Bläserquintett (1967) sowie Sonaten in verschiedener Besetzung. Sinfonische und konzertante Werke stehen im Vordergrund. Zunächst von Hindemith ausgehend, hat Weiss betont melodische Elemente in seiner Schreibweise bevorzugt. Klare Formgebung verbindet sich mit farbiger Instrumentation. Weiss strebt stets eine expressive, verständliche Tonsprache an. Aus innerer Haltung bemüht er sich um eine Widerspiegelung des Lebens aus humanistischer Sicht.

Sinfonie Nr. 1 in A op. 7 (1963); Sinfonie Nr. 2 in G (1968). – Orchestermusik Nr. 1 (1958); Fröhliche Ouvertüre für kleines Orchester op. 9 (1964); Präludium, Meditation und Hymnus für großes Orchester (1965); Toccata für Orchester (1967); Suite in fünf Sätzen (1969); Metamorphosen (1971); Streichermusik (1972). – Klavierkonzert (1971).

Fröhliche Ouvertüre op. 9

Besetzung: Pikkoloflöte, Flöte, Oboe, Klarinette, Fagott, 2 Hörner, Trompete, Posaune, Pauken, Schlagzeug, Streicher
Aufführungsdauer: 6 Minuten

Das 1964 komponierte und in Pirna vom Staatlichen Orchester unter Klaus Zoephel uraufgeführte Stück erfreut sich bei kleineren wie mittleren Klangkörpern großer Beliebtheit. Für sie ist es speziell gedacht. Es handelt sich um ein kurzes, spritziges, dabei klug durchdachtes und geschickt instrumentiertes Werk, das den Hörer unmittelbar erreicht.

Formal liegen zwei tonal auf *a* zentrierte Abschnitte vor (Allegro con brio, ²/₂-Takt), eine Sonatenexposition und eine Durchführung, denen noch eine konzentrierte, vitale Stretta folgt. In der Exposition bilden zwei Motivgruppen das erste Thema. Zunächst eröffnet die Trompete das Geschehen und stellt einen ersten motivischen Kern vor, den Holzbläser und Streicher aufgreifen.

Ein weiteres Motiv (der Hörner), gekennzeichnet durch zwei Oktavsprünge, komplettiert das Thema.

Eindeutig hält sich Weiss an die klassische Form. Im reinen C-Dur erscheint das zunächst der Oboe übertragene Gesangsthema.

Wiederholungen und imitatorische Verdichtungen führen zu einem ersten Höhepunkt. Die Exposition und die wiederum mit dem Trompetenmotiv beginnende Durchführung halten sich in den Proportionen die Waage. Hier kommt es zu einer aparten Kombination von Pikkoloflöte und Fagott über der Kleinen Trommel.

Die Verarbeitung von Varianten des Kopfthemas, einfache und doppelte Vergrößerungen gipfeln in einer Steigerung und Verbreiterung. Auf den dynamischen Höhepunkt folgt, gelöst und befreiend, die Stretta (Rascher), in der noch einmal alle Hauptmotive zusammengefaßt werden und übereinandergeschichtet eine gute Schlußwirkung geben.

Toccata für Orchester

Besetzung: 2 Flöten, 2 Oboen, 2 Klarinetten, 2 Fagotte, 4 Hörner, 2 Trompeten, 3 Posaunen, Pauken, Schlagzeug, Glockenspiel, Klavier, Streicher

Aufführungsdauer: 10 Minuten

Die 1970 von der Dresdner Staatskapelle unter Wolfgang Hocke aus der Taufe gehobene Toccata für Orchester (1967) zeigt eine neue Seite im Musizierstil von Weiss. Hier dominieren subjektive, expressive, betont farblich geprägte Elemente. Die Harmonik ist dissonant. In der Form tritt das Bestreben zutage, rasch wechselnde Motivik mit einer ebenso häufig wechselnden, immer neuartig wirkenden Instrumentation zu koppeln. Interessante Rhythmik bereichert das Geschehen, in dem Vitalität und Expressivität in gesunder Mischung verbunden sind.

Die Toccata (in C) gehört noch in eine Periode, in der Weiss weniger mit Themen als mit Motiven, Motivgliedern und Motivfetzen arbeitete, ganz im Gegensatz zur wesentlich jüngeren 2. Sinfonie. Zwei langsame Teile (Andante, ⁴/₄-Takt) umschließen ein zentrales, schnelles »Impetuoso« (³/₄-Takt), also die Toccata im engeren Sinne. Dabei sind drei motivische Grundgestalten für das ganze Stück verbindlich. 4 Hörner (con sordino) deuten mit der gleichzeitig gebrachten Dur- und Mollterz auf die zu erwartende Harmonik.

Flöten und Klarinetten führen eine fallende, synkopische Bewegung ein. Man spürt den Willen des Komponisten, gleichsam zu »registrieren«.

Trompeten und Posaunen runden mit ihren absteigenden Terzen das immer wiederkehrende motivische Material ab.

In einem einleitenden *Andante* geht es zunächst durchaus nicht toccatenhaft zu. Die »Bausteine« werden bei oft verschleierter Tonalität vorgestellt. Einige »Würzklänge« und häufige Wiederholungen eines rhythmischen Motivs durch die Holzblöcke lassen aufhorchen. Interessant ist die vielseitige Behandlung der Streicher. Im eigentlichen Toccatateil, dem *Allegro impetuoso*, bleibt das Material das gleiche. Es wird in fünf kleinen Unterabschnitten verarbeitet, instrumentatorisch variiert. Schlagzeug und Klavier, ganze Partien gestoßener Viertel und harmonische Reibungen sowie Synkopen bestimmen den Charakter der Musik, die durch den häufigen Wechsel der Besetzung lebendig wirkt. Offensichtlich hat Weiss hier am Chroma des Holzes seine besondere Freude. Solistische Auflockerungen, bemerkenswerte Kombinationen (Blechbläser und Pauken), Unisoni und kontrapunktische Verdichtungen führen zu äußerster Turbulenz. Weiss verläßt sich jedoch nicht auf den Effekt dieses Wirbels, sondern greift auf die Verhaltenheit des tastenden Beginnes zurück. Nur wird die Reprise des Andante durch neue Farbwerte variiert. Eine kurze, in der Besetzung reduzierte Coda (Adagio) bringt den Abschluß. HB

Henryk Wieniawski 1835—1880

Wieniawski wurde am 10. Juli 1835 in Lublin geboren. Bereits als achtjähriger Knabe wurde er ins Pariser Konservatorium aufgenommen und bald Schüler von Lambert Massart. Zwölfjährig beendete er sein Studium, ausgezeichnet mit einer Goldmedaille, blieb aber noch bis 1848 Massarts Schüler. Dann begann er ausgedehnte Konzertreisen und gehörte bald zu den bedeutendsten Geigern Mitte des 19. Jahrhunderts. Von 1860 bis 1872 lebte er in Petersburg als kaiserlicher Konzertmeister, ging dann von neuem auf Konzertreisen, die er für kurze Zeit unterbrach, um von 1875 bis 1877 in Brüssel als Vertreter Henry Vieuxtemps' die Professur für Geigenspiel zu übernehmen. Wieniawski starb am 31. März (12. April) 1880 in Moskau.

Feuriges Temperament, verbunden mit schwungvollem Ausdruck und grandioser Technik waren kennzeichnend für sein Violinspiel. Dieselben Merkmale besitzen auch seine Kompositionen, vorzüglich die beiden Violinkonzerte, seine Polonaisen und Mazurken. Die Tätigkeit dieses bedeutenden polnischen Musikers fiel zusammen mit der Belebung des Konzertlebens in Polen, mit dem wachsenden Interesse des polnischen Bürgertums für Musik, und zwar hauptsächlich für das Virtuosentum. Unter diesen Voraussetzungen und aus dieser Atmosphäre heraus erwuchsen die Werke Wieniawskis, die sich zum Teil bis heute internationale Anerkennung erwarben, vor allem die Geiger immer wieder zur Auseinandersetzung reizen.

Violinkonzerte: Nr. 1 fis-Moll op. 14 (1851); Nr. 2 d-Moll op. 22 (1870). – Für Violine mit Orchester oder Klavier: Polonaisen Nr. 1 D-Dur op. 4 und Nr. 2 A-Dur op. 21; »Souvenir de Moscou« op. 6 (vor 1853); Légende op. 17; Obertass Mazurka op. 19; Fantasie über Themen aus Gounods »Faust« op. 20.

Violinkonzert Nr. 2 d-Moll op. 22

Besetzung: Solo-Violine; 2 Flöten, 2 Oboen, 2 Klarinetten, 2 Fagotte, 2 Hörner, 2 Trompeten, 3 Posaunen, Pauken, Streicher

Aufführungsdauer: 18 Minuten

Das Konzert komponierte Wieniawski auf dem Höhepunkt seiner Schöpferkraft. Entwürfe dazu erstrecken sich über mehrere Jahre. Seine endgültige Gestalt erhielt das Werk 1870. Dem frühen fis-Moll-Konzert gegenüber zeigt es einen deutlichen Zuwachs an musikalischer Substanz. Es ist darum bis heute bei den Geigern das beliebtere geblieben. Technisch stellt es hohe Ansprüche.

Der *erste Satz* (Allegro moderato, 4/4-Takt) ist von sinfonischem Schwung erfüllt. Das erste Thema erklingt in stetem Wechsel zwischen Solo-Violine und Orchester, häufig begegnen sich beide Partner auch imitierend.

Ihm wird in idyllischer Einfachheit das zweite Thema gegenübergestellt:

Kunstvolle Figurationen und technische Effekte bestimmen das Gesicht des Satzes, erscheinen aber nie als Selbstzweck. Der Komponist konnte dank seiner vollkommenen Kenntnis des Instruments die Violine im höchsten Grade virtuos einsetzen und ihr gleichzeitig ein Maximum an Ausdrucksfähigkeit geben.

Der *zweite Satz*, eine Romanze (Andante non troppo, B-Dur, $^{12}/_8$-Takt) voller lyrischer Stimmungen, ist im Charakter den Chopinschen Nocturnos verwandt. Ein stürmisches, in eine kurze Kadenz mündendes Zwischenspiel leitet zum *Finale* (Allegro moderato, à la Zingara, d-Moll/D-Dur, $^4/_4$-Takt) über. Das virtuose Anfangsthema, ausdrucksreiche melodische Episoden, temperament- und effektvolle tänzerische Partien geben dem Solisten Gelegenheit, sein ganzes technisches Können, vor allem seine Kunst des Spiccato- und Flageolettspiels, zu beweisen. ZL

Gerhard Wohlgemuth geb. 1920

Wohlgemuth wurde am 16. März 1920 in Frankfurt am Main geboren. Von 1940 bis 1948 studierte er in Greifswald und Halle Medizin. Das musikalische Studium betrieb er vorwiegend autodidaktisch, hinzu kamen Kompositionsunterweisungen bei Fritz Reuter und Klavierunterricht bei Bronislaw von Pozniak. 1949 bis 1955 arbeitete Wohlgemuth als Lektor für Musik am Mitteldeutschen Verlag Halle, 1955/56 als Cheflektor beim VEB Friedrich Hofmeister Musikverlag Leipzig. Seitdem lebt er in Halle vorwiegend dem eigenen Schaffen. Nebenberuflich ist er als Lehrbeauftragter für Musiktheorie am Institut für Musikwissenschaft der Martin-Luther-Universität Halle–Wittenberg tätig.

Der Komponist Wohlgemuth sieht seine Aufgabe darin, mit seiner Musik auf künstlerisch anspruchsvolle Weise und mit wesentlicher Aussage möglichst viele Menschen zu erreichen. Anfänglich komponierte er vor allem Kammermusik und Werke für das Laienmusizieren. Bald eroberte er sich aber auch die großen Formen. 1956 hatte seine Oper »Till« Premiere, und in den folgenden Jahren entstanden vokalsinfonische Werke, Filmmusiken, bedeutende Kammermusiken (z. B. das 1. Streichquartett) und in zunehmendem Maße auch Orchesterwerke. Wohlgemuths Tonsprache meidet die übertriebene Klanggebärde. Sie zielt auf Knappheit und Sparsamkeit der eingesetzten Mittel, basiert auf klar profiliertem Melos, freier Handhabung der klanglichen Möglichkeiten, sinnvollem Einbeziehen neuer Kompositionstechniken (Dodekaphonie im 1. Streichquartett beispielsweise). Sie bekennt sich aber auch zur Tradition, was in den großen Variationswerken über Themen von Händel und Telemann besonders deutlich wird.

1. Sinfonie (1955); Sinfonietta (1956); 2. Sinfonie (1957; 2. Fassung 1962); Sinfonische Musik (1971). – Händel-Metamorphosen. Variationen über eine Sarabande von Händel (1958); Telemann-Variationen (1964). – Heitere Musik für Orchester. 3 Tänze (1952); Suite für Orchester in 5 Sätzen (1953); Festouvertüre (1960); »Allegria«. Divertimento für Orchester (1965); Musica giocosa (1970). – Concertino für Klavier und Orchester (1948); Concertino für Oboe und Streichorchester (1957); Violinkonzert (1963).

Violinkonzert

Besetzung: Solo-Violine; 2 Flöten (2. auch Pikkolo), 2 Oboen (2. auch Englischhorn), 2 Klarinetten, 2 Fagotte, 4 Hörner, 2 Trompeten, 3 Posaunen, Pauken, Schlagzeug, Celesta, Xylophon, Glockenspiel, Streicher
Aufführungsdauer: 22 Minuten

Dieses Konzert, das einen Höhepunkt im Schaffen Wohlgemuths darstellt, entstand aus Anlaß des fünfzigjährigen Bestehens des hallischen Institutes für Musikwissenschaft. Uraufgeführt wurde es am 26. April 1963 vom Orchester des Landestheaters Halle unter Horst-Tanu Margraf, Solistin war Maria Vermes. (Ihr ist das Konzert gewidmet.) Seither hat dieses ebenso kunstreiche wie spielerisch gelöste, lebensvolle Werk zahlreiche weitere Aufführungen erlebt. Das Konzert hat die übliche dreisätzige Anlage. Der *erste Satz* (Allegro risoluto) beginnt marschartig, dabei nicht zufällig an Prokofjew erinnernd.

Wohlgemuth

Die Entwicklung dieses Gedankens in der Orchestereinleitung ist in vielem für das ganze Werk charakteristisch: in der rhythmischen Pointiertheit, in der originellen Instrumentation, in der Schlagzeug und Xylophon hervortreten, in der Vorliebe für Ostinati. Die Solo-Violine setzt »energico« mit einem eigenen Gedanken ein,

in dem der Marschcharakter weiterklingt. Das zweite, gesangliche Thema erwächst auf dem sehr zarten Klanggrund, den Celesta, Pikkoloflöte und Violoncello geben. Die Solo-Flöte bereitet das Thema vor, dann erklingt es über einem Bratschentremolo in der sordinierten Solo-Violine zu einer von der Klarinette geblasenen Gegenstimme. In der Durchführung werden diese Gedanken höchst kunstvoll und zum Teil in dramatischer Konfrontation zusammen- und gegeneinandergeführt. In aller Schärfe stoßen die beiden Hauptthemen am Ende der Durchführung aufeinander und lösen damit gleichsam die energische Solokadenz aus. In der Reprise arbeitet Wohlgemuth oft mit Themenkopplungen, damit eine neue Stufe der Konzentration wie der inhaltlichen Aussage andeutend. Nach großangelegter, mit scharfen Reibungen arbeitender klanglicher Steigerung schließt der Satz verhallend im dreifachen Piano. Wie ein zum Weiterdenken zwingender »Stachel« bleibt über dem Mischklang aus a-Moll und C-Dur am Ende das *cis* der Solo-Violine liegen.

Demgegenüber öffnet der *zweite Satz* (Andante, poco tranquillo) dem Blick zunächst die von edler Kantabilität erfüllte Welt eines weichen, beseelten E-Dur-Klanges. Melodieführend tritt sogleich die Solo-Violine hervor:

Aber »quasi rezitativo« bringt sie später auch Spannung ins Spiel. Es kommt zu scharfen Dissonanzen, zu temperamentvollen Ausbrüchen des Orchesters, ehe der Satz mit Rückgriff auf den Beginn in einem milden E-Dur-Klang verhallt. Aber auch hier bleibt das aus dem Schluß des ersten Satzes bekannte dissonierende *cis* (diesmal in den 1. Violinen) als »Stachel« erhalten.

Effektvoll ist das *Finale* (Vivo e lesto), ein Rondo. Von der Solo-Violine erklingt sogleich das lustige, witzig pointierte Rondothema,

dem später drei weitere Gedanken hinzugefügt werden. Unverkennbar ist ein ungarischer Einschlag, der auch in den vorhergehenden Sätzen schon gelegentlich angeklungen war – Huldigung an die Heimat der Widmungsträgerin und Solistin der Uraufführung. Hervorzuheben sind die in den Mittelteil dieses Satzes eingefügten Intonationen von Massenliedern. In die (nicht so ohne weiteres für den Hörer verfolgbare) Bratschenstimme hat Wohlgemuth hier ein Brecht-Eisler-Zitat eingebaut: »Und weil der Mensch ein Mensch ist«. Danach steigert sich die Musizierfreude des Ganzen bis zum kraftvoll und virtuos angesteuerten Schluß auf *g*.

HJS

Ruth Zechlin geb. 1926

Ruth Zechlin stammt aus dem Erzgebirge (geboren am 22. Juni 1926 in Großhartmannsdorf bei Freiberg). 1943–1949 studierte sie an der Leipziger Musikhochschule Tonsatz bei Johann Nepomuk David und Wilhelm Weismann, Theorie bei Paul Schenk, Kirchenmusik bei Karl Straube und Günther Ramin, Klavier bei Anton Rhoden und Rudolf Fischer. 1950 wurde sie als Dozentin für Tonsatz an die Berliner Musikhochschule berufen, an der sie heute eine Professur für Komposition hat. Sie ist Mitglied der Akademie der Künste der DDR (seit 1970).

Ruth Zechlin, die nicht nur mit ihrer schöpferischen und pädagogischen Arbeit, sondern auch als Cembalistin beachtliche Erfolge errang, wuchs in der Welt Bachscher Musik auf. Bei David durchlief sie die strenge Schule des linearen Tonsatzes. Die Komponistin Ruth Zechlin suchte ihren Weg sehr klar und bewußt. Sie begann mit Klavierliedern und Kammermusik. Transparenz und lineare Strenge kammermusikalischen Musizierens kamen ihrer Begabung wie auch den kompositorischen Idealen, die sie in der »Leipziger Schule« mit auf dem Weg bekam, entgegen. Polyphone Struktur und herbes, emotional verhaltenes Klangbild waren Merkmale der ersten reifen Schöpfungen.

Doch dann begann die Eroberung größerer Formen und Genres und damit auch eine bedeutsame Weiterentwicklung der persönlichen Tonsprache. 1958 wurde die »Lidice«-Kantate vollendet, eines der bedeutendsten Werke Ruth Zechlins. Die parteiliche Stellungnahme gegen Rassen- und Völkerhaß führte zu einer Konzentration der Formung, in der der herbe Klang altdeutscher Lieder neben starken dramatischen Kontrasten steht, wodurch eine außerordentliche Intensivierung des Ausdruckes erreicht wird. In den lyrischen Partien ihres Oratoriums »Wenn der Wacholder blüht« (1960) zeigte sich eine weitere beachtliche Entwicklung der Ausdrucksqualität in Ruth Zechlins Tonsprache. Das Melodische erhält einen beseelteren, innigeren Ton, und die Herbheit ihrer Musik wird damit im Zeichen gelösterer Empfindungen aufgehoben. Von der lyrisch aufblühenden Sopranmelodie, mit der die Komponistin in diesem Oratorium den Angelus-Silesius-Vers »Der Himmel senket sich« musikalisch erfaßt, führt eine direkte Verbindung zum langsamen Satz ihres 1964 uraufgeführten Violinkonzertes. Dessen Mittelsatz, eine Aria, zeigt in dem frei sich entfaltenden kantablen

Spiel des Soloinstruments die neue melodische Qualität in der Tonsprache Ruth Zechlins. Vitalität und Frische der raschen Ecksätze weisen auf das Bemühen, eine gelöstere, unmittelbar wirkende Musizierhaltung zu erreichen. In die neuere Zeit fällt neben der Eroberung der sinfonischen Großform und erfolgreichen Versuchen auf dem Gebiet des Jugendmusiktheaters (»Reineke Fuchs«) der zunächst in Kammermusikwerken erkennbare Versuch, reizvolle klangliche Lösungen von fast impressionistischer Differenziertheit zu finden (im 2. Streichquartett, in der Mallarmé-Vertonung »Apparition« für Frauenchor und Flöte solo). Die bisher gewonnenen Erfahrungen, bereichert um neuere Kompositionstechniken, finden auch in den Orchesterwerken der neueren Zeit ihren Niederschlag – im Dienste einer Differenzierung des Ausdrucksgehaltes.

1. Sinfonie (1965); 2. Sinfonie (1966); Kammersinfonie (1967); 3. Sinfonie (1971); 2. Kammersinfonie (1973). – Musik für kleines Orchester (1961); Polyphone Meditationen für Streichorchester (1968); Thema mit 5 Veränderungen für großes Orchester (1969); Emotionen für großes Orchester (1971). – Violinkonzert (1963); Concertino für Oboe und Kammerorchester (1969); Klavierkonzert (1974); Orgelkonzert (1974).

Thema mit 5 Veränderungen für großes Orchester

Besetzung: Pikkoloflöte, 2 Flöten, 2 Oboen, 2 Klarinetten, 2 Fagotte, 3 Trompeten, 3 Posaunen, Pauken, Schlagzeug, Xylophon, Vibraphon, Klavier, Harfe, Streicher
Aufführungsdauer: 13 Minuten

Die Komposition aus dem Jahre 1969 ist ein Auftragswerk des Berliner Sinfonie-Orchesters, von dem es am 1. März 1971 unter Kurt Sanderling uraufgeführt wurde. Die Komponistin wollte »ein klares und schlichtes Thema« erfinden, das leicht zu erfassen und zu behalten ist, damit seine Entwicklung in den folgenden Variationen (sie gehören dem Typ der Charaktervariation an) verständlich bleibt.

Das *Thema* (Andante, non troppo lento, $^4/_4$-Takt) wird zunächst von Violinen und Klavier (unisono) mit eröffnendem leisem Tamtamschlag vorgestellt. Die schlichte melodische Linie erhält durch ihre rhythmische Gliederung lebendiges, anmutiges Profil. Den Themenkopf übernehmen dann die Holzbläser, und im Einsatz des vollen Orchesters wird die Wiederholung des Themas zu Ende geführt. Die *erste Variation* (L'istesso tempo) ist »Dialog« überschrieben. Die Streicher (Violinen und Bratschen geteilt) eröffnen mit wechselnden Spielfiguren, aus denen ein zarter Klangteppich gebildet wird. Flöten und Oboen dialogisieren dann mit virtuos ausgesponnenem Material des Themas. Der Wechsel, das gelegentliche Ineinandergreifen von Streicher- und Bläserpartien bleiben hier noch typisch. Im *zweiten Variationssatz* (Moderato, poco più mosso, $^6/_4$-, $^5/_4$-Takt) wird aus dem Anfangsteil des Themas ein gravitätischer Baßgedanke entwickelt, der in den Posaunen als Ostinato erklingt. Über ihm entfalten sich die wiederum geteilten Streicher in allmählichem Crescendo. *Variation 3* (Scherzo; Allegro con spirito, un poco meno mosso, $^4/_8$-Takt) trägt den Titel »Mobile«. Lockere Spielfiguren der Bläser, kräftige rhythmische Impulse bestimmen hier das Geschehen. Die Streicher haben das Thema übernommen. *Variation 4* (Adagio molto), »Meditation«, ist durch melodisches und klangliches Auflösen der Themensubstanz gekennzeichnet. Die einzelnen Instrumente und Instrumentengruppen »meditieren« rhapsodisch frei. Das Ganze hat vor allem feinen klanglichen Reiz. Ein kräftiger dynamischer Aufschwung führt hin zum Schlußteil, der *fünften Variation* (Furioso; Allegro con fuoco ma non troppo presto). Auffahrende melodische Gesten, heftige Konfliktrhythmen, klangliche Ballungen schaffen eine dramatische Atmosphäre, in der das Thema nur vage in Erscheinung tritt. Ein *Epilog* (Molto lento) bringt nicht nur Beruhigung, sondern läßt auch das Thema noch einmal in seiner Grundgestalt hervortreten.

Concertino für Oboe und Kammerorchester

Besetzung: Solo-Oboe; Flöte (auch Pikkolo), Trompete, Posaune, Pauke, Schlagzeug, Vibraphon, Klavier, Streicher
Aufführungsdauer: 16 Minuten

Das Concertino ist ein Auftragswerk des Berliner Rundfunks; es wurde 1969 komponiert und am 8. September desselben Jahres vom Kammerorchester Berlin unter Helmut Koch mit Hans-Werner Wätzig als Solist uraufgeführt.
Das dem zwanzigsten Jahrestag der DDR gewidmete Werk folgt dem Prinzip des Concerto grosso. Oboe, Flöte, Trompete, Posaune, Klavier und Streicher konzertieren, vom Schlagwerk rhythmisch grundiert. Die Grundhaltung ist heiter. Im dreiteiligen *ersten Satz* (Energico) dominiert lockere Bewegtheit. Der Mittelteil setzt dazu den verhalteneren Kontrast. Ein rhythmisch aktives Grund-

thema (es erscheint zuerst in Flöte und Oboe) wird vielfach variiert und erfährt im Schlußteil eine wirkungsvolle klangliche wie dynamische Steigerung. Die Solo-Oboe ist in diesem Satz konzertierend mit anderen Instrumenten (insbesondere der Flöte) verbunden. Im *zweiten Satz* (Andante) tritt sie solistisch dominierend hervor. Auch hier herrscht Dreiteiligkeit der Anlage. Die Abschnitte sind aber im Verhältnis zueinander und in sich wesentlich differenzierter gestaltet, als das im ersten Satz der Fall war. Meditierend tritt die Oboe besonders im ersten und im letzten Teil solistisch hervor. Im erregteren Mittelteil ist das Klavier thematisch führend. Energisch und drängend gibt sich das rondoartige *Finale* (Allegro con fuoco). Das kraftvoll voranstrebende Hauptthema, bei dessen Vortrag Trompete und Posaune solistisch in Erscheinung treten, wird kunstvoll und plastisch entwickelt. Zwei Kontrastepisoden treten bedeutsam hervor: Die eine bringt »con delicatezza« eine anmutige Oboenkantilene, von Posaune und Trompete (con sordino), Kleiner Trommel, Kastagnetten und Streichern (pizzikato) reizvoll begleitet; in der anderen wird lyrisches Melos der Oboe (grazioso meno mosso) von den Streichern begleitet. Diese Begleitung nutzt Material des Hauptthemas. »Con fuoco« wird der Satz zum Abschluß gebracht, es setzt sich eine optimistische, lebensfrohe Haltung durch.

HJS

Udo Zimmermann geb. 1943

Zimmermann, einer der begabtesten DDR-Komponisten der jüngeren Generation, wurde am 6. Oktober 1943 in Dresden geboren. 1953–1962 war er Mitglied des Dresdner Kreuzchores, in dieser Zeit nahm er schon Kompositionsunterricht (Rudolf Mauersberger, Iwan Schönebaum). Von 1962 bis 1968 studierte er an der Dresdner Musikhochschule Gesang, Dirigieren und Tonsatz (Johannes Paul Thilman). 1968–1970 war er Meisterschüler für Komposition an der Deutschen Akademie der Künste zu Berlin (Günter Kochan). Seit 1970 ist er Entwicklungsdramaturg der Staatstheater Dresden.
Der Komponist erregte 1967 mit seiner ersten Oper »Die weiße Rose« die Aufmerksamkeit der Öffentlichkeit. Vorher waren bereits verschiedene Orchester- und Kammermusikwerke entstanden. In ihnen erwies sich der junge Künstler insbesondere als Meister klanglich reizvoll nuancierten, ästhetisch fein artikulierten Gestal-

tens. Dem Musiktheater widmete Zimmermann nach dem Erfolg der »Weißen Rose« seine besondere Aufmerksamkeit. Dem Versuch einer Gegenwartsoper – »Die zweite Entscheidung« (1969) – folgte 1973 die Oper »Levins Mühle« (nach Bobrowskis Roman), die im selben Jahr in Dresden mit Erfolg uraufgeführt wurde. Der in den musikdramatischen Werken erkennbare Sinn Zimmermanns für gestisch-musikalische Gestaltung findet sich auch in seinen Orchesterwerken, die nicht zufällig mehrfach »Kommentare« zu literarischen Texten sind.

Musik für Streicher (1968); »L'Homme«. Meditationen für Orchester nach Eugène Guillevic (1970); »Sieh, meine Augen«. Reflexionen für Kammerorchester nach Ernst Barlach (1972); Mutazioni per orchestra (1973). – Violinkonzert (1966); Paukenkonzert (1966).

L'Homme

Besetzung: Flöte, Altflöte, Oboe, Englischhorn, Klarinette, Baßklarinette, 2 Hörner, 2 Trompeten, 2 Posaunen, Harfe, Schlagwerk I und II, Klavier, Streicher (12 Bratschen, 7 Violoncelli, 5 Kontrabässe), 5 Pauken
Aufführungsdauer: 14 Minuten

Das von Radio DDR in Auftrag gegebene, 1972 mit dem Hanns-Eisler-Preis dieses Senders ausgezeichnete Werk kam am 10. Oktober 1972 mit dem Leipziger Rundfunk-Sinfonieorchester unter Herbert Kegel zur Uraufführung. Mit dem Inhalt des Gedichtes »L'Homme« von Eugène Guillevic, einem Mitglied der Résistance im zweiten Weltkrieg, hatte sich Zimmermann bereits vor dieser Arbeit in seiner Kantate »Der Mensch« (deutsche Nachdichtung von Paul Wiens) auseinandergesetzt. Daß der Komponist für sein Orchesterwerk das gleiche Gedicht wählte, hängt mit einem bedeutenden gesellschaftlichen Ereignis zusammen: dem hundertsten Geburtstag Lenins, dem zu Ehren dieses Werk komponiert wurde. In dem der Musik vorangestellten Gedicht geht es um die Schöpferkraft des Menschen, um das Verhältnis von Mensch und Gesellschaft. Wichtig für die Konzeption der Musik ist die letzte Zeile des Gedichts: »C'est toi qui sais et qui commandes« (»Du bist es, der weiß und befiehlt«). Und wichtig für Zimmermanns Komposition, ihr Verhalten zum Text überhaupt, ist, wie der Ausklang des dritten Satzes zu diesem Gedanken des Dichters steht: Zimmermann komponiert hier ein großes Decrescendo, in dem das Eröffnungsthema des Werkes wieder anklingt (Unisono der Bratschen) und zu dem Harfe und Klavier sparsame Akzente geben. Zimmermann setzt also die Dichterworte nicht musikalisch malend um, sondern er kontrapunktiert sie auf seine Weise. Der in Worte gefaßte große Gedanke wird musikalisch nachsinnend, nachspürend reflektiert. Daher ist hier die Haltung des ruhigen Sammelns wichtig.

Auf ähnliche Weise wird im ganzen Werk verfahren. Zimmermann gliedert es in vier Sätze, denen jeweils eine Gedichtzeile zugeordnet ist: *Erster Satz* = »Te voici debout, petit homme« (»Da stehst du, kleiner Mensch«; Adagio espressivo); *zweiter Satz* = »Mais tu parles« (»Aber du sprichst«; Agitato molto/Lento/Molto lento); *dritter Satz* = »Tu travailles les choses« (»Du arbeitest die Dinge«; Tempo vitale / Adagio espressivo); *vierter Satz* = »C'est toi« (»Du bist es«; Agitato molto e drammatico sempre).

Die vom Komponisten geforderte besondere Orchesteraufstellung deutet auf inhaltliche Absichten: Die links vom Dirigenten zu postierenden Holzbläser, die rechts zu postierenden Blechbläser (jeweils mit einer zugeordneten Schlagzeuggruppe) lösen klanglich Assoziationen von Einwirkungen der »Außenwelt« auf das Zentrum, den Menschen, aus, provozieren Reaktionen. (Als Zentrum ist hier die auf Violinen verzichtende Streichergruppe zu verstehen.) Zimmermann geht hierbei von einem Grundgedanken Guillevics aus, ». . . wie er den Menschen in ungewohnter und neuer Weise an der ihn umgebenden Umwelt mißt, daß er in den Gegenständen einen Partner, ein Gegenüber des Menschen, entdeckt«.

So beginnt das Werk mit dem »Zentrum«, den Bratschen. Die Violoncelli tragen eine grundierende Melodie vor, von den zwölffach geteilten Bratschen klanglich überlagert. Bläser und Schlagzeug liefern die zum Teil sehr scharfen »Einwürfe«. Diesem Prinzip musikalischen Dialogisierens folgt im zweiten Satz die Anlage großer Crescendoflächen mit Bläseraleatorik. Klang und Melos erweisen sich überall als wesentlichstes Mittel des Komponisten, seine musikalische Poesie als eine besondere Form der Gedanklichkeit der Dichtung assoziativ zur Seite zu stellen. HJS

Abkürzungsverzeichnis

ad lib.	ad libitum
B. c.	Basso continuo
Bck.	Becken
Br.	Bratsche
BWV	Bach-Werke-Verzeichnis
Cemb.	Cembalo
con sord.	con sordino
Cont.-Instr.	Continuo-Instrumente
Engl. Hr.	Englischhorn
Fag.	Fagott
Fl.	Flöte
frz.	französisch
gem. Chor	gemischter Chor
Glsp.	Glockenspiel
Hf.	Harfe
Hr.	Horn
Kb.	Kontrabaß
Kl.	Klavier
Klar.	Klarinette
KV	Köchel-Verzeichnis
Ob.	Oboe
op.	opus
Orch.	Orchester
Pikk.	Pikkoloflöte
Pk.	Pauke
Pos.	Posaune
Sax.	Saxophon
Str.	Streicher
Tb.	Tuba
Tr.	Trommel
unis.	unisono
Vc.	Violoncello
Viol.	Violine
Xyl.	Xylophon

Autorenverzeichnis

AB	Alan Bush (London)	JPT	Johannes Paul Thilman † (Dresden)
CR	Christoph Rüger (Leipzig)	KL	Karl Laux (Dresden)
DH	Dieter Härtwig (Dresden)	KS	Karl Schönewolf † (Berlin)
DO	David Oistrach (Moskau)	LB	Lieselotte Bense (Halle a. d. Saale)
DSh	Daniel Shitomirski (Moskau)	LD	Lew Danilewitsch (Moskau)
DU	Dieter Uhrig (Dresden)	LP	Ljudmila Poljakowa (Moskau)
EB	Erich Brüll (Berlin)	MF	Manfred Fechner (Jena)
EG	Eva Gerlach (Leipzig)	MP	Max Pommer (Leipzig)
EK	Eberhardt Klemm (Leipzig)	NB	Nina Brodjanskaja (Moskau)
EKr	Ernst Krause (Berlin)	NSch	Natalja Schumskaja (Moskau)
GF	Günter Fleischhauer (Magdeburg)	PG	Peter Galchin (Moskau)
HB	Hans Böhm (Dresden)	RB	Renate Bormann (Leipzig)
HG	Harry Goldschmidt (Berlin)	SK	Siegfried Köhler (Dresden)
HH	Hermann Heyer (Wangen im Allgäu)	VL	Vladimír Lébl (Prag)
HJS	Hansjürgen Schaefer (Birkenwerder)	WSch	Wolfram Schwinger (Berlin)
HPM	Hans-Peter Müller (Berlin)	WSS	Walther Siegmund-Schultze (Halle a. d. Saale)
IM	Iwan Martynow (Moskau)	ZK	Zuzana Kunová (Prag)
JM	Jaroslav Markl (Prag)	ZL	Zofia Lissa (Warschau)

Inhaltsverzeichnis

Da das Verzeichnis nur als Hilfe beim Auffinden der Werkbesprechungen dienen soll, wurde auf vollständige Angaben zum jeweiligen Werktitel verzichtet und nur so viel genannt, daß ein Werk identifiziert werden kann.

Paganini, Nicolò	5
Violinkonzert D-Dur	7
Pärt, Arvo	9
Sinfonie	10
Perpetuum mobile	11
Pauer, Jiří	11
Fagottkonzert	12
Penderecki Krzysztof	14
Threnodie »Den Opfern von Hiroshima«	15
Pfitzner, Hans	16
Kleine Sinfonie	17
Klavierkonzert	19
Violinkonzert	20
Violoncellokonzert a-Moll op. 52	22
Poulenc, Francis	23
Aubade für Klavier und 18 Instrumente	25
Konzert d-Moll für 2 Klaviere u. Orchester	26
Prokofjew, Sergei	27
Sinfonien	
– Nr. 1	29
– Nr. 2	30
– Nr. 3	32
– Nr. 4	34
– Nr. 5	36
– Nr. 6	38
– Nr. 7	39
Orchestersuiten	41
– Ala und Lolli. Skythische Suite	41
– Die Liebe zu den drei Orangen	42
– Leutnant Kishe	42
– Romeo und Julia	43
– Aschenbrödel	45
Kleinere Orchesterwerke	45
Peter und der Wolf	47
Konzerte	49
– für Klavier Nr. 1	49
– für Klavier Nr. 2	51
– für Klavier Nr. 3	52
– für Klavier Nr. 4 für die linke Hand	53
– für Klavier Nr. 5	54
– für Violine Nr. 1	56
– für Violine Nr. 2	57
– Sinfonisches Konzert für Violoncello	58
Quantz, Johann Joachim	61
Flötenkonzert G-Dur	62
Rachmaninow, Sergei	64
3. Sinfonie	66
Klavierkonzerte	
– Nr. 1	67
– Nr. 2	69
– Nr. 3	70
Rhapsodie über ein Paganini-Thema für Klavier	71
Raitschew, Alexander	73
2. Sinfonie »Der neue Prometheus«	73

Ravel, Maurice	75	Rossini, Gioacchino	139
Daphnis et Chloé	80	Ouvertüren	
La valse	82	– Die seidene Leiter	141
Boléro	83	– Die diebische Elster	142
Klavierkonzerte		– Guillaume Tell	143
– G-Dur	84	Röttger, Heinz	144
– D-Dur für die linke Hand	86	Dessauer Sinfonie	145
		Roussel, Albert	146
Reger, Max	87	Sinfonien	
Sinfonietta	90	– Nr. 1 »Le poème de la forêt«	150
Hiller-Variationen	92		
Sinfonischer Prolog zu einer Tragödie	94	– Nr. 3	151
		Le festin de l'araignée	154
4 Tondichtungen nach A. Böcklin	96		
		Sachse, Hans Wolfgang	156
Mozart-Variationen	98	6 Bagatellen	156
Violinkonzert	101	Sæverud, Harald	157
Reinhold, Otto	103	Sinfonia dolorosa	159
Triptychon	103	Galdreslåtten	160
Respighi, Ottorino	105	Kjempevise-slåtten	161
Pini di Roma	107	Saint-Saëns, Charles-Camille	162
Rimski-Korsakow, Nikolai	109		
Antar (2. Sinfonie op. 9)	111	Danse macabre	164
		2. Klavierkonzert	165
Capriccio espagnol	114	1. Violoncellokonzert	166
Scheherazade	116	Schönberg, Arnold	167
Russische Ostern	119	Verklärte Nacht	169
Sadko	119	1. Kammersinfonie	172
Klavierkonzert	121	5 Orchesterstücke	174
Rosenberg, Hilding	122	Variationen für Orchester	176
Sinfonien		Violinkonzert	179
– Nr. 2 »Sinfonia grave«	125	Klavierkonzert	180
– Nr. 3	130	Schostakowitsch, Dmitri	181
Concerto Nr. 1 per orchestra d'archi	133	Sinfonien	
		– Nr. 1	187
Rosenfeld, Gerhard	133	– Nr. 2 »Widmung an den Oktober«	189
Sinfonietta	134		
Violinkonzerte		– Nr. 3 »1. Mai«	190
– Nr. 1	135	– Nr. 4	192
– Nr. 2	137	– Nr. 5	195
Violoncellokonzert	138	– Nr. 6	197

- Nr. 7 »Leningrader« 199
- Nr. 8 202
- Nr. 9 205
- Nr. 10 207
- Nr. 11 »Das Jahr 1905« 209
- Nr. 12 »Das Jahr 1917« 212
- Nr. 13 216
- Nr. 14 218
- Nr. 15 222
Klavierkonzerte
- Nr. 1 225
- Nr. 2 226
Violinkonzerte
- Nr. 1 228
- Nr. 2 230
Violoncellokonzerte
- Nr. 1 231
- Nr. 2 232
Schubert, Franz 235
Sinfonien
- Nr. 1 241
- Nr. 2 242
- Nr. 3 244
- Nr. 4 247
- Nr. 5 251
- Nr. 6 254
- Nr. 9 »Unvollendete« 258
- Nr. 10 (ehemals als Nr. 7 oder 9 gezählt) 264
Ouvertüren im italienischen Stil 278
Musik zu »Rosamunde« 280
Schubert, Manfred 285
Tanzstudien für kleines Orchester 286
Klarinettenkonzert 287
Schumann, Robert 288
Sinfonien 293
- Nr. 1 »Frühlingssinfonie« 294
- Nr. 2 297

- Nr. 3 »Rheinische« 301
- Nr. 4 304
- Ouvertüre, Scherzo und Finale 306
Ouvertüren 309
- Manfred 309
- Genoveva 311
Konzerte 312
- Klavierkonzert 313
- Introduktion und Allegro appassionato für Klavier und Orchester 316
- Violoncellokonzert 318
- Konzertstück für 4 Hörner und großes Orchester 320
Schwaen, Kurt 321
Ostinato 56 322
Concerto piccolo für Jazzorchester 323
Sinfonietta 324
Sibelius, Jean 325
Sinfonien 330
- Nr. 1 331
- Nr. 2 333
- Nr. 3 334
- Nr. 4 335
- Nr. 5 337
- Nr. 6 338
- Nr. 7 340
Sinfonische Dichtungen 341
- En Saga 341
- Der Schwan von Tuonela 342
- Finlandia 343
- Tapiola 344
Violinkonzert 345
Skrjabin, Alexander 346
Sinfonie Nr. 3 »Le divin poème« 348
Poème de l'extase 350

Skrjabin, Alexander
Prométhée. Le poème du
feu 353
Smetana, Bedřich 355
Sinfonische Dichtungen 359
- Richard III. 360
- Wallensteins Lager 361
- Mein Vaterland 361
- (Vyšehrad, 362
- Die Moldau, 364
- Šárka, 367
- Aus Böhmens Hain
und Flur, 369
- Tábor, 371
- Blaník) 373
Spies, Leo 375
Sinfonie in D 376
Violinkonzert 378
Bratschenkonzert 379
Spohr, Louis 380
8. Violinkonzert 382
Stamic, Jan Václav 383
Sinfonie op. 5 Nr. 2 386
Strauss, Richard 389
Don Juan 394
Till Eulenspiegels lustige
Streiche 397
Tod und Verklärung 399
Also sprach Zarathustra 400
Don Quixote 402
Ein Heldenleben 404
Sinfonia domestica 406
Eine Alpensinfonie 407
Der Bürger als Edelmann 408
Metamorphosen 409
Hornkonzert Nr. 1 410
Hornkonzert Nr. 2 411
Burleske für Klavier
und Orchester 412
Oboenkonzert 413

Strauß, Johann (Sohn) 414
An der schönen blauen
Donau 417
G'schichten aus dem
Wienerwald 419
Frühlingsstimmen 420
Kaiserwalzer 422
Strauß, Wolfgang 423
Kleine Sinfonie in C 424
1. Sinfonie 424
Strawinsky, Igor 426
Scherzo fantastique 431
L'oiseau de feu
(Feuervogel) 431
Petruschka 435
Le sacre du printemps 437
Pulcinella 441
Apollon Musagète 442
Jeu de cartes 443
Concerto in Es »Dumbarton Oaks« 444
Sinfonie in C 445
Sinfonie in 3 Sätzen 446
Konzerte
- für Klavier 447
- für Violine 448
Suchoň, Eugen 450
Metamorphosen 451
Sinfonietta rustica 453
Suk, Josef 454
Praga 455
Szymanowski, Karol 457
Sinfonie Nr. 3 »Das Lied
von der Nacht« 460
Sinfonie Nr. 4 »Symphonie concertante« 462
1. Violinkonzert 464

Taktakischwili, Otar 466
1. Sinfonie 467
Klavierkonzert 468

Telemann, Georg Philipp	469
Orchestersuiten	471
– A-Dur	472
– B-Dur	473
– C-Dur	474
Instrumentalkonzerte	476
– für Violine a-Moll	477
– für Blockflöte und für Querflöte e-Moll	477
– für Flöte, Oboe d'amore und Viola d'amore E-Dur	479
Thiele, Siegfried	480
Musik für Orchester	481
Thilman, Johannes Paul	482
4. Sinfonie	484
Partita piccola	485
Sinfonische Inventionen	487
Rhapsodie	488
Ode	489
Episoden	490
Concerto piccolo für Cembalo und kleines Orchester	491
Tittel, Gerhard	492
Musik für Streichorchester	493
Konzert für 2 Streichergruppen, Klavier, Pauken, Schlagzeug und Kontrabaß	494
Tschaikowski, Pjotr Iljitsch	495
Sinfonien	498
– Nr. 1 »Winterträume«	499
– Nr. 2	501
– Nr. 3	504
– Nr. 4	506
– Nr. 5	509
– Nr. 6 »Pathétique«	511
– »Manfred«	514
Sinfonische Dichtungen	515
– Francesca da Rimini	516
Ouvertüren	
– Romeo und Julia	517
– Das Jahr 1812. Ouverture solennelle	518
Ballettsuiten	520
– Schwanensee	520
– Dornröschen	522
– Der Nußknacker	524
Orchestersuiten und Serenaden	527
– Orchestersuite Nr. 3	527
– Capriccio italien	528
– Serenade für Streichorchester	529
Konzerte	530
– für Klavier Nr. 1	531
– für Klavier Nr. 2	532
– für Violine	534
Rokoko-Variationen für Violoncello	537
Vaughan Williams, Ralph	539
5. Sinfonie	541
Vieuxtemps, Henry	542
4. Violinkonzert	544
Viotti, Giovanni Battista	545
22. Violinkonzert	546
Vivaldi, Antonio	548
12 Concerti op. 3	
– »L'Estro Armonico«	551
– Nr. 6 a-Moll für Solo-Violine	552
– Nr. 11 d-Moll für 2 Solo-Violinen und Solo-Violoncello	553
4 Concerti op. 8 »Le quattro Stagioni«	555
– Nr. 1 »La Primavera« (Der Frühling)	555

– Nr. 2 »L'Estate« (Der Sommer)	557
– Nr. 3 »L'Autùnno« (Der Herbst)	558
– Nr. 4 »L'Inverno« (Der Winter)	560
Wagner-Régeny, Rudolf	563
Orchestermusik mit Klavier	564
Suite aus der Oper »Persische Episode«	566
3 Orchestersätze	567
Einleitung und Ode	568
8 Kommentare zu einer Weise des Guillaume de Machaut	571
Wainberg, Moissei	573
Sinfonietta	573
Weber, Carl Maria von	574
Sinfonien	578
– Nr. 1	578
Ouvertüren	579
Konzerte	580
– Konzertstück für Klavier	581
– 1. Klarinettenkonzert	583
– 2. Klarinettenkonzert	584
Webern, Anton	585
Passacaglia	586
6 Stücke	587
5 Stücke	588
Sinfonie	588
Variationen	589
Weiss, Manfred	590
Fröhliche Ouvertüre	591
Toccata für Orchester	592
Wieniawski, Henryk	594
2. Violinkonzert	595
Wohlgemuth, Gerhard	596
Violinkonzert	597
Zechlin, Ruth	600
Thema mit 5 Veränderungen	601
Concertino für Oboe und Kammerorchester	602
Zimmermann, Udo	603
»L'Homme«	604

Gesamtwerk ISBN 3-370-00005-9
Band 3 – ISBN 3-370-00037-7

6., unveränderte Auflage
© VEB Deutscher Verlag für Musik Leipzig · 1987
Lizenznummer 418-515/A18/87
Printed in the German Democratic Republic
Druck und Bindearbeit: Karl-Marx-Werk,
Graphischer Großbetrieb, Pößneck V 15/30
Einband und Schutzumschlag: Gert Wunderlich, Leipzig
LSV 8380
Bestellnummer 518 422 9
01000